新思

新一代人的思想

帖木儿之后

[英]约翰·达尔文——著
黄中宪——译

JOHN DARWIN
AFTER TAMERLANE

1405年以来的
全球帝国史

THE GLOBAL HISTORY of EMPIRE SINCE 1405

中信出版集团 | 北京

图书在版编目（CIP）数据

帖木儿之后：1405年以来的全球帝国史/（英）约翰·达尔文著；黄中宪译.--北京：中信出版社，2021.3

书名原文：After Tamerlane: The Global History of Empire Since 1405

ISBN 978-7-5217-2365-6

Ⅰ.①帖… Ⅱ.①约…②黄… Ⅲ.①世界史 Ⅳ.①K1

中国版本图书馆CIP数据核字(2020)第204816号

After Tamerlane: The Global History of Empire Since 1405 by John Darwin © 2012
Simplified Chinese translation copyright © 2021 by CITIC Press Corporation
Published under licence from Penguin Books Ltd.
Penguin（企鹅）and the Penguin logo are trademarks of Penguin Books Ltd.
First published in Great Britain in the English language by Allen Lane 2012
ALL RIGHTS RESERVED

本书仅限中国大陆地区发行销售
封底凡无企鹅防伪标识者均属未经授权之非法版本
本简体中文版翻译由台湾野人文化股份有限公司授权

帖木儿之后：1405年以来的全球帝国史

著　者：[英]约翰·达尔文
译　者：黄中宪
出版发行：中信出版集团股份有限公司
　　　　（北京市朝阳区惠新东街甲4号富盛大厦2座　邮编100029）
承　印　者：三河市中晟雅豪印务有限公司

开　本：787mm×1092mm　1/32　　印　张：19.25　　字　数：462千字
版　次：2021年3月第1版　　　　　印　次：2021年3月第1次印刷
京权图字：01-2020-0932　　　　　　审　图　号：GS（2020）6604号
书　号：ISBN 978-7-5217-2365-6
定　价：98.00元

版权所有·侵权必究
如有印刷、装订问题，本公司负责调换。
服务热线：400-600-8099
投稿邮箱：author@citicpub.com

谨以此书献给卡罗琳、克莱儿、夏洛特、海伦

ENDORSEMENTS

推荐与赞誉

郑永年

香港中文大学（深圳）全球与当代中国高等研究院院长

读懂中国，不仅要看中国，更要看世界，在世界地图中来定位中国。这本书摆脱了西方史学家过往以欧洲作为中心的世界史叙事，通过对近600年的欧亚世界史的回顾，梳理出全球历史结构转型的脉络，预见了从西方中心到后西方世界的巨变。通读这部书，读者对过去、当下和未来的看法或许都将改观。

赵磊

中共中央党校（国家行政学院）国际战略研究院教授、国际关系与"一带一路"研究所所长

一部宏大的历史叙事。时间上跨越600年，空间上立足欧亚大陆，基于这个"世界岛"的视角，精彩呈现地缘、经济、文明的复杂互动，引导读者重新审视欧洲或西方中心主义，让我们感悟历史与现实比我们想象的深刻。

昝涛

北京大学土耳其研究中心主任

这是一部大开大合的全球史，意在重新解释全球化世界之由来。本书结构大胆而富有新意，行文生动而有史有料。作者将内亚史、帝国史与海洋史很好地结合了起来，给人以开脑洞般的启发。

朱联璧

复旦大学
历史学系副教授

《帖木儿之后》是一本思想深邃、发人深省又具可读性的经典全球史作品。约翰·达尔文笔下的现代世界的诞生并不等同于西方世界的兴起,而是全球各地此消彼长的帝国交流与竞争的结果。无论是想了解诸帝国留下的过去,还是想理解帝国的遗存将如何影响人类的未来,此书都值得一读。

何帆

《变量》作者,上海交通大学安泰经济与管理学院教授

《帖木儿之后》角度独特,视野恢宏。在作者约翰·达尔文看来,欧亚大陆始终是历史的主场,在这个舞台上,西方、东方和中东各种力量相互较量,相互交织。所谓的全球化,不过是各方暂时达成的一种共识。从更长的视野来看,共识已经被打破,竞争并未结束。巨变才刚刚开始。

向松祚

经济学家、《新经济学》《新资本论》作者

站在全球的高度,运用大历史的视野,我们才能理解人类政治经济体系已经发生和正在发生的深刻变革。这部作品讲述了600年来全球历史的重大变革,视野宏观,气势磅礴,令人耳目一新。在大变局时代,这是一部正合时宜的历史史诗。

刘苏里

学者、万圣书园创始人

作者的史识"立场"更像叙述策略，这是阅读时要特别予以注意的。这一策略，使其有别于流行的"全球史"观。本书无论故事结构、修辞技巧，还是更重要的史家视野、史料剪裁、逻辑化，以及魔鬼般的博学引述，都可以和 A.J.P. 泰勒《争夺欧洲霸权的斗争：1848—1918》，保罗·约翰逊《摩登时代》（另一简体中文版名为《现代》），J. 埃文斯"第三帝国三部曲"，以及克莱夫·詹姆斯《文化失忆》等作品相媲美。被学者定义为"新三十年战争"的两次世界大战，是作品的高潮部分，但帖木儿 1405 年去世后的 500 年（1405—1914）更为精彩，因为 1914 年后的 100 年，是这 500 年的某种结果。作品看似削弱了欧洲在塑造现代世界中的角色，但把奥斯曼、萨法维、莫卧儿、"中华"、俄罗斯等帝国，拉进欧亚大陆竞逐的大棋盘，使 600 年的历史，不再是欧洲人（后来是美国人）的独角戏，或许更接近历史真相。

徐瑾

《白银帝国》作者、经济人读书会创始人、公众号"徐瑾经济人"主理人

帖木儿不仅是一位能征善战的大汗，更是内亚秩序的代表；他建立欧亚大帝国的尝试及其失败，预示着东方与西方攻守换位的开始。《帖木儿之后》优点在于其世界史框架，将六百年内的全球博弈，欧亚帝国龙争虎斗，现代与前现代的碰撞变迁，生动而简练地浓缩在一本书之内。读了本书，我们不仅可以换个角度了解历史，也可以更好地理解当下的诸多问题。

郭建龙

历史作家、"帝国密码三部曲"作者

600年前,由帖木儿建立的最后一个欧亚中世纪大帝国烟消云散。此后的欧亚大陆最西端,兴起了另一场构建世界帝国的努力,终于在19世纪末建立起帝国主义秩序,但无法解决的脆弱性使之在短短数十年内迅速崩塌,世界重回多元。作者立足欧亚大陆整体,展现了这场欧亚革命的兴盛与衰落,有助于读者们思考世界秩序的形成,以及中国在新形势下的定位。

于尔根·奥斯特哈默

德国康斯坦茨大学教授,《世界的演变》作者

这是一部大历史的巨作,也是一位帝国史学家转型为全球史大师的伟大成果。

保罗·肯尼迪

耶鲁大学历史学教授,《大国的兴衰》作者

又一部精彩而富于想象力的世界史著作精品,不断吸引人们阅读、探究……能够驾驭广阔时间与空间跨度、不断引发读者沉思的作者值得我们致敬,而达尔文就是这样的作者。

蒂莫西·布莱宁

剑桥大学荣休教授，《企鹅欧洲史·追逐荣耀》作者

达尔文呈现出了宏大的世界历史图景，他能为读者提供知识和洞察力，让读者们能够对世界未来局势做出自己的预测。如果他的作品能被恰当的人读到，或许会让这个世界免于不少危险。

皮尔斯·布兰登

历史作家、《大英帝国的衰落》作者

约翰·达尔文在这部极具启发性的作品中对大部分历史内容进行了全新的解读。他凭借对全球史的深刻洞见，揭示了自14世纪帖木儿征服活动以来的大多数时间里，欧陆半岛都处于历史的边缘地带……将酣畅淋漓的文风与精密的论证融为一体。

美国《出版人周刊》

历史全景鸟瞰与细节阐释的精彩平衡，作者用清晰的研究论述，使我们对当代世界历史的认识更加全面、深刻。

英国《卫报》　　一部博学之作,《帖木儿之后》颠覆了以欧洲为中心、傲慢自喜的目的论历史阐释,呈现出跨国历史的全新视角。尽管近年来帝国这一主题激起了不少偏狭情绪,但达尔文的讲述相当公正。宏大主题的讨论具有极大挑战性,然而很少有人有足够的勇气或学识来冒险尝试。达尔文用这部意义深远、极具说服力的雄心之作提醒我们,帝国始终是世界历史中的常态,而非例外。

俄罗斯《圣彼得堡时报》　　绝对的佳作,以真正的全球性视角回溯了人们长久关注的话题之一——权力竞逐的历史起伏。这本书能引导读者们反思各自历史叙事中的主流论调,单凭这点,此书就值得一读。

德国《南德意志报》　　达尔文的这部全景式历史作品表明,社会科学中的欧洲中心主义已经到了最后时刻。

Contents

目录

推荐序　*v*

前言　*xxv*

人名、地名小注　*xxix*

篇章页图注　*xxxi*

第一章　重新面向东方　*1*
　　帖木儿之后　*3*
　　全球史　*6*
　　关于欧洲扩张史的反思　*14*
　　中世纪的欧亚　*28*

第二章　中央欧亚与大发现时代　*47*
　　西方的崛起　*50*
　　伊斯兰势力的抗衡　*73*
　　东亚漫长的 16 世纪　*86*
　　与欧洲相比　*92*
　　结论　*98*

第三章　现代初期的均势　*101*
　　雄心的局限：更广大世界里的欧洲人　*105*

内陆帝国主义：从莫斯科大公国到俄国　118

东亚的创新　125

饱受压力的诸伊斯兰帝国　136

欧洲在欧亚世界的地位　153

第四章　欧亚革命　157

地缘政治革命　162

大分流　184

文化对比　197

多视角的检视　210

第五章　与时间赛跑　219

欧亚的时机　221

发明西方　224

迈向世界经济　237

"大欧洲"的边界地区　244

不稳定的帝国　256

与时间赛跑　270

第六章　全球殖民主义　295

帝国的限制　297

帝国的远景　299

非洲及其分治的地缘政治　304

竞争共存　318

全球经济　328

文化战争　　*337*

欧洲全球殖民主义"未竟的事业"：东亚与中东　　*349*

第七章　步向世界危机　　*363*

　　混乱的时代　　*365*

　　没有尽头的战争？　　*367*

　　革命与帝国　　*378*

　　破裂的世界秩序　　*398*

　　帝国主义兵戎相见　　*413*

第八章　帝国碰壁　　*421*

　　瓜分欧亚　　*424*

　　去殖民化　　*436*

　　未宣明的帝国　　*463*

　　无限制的帝国？　　*474*

第九章　帖木儿的阴影　　*481*

　　帝国史：帝国无所不在　　*484*

　　帝国得以存续的模式　　*489*

　　趋同的条件　　*494*

　　帖木儿的阴影：欧亚世界不愿接受单一规范　　*498*

地　图　　*501*

注　释　　*511*

推荐阅读　　*563*

FOREWORD

强世功：没有帝国的帝国史

一

　　1492年哥伦布发现新大陆普遍被看作全球史的开端。这不仅因为大航海发现了整个地球的面貌，将全人类连为一体，更重要的是现代文明从西方兴起并征服地球的其他地区，从而塑造了全球化的世界，以至于今天不少人憧憬着美国所代表的"历史终结"和"世界帝国"的降临。

　　然而，达尔文（John Darwin，1948— ）的《帖木儿之后》试图突破西方经典著作以及流行教科书以西方为中心展开的历史叙事，他带领读者穿越诸多陌生的历史场景，将目光投向了东方与西方互动的历史宏大叙事。他选定的历史起点并非哥伦布发现新大陆的1492年，而是很少被人关注的"帖木儿之死"的1405年。这一年标志着蒙古人建构欧亚世界帝国梦想就此破灭，全球历史翻开新的一页。选择这个时间点无疑具有双重的意义，一方面看起来与西方中心主义的历史叙事保持距离，凸显欧亚大陆以及亚洲在全球史中的重要地位，另一方面是想给致力于建构世界帝国的政治家们提个醒:"欧亚世界不愿接受单一规范。"(全书最后一个小标题)本书出版于 2008 年,正是美国利用单极优势东侵西扰致力于建立"新罗马帝国"的关键时期,这无疑暗示美国建构"世界帝国"必然遭遇类似"帖木儿之死"的失败。用全书最后一句话来说:"如果说从对过去的漫长检视中,可以发现什么不变的事实,那就是欧亚世界对单一制度、单一统治者或单一规范的抵制。由此看来,我们仍活在帖木儿的阴影里,或者更确切地说,仍活在他失败的阴影里。"(第 499 页)

因此,要真正读懂达尔文这本书,一个可行的阅读办法是从最后一章开始,理解达尔文思考问题的入手点是什么。在他看来,全球史就是帝国争霸史,西方崛起以及由此而来的帝国争霸无非是想继续帖木儿的事业,致力于建构新的世界帝国。然而,世界帝国的事业为什么会遭遇失败?要回答这个问题就要回到全书第一章,看看作者采用怎样的理论方法来回答这个问题。达尔文无疑从全球史研究的最新成果中汲取理论资源,强调不能从西方中心主义的视角来解释全球史,必须同时具有从东方出发的视角。因此,本书又是作者与全球史家们展开辩论的著作,并由此提出其理解全球史的理论范式。我们唯有把握其理论范式才能真正理解这本书的学术贡献。

从 17、18 世纪以来,西方理论界就开始系统地建构东方与西方的差异和对立,并由此解释西方何以崛起并支配世界。全球史的兴起不断修正这种西方中心主义论述,并给出新的理论解释。达尔文在本书中试图从帝国史的视角与全球史的主流叙事展开对话,因此全书的高潮部分就在于第四章,作者提出"欧亚革命"这个概念来重新解释西方崛起和东方衰落的"大分流"问题,从而彰显出自己的理论思考。不过,达尔文是历史学家,他更倾向于将著作写成一本通俗易懂的历史书，而不是理论分析著作。他努力将学术界讨论的重大理论问题加以通俗化，通过历史线索和历史场景的连续性来展现其理论思考。因此，本书又是一本有理论背景的学术著作，它有理论对话对象，有理论关怀，而这些理论关怀往往隐含在历史叙述中，无法展开深入的理论分析。

因此，要真正理解这本书，就必须关注作者提到的寥寥数语而未能全面展开的理论叙述。正是从他所关注的理论问题入手，本文作为推荐序可以被看作是这本书的注释。一方面展开讨论作者未能展开的那些理论问题，帮助有兴趣的读者关注这本书的理论雄心，而不仅仅将其看作畅销通俗读物，另一方面也尝试就帝国问题展开对话，从而探讨我们应当如何理解帝国以及从过去六百年的全球帝国史中获得怎样的教益。

二

我们今天对历史的理解很大程度上是由18、19世纪诸如孟德斯鸠、亚当·斯密、孔德、韦伯和马克思等理论家用社会科学方法建构起来的，即人类历史遵循从初级迈向高级、从传统迈向现代、从野蛮迈向文明的普遍历史发展道路。这种人类历史的发展规律被简单地概括为现代化理论，以至于将西方文明看作人类历史发展的目的已近乎成为一种神学信念，全球化必然导致"历史终结"。

然而，这种历史叙述正面临着来自全球史研究的挑战。全球史是一个复杂的思想谱系，其中最活跃的乃是左翼的政治经济学传统，比如沃勒斯坦的世界体系理论、阿明的依附理论和弗兰克"重新面向东方"等。他们认为这些经典作家对历史的描述恰恰是"非历史的"，因为这种叙述过分偏重欧洲历史,仅仅在欧洲历史中寻找现代化道路的起源和动力,而忽略欧洲迈向现代化的历史条件恰恰是对非欧洲的"边缘地带"的掠夺或者剥削。因此,这些理论暴露出一种"西方中心主义"乃至"东方主义"的思维模式,将非西方世界仅仅作为外在的"他者",成为"西方奇迹"的对立面,以至于现代化理论成为西方帝国主义或新殖民主义的意识形态工具。在左翼批判传统的推动下,全球史突破了以西方为中心的写作范式,将西方与非西方文明放在整体的互动世界中加以考察。因此,全球史写作一方面秉持"反目的论"的立场,强调西方崛起的偶然性,甚至将这种偶然诉诸地理环境、矿产资源和生态环境,另一方面强调西方崛起时代的东方并非像经典作家用"东方专制主义"和"亚细亚生产方式"等理论所描述的那样处于"停滞"状态。全球化乃至全球体系也不是地理大发现以来西方所推动形成的,早在地理大发现之前东方就已经形成了生机勃勃的全球贸易体系(分歧仅仅在于是一个体系,还是多个体系),西方崛起实际上是努力加入东方的贸易体系并在后来逐渐反超东方的进程。这就是弗兰克提出的全球史写作必须"重新面向东方"(Orientation)的问题(该书中译本改名为《白银资本》)。在此基础上,彭慕兰进一步主张地理大发现以来,东方始终保持对西方的经济优势,一直到18世纪中后期西方在工业革命之后才真正超越东方,导致东西方的"大分流"。

作为帝国史学家,当达尔文进入全球史领域就必须面对全球史写作中的基本假定。因此,当我们打开本书第一章,就会发现标题干脆直接用了弗兰克的书名"重新面向东方"来表达自己对待全球史的基本态度和立场,即从全球视野来平等地看待欧洲与欧洲之外,尤其是东方世界的关系。全书差不多用同样的篇幅来描述俄罗斯帝国、伊斯兰世界、印度和中国在18世纪之前所展现出来的活力，反驳19世纪理论家所描述的东方"停滞"形象。正是在"重新面向东方"的历史视野中，他认为"现代世界史的重心在于欧亚"（第19页），而非"西方中心主义"所强调的大西洋世界。而在第四章"欧亚革命"中，第二小节的标题直接取自彭慕兰的《大分流》，表明其问题意识源于从弗兰克到彭慕兰提供的历史解释范式。至于他在第一章中批评亚当·斯密、马克思、韦伯等关于西方兴起的理论阐释，这与其说是阐述作者自己的理论观点，不如说是对全球史中的上述同行的致谢。

不过，以研究帝国问题著称的达尔文加入全球史研究中，必然意味着帝国研究与全球史研究这两个不同领域之间的对话。一般说来，1883年剑桥大学帝国讲席教授西利（J. R. Seeley）的《英格兰的扩张》标志着帝国史研究的开端，这个传统既是对欧洲殖民帝国扩张的历史经验总结，又是为帝国的扩张提供理论依据和正当性支撑。然而，随着19世纪霍布森、列宁等左翼思潮展开"帝国主义"的理论批判，特别是二战后欧洲殖民帝国的衰落以及民族解放运动的兴起，帝国研究走向衰落。而随着美国在全球争夺霸权，帝国研究纷纷转向淡化帝国色彩的"区域研究"。然而，在20世纪60年代之后由于西方文化革命的兴起，这些"区域研究"在理论方法上也受到随之而来的后殖民理论、新社会理论、文化批评等形形色色的后现代理论思潮的影响。冷战结束后，左翼的帝国主义批判思潮式微，全球化和历史终结的意识形态推动了帝国研究的复兴。比如在中文世界熟知的弗格森（Niall Ferguson）就是重要的代表人之一（中信出版集团专门翻译出版了弗格森书系）。在"9·11"事件之后，随着美国建构"新罗马帝国"的一系列军事征伐，帝国理论更是从史学进入国际政治领域中。

然而，与弗格森对大英帝国辉煌岁月采取辉格党史学的怀念不同，也与目前围绕美国独霸天下展开的帝国辩论不同，达尔文虽然于1948年出生于大英帝国官员的家庭，但他在南非度过青少年时代，目睹了当时殖民地争取独立的风潮，而在牛津大学读书时正赶上学术思潮的变化。当时正在兴起的后殖民理论和后现代理论思潮对帝国史研究产生了深远影响。在这种思潮影响下的"新帝国史"研究更多采用一种社会学、人类学、环境学等来自底层的观察视角，关注环境变化、移民、传教、商业、观念以及殖民地人民的反抗与合作等。特别是他的导师加拉格尔（John Gallagher）与罗宾逊（Ronald Robinson）在1953年发表了著名论文《自由贸易的帝国主义》，对大英帝国史给出了新解释。这对达尔文的帝国研究产生了巨大影响。可以说，达尔文后来出版的《未终结的帝国》（Unfinished Empire，中信出版集团，2015）和《帝国筹划》（The Empire Project）这两本重要著作实际上是对其导师思想的进一步阐发。

在这种学术路径下，达尔文认为18世纪西方超越东方从而出现"大分流"是历史的偶然因素导致的。欧洲帝国的全面扩张之所以可能，不仅在于经典社会理论所强调的"工业帝国主义"摧毁了东方帝国，更重要的在于其发展出一种"文明化"的"帝国自由论"（imperial liberalism）。这种"文明化"的主张获得东方帝国内部精英的赞赏和支持，以至于欧洲帝国扩张不再是简单的暴力征服，还包含了这些殖民地的积极合作。可以说，"新帝国史"的重点已不再是欧洲列强的对外殖民扩张，而是关注欧洲与殖民地之间各种经济、社会和文化的互动。因此，"新帝国史"研究看起来解构了"西方中心主义"，解构了西方列强在建立帝国过程中的理性筹划和主导地位，但实际上解构了西方帝国建构中的政治经济学基础，从而弱化甚至消解了对西方列强的"帝国主义"批判。

正因为如此,达尔文强调要把"帝国"这个概念从"帝国主义"的理论批判中解放出来,将"帝国"仅仅看作"历史上大部分时期会自然发展出的政治组织模式"(第24页),甚至认为"世界史……就是帝国史——由一个个帝国构成的历史"(第484页)。为此,他既不想把西方崛起征服东方的历史批判为"掠夺性帝国主义的残酷史话",也不想将这段历史美化为"以西方为向导和模板,迈向现代性的世界历史"(第483页),而试图以一种不含情感判断的客观冷静来看待全球帝国史。一旦"帝国"成为中性概念,"帝国主义"也就可以被界定为"一国欲借由将其他社会吸收进其政治、文化、经济体系,以支配其他社会的企图",由此,"最积极推行帝国主义的往往是欧洲人,但那并非欧洲人独有的行为"(第413页)。他在书中不仅将沙皇俄国在中亚的扩张看作"内陆帝国主义",甚至将奥斯曼土耳其的扩张称为"帝国主义"。"帝国主义"不再是列宁所批判的资本主义"高级阶段"上的特殊历史现象,而是一种人类历史上普遍的帝国扩张冲动。可以说,经过这种"新帝国史"写作对19世纪以降关于"帝国主义"的左翼批判思潮的有效消毒,达尔文才能心平气和地看待欧洲帝国主义的全球扩张,从容地写作全球帝国史。

然而,这种对"帝国主义"的消毒工作也导致"帝国"概念丧失了特定的历史内涵,成为一个非常宽泛的概念。作为一本帝国史著作,达尔文竟然没有对"帝国"概念进行理论建构,没有强调古今东西帝国的差异,而只是将其简单描述为"大规模积聚权力"(第24页),"帝国是打破或无视种族、文化以及生态区分的势力体系或统治架构"(第485页)。他只是给"帝国"概念加上各种修饰语来描述其外部特征,如"商业帝国""军事帝国""未宣明的帝国""无限制的帝国",

等等。他虽然在最后一章中提到了"古典的"帝国、"殖民的"帝国和"非正式的帝国"三种帝国形式（第487—489页），但他强调的不是这三种帝国的区别，而是以三者共同面临的统治难题来刻意抹杀这种区别，他也并没有用这个三种帝国模式来分析他所提出的"欧亚革命"。而我们唯有从帝国的不同类型及其背后所包含的古今东西的差异，才能真正理解"欧亚革命"或"大分流"的起源及其影响。

三

本书可以被看作作者组织的一场全球史研究与帝国史研究之间的对话。一方面他试图用"新帝国史"的立场来批判全球史中从沃勒斯坦到弗兰克的左翼政治经济学批判传统，另一方面他又试图从全球史的角度将帝国看作一种普遍的全球历史现象，从而解构霍布森和列宁所开创的"帝国主义"批判传统。而他对全球帝国史的理解直接获益于麦金德的地缘政治学。一方面，麦金德的地缘政治学早就提出要从全球视角来看待欧亚关系，另一方面地缘政治学本身就服务于欧洲帝国主义扩张和全球争霸战略，而这种地缘争霸战略的中心就是达尔文所关注的"欧亚大陆"。达尔文认为，在18世纪之前几个世纪的时间里，欧亚大陆上的几大帝国势均力敌，但直到18世纪之后，欧洲帝国才全面崛起对亚洲的东方诸帝国构成了压倒性优势，那么究竟是什么因素导致欧亚力量发生巨大变化的"大分流"呢？达尔文提出了一个新的概念——"欧亚革命"。他认为由于发生了地缘政治革命、经济革命（工业革命）和文化革命（"文明论"）相互交织的三场革命，才形成了东西方"大分流"的"欧亚革命"。如果说工业革命和文化革命是经典理论所普遍强调的，那么达尔文最大的贡献就是将麦金德的地缘政治学引入全球帝国史研究中,强调"欧亚革命"的基础乃是"地缘政治革命"(第四章第一节的小标题)。

正是从地缘政治学的角度,达尔文一方面强调由于新大陆的发现导致"欧洲"的版图和概念发生了巨大变化,从东部的俄罗斯到美洲和大洋洲所有的欧洲人殖民地都纳入整个"大欧洲",其中"大西洋世界"的兴起使得欧洲人可以利用美洲的白银"勉强地搭上了亚洲经济的列车"(弗兰克语),从而加入东方形成的世界经济体系中。另一方面,更重要的是,19世纪初拿破仑帝国的覆灭打破了欧洲内部诸帝国的地缘力量平衡,导致处于大陆心脏地带的俄罗斯帝国和作为海洋帝国的大英帝国放手在全球展开扩张,二者分别从陆地和海洋两个方向对欧亚大陆形成南北夹击,共同挤压、蚕食和占领东方诸帝国的地缘空间。正是大英帝国与沙皇俄国在围绕欧亚大陆不断扩张并形成对峙和竞争的长达一个世纪的"大博弈"中,大英帝国占领印度将其变为殖民地从而获得征服东亚的跳板。从此,英国进入了独霸海洋世界的局面,也顺势推动全球自由贸易的兴起。而要通过贸易手段战胜最后的东方帝国——中国,就必须依靠物美价廉的产品,英国的"工业革命"由此而来。由此,"大欧洲"的形成推动了全球地缘政治革命,这场革命推动经济领域中的工业革命以及资本主义世界经济体系的形成,而经济发展的差异推动了欧洲人在文化领域中以"文明"面目来拯救落后"野蛮"的文化革命,"东方主义"笔下的东方"停滞"形象也由此诞生。这三场革命交织在一起,推动欧亚大陆上欧洲超越亚洲并决定了亚洲衰落的命运。

从地缘政治的角度解释"大分流"无疑具有洞见,然而,达尔文对"欧亚革命"的解释恰恰忽略了全球帝国史中的两个根本问题。其一乃是全球史中的"郑和之谜",即明代中国完全有能力进行全球大航海，甚至郑和已经发现了"非洲"，可为什么中国放弃了主宰全球的机会而将其拱手送给后来的欧洲人呢？其二乃是"大航海之谜"，即为什么欧洲人要冒着九死一生的危险进行全球大航海呢？我们唯有将这两个问题放在一起来思考，才能真正理解"大分流"的地缘政治基础及其影响下的经济、文化起源。

虽然达尔文强调麦金德的影响，但他忽略了麦金德将全球划分为大陆心脏地带、大陆边缘地带（内新月地带）和海洋岛屿地带（外新月地带）所具有的深远意义。大陆心脏地带对边缘地带的长期冲击，导致地处大陆边缘的中国始终以应对北方游牧民族作为首要任务，由此，中国地缘战略的重心始终是与大陆心脏地带争夺"内亚地带"（拉铁摩尔语），这种长期的地缘战略重心塑造了中国作为大陆国家的品格，导致海洋从未成为中国关注的重点。因此，"郑和下西洋"从一开始目的就不是海洋世界的商业贸易，即使发现新大陆，这些不毛之地对于富饶的中国也没有什么意义。另一方面，更重要的是，在长期与北方文明程度较低的游牧民族较量中，北方少数民族不断进入中原，在文化上被汉化，从而强化了中国人的文明自信，以至于形成一种作为世界中心的自我认知。这种文化自信发展为傲慢，窒息了中国人对外界变化的感知，以至于中国在16、17世纪与西方世界的交往中对于西方新兴的科学知识缺乏关注和兴趣。而欧洲帝国进入鼎盛时期刚好是中国王朝进入衰落的时期，这种历史的"因缘际会"加速了这种"欧亚革命"。从这个意义上，中国在历史上无论是作为大陆帝国的强大，还是缺乏海洋意识以及对西方的文化封闭和傲慢，都是因为在地缘政治上与大陆心脏地带长期互动的结果。同样，西方崛起不仅源于地中海提供的生活方式，更重要的是偶然发现了新大陆。这才是真正的"因缘际会"。

要理解欧洲人为什么要进行大航海，首先就要从地缘政治上诉诸地中海世界的影响。欧洲文明始终是围绕地中海的争夺而展开的，在这个意义上，商业贸易和航海之于欧洲人，就像农业耕种和骑马之于中国人，乃是长期地理环境塑造而成的文化基因。更重要的是，欧洲文明长期被东方文明打败，希腊文明被东方帝国摧毁，罗马帝国崛起后又被东方的基督教所降伏，而基督教的欧洲差点被蒙古人摧毁（欧洲人对"黄祸"恐惧的根源）。"帖木儿之死"对于欧洲的首要意义就在于欧洲人幸存下来，但更为长远的影响却是蒙古帝国解体导致沟通东西方商贸往来的"丝绸之路"断绝，而此时崛起的奥斯曼土耳其垄断了地中海与东方的贸易，对欧洲的不断攻势将欧洲人压迫到西欧狭小的生存空间中。而基督教对伊斯兰教并没有文化优势，"十字军东征"不过是西欧在绝望中的努力且以失败告终。

在这种地缘政治环境中，大航海来自欧洲人的求生本能，除了寻找传说中信奉基督教的约翰王来建立包围奥斯曼土耳其的地缘政治联盟，更重要的是通过海上找到与东方的印度和中国贸易的渠道，因为后者不仅是欧亚世界的财富中心，其知识、价值和生活方式也意义非凡。且不说"四大发明"对欧洲崛起的重要意义，越来越多的研究表明欧洲人大航海时代所需要的天文学知识、舆图知识、航海知识等也是从东方传播而来，东方的棉布制造、茶叶种植技术、工程技术等今天可以理解为工业知识产权的大量发明创造也无偿地输入欧洲。而在思想文化领域中，印度的佛教和中国的儒家思想在欧洲16—17世纪掀起了热潮，推动了欧洲的启蒙运动。然而，在这本著作中，我们看到的是西方崛起后如何向东方进行知识传播，而全书对西方崛起前如何从东方获取知识只字不提，书中甚至连"四大发明"这个词都没有出现。可见，达尔文的"新帝国史"并没有摆脱"西方中心主义"，只不过是让这种西方中心主义变得更为隐蔽而已。

四

从工业革命的"大分流"问题上溯到更早的"郑和之谜",中西方文明的差异显而易见,但其根源则众说纷纭。这成为从18、19世纪欧洲的经典社会理论到当代全球史研究中始终绕不开的问题。若从"帝国"的视角看,我们或许可以从不同文明传统发展起来的不同帝国形态中给出相应的解释。遗憾的是,在这本帝国史著作中,达尔文并没有关注这种古今中西的帝国形态差异,以至于未能看到不同的帝国形态对"欧亚革命"的巨大推动力。达尔文叙述大英帝国历史的《帝国筹划》的书名就来自亚当·斯密,那就让我们从18世纪亚当·斯密对于"大分流"问题的解释开始。

在"大分流"问题上,达尔文援引伊懋可的"高水平均衡陷阱"概念来解释为什么中国未能走向工业革命的道路,而这个问题首先来自亚当·斯密的洞见。亚当·斯密敏锐地观察到,人类历史发展出两条工业化道路。一条是以中国为典型的"自然的"现代化道路,即从农业到制造业再到商业贸易的道路。另一条是以欧洲为典型的"反自然、倒退的"现代化道路,即从商业到制造业再到农业的道路。欧洲道路的根源在于封建制遏制了农业的改良和发展,而最先摧毁封建制的意大利商业共和国将释放出来的自由民投入到地中海商业贸易领域中,而地理大发现推动全球商业贸易必须要求体积小而价值高昂的商品。这就迫使欧洲从早期奢侈品贸易发展到工业品贸易,由此推动欧洲率先进行工业革命。

亚当·斯密的洞见不仅在于看到了东西方"大分流"的地缘环境影响下的经济根源,更重要的是看到欧洲这条"反自然"的商业贸易主导的发展道路推动了欧洲形成"军事-财政国家"的现代国家结构。

商品贸易的利润取决于销售市场，为了打开市场欧洲国家不断发动战争。战争推动了金融兴起，通过发行债券使得欧洲国家的战争规模和能力大幅度提升。战争开辟的广大市场又刺激着制造业的发展以提供更多的廉价商品。由此，在这条"反自然"现代化道路上推动贸易—战争—金融—工业这四个因素相互促进，从而形成"军事-财政国家"这种独特的政治组织。因此，欧洲崛起不仅是商业贸易的全球化和工业化，更是金融和战争机器的全球化。这种"军事-财政国家"的新型政治组织将人性中最野蛮的力量释放出来，从根本上颠倒了人类文明已形成的文明与野蛮的标准。这就是达尔文所理解的"现代性"，即如何统一调动"人力"和"物力"，将经济的、政治的、文化的因素都组织成为一种"力"（第485页）。

如果说"文明"意味着对人性中野蛮的动物性的约束，那么"现代"则意味着对人性中野蛮的动物性的释放，达尔文所说的"文化革命"就是这场古今之争中将欲望/自由所释放出来的巨大的野蛮力量作为新的"文明"尺度：科学技术、工商业资本主义和自由民主政体的主权国家建构等，而"现代性"的最高原则最终通过战争暴力展现出来。由此，"欧亚革命"推动"大分流"的根本动力在于：中国基于自然的现代化发展道路与儒家天下主义，始终坚持以道德来约束暴力，而欧洲为了加入东方的世界体系走了一条"反自然"的现代化道路，率先完成了这场从"传统"到"现代"的革命，构建起一种完全不同于东方古典帝国的新型帝国形态。由此，推动"欧亚革命"的全球帝国史也是"文明的野蛮人"的成长史，是东方古典帝国向现代欧洲帝国转型的历史，是欧洲主权国家崛起并在全球建立殖民帝国的历史，是全球最黑暗的奴隶贸易史和资本主义的剥削史，更是帝国主义不断发起全球大战的战争史。达尔文有意无意地抹杀古今帝国形态的差异，恰恰遮蔽了欧洲崛起所建构的现代帝国形态的野蛮性。直至今天，我们依然生活在欧洲人造就的野蛮人的世界中，人类重返动物化的种族主义和社会达尔文主义成为贯穿全球化时代的潜在意识形态，在全球化不断加剧全球地缘不平等的同时，贸易战、科技战、金融战、网络战已成为全球化时代的常态。

若从帝国史的角度看，欧洲崛起塑造了一种全新的帝国构造。欧洲帝国首先建构出一个主权国家的内核，它基于现代性原则形成一个小型的、具有强大组织动员能力和内部凝聚力的实体，我们通常称之为"军事财政国"、"宪制国家"或"民族国家"等，都是强调这个帝国核心的凝聚力，可以说主权国家乃是新型帝国的发动机。正是依赖帝国核心的强大力量，欧洲小小的主权国家就可以征服亚洲或者新大陆上的庞大帝国，从而建立起庞大的殖民帝国。因此，"殖民帝国"乃至"殖民主义"这些概念都强调欧洲主权国家对殖民地经济剥削、暴力统治和军事征服。然而，在"新帝国史"叙述中，普遍强调欧洲殖民帝国并非政府有计划、有目的地建立起来，而是大航海以来全球商业贸易无心插柳的结果。尤其是荷兰和英国的海外殖民地往往是商人和冒险家从政府获得特许状，而以私人公司的身份建立起来的。因此，在"新帝国史"书写中，特别强调这种由商人、传教士、冒险家和移民基于商业贸易的利益所建立的碎片化的、形形色色符合殖民地不同情况的多样化治理模式，这些殖民地在名义上效忠于英国国王，而实际上形成了"高度自治"的管理模式。这样的帝国不同于古典帝国的领土征服，是围绕商业利益组织起来的，因此帝国不是单向度的暴力支配，而是着眼于商业利益的妥协与合作，这就形成了达尔文的导师所强调的"自由贸易的帝国"或"非正式帝国"。正是在此基础上，达尔文更乐于将大英帝国看作是一个"世界—体系"（world-system）。

然而，不同于沃勒斯坦用"世界–体系"概念强调欧洲中心区域对边缘地区的经济剥削，达尔文将大英帝国看作是"世界–体系"是为了回应对欧洲"殖民帝国"或"帝国主义"的批判。这两个概念虽然可以互换使用，但"殖民主义"这个概念更多地从政治甚至军事角度来展现帝国进行领土侵占和暴力征服的特征。随着资本主义的发展，经济资源的榨取越来越通过贸易、投资这些更为高级、隐蔽的形式展开。因此，与赤裸裸的暴力征服和财富掠夺的"殖民帝国"相比，"帝国主义"实际上是帝国的高级形态（列宁将其看作是资本主义的高级阶段），是通过看起来平等的商业交易和投资实现经济财富不平等的再分配，从而变成一种支配更为隐蔽、表面更为文明的帝国形态。在这个意义上，我们可以说"殖民主义"的"正式帝国"（殖民帝国）依然具有古代农业时代"贡赋帝国"（阿明语）的影子，是古典帝国向现代帝国转型的中间形态，那么"帝国主义"的"非正式帝国"或"世界–体系"乃是现代的，它是资本主义生产方式的产物，是经济力量起决定性作用而政治力量服务于经济力量的产物。

如果我们把这两种帝国形态放在达尔文的"欧亚革命"的大背景下，就会看到早期葡萄牙和西班牙的全球殖民更多具有直接掠夺财富的古典"殖民主义"特征，而随后荷兰和美国无论在北美还是在东印度地区，虽然有"殖民主义"的因素，但逐渐发展出基于贸易和投资的"帝国主义"特征。但是，我们绝不能将"殖民主义"的正式帝国和"帝国主义"的非正式帝国看作两个不同的历史发展阶段，而必须看作两种建构帝国的不同方式。事实上，欧洲帝国的崛起从一开始就同时具有"殖民主义"与"帝国主义"的两副面孔，且二者始终交织在一起，只是在不同时期和不同地方呈现出不同形态。就早期西班牙帝国和葡萄牙帝国而言，它们在非洲和美洲完全以"殖民主义"直接掠夺面孔出现,然而在它们刚刚进入东方世界时,更多以贸易的面目出现。同样,大英帝国即使到了强调自由贸易的维多利亚时代,也需要诉诸炮舰主义以打开中国的贸易大门。因此,在欧洲帝国的历史上,海洋贸易始终与海军发展紧密联系在一起,自由贸易政策始终与炮舰政策联系在一起。英国是在全球推行自由贸易的"帝国主义"时期,却在印度强化"殖民主义"政策,将印度从一个"非正式帝国"变成一个采取殖民统治的"正式帝国"。

可见,相对于古代农业的"贡赋帝国"而言,现代帝国的武器库更丰富,军事的、宗教的、商业贸易的、金融投资的、文化传播的,各种组合方式更加多样化,从而呈现出一个多元化的、动态化的帝国面貌。如果说在18世纪欧洲帝国激烈的竞争导致在重商主义策略下更多追求殖民主义的垄断优势,那么到了19世纪,当英国在欧洲的劲敌法国随着拿破仑帝国的解体而消失,英国在全球商业贸易中取得了决定性的优势地位,由此才开始推动一种"自由贸易的帝国主义"。因此,我们发现欧洲崛起建构出以主权国家为内核、殖民帝国和"非正式帝国"相结合的复杂面孔。

如果我们将新型帝国模式放在欧亚革命的空间历史背景下,就会发现这种帝国在地理空间上形成采取主权国家体系(威斯特法利亚体系)的"大欧洲",美洲、非洲和欧亚大陆边缘地带建立起的庞大"殖民帝国",通过贸易和投资在全球建立起的"非正式帝国"(世界-体系)的三角关系。这既是现代帝国体系内部的组织结构的三角关系,也是全球地缘政治所形成的历史空间的三角关系。如果我们将这种新型现代帝国的三角关系放在"欧亚革命"地缘政治大转型中,就会发现无论我们如何在"话语"中批评所谓的"欧洲中心主义",我们都始终无法否定在"实践"中欧洲建构现代新型帝国并最终崛起的根本推动力无疑就在欧洲内部,即欧洲面临地缘政治压力并没有轻而易举地投降或被征服,而是面对"挑战"展开不屈不挠的生死搏斗。这种面对"挑战"所形成的"应战"恰恰是欧洲人所崇尚的"自由"精神所展现出来的野蛮性,并将这种面对压力进行反抗并始终主宰世界的野性上升为哲学上的"主人"精神。正是在这种背景下,儒家文明对野蛮的驯化在西方人看来恰恰是对"自由"精神或"主人"精神的扼杀。在孟德斯鸠笔下,东方专制主义往往被形象地概括为"棍棒"统治,这尤其体现在家庭中父权的绝对权威中。因此,无论是寻找通往东方之路的全球大航海,还是欧洲国家内部的生死搏斗,都是作为外部条件刺激着欧洲迈向寻求力量主宰的"现代性"。

在这种现代帝国的三角关系中,能够将微小的主权国家组织与庞大的殖民帝国以及遍及全球的"非正式帝国"的复杂网络紧密联系在一起的恰恰是"现代性"所释放出的"力":科学技术取代宗教迷信,无限增长的客观知识取代了稳定不变的信念知识,大规模分工取代自给自足,工业产品取代自然物产,抽象货币取代可见财富,法律(法治)取代道德(人治),公民取代了臣民,民主取代了君主。正是凭借"现代性"所释放出的巨大能量,微小的欧洲国家可以对庞大的东方传统帝国构成"降维"打击。因此,"现代性"不是在传统基础上的简单发展,而是不同维度上的革命性飞跃。小小的英伦三岛可以用新的方式建构起前所未有的帝国形态,它不需要像帖木儿那样试图用军事力量征服全球领土,却可以用贸易和金融力量将全球的资源和利润源源不断地汲取到伦敦。传统帝国所需的钱粮和贡品是有限的,而大英帝国榨取的财富是无限的。作为现代帝国的典范,大英帝国用英镑和工业品取代了蒙古人的铁骑,从而实现了帖木儿的梦想,建立起新的世界帝国。

五

作为帝国史专家,达尔文的这本书实际上是一部"没有帝国的帝国史"。虽然"帝国"是此书的关键词,可是我们看不到他对"帝国"概念本身的系统思考。可以说,他对"帝国"概念的理解始终处在欧亚大陆旧帝国的范畴中,将帝国与领土占领紧密地联系起来,以至于他所理解的"世界帝国"仅仅是"帖木儿之死"背后的蒙古草原帝国,而没有看到大英帝国通过新的方式已经建构起新的"世界帝国"。当他试图将传统的"帝国"概念与"世界-体系"区分开来时,无疑陷入自相矛盾的境地,以至于他一方面将大英帝国看作"未终结的帝国",但另一方面却认为不能将其看作"帝国",而应理解为变动不居的"世界-体系"。他认为欧亚大陆不能接受单一统一的世界帝国,但却没有看到欧亚大陆已经处在被互联网、美元、全球商业贸易建构起来作为"世界-体系"的世界帝国之中,只不过这个世界帝国不再是大英帝国,而是美利坚帝国。

我在这里之所以强调这是一种新型的"世界帝国",而不愿采用达尔文的"世界-体系"或国际政治理论中惯用的"自由主义的国际秩序",就在于后者基于主权国家理论的"国际关系"思考遮蔽了西方霸权的帝国实质,尤其是基于后现代理论的"新帝国史"叙述削弱了"帝国主义"的政治经济学批判,以至于今天基于主权国家概念思考下的"中美关系""中美竞争"这些概念实际上非常具有欺骗性和误导性,自以为中国和美国是两个平等的主权国家,而忽略了西方现代帝国的三副面孔,忽略美国乃是比大英帝国更为复杂的世界帝国体系。首先美国在其领土内就是一个帝国体系,其次拥有"五眼联盟"的帝国核心层,接着就是欧洲、东亚和中东等军事支配体制等以盟国面目出现的附庸国体系，此外就是作为后院经营的拉丁美洲，当然还有其他依赖互联网、金融和贸易控制的"世界–体系"。因此，中美关系的实质乃是中国作为一个正在崛起的主权国家与美国主导的世界帝国或世界体系之间的关系。因此，中美关系不是两个主权国家的关系，而是中国如何面对美国主导的世界帝国的问题。最近几年全球舆论关注的"中美脱钩"的实质就是美国试图把中国开除出"世界帝国体系"，因此，今天中美斗争不仅关乎两国命运，而且关乎世界秩序的未来，即全世界都臣服于美国主导的世界帝国，还是在主权国家的基础上建立真正平等的国际关系？当年美苏两个超级大国试图建构两种不同类型的世界帝国时，中国和印度等国家兴起的不结盟运动恰恰致力于缔造公平合理的国际秩序。而今天，中美竞争的根本依然是围绕这两种世界前途和人类命运展开的斗争。

从地缘政治的角度看，随着现代海洋帝国的崛起，尤其是太空、互联网空间的兴起，大陆心脏地带的地理优势逐渐在丧失，走领土兼并的大陆帝国道路不可能建立起世界帝国。帖木儿之后，从拿破仑帝国、德意志帝国一直到苏联帝国，每一次大陆帝国的崛起都试图走蒙古帝国老路，结果都被海洋帝国所打败。大陆帝国失败的一个重要原因就在于不断重复帖木儿的悲剧，领土兼并的企图导致其他大陆国家因恐惧而加入海洋世界的阵营，最终被海洋帝国打败。苏联曾经是最接近成功的一次尝试，但恰恰是苏联的领土扩张战略将西欧推到美国的世界帝国体系中，而中国也不得不与苏联分道扬镳，以至于1972年尼克松访华成为冷战结束的地缘政治起源。

在这个意义上，《帖木儿之死》这部书虽然是脱离欧盟的英国人写的，却应当成为欧亚大陆所有政治家的案头书，从帖木儿以来试图建立世界帝国的悲剧中总结经验教训，即欧亚大陆的国家必须放弃领土兼并的老路，走一条相互交流、相互配合的合作共赢的新路，而这也正是中国"一带一路"倡议所推动的道路。唯有如此，世界历史的重心才能重返欧亚大陆，重返东方世界。对中国而言，最重要的启示就是必须放弃传统大陆国家的战略定位以及由此形成的文化观念，持续不断地面向海洋世界来拥抱全球。兼具大陆和海洋两种独特地缘政治特征和两种政治文化品格必然要求中国同时推动大陆世界和海洋国家之间的双循环，在欧亚大陆世界与海洋世界之间维持平衡，由此来构建新型世界秩序。

然而，"欧亚革命"不仅是地缘政治的产物，更是人类历史从传统迈向现代的产物，是技术革命、经济革命、法律革命、政治革命、军事革命和思想文化革命相互激荡的产物，这些革命最终推动人类通过知识来把握宇宙、世界和自身。人类从分散在地球不同地方的区域性帝国最终迈向世界帝国恰恰意味着人类拥有了组织并驾驭整个世界的知识和能力，而这种知识和能力的持续增长也会推动人类在未来驾驭更广阔的宇宙空间。英美主导的世界帝国乃是西方几百年来知识、经验和智慧累积的结果，我们今天依然生活在西方现代知识所创造的世界中。中国崛起无疑得益于近代以来持续不断地主动学习西方创造的现代知识，我们唯有具有在知识上把握整个世界乃至宇宙的自主意识和自由意志，以海纳百川的胸襟来吸纳整个人类文明的成果，推动持续不断的知识创新，才有可能将中国崛起转化为对新型世界秩序的建构。在这个意义上，达尔文这部总结欧亚帝国兴衰历史的著作无疑是我们思考未来世界秩序的入门书。

Preface

前言

　　1405年帖木儿之死，乃是世界史上一个重大转折点。从阿提拉到成吉思汗，一连串"世界征服者"都意图建立庞大帝国，将整个欧亚世界——"世界岛屿"——归于一统，而帖木儿就是最后一位"世界征服者"。他死后不到50年，欧亚世界远西地区以葡萄牙为先驱的海洋国家，已开始探索航海路线——这些航线塑造了日后各个海洋帝国的关系网络与交通干道。本书正是要探讨帖木儿之后的历史。

　　乍看之下，大家会觉得那段历史已经耳熟能详。毕竟西方凭借着强大的帝国和繁荣的经济称霸全球，乃是我们历史认知的核心观念之一，统合着我们对过去的认知。这一观点似乎不可避免地充斥于正统的历史叙事之中。那是历史的阳关大道，而其他的观点全是小径或死路。欧洲的诸帝国瓦解后，新兴的后殖民国家取而代之，欧洲本身则成为"西方"（唯美国马首是瞻的世界性联盟）的一部分。本书的宗旨有一部分在于让读者了解，从帖木儿时代到今日这段时期的历史，其实远比那则传说所显示的更为混乱，更受偶然事件的影响，更富争议性——这是一个再清楚不过的事实。但为了阐明这点，本书将欧洲（和西方)放在更大的范畴里,放在欧亚世界其他地区建造帝国、建造国家、建造文化的宏大工程之间来探讨。个人认为,唯有如此我们才能正确理解欧洲扩张的进程、本质、规模和范围,并且稍微厘清当下世界复杂性的源头。

若非过去20年有关"全球"史和中东、印度、东南亚、中国、日本等地历史的新作大量问世,本书不可能写成。当然,历史学家坚持从全球观点了解过去,并非今日才有,这一传统最早可追溯至希罗多德。大部分的历史著作对于世界其他地区理应已经发生的事,有着一套靠猜测而得的结论。然而,系统地探索世上不同地区之间的关系,却是较晚近的事。弗雷德里克·泰加特在《罗马与中国》一书中论道:"只有充分认识到各民族都有历史,体认到那些历史与自己民族的历史同时发生于同一个世界里,体认到比较各个民族的历史乃是知识的源头,历史研究才有可能获得成果。"[1] 这一挑战,由麦克尼尔(W.H. McNeill)以皇皇巨著《西方的兴起》(*The Rise of the West*,1964年)承接下来。因书名之累,若未认真一读,会不知该书所探讨的范围之广,见识之精妙。但晚近,投注于全球史与西方以外历史的研究大增。"全球化"对经济、政治及文化的冲击,乃是原因之一。但或许同样重要的因素,乃是离散(diaspora)与迁徙的影响(创造出流动的、"反民族的"历史传统),以及原先把"历史"视为国家私产的许多政权一定程度上的自由化。在新视角、新自由、希望从历史中得到新意义的新阅读大众的推动下,大量历史著作纷纷冒出。这一切所产生的影响,乃是为原先似只有一条探索路径(欧洲扩张的论述)的过去,打开全新而广阔的视野。这使今人远比二三十年前的人更容易看出,欧洲步入现代世界的过程与欧亚世界其他地方的社会、文化改变,有许多共通特色,看出欧洲在世界的称霸其实比我们往往相信的要晚,比我们往往相信的更有局限性。

我能写成此书，得感谢其他史学家的研究成果。这由每一章所附的注释可清楚看出。我认同世界史是相互关联的整体，而我初次迷上这观念，乃是受教于已故恩师杰克·加拉格尔（Jack Gallagher）门下之时。他的历史想象汪洋恣肆，无边无际。牛津大学帝国史与全球史研究领域的同事——朱迪斯·布朗（Judith Brown）、大卫·沃什布鲁克（David Washbrook）、格奥尔格·多伊奇（Georg Deutsch）和彼得·凯瑞（Peter Carey）——让我获益良多。牛津大学内外其他同僚的专业知识，也使我收获不少，他们的真知灼见，我谨记在心。我在经济问题方面的思索，因结识"全球经济史网络"（Global Economic History Network）这个组织，而更为周全、深入。那是帕特里克·奥布赖恩（Patrick O'Brien）所创立的组织，旨在提供一个论坛，来讨论全球不同地区存在差异的经济变革路线。本书中的观念，有一些乃是在几场"巡回研讨会"上与詹姆斯·贝利奇（James Belich）、菲利普·巴克纳（Phillip Buckner）辩论时，激荡出来的——得益于如此之多的英才，我受的启发自不待言。而过去20年指导许多博士论文，也让我的历史知识大为增长。我特别要感谢以下几位朋友和同事，他们对本书各章的最初几版，提供了宝贵意见：理查德·邦尼（Richard Bonney）、伊恩·菲米斯特（Ian Phimister）、罗伯特·霍兰（Robert Holland）、马丁·塞德（Martin Ceadel），以及安德鲁·赫里尔（Andrew Hurrell）。书中若有谬误、缺漏，责任当然在我。

我以柯林斯·巴塞洛缪（Collins Bartholomew）制作的"Mapinfo"程序为基础，画成地图草图。若没有博德利图书馆地图部门奈杰尔·詹姆斯（Nigel James）的指导、建议及耐心协助，我不可能完成这件事；地图定稿则由杰夫·爱德华兹（Jeff Edwards）完成。鲍伯·达文波特（Bob Davenport）一丝不苟地编辑本书文稿，我要在此表示深深谢意。

若没有企鹅出版社西蒙·温德（Simon Winder）的热心和鼓励，这本书的撰写过程会艰难得多。西蒙的热心，令任何作者都不忍拂逆其好意，只有加紧努力以报答之。为此，也为了他在某些关键时刻适时提供的高明意见，我要大大感谢他。

最后，我能在俗务缠身的情况下，经历漫长时间写成此书，得大大归功于资源丰富的牛津大学图书馆，以及纳菲尔德学院为其研究员所提供的无比完善的研究与写作设施。

A NOTE ON NAMES AND PLACES

人名、地名小注

　　撰写一本时空范围如此宽广的书，在人名、地名的语言上，不可避免要碰到麻烦。不只名称有所改变，而且这种改变本身除了反映看法、身份的变更，往往还反映掌控权的变动。在世上许多地区，改城名、镇名、街名，乃至改国名，一直是借以象征旧体制（通常是殖民体制）终结，以及本土文化与认同重获肯定的方式。我的习惯做法，乃是使用本书读者群（以西方人和英语族群占绝大多数）所最可能熟悉的名称，在合适的地方也会采用其他相应的名称。有时这代表要使用当时对某地有特殊意义的名称。因此，我使用"君士坦丁堡"，而非"伊斯坦布尔"，以指称奥斯曼帝国的都城。1453年奥斯曼土耳其人攻占该城之后，西方有很长一段时间仍惯称该城为君士坦丁堡。我保留这种用法，以表明它作为帝国都城的角色（大不同于现代伊斯坦布尔的角色），以及它作为遭占领而亟待"收复"的基督教城市（在欧洲人眼中）具有的争议性身份。西方人这观念直到1923年《洛桑条约》签订才消失。

　　有两个问题，特别值得一提。首先，用罗马字母拼写的伊斯兰名字向来毫无章法,这可能是无可避免的事。千百年来,欧洲人拼写伊斯兰名字没有固定的规则,因而使同一个伊斯兰名字出现多种不同的拼法,而其中有些拼法在今人看来甚是怪异。此外,某些拼法反映了阿拉伯语、波斯语、突厥语(欧亚中部伊斯兰世界的三大语言)口语表达上的差异,使这问题更为复杂难解。穆罕默德这个最为人熟悉的名字,可能拼写为 Mahomet、Mehmet、Mohamed 或 Muhammad,费萨尔可能被拼写为 Feisal、Faisal 或 Faysal。我使用了自认为大家熟悉且便于理解的拼法,而非那些被学界视为"正确"的拼法。

其次,还有伊朗这个问题。1935 年之前,伊朗的正式名称叫"波斯"(Persia),那是当时西方人对这个国家一般的称呼。但在过去,在该国和该地区之内,叫"伊朗"比叫"波斯"更为普遍。为求行文简洁,本书所涵盖的那几百年间,凡是提及那个地区和那个地区上的民族,我一律以"伊朗"称之。但切记,波斯语(Persian,又称法尔西语)曾是强势语言,波斯文化曾是强势文化,"波斯人"曾用来指称某个多民族混居地区中最大的族群。

LIST OF ILLUSTRATIONS

篇章页图注

1. 托勒密地图（来源：Corbis）
2. 16世纪中叶的君士坦丁堡（来源：Ann Ronan Picture Library/Heritage Images）
3. 荷兰东印度公司控制下的巴达维亚港（来源：Ann Ronan Picture Library/Heritage Images）
4. 塞林伽巴丹的风暴，英国东印度公司与印度迈索尔邦的决战（来源：British Library）
5. 佩里将军的船队驶入日本港口（来源：Corbis）
6. 义和团运动期间的法国士兵（来源：Corbis）
7. 圣雄甘地
8. 马歇尔群岛上的核测试
9. 北京天坛

Ptolemaisch General Tafel/begreiffend die halbe Kugel der Welt.

第一章

重新面向东方
ORIENTATIONS

15 世纪
帝国不是原罪,而是世界史上的常态

帖木儿之后

1401年，帖木儿率兵围攻大马士革城时，伊斯兰史学大家伊本·赫勒敦（Ibn Khaldun，1332—1406年）正在城里。他很想面见这位闻名于世的征服者，便坐在篮子里，请人用绳子将他从城墙上放下去。帖木儿派人将他迎进营帐，与他交谈了数次。伊本·赫勒敦在自传里称帖木儿是"最伟大、最有权势的国王之一……热衷和人辩论一切他了解或是不了解的事物"。[1] 伊本·赫勒敦忧心于阿拉伯-伊斯兰文明的覆灭，或许他在帖木儿身上看到了拯救这一文明的希望。四年之后，原本意图征服中国的帖木儿，死于前往中国的途中。

帖木儿（Tamerlane，有时也拼作 Timur 或 Timurlenk，后者意为"跛子帖木儿"，欧洲人即据此称之为 Timur the Lame）是旷世奇才，传奇人物。约14世纪30年代，帖木儿出生于察合台汗国（一个突厥化的蒙古部落联盟）的一个弱小氏族。成吉思汗于1227年去世时，他所建立的蒙古帝国已分裂为四大汗国，察合台汗国就是其中之一。到

1370年，帖木儿已称霸察合台汗国。1380年至1390年间，他致力于征服伊朗、美索不达米亚（今伊拉克）、亚美尼亚、格鲁吉亚。1390年，他入侵俄罗斯人的土地，数年后重返该地，毁灭了金帐汗国（又称钦察汗国，蒙古人在今日南俄罗斯所建立的政权）的都城。1398年，他率领大军劫掠北印度，击溃该地的穆斯林统治者，并摧毁了德里。1400年，他再度前往中东，拿下阿勒颇和大马士革（伊本·赫勒敦逃过了该城的大屠杀），接着在1402年的安卡拉之役击败并生擒奥斯曼苏丹巴耶塞特（Bayazet）。之后，他转而向东，踏上了壮志未酬的最后征途。

帖木儿的历史形象是一个杀人如麻的暴君，他的掠夺征服活动确实野蛮残暴，但他也是欧亚历史上的过渡性人物。[2] 他的征服行动旨在重现成吉思汗及其后代打造的蒙古帝国，这一帝国的版图从今日的伊朗绵延至中国，向北最远抵达莫斯科。蒙古帝国的诞生，促使人员、贸易与观念在欧亚大陆腹地的大草原走廊上频繁流动。而在经济全面扩张的时代，蒙古人的统治或许也激发了商业与知识的变革。[3] 蒙古人甚至允许那些想要将他们拉入反穆斯林联盟、鼓励他们皈依基督教的西欧传教士来访。但到了14世纪初期，由数个独立政治体组成的庞大蒙古帝国，几乎已无力维持其内部的统一。伊朗的伊尔汗国内部自相残杀，钦察汗国与察合台汗国相互攻伐，统治中国的元朝覆灭（1368年），标志着蒙古人打造欧亚帝国的试验就此告终。

帖木儿征服活动的一大目标，就是恢复这个业已瓦解的帝国，但他采取的路径有所不同。他的许多征讨行动，似乎都意图摧毁那些与之争夺欧亚贸易干道的对手，以便独揽贸易利润——这正是他的帝国赖以建立的经济基础。此外，比起对草原游牧地区的控制，帖木儿的权势更多来源于他对"农耕地区"的掌控。他的部队里除了骑兵弓箭手（蒙古人的部队主力），还有步兵、炮兵及重装骑兵，他甚至还有一支象兵军团。他推行专制独裁，效忠于他的既有部落民，也有城市居民和农民，而他保持着这些群体之间的平衡，不让任何一方势力独大。帖木儿也自称"安拉的影子"（他的诸多头衔之一），对任何背弃伊斯兰信仰者均予以报复，毫不留情。他在出生地附近的撒马尔罕建立帝都，将四处掠夺来的战利品运到该城，并建造了颂扬其盖世武功的宏伟建筑。"帖木儿王朝"的模式也持续影响着整个中央欧亚地区的帝国观念。

尽管帖木儿骁勇善战、用兵如神，亦能利用部落政治局势实现其军事野心，但他创立的体制在他死后立即分崩离析。一如他在生前可能已经发觉到的，以大草原为基地统治农耕区、以过去的蒙古军队为基础建造欧亚帝国的时代已不复返。奥斯曼帝国、埃及、叙利亚的马穆鲁克（Mamluk）王朝、北印度的穆斯林苏丹国，特别是中国，都太过强韧，并非靠闪电攻势就能扫平。事实上，帖木儿之死，在几个方面标志着全球历史上一个漫长阶段的终结。整个欧亚世界分成远西诸国、信仰伊斯兰教的中央欧亚，以及儒家文化影响下的东亚这三大势力，而帖木儿的帝国乃是最后一次打破这种分立态势的真正尝试。第二，他的政治试验及其最终的失败，都表明权力已开始由游牧帝国转回定居文明国家之手。第三，帖木儿对中央欧亚造成的间接伤害，以及部落社会在该地区持续拥有的强大影响力，都间接地促使（即使这个过程是缓慢发生的）欧亚世界的权力重心转移到远东和远西，中央欧亚则成为这一进程的牺牲品。最后，帖木儿去世时，业已建立的长途贸易模式以及（他生前亟欲掌控的）东西贸易路线，同时开始发生变化。他死后不过数十年，以撒马尔罕为统治中枢的世界帝国构想，便已变得不再现实。全球普遍的航海探索活动使人们得以通过海路前往

第一章　重新面向东方　　5

世界各地，从而塑造了新的帝国经济形态与地缘政治。此后还要过上3个世纪，新的世界秩序图景才会展现出来。但帖木儿死后，再也没有世界征服者崛起并称霸欧亚，帖木儿的欧亚世界不再是已知世界的全部。

全球史

在本书中，我们将会跨越辽阔的历史空间追索三个主题。第一个主题是全球"联结"的深化，直至形成今人所谓的"全球化"。第二个是欧洲势力（和后来的"西方"势力）通过帝国手段，在这过程中所扮演的角色。第三个是欧亚世界中其他各个国家与文化，面对欧洲扩张时所表现出的强韧生命力。20世纪时，世界变成一个半统合的庞大经济–政治体制，再没有哪个国家、社会、经济或文化能完全与世界舞台相隔绝，而上述三个因素，在这个全球世界的塑造过程中都扮演了关键角色。

历史书写的题材不管多微小，主题多模糊，其目的都在于解释我们今日景况的形成。当然，史学家们经常反对彼此的观点，原因之一在于对何谓"现在"（历史的最终产物）持有不同意见。更麻烦的是，我们还会不断改变对当下的看法，配合纷至沓来的事件予以"更新"——如此一来，我们要从历史中探寻的主题也发生了变化。但至少就眼前来说，大家普遍认为，我们所置身的时代，在许多重要方面都与上一个世代（1980年前）大不相同。用通俗的话讲，我们用"全球化"这个无所不包的词来概括影响我们最深的时代特征。全球化是个有歧义的词语，它听来像是一个过程，但我们常用它来指称某种状态，即一段变革时期的终点。所有迹象均指出，世界变革（不同地区与不同大陆之间财富与生产力的分配变化）的步伐很可能会加快，至少在经济关系上是如此。但我们可以用浅显易懂的方式，勾勒出"全球化世界"（全球化在现今达到的阶段）的一般特点。这就是本书所要讲述的这段历史中，人们无法预测到的"现在"。

这些特征可简要归纳如下：

1. 全球统一市场的出现：绝大部分的普遍实用产品，以及资本、信用及金融服务等领域，都出现了全球统一市场；
2. 地理上或许相隔遥远，但国家（即使是弹丸小国）间的利益关系已超越地区限制，扩及全球，各地间互动密切；
3. 全球性媒体已深入大部分文化体，我们几乎已经无法逃脱这些媒体所传达的商业和文化信息（特别是那些"品牌"文化语言传达的信息）；
4. 大规模的迁徙和离散（不论是被迫离散还是自主迁移）创造的关系网络和连接，可以与19世纪欧洲人的迁移或是大西洋奴隶贸易相匹敌；
5. "两极时代"（1945—1989年）告终，世界进入单一"超级大国"时代，这个超级大国的经济、军事实力远远超出其他国家，国力之强为全球现代史上仅见；
6. 中国、印度以制造业大国之姿，骤然重回世界舞台。两国占全球经济的比重大增，改变了全球经济的均势格局，因此已经有人将其庞大人口带来的经济动员实力，与19世纪新世界大门的打开相提并论。

以上所列的六点，必然会引发一连串诘问。既是全球化的世界，为何会有一个国家获得超强的地位？中国、印度的经济复兴为何如此晚近才出现？西方诸国（现包括日本）为何在科技和生活水平上如此长期领先他国，直到晚近才有所变化？为何西方文化（科学、医学、文学、艺术等方面）的产品大体上仍最受人追捧？为何各国的政治体制和其法律、规范，都反映了欧洲治国术的理念和实践，为何各国都按照欧洲模式划分领土？20世纪末期的全球化世界，并非全球市场的预期结果。我们也无法根据500年前世界的状态，推断出如今的景况。"现在"是漫长、混乱、常常充斥着暴力的历史产物，是运气突然逆转和意外失败的结果。其根源可以追溯到（大家普遍深信的）"地理大发现时代"，甚至上溯至帖木儿死时。

当然，关于世界史进程的解释与辩论，已有无数理论作品与历史著作问世。全球化的历史（和前史），向来具有争议。全球化的大部分特色似乎和欧洲（后来是西方）称霸全球密切相关，争议几乎无可避免，壁垒早已分明。最早设想全球化世界的人，以及19世纪30、40年代的英国自由贸易主义者，从亚当·斯密的观念中得到启发，推断全球自由贸易会将战争消弭于无形。如果每个国家都倚赖外国供货商和客户，如此构建起来的贸易依存网络将坚不可摧。动荡时期风光无限的好战贵族将会被淘汰。资产阶级所憧憬的代议制政体，将会通过商人和贸易传播到全世界。开明自利将把世界改造为人人都得利的世界。但卡尔·马克思戳破了这一派乐观的陈述。马克思认定，工业资本主义迟早会使市场上商品泛滥（他认为这很快就会发生）。这时，借由降低生产成本、把工资压到工人生存所需的成本之下，工业资本主义可以再苟活一阵子。一旦工人暴动（这必然会发生），资本主义会立刻瓦解，人民将当家做主。欧洲以外的世界将会陷入这一斗争中。欧洲资本主义者渴求市场，因此必然入侵亚洲（马克思以印度为例），摧毁其尚未步入现代的经济。英国兰开夏纺织业赚取了丰厚的利润，印度的织工却因此被逼到绝境。印度的乡村体制和社会秩序正渐渐消失，这"与其说是由于不列颠的收税官和不列颠的兵士粗暴干涉，还不如说是英国的蒸汽和英国的自由贸易造成的结果"。[4] 这种破坏工作中难得的一点贡献，也是无心插柳，即促使亚洲出现社会革命，而没有这场社会革命（马克思如此暗示），世界其他地方也无法抵达其预想中的社会主义阶段。

马克思断言，全球经济诞生自欧洲的需求。列宁认定资本主义依赖于经济上的帝国主义，并预言资本主义会在全球殖民地人民的起义中倒下。[5] 马克思-列宁这种半历史、半预言式的说法，似乎道出世界史的真相。20世纪20年代起，这说法对知识界影响甚大。根据这一观点，欧洲的经济扩张乃是其成功统治世界其他地区的力量。但这种力量并未创造出英国自由贸易主义者所预言的资产阶级乌托邦，反而造成了整个世界的割裂。以欧洲（及其美国后代）为中心的资本主义工业地区，越来越富有，但地球其他地区却因为其殖民或半殖民的附属地位，越来越贫穷。资本主义者的财富和欧洲帝国主义的强权联手缔造了极不公平的交易。在非西方世界里，"自由"贸易被用来摧毁传统手工业，阻碍工业增长，把地方经济困锁在只能生产廉价原料的阶段。此外，这些商品原料的价格将会长期低于当地人用其换取的工业制成品（即使相差没那么多，结论也是一样的），贫穷和依赖只会日益恶化并延续下去，除非催生出贫穷与依赖的那个"世界体制"被暴力摧毁。[6]

这种观点从悲观角度看待全球化的动力与意义（但当时尚无全球化这个词），有时会对其主张的革命结果坚信不疑。在20世纪大部分时候，这一观点比那些认为经济彻底全球化的结果即是"现代化"

（例如复制的西方社会结构）的乐观主张更有市场。两种观点都无疑断定，欧洲（或西方）是历史变迁的唯一真正源头。两方都运用了德国社会学大师马克斯·韦伯（1864—1920年）的惊人洞见（和对韦伯更为惊人的研究成果）。韦伯着迷于欧洲独特的、不同于中国和印度的发展轨迹。马克思侧重于打破欧洲封建社会，构建资产阶级主导的资本主义社会革命，韦伯则寻找使欧洲"与众不同"的制度与信念模式。资本主义在欧亚世界之外也有出现，但只有欧洲过渡到现代工业资本主义，从而称雄于世界。韦伯的核心观点是现代资本主义最需要积极而合乎理性的精神。儒家（理性但不积极）、伊斯兰教（积极但不理性）、印度教（不积极且不理性），都不利于实现这一关键的精神结合。"从亚洲非知识分子阶层神秘的宗教虔诚所发展出的道路，没有一条能够通向对生活合乎理性、有条不紊的掌控。"[7]而欧洲的新教却在无意间创造了让这种突破成为可能的关键心理要素（与配套制度）。

　　韦伯主张欧洲的独特性须从独特的社会-文化特质复合体来解释，随着他的著作在20世纪20年代及之后引发热潮（且被译为多种语言），对于这一主张的诠释作品也层出不穷。马克思主义者认为欧洲的富强乃是来自对世界其他地方的掠夺，而在那些认为马克思主义观点失之粗陋的人看来，韦伯的主张就特别合他们的胃口。韦伯的观点促使人们去寻找让欧洲转而走向生产投资和技术革新的关键因素。这个主张似乎正好印证了一个大家普遍秉持的观点（在韦伯出生前许久就已出现的理念），即欧洲社会具有独一无二的活力，其他伟大文化再怎么灿烂辉煌，都缺乏物质进步的核心要素。事实上，在这个中心议题里，韦伯派的观点和马克思的"世界体制"主张（其支持者视之为理所当然）之间，其实没有差异。不论动机好坏，欧洲都让原本僵滞的世界焕发了生机。

这个以欧洲为中心的现代世界史论述,为何在更晚近时遭到抨击,原因不难理解。1945年后欧洲各个殖民帝国迅速瓦解,许多新国家次第诞生。每个新国家都需要一个以自身进程为论述核心的历史,以及带领人民反抗欧洲文化傲慢的民族英雄。在新的"民族主义"史学家笔下,欧洲人的统治(或影响)乃是不公与压迫。欧洲人的干预不仅没有让停滞不前的地区进步,反倒阻挡了已经开始前进的社会及文化态势。20世纪70、80年代,"庶民历史"(subaltern history)深入探究了前殖民时代的许多社会结构,展现了那些激烈反抗外来统治的复杂农民社群的形象。由于外来者试图以笨拙甚至粗暴的方式强行施加殖民"体制",这些农民的生活逐渐无以为继。[8] "去殖民化历史"则使各个社会、种族、宗教与文化群体从阴影中走出来。以往关于殖民地的传统叙事——以暗沉的本土(local)背景凸显欧洲人的历史角色——如今看起来就像是某种固定的图像,对复杂现实的描绘过于粗糙且疏漏甚多。被殖民地区民众(包括老师、作家、商人、小农、移民,以及少数族群等等)的抱负与事业,也被叙述或记录下来。欧洲人向来自认是那些"停滞不前的世界"里唯一"积极进取"的角色,但那些世界如今逐渐被认为是充满生机的。在这种新观点下,欧洲人不再是昂扬自信的宰制角色,反而常常被专注自身事务的本地人击败、利用,或是被完全忽视。

早在这之前便有史学家主张,即使是被殖民的民族也有值得研究的独立历史。第二次世界大战之前,年轻的荷兰史学家范洛伊尔(J.C. van Leur, 1908—1942年)就谴责欧洲人撰写的印度尼西亚史只会从"船只甲板、要塞护墙、贸易所的高顶长廊"等角度来讲述,仿佛没有欧洲人在场,或是没有欧洲人的挑战,那里就什么事都不会发生。[9] 范洛伊尔死于战场，他的看法直到20世纪50年代末才广为人知。但他的著作极大丰富了对"欧洲中心的世界史"的批判。针对欧洲人在16世纪经海路抵达亚洲、重塑亚洲贸易经济这一叙事，他在著作中予以驳斥，并指出连接中国、日本、东南亚、印度、波斯湾、红海以及东非的庞大海上贸易是由亚洲人开创的，欧洲人后来才进入其中。"全球"经济早已存在，根本不必等欧洲商人前来播撒火种。[10] 如果说全球经济的合流是现代世界历史的重大主题，那么亚洲人（与其他非欧洲人）所扮演的角色，绝不可忽视。事实上，我们不能再把"全球化"（更广义的全球化）仅仅视为欧洲人的工作。

过去20年，范洛伊尔的创见得到进一步阐扬。全球流动规模的扩大、离散人数的增加、跨国旅行的便捷、大部分国家权力的受限，以及工业国家分布（特别是在亚洲）的新态势，已彻底改变了我们对过去的认知，改变了我们想从过去知道的东西。至少就眼前来说，撰写民族史和国别史的重要性，似乎已经远不如探究当前世界变动的根源、商品与观念的频繁交流、混杂的文化，以及多变的身份认同。新的全球史已应运而生，其主题包括区域研究或海洋研究、长距离贸易、商人网络、漂泊学者的足迹，以及种种信仰与崇拜在不同文化与大陆之间的传播。从这个层面来看，欧洲与亚洲的差异（传统世界史叙事的核心假设）其实没那么显著。反倒在传统叙事中欧洲与亚洲的分流渐成定局之时，一连串"关联"——包括商业与文化上的联系——把现代初期欧亚世界的许多地区连接起来。全球性帝国的观念、新兴的"旅行文化"、千禧年末世论的谣言和幻想，流传在从西班牙到孟加拉湾之间的广袤空间之中。[11] 就社会与文化变迁而言，位于亚洲或欧洲的具体哪个地区，远不如毗邻欧亚贸易干道或是位于干旱地带（使远道而来的旅客可以不必穿越森林、丛林或沼泽地）重要。[12]

在"全球物质进步史"这个新领域著书立说的史学家,关注重点也发生了类似的变化。一如范洛伊尔所指出的,在达·伽马1498年抵达印度后,欧洲人震醒了昏昏欲睡的亚洲这种轻率论断实际上扭曲了事实。达·伽马抵达时,亚洲已具备密集的商业网络,将东非海岸与南海之间的港口和制造商连接起来。亚洲商人并非消极接受欧洲人的入主,任由欧洲人摆布。不管亚洲人的政府有哪些缺点,都绝非欧洲人虚构的那样,是掠夺成性、借由苛捐杂税和无理由没收私人财产来打压贸易与农业的暴君统治。亚洲不同地区都存在市场经济,而且其中的产业分工、贸易专业化和城市发展(亚当·斯密所谓的增长标志)都与欧洲的情形相似。特别是在中国,商业贸易的规模、信用体系的成熟、技术的发展运用,以及庞大的产业体量(尤其是纺织业),都显示出这些地区在前工业时代的经济活跃程度,比同时代的欧洲经济有过之而无不及。事实上,在1800年之前,真正引人注目之处,不是欧、亚之间经济形势的强烈反差,而是欧、亚世界的"惊人相似",那时的欧洲和亚洲某些地区至少在理论上都具备大步跃进工业时代的能力。[13]

与此同时,欧洲在世界史论述中担负的中心角色,受到另一个截然不同的群体挑战。受巴勒斯坦裔美国人爱德华·萨义德启发而兴起的知识运动,从20世纪70年代末起,谴责那些欧洲人论述亚洲历史、民族学、文化的经典著作都是些"东方主义者"的幻想。根据萨义德的说法,欧洲人的叙述存在不可饶恕的疏漏,一是将刻板化的特质(几乎全是贬义的)不假思索地套在亚洲人身上,一是不断将亚洲社会描写为懒散、腐败或退化的,与生机勃勃、昂扬自信且进步的欧洲社会截然相反。[14]大量批判性著作随之涌现,开始检视各种向欧洲大众灌输西方以外世界形象的作品内容及其语言形式。这些著作要表达的意思非常清楚：如果欧洲人的报道（不论属实或虚构）服务于欧洲霸权扩张这一最终目标，即使是在不经意间为之服务，那么这些报道也只是反映了欧洲人自身的恐惧和执迷，毫无历史价值。欧洲与非欧洲的比较研究本身就是过度妥协的产物；甚至可以说（有些作家的确如此主张），历史本身就是一项异化的工作，它将人们对过去的理解强塞进欧洲（或是为欧洲）捏造的观念和范畴之中。

没有多少有识之士能够接受由这种后现代极端思想推导出的结论：一切事物都是不可知的，人们的探究皆是徒然。但大多数人可以接受另一种相对更宽容的观点，即欧洲人对世界其他地区的描述，需要非常仔细地解读。萨义德派的批判就是这种重大革新的内容之一，他们努力将欧洲"去中心化"，乃至将欧洲"地方化"。欧洲人对其他文化、其他民族的描述，再怎么全面或具说服力，都不该再被视为"权威说法"。欧洲不该再被视为变革的枢纽，或影响非西方世界被动文明的力量。或许，最重要的是，欧洲迈向现代世界之路，不该再被视为自然道路或是"标准"道路，也不该再被视为衡量世界其他地区历史变迁的标准。欧洲人已打造出自己的现代性，但世上还有其他现代性，而且为数不少。[15]

关于欧洲扩张史的反思

"去殖民化历史"削弱了欧洲的历史地位。因为它，我们很难再理所当然地认为欧洲社会天生具有进步倾向，或是欧洲社会必然比欧亚世界（或其他大陆）的其他民族更有效率。欧洲人对"进步"的界定，一如欧洲人对世界其他地方的论点，已失去以往不容挑战的权威。甚至有些现代作家还认为不同文化之间的任何比较都没有意义

（因为没有人能透彻地了解多种文化），他们坚信这个纷然杂陈的世界原本就由种种独特、新颖的文化所组成。后殖民历史普遍怀疑欧洲带来的冲击，更怀疑过去所宣称的殖民统治给当地带来的"改善"。后殖民历史认为"殖民"历史短视而充满偏见，甚至具有欺骗性，"殖民"历史的主张中为殖民者本国国内舆论服务的宣传意味太过浓厚。事实上，更仔细地审视之后，我们可以得到与殖民主义者完全相悖、颇为讽刺的结论：殖民统治并未将落后民族引领至欧洲式的现代性，反倒更像是加诸了某种"反现代性"。印度的种姓制度代表着印度的落后，但英国统治者为统治之便与婆罗门阶级达成协议，将种姓制度强化为行政管理体制（具体落实在人口普查中）。[16] 殖民统治下的非洲也发生了类似的情形，氏族及其成员被改归为"部落"，并以宗族领袖为主要统治者。[17] 殖民者在这里（一如在印度）精心包装政治策略，以示对当地传统的尊重。在殖民视角的历史中，种姓制度和部落都被深深烙印在印度与非洲历史的传统特性之中。在帝国主义者的宣传里，它们就是使印度人、非洲人无法当家做主的遗传缺陷；但在"去殖民化历史"里，欧洲的扩张实为按照伪造的传统路线重新整合非西方世界的大阴谋，旨在永远遏制非西方世界的壮大，剥削其资源。

不论是基于何种思潮，欧洲在如今世界史里的地位，都与几十年前传统叙事中的情形大不相同。但欲将欧洲"地方化"的史学家，其论点仍有待进一步阐明。欧洲诸国乃是创造19世纪末期"全球化"世界的主要力量，也是19世纪70年代至20世纪40年代的"现代世界"里紧密关联的两大变革的主要推手。第一大变革是世界经济的诞生，在这种世界经济里不只有高价奢侈品的长途贸易，还有数量与金额庞大的制造品、原料、食品贸易，以及随之而来的人员与资本流动。这场经济革命主要以欧洲为中心,或是主要靠欧洲人来运转(虽然并非总是能够良好运转),并且是为迎合他们的特殊利益而诞生的。第二大变革与前一个密切相关,即欧洲人的统治权以公开或暗地进行的方式,扩及欧洲以外的广大地区。这一过程在公元1800年前就已开始,但在19世纪中期突然加快。这一点明显可见于殖民列强对非洲、东南亚、南太平洋、(后来的)中东的瓜分;俄国在北亚、英国在南亚建造帝国的大规模冒险行动;中国人的海上势力范围大量落入外国人之手;还有欧洲人(借由人口帝国主义手段)对中南非洲部分地区、美洲、澳大利亚的占领。现今东南亚许多地区、非洲、中东、太平洋、澳大利亚,乃至美洲的国家疆界,就在欧洲人的这番扩张中确立。

　　因此欧洲进行了一场双重扩张。第一重扩张的外在表现是铁路的蔓延与汽轮的远航,建构出比过去更快、更稳定,且能将大量货物运到原本无法抵达之地的庞大交通网。港口设施、火车站、电话线路、仓库、银行、保险公司、商店、饭店(例如开罗的谢泼德饭店或新加坡的莱佛士饭店)、俱乐部,乃至教堂,构成欧洲商业帝国的全球系统网络,使欧洲商人得以自由迁徙,贸易得以自由进行,并使欧洲商人易于接触到大批新客户。第二重扩张发生于领土层面。那意味着取得要塞和基地,进而得以从那些地方派出部队和战舰前去压迫或征服。那意味着掌控地跨欧洲与世界其他地方往来海上要道的战略要地;典型例子就是1882年遭英国占领的埃及。那意味着某种可借以将殖民地的产物和收入恣意转供帝国使用的统治模式。英国人在印度的统治地位稳固后,立即向印度人征税,以供应他们在亚洲维持的军队(印度兵军队)。欧洲的商业帝国和其领土帝国,并非完全重叠。但这双重扩张的关键处在于两种扩张相互依赖。领土帝国主义是攻坚利器，可以强行打开反对自由贸易的市场，或（一如在印度）征用当地资源建造欧洲商人所要求的铁路、公路。它能给予欧洲企业家安全保障，或者（一如在非洲常发生的）让欧洲企业家免费取得当地土地和人力，但它也倚赖欧洲能运用的科技、工业、金融方面的资源。需要动武时，这些资源可能就是影响成败的关键（英国就凭借着蒸汽船和先进武器，打赢了1840年至1842年与中国的第一场战争），但这一点并非在所有地方都管用。[18] 工业帝国主义的真正优势，在于规模和速度。工业技术和资本供应，使欧洲人得以发动一连串令对手猝不及防的征服行动；得以用惊人的速度铺设铁路，将兵力投放到距海岸数百英里[1]的内陆；得以将大量欧洲移民移入新地区，在几乎一夜之间改变该地区的人口结构，使原住民惊慌失措，觉得抵抗也是枉然；得以将原本陌生的环境彻底改造为他们熟悉的欧式居住地；除了引进作物和家畜，还引进野生的动植物。尤其重要的，是欧洲人得以将即使地球上最偏远的地区，都改造为奶油、肉或奶酪之类日常商品的供应地，从而不必再像从前那样只能倚赖母国的生产商。1880年后在新西兰沿海地区大量出现的冷冻加工厂和其满是污垢的烟囱，正是殖民化的工业面貌。

若说欧洲人未得到盟友和助手的支持，这绝非事实；但欧洲人在改造世界的过程中的确扮演了最关键的角色。但从一个欧亚"相连"的世界转变为一个全球帝国世界，如此非比寻常的转变（看上去在1914年已几乎完成），我们应如何解释？探讨这主题的著作多如牛毛，但仍有许多问题困扰着人们。1492年（哥伦布横越大西洋）和1498年（达·伽马抵达印度）这两个神奇的年份，或许标志着欧洲新时代的开

---

[1] 1英里≈1.6千米。——编者注

始。但前进的步伐在最好的情况下，也只是走走停停。哥伦布登陆后300年，北美大陆大部分地区仍未遭欧洲人占领，几乎未曾有欧洲人踏足。达·伽马所登陆的印度那一隅，则是在将近300年后，才落入欧洲人的统治（卡利卡特于1792年遭英国吞并）。直到18、19世纪之交，欧洲人的扩张脚步才变为冲刺。有待进一步解释的，不只是欧洲扩张的时机，还有其形式和方向。奥斯曼帝国与伊朗，比印度更靠近欧洲，为何能比印度更晚许久才被欧洲人掌控？为何印度受殖民统治时，饱受外人侵逼的中国仍能保有其主权地位，而日本为何能到1914年时成为殖民强权？如果工业资本主义是欧洲势力扩张的关键，那为什么世界许多地方在那么久之后才感受到它的冲击，而且冲击之后的结果如此多样？欧洲内部频频爆发死伤惊人的对立冲突，为何这些冲突未对其帝国主义野心带来更大的伤害？还有什么才该被视为"欧洲"？为什么在"非欧洲"地区中，有些地区比其他地区更能抗拒欧洲势力，或更快摆脱欧洲的掌控？欧洲的诸帝国瓦解后，"欧洲缔造的世界"还剩下多少？

欲回答这些问题，似乎应该在过去史学家采取的路径之外，另辟蹊径。本书提出的论点，深受四个基本假定的影响。第一个假定，乃是我们应扬弃现代世界史的发展进程是单一直线的观点，也就是不应再认为欧洲"以先进姿态"崛起，称雄于世，然后衰落，再以"西方"的一部分的身份兴起。从"因缘际会时期"（conjuncture）的角度来思考，会比较有助于了解过去，也就是说，在这时期，世上不同地区同时发生某些普遍情势，从而助长（或抑制）贸易的扩大、帝国的扩张、观念的交流或人员的移动。这一现象发生的方式，可能会一举改变世上不同地区间的实力对比，至少短时期内是如此。光是一个条件，很少能撼动大局。生产者和消费者或许想做买卖，但也必须是政府和统治者同意自由（某种程度的自由）贸易（或任何其他种类贸易）才能如愿。政治尤其是地缘政治是这综合因素里的关键因素。战争的爆发和不可预测的战争过程，可能打破既有均势，形成另一种均势。因此，19世纪末期的贸易大扩张和其所协助促成的各种全球化，随着第一次世界大战的爆发，猝然停摆。1929年后，"去全球化"降临，带来重大灾难。把让欧洲得以称雄全球的独有突破，视为欧洲大陆某场革命不期而至的结果，会比将其视为循着哥伦布脚步稳步前进的结果更为适切。贴切的意象不是河流或潮流，反倒是地震和洪水。

  第二个假定，乃是必须将欧洲的扩张时代，牢牢放在其欧亚环境里探讨。那意味着得将欧洲与亚洲及北非其他"旧世界"文明和国家的关系，摆在"中心"位置来看待。欧洲强行进入"外围世界"（Outer World），进入其在美洲、澳大利亚、非洲南部所缔造的"新欧洲"，无疑是这段历史的关键部分。没有对北美资源的开采利用，没有美洲东北部和西北欧形成"大西洋"经济的商业整合，19世纪末期或许根本不可能出现全球经济。但我们不应被美国惊人的财富（长逾一世纪的世界奇观）带离了焦点。现代世界史的重心在于欧亚，在于从欧洲的"远西"到亚洲的"远东"一连串欧亚伟大文化与国家之间混乱矛盾而又紧密相连的关系。

  这一"欧亚"观点最有力的陈述，出自一个世纪前英国地理学家暨帝国主义者哈尔福德·麦金德（Halford Mackinder）之口，这或许令人意想不到。[19] 麦金德热切提醒他的读者，在"哥伦布时代"，欧洲海权看似已宰制世界，但该时代其实只是个插曲。海洋超越陆地，成为首要的交通路线，只是暂时的，而非永远；铁路的问世就见证了这点。不久后，主宰世局的力量，将重回控制欧亚"心脏地带"

而得以掌控欧亚（麦金德所谓的"世界岛"）的强权（列强）之手。占据这一中心位置，加上有铁路网可移动庞大资源，欧亚帝国可以将任何对手赶到世界的海洋边陲（包括美洲、撒哈拉沙漠以南的非洲、东南亚岛屿区、大洋洲的"外围世界"），甚至在那里也向对手发起挑战。我们无须跟着麦金德的地缘政治观点，探讨此观点顺理成章得出的结论（他的目的终究是戳破"爱德华七世时代"的自满精神），但在纳粹帝国主义时代，"心脏地带"超级帝国的梦魇式情景，变得较可能成真。我们今日所能见到的，或许比他看得更清楚的，乃是欧亚世界主要成员在财富、力量平衡方面的变动，以及那些成员进入全球经济和现代"世界体系"所凭借的不同条件，构成了现代世界史的锤子与铁砧。

我们甚至可以主张，欧洲吞并"外围世界"只是这欧亚史的一部分，且这在很大程度上取决于欧亚世界的发展局势。过去，在撒哈拉沙漠以南的非洲地区和东南亚，欧洲人和"旧世界"的其他帝国以及那些帝国的附属国处于竞争态势。约1870年后，因为担心中国、日本移民"和平入侵"，整个"白人"太平洋区（澳大利亚、新西兰、北美洲太平洋沿岸）对黄种人产生被害妄想症。但不容置疑的是，欧洲人欲在"外围世界"打造可以长久的殖民地，的确有赖于吸收或征用欧亚世界非欧洲人地区的资源。印度的税收、士兵、商人、人力（往往是契约工），协助欧洲企业（在此是英国企业）打入东非、东南亚大陆部分的某些地区、远至斐济的太平洋岛屿。中国商人、矿工、工匠，在后来成为英属马来亚和荷属东印度群岛（今印度尼西亚）的地方，也扮演同样重要的角色。中国人、印度人前来，不是替中国或印度执行扩张任务，而是协助欧洲人扩张，这是至为重要的事实。

第三个假定，乃是必须非常谨慎地思索何谓"欧洲"。在欧洲顶多是个结构松散而内部纷争频仍的"联邦"之时,将欧洲视为一个整体,必然招致反对。因此,我们谈到"欧洲称雄"时,我们真正表达的,乃是欧洲诸国(特别是在海外贸易和帝国扩张上最活跃的那些国家)的集体称雄。困难之一在于"欧洲"这个字眼已具备至少三种不同的意涵,即地理空间,社会-政治共同体,以及特定的文化。[20] 书写欧洲的全球扩张历史时,有个行之已久的简便解决办法,就是把欧陆的西北一隅视为欧洲的权力中心。英国、低地国家、法国北部、德国西部成为欧洲的"最典型地区",制定了经济现代性、文化现代性方面的"欧洲"标准。因此,欲解释欧洲为何如此成功,就只需直接锁定代表欧洲的那些"核心国家"的强大和效率。

从长审视欧洲在欧亚(或全球史里)的地位时,这一简化的办法会让人产生严重误解,而这出于三个原因。第一,西北欧诸国并非可以我行我素,而无须理会欧陆其他地方的情势发展,即使它们已成为欧洲最富裕的区块亦然。它们的富裕和安全,始终有赖于欧洲"国际体系"的整体稳定。中欧或东欧动荡,或整个均势出现大变动,就可能危及它们在欧洲或欧洲以外地区的霸权,或使它们在这些地区得到意外的收益。事实上,在本书所探讨的那段历史里,没有哪个欧洲地区一直保有凌驾于欧洲其他所有地区的霸权地位。西北欧诸国的商业繁荣,受到东边军力强大而人口众多的帝国制约。民族国家的欧洲(西边)或许瞧不起帝制的欧洲(东边),但还是得和后者共存。共存往往引发战火。欧洲诸国的争吵和冲突(在20世纪升到可怕的高点),乃是使它们无法齐心协力让欧洲支配世上其他地区的制约因素,且是未曾消失的制约因素。

第二,如果从过于狭隘的角度审视何谓欧洲,就会忽略俄国这个问题。漫长的自由主义传统,怀疑俄国的欧洲身份,认为沙皇治下的俄国乃是"亚洲式的专制君主统治",太粗鄙,太贫穷,不配成为"我们的一分子"。有些俄国思想家则反击称,俄国是未受欧洲毫无道德观念的工业主义玷污的独立(且优越的)文明。现实主义观点则将俄国视为在欧洲扩张行动中扮演前锋角色的诸多边陲国家之一,一如西班牙或哈布斯堡王朝。[21] 西欧诸国在1815年后终于支配南亚大部地区,其实也是与俄国联手才达成的(迫于形势而不得不联手却也龃龉不断)。俄罗斯人以中亚为核心的庞大内陆帝国,渐渐吞并北亚的许多土地。奥斯曼人、伊朗人、中国人以及日本人在面对英、法攻势的同时,也承受着俄国的逼近。欧洲对亚洲的庞大(但不完全的)包围圈,乃是19世纪世界地缘政治的显著局面。但对于自由派和斯拉夫派(Slavophile)来说,俄国扩张背后的"支撑力量"事实上源于其欧洲身份认同:跻身欧洲一流国家之列的身份优势,俄国经济融入欧洲体系后产生的经济动能,以及16世纪以来俄罗斯人对欧洲思想和文化的普遍吸收。俄罗斯人一如其他欧洲人,声称他们的征服行动乃是在执行"文明教化的使命"。

第三,我们有充分的理由将"欧洲"的范围向东、向西扩展。大西洋经济的重要性,前文已提及。1500年后,包含西非沿海、加勒比群岛、北美沿海、墨西哥、秘鲁、巴西沿海在内的辽阔经济空间,在商业上都被并入"欧洲"的概念之中。这一主要倚赖奴隶劳力的地区对日后欧洲的工业化究竟有多少贡献,目前仍存有不少争议,而这一贡献可能并不大。[22] 但重点在于,到了19世纪初期(甚至在那之前),这一大西洋世界中,已有相当多地区不应再被视为欧洲的附属边陲。美国的"旧东北地区"及其第一大城纽约,从功能上讲,乃是欧洲先进商业区域的一部分。这些地区在美国南部和中西部(欧洲的内陆帝国)的农地开辟过程中表现也十分积极,后来更是成为这一发展活动的主导者。到了19世纪70年代，它们在金融和工业上都已经与欧洲最富庶的国家并驾齐驱。尽管美国的政治人物和作家们坚持宣扬美国独立的主体性，美国的外交政策也极力避免卷入欧洲纷争，但美国与欧洲的关系却并非真的冷淡或是疏离。美国旧东北地区和欧洲西北地区之间在货物、科技、观念与人员方面的交流非常密集。双方在文化和科技上互相交流，且彼此之间的影响都很强烈。旧欧洲与新欧洲在断断续续、时进时退的互动下，正渐渐融为更大的混合物："西方"。那是个不稳定的过程，而美国资本主义的独特发展轨迹、庞大的企业规模以及活跃的贸易保护政策，对这一过程影响甚大。但这一过程也是影响欧洲在欧亚地位的关键所在——它促成了欧洲的称雄地位，也决定了这一地位的陨落。

第四个假定与我们对帝国的理解有关。帝国常被视为欧洲人的原罪，因为欧洲人腐化了纯真的世界。事实上，帝国的起源要古老得多，且源自人类社会极为普遍的进程中。亚当·斯密在其《国富论》（1776年）中论道，"交往、以物易物、交换"是人类的特性。[23]在此，亚当·斯密想到的是物质产品的交换：因为有了交换习惯，才会出现分工，而分工是经济活动的实际基础。而他很有可能认为这个哲学洞见也适用于信息、观念这种与商品并存的领域。信息、知识、信仰与观念的交换（有时跨越了遥远距离），一如欲通过购买或以物易物来获得实用器具、名贵物品或奢侈品的渴望，一直是人类社会的典型特征。这两种交换都会带来相应的影响。举个简单例子，供应廉价火器给那些火器稀少或是对此一无所知的社会，可能会迅速打破该社会内部的势力平衡，并使此地进入漫长的暴力周期，伤害人类或自然生态。基督教、伊斯兰教的传播，改变了皈依者对自己在世上所处地位的认知，改变了他们对邻人的看法以及对统治者效忠的观念。一如这些例子所显示的，纵观历史，货物与观念交换对某些社会团结的破坏力（从而使那些社会更易于瓦解并受到外来侵略者的主导），向来远大于其他因素。因此，人类社会里的第二个倾向，乃是大规模积聚权力，亦即建造帝国。事实上，以民族为基础建立自治国度，要克服文化或经济吸引力的强力拉扯（还有军力悬殊的问题），殊为不易，因此，将不同民族族群统归一人统治的帝国，一直是历史上大部分时期会自然发展出的政治组织模式。帝国在历史进程中是很常见的。

但如果帝国是"标准"路径，欧洲人的帝国之路为何会引发如此强烈的敌意，且直到如今，这种敌意在大部分相关主题的著作中仍未消退？答案之一在于，有太多后殖民国家觉得，将其政权合法性建立在反抗外来帝国的邪恶压迫之上，乃是顺理成章的。此后约40年时间，这一传统越发深厚。原因之一在于，欧洲人建造帝国时影响的范围，远大于（例如）蒙古人、奥斯曼土耳其人或中国人建造帝国时的影响范围，被压迫者的数量也更多。但如此强烈的敌意，也反映了人们普遍秉持（并因此表现在许多历史著作中）的一种看法，即欧洲人所建造的帝国，在本质上与其他帝国有所不同。传统的农业帝国只是积聚土地和人员，但欧洲帝国主义的最大特色，是征用和剥夺。他们征用土地来满足长途贸易催生出的对种植园和矿场的需求。基于同一理由，殖民者从数千英里外贩运奴隶以满足新增的劳动力需求。殖民者称原住民不懂得善用手中的土地，将他们驱离家园，剥夺他们的财产权。原住民和奴隶都失去了家园，只不过方式有所不同。他们被剥夺了文化与身份认同，沦为支离破碎的个体，无望复归他们已失去的世界。他们成了没有历史的人。而当欧洲殖民者凭借武力征用与掠夺仍然无法满足需求时，他们转而祭出最后的办法：隔离、驱逐或杀戮。法国思想家托克维尔走访美国后,在1835年写道:"若以过去发生的事实来推论,我们几乎可以说欧洲人之于其他种族,如同人类之于低等动物:欧洲人奴役其他种族以供己用,倘若无法制伏就予以毁灭。"[24]

美洲新大陆发生的事态,似乎充分印证了欧洲帝国(实行于欧洲以外地区时)的这种可怕形象。欧洲人在美洲比在其他地方,更能随心所欲地施行他们的意志(第二章中将会探讨其中原因)。直到公元1800年前后,世界其他地区受种种因素影响,似乎仍无法走上与欧洲相似的道路。距离、疾病以及人口等因素似乎也强化了这些地区维持惯性的力量。即使在欧洲人已经建立据点的地方,他们仍不得不"克里奥尔化"(Creolize),在社会和文化层面上努力与亚非本土人民和平共存,但结果却并不如人意。19世纪时,科技与文化领域的变革极大提升了欧洲的扩张力量。欧洲入侵、干预其他地区的能力,在两个层面上发生转变。一是欧洲人从此具备了将自身意志加诸遥远地区的手段,即必要时动用武力的能力。这在印度表现得最为突出。欧洲人直接统治被征服的印度人民,他们向当地课税、配置警察,并制定法律。与此同时,以欧洲为中心的国际经济的发展,还有以其法律规范为标准的国际体系的扩展,以及欧洲人凭借各种工具(例如电报、邮递、汽轮等服务手段)进行的思想传播,都创造出了"宏观"意义上的新环境。所有的信息交通路线似乎都被欧洲人掌控,人们只有在欧洲人的主导下,才能实现地区间的移动。亚、非被殖民地区的人民,被困在殖民者的本土统治之下,甚至逃脱无门,也难怪他们会将自己的处境与最早受到欧洲人迫害的美洲人相提并论。

后面我们会说明为何这种观点过于悲观,至少在某些情况中是如此。即便此时的欧洲人实力大增,他们仍然需要与当地人合作,并不得不付出相应的代价。欧洲人所提供的东西,有一些被当地人迅速改造，用以"增强自身实力"，积累其建设国家与自身文化的能力。他们的部分合作也符合当地改革者的奋斗目标。那一时期最激烈反对殖民主义的某些主张，今日看来可能没有那么多的爱国情怀，倒像是来自因为特权旁落而产生的不满。但短期内我们似乎很难通过一种不受政治立场影响的客观眼光，看待欧洲帝国崛起的历史。在世界上的太多地方，欧洲帝国活动所带来的影响还是不久前的事，因而无法被归为"过去"——一个时期所发生的事，只有被我们认为对现今情势仅具备间接影响，才能被称为"过去"。可能还要经过很长一段时间，我们才能更加冷静客观地将欧洲帝国活动视为世界史上的一个阶段（或许也是不可避免的阶段），而不只是世界某个地区进行道德与文化侵略的结果。

最后还有一个尚待解决的难题。今天的人们在谈到"现代"世界时，已经习惯了将打造出"现代"世界的种种改变视为"现代化"，并且认为国家或族群历史中最重要的变革就是获得这种"现代性"。我们称之为全球化的那些连接过程，通常被视为"现代性"的一部分，因为在人们的观念中，"现代"社会彼此间的互动比"前现代"社会之间更为密切。因此，现代化与欧洲的扩张之间具备了密切而又令人不安的联系。

但现代性是个很不明确的概念。传统定义以成就高低为评判基础。就政治方面来说，现代性的核心内容包括：国界清晰的统一民族国家，组织有序的政府与忠于职守的人员系统，有效反映舆论的工具，保护普通公民并促进"公民社会"发展的权利法典。从经济上来讲，现代性意味着通过工业资本主义（以及公共基础设施与科技设备）实现快速、持续的经济增长，个人财产权受到保障（这是必要的前提条件之一），科学技术手段得到系统性使用。从文化上来说，现代性意味着宗教信念、超自然信仰从主流思想（通过世俗化与知识"祛魅"）与人们的社会行为中被剥离出去，识字率普遍提升（能实现文字普及的通常是通俗语言而非古典语言），"民族"群体内拥有共同起源感与身份认同感（往往建立在民族语言的基础上）。在锐意革新以提升"社会效率"的社会里，现代性的基调变成秩序、纪律、阶层、控制。

从中不难看出，这些检验标准大部分其实是在描述人们认为已在欧洲发生的情形。欧洲成为现代的；非欧洲在被欧洲现代化之前，则停留在前现代。结果往往是粗糙的二分法，认为欧洲人始终是进步的体现，而世界其他地区则固守"传统"。我们已知这一观点很难站得住脚。此外还有三个困难。第一，现代性的元素（如上所列）鲜少毕具于单一社会。在欧洲许多地区，它们几乎是很晚近才出现的。即使那些我们认为是现代性先驱的国家，也具有浓厚的前现代特色。美国直到1863年才明令禁止蓄奴。维多利亚时代的英国，大部分统治阶层都是因出身而获得职位的，宗教仍是人民提升阶层以及获得社会认同的主要途径。20世纪的美国是以肤色为贵贱标准的阶级社会，用肤色差异让社会中一大群人无权享有民权和政治权，直到20世纪60年代或之后才改观。革命后的法国只让男人享有公民权，女人直到1945年才取得投票权。从这一角度观之，现代性的门槛就变得很不明确。纳粹德国现代吗？苏联现代吗？世上是否有评断现代性的客观标准，抑或"现代"只是加诸我们所认可之政权的标签？第二，传统定义下的现代性，其诸多主要特色中，有一些在过去也可见于距欧洲遥远的欧亚世界某些地方，中国就是个典型例子。中国比欧洲早许久就发展出商业经济、科技文化以及择优选拔的"现代"官僚体系。残存某些前现代特质的中国算现代，还是算不上？西方现代性最终为非西方世界所吸取，其过程中也经过许多本地的调整。应如何看待这些调整？世上只有一种现代性，还是有"许多种现代性"？[25]第三，一如中国这个例子所显示的，其他种现代性未必会因为有先天缺陷而注定失败。反倒似乎可能的是（有些人会说显而易见的是），欧洲的扩张在某些方面形同对其他民族、国家的现代化行动的蓄意攻击。或许制胜的关键不在于欧洲的现代性，而在于欧洲更擅长有组织地采用暴力手段。

"现代性"这个理念极为重要，不能弃之不提。但明智的做法，或许是把它视为含糊的抽象概念，视为暂可一用的核对列表，而列表里所列出的社会、文化模式都是某一特定时期中有助于致富与变强者。但为让这词发挥正面效益，我们应该阐明，在18世纪中叶之后地区性及全球性关联突然加速扩大的情况下，不同社群的相对成就。步入现代不是个绝对状态，而是相对状态，其实更应该说是竞争状态。现代性的最佳鉴定标准，或许在于社会可为某任务而动员其资源和人员到何种程度，在于社会可随新需求的出现或新压力的逼近而不断重新调动其资源和人员的程度。原则上，许多社会具有这一能力。实际上，基于至今还未能完全理解的原因，1750年后的将近200年间，动员最迅速且最善于应对社会及政治变迁所产生的压力者，乃是西北欧诸社会（和其在大西洋彼岸衍生的社会）。它们因此获得了辽阔的帝国和按照它们利益打造的全球经济。

中世纪的欧亚

公元1400年前，观察家就算能走访考察全世界，也只能获得少之又少的正确线索，能够让他们准确预测欧亚的几大文明里，哪个文明会脱颖而出，最后称雄全世界。中国、欧亚中部的伊斯兰世界、欧洲，在社会-政治组织和物质文化上，都已各自发展到高级阶段，也都展示了显著的扩张能力。但因为内部对立和衰弱（还有后勤距离）的制约，谁都未能将其他两者纳入支配。

在这三大文明区中，15世纪的欧洲在许多方面犹如暴发户。从古希腊罗马时代（公元前300年到公元300年）和更早之时，到15世纪欧洲突然崛起之前，西欧亚的文化和财富一直集中于东地中海的海岸、河谷，以及近东一带。那是城邦与帝国的诞生地，那里的农业和贸易一直最先进，获利也最多。阿尔卑斯山另一侧"外围欧洲"的广大内陆，则是有待南方和东方文明国家探索、征服以及殖民的蛮族地区。尤利乌斯·恺撒发动的高卢战争（公元前58—公元前50年），便处于新权力集团力图将地中海东部和近东许多地区（但并非全部）统一在罗马霸权下的重要阶段。尽管罗马人渴求欧洲的财富、货物、奴隶人力，但他们未能将整个欧洲纳入其帝国版图，反倒使欧洲割裂，从哈德良长城沿着莱茵河、多瑙河到巴尔干半岛的伊利里亚（Illyria），将"蛮族"拒于边防之外。这道防线之外的地区，太偏远、太桀骜、太贫穷，不值得把重心牢牢放在东地中海地区的帝国劳师动众去征服。

公元5世纪时，面对从欧洲东北边疆强行涌入的一批批移民，罗马人在西方的统治开始瓦解。"文明世界"的中心往东南退到拜占庭（君士坦丁堡），以守住西欧亚最富裕的地区。[26] 在"外围欧洲"，城镇萎缩为旧罗马帝国道路的交会点；社会和经济大规模退回乡村层级，只求自给自足。只有在神职人员的聚会处或统治者设立的贸易集散地（获得批准的奢侈品长途贸易地点），还存有城市生活的遗风。[27] 公元500年到1000年间的许多岁月里，就连原已罗马化的欧洲部分地区，这时也变得太贫穷，交通太不便，因而不大受地中海和近东的商人与统治者青睐。公元600年后,西欧亚的帝国心脏地带,本身也因伊斯兰教的崛起和穆斯林军队秋风扫落叶般攻占近东许多地区(包括伊朗)、北非、西班牙大部分地区而惊恐不安。拜占庭帝国(罗马帝国的遗产继承者)萎缩到岌岌可危的地步。一时之间,整个地中海欧洲地区似乎就要被并入伊斯兰世界。查理曼试图在西方建造新罗马政权,但到了843年终告失败。9世纪时拜占庭帝国惊人的复兴,以及11世纪时西欧封建体制的巩固,才是欧洲以独力生存、独立发展的世界文明之姿崭露头角的标志。

中世纪欧洲这一双重特质至为重要。史学家著书立说时,常把现代欧洲写成从查理曼帝国一脉相传一般。事实上,现代欧洲的成形,受了以下三种因素的影响:东欧移民(例如马札尔人、保加利亚人)迁入、文化性输入(例如近东的隐修生活方式)、伊斯兰近东地区对商业的促进和其对毛皮等北方商品永无餍足的需求。[28]但在公元1000年前伊斯兰文明的扩张达到巅峰时,让欧洲不致伊斯兰化,并确立基督教在欧洲势力范围的最大功臣,乃是有着固若金汤之都城的拜占庭帝国("罗马尼亚")。拜占庭的海权协助遏制了穆斯林入侵意大利(西西里岛已在9世纪初沦陷),否则中世纪西方可能被逼退到阿尔卑斯山以北。拜占庭的集权独裁政体和陆、海军组织模式,启发了后罗马时代的西欧诸国。[29]威尼斯崛起为西方与东方贸易的最大集散地,和拜占庭的复兴有密切关系;从文化上来看,威尼斯其实是拜占庭帝国都城君士坦丁堡的边塞,这由当时威尼斯的建筑就可看出。当然,到了1400年,拜占庭帝国已瓦解到几乎名存实亡的地步:1453年君士坦丁堡落入奥斯曼人之手,为这一漫长的瓦解过程骤然画下句点。这时,欧洲内部的均势早已转移到拉丁化的西方,但拜占庭的影响力犹在。让拜占庭帝国的前子民(基督徒)摆脱奥斯曼人的统治,成为欧洲人念念不忘的志业。而更为重大的影响，在于拜占庭与俄罗斯的关系。对俄罗斯一地的中世纪诸国而言，拜占庭帝国乃是它们宗教与文化的核心。[30] 俄罗斯人在东部向内陆的扩张（拜占庭帝国主义的极致表现），其对欧亚世界史的影响，几乎和欧洲人在西部向海洋的扩张一样深远。

与希腊文化主导下的拜占庭不同，在拉丁化西方，罗马帝国的传承到此时已完全断绝。代之而起的是风格独特的"法兰克"文化。法兰克文化部分汲取了从拜占庭传来的罗马帝国遗风，但法兰克世界的真正独特之处，在于社会和政治上的封建体制。封建体制最核心的特点，就是提供劳役，以换取战士贵族阶级和其随从提供的身家保护。这体制的出现，可能源于帝国政府崩溃后，课税跟着消失，货币经济急剧萎缩，大地主得以随心所欲地控制当地居民。查理曼的短命帝国瓦解后，随之而来的侵略浪潮（匈牙利人、北欧人以及穆斯林的入侵）也强化了这种封建趋势。到公元1000年时，这种封建领主制已经发展成精密复杂的义务-支配结构，成为剥削土地和劳力以发展军事实力的强力机制——军事实力则通过骑士这种典型形式表现出来。如此形成的封建领主，拥有强大骑兵和坚固据点，成为公元1000年后新一轮国家崛起的基石。这并非偶然发生的。中欧和北欧不断衍生的封建王国，乃是法兰克贵族和其盟友征服、殖民的工具。它是攻打穆斯林在西西里、希腊、塞浦路斯、西班牙、巴勒斯坦（十字军王国）等地势力扩张边陲区的攻城槌。在易北河之东，它因农民移民潮、城镇的发展和贸易的增长而国势增强。[31]

在拜占庭和"法兰克西方"两地，世俗影响与宗教影响的交融，创造出凝聚力足以抵御帝国瓦解余震、蛮族入侵、伊斯兰扩张的社会。在西方，神职人员一直是罗马帝国覆灭后政治传统的主要维系者。他们为所有大型政府提供专业学者,为统治者提供无价的神授正统来源和眼界更宽广的君王治国抱负。新封建国家维持一统所需的意识形态,有许多来自教会:基督教化乃是公元1000年后整个北欧、东欧地区国家形成的基础。[32] 在每个地方,有组织的基督教都强化了当地的团结与义务观念。借由神父、堂区、教区主教阶层制,宗教法令与政治体制融合的程度,可以远大于在中国或伊斯兰世界所见。教会权威与国家权威的紧密联结(中世纪欧洲最鲜明的特色),使其统治精英拥有了非欧亚世界其他地方所不能比拟的社会控制权。由于王朝制国家逐渐壮大(15世纪时这过程已进展到颇成熟阶段),社会支配力的这些来源变得更受看重。

经济复苏巩固了社会和政治团结方面已获得的成就。14世纪时,欧洲已在经济、科技的许多方面和中国、伊斯兰近东不相上下。公元1000年至约1350年间,有一段甚长的经济增长期。人口增加,荒地得到垦殖。科技上的革新,例如水车、可翻松较黏重土壤的铧式犁,增加了农产量。城镇成长为商业中心、行政中心,反映了经济活动更趋复杂:行业专门化,银行与借贷业务扩大,合伙经营与会计方面运用了新商业技巧。这时,商业网将北欧、东欧、波罗的海欧洲的贸易与大西洋沿岸及地中海地区的贸易连成一体。[33] 一道宽大的"双重地峡"从北意大利延伸到低地国家:其一经德国南部,沿莱茵河而下;其二沿罗讷河而上,越过法国北部,抵达佛兰德。中世纪西方的商业城市沿着这两条路线分布,并在其两端集中出现,而两条地峡本身则提醒世人,商业能稳定运行,仍有赖于亚洲、近东、地中海地区的产品与北欧产品的交换。威尼斯、热那亚和阿尔卑斯山北侧德意志诸港口城市,为何比其他城市更早繁荣,原因在此。

14世纪中叶,欧亚暴发黑死病,夺走可能四成的人口,经济扩张随着此人口浩劫戛然而止。15 世纪时经济缓慢复苏。这时，欧洲无疑已不是伊斯兰近东的落后外围地区。欧洲人对欧亚其他地方还未占有明显可见的优势，但即将在近东贸易中扮演更为重要的角色。他们已开始趁埃及、叙利亚城市衰落的机会，销售自家制造品（通常是纺织品），借此获取资金，购买更多亚洲奢侈品、伊朗丝绸或是叙利亚棉织品。[34] 从北非到克里米亚半岛的海岸，到处都是热那亚和威尼斯的商人货栈（fondachi）。在这期间，西边已有新的海上疆域开辟。13 世纪中叶西班牙人从穆斯林统治者手中收复失土，已促使地中海和英吉利海峡、北海诸港间出现一条固定的海上航路。里斯本、塞维利亚和后来的加的斯，成为连接大西洋体系和地中海体系的环节。哥伦布出生之前许久，大西洋沿岸的伊比利亚半岛地区，就已成为海上冒险的跳板、先进航海技术的培育所，以及海上探险先驱与他们赖以借得资金的热那亚商人、银行业者最可能碰面的地方。

1400 年，新欧洲已然问世。那是个由诸多基督教国家组成而结构松散的联盟，拥有共同的上层文化，大同小异的社会、政治体制，成熟的跨地区经济。在某个层面上那是罗马文化与法兰克文化的巧妙融合，而其拜占庭成分虽在 1400 年后消失于政治领域，却持续存在于俄罗斯人的土地上（尽管有时很不明显）。但欧洲的成形，也得力于其与伊斯兰世界的紧张关系。当时拉丁化西方对古希腊罗马世界思想活动的理解，有很大一部分是透过西班牙的穆斯林学者传入的。[35] 伊斯兰世界的商业活动，那时比欧洲许多地区更发达。名贵商品和奢侈品，还有金银，从东方往西输入欧洲，而非相反。没有这一较富裕的邻居，西欧从经济衰退中复苏的脚步，将会慢得多。但认定穆斯林即将入侵造成的危机感（特别是在南欧），还有对穆斯林掌控基督教圣城的强烈憎恨（促成十字军运动的情绪因素），制衡了这些依赖关系。将从穆斯林手中收回的土地再度基督教化，非常困难。来自外部的威胁和对内部敌人（通常是犹太人或异教徒）的普遍恐惧，使欧洲人看待不属于其文化范畴的外人时，心怀不安而富有侵略性，而非镇静地充满优越感。欧洲人夹在伊斯兰世界、无边无际的幽暗大海，还有北方的森林、冻土之间，无法像中国那样，自认置身在为属国所环绕、有城墙保护的平静"中原"。法兰克的政治体制虽然成功，14世纪时面对穆斯林在东南欧的进逼，却束手无策。欧洲人一度希望与蒙古的"世界征服者"结盟，从侧翼包抄伊斯兰文明，但这个愿望在1350年后破灭。

在旧欧亚世界的中心，坐落着伊斯兰世界。1400年时，伊斯兰世界的范围西抵安达卢西亚和摩洛哥，东至北印度平原和东南亚群岛（今印度尼西亚）。该世界有两个心脏地带并存，一个位于连接底格里斯河和幼发拉底河的肥沃新月，一个位于伊朗高原上。7世纪时穆罕默德的阿拉伯军队，就在近东、伊朗两地，拜占庭、萨珊王朝的废墟上，建立了伊斯兰文明。750年时，中亚大部分地区是穆斯林的天下。公元1000年后，突厥化穆斯林之中兴起前往印度谋财的热潮，于是他们入侵北印度，创立了一连串征服国。[36] 13世纪时，伊斯兰势力已抵达孟加拉和马六甲海峡的贸易城镇，拿下进一步侵入马来群岛的跳板。撒哈拉沙漠以南的苏丹地区，11世纪时也开始伊斯兰化。

伊斯兰世界的惊人财富和先进知识，令中世纪欧洲人目眩神迷。他们有此反应，理所当然。当时，承继上古世界知识遗产者，是伊斯兰近东；相对于"受殖民"的西方，伊斯兰近东保留了西方在"黑暗时代"已几乎荡然无存的知识文化。近东的富裕和城市传统，也非侥幸而致。这里是最古老大河文明的诞生地，经济活动在此受到双重助力的推动。生产力特别高的农业区，分布在尼罗河—幼发拉底河这狭长的地带里，也零散分布在伊朗高原上。农业革命已替这里引进新作物，[37] 水力技术则克服了干燥气候的制约。过剩的农业生产，支撑城市精英阶层和他们的精致上层文化。城镇里已兴起手艺非凡的工匠阶级，以满足那些精英的物质需求。但近东也是当时世界几大贸易路线的辐辏地，连接中国、欧洲、非洲、印度的陆桥，印度洋海上贸易货物的陆路运输行经之处。在近东的山脉之间、沙漠之间，有商队路线穿过，将中国货经中亚运来，将印度货从波斯湾运来。这些路线或终止于叙利亚的内陆诸港口城市（大马士革是其中最大城），或继续向西延伸到布尔萨（Bursa）和君士坦丁堡。还有一条横越苏伊士地峡的干道（罗马人曾在此处设有镇守的海军）连接着地中海与红海，并一直延伸到印度。

这些横跨大陆的贸易要道与其在各地分出的支道，形成一道财富带，被穆罕默德四处征讨后的 700 年里兴衰更替的诸多帝国体系所选用。近东的统治者深知其价值。帖木儿虽以凶残暴君之名为人所知，他的商业眼光却和军事谋略一样高明。他摧毁里海北方的贸易城镇，乃是欲独占通过里海南方的跨欧亚贸易。其他的近东统治者用心维持这些商业干道，保护商人免受部落或游牧民族打劫，建造供旅行队过夜而有防御工事的大客栈（caravanserai），以降低长途交通的"安全成本"。长途贸易轻易就能获取高额利润，因此除了少数穷途末路、目光短浅者，那些国家缔造者都视之为摇钱树。

10 世纪到 15 世纪间，前后几个突厥化蒙古裔的伟大"世界征服者"从中亚打进中东，帖木儿是其中最后一位。这些征服者所率领的游牧民部队，由一支支善于骑射的骑兵中队组成，组织有序，纪律严明，以高机动性和超强火力为作战优势。[38] 对这些建造帝国者而言，从中国东北绵延到匈牙利这一大片欧亚大陆大草原，乃是取得商业财

第一章　重新面向东方　　35

富和近乎无限之权力的康庄大道。近东、中东的贸易城镇，自然成为攻占目标。每次征服行动都在征服地留下移民，改造当地的政治面貌和文化面貌，就像大河定期泛滥一般。这些来自东方的入侵，虽然迅猛突然，却可视为中东政治更普遍模式的一部分。尼罗河与乌浒河（Oxus）之间已建立国家的定居文明土地，面对着来自沙漠边疆的外族入侵，其所维持的孤立"播种区"和城镇时刻遭受着威胁。伊本・赫勒敦在其历史哲学大作《历史绪论》(Muqadimmah)中，说明了"播种区"的居民如何渐渐失去对抗外来劫掠的意志，最终成为受过沙漠生活与狩猎、征战淬炼的入侵游牧部队理想的攻击目标。这些游牧部队残酷无情、骁勇善战，靠着早已不见于"播种区"社会的"团结精神"(asabiyya)统合为一，在入主后形成新的统治阶层，然而经文明生活长久的腐化，最后也精神萎靡，再被另一支游牧入侵部队取代。[39]

伊本・赫勒敦所描述的，乃是7世纪阿拉伯人的征服行动留下不可磨灭之印记的政治世界。伊斯兰世界攻占近东后，追随穆罕默德攻城略地的阿拉伯部落开始进驻近东的城镇。早期几位哈里发治下的伊斯兰政权，倚赖由部落民驻守的要塞看守其难以信任的镇民。那并非长久的解决之道。长住城市之后，部落的团结削弱。没有贵族可供实行封建制，而政府的难题在于掌控市镇。最后，统治者通过招募奴隶兵来解决这个问题，而奴隶兵大多来自中亚的突厥化部族。[40]这些奴隶兵（即所谓的马穆鲁克）吃苦耐劳，又未受到他们所要守卫的城镇社会的腐化。奴隶没有亲人或其他社会关系，死心塌地效忠于埃米尔（amir），即统治者。与后罗马时代的西方不同的是，伊斯兰近东有商业经济，有用来购买奴隶兵的货币工具，因而买奴隶的财源不虞匮乏。马穆鲁克王朝（有时由"奴隶王"当政）成为伊斯兰政体的特有形式，可见于北非的马格里布（Maghrib）地区和中亚、印度北部、埃及、叙利亚、撒哈拉沙漠以南的苏丹地区、伊朗地区。[41]从9世纪到帖木儿死亡，伊斯兰世界的政治史主要表现为突厥化部落领袖纷纷建国（或建造帝国）：建立王朝、组建奴隶军、王朝日渐腐败，最后被推翻。

中亚的塞尔柱突厥人、成吉思汗的蒙古游牧民族、帖木儿的追随者先后入侵近东的行动，都必须放在这一背景下审视。每一次的大举入侵都带来难以估量的严重破坏，还有我们先前已注意到的贸易、宗教的蓬勃发展。对成吉思汗和帖木儿而言，入侵的目的乃是将伊斯兰近东的不同地区统归中亚的一名统治者掌控，为打造一个涵盖整个欧亚的"世界帝国"揭开序幕。在一个农耕中心、贸易中心相隔遥远的地区内建造帝国，其后勤问题给两人带去了麻烦，遥远的距离也瓦解了统治者的权威。部队大举入侵，大规模破坏，短暂统一，帝国瓦解——如此循环交替，使伊斯兰世界的"中世纪"历史迥然不同于欧洲和中国。在欧洲，大迁徙的结束，使各国得以渐渐巩固其辖地，国家的子民受到封建领主、王朝统治者及其教会盟友越来越紧密的控制。在伊斯兰世界，政治模式则是在创造"世界帝国"和分裂为较小部落政体或王朝政体之间激烈摆荡，而那些较小政体的统治者通常是大草原游牧民出身，而非土生土长的精英阶层"文明"领袖。

如此动荡不安的政治传统，照理来说很可能导致经济、文化失序，使伊斯兰世界成为雄心无由实现的荒漠，而非文学、科学、哲学、技术、艺术都远非中世纪西方所能望其项背的灿烂文明。但伊斯兰文明提供了稳定、持久、认同、文化凝聚力这些关键要素，而不致走上此途。伊斯兰文明巧妙融合了宗教、法律、上层书面文化，[42]和拉丁基督教或中国儒家一样，提供了可供众人依循的礼仪、一部众所公认的"圣书"、一种通用的书面语。但伊斯兰文明在三大方面与二者显著不同。或许因为近东和中东独特的生态,在这个更看重长途贸易而非农业的地区,伊斯兰文明表现出了超越民族畛域的鲜明特色。在穆斯林眼中,个人的首要身份是乌玛(umma,伊斯兰信士组成的社团)一员,其次才是世俗统治者的子民。伊斯兰教极能适应异域文化,且欣然容忍泛神信仰的某些方面。伊斯兰教通常(但并非总是)比中世纪的基督教更能容忍其他信仰,但并未到平等看待其他信仰的信徒的地步。第二,伊斯兰教未指派神职人员担任信士与安拉之间的中间人,因此伊斯兰教不像基督教那样把个人牢牢束缚在类似修会的宗教社团里。伊斯兰教的神职精英阶层是乌里玛(ulama),而乌里玛所扮演的角色是导师、法官、学者,不是神父。苏非(Sufi,伊斯兰教神秘主义者)和辟尔(pir,圣徒)行使精神上的领导权,而非宗教威权。因此,伊斯兰社会未发展出基督教的一个重大特色:权力大而阶层分明的教会组织。在基督教里,每个领受圣餐的人,都在教会组织的监督下,被牢牢固定在世俗单位(堂区、教区和国家)组成的体制里,伊斯兰教则与此不同。

第三,由于第二项特色,伊斯兰世界里的宗教与国家关系,与欧洲及中国不同。世俗统治者顶多只能声称自己是信士的守护者,或者自称是哈里发承继穆罕默德的使命,致力于团结乌玛、传播信仰。中世纪欧洲的君王,其来自上天的授权,是透过加冕典礼正式赋予他的;伊斯兰世界的世俗统治者则不同,他未拥有半神圣的身份,未得到上天的赐福。埃米尔或许得到乌里玛的顺服,但那向来是有条件的,因为乌里玛最首要的效忠对象乃是他们所诠释的《古兰经》律法,在伊斯兰教里没有教会与国家结盟这回事。事实上,伊斯兰国家通常具有一大特色,即统治者、其麾下的奴隶军一方,与地方豪强(ayan)、乌里玛、构成平民精英阶层的商人公会一方,各行其是。

由于没有世俗贵族分享权力，议会也就无存在必要。伊斯兰统治者也不愿像欧洲君王那样基于税收考虑赋予城市自治权。要到15世纪"火药帝国"兴起，伊本·赫勒敦笔下那种治乱循环的不稳定才会终止，大草原、沙漠的入侵路线才会遭到封锁，并催生出效法欧洲、中国的那种王朝制国家。

伊斯兰教不习惯扮演国教的角色，但伊斯兰律法和神学，加上埃及、伊朗、肥沃新月统治者的文化抱负，让文学、艺术（特别是建筑）、科学、哲学得以大放异彩。伊斯兰文明多元开放的个人主义和伊斯兰法律传统的广为传布，也促进了大范围、远距离商业经济的发展，而商业经济是公元1400年前伊斯兰世界的突出特色。穆斯林商人是世界贸易的中间人。以阿曼、霍尔木兹、巴林、亚丁、吉达为基地的阿拉伯航海者，来往于通往西印度古吉拉特（Gujarat）、马来群岛、广东的海运航线上。[43]穆斯林在商业体制方面有所创新，发明了商业借贷所需的法律工具，以及被称为"commenda"的合伙方式——商人通过这种合伙方式借钱，并让贷方得以享有部分利润。穆斯林广阔的贸易网，协助近东诸港口城市成为高价纺织品、金属制品的制造重镇，消费、信息、知识的中心。14世纪的开罗人口有60万，当时西欧的任何城市都远不能及。

公元1400年后，种种迹象显示，前两个世纪的商业活力已开始衰退。统治埃及、叙利亚的马穆鲁克帝国，当时伊斯兰世界最富裕的经济体，因为帖木儿入侵以及大肆劫掠大马士革和阿勒颇而元气大伤。[44]黑死病暴发后，人口骤减。威尼斯商人对东地中海海上贸易的掌控更为牢固。欧洲纺织品开始取代当地自产的布。[45]黄金短缺加剧商业的萧条。但若根据这些经济改变的迹象，判定伊斯兰世界即将把龙头地位让给不甘蛰伏的欧洲，又失之武断。对伊斯兰世界的许多地方而言，与欧洲的贸易无足轻重。伊斯兰世界幅员辽阔，远非欧亚世界的远西地区所能比拟。伊斯兰世界的商人，在传播伊斯兰教方面成就斐然。马六甲（1425年时已伊斯兰化）新贸易国的建立，乃是伊斯兰教快速传播于东南亚群岛的先声。但伊斯兰教仍保有积极进取精神的最鲜明证据，或许在于奥斯曼势力在东南欧的挺进。奥斯曼势力（小亚细亚突厥化诸国中最积极进取者）在14世纪50年代即已越过达达尼尔海峡，进入欧洲。1389年，独立的塞尔维亚亡于科索沃之役；1394年，保加利亚落入奥斯曼人之手。尼可波利斯（Nicopolis）之役（1396年），奥斯曼人击溃以十字军自居的欧洲联军。1402年奥斯曼人遭来犯的帖木儿击败，但强韧的奥斯曼人并未就此一蹶不振，1453年攻下君士坦丁堡，标志着这个新兴的王朝制国家已然屹立，其军力比欧洲人历来在东方所遭遇的敌人更为强大。1481年"征服者"穆罕默德（Mehmet the Conqueror）去世时，贝尔格莱德以南的整个巴尔干半岛，还有多瑙河口，都在奥斯曼人的统治下。"火药时代"似乎预示着伊斯兰扩张的动荡新阶段即将到来。

1400年左右，伊斯兰诸社会仍是欧亚最富活力与扩张精神的成员。但最富强者乃是中国。虽频频遭遇改朝换代的动乱和游牧民族南下的破坏，但中国在政治和文化上展现了非欧洲和伊斯兰世界所能比拟的一统性，而且这一统性经受过严厉的考验。1279年元朝灭亡南宋之后，统治全中国将近百年。兵荒马乱，意味着贸易停摆，而疾病（黑死病）的蔓延，可能使中国人口由1亿减少为6 000万。从较正面的角度来看，元朝时期也可视为延续了宋朝的商业扩张，使中国与中央欧亚的贸易、文化交流更为开放。1370年后，在新王朝明朝的统治下，中国的一统性得到了强化。

这种一统性的关键特质，或许可在中国的社会、文化源头里找到。

中国发祥于黄河流域,借由集约型农业的渐进扩张而形成。黄河流域细而肥沃的黄土,特别利于集约耕种。持续不断的农业垦殖过程,把中华文化从华北平原各处传播到长江流域,再继续向南传播。在华南,农业的基础改变了,由较干燥北方的小麦、谷子转而改种水稻。这一往南的大扩张,把新土地、新民族吸纳进中华世界,是中国"形成"过程的重大阶段。这使中国的农业经济增加了种稻地区(一年可两熟或三熟的地区),使亚热带南方的新作物、新货物往北流动,促进了国内贸易。13世纪一位作家写道:"枣粟之利,古盛于北,而南夏古今无有。香茶之利,今盛于南,而北地古今无有。兔利盛于北,鱼利盛于南,皆南北不相兼有者。"[46]往南扩张也促使靠水道网连接各地理区的商业经济,在900年至1300年间更快出现。由于这些条件到位,专门化的脚步加快了(因为民生必需品可由远处运来);复杂的借贷体系兴起;纸钞的使用促进了商业的发展。比起欧亚世界其他任何地方,中国更早且更大规模地汇集了市场经济的基本要素。跨地区的交易和因此促进的技术变革,让中国获利。公元1300年前,已有多种农业上和制造业上的创新(那时棉织业已在长江下游牢牢立足)广被采用,而创新发明的文化有助于新技术的传播。

这一惊人的发展路径,其轨迹大不同于欧亚其他地方,且不只影响了中国的经济史,也影响了其政治史。使中国得以如此富裕的商业经济,远比欧亚其他任何地方都更需要公权力的积极支持,尤其是在建造水道和维持水道畅通方面。中国的通信,还有对易毁的生存环境的管理(中国倚赖水,却饱受洪水威胁),需要中央、省、地区三者间的官员联系得特别紧密,才能成事。第二,惨痛的历史教训表明,南北方若未统一,驱动商业经济的跨地区交易模式,在最好的情况下都会运行不畅。因此,有效控制比欧亚大陆其他任何国家都大得多的土地，政权就有机会长保。第三，靠着取得远至南海之滨的辽阔而富庶的腹地，华北才得以应付其地缘政治上的最大挑战——但并非每次都能成功。中华帝国，以其高度发展的农业文化，迎战如火山爆发般在中亚大草原猛然冒出的游牧帝国。事实上，华北许多地方因靠近游牧势力的核心而常常受到威胁——这些势力核心通常在大草原与"播种区"最接近的地方形成。中华帝国的首要任务，乃是守卫边界，以免游牧力量的突然入侵，（从物质和政治的层面上）危害其复杂的农业世界。这场对抗边疆入侵者的战争是无休无止的消耗战，而支应此种消耗战所需的资源，大大倚赖南方在粮食和贸易上的贡献。因此，宋朝和欧亚中部许多地方一样受到蒙古帝国野心的剧烈冲击，打击却一直较轻。来自大草原的入侵者很快就知道，如果想获得宋朝的农业财富，就必须维持帝国统治的机制，必须"汉化"；随着汉化日深，他们所赖以建立其慑人力量的部落忠诚，也一点一滴被蚀毁。动员南方资源对抗北方征服者，使中国得以比欧亚中部（突厥化部落和奴隶兵是这地区政治变迁的主要受惠者）更完整地保有稳定而持久的政府。

但中国的一统性并非全是商业上和策略上追求自身利益的结果，也有赖出色"上层文化"的加持。那是立基于古典时代思想而讲究文学表现的文化，其道德观点和哲学观点源自儒家典籍。儒学牢牢扎根于文人精英圈，是朝廷征用文人为官的标准，对中国的形成至关重要，对南北的联结或许同样重要。儒学和作文本事（写科考官所要求的"八股文"），一旦成为入朝为官的门票，立刻就成为中国各地文人士子埋头钻研的对象。各地士人采纳文人理想（和怀有出仕抱负），体现了中国从大地主掌权的半封建社会过渡到农业帝国过程的重要阶段。而这得以遂行，靠的是特殊的帝国体制：这帝国体制的运行，较多倚赖地方精英在文化上忠于这时候与他们的个人威望密不可分的帝国观念，而较少倚赖帝国中央的高压统治（在如此大的国家，这是个拙劣又耗成本的选择）。以这方式将威权施加于广土众民，既惊人地高明，也惊人地成功。

中国朝廷的威仪堂皇，中国城市的富裕繁荣，中国工程师和工匠的高超技艺，中国消费品（例如丝、茶、瓷）的优良质量，中国艺术与文学的深奥微妙，儒学的思想魅力，广受东亚、东南亚的钦羡推崇，自然不足为奇。在朝鲜、日本、越南（越南有部分地区作为中国的一个省长达千年），中国被视为文化成就与政治体制的典范。中国商人也已发展出辽阔的贸易网，产品外销到东南亚。[47]中国水手的航海及导航本领（包括使用磁性罗盘）比起阿拉伯和欧洲水手毫不逊色。

1400年左右，任何见多识广的观察家，大概都会觉得，中国称雄"旧世界"的地位不仅坚不可摧，甚至还有可能变得更加牢固。明朝推翻了蒙古人的统治，同时也打破了蒙古人征服整个欧亚的帝国雄心。明朝的统治加强了皇帝对地方官员的控制。宫廷中也任用宦官来加强皇权，对抗士绅阶层（这同时也保证了后宫嫔妃的贞节）。朝廷投注巨大心血改善农业和水道网。然后，1405年至1431年间，皇帝派三保太监郑和七次远航印度洋，宣扬中国的海权。郑和率领载有两万多人的舰队出海，最远航行至红海的吉达和东非沿岸，并在斯里兰卡展现国威，将围攻舰队的该地统治者押到北京。欧洲人取得航入南大西洋（和返回）所需的航海知识之前，中国已准备好随时在东方海域展现其海洋霸权。

如此耀眼的景象并未到来。15世纪初的历史表明，中国虽然仍是世上最强的国家，其征服海洋的雄心却已告终。在18世纪中叶清朝平定天山南北路之前，中国没有再把脚步跨到东亚之外。郑和的海上冒险在15世纪20年代突然停止(1431年那一次下西洋乃是后来追加的),只表明了一部分问题。明朝已驱逐蒙古人,但蒙古人的威胁仍在,因此明朝不得不将越来越多的资源投入北疆的防御。北疆防御成为明朝的地缘战略包袱,而这包袱明显可见的影响,就是促使明朝急于建成完整的长城。明朝放弃拓展海权,或许是朝中文人官员施压所致(文人官员厌恶太监干预朝政),但那也是国库有限和朝廷把政权存续摆在第一位的情况下,不得不然的抉择。明朝这项决定,或许还反映了更深层的制约因素。明朝的原则是坚决拒绝像元朝那样对内亚施加影响力。这一原则确立了明朝的排外精神。由汉族与非汉族共同构成的"大中国",与明朝眼中的儒家君主国相抵触。拒外到底的大战略,必然带来文化上的封闭。[48]

此后还有一个变化,当时没有观察家能完全理解其影响。中国历史的最大谜团,乃是创造出世上最大、最富裕商业经济体的非凡活力,为何似乎在公元1400年后慢慢消失。中国在技术发明和社会创新(市场经济的必要条件)上的优势已不复见。快步迈向并完成工业革命者,不是中国,而是西方。关于中国的经济发展轨迹,历来争辩激烈,未有定论。但多年前伊懋可(Mark Elvin)所提出的假说,至今仍然成立。[49]伊懋可特别指出宋朝时中国"中世纪经济革命"的成就,但中国从明初的经济萧条(部分归因于大瘟疫)中走出后,陷入了某种技术停滞状态。随着产量的提升和新开垦土地的增加,人口也随之增长。但此前促成科技创新、组织创新的动力,这时已消失,且未重现。中国在量上有所增长,质却未提升。伊懋可主张,眼光转而朝内,乃是造成这个现象的原因之一:随着明朝放弃海洋,中国与外界的接触变少。知识分子不再系统地探求自然界。这在一定程度上是因为新开辟的土地地力耗竭,在满足填饱肚子的基本需求之后,可供种植工业作物(例如棉)的土地越来越少。还有一个较不易察觉的因素，也在暗暗影响。中国因为太成功而反受其害。前工业时代的中国经济的确有效率，然而这效率本身反倒阻碍生产技术激烈变革（即使在19世纪，辽阔的水道网仍使铁道显得多余）。地方面临短缺、瓶颈、阻碍时，本来可能促使该地前进，以脱离困境，但由于中国庞大的内部市场里，各地区相互连通，上述的不利处境可由其他地区的资源倾注而得到纾解，为脱困而改变现状的契机也跟着消失。前工业时代的中国已达到"高度均衡状态"，达到经济成就的高峰。此种状态的不幸，在于失去了再往上爬的诱因：高度均衡状态反倒成为困境。[50]

我们不该期望太高。那要到300多年后才有人注意到。

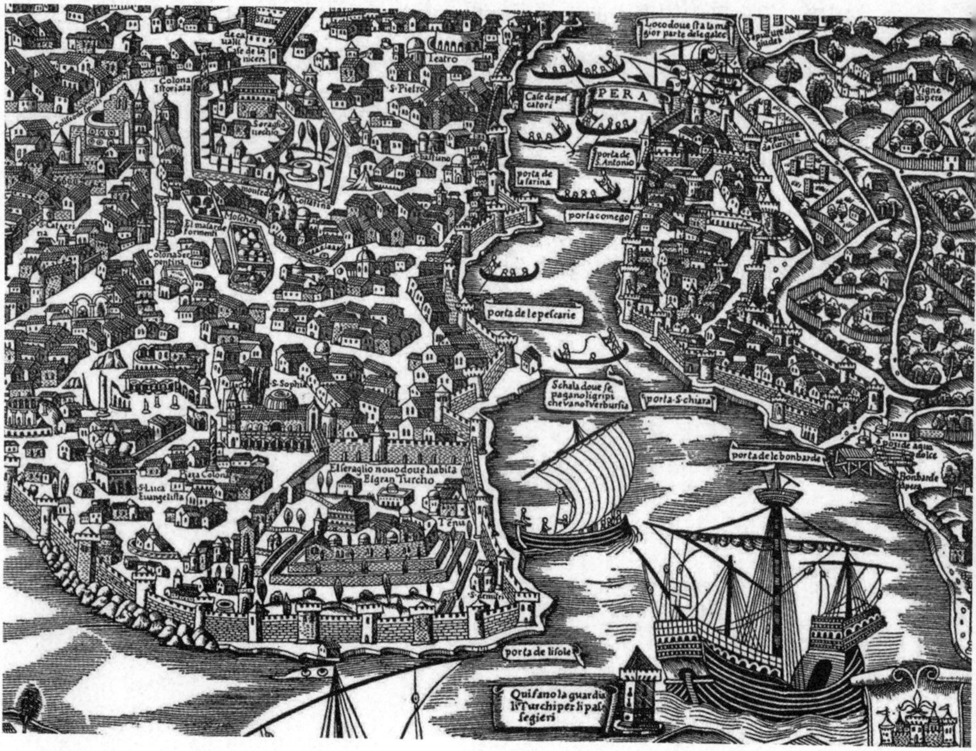
Colona Istoriata
S·Pietro
Teatro
Seraglio uechio
El malar de formenti
Colona Serpentina
S·Sophia
S·Luca Evangelista
El seraglio nouo doue habita El gran Turcho
Loco doue sta la magior parte dele galee
PERA
Case de pescatori
porta de S.Antonio
porta de la farina
porta comego
porta de le pescarie
Schala doue se paganoli gripi che vano i verbursia
porta·S·chiara
porta de le bonbarde
Vigne di pera
porta de lisole
Qui fano la guardia li Turchi per li passegieri

第二章

中央欧亚与大发现时代
Eurasia and the Age of Discovery

16 世纪
地理大发现的新世界夺走了聚光灯,东方旧世界的繁盛竟少有人"发现"

回顾历史，我们可以看到"旧世界"三大部分间大致平等的关系，终将被15世纪末、16世纪初的诸多事件打破；但当时的人们大体上还未能意识到那些事件的深远影响。15世纪80年代后，从葡萄牙、西班牙出航的欧洲人以惊人速度改变了东方与"旧世界"其他地方的地缘政治关系。欧洲不再是欧亚世界面朝"幽暗海洋"的远西，到16世纪中叶时，它已成为新兴的全球海洋贸易集散地，是从中国延伸到秘鲁的大范围航海活动的总部，也是前往大西洋彼岸探索欧洲专属新地盘的出发点。

但我们也应客观而合理地审视这一重大转变。欧洲崛起为全球霸主并不是"地理大发现"的必然结果。我们不该夸大欧洲人为远航与征服活动而动员的资源，也不应误解让他们得以在亚洲、美洲建立据点的手段。最重要的是，我们不应把航海家、征服者的冒险活动，解读为有心建立世界帝国的行动——尽管埃尔南多·科尔特斯的确曾宣称西班牙在美洲的领地与哈布斯堡家族在欧洲的辖地不相上下，想借此讨得查理五世[1]的欢心。漫长的16世纪前后西方的"爆发"（1480—1620年）虽然充满戏剧性，但长期以来一直影响不大。这种爆发很大程度上取决于东方当地的局势，以及接触与征服这样的特殊文化模式的发展演化。这既不是如某些史家所主张的不可避免的经济命运，也不是科技优势必然带来的结果。

还有一个易犯的迷思，我们也应避免。今人审视欧洲的"殖民"史，常常会脱离更大的世界史背景，予以孤立看待。仿佛公元1500年后，只有欧洲积极进取、不断扩张，而世界其他地方全都停滞不前。我们应该谨记，达·伽马与阿尔布克尔克（Albuquerque）在印度洋上取得胜利以及科尔特斯和皮萨罗在美洲取得胜利的同时，明朝巩固了政权，奥斯曼帝国里出现了新的世界强权，伊朗在萨法维王朝统治下复归一统，伊斯兰教在东南亚快速扩张，1519年后一个庞大的新伊斯兰帝国在印度北部出现。要真正了解大发现的意义，就得将它放在欧亚扩张主义这个更大的历史背景中进行审视：要把"旧世界"也考虑进来，以平衡"新世界"。

西方的崛起

葡萄牙人是欧洲扩张的海上先驱。葡萄牙王国本是大西洋沿岸的弱势小国，但到了1400年前后，葡萄牙的统治者和商人已懂得善用其宝贵资产——里斯本港。欧洲的大西洋沿岸已是地中海与西北欧之间重要的贸易路线。里斯本正位于欧洲两大海洋经济区（地中海与大西洋）的交会处与重叠之处。[1]里斯本是贸易与商业情报的集散地，也是

---

[1] 查理五世，哈布斯堡家族出身的神圣罗马帝国皇帝暨西班牙国王（称查理一世）。——译者注

人们交流海运与航行技术经验的场所。[2]它是殖民大西洋岛屿的跳板（马德拉群岛于1426年被葡萄牙占领，亚速尔群岛也在15世纪30年代成为葡萄牙殖民地），而1415年葡萄牙占领摩洛哥休达（Ceuta）的十字军战舰，也是从里斯本出发的。因此，葡萄牙人早在1434年冒险跨越博哈多尔角（Cape Bojador）许久之前，就已在建造帝国之路上尝试过多种手段。对亚洲重要贸易路线（以地中海为西端的贸易路线）的认知，以及十字军意识形态的影响共同塑造了他们的地理观念。[3]讽刺的是，十字军运动的前提预设正是葡萄牙位于已知世界的最西端，而十字军的目标乃是向东进发，抵达位于世界中心的圣地。或许正是这种观念，以及葡萄牙人在1415年后对北非的头几次袭掠活动（此时他们听闻摩洛哥的黄金来自西非），使他们的探索活动先后转向南部和东部，而非向西横越大西洋。与祭司王约翰（Prester John）的基督教帝国（据说位于埃及南方某处）结盟的憧憬，使航海家、商人、投资者和统治者满怀希望，以为只要从海上绕过北非伊斯兰诸国的侧翼，找到基督教帝国，并与之联合起来包围伊斯兰文明，基督教势力就能大振。[4]

祭司王约翰只是个传说，他的帝国亦然。但到了15世纪60年代，葡萄牙人已继续往南推进，以寻找一条通往印度的路线。1498年，达·伽马成功达成此目标。[5]但葡萄牙能将其海上势力伸入印度洋，靠的不只是航海本事。因为非洲两项关键因素的配合，葡萄牙人才能凭海上冒险进入亚洲。第一个乃是西非黄金贸易的存在。西非黄金从森林带往北流向地中海和近东。15世纪70年代时，葡萄牙人新辟的大西洋海上路线，已截走一部分西非黄金贸易。1482年至1484年，他们运石材到圣乔治·达·米纳（San Jorge Da Mina，今加纳的埃尔米纳）建立大型要塞，作为黄金贸易的"贸易站"（factory，以围墙围住的场所，通常筑有防御工事，供外国商人在其中居住、贸易）。这是至为关

第二章　中央欧亚与大发现时代　　51

键的一步。此地获利巨大。1480年至1500年，该地的利润几乎使葡萄牙王国总税收增加了一倍。[6] 15世纪70、80年代，葡萄牙人为绕过非洲最南端，往更南方展开数次航海探险，最后在1488年由巴尔托洛梅乌·迪亚士（Bartolomeu Dias）绕过风暴角（后改名好望角）。而这些所费不赀又危险重重的航海行动，就靠这些"贸易站"提供资金。第二个关键因素，乃是葡萄牙人在非洲大西洋沿岸的茫茫海上，未遇到当地人抵抗。在摩洛哥以南，没有哪个大国有意愿或工具来反对葡萄牙人使用非洲沿海水域。大部分非洲国家眼光朝向内陆，把海洋视为渺无人烟的水上荒漠，而（在西非）把干不见水的撒哈拉沙漠视为通往遥远市场的真正要道。

在这些有利条件下，葡萄牙人穿过空荡荡的海洋，绕过好望角后转而向北，在赞比西河河口附近发现印非贸易路线的南端。从那里开始，他们有当地知识可资依循，依靠当地领航员的指引前往印度。越过赞比西河河口往北，达·伽马再度进入人类已知的世界，仿佛在毫无路径的荒野绕了长长一圈后重新回到文明世界。抵达印度马拉巴尔（Malabar）沿岸的卡利卡特时，他凭借旅客与商人使用的中东路线，与欧洲恢复联系。这一趟他展现了高超的航海本领，但在其他方面就不都那么幸运了。当地婆罗门带达·伽马到某座庙宇时，他以为那些婆罗门是失联已久的基督徒。他在一尊女神像面前跪下，以为那是圣母马利亚，其实是印度教的雪山神女。在这期间，该港的穆斯林商人明显不友善。经历过一场打斗之后，达·伽马决定早早打道回府，于是起航返回欧洲。

葡萄牙人既已找到不欲为他人所知的、经由大西洋前往印度的路线，接下来他们要怎么做？即使海路运输成本较低，光靠几艘葡萄牙船在印度洋，也不大可能使印度洋贸易大半改走绕过非洲南端那些冷清而漫长的海上航线。事实上，葡萄牙人很快就展现了实力，而马拉巴尔沿岸是理想的下手目标。那地区沿岸分布着一些不成气候的罗阇[1]，当地的生计倚赖贸易（东南亚与中东之间的主要路线行经该地区沿岸）。达·伽马航行到卡利卡特后不到四年，葡萄牙人就驾着一队全副武装的多桅帆船（caravel），浩浩荡荡地回到该地。在阿尔布克尔克的率领下，他们开始建立筑有防御工事的基地，借以控制印度洋的海上贸易。第一个建立的基地在科钦（Cochin，1503年），再来在卡纳诺尔（Cannanore，1505年），然后是果阿（Goa，1510年）。在好言商量被严厉拒绝后，他们在1511年拿下马六甲，东南亚首要的贸易国。到了16世纪50年代，葡萄牙人已设立约50座要塞，最西是位于莫桑比克的索法拉（Sofala），最东则是华南的澳门，"黄金果阿"则已成为葡属印度（Estado da India）的首府。

葡属印度既非领土帝国，也非贸易帝国。从某方面来说，葡属印度的成立，乃是欲垄断胡椒（外销欧洲获利最高的香料）贸易。但葡萄牙人没有实力垄断这贸易，胡椒贸易仍有很大部分不受他们掌控。[7]结果，葡属印度反倒成为向东南亚、西印度、波斯湾、红海之间的海上贸易强索保护费的体系。亚洲商人得在葡萄牙"贸易站"（果阿、第乌或霍尔木兹）买安全通行证（cartaz），否则就可能被葡属印度船只打劫。在第乌海战中歼灭埃及海军之后，葡属印度在印度洋上已无敌手，但其实力未强大到足以封锁曼德海峡，控制红海。印度洋周边的国家，海军科技水平无一及得上葡萄牙，葡萄牙的多桅小帆船因此成为所向披靡的海上武器。除了马六甲，大概没有哪个印度洋国家认为海洋贸易重要到必须建造庞大舰队的地步。南亚诸大国大部分把眼光朝向内

---

[1] 罗阇，原文为raja，印度的酋长、王公或贵族。——译者注

陆。从事海上贸易者，只剩那些缺乏社会威望和政治影响力的沿海商人社群。[8]因此葡萄牙海军得以轻易称霸印度洋。马来半岛以东，则非如此。在南海或日本附近，葡萄牙人行事谨慎得多。他们在这里以长途贸易商的身份，找到了生存空间。当时的明朝帝国不让其子民出海，且不愿与日本直接通商往来，葡萄牙人正好扮演中间人，从事中、日两地间的转口贸易。

因此，葡属印度的角色，渐渐由十字军兼劫掠者，转变为结构松散的葡萄牙人社群网络。那些葡萄牙人社群的成员，大部分由移居者和他们娶的当地女人所组成。这些葡萄牙人不是欲瓜分庞大内陆帝国的征服者，他们没有这样的实力，或许也没有动机这么做。在16世纪40年代，索法拉和澳门之间的所有葡萄牙殖民地，总共只有六七千葡萄牙人，50年后或许增加了一倍。[9]他们在经商上也非积极进取，不仅未能让死气沉沉的亚洲贸易转趋活络，反倒压制了亚洲贸易的发展。葡萄牙人靠着在北大西洋练得的驾船本事，打进亚洲贸易世界。但他们的利润大体上来自对亚洲既有海上贸易的"榨取"，直到1550年后巴西发展起来，才有所改观。[10]一如我们待会儿就会看到的，西方人能在亚洲贸易经济中牢牢立足，乃是拜他们对美洲几乎同时进行的冒险活动所赐。在这期间，对印度洋、东南亚的本地商人和海运业者而言，葡萄牙人的存在令人焦虑不安。对马六甲而言，那已是场浩劫。但对于与葡萄牙人有所往来的诸多更大国家而言，他们再糟糕也只是惹人厌，而最好的情况下，还会有所帮助。

令人费解的是，离母国如此遥远的一连串要塞和"贸易站"，怎能抵住它们周遭社会的同化力而屹立不倒。到了16世纪末期，亚洲诸港间的"国家贸易"，比绕过好望角的零星贸易有利可图得多，这时，葡萄牙人仍能维持那些要塞和"贸易站"，更令人惊讶。使葡萄牙"帝国"不致瓦解的因素,并不是它国力更强或是技术更先进,而在于商人离散族群所具有的某些看似平平无奇的优势。葡萄牙人在亚洲由各据点连成了网络,并靠宗教和语言维系这一网络,比起亚洲本地的同业,他们更善于取得长途贸易的市场情报。[11]葡萄牙语成为亚洲海域的共通语。葡萄牙人作为海上活动的外来次文化族群,在当地社会属于边缘角色,而这样的角色有助于他们为不信任自己商业社群的当地政府所接纳。事实上,许多葡萄牙人以自由工作者的身份维生。在胡格利(Hugli,位于今加尔各答北方),有位敢冲敢闯的商人,得到莫卧儿皇帝阿克巴的同意,建造了一处贸易站,好将中国奢侈品走河路往上游运到他的皇宫。在不远处,另一群商人在若开王国(Arakan kingdom,今缅甸北部的沿海地区)保护下,靠奴隶买卖和海上劫掠维生。当时,该王国正努力阻止莫卧儿势力扩张到东孟加拉地区。一名出身高贵的穆斯林妇女(此妇女后来"改信基督教",嫁给葡萄牙船长),被从事奴隶买卖的葡萄牙人带走时,遭池鱼之殃的乃是胡格利那些商人。若说这些栖身在亚洲世界边缘海域的"海上人",会是日后西方宰制亚洲的开路先锋,当时亚洲的大部分统治者肯定会笑其为无稽之谈。

欧洲人在1490年后几乎同时进入亚洲沿海地区与美洲沿海地区,乍看之下,这巧合得令人吃惊,但原因其实不难说明。伊比利亚半岛的西南角,虽然位处欧洲的临海边陲,却是善于放贷、经商、航海的热那亚人与当地海员(葡萄牙人和西班牙人)携手合作之处。本身是热那亚人的哥伦布,在里斯本习得贸易本事。他和葡萄牙航海家及他们背后的金主一样,认为国际上的尔虞我诈和地理上的探索,乃是让世界中心摆脱异教者统治的圣战。[12]为了跨过大西洋,他寻求葡萄牙、英国、法国的支持,皆未能如愿。此事或许表明哥伦布有关地理的看法遭到情有可原的怀疑（哥伦布认为中国位于欧洲西方约4 000公里处），也可能表明当时人们认为绕行非洲更为保险。他的冒险事业最后能得到卡斯蒂利亚王国的支持（当时新诞生的西班牙王国由卡斯蒂利亚和阿拉贡两个王国联合而成，而阿拉贡对哥伦布的计划兴趣不大），除了得归功于哥伦布诉诸十字军圣战的慷慨陈词，打动了刚完成收复失土运动（Reconquista，将穆斯林逐出伊比利亚半岛的运动）的西班牙王廷，或许也得归因于卡斯蒂利亚嫉妒葡萄牙在大西洋上的野心和随之可能得到的财富。1492年初攻下穆斯林的格拉纳达（"摩尔人"在西班牙的最后一个据点），使西班牙人的圣战狂热和宗教使命感大为高涨，也帮助哥伦布得到了支持进而踏上西航之路。

一如葡萄牙探险家，哥伦布得益于殖民大西洋岛屿期间葡萄牙人所积累的风向知识和海流知识。1492年9月，他从欧洲世界的西端加那利群岛戈梅拉岛（Gomera）的圣塞瓦斯蒂安（San Sebastián）起航，10月12日登陆巴哈马群岛。勘察过古巴和伊斯帕尼奥拉（Hispaniola）后，哥伦布途经亚速尔群岛返回欧洲。凭着惊人的航海本事，他确立了此后三个世纪西班牙与加勒比海之间一直沿用的航行路线，且在此后150多年间，几乎无人能以比他更少的时间航行于这两地。但他此次远航的目的，乃是找出前往中国的海路，就此而言，他的这趟远航一无所成。他的第二次西航则带有殖民目的，带了约1 500名欧洲人前去，像先前殖民亚速尔群岛、加那利群岛那般，殖民伊斯帕尼奥拉岛。[13]在1498年至1499年和1502年至1504年的第三次和第四次西航中，哥伦布探察了铁拉菲尔梅（Tierra Firme，今哥伦比亚、委内瑞拉）与中美洲的海岸。

到这时为止，西班牙在美洲的冒险可视作伊比利亚半岛人移居大西洋岛屿行动的大胆延伸，只是欧洲世界微不足道的扩张。但在哥伦布首次踏上美洲的不到 30 年后，西班牙人科尔特斯和其冒险团队就征服阿兹特克帝国，这标志着欧洲人对美洲的入侵进入了另一番局面，其历史意义和欧洲人对其周边海岛的零星殖民或葡萄牙人对亚洲贸易的劫掠，不可相提并论。今人很容易就认定，征服中美洲大陆乃是哥伦布的"任务"顺理成章的延续，认定阿兹特克皇帝蒙特祖马（Montezuma）的败亡是欧洲先进科技必然促成的结果。但我们若是深入检视那些征服动机，以及将浅尝辄止的海上勘察转变为对辽阔内陆高地的彻底掌控所采用的手段，就会发现若没有地理上、文化上、人口上独特的机缘巧合，欧亚世界强权在"外围世界"（美洲、撒哈拉沙漠以南的非洲地区、南太平洋）的头一次大规模征服行动就不可能实现。

西班牙转型为殖民强权的关键很大程度上在于加勒比海。大西洋风向与洋流的特性，使加勒比群岛（美洲地理上往欧洲突出的部位）成为西班牙或葡萄牙水手最初登陆的地方。与格陵兰、纽芬兰这两个近海大岛不同，加勒比群岛适于居住、垦殖，且利于海上入侵者登岸。欧洲人可以用蚕食方式逐岛征服，并很快从欧洲得到增援，巩固据点。岛上的原住民没有足够抵御欧洲人的军事组织，且抵挡不了跟着欧洲人而来的"旧世界"疾病，病死者众。至为重要的是，这些岛屿与玛雅、阿兹特克这两个强大陆上帝国未有往来，且不受它们掌控，因而这两个帝国未能预先得到外人入侵的示警。更糟糕的是，这些岛屿还为西班牙人提供了适应水土和侦察中美洲沿岸地形的重要跳板。在伊斯帕尼奥拉等岛屿上，他们可以通过对付阿拉瓦克人（Arawak）来摸索战法和控制、剥削的方法，供之后运用于更大规模的征服行动中。频繁占领加勒比各岛屿（1510 年时古巴已成为西班牙人的主要活动地）的军事活动分散了兵力，也促进了并未经过中央统筹的、以破坏或掠夺为目的的对大陆的武装"突袭"（entrada），而非可能招致全军覆没的一次性远征。加勒比群岛给了西班牙人摸索、修正的宝贵缓冲空间。

最重要的是，加勒比群岛产金。沙金的发现（首先发现于伊斯帕尼奥拉岛）对西班牙人的扩张起到了推波助澜的关键作用。因此产生的淘金热，使来到该岛的西班牙人在1502年时达到约1 500人，并鼓舞他们往加勒比诸岛和大陆进一步冒险。1508年后殖民者所自行组织的"突袭"行动，其行动经费来自从印第安人那里抢来的或役使奴工开采的黄金，而非来自西班牙本土的黄金。向美洲大陆挺进，不是欧洲母国的君主或资本家所下达的指示，而是在岛上金矿很快就耗竭之后，渴求黄金的拓荒者受利益驱使的自发作为。若非加勒比诸岛和附近铁拉菲尔梅的淘金热潮旋即结束，往美洲大陆开疆拓土的动力不知要等到何时才会出现，肯定至少要等到西班牙人已无法让阿兹特克人对其感到意外和惊愕之后才会出现——西班牙人能战胜阿兹特克人，出其不意、攻其无备是制胜关键之一。因此，加勒比的桥头堡，提供了这场征服行动所需的大部分动机和资金。

1519年到1521年，大势几乎已定，西班牙第一位伟大征服者科尔特斯，花费如此短暂的时间，就掌握了这个拥有1 100多万人口、盛产贵金属、以玉米种植为物质基础的帝国政权。科尔特斯的大胆行动，让他突然拥有一块庞大的殖民地；相对地，那些行事谨慎、不敢贸然实行征服计划（认为征服行动必定以失败收场）的欧洲人，活动范围则一直局限在亚非沿海地区，两者的结果形成了强烈对比。科尔特斯能够成功，部分原因可能在于阿兹特克人称霸墨西哥高原还不算很久，以及被阿兹特克人征服的民族对阿兹特克人心怀敌意，致使科尔特斯能与他们结盟，得到帮助；另一原因则在于西班牙人的军事科技较占上风。[14]但在亚洲、非洲，并不难找到具有同样的条件，似乎易于被外人征服的地区。

西班牙人能以摧枯拉朽之势击垮阿兹特克,真正关键之处在于文化上和生物学上的因素。有人主张,阿兹特克帝国如此不堪一击,乃是因为其指挥高层不知道来犯的欧洲人来自何处以及来此的目的、动机,也不明白欧洲人为何突然出现在其境内,致使心理上慌乱,不知所措,从而摧毁了阿兹特克皇帝的抵抗能力。[15] 在此之前阿兹特克文明与"旧世界"毫无接触,且该文明欠缺四处流动而能将消息和谣言带到境内最偏远地区的朝圣者、小贩、商人、佣兵族群,因而陡然面对这个非任何仪式、献祭或祷告所能左右的"超自然"事件时,惶惑不知所措。因此一交战,必然就是兵败如山倒。但西班牙军事征服的神速和彻底,当地人抵抗意志的瓦解,还是个生物学现象。莫名其妙的惨败,带来文化震撼;接着因对"旧世界"的疾病缺乏免疫能力,大量人口病死,当地又遭遇生物学震撼。从科尔特斯抵达到16世纪结束,墨西哥的人口由约1 200万锐减为100万出头,减少了九成。[16] 原住民所受到的心理冲击,可想而知。在有形的层面,行政管理的基本前提以在热带非洲、印度和中国无法想象的方式突遭翻转,因为统治者与被统治者的比例以及移居者与原住民的比例,由一个极端一下子摆荡到另一个极端。

西班牙人在中美洲的统治,就在这些奇特的情况下(比较像科幻小说而非历史)迅速扩及中部高原(阿兹特克心脏地带)、玛雅人所在的尤卡坦半岛以及靠近今日美国新墨西哥州的干燥台地。这是西班牙帝国主义向北推进的浪潮,推动者是一群移居者和冒险家,他们来自海上强权西班牙在加勒比地区的中心地带。与此同时,已有西班牙淘金者向南移动,来到南美大陆的铁拉菲尔梅和名叫黄金卡斯蒂利亚(Castilla del Oro)的地峡区。西班牙人对前哥伦布时代第二大帝国的征服行动（事实证明这又是一场迅速得手的闪电战），就是从这里和16世纪20年代初西班牙在巴拿马建造的定居点开始的。

从许多方面来看，西班牙人征服安第斯高原的印加帝国，比打败阿兹特克人更令人吃惊。印加帝国距离西班牙的加勒比海桥头堡更远，从海上进入较不容易，且版图大得多——从今日的厄瓜多尔直到玻利维亚的北部。被西班牙人称为阿尔蒂普拉诺（Altiplano，意为"上升的高原"）的广阔内陆高原，构成该帝国的核心。印加帝国的矿石资源比阿兹特克人所在的墨西哥更为丰富，其生态也更多元。[17]印加人已将安第斯高原所有属于稳定小农文化的地区，全并入他们的帝国。他们的课税体系处处比墨西哥的课税体系复杂且有效率，课税目标既为积聚贵金属，也为积聚大量农产品。借由这课税体系，印加帝国得以维持常备军队，奖赏地方和军队的精英阶层。借由课税积聚财富，借由徭役制度征用人力，印加人得以建造出色的道路网、要塞、军火库、桥梁、梯田、灌溉设施，以及在库斯科建造出人口10万至30万的堂皇帝都。[18] 1532年，皮萨罗率领167人（被称为卡哈马卡人，Men of Cajamarca）进入的就是这样一个帝国。

一如后来某些"突袭"中美洲的行动，皮萨罗的远征开销，一直是靠劫掠印第安人的财物来支应的。加斯帕尔·埃斯皮诺萨（Gaspar Espinosa）是皮萨罗背后最大的支持者，他就是靠劫掠发大财，成为巴拿马最有钱的移居者的。[19]皮萨罗，一如科尔特斯，占了奇袭的优势，且拥有印加人所不知的武器。西班牙人靠着残酷政变，几乎一举就让整个印加政局陷入动荡，而这一政变能够成功，上述两因素是关键。1532年11月16日，皮萨罗在北秘鲁的卡哈马卡会晤印加皇帝阿塔瓦尔帕（Atahualpa）。阿塔瓦尔帕可能认为，如此一小撮陌生人，靠他庞大的侍卫队就可轻易摆平，或认为他们是佣兵，用钱财就可让他们改投他的阵营。他没料到对方野心那么大，因而在对方动手时毫无防备。皮萨罗进入卡哈马卡的广场才几小时，阿塔瓦尔帕就沦为阶下囚，他最亲密的政治心腹非死即伤，他的军队有数千人死于西班牙骑兵之手。这场大屠杀让印加帝国变得群龙无首。印加人的反击失败了，西班牙征服者为争夺战利品，开始自相残杀，最后秘鲁由位于遥远马德里的西班牙当局有效掌控。

一如征服墨西哥之役，征服秘鲁之役能够成功，一部分原因是西班牙人碰上的帝国政权太不堪一击。一如阿兹特克帝国，印加人的统治倚赖许多少数民族的合作，而那些少数民族都是新近才降服的，或对帝国怀有二心。另一个基本可以确定的是，西班牙人入侵时，这两个帝国的扩张都来到临界阶段，恶化的后勤补给和越来越少的收益，已使统治者开始推行新的剥削措施和不得人心的改革，在前哥伦布时代，墨西哥境内已出现灭亡预言，而秘鲁境内则爆发了内战，表明内部情势已紧张到危险程度。[20]但这两个帝国面对一小撮海上入侵者时如此不堪一击（在美洲大陆其他地方，海上入侵者并未取得如此一边倒的大胜，甚至以失败收场），并非只因为上述情势。这两个前哥伦布时期的大帝国，其特殊之处，在于其中央集权政体过于复杂。这政体以全能的神圣君主为轴心运作，君主突然被捕，整个帝国机器就无法运转。文化上的隔绝则使这情况雪上加霜，造成那些全能的统治者对陌生入侵者了解不足。由于没有预警，他们在国家治理和国防上都未能预先采取审慎的因应之道。西班牙人的武器和战术，特别是他们的火器和战马，给予了对手致命一击；"旧世界"疾病造成的生物学层面的打击（某种无意间发动的细菌战）则在印加和阿兹特克两帝国都发挥了强大效果，使其无法发起第二次抵抗。若非如此，随着各地开始感受到被外族征服的痛苦，反抗运动很可能在各地风起云涌。就是这几个不同因素相辅相成，西班牙人与这两大陆上文明的接触，才会变成不费吹灰之力的闪电征服。或许，换上欧亚世界其他哪个大国来此，都会有类似的辉煌战果：蒙特祖马若遇上帖木儿，大概很快就会被解决掉。西方运气好，占了地利之便（最接近前哥伦布时代两大帝国的加勒比海前厅），因而得以抢先占有"外围世界"的新土地。

这时候，西班牙征服者还未必能将推倒阿兹特克、印加两帝国的大规模劫掠性远征，转化为西班牙财富和势力的更持久扩张。他们能将意外得到的巨大财富转化为经济体制，在美洲打造一新欧洲吗？从经济上来讲，至少新西班牙（墨西哥）和利马（秘鲁）这两个由总督治理的大殖民地，在这方面似乎卓然有成。先前，猝然兴起的淘金热随着金矿快速耗竭而消退，促使西班牙人离开伊斯帕尼奥拉与古巴，向外探险，但在墨西哥和秘鲁，这种现象并未出现。早期发现的金矿，让第一批征服者获得他们怎么也想象不到的巨大财富，而在发现这些金矿后不久，他们又在16世纪40年代于墨西哥的萨卡特卡斯（Zacatecas）和玻利维亚的大山波托西（Potosí）发现储量极大的银矿。16世纪下半叶时，两殖民地已开始透过印度航线（Carrera das Indias）上每年航行一次的庞大船队，将大量金银块运回西班牙。这批源源流入的矿物财富，对后世有多重重大影响。这吸引更多西班牙人移入美洲，为将非洲奴隶运往美洲提供了资金，支应了比征服初期半封建政权还复杂的殖民政府和司法体系运作的开销，也有助于支应天主教会大举进驻的开销。天主教会的大教堂、教堂、墓地、无所不在的形象、公共仪式，乃是西班牙人殖民美洲最具体可见的标记。[21]光是在墨西哥，在16世纪结束时，天主教会就已在人口锐减的约100万名印第安人中，安置了约3 000名神父。到了1622年，西属美洲境内已有34个教区。简而言之，黄金，还有主要是白银，把残酷的征服变为殖民统治结构。

从天而降的巨大金银财富，在某种程度上促使"新世界"的经济、文化到 1620 年时被牢牢嵌进"大西班牙"的势力范围中，但我们也不该夸大这一影响。许多"西属"美洲地区，实际上在西班牙人有效占领区的势力范围之外：委内瑞拉的利亚诺斯（llanos，意为平原），中美洲的热带低地，墨西哥北部的沙漠地带，安第斯山脉东侧的浓密森林，以及绵延到拉普拉塔河河口的草原地带。在这些地方，因没有矿石财富的支持，西班牙没有多少影响力，甚至会毫无存在感。作为连接欧洲与美洲两地经济的工具，美洲白银也并非全然可靠，它的供需很不稳定。17 世纪初，从墨西哥流入欧洲的白银（尽管这些白银并非产自墨西哥本地）数量逐渐减少。墨西哥与东亚的商业关系（墨西哥的大部分白银流向了东亚）变得越来越重要。随着 1620 年后欧洲的人口增长和商业活动速度双双放缓，欧洲对西属美洲白银的需求降低：殖民地宗主国与殖民地渐渐分道扬镳。[22] 在文化上，征服带来的结果也是有好有坏。在墨西哥、秘鲁两地，西班牙人狂暴的残害（包括刀枪加身的直接残害和借助疾病的间接残害），已使前哥伦布时期的宗教体制迅速瓦解。到 1531 年，西班牙人已毁掉 20 000 座神像，光墨西哥一地就拆掉 600 座神庙。[23] 原来的祭司精英阶层失去重要地位，被征服的民众普遍被迫接受外来宗教，几无抵抗地采纳了基督教礼拜仪式和节日。[24] 印第安人权贵在某种程度上被吸纳入政府体系。在更低微的社会阶层中，西班牙服装取代了天主教会所不喜的原住民传统服装。[25]

但西班牙的文化冲击被客观环境的影响力削弱了。西班牙移民数量有限，且集中居住在城镇中，因而与内陆地区的印第安人很少接触。[26] 西班牙政府决定不让官员和神职人员眼中移民者腐败、剥削的行为去危害印第安人社群，使移民与印第安群体的接触更为有限。加上内陆许多地区（特别是安第斯高原）地处偏远、交通不便，原住民的古老宗教和巫术得以在这片大地上保存下来。即使在印第安人较直接受到西班牙人殖民影响的地方,其结果也往往不明确。"新西班牙"一地的行政区划,在很大程度上重现了前哥伦布时期的古老"城邦",地方的统治精英在那些"城邦"里,仍在相当程度上居于统治之位。摧毁征服前的宗教结构,并不表示传统信仰疗法术士、预言者、占卜者就此走入历史,巫师(conjuro)在乡间仍享有崇高地位。[27]西班牙语当然也未能取代当地人在被征服前所使用的语言。最近有项研究指出,西班牙语直到进入17世纪很长一段时间后才开始影响印第安人语言的文法结构,在那之前,西班牙语的影响不过是被当地语言借用了28个名词而已。[28]

西属美洲仍顽固地保持着印第安人的文化要素,但在种族构成上则变得更加多元。在墨西哥、秘鲁两地,的确有许多西班牙人迁入(移民在性别和职业方面都比较多元化),他们足以组成一个"完整"的社会,并能在这个新世界中继续按照"旧世界"的传统维系西班牙社群,并使之不断增殖。[29]但从征服初期,西班牙男人就开始和原住民通婚,创造出大量梅斯蒂索(mestizo)混血儿。原住民劳力不愿被压榨,人数也越来越少,于是西班牙人在16世纪中叶引进了非洲黑奴,填补人力短缺,并和黑奴通婚,形成穆拉托(mulatto,即黑白混血儿)混血族群。17世纪中叶时,"新西班牙"的人口包括约15万名西班牙白人、15万名梅斯蒂索混血儿、13万名穆拉托混血儿、8万名非洲奴隶,以及约100万名印第安人。类似的人口组成,也可见于秘鲁;17世纪40年代时,整个西属美洲的黑奴人数可能已有33万人。[30]如此便形成了结构复杂、种族之间阶级分明的社会,在那些社会里,职业与地位反映了种族出身,政治与经济权力大体掌握在白人手里——不论是出生于西班牙本土的白人,还是在美洲出生、被称作"克里奥尔人"（criollo）的白人。

西班牙对前哥伦布时期美洲最强大社会的瓦解，在欧亚"旧世界"是不可想象的，当地一部分较孱弱的社会实质上已经灭绝了。西班牙已经为打造一个被征服的、可以接纳西班牙需求与观念的社会开辟了空间。但到 17 世纪中叶，西班牙入主美洲 150 余年后，西班牙虽然成功征服了美洲，却并未将其真正纳入西班牙王国统治之下。"新西班牙"不会成为另一个西班牙王国，也不会是卡斯蒂利亚王国的翻版，征服的结果反倒是创造出新的种族结构，以及独具特色但仍保有多元色彩的西属美洲文化，新的克里奥尔社会。

葡萄牙航海家和西班牙征服者，乃是促成 15、16 世纪西方势力崛起的最受瞩目的因素。对日后欧亚均势影响同样深远的，乃是莫斯科大公国（1480 年以前还是蒙古钦察汗国的属国）只花了百余年时间就跨越大草原，直抵里海边，在 1639 年时建立起从西伯利亚森林直至太平洋海滨的庞大毛皮贸易帝国。俄罗斯人透过一连串疯狂的扩张，在中国和日本还未能称霸北亚那片更广大地区时，就先下手为强。他们堵住中亚草原民族屡次借以逼近东欧的北方出入口，在奥斯曼人或新兴的萨法维王朝统治者还未能将四分五裂的钦察汗国纳入其新帝国体系时，就先占领伏尔加河下游。

比起葡萄牙人或西班牙人，俄罗斯人更是和中世纪欧洲诸大国基本隔绝的边陲民族。有位西班牙作家便论道："俄罗斯和西班牙，［乃是］欧洲对角线的两端。"[31] 俄罗斯人最早是往东迁移到森林区边缘的斯拉夫人，他们到达了大草原，遇到了这里的游牧民族战士（俄罗斯人所谓的"鞑靼人"）。第一个俄罗斯人的国家以基辅为中心。维京人或瓦兰吉安人（Varangian）出身的统治阶层在基辅建造了贸易集散地，利用从拜占庭、近东到波罗的海欧洲的水上贸易路线谋利。9 世纪东正教传入之后，基辅罗斯人成为"拜占庭西方"重要的文化代理人。拜占庭借由他们，将其文化输出到东边的大草原民族（钦察人、哈札尔人、佩切涅格人）与西边的多神教立陶宛人（即西俄罗斯人）之间。基辅成为传教事业的总部，传教士在远至白海（White Sea）的北方森林创建了一座座隐修院。13世纪，在诺夫哥罗德、斯摩棱斯克等其他罗斯诸国的竞争下，基辅国势衰退，然后毁于蒙古人的入侵浩劫。1240年，基辅城遭蒙古人夷平。森林区的罗斯诸国成为钦察汗国的属国（钦察汗国是1259年成吉思汗的世界帝国分裂后，继起的四大汗国之一）。罗斯诸统治者，特别是太接近开阔大草原而无险可守、无力防御的莫斯科公国统治者，成为遥远的里海边萨莱（Sarai）一地钦察可汗的代理人和受保护者。但至为重要的是，俄罗斯人通过东正教会——东正教会与拜占庭牧首仍然保持着一丝联系——的文化影响，保留了西方世界文化的自我认同。[32] 后来改信伊斯兰教的蒙古人，则乐于包容东正教会和其教义。

莫斯科公国能崛起成为罗斯诸国的霸主，在很大程度上得归功于其君主的机会主义作风，他们懂得与大草原上的可汗结盟、合作。[33] 蒙古人的支持，使莫斯科统治者在1331年后取得大公的头衔；与莫斯科为敌的立陶宛大公国（强大的西俄罗斯人国家），扩张时则被蒙古人击退。原信仰多神教的立陶宛大公国，于14世纪70年代接纳天主教，并与天主教波兰保有同归一个君主统治的关系。莫斯科通过其对蒙古人的影响力，借由自身领导群雄对抗天主教立陶宛的身份，赢得东正教会这个宗教、文化上重大盟友的支持。[34] 14世纪80年代，库利科沃之役后，莫斯科大公国趁钦察汗国内讧，无暇他顾，取得了短暂的独立。但影响莫斯科大公国命运的最具决定性的因素乃是帖木儿从中亚根据地四处征讨带来的巨大地缘政治冲击（14世纪末期时中亚仍是世界史的中枢）。帖木儿最终未能打造如成吉思汗帝国那般辽阔的新帝国，但他摧毁了蒙古的残余势力，包括渐渐瓦解为克里米亚、阿斯特拉罕、喀山、西伯利亚四汗国的钦察汗国。到了15世纪40年代，莫斯科大公瓦西里二世已享有实质独立的地位。1480年，他的继位者伊凡三世（1462—1505年在位）粉碎了大草原民族最后一次欲将其重新贬为属国的企图。

1480年后的100年，乃是莫斯科大公国扩张的关键时期，左右了西方人入侵欧亚世界中部、北部的整个进程。莫斯科大公国的领土核心位于伏尔加河上游，它因此成为北方、东方（最远及于亚洲太平洋沿岸）的庞大森林帝国和里海、南乌拉尔地区辛苦打下的大草原帝国之间的枢纽。[35] 但若只辖有东俄罗斯的一个小公国，且受制于信仰天主教的波兰-立陶宛王国，又遭到北俄罗斯的富裕对手（例如拥有毛皮帝国、与汉萨同盟城镇有贸易往来的诺夫哥罗德）挑战，那么莫斯科的统治者几乎不可能实现其帝国野心。俄罗斯势力要崛起于欧亚北部，莫斯科大公国就必须要巩固其对信仰东正教的罗斯诸国的统治，以及采取积极攻势，防止那些国家遭波兰-立陶宛这个雄心勃勃的联合王国吞并。1504年时，这个联合王国的版图，已涵盖从黑海到波罗的海的广大地区。不论乐意与否，莫斯科大公若想挽救国家命运，就必须要进入欧洲外交体系（寻求盟友对付波兰），同样重要的事情还包括在文化上、意识形态上与15世纪欧洲的新式君主国一较高下。此后的俄罗斯历史，有很大一部分将取决于两项因素之间的微妙平衡，一是体现在俄罗斯东正教会上的独特拜占庭文化遗产，一是因政治、经济上的需求而不得不向中欧、西欧文化取经的作为。

波兰-立陶宛在15世纪下半叶已在快速推进其文化"现代化"工程（第一部印刷书在1423年于克拉科夫印制）。[36] 欲在政治上和文化上与波兰-立陶宛一较高下，理所当然的做法，就是将伊凡三世征服的土地改造为王朝制国家。于是，大诺夫哥罗德的寡头政治传统遭根除。伊凡以欧洲式大君主的形象出现，结合了拜占庭、西方的王朝统治方式。1492年，他改封自己为"莫斯科大公与所有俄罗斯人的大公"。在罗马教皇的支持下，他与拜占庭公主索菲娅·帕里奥洛加斯（Sophia Palaeologus）联姻。他向欧洲各地派出特使，并将意大利工匠、建筑工人、建筑师带到莫斯科。他以"大法院"（chancery）为核心改造行政体系架构，建立了复杂的档案管理系统及官僚体系。[37] 伊凡四世（"伊凡雷帝"）登基时，举行了最高规格的加冕典礼，具体的仪式流程是在业已荒废的拜占庭皇帝登基仪式基础上精心改造而成的。或许是为了抗衡天主教的反宗教改革运动，伊凡四世鼓励修士们回归隐修生活。[38] 他敌视以波兰为主要代表的"拉丁世界"（Latinstvo），为此向日耳曼人、英格兰人、荷兰人敞开大门，作为制衡，于是有大批士兵、移民、工程师、商人涌入。16世纪时，他陆续发动多场战争，想要将波兰势力阻绝在西俄罗斯之外，并预防莫斯科大公国境内蠢蠢欲动的波雅尔（boyar，地位仅次于大公的封建贵族阶层）受波兰人煽动而作乱。波雅尔享有的独立地位，令莫斯科大公芒刺在背，必欲铲除而后快。[39]

与波兰的敌对，刺激莫斯科大公国进行内部改造，而这内部改造有助于说明俄罗斯人为何能牢牢守住他们在森林和大草原开疆拓土的惊人成果。在诺夫哥罗德共和国于1478年遭莫斯科大公国吞并的许久以前，该共和国已替北方森林的毛皮贸易帝国打下基础。1483年，莫斯科往乌拉尔山脉的另一头派出其第一支探勘队。到16世纪50年代，已有冲劲十足的斯特罗加诺夫家族在西伯利亚打造商业帝国，运出得自森林原住民的毛皮。这使他们与西伯利亚汗国起了冲突，因为后者也以毛皮贸易和掌控毛皮供应来源为经济命脉。1582年，由斯特罗加诺夫家族雇来的哥萨克冒险家叶尔马克攻占西伯利亚汗国都城。斯特罗加诺夫家族的民间帝国主义行动，随着叶尔马克于1585年去世而瓦解。但莫斯科官方接手此扩张行动，在鲍里斯·戈东诺夫（Boris Godunov）的主导下，于16世纪结束前完成对西伯利亚西部的军事征服。[40] 从此，民间的毛皮贸易商得以自由无阻地穿越大陆。到1609年的时候，这些毛皮贸易商已经抵达叶尼塞河，1632年抵达勒拿河，1639年抵达太平洋沿岸，1643年抵达中国东北边境。1645年时，在乌拉尔山以东已有约7万名俄罗斯人。[41] 戈东诺夫这一决定性干预所遗留的影响，在改组后的莫斯科大公国政府对其遥远森林殖民地的行政控制上仍有体现。

俄罗斯人能够较轻易就征服北亚森林区，原因之一在于俄罗斯人遇到了没有建立国家的森林区居民，其政治组织和科技能力都水平较低。俄罗斯的火器占有重要的科技优势。但一如斯特罗加诺夫家族所发现的，直到西伯利亚汗国势力崩解，俄罗斯人才得以在该地自由贸易，恣意征服。西伯利亚汗国是连接森林与大草原的关键环节。俄罗斯人在1552年和1556年，分别吞并了邻近的喀山和阿斯特拉罕两个汗国，并在16世纪90年代时已巩固对这两个汗国的掌控。没有奥斯曼人撑腰，又不像克里米亚汗国（未被吞并的汗国）有贸易网可赖以生存，钦察汗国在西伯利亚的最后残存势力，无法抵抗俄罗斯人的进逼。

乍看之下，俄罗斯人征服大草原诸汗国的过程，与科尔特斯、皮萨罗在美洲的征服有相似之处：几乎是一次出击，就让历来无法征服的辽阔大草原（果戈理笔下似乎充满无限可能的"金绿色海洋"）[42] 落入莫斯科之手。但西班牙征服者所享有的优势，俄罗斯人大部分无缘享有。俄罗斯人为他们的敌人所熟知，不可能被误当为神。虽然伊凡

第二章 中央欧亚与大发现时代　69

四世攻打喀山时，带了150门火炮和他新成立的滑膛枪步兵团，但在开阔大草原上，俄罗斯人不敢奢望享有决定性的战术优势或战略优势。整整一个世纪后，俄罗斯人攻打克里米亚汗国，因无法克服在大草原上作战的后勤补给问题，在混乱中兵败而返。[43]

16世纪伏尔加诸大草原社会所面临的社会危机和政治危机，可更有力地说明俄罗斯人为何能迅速取得成功。那些汗国都不是王朝制的君主国，且从未像莫斯科大公国已在进行的那样，转型为君主政体。它们类似结构松散的部落联盟，可汗在部落联盟里的领导地位，倚赖各部落首领的支持。它们的经济倚赖贸易（特别是与中亚的贸易），倚赖向定居族群课税，倚赖联盟里最强大的游牧部落袭掠北方、西方定居生活的俄罗斯人。但到16世纪时，这一政治经济体陷入混乱。这时，维系大草原命脉的亚速、阿斯特拉罕、乌尔根奇（Urgench）这三座贸易大城，都已毁于帖木儿之手，[44] 因此造成的贫困，可能加速了定居化的过程，从而使鞑靼游牧部落的古老平等主义体制，更快转变为由地主和无地农民组成的分裂局面。[45] 由于军力衰退（前述状况造成的结果），内部团结不如从前，各汗国内部的政治冲突因此变得更难解决。此外，钦察汗国瓦解后继起的喀山、阿斯特拉罕、克里米亚、西伯利亚四个汗国，为控制大草原，彼此也处于敌对态势。莫斯科大公国（钦察汗国瓦解后继起的第五个国家），利用各汗国间的钩心斗角，在大草原上纵横捭阖。在15世纪70年代，它与各汗国交好，确保其防御脆弱的大草原边界局势平静，以便专心征服北方。[46] 借此，到了16世纪初期，莫斯科大公国国力大增，喀山和阿斯特拉罕已远非其敌手：事实上，除了以筑有防御工事的新定居点蚕食喀山的领土，莫斯科还在1552年之前的几个时期，将喀山纳为其保护国。到了1552年，喀山汗沙·阿里（Shah Ali）已成为俄罗斯人的傀儡，已有许多鞑靼"王公"改投入俄罗斯人阵营（有一些已改信基督教），该汗国里还有某些重要部族，例如诺盖人（Nogai），与莫斯科大公国合谋推举新汗。1552年伊凡雷帝攻打喀山时是否一开始就打算吞并该城，如今不得而知。但该城的反抗和征服该城的惨烈，使吞并变得不得不然。接着，莫斯科大公国在诺盖人的协助下，发起第二场闪电战，征服、吞并喀山汗国旁边的阿斯特拉罕汗国。

大草原上这场帝国主义扩张很有戏剧性，但我们不应夸大其当时的影响。莫斯科商人（和莫斯科大公国政府）或许因为更便于和伊朗、中亚贸易而得利，但莫斯科大公国并没有丰富矿藏可支应帝国庞大基础设施的建造开销。[47] 伏尔加河流域的土地从此可供俄国小农垦殖，但在该河沿岸地带以外，俄罗斯人的掌控力并不稳定，伏尔加地区仍是局势动荡不安的边疆地区。鞑靼人仍从克里米亚半岛前来袭掠。甚至，在1592年时，莫斯科都遭到克里米亚鞑靼人袭掠，其郊区遭焚毁。俄罗斯人耗费巨大人力、物力，建造由防御工事构成的防线（cherta），以阻止鞑靼人入侵或在鞑靼人来犯时示警。其中有道防线，别尔哥罗德防线（Belgorod Line），长逾800公里。17世纪初，大批卡尔梅克人（Kalmyk）来到里海北部大草原，俄罗斯人不得不与他们共存。[48] 在更往南的高加索地区，俄罗斯人的势力受到新兴萨法维王朝的遏制。[49] 到18世纪末期，俄罗斯人才征服克里米亚汗国，将整个伏尔加大草原边疆地区（乌拉尔山脉与里海之间所谓的"乌拉尔门户"）全纳入掌控。

莫斯科大公国努力将自己改造为王朝制政权，以便吞并北部罗斯诸国，抵抗波兰-立陶宛势力东扩，收服伏尔加河流域诸汗国。俄国最终能成为欧洲人向北部欧亚扩张的主力，以此姿态出现于历史舞台，这段奋斗过程乃是关键阶段。1600年时，莫斯科仍未能消除波兰-立陶宛欲向北、向东逼近乌拉尔山脉的威胁，但也已采取关键措施，让自己与欧洲国际体系紧密联结（17世纪初波兰人入侵，莫斯科就在瑞典援助下予以击退），取得维持三个世纪帝国主义扩张所需的种种体制。莫斯科的统治者靠着蒙古遗产的加持和东正教会的支持，完成了一场双重革命。他们将波雅尔各自拥兵的旧军事体制，转变为由滑膛枪兵、炮兵组成的火药军队。他们透过军事采邑制（pomestia）将土地所有权收归中央，在这一制度下，贵族必须承诺向中央贡献军事服务或行政劳务，才能持有土地。波雅尔原可以自由选择其效忠对象，但这时候，他们被束缚在严格讲求忠诚与义务的结构里，而新成员（所谓的"国家仆人"，state servitor）则被授予靠征服或没收得到的土地。第二场革命也随之发生。有地阶级负有提供税收和人力，以支应莫斯科征战需求的责任，而在贫穷的农业经济里，有地阶级要能履行这样的责任，必得对此前经常流动、自由且频繁起义的农民群体严密掌控才行。[50] 因此，对于小农，莫斯科祭出了与约束波雅尔效忠对象类似的做法，透过农奴制，将小农绑在固定的土地上。农奴制靠国家威权、贵族权力、教会势力三管齐下，严酷加诸小农身上。作为欧洲势力的东扩先锋（而非波兰与大草原间的薄弱缓冲国），俄国成为欧亚世界的斯巴达，在17世纪结束前，已拥有超过10万兵力。[51] 但西有更富裕欧洲国家的威胁，南有鞑靼人越过仍未设防的大草原边境袭掠，莫斯科大公国转型为"俄罗斯"或"大俄罗斯"（Rossiya）的过程，多灾多难，备尝艰辛。在这过程中，出现了内部恐怖主义（1565年至1572年伊凡雷帝实行特辖制的时期）和"动乱时期"（Time of Troubles，罗曼诺夫家族于1613年即沙皇位之前的无政府时期）。莫斯科于1605、1610年两度遭波兰军队占领。[52] 在美洲，为欧洲海上帝国主义付出生命者，大部分是原住民印第安人和由外引进的黑奴。"旧世界"的陆上扩张，则遇到较强硬的抵抗、较严酷的环境。因此，西方势力崛起在此所付出的代价，乃是国内政权在社会和政治层面的压迫日益加重，而这一发展的影响，最后将扩及从波罗的海到太平洋沿岸的广大地区。

伊斯兰势力的抗衡

今人很容易就忽略，在欧洲海上扩张如火如荼之际，伊斯兰世界也同时发生了深刻的变化。两股强有力的趋势在16世纪会合，加重了伊斯兰世界对欧洲安全的威胁，使伊斯兰文明在对外扩张方面丝毫不逊于西方在欧亚以外的"外围世界"的扩张。第一股趋势乃是伊斯兰国家变得更强大、内部更团结。随着火药彻底改变了作战方法，中亚游牧民的大规模入侵逐渐消失。第二股趋势乃是伊斯兰文明在扩张主义驱动下，深入东南欧、撒哈拉沙漠以南的非洲地区、印度南部和东南亚。如果说西方因其大发现时代而变得更强大、更富裕，那么伊斯兰世界同样因其扩张时代而有相同的转变。

伊斯兰文明向西扩张的前锋，由奥斯曼帝国担任。奥斯曼人于1453年拿下君士坦丁堡，取得该地区的堂皇帝都，还有爱琴海、黑海海上贸易的控制权，自此彻底称霸南巴尔干半岛。奥斯曼人继续以君士坦丁堡（土耳其人称之为伊斯坦布尔）为都，直到帝国于1922年至1924年瓦解为止。1453年后的几十年里，"征服者"穆罕默德陆续将希腊南部（摩里亚，1458年）、塞尔维亚（1459年）、波斯尼亚（1463年）、阿尔巴尼亚（1479年）、黑塞哥维那（1483年）纳入奥斯曼人的直接统治。穆罕默德之后的几位奥斯曼统治者，将摩尔达维亚、瓦拉几亚（Wallachia，构成今罗马尼亚的大部地区）正式纳为附庸国（1504年），1520年攻下贝尔格莱德；苏莱曼大帝（Suleiman the Magnificent）当政时，将匈牙利纳入奥斯曼帝国北疆的保护国之列。从事后来看，直到 1529 年进攻维也纳受挫，奥斯曼人挺进中欧的那股似乎不可阻挡的攻势，才来到极限。哈布斯堡外交官吉塞林·德·布斯贝克（Ghiselin de Busbecq）亲眼见识了奥斯曼人的军事组织，对他而言，即使在 16 世纪 60 年代，情势仍极悲观。他认为，完全是因为伊朗转移了奥斯曼人的注意力，奥斯曼人才暂时没有继续在欧洲推进。"否则下场会是如何，还需怀疑？"[53]

1450 年后的 80 年里，奥斯曼人把他们在欧洲的版图扩大了一倍多。他们在非洲、亚洲攻城略地的战绩同样惊人。对安纳托利亚南部的掌控更为稳固之后，他们于 1516 年至 1517 年发动闪电战，消灭了以开罗为都城，统有埃及、麦地那、麦加两圣地以及肥沃新月大部地区的马穆鲁克帝国。[54]将伊朗的萨法维王朝统治者逐出安纳托利亚东部后，奥斯曼人到 1534 年已牢牢掌控巴格达，然后在 16 世纪 40 年代结束前牢牢掌控波斯湾。靠着位于苏伊士的海军基地，他们占领并支配也门。16 世纪 70 年代时，从利比亚到摩洛哥，几乎整条北非海岸线都在他们掌控之下或遥奉奥斯曼帝国为宗主国。地中海西端的西班牙正在美洲开疆拓土时，奥斯曼人已打败难缠得多的对手，以更宏大的格局，打造出地跨欧、亚、非三洲的大帝国，将"整个东方的力量"（布斯贝克惊叹语）全掌握在手中。[55]

在很大程度上，这些胜利可归功于奥斯曼人能维持大规模的常备军，[56]运用纪律严明的步兵团（被称为禁卫军）、高明的海军武力调度、[57]冷酷无情的外交手腕。奥斯曼人很幸运，在欧洲和非洲、亚洲所碰到的对手彼此不合，给了他们乘虚而入、各个击破的机会。在欧洲，他们善用不同王朝间的对抗和天主教、东正教间的敌对，替自己创造有利条件。而在亚洲、非洲，他们的两大伊斯兰对手，埃及的马穆鲁克王朝、伊朗的萨法维王朝，未能联合对付强敌，且马穆鲁克王朝对葡萄牙海上武力的不安，可能使马穆鲁克人在战略上更为瞻前顾后，优柔寡断。但奥斯曼人的帝国主义扩张，并非只倚赖武力和外交上善于审时度势的机会主义作风。对付西方的欧洲时，奥斯曼苏丹可以利用加齐（ghazi，征服异教徒并使其改信伊斯兰教的圣战）传统，鼓舞士气。他们的总目标看上去非常可能是恢复拜占庭帝国（既是他们的榜样，也是他们的敌人）全盛时期的版图。事实上，他们的拜占庭"传承"，驱策他们走上这样的路。一如这之前和之后其他主要的帝国主义者，奥斯曼人不知不觉受到帝国"逻辑"的驱策。欲威吓他们众多的附庸国和盟邦，欲防止敌对势力结盟，欲将已无法间接掌控的地方纳入直接统治，欲借由加强对战略路线和要塞的掌控来保护重要的农业区、商业区，就必须采取积极扩张策略。奥斯曼统治者对商业目标也非漠不关心。他们的海军进入红海和波斯湾，他们努力确保印度洋的海上霸权，其目的可能一如葡萄牙、西班牙及后来荷兰的海上扩张，乃是获取贸易网的利益。[58]

这些方法和动机或许有助于解释奥斯曼的征服模式，但无法说明奥斯曼人为何能成功入主广大地区，也不能说明奥斯曼人的统治为何能维持得如此久。奥斯曼人能够称雄，有其未外显的成功之道，那就是谨慎调和伊斯兰的宗教、法律、文化体制与由统治精英超越民族畛域的治国之术所塑造的王朝式专制政体之间的差异，使它们并行不悖。共同的信仰，对伊斯兰教法的共同认可，有助于奥斯曼人的统治为肥沃新月和北非的人民所接受，而苏丹作为对抗基督教异教徒的伊斯兰捍卫者，可以顺理成章地要求穆斯林对其效忠。在奥斯曼人治下的欧洲，土耳其穆斯林和改信伊斯兰教的当地人，组成政治、行政上层的核心，成为奥斯曼人统治当地的最重要依靠。提倡同样价值观的共通伊斯兰上层文化发挥了重要作用，促使辽阔帝国内各地方、地区的精英效忠于帝国中央。奥斯曼人的过人之处，在于借由几种高明的创新，强化这种透过伊斯兰教获得的内部团结。在欧洲和小亚细亚施行的提马尔（timar）制度，让地方精英得以掌控乡村庄园的收入，而地方精英必须向奥斯曼政府提供军事或行政上的服务，作为回报。米勒特（millet）制度让非伊斯兰教的宗教族群享有某种自治权，借此使基督徒和犹太教徒和平共处，这些自治团体由教会领袖或宗教领袖治理，这些领袖则如君士坦丁堡的东正教牧首，由苏丹指派，被征服人民中最具影响力的人因此被牢牢绑在帝国体制上。奥斯曼统治的特色，在于彻底执行律法和定期征税（有别于随意强征苛捐杂税），至少在"奥斯曼和平时期"的初期是如此。[59] 对欧洲境内许多信仰基督教的奥斯曼子民而言，奥斯曼人的统治带来有秩序且稳定的帝国好处，一如后来让英国人得以博得广大印度小农效忠的帝国好处。奥斯曼人的帝都是个民族多元的国际性城市，外国人在此会受到合理对待。[60]

奥斯曼体制真正的创新，乃是德夫舍梅（devshirme）制度。奥斯曼苏丹为防土耳其贵族在政治、军事领域势力独大，从基督教家庭强征男童（一年可能七八千名），集中培训，要他们改信伊斯兰教，长大后组成奴隶军队，作为制衡。这一制度，就叫德夫舍梅，沿用到进入17世纪许久后才废除。德夫舍梅的征募方式，抹除了前现代统治者所深深惧怕的亲族纽带和地方纽带。这制度为派驻帝国各地的禁卫军（2.5万人的常备军）提供了兵员，也为苏丹提供了办事员和官员，而苏丹最资深的顾问正是从中选出的。[61] 奥斯曼帝国受过教育的上层统治阶级（askeri），其骨干分子培养自这制度，这些人看待事情时，从帝国的角度而非从地方、种族或宗教的角度出发，他们的首要效忠对象是王朝，而非某个地方。在布斯贝克眼中，奥斯曼帝国这种以才智、能力为依据来遴选精英的做法，使该帝国的精英远优于欧洲的精英。

奥斯曼帝国的蓬勃活力，令当时的欧洲人惊讶、骇异，而奥斯曼体制则似乎是帝国里宗教与政治的巧妙综合体。布斯贝克在1560年感叹道："在他们那边……人们肯吃苦、团结、有秩序、有纪律、节俭、战战兢兢。我们这边则是官家贫穷、私人豪奢、积弱不振、精神萎靡。"[62]

但16世纪60年代常被视为奥斯曼帝国的巅峰时期，苏莱曼当政的时期（1520—1566年）则常被视作奥斯曼帝国日趋"落后"而国力急速衰退的起始阶段。许多主流说法把这段历史当作某种道德剧般来描述，把奥斯曼的"堕落"与现代初期欧洲的积极奋发相比较，把那"堕落"归因于在上位者领导无方、贪腐滋长、奥斯曼君主政体的制度性缺陷、内部叛乱、中央权威的削弱、商业和技术缺乏创新、政府没有采取能创造财富的政策。[63]对这一问题的充分探讨，得留待下一章进行，但这一衰落的论断，再怎么看都下得太早。没错，奥斯曼体制到16世纪中叶时已开始变化。奥斯曼人不再往欧洲扩张。他们的封建骑兵（sipahi）退位，换成"火药"部队。奥斯曼军力越来越倚赖提马尔制度，而越来越少倚赖税款包收人的税收。省级政府对税款包收人的管辖权似乎提升了，而中央对税款包收人的管辖权则减弱。17世纪德夫舍梅制的衰落（可能是土耳其精英阶层施压所致）和禁卫军确立为世袭阶级（设立禁卫军的本意是不想让军队成为世袭阶级），也可能削弱了15世纪所打造的专制政体。16世纪结束时安纳托利亚地区的宗教动乱和社会动乱，或许正象征着奥斯曼帝国陷入了"动乱时期"，与俄国拼命扩张后，在约略同时所发生的"动乱时期"一模一样。但这些改变所带来的影响，不应夸大。比较明智的看法，或许是将它们视为适应新稳定局势的表征，实施更复杂（且更耗成本）之地方治理方式的表征，造福地方豪强之经济增长模式出现的表征。[64]中央威权所谓的"衰落"，可能只是个假象。[65]一如大部分前现代的国家，奥斯曼帝国缺乏可借以严密管理其子民的手段,中央集权时期和权力下放地方时期在其历史上交替出现。该帝国在16世纪真正的成就,乃是为权力下放地方但内部惊人团结的奥斯曼"联邦"(版图从马格里布地区到波斯湾、从哈布斯堡王朝边界到萨法维王朝)打下基础。苏莱曼大帝和其之前几位统治者所真正遗留的东西,不是个专制国家,而是个由"奥斯曼化"精英统治的伊斯兰诸多社群所构成的网络型组织,那些精英享有地方自治权,但同时仍忠于并倚赖帝都君士坦丁堡所具有的权威、威信、合法性。在欧洲人眼中,奥斯曼"联邦"不像早期几位苏丹的侵略性独裁那么可怕,而后来的发展表明,奥斯曼"联邦"国祚惊人绵长。要到18世纪中叶,才有人怀疑它的存续。

如果说奥斯曼人未能对东南欧和地中海地区的基督教国家打一场决定性的胜仗,这至少有一部分原因在于他们和东方的伊朗萨法维王朝打了百年的战争,使他们没有资源再用兵于西方。伊斯兰世界这场百年战争,就相当于现代初期摧残欧洲许多地区的那些"宗教战争"。[66]以奥斯曼人的观点来看,这场战争,比往匈牙利或克罗地亚开疆拓土,远更攸关他们帝国的稳定。安纳托利亚东部和阿塞拜疆不稳定的边境,乃是位于奥斯曼帝国心脏地带的突厥化部落和支配伊朗高原许多地区的突厥化部落之间的来往通道。奥斯曼人在小亚细亚的统治,还有奥斯曼人在肥沃新月许多地方的支配地位,有赖于这不稳定地区的部落忠于他们。因此,面对萨法维势力兴起于土耳其人政治与文化所系的要地,奥斯曼苏丹反应如此激烈,也就几可说是不足为奇了。[67]

萨法维帝国的创建者是伊斯玛仪一世(Ismail I),其父亲是一个什叶派好战教团的领袖。该教团以阿尔达比勒(Ardabil)为根据地,因成员戴着鲜明的红头巾,而有"红头巾军"(Qizilbash)之称。萨法维体制的最重要特色,乃是透过对奉行什叶派教义的宗教领袖一致效忠,结合成牢固的部落联盟。什叶派是伊朗高原上的伊斯兰教主流教派，[68] 该派与在伊斯兰教里占多数的逊尼派（正统派）势如水火。哈里发政权在成立的头几年，因谁是穆罕默德合法继承人的问题，内部起了纷争，导致伊斯兰教分裂为什叶和逊尼两派。什叶派的很大一部分敌意来自该派伟大领袖侯赛因的殉教所引发的激愤。每年穆哈兰节（Muharram）时，什叶派会悼念遭逊尼派部队打败、杀害的侯赛因。什叶派有自己的学术传统和神学传统，有自己的圣城和朝觐中心（位于今伊拉克境内的纳杰夫、卡尔巴拉）。什叶派教义里，也有极类似基督教中基督将复活并为王一千年的观念，深信他们的领袖伊玛目（他们可向之祷告的对象）只是暂时隐遁，有朝一日终将返世，铲除邪恶，拨乱反正。他们还认为什叶派终将战胜，把正义不彰的逊尼派世界纳入统治。或许因为这些观念，什叶派在历史上向来不如逊尼派那么尊敬世俗统治者的权威，反倒把目光投向毛拉，即宗教导师。[69] 伊斯玛仪的过人之处，在于向部落联盟（帖木儿死后伊朗西部常见的建国方式）施压，使其忠于自己和自己的继任者，认可自己作为教团领袖投身圣战。[70] 靠这强大的精神武器，他获得惊人成就。1501 年，他在伊朗西北部最大城大不里士自立为王。1510 年时，他的军队已征服里海沿岸的阿塞拜疆、吉兰（Gilan）、马赞德兰（Mazanderan）三地，征服哈马丹（Hamadan）、伊斯法罕、亚兹德（Yazd）、基尔曼（Kirman）、法尔斯（Fars）和今伊拉克许多地方，以及向西远至迪亚巴克尔（Diarbekir）的安纳托利亚地区（今土耳其国土深处）。同一年，他还在呼罗珊（Khorasan）的梅尔夫（Merv）击败乌兹别克人，为日后萨法维帝国以其伊朗文化将今日阿富汗许多地区纳入版图打下基础。但四年后，在安纳托利亚东部的恰尔德兰（Caldiran）一役中，伊斯玛仪遭奥斯曼军队以优势火力彻底击败。此后一个世纪，萨法维王朝继续挑战奥斯曼人在安纳托利亚东部、高加索、伊拉克的统治（萨法维王朝在1508年至1534年间和1623年至1638年间两度统治巴格达），但事后的发展表明，兵败恰尔德兰乃是一转折点：萨法维王朝的权力中心被赶离安纳托利亚，被赶到伊朗高原。1530年，都城由难以防守的大不里士迁到加兹温（Kasvin），最后在1598年定于伊斯法罕。

萨法维王朝最初的统治基础，至此时已有大幅变化。在伊斯玛仪和其子塔赫玛斯普（Tahmasp）当政时，军力靠由土库曼部落征来的兵员支持，赖以治理越来越庞大之帝国的军队精英和行政精英，则由土库曼部落酋长"埃米尔"来担任。为让部落继续效忠于萨法维王朝，统治者一直将征服来的土地分封给各部落，作为拉拢的手段。这一政策的代价，就是过游牧生活而反对稳定之领土治理的部落，彼此间出现派系斗争，有时还会爆发公开冲突。但萨法维王朝第五任国王阿巴斯一世（Abbas I）于1587年即位后，政治出现革命性的改变。阿巴斯实行与奥斯曼的德夫舍梅制非常类似的策略，使自己摆脱倚赖突厥化部落支持的险境。他从格鲁吉亚和外高加索地区的基督徒群体中招募来库拉尔（qullar），组成军队和行政体系。库拉尔又名戈拉马尼（gholamani），是改信伊斯兰教的奴隶，对阿巴斯忠贞不贰。[71] 到1629年他的统治结束时，萨法维王朝已有过半省份由库拉尔治理。阿巴斯还打造了一支由滑膛枪手（由伊朗人而非讲突厥语的人担任）与库拉尔骑兵、炮兵组成的皇家军队，经费则由直接治理的"哈萨人"（Khassa）省份（这样的省份越来越多）的税收支应。[72] 阿巴斯政权刻意稀释萨法维精神里的旧突厥特色，越来越倚赖伊朗人，以及采纳波斯文化而非突厥文化的外来奴隶。以伊斯法罕为帝都，不惜斥巨资大兴土木，改造该城，由皇家赞助装饰工程，乃至伊斯法罕独特哲学学派的诞生，凡此种种，代表了一种新波斯上层文化的问世，而这文化将博得这个帝国（全盛时期版图从大不里士到1622年被阿巴斯征服的坎大哈）内多种民族之精英的共同尊敬和欣赏，并影响他们的思想和语言。

萨法维王朝重新一统"大伊朗"许多地区，使内部（相对）平静而有序，也有助于促成该王朝统治者所极力推动的商业复兴。萨法维王朝运用其日益增多的税收，改善贸易路线，建造供旅行队过夜的客栈。在阿巴斯治下，伊朗出口生丝的大宗贸易由王室垄断（以亚美尼亚商人为国王代理人），[73] 伊斯法罕和姊妹城新焦勒法（New Julfa）成为繁荣的贸易中心。在17世纪结束前，两地有约两万名印度商人侨居。[74] 1677年约翰·佛莱尔（John Fryer）因商务前往该地出差时（为免引人注目，他走在街上时一身波斯人打扮），发现有个布料市场，规模比伦敦著名的布莱克威尔馆（Blackwell Hall）还要大，他还发现四座天主教教堂。1598年，阿巴斯已准许奥古斯丁修道会修士建造一座教堂，甚至支应该教堂的装饰工程经费。[75] 1622年，阿巴斯摧毁葡萄牙人在霍尔木兹的殖民地，以利其位于阿巴斯港的货物集散中心发展，他当政时强盛的国力由此可见一斑。萨法维王朝欲建造庞大农业帝国，在帝国内打造由国王掌控的繁荣商业，打造超越地域畛域的上层文化，但一如后面我们会看到的，因为未能完全制伏境内的突厥化部落，这个计划最后功败垂成，而这或许正反映了伊朗高原上定居农业和游牧生活两者间轻重失衡所带来的不利影响。[76] 但借由推行什叶派伊斯兰信仰，借由将该信仰定为"国教"，[77] 借由将波斯语恢复为官方和上层文化的用语，萨法维王朝使其辽阔版图内的文化高度统一。萨法维王朝把统治与宗教统一及大众的虔诚挂钩，在这方面，奥斯曼帝国的统治远远比不上，而这或许有助于说明为何萨法维王朝覆灭后所留下的领土，比其过去的奥斯曼对手所留下的还大。

奥斯曼帝国和萨法维伊朗，都是帖木儿从1380年至其死时的1405

第二章 中央欧亚与大发现时代 81

年间所打造的短命世界帝国的继承者。15世纪时帖木儿帝国已分崩离析，但该王朝在图朗（Turan，即中亚河中地区）的旧帝都撒马尔罕，仍是伊斯兰世界的文化重镇。图朗仍是有意往西、往南、往伊朗高原和近东或进入北印度平原建立帝国者的跳板。图朗的突厥化蒙古精英，具备高等的上层文化、宏大的君主政体构想，且掌控商业、外交网，乃是一念念不忘建立帝国的统治阶层。

但或许因为帖木儿王朝残余的统治力量，再无力保护图朗地区绿洲免遭大草原战士-游牧民攻击，1500年时，帖木儿王朝对其图朗心脏地区的掌控，已被乌兹别克人打破。落败的帖木儿王朝王公被逐出撒马尔罕，其中巴布尔（Babur）避难于喀布尔。[78] 但帖木儿王朝建立宏图霸业的本能仍很强。1519年，巴布尔带着约1500人的军队，犹如亚洲的皮萨罗般，南行到北印度平原，以开辟新的帖木儿王国。他进入印度斯坦，不是以来自中亚大草原的掠夺性蛮族的形象出现，而是作为伊斯兰世界最先进、文化水平最高之社会的代表降临的。在德里附近的帕尼帕特之役（Battle of Panipat）中，巴布尔打败统治北印度的伊斯兰王朝（德里苏丹国的洛第王朝），自封为北印度之王。这场胜利得归功于他个人的英勇、用兵本事、中亚的作战武器优势和战术上的机动灵活。[79] 但他能够成功入主北印度，也有赖于他所属的帖木儿家族的威望和他对北印度与中亚之间诸多贸易路线的掌控（印度最昂贵的出口品可能有一半通过那些路线运输）。[80] 巴布尔本人欣喜于印度斯坦将带给他的财富，同时却以瞧不起落后殖民地的帝国心态，来看待当地缺乏文明生活便利设施的情况。他抵达亚格拉后，想建造一座体现伊斯兰天堂景象的"乐园"（char-bagh）——有流水和百花的伊朗式庭园——却嫌恶该地的丑陋。但工程还是开始了："然后，在那丑陋而杂乱的印度，一块块庭园……以井然有序而对称的面貌出现……在每个狭长花坛里,有布置完美的玫瑰花和水仙花。"[81] 巴布尔的真正意图,很有可能是利用北印度的资源,恢复帖木儿王朝在帖木儿帝都撒马尔罕的统治。因为他的早逝(值得注意的是,他的遗体按照其生前意思埋葬于喀布尔),还有其子胡马雍(Humayun)的政策,帖木儿王朝才转而专注于治理北印度。

巴布尔继位者即将统治的北印度世界,自 11 世纪起就已被突厥化穆斯林或阿富汗人出身的穆斯林战士精英掌控。他们以武力建立的苏丹国,包括德里、孟加拉、古吉拉特、德干(1500 年时已分裂为五小国)、肯代什(Khandesh)、木尔坦(Multan)、克什米尔,在 1500 年时已瓜分掉印度次大陆许多地方。只有在梅瓦(Mewa,拉吉普特人在北印度所建的国家)和毗阇耶那伽罗(Vijayanagar)两地,还有印度教国家抵抗这股伊斯兰洪流。那些穆斯林殖民精英(ashraf),汲汲于巩固自己族群的完整。他们维持一个由神学家、讲道者、法官所组成的知识分子"权势集团",以确保他们本身的文化不致被周遭广大的印度教信徒同化。[82] 为确立他们无所不在的统治威权,他们建造清真寺、学院、圣陵、宏伟公共建筑,例如位于孟加拉小潘杜亚(Chhota Pandua)的宏伟宣礼塔。[83] 在这些苏丹国里,他们的权力建立在以土地换取军事服务的半封建体制上,最根本上来讲,则靠印度教农民的剩余农产维系其政权,特别是在印度河-恒河平原上的北印度广大"肥沃新月"。

巴布尔"突袭"(如西班牙征服者从加勒比岛屿"突袭"美洲大陆)北印度所建立的霸业,一开始并不稳固。逃到东印度的德里统治者,靠舍尔沙(Sher Shah)的庇护重振声威。1539 年至 1540 年,舍尔沙将胡马雍赶出印度。但舍尔沙死后,继位者未能建立团结的北印度帝国,帖木儿家族于 1555 年再度入主德里。帖木儿王朝之莫卧儿帝国的真正基础,则是在巴布尔之孙阿克巴在位时(1555—1605年)打下的。阿克巴连续扩张领土,到17世纪初时,除了遥远的南方,整个次大陆几乎都纳入他的版图。这并非一个过渡性的独裁政权,不是组建得快、解体同样快的掠夺性帝国。阿克巴利用帖木儿王朝的传统,建造了比先前任何穆斯林统治者在印度建立的都要宏大持久的帝国体制。

阿克巴帝国的核心,乃是由曼沙达尔(mansabdar)所组成的,这是个为帝国服务,但非世袭的庞大贵族集团。曼沙达尔意为持有帝国官阶者(其中大部分是中亚人或伊朗人),帝国内的埃米尔(高层文、武官员)由他们担任。[84] 阿克巴分享给他们从土地征得的巨大收入,以回报他们的服务(并确保他们忠贞不贰)。阿克巴体制的高明之处,在于将归属札吉尔(jagir)的土地收入和对该札吉尔居民行使的行政治理权及司法权小心地分开。札吉尔是统治者授予军事精英阶层的小块领地,领受者被称作札吉尔达尔(jagirdar)。在这类小领地里,札吉尔达尔有权收取收入,但没有统治权,政治事务由帕德夏(padshah,即皇帝)所指派的官员全权处理。[85] 借此,帝国中央防止了分权式封建制度的出现。阿克巴政府在各地普遍实施定期估量收入的新规定,借此确保札吉尔达尔所得的收入,大部分流入政府之手。有时,迫于政治上的权宜考虑,阿克巴的大臣不得不向地方上强大的土豪(地方势力盘根错节因而无法轻易拔除的土豪)让步,但他们能将国库收入制度(收取可能相当于农作物产量一半价值的现金)[86]一致施行于阿克巴的帝国全境。[87]

这笔源源不绝的巨大收入,乃是莫卧儿帝国国力的真正基础。效法帖木儿帝都撒马尔罕开展的大型文化工程,军队的维持,靠的都是这巨大的收入。阿克巴遵循帖木儿的突厥化伊朗传统,把自己的形象打造为统治多民族子民的专制君主,而非穆斯林战士-国王。[88] 他的官方家谱宣称他是帖木儿和成吉思汗两人的后代，[89]因此理当继承他们的"世界征服者"之位。莫卧儿的宫廷礼仪——特别是阿克巴每日出现在高台（jaroka）上的仪式（darshan）——特别着重于表现就连他最杰出、最富裕的子民都臣服于帕德夏的无上权威的形象。莫卧儿宫廷不遗余力地资助文学。它提倡研究穆斯林的"理性科学"，提倡写诗——诗是伊斯兰世界主要的文学形式。但莫卧儿宫廷文化在文学和艺术上，以伊朗或中亚为师。波斯语是官方用语和知识界的用语。莫卧儿诗人从伊朗（而非印度）的生活和景致中取得灵感，他们笔下的世界是远离"被征服者产生的不良影响"的世界。[90]阿克巴也和帖木儿一样，大兴土木，他在法特赫普尔西克里（Fatehpur Sikri）所建造但不久后废弃的帝都，就是其中最令人叹服的成果。阿克巴的政权超越民族、地域偏见，展现兼收并蓄的精神，彰显了作为文化辐辏之地，其来自中亚的影响。他甚至可能是通过帖木儿的撒马尔罕间接受到了中国科考制度的启发，才在16世纪70、80年代发起一次失败的尝试，以强化中央集权（导致1580年至1582年的大叛乱）的。[91]阿克巴令人称道之处，乃是摒弃将穆斯林信士社团乌玛和非穆斯林严格区分的传统伊斯兰做法。他在1579年废除吉兹亚税（jizya，对非穆斯林课征的人头税），有心宣扬一种兼采伊斯兰教、印度教教义的新宗教。

阿克巴帝国的富裕和魅力，反映了莫卧儿的经济规模和生产力。莫卧儿帝国人口在6 000万至1亿之间，还有到处是肥沃冲积土的"肥沃新月"，其所掌控的经济体，比奥斯曼帝国和萨法维王朝更大、更富裕。[92]莫卧儿印度是贸易大国，输出大量食品、棉织品、烟草、靛蓝染料，特别是输出到其奥斯曼、伊朗、乌兹别克邻邦。印度商人维持着辽阔的贸易网，布哈拉（Bukhara）、伊斯法罕乃至莫斯科大公国统治下的阿斯特拉罕，都在这贸易网内。手工制造业（特别是纺织业）

广布乡间各地,而据某些估计,印度制造业的最高产量,在现代初期,远超过欧洲。莫卧儿人的入主,促进了印度的国内外贸易。他们的税收体系很有效率,创造出大量的盈余,持有税收的特权阶级(曼沙达尔和扎吉尔达尔)因而有钱购买奢侈品和制造品,有钱养大批随从。地区与地区间的贸易,因为莫卧儿人所打造的稳定社会,因为国内交通的便利与安全(这一点曾见于来印度的欧洲人笔下),降低了成本,因此更为容易。[93] 事实上,莫卧儿统治者把中亚地区保护、促进贸易的传统带了进来(中亚地区统治者是丝路的守护者)。他们建造要塞和供旅队下榻的客栈,建造新镇,扩大古老的贸易重镇。当然,与伊斯兰世界的突厥化伊朗心脏地带、中国和西方三地的对手文明相比,莫卧儿印度在某些方面的确展露出"落后"或"殖民"特色。莫卧儿帝国的科技不如它们先进,缺乏工具的劣势则是靠印度工匠令人叹为观止的灵巧手艺弥补的。政府积极有为,但几无证据显示,那些收税的特权精英阶级,把个人财富用于提升农产量或改善其他行业的生产力。[94] 或许,严酷而不稳定的环境不鼓励他们这么做。[95] 但在阿克巴死时,几乎没有理由教人认为,莫卧儿国力的经济基础,不足以维持一庞大帝国和该帝国所代表的伊斯兰文化。

东亚漫长的 16 世纪

在东亚这片由中国、日本、朝鲜占据的广阔地区,漫长的 16 世纪也是个格外充满活力的时期。经历漫长的蒙古族统治后,汉人的政治传统及文化传统在 1368 年(明朝建立)到 15 世纪 30 年代的明朝初期,在中国土地上再度确立其强而有力的地位。明初的几位皇帝重振官僚体制政府和官僚体制所倚赖的科举制度。他们清洗前朝大臣,创立专制政府。他们宣示服膺儒家正统，鼓励搜集和刊印儒家典籍。大运河建成，使北方得以从盛产粮食的长江流域得到稳定的粮食供应，北京随之在1420年重拾帝都之位。[96]从上述种种方面来看，此后一直延续到1911年辛亥革命才遭废除的中国政府体制，其实是明朝建立的。儒家学说在明朝时重新取得文化上的至尊地位，且这地位维持了和前述政府体制几乎同样长的时间。

明朝最初的支持者认为元朝的统治充斥腐败、压迫、横征暴敛，而明朝的兴起，就代表对元朝统治的激烈反对。[97]明朝皇帝遵循儒家思想，抱持视土地为真正财富的农民意识形态，把财富牢牢系缚在对上、对下的社会义务上。社会秩序及文化一统（帝国稳定的最重要条件）与农民生产体系牢牢挂钩，而王朝威权就靠农民生产体系的完粮纳税支撑。鉴于社会脱序促成元朝的覆灭，且害怕农民不满而造反，因此，尽管边防支出巨大，构成财政压力，明朝仍不愿对民众课以重税。到了16世纪，明朝皇帝所掌控的官僚体系，已是人力不足，薪资过低，能力不足应付庞大帝国治理所需。[98]税基过窄，政府机关又不准从事贸易，财政随之出现危机。明朝欲借由屯田让军队自给自足，以减轻国防支出，但到了16世纪末期，这种尝试已完全失效。[99]农村脱序（在明朝的大部分时期里脱序程度相对较低）也开始急剧恶化。

这时，明朝的外交方针，乃是稳住外部环境，以维护内部稳定。从这观点来看，郑和奉永乐帝之命下印度洋的那几次著名远航，就属反常——可能是担心遭帖木儿和其继位者攻击而有此作为。永乐帝，"第二开国皇帝"，1403年至1424年在位，是个格外坚毅且积极进取的君王。派海军下西洋，对北方游牧民族用兵，或许都是他确立中国在东亚之霸权的策略（功败垂成之策略）的一部分。[100]但这一策略太耗国力，非明朝所能负荷。他之后的皇帝断然改弦更张。扩张海权的冒险作为，迅即遭废。民间的海外旅行、贸易遭禁。而在防范大草原游牧民族入侵华北，或阻止华北与游牧民族没必要的接触方面，他们不像永乐帝诉诸军事远征，而较倚重长城防御。长城大体上是1470年后，根据前人所建的边防设施予以延伸，并强化其防御而成的。长城在接下来的几个世纪里逐渐完善，1644年明朝覆灭时，长城还在兴建。[101]

因此，后来的明朝统治者选择以强调自身文化的统一和拒绝对外通商，来维护中国在东亚的地位。那意味着不再介入元朝时曾大力干预的内亚政治事务。欲将沿海、内亚两地的贸易强行纳入中国僵固的朝贡体系，需要持续不懈地防堵朝贡之外的非法通商行为，而到了16世纪初期，这种防堵已力不从心。大草原游牧民对中国布匹和谷物的需求，远非官方贸易渠道所能满足。边境战事随之加剧。[102] 对周边的游牧民而言，明朝不愿卖给或禁止卖给他们的商品，只有透过袭击、掠夺来取得。在沿海，当中国感受到欧洲商业入侵的初期效应和日本政、经转变（比前者重要许多）的初期效应时，同样的限制性政策也逼出猖獗的走私、海盗。

从12世纪末期起，日本一直通过妥协式的权力安排来治理国家，即让天皇享有最高的统治大位，但实际权力掌握在皇室正式认可为总督或摄政的幕府将军手中。幕府将军是（或试图成为）世袭的军事独裁者，通常出自天皇底下的将领阶层。但幕府将军真正的权力基础，在于他与封建领主及其武士结成的联盟。但在足利幕府时期，这一"体制"瓦解为各领主交相征伐的"封建无政府状态"。混乱局面从15世纪60年代开始，直到16世纪中期才结束。约略同时，15世纪日本经历了一段商业显著扩张期。栽种新作物，出口新货物，包括铜、硫黄、武士刀。明朝管制对外贸易，因此日本商品主要透过走私贩子、海盗进入其主要市场中国。但幕府垮台（幕府将军同样不喜非官方的贸易），"大名"（占有大量登记入册之土地的大领主）兴起，其中许多"大名"本人对贸易有兴趣，从而使日本人海上活动剧增。到了16世纪50年代，日本商人、掠夺者和倭寇的活动范围远至泰国、缅甸、印度。大量的白银使日本成为"亚洲的墨西哥"，成为已进入太平洋的葡萄牙人、西班牙人的主要贸易伙伴之一。[103]1567年，明朝皇帝不再禁绝非法贸易，开放中国口岸——但不对日本开放。[104]1578年广州向外国商人开放。日本则于1571年准许葡萄牙商人定居长崎。

东亚这些行动正值基督教传教事业的一个辉煌阶段，传教总部位于葡属印度的首府果阿。教皇委以葡萄牙向异教徒传教的重任，并认可葡萄牙垄断亚洲的探勘权和贸易权。数十名传教士经果阿进入亚洲。1542年，衣衫褴褛的耶稣会创办人之一圣方济·沙勿略（St Francis Xavier）光着脚来到果阿，十年后死在华南沿海。他死后肉身奇迹般不腐，遗体后来运回果阿埋葬，每年一次公开供人瞻仰。不腐的肉身在基督徒里威名远播，以至教皇坚持至少要割下他一条胳膊运回罗马。另一些耶稣会士则前去莫卧儿皇宫。有位叫罗贝托·迪诺比利（Roberto di Nobili）的耶稣会士，在南印度待了数年，试图将天主教教义、印度教教义的差异调和到让婆罗门满意的程度，但终归徒劳。耶稣会士中，成就最斐然者，大概非利玛窦莫属。他在16世纪80年代前往中国，经过数年耐心的周旋，终于在1601年获准前去北京。他以中国文人的谈吐、作风巧妙包装他所带来的西学，然后靠着这身学问，一到北京，就得到皇上召见。利玛窦绘制了中国第一幅描绘有美洲的地图。他在地图绘制、医学、天文学方面的本事，成为耶稣会传教团的标志和获得敬重的主要依据。利玛窦的真正目标（让信奉儒学的知识分子相信，他们的上天观念其实和他的上帝观念没有二致）就大不如传播西学那么成功。但他死了许久以后，传教团仍是欧洲人了解中国事务的最可靠渠道，直到约 1750 年欧洲商人大量来到华南才改观。

但对明朝而言，不管是商业上的让步，还是安抚边境游牧民敌意的作为，都只是暂时缓解压力。1570 年后，日本经历了群雄逐鹿的动荡局面，织田信长、丰臣秀吉两人，在滑膛枪、火炮这两样新火药科技的协助下，先后以无情手段在交相攻伐的"大名"之间脱颖而出，称霸天下。丰臣秀吉决意掌控朝鲜沿海的中日贸易路线。受挫于明朝政府的拖延之后，他拟订了先灭朝鲜再下中国的惊人计划。1592 年他带着 20 万大军入侵朝鲜。明廷派兵援朝后，丰臣提议谈和，要求让日本在朝鲜享有一定权力，要求与中国自由贸易，作为撤兵条件。明朝拒绝，他便于 1597 年再次发兵入侵朝鲜，但随着秀吉猝死，战争迅即结束。秀吉野心勃勃，但其军力不足以支撑其野心。明朝的地位并非其能撼动的。但在这两场战争中真正受损的，乃是明朝财政和政府。

明朝已挡住日本的威胁，但仍面对蒙古游牧民族在长城沿线不断的侵逼。明朝最危险的敌人女真，已开始在其边疆建造帝国，并在 1620 年后让明军节节败退。16 世纪 90 年代，效法成吉思汗模式崛起的游牧民统帅努尔哈赤，已建立起满人政体。这政体将来自森林与大草原的部落中的元素融入了中国东北边疆地区过定居生活的农业聚落。在明朝因财政危机和日益混乱的国内情势而国力日衰时，努尔哈赤加强了其对边疆蒙古人和汉人的掌控。对这些边疆居民而言，他的掌控实在而直接，明朝的威权则是名存而实亡。1601 年，他建立以"旗"为单位的常备军，这种制度既强调满族的民族身份，又将军队分为主要的社会、行政管理单位。1615 年，他最后一次派人赴北京进贡。三年后，他发出讨伐檄文，以"七大恨"谴责明朝之不是，宣布要推翻明朝。到 1636 年，努尔哈赤的继任者靠着武力征服和汉族有权势者的归服，实现了这一抱负；但清朝要到攻陷北京之后才正式成立，因此传统上均以 1644 年作为清朝国祚的开端。

这一"天命"上的改变，还有 1590 年后日本的复归一统，对后世有何影响？两者一起中断了 1550 年后东亚所尝试的"开放"实验。16 世纪下半叶，日本在商业方面和海上的同步扩张，中国的开放，欧洲贸易的渗入，已刺激了人员、货物、观念的流动。[105] 中国人、日本人移入东南亚，欧洲人抵达日本和中国。在中国，瓷器与丝织品的海外新市场，促进城市的发展。日本、美洲两地的白银透过购买中国货物的方式流入中国，使中国经济和其岁入制度货币化——对没有贵金属的国家来说，这是重大的获益。[106] 有着大量人口（可能是 1 200 万，当时不列颠人口的三倍）、海上活动、白银矿藏的日本，可能是促成这开放的最关键力量。1580 年后耶稣会士抵达时，基督教所建立的据点是日本西南部的贸易港。耶稣会士巧妙利用基督教在动乱年代凝聚社会人心的功用，推广其宗教。[107] 但丰臣秀吉的一统天下，标志着日本"基督教世纪"和开放海外贸易的短暂时期渐渐步入尾声。在他之后，德川幕府的第一位将军德川家康（1542—1616 年），有计划地削弱"大名"的自治权。幕府将"大名"的反抗归咎于基督教，尤其是在九州岛（该地于 1638 年至 1639 年爆发一场大叛乱）。许多基督徒被杀。1640 年基督教在日本完全遭禁。德川家康曾想控制对外贸易，他之后的幕府将军，则倾向于将欧洲人完全逐出。1624 年西班牙人被逐出日本，那时英国商人已离开。只能在长崎港中的出岛活动的葡萄牙人，1639 年也被迫离开。1635 年后，幕府禁止日本人出国。中国商人和工匠仍可前来：长崎有其中华街。中国的文化影响仍然极强。但对世界其他地方来说，日本的锁国政策几乎是滴水不漏。

对外锁国的同时，以江户为都城的德川新幕府，在国内有计划

第二章　中央欧亚与大发现时代

地重新宣扬儒家思想。德川幕府让"大名"仍拥有领地，维持封建体制的表面形式，但调整其实质部分。幕府让村拥有自治权，将地方武士阶级改造成领俸禄（以稻米支付）为幕府治理"大名"领地的统治阶层。为合理化新统治体制，早期的德川幕府赞助儒学思想家和教育者。他们宣扬儒家的士农工商四阶级观，要人在井然有序的社会里追求社会与自然的和谐。[108]清朝也有类似的发展。儒家学说未随着改朝换代而遭扬弃，反倒被刻意确立为新政权的官方意识形态。清朝统治者不像明朝皇帝那么本能地敌视对外通商，但对于对外通商在长江以南沿海地区所可能产生的政治效应却存有疑虑。长江以南的沿海地区距北京遥远，难以控制，且是反清复明残余势力的藏身地。[109]但清朝最重大的成就，乃是扭转了明朝边疆政策那种最终酿成大祸的内缩倾向。清朝高明的理藩策略，促使内蒙古成为缓冲区，帮助清朝势力深入内亚，有效化解危及清朝稳定的北方内陆威胁。一度制造混乱的日本，这时遁入被新儒家精神笼罩的锁国中，安稳过其太平日子。朝鲜、越南则受儒家思想的牢牢掌控。清朝在这种环境下建立，预示了东亚世界秩序不凡的恢复。欧洲势力，以遥远的爪哇为基地，只能在中国大门的钥匙孔里活动。原先对直接贸易、外交往来感兴趣的荷兰人，这时兴致缺缺，荷兰与中国对彼此都不再有兴趣：1690年时荷属东印度公司已不再派船到中国。[110]在这同时，清朝国势臻于巅峰。

与欧洲相比

　　欲比较15、16世纪时欧洲与欧亚世界其他地方的差异，（对欧洲读者而言）心理上需要有所调整。我们对欧洲的了解，比对其他地方的了解，要详尽得多，因而很容易就把欧洲视为文化、政治上繁忙活跃的蚁丘，认为其与"迟钝"的"东方"诸社会截然不同。欧洲众国林立，各有自己的统治者、军队、法律、财政制度，为求生存而彼此竞争。这更让人觉得欧洲是繁忙而有活力的文明。但我们不该把这些活动（和它们所制造的浩瀚文献）当作证据，证明欧洲诸国已找到让它们称雄全世界的方法。

实情与此大相径庭。欧洲现代初期文化中，那些最富活力的元素预示的与其说是重大转变，不如说是破坏性混乱的种种表现。知识界对中世纪晚期经院哲学的反抗，"重新发现"更浩瀚的古典文学典籍，构成"文艺复兴人文主义"的主要成分。共和制罗马的历史、政治、修辞学，对意大利北部和佛兰德置身城市、官僚体系环境而具有阶级意识的人特别有吸引力，[111]同时也催生出一种新的世俗国家观，这种国家观使神职人员享有特权之主张再也站不住脚。它们在宗教信仰和思想探求方面营造出某种气氛，而在那种气氛下，人们对天主教会的教义和体制的抨击，可以远比零星异端分子或社会叛逆分子对它们的攻击来得彻底而全面。新教徒的宗教改革能有如此惊人的成就，有赖于该改革运动迅速得到知识分子的敬重，有赖于该运动打动了萨克森选侯等世俗统治者（路德宗能够掀起风潮，该选侯的保护是关键因素），有赖于该运动与城市或小国国君保卫自治权以抵抗君王和帝国建造者之索求的关系。

事实上，在社会冲突因人口增长和价格蹿升而激化的时期，宗教异端会轻易被视为对社会、政治、道德方面秩序的毁灭性威胁。宗教异端的蔓延令罗马教会惊恐，促使教皇提出教会改革计划，并于1545年至1563年召开的特兰托公会议（Council of Trent）上通过该计划，也促使伊丽莎白一世迅速在英格兰推出英国圣公会的中间道路（via media）。但天主教与新教之间狂暴的意识形态战争，在1560年后并未减缓，于是有了法国的宗教战争和荷兰新教徒反抗其信仰天主教之哈布斯堡王朝统治者的叛乱。如果说文艺复兴人文主义已创造出一种新社会（雅各布·布克哈特设想的自觉的、竞争的、为自己算计的个人主义社会）[112]，并将国家由习惯的聚合体改造成"艺术作品"，[113]宗教改革则是注入一股可能使相互竞争的西方政治实体变得无法无天的反叛、偏执、独断的精神。

或许出于这原因，这时代最引人关注的政治观念乃是王朝统治。王朝统治者是理想的拟定法典者，透过血缘而享有统治合法性（有别于靠自己打下天下的专制君主），得到子民拳拳服膺的效忠。王朝统治，结合世俗行政系统的新观念和将君王视为学术与艺术之迷人赞助者的新观念，就成为调动社会资源与促成政治稳定的有力工具。事实上，欧洲的客观环境大大降低了王朝制的潜力。地方实权仍大体上掌握在贵族豪强和众多受他们保护的人手中。他们的野心和对立，往往比国王的命令，更能左右地方。他们能唤起地方利益至上的地方本位主义，能鼓舞地方固守旧有习惯，反抗王朝统治者的中央集权计划，能登高一呼支持宗教异议者（或聚集保守势力反抗实行改革的政权）。最宏大的王朝统治计划，莫过于查理五世欲将哈布斯堡家族在德意志、西班牙、低地国家的土地统归一人统治，以创建一个大帝国的计划，但德意志诸小国国君和新教改革者结盟，破坏了他的大计。

在国家林立的大陆上，王朝制也是一股使局势不稳的力量。王朝的前景及政策与统治者难以预料的生死息息相关，而生死是引发王位争夺与纷争的无穷无尽的祸源。王朝的"统治逻辑"无视地方的自治权或文化认同，无视国际均势，引发激烈对立。16世纪上半叶法国瓦罗亚王室与哈布斯堡王室间的多场战争，就是这种激烈对立的典型例子。王朝的"统治逻辑"也使欧洲诸国无法团结对抗奥斯曼人在东南欧和地中海的扩张。德意志诸国国君在1551年宣布，他们宁可与土耳其人谈和，也不愿接受未来的腓力二世统治。[114]对异教徒的恐惧，并未妨碍法国人于1536年和土耳其人达成协议，联手对抗哈布斯堡王朝，也并未让腓力二世因此在1580年后停止镇压荷兰人的叛乱，将西班牙的力量集中于对付地中海地区的土耳其人。[115]欧洲人治理国家时执迷于内部冲突，完全未想到去统治欧亚世界其他地方。由欧洲将新世界的财富用于支持王朝统治者的野心，就可窥知此点。1580年后腓力二世靠着美洲白银财力大增，得以支应为建立王朝霸权所发动的诸多战争的开销。但这巨大的意外之财，仍未能使他在1596年时免于破产。[116]

因此，16世纪欧洲知识界和政治界的精力，有许多被耗费在蹂躏欧陆的宗教战争和王朝战争中，而那些战争直到该世纪结束时，才因各方国力耗竭，无以为继，而自然结束。根据这时代背景，也就不难看出为何欧洲的扩张对当时的伊斯兰诸帝国和东亚的诸大国，只是微不足道的威胁。欧洲的思想和学术研究，似乎主要沉迷在神学论辩的灿烂火花中。科学探求尚未摆脱大部分受教育人士所相信的巫术、星象预测观念。在政治与知识领域普遍内倾的时代氛围中，海上亚文化的惊人发展是一大异数。

人称"诸半岛之半岛"的欧洲，被众多"内陆海"（地中海、波罗的海、北海、英吉利海峡、爱尔兰海）环绕，因此欧洲会发展出稠密的海上交通体系，几乎不足为奇。更不足为奇的是，多样的海上环境（特别是在欧洲大西洋沿岸）催生出形形色色的船只和航行技巧。欧洲有可通达的内陆、多样生态、稠密人口，比起其他沿海地区，例如

第二章 中央欧亚与大发现时代

(连接东非、波斯湾、西印度的）西印度洋或东南亚的岛屿地区，条件更为优厚。因此，早在公元1400年之前，欧洲就出现一些强大的"海上国家"：地中海的威尼斯、热那亚、拉古萨、阿拉贡，西南欧的葡萄牙，北方的丹麦、挪威、汉萨同盟、英国、荷兰。在这些海上国家中，海上冒险活动靠着有利可图的渔业、贸易、海上掠夺三管齐下而欣欣向荣（对手使用武力阻止它们从事商业活动时，它们即诉诸海上掠夺）。[117]海上冒险活动得到政府的支持，因为政府需要海上贸易所创造的收入。绘图术和航海辅助工具，成为最快将科学实验转化为实用技术的主要领域，绝非偶然。到了16世纪70年代，托勒密的世界地图（15世纪时在欧洲"重新被发现"的地图），已被亚伯拉罕·奥特利乌斯（Abraham Ortelius）根据欧洲旅行家、航海家的见闻报告所绘制的精确得多的世界地图取代。该世纪结束时，已有大量关于亚洲、美洲的作品印刷问世，游记热（不管是严肃的、科学的还是纯粹哗众取宠的游记）如火如荼。[118]

到了16世纪，已可清楚看出欧洲比欧亚世界其他文明更胜一筹之处，在于它抢先一步发展海上活动。与美洲、印度两地的长距离贸易同时增长，就是这优势的表征之一。另一个表征，乃是北大西洋出现大规模的鳕鱼捕捞业，至16世纪70年代时，这种捕捞业已动用了约350艘船（西班牙、法国、葡萄牙、英国的船）。[119]欧洲水手特别善于利用海上武力作为贸易之外的替代事业，或利用海上武力来协助发展贸易，最抢眼的例子就是葡萄牙的葡属印度。17世纪初时，欧洲人已蓄势待发，准备在远洋贸易和远洋运输上称霸全球（在内部纷争不断的情况下），在长距离贸易上占据利润丰厚的位置。但除了征服美洲这个显著的例子以外，几乎没有证据表明，他们能从沿海滩头堡通常的活动范围出发，进一步向内陆活动。没有证据表明，这些背井离乡的"海上人"的习惯和整体观念，在他们所接触的欧亚世界其他社会中特别受到看重。只有在俄国的大草原边境（在多少有些特殊的情况下），欧洲人才顺利扩张进另一个欧亚世界社会的心脏地带。而相比之下，在东南欧，优势仍不在欧洲一方。

到这时为止，欧洲人所创造的最接近于世界帝国者，乃是统有多处领土的西班牙帝国。西班牙帝国幅员辽阔，势力跨到大西洋彼岸，从智利一路往北覆盖到新墨西哥。西班牙势力还跨到太平洋彼岸的菲律宾群岛：1565年后，西班牙人将墨西哥白银运到菲律宾，换取从中国运送到该地的奢侈品。1565年至1815年间，每年都有西班牙大帆船从马尼拉出发，经六个月的航程，抵达太平洋彼岸的阿卡普尔科（Acapulco），其中至少有一趟，乘客和船员全病死或饿死，大帆船却仍在海上继续航行，像"玛丽·塞莱斯特号"一般。西班牙帝国的偏远据点阿卡普尔科，就靠这样的漫长航程，和帝国其他地方连接。[120] 但尽管有如此惊人的版图，这个帝国未能如臂使指般完全掌控分处各地的领土。这是个意外诞生的帝国，随着欧洲、中国两地对白银的需求，应运而生的帝国。这是为独家掌控美洲白银在全球的流通而建造的帝国（1494年至1850年间全球白银超过八成来自美洲），但这帝国欠缺让欧洲贸易进一步深入亚洲市场的手段和意志。这帝国没有拟出让西班牙成为世界经济中心的"宏大战略"：事实上，纵有这样的计划，也将是徒劳。实际情形反倒是腓力二世将"王室的五分之一"（王室从白银流通中所分得的份额）用于对付欧洲对手和叛乱者，以维持西班牙在欧洲的霸权。美洲与西班牙本身的资源，未被用于实现称霸全球的远景，而是用于满足国王"救世主式帝国主义"（他捍卫天主教信仰、对抗天主教之新教徒敌人的使命）无可满足的要求。[121]

结论

西班牙人对美洲的征服，欧洲与亚洲南部海岸的海上贸易及俄国向北亚大草原的挺进，大大扩展了欧洲人的视野，大大激发了欧洲人的雄心。[122]但在漫长的16世纪结束后（约1620年），几无迹象显示欧洲人已促使世界经济出现或削弱欧亚世界其他地方之古老文明的文化自主权。欧洲人已打造出将美洲与欧亚世界相连的新商业网。美洲白银的供应，让他们得以进入对纯欧洲产品几无需求的亚洲市场，影响了欧洲和奥斯曼、明朝两帝国的物价和货币供应。但在这新全球交易过程中流通的商品，不是日常必需品，而是奢侈品，流通量甚小。在16世纪，一年平均有50艘至70艘船离开里斯本前往东方；[123]瓷器或纺织品之类的制造品主要是往西流向欧洲，而非往东流向亚洲。

也没有多少迹象显示，东西方技术上或文化上的优劣态势已大幅改变。在16世纪，输出最广的科技或许是火药武器，而欧洲人在这上面享有技术领先优势。奥斯曼炮兵部队用的是欧洲专家。日本的"过时"战争因欧洲火器的输入而彻底改变。但不管在日本，在伊朗，还是在莫卧儿印度，其社会体制、政治体制都能够对军事创新做出反应。技术上的差距也未使欧洲诸国和欧亚世界其他国家在军力上出现巨大差距。实情正好相反。奥斯曼人进一步扩张的威胁笼罩欧洲，直到17世纪90年代才消除。欧洲偏处一隅，使欧洲地面战的模式，几乎未对印度和东亚带来任何影响。差不多是基于同样的原因，少有迹象显示当时欧亚世界其他地方的消费模式、社会礼仪规范、阶层组织观正受欧洲人作风的影响。"旧世界""新世界"两地天然产物的"哥伦布交换"使欧亚世界农业因玉米、马铃薯之类新奇作物的引入而变得多元，但并未导致其依赖欧洲供应者。[124] 欧洲人在美洲的活动，只引来欧亚世界其他地方微乎其微的关注。[125] 伊斯兰世界与东亚两地的宇宙论，面对欧洲学问，或面对欧洲宗教与仪式的猛然崛起，一如以往昂然自信。

帖木儿死后的两个世纪间，欧亚仍由我们到目前为止探索过的三大文明世界和我们默然略过的其他一些文明世界（佛教和印度教的文明世界）所分据。几无证据显示，它们之间的文化差异已开始缩小。甚至正好相反，欧亚各地正如火如荼进行的建国运动，还有知识（透过欧洲、东亚两地的印刷物）更广泛的传播，使它们之间区隔彼此的差异更难消除，从而立下文化认同的界桩。当然，有时候，不同文化的交会，带来好坏参半的感受。奇特的佛牙故事，说明了心态可以如何在一夕之间从毫不在意变为宗教狂热。1560 年，果阿总督率军突袭佛教王国贾夫纳（Jafna，位于今斯里兰卡境内）。葡萄牙人夺走的战利品中，包括佛教世界至为崇高的遗物：佛牙。不久，佛牙遭夺的消息，就传遍孟加拉湾周遭诸国。缅甸国王表示愿付巨款让佛牙安然返回原地，果阿总督同意了。但此事还未正式敲定，宗教裁判所就介入了。果阿的宗教裁判所权势很大，不断攻击（非基督教的）迷信和异端。几年后，该组织强迫果阿当局在印度境内的诸多葡萄牙人殖民地查禁印度教仪式。该组织不把佛牙当作有利可图的东西，反倒把佛牙落入基督徒之手，视作上帝赐予的胜利，视作摧毁敌人最强大武器的机会（因为教会清楚圣人遗骸有何力量）。总督不得不取消交易。佛牙被取出，磨碎，烧掉。在此，一如在其他地方，欧亚世界的"大发现时代"促成更多武力的交锋，但未促成心灵的交会。在"大发现时代"之后继起的"商业时代"里，情形是否会改观，仍在未定之天。

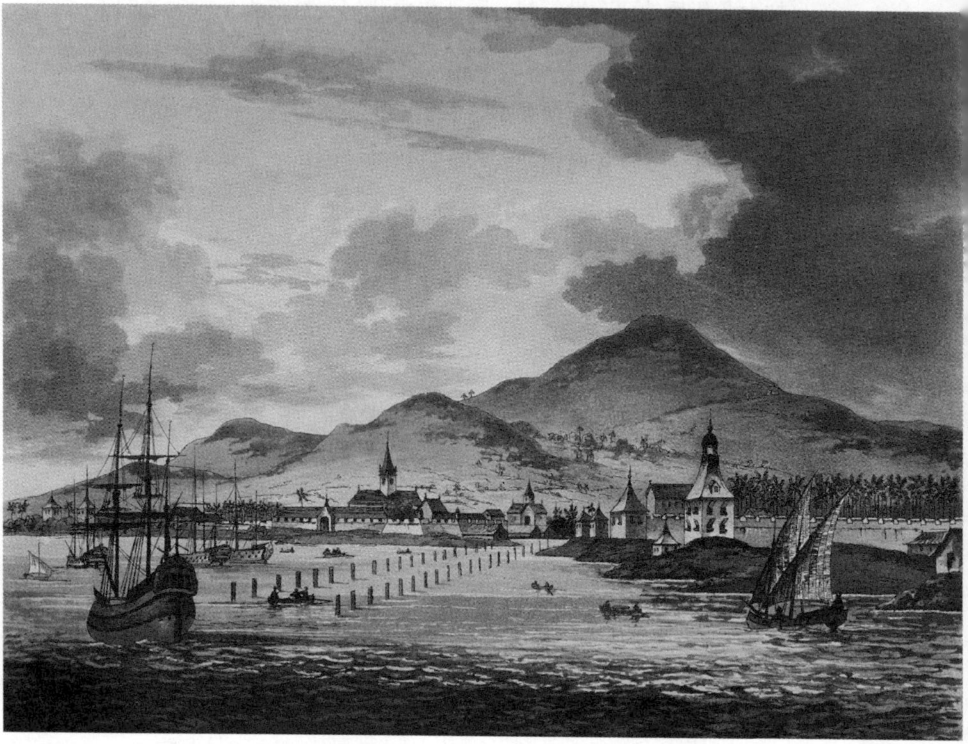

第三章

现代初期的均势
THE EARLY MODERN EQUILIBRIUM

17 世纪至 18 世纪中叶
欧洲称霸之路受阻于伊斯兰世界,实力难与中国、日本匹敌欧洲在漫长16世纪的扩张，以英国人、法国人在北美洲北部建立殖民地，和荷兰人、英国人抵达东印度群岛的贸易世界告终。但在17世纪20年代至18世纪40年代之间，欧洲人曾经气势磅礴的扩张运动已然劲力大衰。诚如我们已了解的，现代初期欧洲的"称霸之路"在许多方面都是人们的错觉，是后见之明的不实论断。即使在欧洲人掠夺"新世界"、入侵印度洋之时，他们与斗志昂扬的伊斯兰世界对抗时仍然自觉左支右绌。在政治、军事、商业组织层面，他们的成就与奥斯曼帝国、萨法维王朝、中国或日本相比，只能说是旗鼓相当，甚至更逊一筹。国家建造和文化创新是现代初期欧亚史（而非只是欧洲史）的鲜明特色。

当然，在挺进"外围世界"方面成就最傲人，拿下了美洲庞大的新资源基地，并开辟了连接东南亚、印度、西非、美洲的长距离贸易新路线的，还是欧洲人。但我们不该认为，欧洲人凭借这些作为，已为称霸全球奠定基础，或是已经蓄势待发，准备包围、孤立、征服欧亚世界的其他社会和文化。我们不能断定，例如，此时的欧洲人已摆

第三章　现代初期的均势　　103

脱长期以来对昂贵亚洲制造品的依赖；他们的组织能力（包括内政层面与军事层面），已使他们相对于欧亚其他民族占了特殊优势；他们的上层文化已比其他地方的上层文化催生了更多物质成就，或已预示了他们终将在知识领域凌驾其他地区；自罗马时代晚期以来，将欧洲人的探索活动局限在欧亚远西地区的地缘战略劣势，已凭借海上运输的创新和海洋战争而一举扭转。西方人已将旧欧洲扩大为新的欧洲（"大西洋世界"），借此取得和伊斯兰世界及东亚同样地貌多元而辽阔的腹地。但没有多少证据能够表明，现代初期及其后的领土增长真的促成了欧洲的内部转型——而后者被认为是欧洲后来得以称雄的关键要素。

尽管地理大发现与征服（17世纪初期的欧洲人几乎仍未真正接受其带来的影响）的过程充满了戏剧性，但在整个17世纪甚至更长的时间里，欧洲与外部世界的关系其实是以和缓得多的方式逐渐发生变化的。地理大发现带来的意外好处不会再出现；欧洲-大西洋世界的政治、经济条件，限制了进一步扩张的范围。欧洲的海上强国都专注于大西洋地区的权力角逐，对于在亚洲建立帝国一事兴趣不大；与此同时，伊斯兰世界与东亚诸国反倒国力强大。这与后人著述中描绘的欧洲崛起、亚洲衰败的情形大相径庭。伊斯兰文明继续扩张；中华帝国的国势，在18世纪下半叶臻于极盛；印度、中国两地的制造品，在西方所受到的追捧达到史上最高点。从这一角度来看，英国征服孟加拉（1757年）之前的150年，不只是"欧亚革命"——欧洲凭此得以主宰"旧世界"其他地方——的漫长前奏，也是欧亚世界几大社会之间、"外围世界"的各个部分之间，以及欧洲入侵者与本土族群之间，都近乎势均力敌的时期。地理扩张和"旧世界"社会之间密切的经济依赖共同打造出的全球竞争、合作与共存模式，将会维持多久？又将会是哪些社会（如果真的存在）能够克服科技、组织和文化上的障碍，获得更广泛层面上的霸权？这些问题还无法回答。

雄心的局限：更广大世界里的欧洲人

因此，在这时期的大部分时候，相比于占领新土地，欧洲人更注意巩固他们在大西洋世界的势力。虽有某些人坚持不懈地进行地理探索，但整体而言，这时期地理探索的范围相对来说小了很多。在欧洲人绘制的地图上，地球上仍有大片地区不得不保持空白，即使是欧洲列强争夺最激烈的北美洲亦然。哈得孙湾的位置在 1610 年就已探明，但直到 1682 年，才由勒内-罗贝尔·拉萨勒（René-Robert La Salle）完全探索从蒙特利尔到密西西比河口的整条曲折河路。[1] 加利福尼亚被普遍视为一座大岛，直到约 1700 年。[2] 维图斯·白令（Vitus Bering）证实亚洲与美洲之间没有陆桥相接，但这一点直到 18 世纪 40 年代末期才广为人知。公元 1750 年前，欧洲人普遍认为在哈得孙湾周边的高地后面，有片巨大的内陆海"西海"。[3] 人们对南美洲的地理情况较为熟悉，但较偏远的内陆，特别是亚马孙河流域和巴塔哥尼亚高原的许多地区，直到进入 19 世纪许久后仍属于未知地区。[4] 在太平洋，欧洲人的地理思维受制于"南方大陆"（Terra Australis）的错误认知，直到库克船长在 18 世纪 60、70 年代进行几次伟大航行后才发生改变。[5] 在非洲的西部、东部和中南部地区，欧洲人仅对奴隶贩子及其他商人涉足的狭窄沿海地带稍有了解，对其他内陆地区近乎全无实地了解。因此，1750 年时，欧洲人仍深信尼日尔河从东非往西流，汇入冈比亚河、塞内加尔河后注入大西洋，这种错误认知使后两条河受到了过度的重视。

地理方面如此程度的无知，使欧洲人在"外围世界"的活动，只能靠错综复杂的通道将孤立的殖民聚落、矿场和贸易站连接起来，还要长期投入精力来维持这些道路畅通。欧洲人无法进行更大范围的探索，原因之一在于技术上的诸多障碍：陆上移动成本高昂；气候与疾病导致人员折损率十分惊人；原住民统治者不愿让间谍和不速之客侵入，以免危及他们对重要财源（毛皮或奴隶）的垄断地位。在非洲西部，欧洲商人不得不小心行事，以免触怒随时会以行为不当的罪名惩处他们的当地统治者。他们的武力也敌不过当地统治者所能集结的军队，在达荷美尤其如此，因为该地的部队配备了进口火器。[6]探索活动（exploration）这个词本身会误导人们的认知，因为这字眼通常意味着透过当地人提供的信息，给既有的贸易路线"绘制地图"——除了官方提供的极有限资金外，这些探索活动通常是由对商业利益或新殖民地的向往驱动的。但经济或人口方面的需求最多也只能断断续续地提供动力。17世纪90年代巴西的淘金热吸引了大量移民，受到鼓舞的圣保罗边地垦荒者（bandeirante）赴内地荒漠寻找新金矿。[7]但是来到西班牙人治下美洲的欧洲移民人数，于1625年后锐减。[8]英国对北美的殖民进程也很缓慢，一直到17世纪70年代，科尔特斯登陆墨西哥的150年后，大陆上的殖民地才终于站稳脚跟，免于破产以及遭到印第安人反击。[9]英属加勒比海地区的移民活动则较活跃，因为该地区的经济前景似乎更好。最近某份研究显示，当时牙买加的白人，富裕程度是英属美洲大陆上白人的10倍。但亚热带气候和当地及外来的疾病，使殖民者伤亡惨重。从1700年至1750年，有3万至5万名欧洲人移居牙买加，但1752年的白人人口只有1万。[10]1700年，在英属的美洲及加勒比地区，可能有25万名白人殖民者。[11]大陆上的殖民进程缓慢：直到18世纪50年代，无所不在的殖民地土地投机者和他们在政府中的友人，才开始将网撒到阿巴拉契亚山脉的另一头。移入新法兰西（魁北克)、阿卡迪亚（今新斯科舍）、路易斯安那的法国殖民者人数甚少，在18世纪50年代时可能只有6万人。

到18世纪中叶，在西班牙、法国、英国、葡萄牙的美洲殖民地，欧洲裔居民总数在300万至400万之间，可能是当时欧洲（含俄国）人口的5%。但横越大西洋到达美洲的人口中，绝大多数当然不是自由的欧洲人，而是身为奴隶的非洲人。根据某份可靠的估计，到1820年时，抵达美洲的非洲人，人数已是此处欧洲人的4倍之多。当时美洲约有800万名非洲人和200万欧洲人。[12]非洲人在加勒比热带地区的死亡率也很惊人。像是巴巴多斯这样的殖民地，原本都倚赖来自不列颠群岛的契约劳工，但在1670年后骤然改用奴隶。[13]奴隶的运用给欧洲移民带来两大影响：奴隶一经引进后，立刻切断了种植园经济对欧洲劳动力的需求；非洲疾病的传播可能也提高了欧洲殖民者的死亡率。[14]但另一方面，奴隶的使用也促进了种植园经济的发展，从而创造出让后来抵达的欧洲人得以从中获利的本土市场（能够供应粮食、建材和简单的手工产品）。因为只有大量使用奴隶集中种植某些亚热带的经济作物，"新世界"的农业殖民才有利可图。17世纪60年代起，甘蔗是最主要的作物，烟草遥居其后，接下来是可可和巧克力。[15]但比起秘鲁和墨西哥所开采的白银（前者白银产量越来越少，后者则越来越多），甘蔗也相形见绌。在这段时期的大部分时间里，美洲白银产量渐减，要到1750年后才骤然回升，但白银仍是这时期美洲出口的大宗。[16]

加勒比地区的产糖殖民地，乃是欧洲扩张的奇特产物。使那些殖民地有利可图所需的东西（土壤除外）全来自外地：资本、"管理阶层"（欧洲裔种植园主和管理人）、劳力（非洲奴隶），就连甘蔗本身都是从加那利群岛引进加勒比地区的。不管是主人，还是奴隶，时时都活得提心吊胆：担心敌对的欧洲人来犯，担心奴隶造反，担心遭报复心切或坏脾气的白人惩罚,担心生病,担心暴风雨、飓风等天气的威胁。在英属殖民地,例如巴巴多斯、背风群岛、牙买加,种植园主仍然保持英式生活习惯,戴假发,穿毛料衣服,吃大量面包和肉(大部分是来自北美殖民地的腌肉),喝大量酒(为了止渴,也可能为了让脑袋一片空白)。即便进入 18 世纪很久之后,英属西印度群岛仍是不折不扣的"化外之地"。有个总督追求女子不成,愤而剪掉那女子的头发。还有个总督痛斥种植园主"变态、可怕的兽欲",并在入夜后巡逻街头,以遏制他们的恶习。随后的事态发展或许并不令人意外:他最终被围困在总督府,经过一场激烈的交火(还动用了大炮)后,被愤怒的市民杀害。继任的总督则因偷取教会的白银而入狱。难怪牙买加首府罗亚尔港(Port Royal)于 1692 年毁于地震和水灾时,那灾难普遍被归结为天谴。

白银、(来自巴西的)黄金、糖、烟草(价值高到扣除长途运输成本仍有利可图),乃是跨大西洋商业的生命线。但在提升欧洲经济的效率和生产力方面,它们的贡献有限而且是间接的。糖和烟草这两种消费品在欧洲的需求快速增长(就糖而言,1750 年后的需求增长更快)。[17] 白银和黄金促进了欧洲各个经济体的货币化。但有许多白银再出口到东方,用以购买亚洲的纺织品、瓷器、茶和香料。这时期荷兰、英国向印度出口的绝大部分是"财物",即白银和黄金。[18] 美洲产品助长了对亚洲商品的需求,却没有为新制造品或新科技的诞生提供基础。在这个讲究商业规章的重商主义时代,美洲的各个经济体也未能为欧洲提供足以促进欧洲商业和制造业发展的繁荣出口市场,只有欧洲的个别地区和行业从中受益。18 世纪时,靠银块、糖、烟草而繁荣的美洲殖民地是英国重要的市场,英国对这些市场的出口,在该世纪中明显增加。[19] 但加勒比地区的种植园主不得不将大量收入花在购买奴隶上，[20] 美洲人口中有很大比例是处于温饱线及其以下的奴隶或半奴隶劳工。当地的印第安原住民也被边缘化。在加勒比地区，货物船运、委托代理商和还债的费用，以及给在外业主（他们远在欧洲，并不参与经营）汇款等方面的花销，消耗了种植园的利润，降低了当地的消费需求。重商主义政府中开销巨大的上层人士——包括大量买官的贵族、领退休金者，以及享有特权的商人——可能是美洲财富的主要获益者。殖民地产品对欧洲内部的贸易形成了有效的补充：人们对它们的广泛需求有助于缓解地区间的贸易失衡。[21] 把大西洋贸易世界看作商业"旧制度"（ancien régime）最重要的支撑，而非促成欧洲经济体（甚至是最先进经济体）工业转型的有力因素，或许是比较明智的看法，至少在1750年之前是如此。

事实上，欧洲与亚洲、美洲两地跨洋贸易的模式，反映了"危机时代"欧洲本身经济表现的不稳定。贯穿这整个时期的根本问题，乃是人口：17世纪时人口增长停滞，且因战祸而情况恶化；1700年后才缓缓增加。由于得不到人口增长所产生的额外需求，贸易不振。西欧、南欧对东欧谷物的需求减少，且随着玉米、稻米被用来取代本土作物，这需求进一步降低。几无证据显示当时的农业生产力有全面提升，而进入19世纪后，饥荒仍是定期降临的威胁。远离河道和人工水道的内陆交通仍不稳定、缓慢且成本昂贵。在约1750年前也没有多少迹象显示，农业生产力因生产过程中有计划地使用科技创新而提升——可以确定的是，科技创新的效益还未大到足以大幅降低商品运输成本（不论是针对本土消费者还是针对欧洲以外的消费者）的程度。大量的欧洲人（或许是越来越多的欧洲人）被农奴制度（在俄国和东欧最为普遍）困在乡村，无法自由迁徙。

这是个经济增长缓慢的漫长时期，而在此时，地理位置最有利于发展本国经济的国家,乃是北欧的滨海诸国。低成本的海上交通有利于专门化,而专门化则使效率有机会提升。[22] 这些国家得以取得最多样的贸易品(包括殖民地商品),可以将绵密商业网(可让商品与票据轻易而频繁地在最多的地点之间交换)的利益最大化。因此,这时期的显著特色,乃是集这些优势于一身的大港口城市的兴起,包括伦敦、汉堡、阿姆斯特丹。从1660年至1690年,英国的经商船队规模大了一倍。[23] 整体来讲,随着大城市(除了大港,还有首府)越来越大,而较小的中心城市相应萎缩,都市化程度提高了。新财富和新生活格调在这些大城市出现,消费模式的转变在大城市最为快速,对进口食物、药物、饮料、纺织品、家用物品的需求,在大城市里最为热切。[24] 社交生活、劳力、休闲的商业化也是在大城市里最为明显。[25]

这在一定程度上让人们倾向于认为,这一时期最重要的转变,乃是一批海上商业强国的兴起。这些国家形成一个被欧洲"边缘"和殖民地"边缘"所围绕的先进"核心",而欧洲"边缘"和殖民地"边缘"的经济发展越来越受制于实力、财富、专业技术方面与"核心"地区的巨大差距。在这期间,那些"核心"国家为了获得商业霸权和帝国霸权,彼此间又展开进一步的斗争。[26] 虽然这些"海上国家"在克服这时期的经济制约因素方面最为成功,但我们仍不应以后见之明夸大它们的实力和重要性。它们的海上商业活动,有许多是高风险却无利可图的,[27] 如英国的皇家非洲公司和南海公司以及荷兰西印度公司和东印度公司的下场所显示的那样。[28] 欧洲之外的商业竞争,以及伴随这竞争而来的基础结构(要塞、船队、重商主义规章),使这些国家的行动成本大增,有时成本甚至高到让它们元气大伤的程度。[29] 远距离的商业活动和军事行动相当危险,且常常没有成效:英国和荷兰在海军军力和财政实力方面都占上风,但两者都未能完全打进西班牙人在美洲的商业体系。即使是海洋大国的金融机构也极难抵御战争和政局动荡的冲击：1745年至1746年，自称有权获得英国王位的"英俊王子查理"（Bonnie Prince Charlie）入侵，给伦敦带来了金融恐慌。欧洲西北部的海洋经济体虽然更加先进，但未能凭借它们的制造品、商业网，及其主张政府干预与规范的"财政主义"观支配欧洲内陆的经济体。欧洲内陆国成功抵挡"海上强国"的支配，反倒更值得强调。在欧亚世界或全球这个更大的经济竞争舞台上，欧洲经济的海洋部门虽然成功发展出横跨大西洋的商品贸易，在美洲的欧洲移民里成功找到市场，但由于规模太小，经济实力与人口实力受到重重限制，无法在前工业时代称霸全球经济。

这增长缓慢的欧洲经济，对于维持由宫廷、政府机构、教会、贵族等组成的复杂社会政治上层结构来说是必需的。经过从17世纪初期延续到中叶的几场大战和内部动乱，欧洲许多地方的社会威权和政治威权在17世纪后半叶渐趋巩固。农民暴动和地区性叛乱变得不那么频繁。随着政局更趋稳定，政府的掌控更强，政府的支出和人民的税务负担（特别是穷人被征收的多到不成比例的间接税）也稳定增加。[30]但政府必须与根深蒂固的贵族势力彻底妥协，以此为代价，才可走上这日益专业化和系统化的道路。在法国，这意味着政府要与各省的贵族势力网络展开审慎合作。[31]在英格兰，贵族与议会制政府的合作则建立在贵族享有地位、年金，并且可以利用公共财产操控选举的基础上。在哈布斯堡君主国，为了使贵族效忠国王，统治权实质上是由少数名门望族把控的，而乡村地区则把农奴制作为社会秩序最重要的一环。[32]

一种更有秩序的"旧制度"渐渐出现在欧洲大部分地区，但这并不表示欧洲被划分为一个个界线分明的统一民族国家。"德意志"仍是个地理名词，300多个国家林立在广大土地上，其中大部分国家面积非常小。版图涵盖今日的比利时（1713年后）、意大利北部、匈牙利（1683年后）、中欧其他地区、巴尔干半岛北部的哈布斯堡君主国，几乎只是个由不同王国组成的松散结合体，在皇帝这个共同的君主下勉强维持统一局面。即使在法国，透过联姻、外交手腕、武力征服统合各省，也是极为艰难的：1720年时，巴黎当局还得粉碎因经济困顿和财政负担而怒不可遏的布列塔尼地区贵族脱离中央独立的阴谋。[33] 不列颠群岛的统一，建立在联合君主国这个不稳固的基础上。1707年，英格兰与苏格兰合并，在统一之路上踏出试探性的一步；此后，英国的统一受到两场苏格兰叛乱的严厉考验，且不断受到爱尔兰人不满情绪的威胁。对东欧的诸"内陆帝国"，还有欧洲最西边的临海诸国而言，对外政策大体上仍取决于边陲省份的忠诚度。

各大"旧制度"国家所实现的有限政治整合，衍生出两个重大后果。首先，这些国家通常无法实际掌控那些被征服的子民以及本国公民在欧洲以外地区的活动。它们的殖民政策受制于商人游说团体、贵族势力和王室三者的势力拉锯而未能定型，其结果往往是诉诸某种"有益的忽视"，[34] 让殖民者或商人贸易据点自己看着办。其次，大部分欧洲人国籍观念薄弱，因此对他们而言，对王朝的效忠，乃是唯一切实可行的政治活动基础。事实上，王朝的至高权力被捍卫既有自由和权利的各地顾问组织或代议组织削弱，但欧洲没有可输出或易于移植到海外的"旧制度"意识形态或政治典范。每个国家（和每个单位）的权利与君权平衡与否，取决于地方利益团体所承继并捍卫的地方习俗和惯例。这种思维已由西班牙、英国的殖民者带到美洲殖民地，这或许能够解释为何帝国中央每次欲申明其威权时都会遭遇重重困难。[35] 因此，在当时的人眼中，很难有哪个欧洲国家能遽然扩大其海外领土，同时又不致危及脆弱的政治机制，这种机制稳定与否取决于国内局势。

政治评论家总是强调以下观点也就不足为奇了：勿追求大而无当的领土，以免王权与贵族、商人、宗教、自治市以及地方的特权之间的平衡，逐渐失去控制。[36]

事实上，美洲虽然代表了欧洲势力的惊人扩张成果，却也为"旧制度"国家扩张主义的局限，提供了例证。在英属和西属美洲地区，帝国主义扩张的代价，一直是殖民地享有实质上的自治。[37]1676年弗吉尼亚富裕的种植园主纳撒尼尔·培根（Nathaniel Bacon），指控该殖民地总督对帕蒙基族（Pamunkey）印第安人太过宽厚，于是率众叛乱，烧掉位于詹姆斯敦的该殖民地首府。伦敦当局对此几乎束手无策。或许是天佑伦敦，培根还没来得及巩固他的叛乱政权，就死于"血痢"。[38]帝国的本土政府普遍不愿将本就不足的陆军、海军军力用于保护或拓展殖民地，殖民地的领袖不得不在远离母国的诸般不利条件下，与各种游说团体、派系、利益团体争夺君王与大臣的关注。当时的伦敦、巴黎和马德里政府，当然很想保住海外贸易收入，一旦有竞争国家欲阻断这收入来源，便不惜动用武力：英国船长詹金斯在加勒比地区被西班牙海岸防卫队割下一只耳朵，为此，英、西两国争执不休，最终在1739年兵戎相见，爆发了一场"詹金斯的耳朵之战"（War of Jenkins's Ear）。但英、法、西三国政府通常不愿将殖民地扩张视为治国策略的核心，[39]且很可能把殖民地视为其分赃制方便的延伸，而非国力的增强。[40]

出于上述种种原因，"旧制度"欧洲的诸国，在政治上并没有能力大胆展开征服欧洲以外世界的行动。撇开俄国这个重大例外不谈，几无诱因鼓励这些国家的贵族阶层担起扩张领土的重担。但如今偶尔有人主张，欧洲国际体系的竞争、多元特质，还有其多国林立、各大国相互敌对的现象，不只促成了军事战术、军事组织的进步（使欧洲人因此在几乎是无心插柳柳成荫的情况下，具备了支配世界的动机和工具），还催生出最终不可避免扩及世界其他地方的战争。

"旧制度"欧洲在陆军和海军建设上无疑投注了巨资。18世纪欧洲诸君主国的公共支出里，约有54%用于陆、海军的战争开销。[41] 欧洲军队的规模在1660年后急速增长。[42] 法国兵力在17世纪90年代达到高峰，约40万人；人口少得多的英国和尼德兰，在西班牙王位继承战争期间（1702—1713年），各有超过10万人的兵力。军事组织也越来越职业化，统一的制服、训练方法和常备军官团在军中逐渐普及。[43] 由于战争频繁，而且外籍军官和士兵普遍参与其中，新技术快速普及全欧洲。但18世纪50年代之前，甚至在那之后，几无证据显示，在作战技能方面抢先一步的发展，使欧洲人在世上其他大部分地区占了上风。这有几个原因。欧洲军队确已发展出高度专门化的作战机器，但这种作战机器用于欧洲各国彼此间的战斗，而非用于对抗"战略信条"迥异于欧洲的军队。18世纪50年代英国军队与美洲原住民的几次遭遇战，就血淋淋地反映了这事实。[44] 布雷多克将军（赌博经验比作战经验更丰富）率领英国部队挺进树林，在今匹兹堡附近与原住民交战时，他们紧密的队形和光鲜的制服（欧洲人作战时井然有序、纪律严明的关键所在），反倒带领他们走上死亡之路。欧洲战争中惯用的围攻、机动调度战法，无法全盘适用于地理条件大不相同的其他地方，即使有充足的兵力可部署。欧洲式战争已开始依赖复杂的基础设施以供后勤补给之用，一旦欠缺相应基础设施，仗就打不成。即使在欧陆，欧洲军队在多瑙河流域[45]或黑海北部庞提克大草原（Pontic Steppe）之类边陲地区，[46] 也表现得十分糟糕。特别重要的原因，乃是热带疾病的骇人杀伤力。在海外，热带疾病对欧洲军队的杀伤力，比任何军事反抗都要厉害。1742年，英国派遣远征军夺占西班牙加勒比海地区的

114　帖木儿之后：1405年以来的全球帝国史

卡塔赫纳（Cartagena），结果有超过四分之三的兵力无法上场作战。当过海军军医的作家托比亚斯·斯摩莱特写道："胆汁热……暴发，来得又凶又猛，遭此病袭击的众人，有四分之三死掉，死状凄惨；他们的肤色，因体液腐败到极点，渐渐变成炭黑色。"[47]就连海军也摆脱不了其中某些因素的制约。军舰是成本极高昂的工具，而其价值在恶劣环境下会快速贬值。海战也主要受谨慎和调遣的影响。海战成败事关重大：海军被彻底击溃的结果，可能是被入侵或者失去商船队。因此，海军通常不离基地太远。欧洲人从1500年起就已熟悉加勒比海的航行环境，尽管如此，偶尔在加勒比地区短暂航行，由于气候和疾病等因素，仍风险极大；在印度，十月季风开始从北方吹来时，航船可能遭遇风暴或不利的风向，这时若逗留在印度附近海域，可能遭到不测。[48]当然，在火力上（有时在速度和操控上），欧洲战舰通常比欧洲以外地区的战舰有很大优势。但欧洲人很少一次动用大批战舰，而欧亚其他地方的内陆帝国或陆基国家，大体上未受到在欧洲战争里扮演重要角色的海军骚扰。

上述种种因素，限制了欧洲战争扩及它们尚未殖民之欧洲以外地区的程度。事实上，欧洲的国际政治通常过度专注于欧洲内部事务，而无法对欧亚其他地方构成太大威胁。欧洲的国际政治也难以控制，不够稳定，因为欧洲的外交受两个相互纠缠的有力因素支配。第一个是欧洲国际体系里国力强弱不等的众多成员之间要基本维持均势。[49]第二个是王朝因素。王朝的野心难以预测，继承人的诞生和性格则取决于偶然因素。王朝大位的归属纷争，引发了1702年至1713年大规模的西班牙王位继承战争，俄国与瑞典之间的北方战争（1700—1721年），普鲁士的腓特烈二世夺占奥地利的西里西亚时则激起奥地利王位继承战争（1740—1748年）。王朝政治的混乱，在某种程度上被欧洲诸大国建构保守外交"体系"（17世纪80年代之前是西班牙"体系"，之后是法国"体系"）的趋势所抵消，[50]但任何稳定下来的模式都不断受到大范围不稳定地带所发生事件的威胁。这些不稳定地带包括摇摇欲坠的哈布斯堡王朝、东南欧的边疆地区、无政府的波兰和波罗的海地区、（17世纪后半叶）动荡不安的不列颠群岛。但均势时代最突出的特色，乃是在欧洲没有哪个强权强大到足以宰制其他所有强权，或强大到足以不受欧洲境内对手国的挑战，可以放手展开海外征服霸业。

这一欧洲特有的不稳定局势和这局势所孕育出的好斗心态，使欧洲付出昂贵代价。不管战争对技术和商业发展有何促进作用，与战争招致的破坏、稀有资源的虚耗、经济不稳定的增加（在前现代的环境下，经济不稳定已是严重不利于投资和企业的因素）等负面影响相权衡，显然是弊大于利。[51]欧洲诸国间的相争，也让欧洲以外地区的人（阿巴拉契亚山脉以西的印第安人和或许受益最大的奥斯曼人）渔翁得利。奥斯曼人巧妙利用欧洲内部的冲突，保住他们四面受围的帝国边境地区，直到18世纪60年代。1699年，哈布斯堡皇帝就因为急需将对付奥斯曼人的部队抽调去对付法王路易十四，才与奥斯曼苏丹议和，签订《卡尔洛维茨和约》。西方人的侵略、竞争对象，大体上锁定欧洲自己人，因而他们在科技、商业上的长才无法在更广大的天地里发挥。

这些局限欧洲人能力和野心的东西，鲜明地反映在欧洲人的思想和更广大的文化里。当时大部分欧洲人，严格区分欧洲与美洲的关系和欧洲与非洲、亚洲（已知世界的其他地方）的关系。当时有一股科学思潮，认为美洲这块"新"大陆环境恶劣，不适合人居住，该地的居民体形，显示出强烈的退化倾向。尽管如此，美洲却是欧洲人心向往之的地方。[52]欧洲人深信他们有权利和工具将美洲"打造成"或改造成欧洲的翻版,甚至"打造成"青出于蓝而胜于蓝的旧大陆翻版,为此对美洲兴趣盎然。这种思维上的帝国主义,在一定程度上是因为欧洲人可轻易入主美洲和原住民势力彻底瓦解而产生的。但那也建立在一套约翰·洛克所表述的著名社会性、文化性假设上。洛克主张,印第安人未能发展出欧洲人所熟悉的物权体系,因此,欧洲人对美洲土地的殖民掠夺,乃是顺理成章之事。[53]洛克虽毫不掩饰地把奥斯曼帝国视为可恶的独裁政权,希望遭它征服的基督徒反抗其统治,却未对欧洲有权利征服、占领亚洲、非洲,表现出类似的笃定——即使欧洲有工具实现此事。在此,博览当时游记和地理学著作的洛克,大概正反映了当时论奥斯曼、萨法维、莫卧儿、中国诸帝国的最有影响力的著作中,[54]对这些帝国的尊敬心态。莱科(Rycaut)、德夏瓦涅(de Chavannes)、贝尼耶(Bernier)、多哈尔德(Du Halde)描述了欧洲人可能不喜欢甚至鄙视的国家和文明,但他们并未理直气壮地认为,欧洲人征服它们乃是天经地义,更未说那是切实可行的事。当时欧洲人对中国的了解,几乎全来自耶稣会教士的介绍,而耶稣会教士所传播的中国形象,乃是个由文人官员治理、仁慈而井然有序的政权。[55]18世纪的欧洲评论家,以萨法维王朝和清朝为镜,反照出欧洲的偏执、好战、治国无方。孟德斯鸠在《波斯人信札》(1721年)中,对于欧洲人在美洲的殖民作为,表达了广受肯定的保留态度——"帝国就像是耗尽树干所有养分的树枝";[56]然后,在《论法的精神》(1748年)中,他形容中国是个强大而有效率的君主制国家,在那里,宗教和社会秩序紧密结合,任何外来影响(包括基督教)都无法渗入。[57]事实上,孟德斯鸠有许多主张体现了地形和气候对社会秩序、政治秩序有决定性影响的时兴观点,暗暗强调了欧洲人入侵欧洲以外的世界是违背自然的危险之举。[58] 他认为:"在那里［美洲］扎根落户的人,置身在与家乡大不相同的气候下,无法适应那里的生活,生活上的所有便利器具,不得不全取自母国。"另有人说得更简洁。"流氓行径在那种气候条件下是必然出现的。"牙买加某位英国海军军官在 1731 年如此写道。[59] 与此同时,文艺复兴初期坚信基督教文化能普及世界的乐观信念,早已被强调宗教与文明根深蒂固的多样性的观念所取代。[60]

内陆帝国主义:从莫斯科大公国到俄国

因此,这时期欧洲人的主要成就,乃是更全面地发展欧洲-美洲海上经济。但欧洲的扩张有两个面向,一朝海洋,一朝内陆。17 世纪 20 年代至 18 世纪 40 年代,欧洲人最勇猛的陆上扩张,出现在俄国的边疆地带。

有关俄国在整个欧洲扩张史上所扮演的角色,人们向来莫衷一是。对 19 世纪下半叶的俄国史家,例如索洛维约夫或是克柳切夫斯基而言,整部俄国史,与俄国的殖民作为和俄国转型为与中欧或西欧最强国家平起平坐的大帝国的波澜壮阔过程,密不可分。另一方面,在许多西欧观察家眼中,俄国似乎往往是个半开化的"亚洲"国家,薄薄的"西化"外表勉强掩住沙皇独裁统治的东方渊源,却完全掩盖不了乡村生活的落后。[61] 在欧洲称雄世界的大业中,俄国已在更晚近时被委以一个含糊不清的重任。有部探讨"现代世界体系"根源的权威性著作认为,17、18 世纪俄国由自治经济区转型为欧洲资本主义"准边陲地区"的一部分:成为欧洲"核心"地区称雄野心的合作伙伴、工具、受害者,最后(1917 年后)又反抗欧洲"核心"地区的称雄野心。[62] 将俄国称为"准边陲地区强权",贴切地凸显了它按照西方路线所进行的局部经济改造与社会改造，它自认与西方有别的始终未曾消失的心态，以及"西化派"、"现代化派"与"旧信徒"、斯拉夫派、民粹派（narodnik）之间的长久斗争。历史上，后一阵营屡屡痛斥俄国臣服于外来（西方）文化。但这样的说法同时也带来严重误解。俄国的"现代化"再怎么局部，俄国都一直是欧洲的权力舞台上的五六个强权之一（这样的说法或许在1700年后就成立了，在1762年后则肯定是成立的）。它成为继英国之后的亚洲第二大帝国强权，还成为殖民主义大国。它的官方文化，表明俄罗斯人具有一种使命感，欲透过帝国扩张使落后民族文明开化，而且这种感觉与英国人及法国人一样强烈；然而英法两地也有异议运动反对侵略扩张主义者认为帝国主义传播现代性的主张。特别重要的是，欧洲得以在19世纪成就其主宰欧亚世界的大业，帝制俄国无疑与西方诸海上强权扮演了同样重要的角色：协助包围伊斯兰世界，削弱各大伊斯兰国家的政治结构，协助摧毁东亚以中国为中心的古老世界体制。身为欧洲在亚洲扩张的陆上前锋，俄国在塑造1900年所确立的"现代世界体制"的过程中扮演了最重要的角色。

还有一个理由，让我们无法接受以下的世界史观：把俄国贬为次要角色，认为它既是欧洲"核心"诸巨头幕后操纵的资本主义巨兽的代理人，也是其受害者。任何时期的欧洲（甚至是"政治上的欧洲"，区别于势必要将奥斯曼人治下的巴尔干也纳入其中的"地理上的欧洲"）都不能简化为由资本主义"上层强权"与依附它们的"边陲国家"及"准边陲国家"所组成的阶层体系。过去的欧洲，几乎一直是个由文化相似的诸国组成的松散"联盟"，且经济实力只是影响那些国家彼此关系的几个重要变量之一。宗教归属、对王朝的忠诚、意识形态、族群凝聚力，以不可捉摸的方式和经济力量互动，使某些政治单位、文化单位幸存下来，让另一些政治单位、文化单位合并或消失。结果就是出现彼此差异明显的诸国林立的模式，而这些国家间的竞争和冲突，不只源于欲成为"上层强权"或欲主宰"核心"的野心，还源于它们在王朝利益、宗教利益、战略利益、领土利益还有商业利益上每隔一段时间（可能很频繁）就会水火不容。历史一再表明，这种多元性太过根深蒂固，无人可以将其抹除，使欧洲成为同质的政体——就连天赋过人的拿破仑亦办不到。欧洲对欧洲以外世界的集体冲击，一再受到这种多元性的强力制约。最后，影响欧洲以外世界时间最长的一股欧洲内部冲突，或许是朝陆地发展的帝国主义大国与其朝海上发展的对手之间的冲突。因此，俄国不只塑造了欧洲称雄欧亚世界的过程，还在关键时刻，以关键的方式，颠覆了欧洲称霸世界的计划。

一旦承认欧洲的多元性，就必然不能接受以下的论点：俄国是自成一格、与众不同、与欧洲文明大相径庭的文明（一如某些欧洲人和俄罗斯人一直以来所深信的），因此"真正的"欧洲乃是意大利北部、法国、德国西部、低地国家、英国：某种最初的欧洲共同体。事实上，中世纪晚期的俄国已和中世纪晚期的西班牙一样，是基督教欧洲的文化版图里重要的一省。16世纪的俄国和西班牙一样，致力于大规模的殖民行动。莫斯科大公国的统治者和西班牙君王一样，汲汲于保住征服来的土地，以让个人、王朝在竞争舞台上取得优势。但两者间有重大差异。俄国的宗教特色和俄国东正教对天主教的强烈反感，使得西班牙与天主教欧洲其他地方联结并相互影响的有力渠道，在俄国几乎毫无作用：直到17世纪下半叶，欧洲天主教理念才成为俄国境内主要的文化力量之一。[63] 其次，西班牙因殖民行为赚进巨大财富，有助于西班牙的哈布斯堡王朝实现其野心，俄国的殖民行为则未带来如此巨大的财富。但商业上的孤立，不代表俄国在西伯利亚、伏尔加河下游所获得的殖民利益，不易为欧洲海上列强所掠夺或渗入。商业上的孤立，还使沙皇更易于掌控帝国的商业利润和领土扩张成果。文化上、商业上的相对孤立，使个人在俄国的扩张事业中扮演更重要的角色。

俄国在17、18世纪的扩张规模，令人瞠目结舌。根据某项计算，俄国的土地面积，从1600年的约545万平方公里，扩增为一个世纪后的约1528万平方公里。[64]俄国的毛皮贸易商在1600年时已在乌拉尔山以东牢牢立足，到了1620年已掌控叶尼塞河流域诸河道和河与河之间的陆上运输路线，再十年后抵达勒拿河。1639年，俄国先头部队抵达鄂霍次克海和太平洋。[65]与此同时，其他商人抵达贝加尔湖（1643年"发现"）以东地区，1643年抵达大河黑龙江。黑龙江流经中国东北注入大海，俄罗斯人抵达黑龙江时，正值清朝取代明朝。俄罗斯人花了40年时间，势力就笼罩北亚，但那只是个脆弱的贸易路线网。即使在西伯利亚西部，俄国占领的地方也局限于北方森林，大草原仍是吉尔吉斯游牧民的天下。移民需要从俄国取得粮食，困居在要塞里，人口增长非常缓慢，直到17世纪60年代，俄国加强军事掌控，使俄罗斯人得以渐渐殖民开阔平原，情形才改观。[66]尽管如此，俄国西伯利亚地区的男丁到1760年时仍然只有约40万。南方的情况类似：俄国地主和其农奴，从废弃或地力耗竭的土地往东迁移，慢慢占领开阔的大草原。1725年奥伦堡（Orenburg）建立，这一武装殖民过程从此进入关键阶段。随着一连串防御性的利姆（lime，动用大批人力建成，筑有防御工事的屏障）阻断游牧民贸易、袭掠的路线，大草原上的旧社会逐渐受到了行动上的限制。[67]即使如此，在俄罗斯人这一边，通信不良和男丁短缺，仍使乡村拓殖进程十分缓慢。在俄国的中亚边境地区，人口增长的速度长久以来似乎和18世纪50年代之前的北美大陆一样缓慢。

对彼得大帝（1672—1725年）和其后的几位沙皇而言，俄国一大战略难题是如何对付西方和南方人口稀疏的乌克兰。1598年至1613年，俄国陷入"动乱时期"，强大的波兰-立陶宛王国曾威胁包围并剿灭莫斯科大公国。1613年后，罗曼诺夫王朝的沙皇面临波兰的陆上对抗，还有产铜王国瑞典的新威胁——这时瑞典正致力于打造广大的波罗的海帝国。一如波兰人，新兴的瑞典强权扬言要将莫斯科大公国辖下的俄罗斯人逐出欧洲，摧毁其"重新统一"俄罗斯民族的雄心，抓住机会与不满俄罗斯人统治的哥萨克人结盟，连根拔除莫斯科在乌克兰的势力。彼得的伟大成就，在于打破瑞典这一帝国主义企图。他占领肥沃的波罗的海爱沙尼亚地区，为新帝都圣彼得堡（他于1716年迁都至此），取得重要谷仓和外围防御纵深。北方战争结束时，俄国、瑞典签订《尼斯塔特和约》（1721年），俄国从此跻身欧洲大国之列，瑞典、波兰从此不再对俄国构成严重威胁。彼得本人扬弃"莫斯科大公国"这个旧称呼，改用"俄罗斯帝国"这个更堂皇的头衔。他在其所成立的参议院演说时，宣称俄国"已加入政治国家的大家庭"。[68]

在乌克兰取得的胜利，对俄国的东扩特别关键。1654年签订《佩列雅斯拉夫协定》之后，沙皇与乌克兰境内享有自治权的"哥萨克首领辖地"（Hetmanate）享有特殊关系。哥萨克首领辖地的成立，代表波兰控制下属于半殖民地的乌克兰境内，有一部分地区不受波兰掌控。在哥萨克首领辖地内，新兴的地主阶级（starshyna），担心波兰人进一步扩张和南方哥萨克边境的动乱恶化，于是求助于俄国，把俄国视为最有可能稳定社会秩序的救星。[69]在精英分裂的情况下，乌克兰诸领袖，例如富有领袖魅力的哥萨克人首领马泽帕（Hetman Mazeppa），欲借由和奥斯曼人、波兰人或瑞典人结盟以确保自主地位，这种举动注定是危险的。彼得大帝对马泽帕取得压倒性大胜，1709年则在波尔塔瓦之役（Battle of Poltava）中让瑞典国王卡尔十二世负伤，标志着彼得大帝将乌克兰东部有效并入帝国版图，从而替俄国取得可供贵族殖民的新土地，以及（在哥萨克人里）取得宝贵的作战人力库。取得乌克兰还替俄国打开了通往黑海的道路，在俄国建立欧亚帝国的过程中，这一阶段或许就相当于英国在1757年后征服孟加拉的阶段。

庞大的俄罗斯帝国，这时已在欧洲东翼打造出强有力的领土扩张引擎（哲学家莱布尼茨以不安口吻称之为"北方突厥人"），是什么力量促成这一帝国的诞生？俄国的扩张受罗曼诺夫王朝沙皇的恐惧和野心所驱动，沙皇巧妙利用东正教会和为中央提供服务以保住地位的贵族阶层对敌人入侵、社会混乱的忧惧，实现其霸业。1650年后，沙皇政权强化其对教会与贵族的掌控，废除东正教牧首的辖区。仿欧洲军队打造的新常备军和彼得大帝推出的"官阶表"（贵族地位与军官、文官等级之间的关系，因这"官阶表"而正式定型），强调君王的权力和权利。领土扩张与经济增长，顺利统归中央掌控。借由承诺征服新地区后赐予土地，还有其他措施，沙皇确保了贵族的顺服。赐予的土地成为许多贵族的财富来源，却也成为俄国辖下乌克兰境内哥萨克人持续不满的原因之一。透过官方商人（gosti），沙皇控制、剥削对内、对外贸易中有利可图的部分（包括盐的买卖）。彼得大帝还建立官方工厂和兵工厂供应军需。[70] 最后，取得新领土，扩增了帝国的税收来源，使彼得大帝的税收得以增加两倍，而将爱沙尼亚和乌克兰纳入治下的俄国，生产力增加了几乎一倍。[71] 因此，就像西班牙在"新世界"的征服行动，俄罗斯人以战养战，靠着征服得来的意外收益，来支撑进一步的扩张。

即使如此，这也只是答案的一部分。17世纪俄国对来自欧洲其他地区的文化影响、思想影响，也有迅速回应。彼得暗地里赴荷兰参观了几趟造船厂,但他之前的几位沙皇,就热衷于采用欧洲几个更大君主国的治理方法和外交方法。俄国的统治者和神职人员,吸取中欧巴洛克艺术和建筑的理念,根据本地传统予以改造,创造出新式巴洛克风格。[72] 东正教会对天主教势力的忧心,也使希腊、拜占庭的文化遗产重新得到关注,并催生出规矩更复杂、更严格的礼拜形式。东正教会与"旧信徒"的分裂,就是17世纪50、60年代"俄国宗教改革"引发的。这些改变的重要之处,在于它们使新兴的俄罗斯帝国(有别于原来的莫斯科大公国),拥有了文化威望、文学资源、深奥的意识形态,使爱沙尼亚的日耳曼贵族、乌克兰的半波兰化贵族和俄国本身的贵族忠贞不贰。另一条道路——退回俄国传统的原始社群、传统礼拜("旧信徒"所标榜的作风)之路——则与领土扩张、吸收其他文化、追求跻身欧洲大国之列的作为(这时已得到势力庞大的既得利益集团的支持)背道而驰。最后,一如前几任沙皇,彼得大帝了解他政权的存续,有赖于欧洲国际体系一员的身份和利用这身份取得的外交助力;他与丹麦结盟对付瑞典,就是取得外交助力的一例。若被波兰或瑞典逐出"政治上的欧洲",后果将不堪设想。出于这样的忧心,他才迫不及待引进西欧的治理方法、技术,甚至衣着,以在与欧洲邻邦的地缘政治生存竞争中占上风。1698年赴欧洲观摩之后,他下令禁止蓄胡,并亲自剪掉他麾下几位大贵族的胡子。俄国的传统衣着(宽松袍服"kaftan")也遭禁止,"日耳曼式衣着"则广受推行。彼得在游历欧洲期间见到露肩连衣裙,大为欣赏,回来后命宫中妇女跟进,但女人将牙齿涂黑的古老习俗,似乎比保守端庄的旧式妇女穿着更晚才式微。就连死时,彼得大帝都不忘指明国家该走的路。他身穿鲜红色大衣,穿着带马刺的靴子,佩着勋章和剑,躺在棺木里,以西方礼仪举办葬礼。

彼得大帝具有组织才能,深富谋略;但他能成功,也得益于波兰政治制度紊乱,瑞典国力在约 1700 年时耗竭,奥斯曼人在关键时刻不愿出手对付他。[73] 事实上,俄国扩张背后的动力,不在于哪个单一因素,而在于 1613 年后的 100 年里种种有利因素的结合:社会体制得到巩固——那社会体制的残暴惩罚反映了"武装兵营"(armed camp)心态;[74] 能接纳来自欧洲其他地方的文化创新;俄国作为欧洲与中东之间的货物集散地,从中获利;[75] 俄国开阔的陆上边疆地区,有助于进一步扩张和专制政权的兴起;俄国在"大草原外交舞台"上扮演了中枢角色;拜地缘战略之利所赐,1710 年后其欧洲对手无一能进入黑海北方的整个欧亚地区。在此,俄罗斯人在西方海上强权的扩张模式之外,打造了另一种欧洲扩张模式。

东亚的创新

从西方的角度来看,东亚历史最引人注目的特色,乃是在经历过 17 世纪上半叶的动乱之后退回锁国孤立状态。在中国和日本,新政权成立后都致力于巩固国内政治、文化的一统,刻意减少与海外的外交接触、商业往来。因此,乍看之下,东亚与西方差别有如天壤,东亚在仇外外交的政治障碍下,遁入文化和经济停滞的境地,而欧洲则是文化开放,海外贸易繁荣,政治上相互竞争。根据这思路,不免就会有人断定,欧洲因 1620 年后的漫长经济下滑而突然中断其扩张,只是个"养精蓄锐的停顿",那停顿掩盖了活力四射之西方与囿于保守闭锁心态而停滞不前的东方之间日益扩大的差距。

下此论断之前,我们得仔细检视德川幕府和清朝的伟大创新所带来的结果。两者所创立的政治体,都维持了超过 250 年。两者统治期间,都出现了人口快速增长、大面积农业垦殖、内部贸易规模变大、对书籍需求升高的现象。我们不应贸然相信将这一阶段概括为发展停滞的论断。我们也不应遽然推断：中国在约 1690 年后对国际贸易的参与非常有限，代表中国已被贬为欧洲"世界体系"的附属"边陲"。[76] 事实上，更仔细审视后可能会发现，东亚在约 1620 年后的重建，对于强化东亚文明，使之更能承受欧洲扩张的全面冲击（1750 年后欧洲以外许多地区都感受到的冲击），功不可没。

1644 年清军攻陷北京，明朝覆灭，新王朝清朝正式开始。[77] 但清帝国的真正创立者是康熙（1654 年生，1662—1722 年在位），他漫长的在位时期，对大清江山的巩固，就像阿克巴漫长的在位时期，对莫卧儿王朝在印度统治地位的巩固，一样重要。康熙登基时，清朝看上去不太可能长治久安。作为统治精英的满人，尚未走出大草原游牧社会一贯的氏族体系。[78] 他们对皇位继承的观念（帝国统治持续不断的必要条件）很陌生。氏族政治意味着各方不断争夺权力和影响力，掠夺来的财富由最大的几个氏族和其领袖瓜分（并再往下瓜分）。这种政治体制，与在汉朝时（前 206—公元 220 年）得到巩固，在明朝时臻于巅峰的儒家帝国体制格格不入。出于这原因和其他因素，华南大部分地方、大部分文人精英仍不甘于接受清朝统治。鉴于这形势，且因为满人从一开始就倚赖汉人盟军来瓦解明朝的反抗，清朝不得不重用汉人将领，委以平定南方、西南诸省的重任。事实上，17 世纪 70 年代时，其中三位将领（即所谓的"三藩"）还享有几乎完全不受北京管辖的自治权，未来他们据地称王，建立自己的王朝亦非不可能。除了这种种难题，清朝还面临着其在内亚的威权可能不保的新威胁。这包括来自卡尔梅克人的威胁，还有在贝加尔湖南方、东方地区，来自沙皇官员和俄国毛皮商人的威胁。与此同时，随着明朝覆灭和海上贸易所创造的机会出现，清朝东南海疆孕育出郑成功的独立政权。这个从事贸易和海上私掠的政权，以固若金汤的台湾岛为基地，看起来非常稳固。[79]

可能危及清朝的诸多威胁中，最迫在眉睫的，乃是未能实质掌控华南所带来的威胁。康熙还未决心拔除三藩，三藩就抢先一步，在1673年至1674年公开叛乱。三藩中势力最强的吴三桂，倨傲地向清廷提出分治天下的提议，要满人只统治中国东北和朝鲜。[80]较可能的结果，乃是划江而治，让长江以北和帝都北京失去其至关重要的粮仓，把北京贬为在边疆勉力存续的小国。经过漫长的交锋，到了17世纪80年代初期，康熙已占了上风，而这有一部分原因是吴三桂在1678年死于痢疾，[81]还有一部分原因可能是三藩得不到南方反清复明人士的支持，以及士人宁可在满人统治下过太平日子，也不愿受军阀统治。到了1683年，康熙也终于消灭郑氏政权，将台湾纳入版图，20余年前为使郑军得不到资源而施行的坚壁清野政策，自此得以废除。[82]出于同样原因而严格禁止的对外贸易，随之重启。[83]17世纪80年代更晚时，华南局势已大略平定，康熙得以转而经略内亚。

满人的策略，乃是在大草原建立边疆国家，以大草原经济和农业经济的融合为基础，使国力壮大到让汉人不再效忠于中原王朝。如此打下天下的清朝统治者，非常清楚若有大草原上的新挑战者走满人的路子崛起，会带来多大危险。17世纪70年代，卡尔梅克（即卫拉特）可汗噶尔丹开始统合各部，建立足以威胁清朝的庞大大草原帝国。他以蒙古西方的准噶尔盆地为基地，征服今新疆境内的绿洲和贸易城市。1688年他入侵外蒙古，挑战北京威权。[84]与此同时，俄罗斯人出现在蒙古北缘和黑龙江流域，预示了这两支入侵清朝的势力可能互相支援，各得其利。或许是天佑康熙，这双重的边疆挑战同时扑来时，清朝已解决三藩和台湾问题。但也没有哪个中国皇帝在身心素质上，比他更能胜任边境战争的重任。康熙热衷打猎,声称杀了上百只老虎、数十头熊和豹、将近百只狼。他把追逐猎物当作行军打仗的练习,而他频频远赴边疆地区游猎、探视部队,使他对冲突地区的地形,对清朝欲打胜仗所需的战术和后勤补给,有了第一手认识。[85]

一开始,俄罗斯人和清朝都不甚清楚对方的实力和目的。17世纪50年代中期,莫斯科已渐渐了解到,东方的神秘君王"博格第王"(Prince Bogdoy)不是微不足道的小统治者,而是像奥斯曼、伊朗和莫卧儿皇帝那般,不能等闲视之。[86] 俄罗斯人一直希望清朝会同意外交往来,开放通商。这时,透过伏尔加河口的阿斯特拉罕,俄国与中亚、印度的贸易正日益增加。17世纪30年代起,俄罗斯人与卡尔梅克人、蒙古人一直互有使节定期往来。康熙愿意放弃中国与外国往来时的僵固礼仪会见沙皇特使,但决心将俄国势力逐出东亚。1684年,他警告蒙古人再勿与俄罗斯人贸易。1685年,他的军队夷平雅克萨城(俄罗斯人在黑龙江流域最接近中国的要塞)。俄罗斯人退而复返,而噶尔丹在1688年征服外蒙古,使北京可能得打一场大耗国力的漫长边境战争。但俄罗斯人与卡尔梅克人的结盟胎死腹中。1689年,在西伯利亚东南部的尼布楚,康熙的大军团团围住俄国的谈判人员,迫使俄国宣布放弃中国东北北方的辽阔土地。俄国的扩张在此受挫,直到1860年才扳回。1690年,清军使用火炮打败噶尔丹。六年后,噶尔丹再次溃败,自杀而死。[87] 要在约60年后,清朝平定天山南北路,清朝对当地的支配地位才完全巩固。但康熙在位时,已恢复北京在东亚大陆的威权。这一由雍正(1723—1735年在位)、乾隆(1736—1795年在位)接续完成的伟大功绩,乃是清朝得以在内部统治上卓然有成,以及(更长远来看)在19世纪顽强抗拒欧洲外交上、商业上的索求,最关键的地缘政治先决条件。

事实上，这一战略上的大胜利，为中国历史上一个格外充满活力的时期开辟了坦途。雍正皇帝将满人带来的氏族政权，改造为明朝专制政权的翻版，但恢复了明朝政权早已失去的活力，国力更强于明朝。"旗人"（在满人入主中原的过程中扮演关键角色的军人）不是被帝国控制，就是退役养老。[88] 这避免了王位继承时的派系战争危机。雍正设立更能贯彻皇帝意志的新机构"军机房"（后改称军机处），取代内阁，作为核心决策机构。[89] 第三项改革，"奏折"制度，使皇帝能持续掌握省级官员贪赃枉法的相关情报。费心革新科举制度，乃是康熙帝与汉族文人修好的作为之一。科举制度是将帝国中心、各省的士人阶层、知县（知县的衙门等于朝廷的耳目）连成一体的最重要纽带。只要士人渴望通过以传统典籍、儒家学说为核心的科举考试入朝为官，且朝廷有忠心耿耿的满族预备军驻在由城墙包围的城市，以这些城市控制中国大地，叛乱就不可能蔓延或持久。清初的皇帝还坚持节省开支，以减轻人民税赋。凭着巨大的税收盈余，已消灭、慑服敌人或与敌人修好的清朝皇帝找到了长治久安的法门。

这样的环境，有利于经济增长和文化复兴。根据某些估计，中国的人口在雍正、乾隆两朝期间，增加了两倍。耕种面积在1650年到1800年间大概也增加了一倍。[90] 汉人移民拓殖南方、西南方的森林地区。朝廷修复损坏的水道，兴建新水道。[91] 玉米（由葡萄牙人引进）、甘薯（16世纪引进福建）之类新粮食作物，增加了稻米之外的粮食供给；人们还种植了茶树、槐蓝、甘蔗之类的经济作物以供外销，这些活动在福建、广东等沿海省份格外频繁。长江中游湖南省的官员，以规劝、税赋优惠、供应种子的方式，鼓励同季双重轮作。[92]18世纪的中国，废除了贱民制（由雍正废除），[93] 人民得以自由买卖土地。定期举行集市贸易的集镇数量，稳定增加。在长江下游的江南地区，水路

第三章　现代初期的均势　　129

交通发达，促进了商业大城的兴起，以村为基地的工匠，在这地区大规模制造棉布。上海往内陆输出纺织品，最远及于内陆1 300公里处。铁器、丝织品、瓷器的贸易网络广大。[94] 商业经济发达，私人企业供应纸钞，商人可通过立契承诺日后供盐（需求格外稳定的大宗商品）给政府来借到钱。中国在国际贸易上的角色或许相对较小，但中国的国内贸易规模和欧洲至少是相当的，甚至大于欧洲。[95]

但清朝统治最引人注目的特色，或许在于它使中国进入了一段格外蓬勃的文化复兴时期。康熙本人很喜欢召耶稣会士进宫聊天（改朝换代之后，耶稣会传教士未被逐出中国），甚至懂得弹羽管键琴。但他未接受中国与欧洲定期往来的观念。他认为中国与西方没有共同关切之事。[96] 西方人，一如耶稣会士，清朝欢迎其前来，但来了之后得住下（不能想来就来，想走就走），且要入乡随俗，遵从儒家的伦理观。教皇致函康熙，请他送回被罗马当局怀疑有异端言行的欧洲人，遭到康熙拒绝，康熙还在回函中语带挖苦地说道，他会把他们砍了头再送回去，好让教皇知道他们已被"改造"。[97] 教皇如何回应，我们不得而知。康熙最关注的事，乃是中华文化。他和继任者资助古代典籍的搜集和刊印，康熙本人还亲自找学者编纂百科全书。识字率提升，刊印的作品增加以满足阅读需求。[98] 小说、诗歌、历史著作、传记、地名辞典、百科全书、作品选集、古玩收藏研究著作，刊行于世。这是个倡导儒家典籍之价值与传统的士大夫文化：主张追求社会内部的和谐、人与自然的和谐，强调阶级伦理（特别是不同辈分之间的伦理）和有助于维护社会秩序与团结的行为规范，呼吁人应自我克制、压制个人欲望。[99] 透过文学与艺术，还有官方"膜拜仪式"和作为民间宗教重心的祭祀规定，儒家文化影响之深广，前所未见。借此，中国的政治、经济整合，与日益深化的文化统一，相辅相成，齐头并进，而在达成这日益深化的文化统一之后，中国迎来的是与西方来往更为密切然而更为暴力的时代。

但清朝的成就有其局限。中国境内有许多庞大水道网未及的地方，仍受制于地方主义的禁锢，但当时欧洲大部分地方可能也是如此。更严重的是，中国未能重振约三个世纪前所抛弃的海权。东南亚的华商和华人移民得不到清帝国的保护，华人在西班牙治下的菲律宾惨遭屠杀，北京置若罔闻。[100] 欧洲人着迷于中国（不管是多无知、多肤浅的着迷），但中国知识分子对欧洲缺乏兴趣，而这或许在某种程度上反映了他们对自己文化的信心，以及他们对博大精深、数千年绵延不断的古典文化传统的崇敬。在某些方面，中国的闭锁倾向越来越明显：1727年，雍正皇帝废除了自蒙古人统治以来对基督教传教士有限包容的政策。[101] 即使在欧洲思想仍继续输入时，欧洲思想在中国也似乎起不了作用或格格不入。[102] 透视法在中国的遭遇，就可充分说明此点。中国艺术理论并非"未能"发明透视法：中国理论认为单一固定视角的画法不值一顾，反倒强调从多个视点看物体或风景；[103] 但更深层的问题（从技术变迁、科学变迁的角度来看），或许在于清朝社会根本的保守精神。清朝社会把许多社会力量投注在其行政体系上，投注在行会和攸关社会阶级伦理之维持的家族权威或氏族权威上。清朝统治或许给无疑十分牢固的社会趋势，添加了意想不到的转折。毕竟清朝虽大力宣扬儒家文化，骨子里仍是由异族王朝和其同族追随者施行的帝国统治，且这王朝透过居住、婚姻方面的规定，隔离满人和占人口大多数的汉人。满人发现，稳定的代价就是要和支配地方的豪强结盟，要谨慎避免社会风险和政治风险。因此，满人在1680年至1750年间巩固政权的时机十分重要。在与西方更密切接触的前夕，中国特有的政治发展轨迹（仍受到其与内亚之共生关系支配的发展轨迹），未驱使中国走向包揽一切权力的东方君主专制政体（欧洲人想象中的中国政体），而是让其进一步走向中央政府几乎将所有主动权下放给地方（且通常保守）势力的"有限统治"。中国的18世纪"经济奇迹"逐渐消失时，政治改变的空间相对很狭窄。[104]

日本，一如中国，在17世纪和18世纪初经历了一段政治统一、经济增长的不凡时期。幕府将军之职，由德川家族世袭担任。天皇宫廷仍存于旧都京都，但徒有象征意义而无实权。幕府将军在京都也设有巍峨宫殿，供其定期前往京都时居住。政治稳定的关键，系于德川家族对氏族、氏族所分得的领地和对统治氏族的"大名"所拥有的无上权力。幕府还施行恶名昭彰的"参觐交代"制，以补强其武力统治。在这制度下，"大名"得将妻小留在幕府的都城江户当作人质，且每隔一年要在江户居住。在江户时，"大名"得每个月上幕府朝廷两次，得在江户城里和周遭执行行政任务。与此同时，世袭的战士阶级，也就是武士，聚集在领地的城下町（围绕领主的城堡发展起来的城镇，例如姬路或名古屋）里，或跟随"大名"赴江户"参觐"。武士在不同程度上转型为食俸禄而有地位的阶级，倚赖其所属氏族发的俸禄为生，越来越着迷于儒家所宣扬的君子理想，而儒家的社会秩序观正有助于支持他们的新地位。

社会承平，人口随之剧增，从1600年的1 200万增加为1721年的约3 100万，比西欧人口大国法国的人口还多了二分之一。[105]都市化有相当程度，江户（约100万人口）、京都（35万）、大阪（36万），就世界标准来看，都是大城。[106]1700年，江户的面积是伦敦的两倍。耕种面积从1600年至1720年增长了一倍。[107]纺织品、金属制品、陶器、出版方面，有先进的大型手工生产基地。地区经济的专门化程度升高，促进了内部贸易。[108]大企业家控制以大阪为中心的内部贸易。大阪有

"天下的台所"（日本的厨房）之称，具有庞大的稻米市场、肥沃的腹地，且接近京都，而京都这时仍是文化之都，制造业（特别是丝织品）重镇。与西欧截然不同的是，现代初期的日本仍是"木头世界"，这或许是因为日本位处地震带，木制房子便宜且易于重建。日本的城市，放眼望去净是低矮的木制建筑。但走访日本的欧洲人，个个都清楚日本是个先进而富裕的文明国家，都很想和日本人贸易。[109]

诚如之前说过的，在约1540年至约1640年（正好是欧洲人来到这地区时）东亚、东南亚贸易扩大的过程中，日本扮演了积极促进的角色。日本商人和倭寇善用了日本、中国、东南亚三角贸易的新商机，而日本白银产量的激增，促进了商业发展和外国商品的进口。[110]根据某些估计，1600年时日本的白银产量占全世界产量的三分之一[111]（这是欧洲人如此热衷于到日本做买卖的原因之一）。日本的西南诸港发展快速，特别是长崎，出现了中国工匠和商人定居的中华街。[112]1618年，光是长崎一地就约有200名中国人。[113]但江户幕府对这日益扩大的贸易，却充满矛盾。江户幕府成立未久，其对遥远氏族领地的掌控，可能会因那些领地未加管理的对外接触而遭到削弱。在江户幕府眼中，天主教尤其与叛乱、颠覆密不可分，因而对其大力迫害。17世纪30、40年代，前来做买卖的中国人、荷兰人（唯一获准入境的欧洲人），只准在长崎和出岛（长崎港中的人工岛）活动。[114]中国经历了漫长的动乱，1661年后各口岸对合法贸易关上大门，东亚的对外贸易被进一步遏制。但1685年后，东亚对外贸易复苏，幕府却越来越担心日本白银外流，于是在1688年禁止白银出口。1698年，幕府加强对长崎的管制，对贸易往来与信息流动监控更为严密。

日本走上"锁国"之路，一部分原因是担心白银外流，使国家财富失血（这种忧心，当时欧洲多国政府也不陌生），一部分原因是不安于与中国的关系。中国是该地区的超级强权,其所主导的东亚"世界体系",不承认日本的独立地位。锁国这消极办法,解决了中日关系这一难题,且日本可能有意借由锁国,使清朝统治者打消侵日的念头,毕竟 400 年前元朝两次入侵日本,差点就得手。但锁国并不表示完全阻绝外来文化。中国思想和文化令日本人着迷,且得到德川幕府的刻意推动。中国是稳固、安定、帝制国家的伟大典范。中国文学和艺术构成礼教社会的基调:熟稔汉语和中国绘画风格的人在社会上备受重视。[115] 日本人投入大量心血改造儒家思想,以符合日本的环境。因此,长崎与其说是道关上的门,不如说是个狭窄的门口和监听站,幕府通过来到这里的船只搜集情报(船长得撰写"近况报告"并转呈江户),从这里进口书籍。"兰学"(经荷兰人传入日本的欧洲学术、文化、技术的总称)在武士、教师、学者圈子里慢慢传开。

江户幕府在政治上走上锁国之路,并不表示经济就此陷入停滞。一场令人赞叹的双重革命,推动了 1600 年后日本经济的增长。首先,随着"大名"和武士定居于城下町,江户幕府的政治体制创造了日本前所未有的大型城市经济。最引人注目的例子,就是江户本身。"参觐交代"的规定,把数百位"大名"和他们的妻小、大批侍从武士带到江户。[116] 到了 1700 年,江户百万人口中,有一半是侍从武士,他们住在一个个氏族大院中,而这些大院占了江户城区将近四分之三的面积。"大名"与武士集中于一地,为都市商人、工匠、临时工的服务业和制造业,带来庞大的上层消费人口。他们的购买力来自其领地的税收,而从领地送来的税收有时是实物,存放在江户水岸边的大仓库,有时则是将收缴的米税在大阪市场出售后所得的现金——江户的粮食有很大部分来自大阪市场。这一体制大大促进了国内贸易和银行业的发展,推动了为中心市场制造粮食和物品的大型统合经济的进步。而城市上层消费者对税收的需求，反过来又提高了乡村领地的生产力。与"大名"驻留江户一事同样促进经济发展的，乃是他们在领地与江户之间的定期往返。"大名"的参觐队伍有时多达2 000人，于是客栈出现于沿途，海路、陆路的固定路线网也发展起来。

其次，这一上层消费模式并未像欧洲一样倚赖对外贸易。在对外贸易已变得较无利可图时，日本人能够实行重商主义自给自足政策，且执行得非常成功。例如，与英格兰不同，日本自产白银，不须透过贸易取得货币的基础，而在现代初期的欧洲，必须透过贸易取得货币的基础，乃是令经济学家大为困扰的问题。对于国内的奢侈品、新食物需求，日本人的回应也极富创意。朝鲜陶器长久以来在日本奇货可居。16世纪90年代丰臣秀吉入侵朝鲜之后，将朝鲜陶工带到日本，本土的制陶工业随之确立。日本多样的气候环境，使棉花、丝、烟草、糖等新兴经济作物，得以在其境内各自找到生根发展之地。丝和棉在京都、大阪制造，糖的生产则实现自给自足；渔业在17世纪也有长足发展。日本在上述种种方面成功利用格外富饶而多元的自然环境，发展出与欧洲不相上下的富裕商业经济，却未承受殖民主义的成本和风险。甚至在1720年经济增长因资源耗竭、欠缺新土地而中断，人口停止增长之后，又有更集约型农业的"勤劳革命"适时出现，协助保住了前一个世纪的经济成就和德川幕府所打造的政治、社会统一局面。而这"勤劳革命"在一定程度上是官方通过实验农场和引进中国植物学论著促成的。[117]

现代初期日本的经济活力和后来之转向"重商主义孤立"，在很大程度上是日本在东亚世界秩序里所占地位的结果。中国的重振声威和中国古老外交传统的复活，使日本的影响力在东亚大陆几无发挥的余地。日本既害怕受强势大陆文明支配，又深深着迷于该大陆文明的文化产品和社会价值观，如此微妙的关系实在不易拿捏。日本一旦开始缺少白银，外来物产的本土化一旦变得可行，透过封闭性商业政策来追求经济、社会的稳定，而不去冒海洋扩张的极端风险，就有了充分理由。讽刺的是，日本与英国同时开始限制外国纺织品的进口，但日本成效大得多。真正威胁日本的稳定与独立的，主要不在于外来思想或科技的渗入（这两者都可以渐渐予以消化、本土化），而在于某种环境上或外来的冲击。百年未见的饥荒，在18世纪20年代重新降临，这可能会破坏经济体制或促成迅猛的改变。在16世纪时尚能吸纳外部人口的东亚世界秩序，再度变得不稳，因而可能会打破日本细心守护的自身世界的完整性。但在18世纪50年代时，这一不祥的前景还未展现出丝毫迹象。相反，在清朝于1759年至1760年进一步扩大其版图的同时，日本依靠独特的地缘战略位置所取得的优势，似乎达到前所未有的高度。

饱受压力的诸伊斯兰帝国

现代初期的后段（17世纪20年代至18世纪40年代），伊斯兰世界比东亚诸国、诸文明，更无法躲开欧洲的影响和竞争。由于伊斯兰世界和欧洲的势力范围，都已随着15世纪至17世纪长距离贸易的增长而扩大，在从东南亚到非洲大西洋沿岸之间的无数点上，欧洲的军人、水手、商人、传教士、外交官与穆斯林同行短兵相接。诚如前一章谈过的，15世纪至17世纪在欧洲历史上被誉为"大发现时代"，而同样在这个时期里，伊斯兰世界诞生了三个大帝国：奥斯曼、萨法维、莫卧儿。也是在这个时期，东南亚于1500年后出现一次迅猛的伊斯兰化浪潮，该地区与印度、中东的商业往来更为频繁，伊斯兰教受到贸易国和国土更广之王国的青睐，成为它们的宗教。[118] 在11世纪以后同样属于伊斯兰势力范围的西非，1468年后有桑海帝国在尼日尔河中游兴起，在其东边的卡齐纳（Katsina）、卡诺（Kano）[119] 之类豪萨人（Hausa）国家，伊斯兰势力更为壮大，博尔努（Bornu）则在马伊·伊德里斯·阿劳马（Mai Idris Alawma，约1571—约1603年在位）的统治下归于一统。[120] 这些发展说明了伊斯兰教的教义、文化观念、政治思想，仍持续从伊斯兰世界的心脏地带往南、往西流动，扩张力道不减。

相比之下，现代初期的后段（约1620年后），常被视为诸伊斯兰帝国和伊斯兰文化停滞不前而即将衰退的时期，伊斯兰文明在这时期变得内向、保守，与欧洲思想的创新相比，处于下风。[121] 今人很容易就遽下论断，认为欧洲这时已具备了物质进步所必需的科学精神，而其穆斯林邻居仍困在宗教泥淖中。事实上，18世纪后半叶之前，欧洲科学家在科技与商业活动中所扮演的角色，在最好的情况下都微不足道，反倒是地位卑微的工匠，角色重要得多。[122] 但在17、18世纪时，已有某些迹象显示，诸伊斯兰大国和它们所支持的伊斯兰文化，已失去前一阶段的积极进取精神。商业萧条和1660年后东南亚主要的伊斯兰国家（望加锡、万丹、马塔兰）落入荷兰人之手，是伊斯兰文明的重大挫败。在西非的萨赫勒地区，桑海帝国1591年的覆灭（讽刺的是亡于摩洛哥人的入侵），开启了尼日尔河中游地区漫长的政治解体时期，阻遏了伊斯兰势力的进一步扩张。[123] 而奥斯曼、萨法维、莫卧儿三个穆斯林大帝国，都走上地方势力坐大、中央威权日衰的道路，内部团结和抵抗外来攻击的能力遭到削弱。尽管如此，在18世纪中叶之前，几无迹象显示，这些变化代表伊斯兰社会、欧洲社会的强弱对比，已无可挽回地逆转，它们只能说明全球均势发生了细微的调整。

乍看之下，奥斯曼帝国的历史充分表明，伊斯兰国家和文化注定走向无可阻挡的倒退和每况愈下的衰落。从 1683 年（穆斯林未能拿下维也纳）到 1739 年，奥斯曼人丧失数块领土，16 世纪奥斯曼人进军欧洲心脏地带那股扩张势头，已然逆转。与奥地利打了 16 年战争后，奥斯曼苏丹签订《卡尔洛维茨和约》（1699 年），被迫将匈牙利、特兰西瓦尼亚割予哈布斯堡皇帝。1716 年至 1718 年，这两个帝国重燃战火，战败的奥斯曼人，在 1718 年的《帕萨罗维茨和约》（Peace of Passarowitz）中付出惨痛代价。西瓦拉几亚、泰梅什堡（Temesvar，今罗马尼亚的蒂米什瓦拉）的巴纳特（Banat，即"边境地区"）、塞尔维亚，还有控制多瑙河下游地区入口通道的贝尔格莱德边境大要塞，均割让给维也纳。前一世纪凭着高昂战意和高超作战技术打下无数胜仗的奥斯曼禁卫军，面对以新方式操练而由蒙特库科利（Montecuccoli）、萨伏依的欧根亲王（Prince Eugene of Savoy）之类将军率领的哈布斯堡军队时，似乎变得不堪一击。从奥斯曼人的角度来看，更糟糕的或许是 1700 年后他们在巴尔干-黑海地区所面对的敌人不是一个，而是两个。面对哈布斯堡、罗曼诺夫两王朝的扩张威胁，奥斯曼帝国失去了现代初期它作为东南欧"超级强国"的特权地位。凭着那地位，奥斯曼人可以我行我素，不必卷入欧洲内部错综复杂的外交活动。但到了 1740 年，为了救亡图存，奥斯曼人已不得不更全面地参与欧洲的国际体系，从而得承受那必然带来的代价、风险、妥协。[124]

战场和会议桌上的失利，是这个战败国家难以被察觉到的政治、经济衰落暗流的表征。奥斯曼帝国 1600 年后的政治"衰落"，一直受到史学界的热切探讨，这或许不足为奇。针对领导、政策、体制上的无能，历史学家找了各式各样的原因：苏丹和其继承者居于深宫，不利于了解外界大势；宫廷政治中尔虞我诈，密谋风气盛行；替苏丹的政府和军队提供人力的德夫舍梅制遭到废除（由此制度培养出的奴隶人才，忠于苏丹，且不受地方势力左右）；禁卫军和政府行政官员，被敌视苏丹威权而更关注重要人事任命权之利益的穆斯林权贵所取代；中央对收税事务和省级政府越来越无力掌控，使地方豪强和税款包收人的势力日益坐大。根据这一论点，随着中央威权的衰落，地方越来越混乱，越来越不安定：总督（dey）、马穆鲁克、叛离中央的地利贝伊（derebey，"谷地领主"），打造自己的兵马，为掌控各省的大权而交战。

日益深重的经济无力感，更加重政治上的分崩离析。转口贸易对于地中海沿岸或地中海附近的奥斯曼诸城仍很重要，但海上贸易则几乎全落入欧洲商人之手。奥斯曼的经济定位，越来越偏重于替欧洲市场生产原料和大宗商品，特别是棉花。这一倚赖欧洲制造品（例如纺织品）的趋势与日俱增。手工业也逐渐没落。雪上加霜的是，奥斯曼政府给予欧洲商人贸易特权，免除他们的交易税和关税，且这特权遭到滥用。奥斯曼人未施行保护自家生产者和商人的"重商主义"政策，反倒特别照顾外人利益，[125] 结果使欧洲商人的经济势力长驱直入，日益深入这帝国，削弱了手工业和手工业所支撑的城市社群，把这个原本经济一体的帝国，分裂为数个弱小的经济区。

可想而知，这些典型的"边陲化"症状，也被视为文化萎靡不振的部分表现。知识分子的无能，促使政治失败和经济衰退陷入了恶性循环。由于知识界陷入死守圣典的强烈保守风气，并且穆斯林受教育阶级的政治地位越来越高，知识分子对于以观察为依据的探索和系统地转化外来思想几乎毫无兴趣。探究欧洲的念头仍然不大——有人认为，这乃是奥斯曼扩张时代轻视欧洲文化的遗风，以及欧洲多语并立的文化对奥斯曼学者构成的语言障碍所致。[126] 官方对欧洲地理的无知令人惊讶：18 世纪 70 年代时，奥斯曼政府还认为俄国舰队是经由中欧

第三章 现代初期的均势　　139

的某条水道来到地中海的。[127] 由于缺少革新教育大纲（注重经验主义、偏重科技）的手段甚至是意愿，奥斯曼人的伊斯兰文化已变成被幻觉笼罩的一摊死水。

这一切似乎都深刻印证了奥斯曼帝国的失败无能。但这种论述建立在两个未必站得住脚的假设上。第一个假设，乃是奥斯曼与欧洲之间不言而喻的反差：奥斯曼"落后"，欧洲则有序、进步。但并非整个欧洲都保持着田园安乐、城镇繁华的情形。东欧和南欧仍然存在农奴制，饥荒和对农村抗议活动的残酷镇压都不时发生。在西班牙内陆、意大利北部和苏格兰高地，旅行一直不易，且危险重重。乡下盗匪猖獗，特别是在17世纪被战火蹂躏的地区。即使在西欧，距巴黎不到160公里的省区，经济水平也只够人在温饱线上勉强维生，农业技术自中世纪以来几乎没有革新。[128] 西欧的英法两国在宗教上不容异说，与奥斯曼人对宗教的宽容有天壤之别。其次，诚如近年来研究奥斯曼帝国的史学家所指出的，奥斯曼衰亡论还假设了奥斯曼帝国在扩张时期极富效率的中央集权政府，到了晚期丧失活力，原本高效的政治作风荡然无存。[129]

即使奥斯曼帝国面临着战争的严厉考验，我们仍然无法断定奥斯曼帝国在1740年时已经注定衰落。奥斯曼人已失去匈牙利和特兰西瓦尼亚，但通过1739年的《贝尔格莱德条约》，他们收复了1718年在帕萨罗维茨所失去的土地，包括贝尔格莱德城本身。诚如蒙特库科利（最英明的哈布斯堡将领）所警示的，奥斯曼军队展现了不凡的收复实力。1711年，他们在今日罗马尼亚边界的普鲁特（Pruth）战役中，大大羞辱了彼得大帝所率领的俄国军队，他们的表现令人震惊。面对装备完善、火炮数量占优、配有庞大骑兵团的奥斯曼部队，人数居于劣势且粮秣严重不足的俄国部队，完全失去战斗意志。俄国部队拱手让出亚速（Azov），彼得大帝仓皇撤离战场。[130] 君士坦丁堡的苏丹政府（因各大臣的办公机关位于大城门边，西方常以 Porte 即"城门"一词指称苏丹政府），继续主掌着横跨三洲的大帝国，而居于这个大帝国"正面"的欧洲，只是其地缘战略负担之一。但从奥斯曼帝国基本成功守护领土完整这一点来看，奥斯曼社会比"衰落论"史学家所宣称的，要更加灵活应变，也更有韧性和凝聚力。

这种韧性在一定程度上有赖于强大的地缘政治地位，而此优势一直延续到 18 世纪 60 年代。失去匈牙利和特兰西瓦尼亚之后，奥斯曼人倚赖喀尔巴阡山这个天然屏障。贝尔格莱德的收复（1739 年），使他们再度掌控哈布斯堡欧洲与奥斯曼巴尔干之间的战略要道。他们掌控黑海，将它当作海上交通要道，奥斯曼人与其庇护的克里米亚的吉雷人（Crimean Giray）因此得以在沙皇拼命想拿下彼列科普（Perekop）与亚速时，击退俄罗斯人进逼黑海的攻势。俄国部队欲横越乌克兰大草原进攻奥斯曼帝国，后勤补给是难以克服的难题，因此黑海仍是"奥斯曼人之海"（mare Ottomanicum）———一份无价之宝。贝尔格莱德的要塞、喀尔巴阡山的天然屏障、黑海所提供的内线移动优势[1]，使奥斯曼人得以阻挡西方的攻势。强大的文化防御，又进一步巩固其抵御能力。除了巴尔干半岛上的穆斯林社群，奥斯曼人还可倚赖忠心耿耿的希腊东正教神职人员，他们几乎没有从天主教奥地利的胜利中得到任何好处。在北非，在该帝国最偏远、防御力最薄弱的海上边疆地区，对天主教西班牙的恐惧和厌恶，以及对海上劫掠的经济依赖，促使马格里布地区诸省继续效忠于遥远的帝国都城。[131]

正是地缘战略条件，使得 1600 年奥斯曼政府有可能出现中央权力

---

[1] 内线移动优势，指地区内部的移动路线短于地区外的移动路线所提供的优势。——译者注

分散的情形。这时候，城市豪强在省区统治和收税方面（担任官方的包税商）扮演较重要的角色，似乎并非表明帝国已瓦解为盗贼统治[1]盛行的国家，反倒是体现了帝国对省区新兴精英阶层适时的承认，表明这种合作乃是维持社会秩序和收税所不可或缺的。132 在阿拉伯诸省和埃及，类似的权力下放模式，使驻防地方的世袭禁卫军部队和开罗的马穆鲁克人，取得相当多的地方权力。133 罗马尼亚地区，由来自君士坦丁堡的"法纳尔人"（Phanariot，居住在君士坦丁堡的希腊裔富裕基督徒精英阶层）治理。在马格里布地区，拥有广泛自治权的地方王朝，在摩洛哥、阿尔及尔、突尼斯、的黎波里牢牢掌握了政权。但几无证据显示，在1750年之前，君士坦丁堡的帝国中央已无力掌控这些地方利益集团，事实上，后者的管辖权和统治合法性仍取决于其对奥斯曼中央的忠诚度。奥斯曼政府的首要职责，乃是抵御外来干预，避免军事挫败，以维持苏丹的威权（daulat）。

在经济上，奥斯曼帝国的表现也并不低迷。尽管其手工业在欧洲的竞争压力下有所衰退，但君士坦丁堡、伊兹密尔、开罗仍是商业大城。就开罗而言，其商业繁荣得益于规模庞大的新兴也门咖啡贸易。134 棉花、羊毛、烟草之类大宗商品的生产，至少使一些地区实现了前所未有的繁荣，大量新建筑物的涌现就反映了这一点。135 满足大部分消费需求的内部贸易，仍掌握在地方集团手中。136 1740年时，奥斯曼帝国在手工业生产或是农业技术革新方面，显然不如欧洲最繁荣的地区，也缺少沿着欧洲重商主义路线将自己改造成民族国家或民族经济体的手段。但不论是无心插柳还是有意为之，奥斯曼政府都已经为17世纪中叶后的帝国艰难处境，找到了出人意料的成功出路。1739年后，奥

---

[1] 盗贼统治，kleptocracy，政府官员和统治阶层牺牲人民利益以扩大个人财富和政治权力的统治方式。——译者注

斯曼人针对西方的战略防御似乎比此前数十年还要稳固。他们已然熟悉了欧洲的外交游戏，利用法国对哈布斯堡王朝的反感，夺回贝尔格莱德。"郁金香时期"[1]的改革政策，或许在激烈的斗争中功败垂成，但奥斯曼统治者仍能在欧洲买到急需的"现成"军事专门技术和科技，避免了更深入的改革计划可能招致的文化震荡与社会巨变。他们在"特惠条约"（Capitulation）中给予外国商人的商业特权，也并非仅有欧洲人单方面受益。他们既鼓励对外贸易，同时又隔离外国商人，降低西方对伊斯兰社会的吸引力。奥斯曼人凭借稳固的主权、不容置喙的圣地（麦加、麦地那、耶路撒冷）保护者身份、伊斯兰世界文化知识中心开罗的最高统治者地位，得以在其独特政治体系的不同要素间保持微妙的平衡：奥斯曼是矗立在欧洲侧翼的多民族帝国，也是正统伊斯兰教在近东心脏地带的政治实体。

17世纪中叶时，伊斯兰世界最富裕、最有活力的地区，乃是莫卧儿帝国。莫卧儿帝国的核心地区，乃是北印度的"肥沃新月"：从遥远西北地区往东绵延到孟加拉和恒河三角洲的印度河–恒河平原。该帝国的战略中心是德里"三角洲"，此处掌控着两大河系之间的通道和喜马拉雅山山麓丘陵与德干高原之间160公里宽的"走廊"。1648年，莫卧儿人将都城由亚格拉迁到德里，迁到为此特地兴建的皇城沙贾汉纳巴德城（Shahjahanabad，旧德里），137工程之浩大，反映了这个平原帝国的统治者所能支配的巨大财富。17世纪50年代时，这个新帝都已和当时的巴黎一样大，无数贵族聚居在皇宫周边。

莫卧儿帝国的兴起，乃是影响现代初期世界史的关键因素之一。莫卧儿人统一并平定了北印度，促使印度的贸易活动拓展到中亚和中

---

[1] 郁金香时期，Tulip Period，1718—1730年，因奥斯曼宫廷和社会在这段时间里热衷郁金香而得名。——译者注

亚以外地区。莫卧儿人征服孟加拉,加速了孟加拉丛林、沼泽地的农业垦殖,[138] 促进孟加拉的纺织品贸易沿恒河而上,抵达印度斯坦的内陆平原。[139] 葡萄牙人来到莫卧儿统治地区时,欧洲商人为与"莫戈尔"[1] 贸易,来到西印度的港口城市苏拉特(Surat),从苏拉特有贸易路线往北、往东通往德里、亚格拉。阿克巴高明的统治手腕,把来自中亚的穆斯林战士贵族、伊朗(仍是伊斯兰世界的文化中心)的穆斯林书吏和办事员、信奉印度教的拉吉普特军阀、婆罗门阶层的知识分子,一并纳入稳定的政治体制,从而有利于该帝国的经济扩张。随着拥有土地的地方"王朝"巩固统治并获取了农业财富,他们增加了对制造品和奢侈品的消费,促进了城镇和市场的兴建。凭借着庞大人口(印度次大陆的人口至少和当时的欧洲人口相当)、肥沃的耕地和丰富的原材料,印度成为全世界最大的纺织品生产中心,棉布外销到欧洲和中东、西非。印度棉布种类多样,质量优良且较便宜(据当时的某项估计,印度人力成本是欧洲的七分之一),[140] 因此在欧洲市场上占了很大优势。17 世纪后半叶时,英属东印度公司早已不再如过去那样执迷于购买东方的香料,转而专注于进口印度纺织品再转手卖出。[141] 这时,孟加拉渐渐成为该公司业务的最大中心以及印度最有活力的地区,孟加拉产品在该公司购入的印度纺织品中所占的比重越来越高。

  从这些方面来看,印度商人和工匠是国际贸易增长(现代初期的一大特征)过程中的关键角色。除了葡萄牙、荷兰、英国三国公司保存的文献以外,相关的翔实记录付之阙如,但印度与中东(印度最重要的市场)的海上贸易,可能很大程度上由印度商人和船东掌控。[142] 若没有印度生产者的积极响应,那些日益重要、回报丰厚的海上贸易路

---

[1] 莫戈尔,Mogor,莫卧儿的另一种称呼。——译者注

线大概仍会不稳而脆弱。[143] 印度人积极投入日益扩大的国际贸易网络，在政治、文化上造成的影响，就是使印度次大陆能够接受外来影响。在莫卧儿只能有限管辖或根本未能干预的南印度沿海地区，就是如此。但莫卧儿权力中心所在的北印度亦然。17世纪时，该帝国的所有大城，都可见到前来经商、行医、当工匠的欧洲人的身影。[144] 莫卧儿军队中，也有欧洲炮手为之效力。耶稣会传教士获准宣讲、布道，但他们的布道对象似乎集中于流浪的欧洲人，[145] 且寥寥可数的改信者全来自穷人圈子或贱民阶级。莫卧儿人的品味，特别是文学品味，仍最推崇波斯文化。但耶稣会士所引进的宗教图像和肖像绘法，明显影响了莫卧儿艺术。[146]

印度从未有哪个统治势力能够像明朝时期的中国那样，统一南印度，实现全国在文化和政治上的统一（就连统治手腕高明的莫卧儿王朝亦然），这可能主要是因为印度以开放的态度面对伊朗与中亚的商业和文化，以及印度半岛辽阔海岸线上舶来的文化要素，而德干高原崎岖的地形构成的地理阻碍可能也是一大原因。1565年，信奉印度教的毗阇耶那伽罗帝国覆灭后，穆斯林精英统治了南印度的数个主要国家。他们想要通过莫卧儿土地授予制度将德干高原的印度教上层纳入行政体系和军事体系，从而使之降服，然而这种尝试引发了声势浩大的暴动。暴动中心是萨塔拉（Satara）、浦那（Poona）周边的马拉塔地区，暴动的领袖则是有钱的印度教军人席瓦吉（Sivaji）。据英国观察家约翰·莱斯卡利奥特的描述，席瓦吉"身材中等……比例非常匀称……不信任人，作风神秘，狡诈，残酷，不讲信义"。[147] 1674年，英属东印度公司从孟买派遣使节团前去莱里（Rairy），参加席瓦吉在其城堡的加冕典礼。典礼按照印度教的国王登基传统，以黄金砝码称量他的体重。[148] 事实上，到了17世纪70年代，席瓦吉的叛乱势力的

第三章　现代初期的均势

壮大已经使莫卧儿王朝寝食难安，皇帝奥朗则布（1658—1707年在位）也不得不离开皇城沙贾汉纳巴德，御驾亲征。他为征服马拉塔人而不断四处征战，直至去世才结束。1690年，奥朗则布获胜，但胜利果实不久又失去（席瓦吉已在1680年去世）。奥朗则布去世时（1707年），莫卧儿势力已被逐出西印度。[149]1719年，莫卧儿王朝最终在皇帝诏书（farman）中正式接受这场挫败。日后史家把奥朗则布在位时期视为莫卧儿帝国的鼎盛时期，他的死则代表印度进入帝国瓦解的新黑暗时代，直到1765年后英国人介入，印度才脱离这黑暗时代。莫卧儿王朝受到马拉塔人的羞辱，无力遏止省督（subahdar）日益坐大，又受到旁遮普兴起的锡克教势力挑战，其威信最终在伊朗国王纳迪尔沙（Nadir Shah）的入侵下荡然无存。事实上，纳迪尔沙1739年的胜利，代表混乱时代的开始。马拉塔、罗希拉（Rohilla，阿富汗）、品达里（Pindari，佣兵）的军队，还有小军阀的部队，肆虐北印度。在此弱肉强食、杀伐不断的环境下，贸易与农业双双衰落。经济跟着政治层面的解体而衰退。因此莫卧儿印度成为1750年后第一个落入欧洲人之手的欧亚大国并不奇怪。

近年来，这种过于简化、"晦暗"的印度前殖民时期历史逐渐被重写。莫卧儿晚期不再被视为殖民统治的混乱序曲。印度被英国人征服的过程十分复杂，并不是"过度扩张的帝国注定瓦解，而欧洲统治者以高超的政治手腕摆平帝国瓦解后互相征伐的地方势力"这种说法所能解释清楚的。对于以1757年普拉西之役（Battle of Plassey，英国殖民征服印度的开端）为句点的那50年，较切合实情的描述，乃是强调印度人在建构新贸易网和新地区性国家方面所起的作用。18世纪50年代使印度人措手不及、无力回应的诸危机，就是在这作用的推动下引发的。

事实上，在 17 世纪末期、18 世纪初期的诸多改变背后，可以看到贸易扩大、人口增长、乡村经济日益发展的影响。城市的繁荣和乡村精英阶层的日益富裕，使省区利益集团更不愿忍受德里中央的指挥。马拉塔人的暴乱，就是这种心态的体现。长期以来，马拉塔联盟[1]都被说成是使北印度陷入无政府状态的掠夺者。但在它兴起的背后，可以看出它不只是掠夺者的联盟。马拉塔人攻城略地的特色，不在其焦土政策，而在其精细复杂的税制。如今在浦那，仍保存着卷帙浩繁的相关税制文献。[150]马拉塔领袖的目标并不是摧毁一切，而是将莫卧儿人的领土渐渐吸纳进他们的"主权"（svarajya）范畴。他们的目的，主要不是彻底推翻莫卧儿王朝，而是迫使该王朝下放权力，因此才会汲汲于让他们的统治得到莫卧儿王朝的明令认可。[151]一项当代研究表明，我们应将马拉塔人的反抗行动，视为新兴的印度教精英阶层在其首领（sardar）指挥下意图分享帝国主权与税收，以彰显新兴地主阶层崛起地位的行动。[152]在莫卧儿帝国的其他地方，随着省督为满足地方豪强的需求而试图削弱德里中央的掌控，也出现了类似的情形。在孟加拉、阿瓦德（Awadh，又名奥德，Oudh）、海得拉巴、旁遮普（旁遮普的锡克教因贸易衰落而势力日盛），德里控制权的日益旁落并没有使这些地方陷入无政府状态，反而催生了地方统治者纷纷自建国家的新景象。这些统治者个个欲以旧帝国政权的合法代表之姿，据地称王。[153]

可想而知，随着莫卧儿体制对地方强权需求的适应妥协，一个权力更加分散的莫卧儿"联邦"应运而生。以强大军力为后盾的马拉塔势力，大有可能成为和过去的莫卧儿一样广大的帝国。但两股强大势

---

[1] 马拉塔联盟，Maratha confederacy，又称马拉塔帝国，是席瓦吉建立的印度教国家（1674—1818 年）。——译者注

力的介入打破了平衡,使情势未能向上述方向发展,反倒使莫卧儿的"衰落",变成革命的序曲。第一股力量是来自中亚的新一轮入侵活动的冲击——入主印度的新霸主,自古以来都来自中亚。1739年,莫卧儿大军在卡纳尔(Karnal,位于通往德里的路线上)向入侵的伊朗人投降。逃离战场的马拉塔大使悲叹道:"察合台[即莫卧儿]帝国已经终结,伊朗帝国诞生了。"[154]伊朗统治者纳迪尔沙接着拿下德里(他骑着骏马进城,受到羞辱的莫卧儿皇帝则困在封死的轿子中被抬进城);随后在18世纪50年代,阿富汗人的入侵又使莫卧儿王朝威信尽失,摧毁了孟加拉与北印度之间的古老贸易路线。战败使莫卧儿帝国失去了印度河西侧以及喀布尔周边的核心地带。[155]1761年在帕尼帕特的另一场战役中,阿富汗人剿灭了马拉塔的军队,并杀死了马拉塔联盟的宰相(peshwa)。

促成南亚次大陆变革的另一股强势力量,源于印度沿海地区迅速融入国际贸易。在孟加拉,沼泽地和森林迅速被开辟为稻田,从事棉织和纺纱工作的庞大劳动力(可能有100万甚至更多),极大提升了当地经济的活跃水平,欧洲人为购买棉和丝而带来的白银,也助长了该地经济的发展。在今日泰米尔纳德邦(Tamil Nadu)内,马德拉斯南部的科罗曼德尔(Coromandel)沿岸那些孟加拉湾与印度洋的贸易集散地,农业产量提升、纺织生产繁荣的发展模式都造就了成功的商业经济。[156]这里一如印度其他沿海地区,已有某种独特的商业资本主义兴起,为纺织品和其他大宗商品的生产、销售和配送提供金融和管理服务。[157]

16世纪末期以来,许多欧洲人来到印度,想在宫廷中和商业活动中碰碰运气,但印度沿海的贸易才是吸引欧洲人的主因。到了18世纪,从苏拉特到加尔各答的次大陆沿岸,已经密布着欧洲人的仓库（或称货栈）和贸易站。一些欧洲人，例如绰号"钻石"皮特的托马斯·皮特（Thomas Pitt）会"径自闯入"印度，并不理会特许公司自我宣称的垄断权。也有些欧洲人则转为自由职业者，比如绰号"暹罗人"的塞缪尔·怀特（Samuel White）。怀特于1676年抵达马德拉斯，但不久就横越孟加拉湾，前往当时暹罗（泰国）都城大城府，他以大象买卖（用船将大象跨海湾运到印度的危险生意）闯出名堂，后来成为暹罗国王的首席商业代理人。[158] 但大部分欧洲商人隶属于公司团体。高昂的远距离贸易成本，商人们对大型武装船只（"东印度人"大货船）、沿岸据点（和派驻据点防范其他欧洲人或当地乱民攻击的部队）、外交机构（好与地区统治者和莫卧儿宫廷打交道）的长期需求，使来此的欧洲商人不得不组织起来形成股份公司。这些公司是现代公司的先驱（具有股东、董事会和管理机构），享有独占其母国与印度之间直接贸易的特权。但它们只是具有形式上的现代性，并不意味着欧洲商人就是开放经济的先驱者或是开放市场的支配者。事实上，这些公司能卖的东西少之又少。为了买进所需的印度商品，它们不得不将大量白银输入印度。它们的商业策略主要是压低价格，大量购入欧洲需求巨大的印度纺织品。因此，彼此竞争的欧洲公司（1720年后主要是英属东印度公司和法属东印度公司），不断想方设法将印度织工吸引到自己的贸易市镇，例如马德拉斯或本地治里（Pondicherry）。欧洲公司已经获准在这些贸易市镇建造贸易站，并能够通过掌控织工和商人，确定其棉纺产品的价格、种类和质量标准。[159] 这使相关公司与当地统治者关系日渐密切的同时，也时常产生龃龉；而后者的财富与权势，又倚赖于贸易利润，以及商业与信贷活动催生的各类税收。但到了18世纪初，商业抵制或是封闭港口的威胁，已成为这些公司对外谈判时的有力筹码。然而欧洲商人们意识到，刻意穿上莫卧儿的袍服，恭敬款待定期来访的莫卧儿使节仍然是明智之举——身穿莫卧儿皇帝所赐的袍服，象征对皇帝的顺服与忠诚。[160]1739年莫卧儿的大败，震动了整个南亚。但年轻的罗伯特·克莱夫1744年在马德拉斯上岸时，一个欧洲公司将成为印度大陆强权的情形——更别提仅仅在马德拉斯拥有破旧要塞的英国人将会统治整个南亚次大陆——是人们无法想象的。

18世纪前半叶的南亚，不能被简单视作一个从发展停滞过渡到无政府状态的地区。在北部内陆，马拉塔人、莫卧儿人，以及跨山而来的入侵者三者间的冲突，也是"地方精英"群体和"战士"群体之间的斗争，前者努力想要打造由城镇、市场、定居农业构成的定居型稳定体制，后者则是北印度与中亚之间高地平原上古老游牧传统的一部分。[161]莫卧儿主政下漫长的和平时期带来的经济、社会改变，使两者的冲突白热化。与此类似的是，商业扩张也在快速改变印度沿海地区的经济秩序、社会秩序，及其与印度内陆乃至外部世界的关系。一场双重革命正在酝酿：一个即将把南亚推进现代、殖民时代的"机缘"就要出现。但在1740年，只有最具慧眼的先知才可能预知，这场革命的结果将使整个南亚次大陆落入一个欧洲公司之手。在那公司的欧洲商人眼中，适应印度的气候环境就已经是关乎性命的挑战。染病、死亡的概率实在太高，每两个从欧洲来到印度的人中，就有一个可能在第一年死掉。但谁料想得到，这样的欧洲人最终将主宰印度。

1739年，纳迪尔沙率兵入侵北印度，他曾经的得力干将艾哈迈德沙·杜拉尼（Ahmad Shah Durrani）在18世纪50年代也率兵入侵北印度（纳迪尔沙已在1747年遇害）。这两次入侵和几个世纪以来不时扰乱北印度平原的部落民族入侵活动有所不同。它们是效法帖木儿的建造帝国的最后尝试，并摧毁了莫卧儿和萨法维两大王朝。萨法维王朝最先受害。它的西边是奥斯曼帝国所掌控的美索不达米亚与安纳托利亚，另一边则是往东、往南绵延到今阿富汗境内赫拉特（Herat）、坎大哈（Kandahar），部落民族散居的广阔内陆地区，萨法维伊朗夹在这两者之间，勉力欲将城市和定居文明的威权加诸大草原和沙漠之上。萨法维王朝的奴隶军队和官僚系统，主要从格鲁吉亚吸收人员，而后者往往难以抵御奥斯曼帝国与俄国的压力。[162] 从政治层面来说，萨法维王朝一直是突厥化部落联盟与伊朗知识分子的混合产物，但两者从未真正融合，因而这王朝根基并不稳固。到1700年时，这个脆弱结盟面临的内忧外患日益深重。

以伊斯法罕为都城的萨法维王朝统治者，和莫卧儿统治者一样，未能建构出具有固定疆界的帝国。他们曾占领巴格达，随后又失守。他们对呼罗珊、赫拉特、坎大哈城及坎大哈地区的掌控从未稳固过。坎大哈在1629年遭乌兹别克人攻占，1634年转落入莫卧儿之手，1650年由阿巴斯二世夺回。1709年至1711年，萨法维王朝再度失去坎大哈，该城落入南阿富汗最强大部落吉尔扎伊（Ghilzai）之手。1718年至1719年，赫拉特、呼罗珊也脱离萨法维的掌控。1722年，吉尔扎伊人领袖马赫穆德（Mahmud）在古尔纳巴德（Gulnabad）大败萨法维军队，攻占伊斯法罕，拿下萨法维国王所抛弃的王位。彼此可能互有戒心的俄国和奥斯曼帝国，急忙趁萨法维王朝覆灭之机扩张版图。彼得大帝拿下里海沿岸的杰尔宾特（Derbent）、拉什特（Resht）和巴库（Baku），奥斯曼人则占领梯弗里斯（Tiflis，1723年）和包括哈马丹、埃里温（Erivan）、大不里士在内的大部分伊朗西部地区。阿巴斯一世留下的庞大帝国，在这动荡的十年中迅速瓦解。

但在帝国解体之际，一股新的政治势力出现，赶走了奥斯曼人、俄罗斯人、吉尔扎伊人。以萨法维国王自居的塔赫玛斯普，将纳迪尔·库利（即纳迪尔沙）纳入麾下。纳迪尔是呼罗珊军阀，当过牧羊人，出身寒微，但有拿破仑般的军事才华和雄心。[163] 他是一个谨慎的战略谋划者，但总能出奇制胜，善于灵活运用轻骑兵，并能敏锐意识到轻炮兵、军队操练、火枪队的价值。[164] 1730 年时，他已收复麦什德、赫拉特两城，消灭梅赫曼多斯特（Mehmandost）一地的阿富汗部落，重新占领伊斯法罕和设拉子，让一度趾高气扬的吉尔扎伊人受到毁灭性的挫败。1735 年，他已从奥斯曼人手里收回梯弗里斯和埃里温，迫使俄罗斯人交出马赞德兰、阿斯特拉巴德（Astrabad）、吉兰、杰尔宾特、巴库。1736 年，他自立为王。1737 年至 1738 年，他攻下坎大哈，次年又攻占莫卧儿的德里。喀布尔和印度河右岸，亦并入他的新伊朗帝国。1740 年，纳迪尔把矛头转向布哈拉和希瓦（Khiva）。他的心智失常和极端残忍（可能因精神疾病发作而加剧）使之在 1747 年遭到暗杀，他惊人的征战生涯也因此夭折。但新的帝国主义者随即效法纳迪尔之路崛起。艾哈迈德沙·杜拉尼，纳迪尔麾下的阿富汗军官之一，承继了其旧主所征服的印度、阿富汗土地。他的杜拉尼帝国，全盛时期的版图，西抵呼罗珊，东至恒河，北起阿姆河，南迄阿曼湾。[165] 直到木尔坦（1818 年）、克什米尔（1819 年）、白沙瓦（1834 年）落入英国人之手，帝国版图才被迫退回到阿富汗高地。

　　这两场建造帝国的行动，主宰了印度、伊朗之间广大的交界地区达半世纪，大大影响了整个南亚次大陆的政治情势。它们是由什么力量促成的？有种说法认为，它们反映了反抗官僚体系定居国家（俄国、萨法维、莫卧儿）统治的"部落暴动"。但建造帝国的行动接连出现，其领导者的帝国主义野心，表明还有某种更深层的力量在运作。已有人提出，纳迪尔、艾哈迈德沙东征西讨时，绵延于北印度与俄国之间，且往西伸向麦什德和伊朗的那条商业走廊，其经济地位正好陡然上升。[166] 当时，俄国白银的购买力刚催生出一发达的贸易体系，而最南及于今日卡拉奇的北印度，乃是该贸易体系的一部分。如果真是如此，那么，这新一次建造帝国的浪潮，目的就在于掌控该地区的商业财富，而进一步掠夺该地区财富的渴望，则为建造帝国的行动增添了动力。游牧经济的社会紧张和其走向人口过剩的长期趋势，可能为这样的行动创造了发动的环境。在军事上，这轮扩张利用了游牧民自古以来的优势（战术速度和战略机动），将手枪用于骑兵作战中，[167] 而在纳迪尔沙当权时还运用了火炮，甚至海上武装力量。[168] 从这观点来看，不管是纳迪尔，还是艾哈迈德沙，其作为都不能被视为向蛮族时代的倒退。他们反倒是寻找新成功之道的国家建造者。他们将帝国风格与残酷的部落政治原则结合起来。我们甚至可以想象他们可能抱有的政治蓝图：效法满人之路（把游牧民族的战士精英阶层，改造为农业国家的世袭治理阶层）建造大伊朗帝国。

但现实并未如此发展。帝国建造行动失败了——或许是因为其农业基础太薄弱，无法支撑其帝国规模；或许是因为帝国仍建立在部落联盟上，而部落联盟天生不稳定；或许是因为外部压力（特别是英国势力在印度的推进）[169] 使其没有充足时间实现向更稳定政权的关键过渡。然而，一项重大遗产被保留下来：拜艾哈迈德沙所赐，阿富汗首度成为国家（1747 年），伊朗则在阿夫沙尔（Afshar）部族的卡扎尔王朝统治下，终于恢复一统（该王朝的国祚持续到 20 世纪 20 年代）。

欧洲在欧亚世界的地位

史学家常喜欢将现代初期后段的历史，视为欧洲称雄的恢宏序曲，喜欢想象由商业先进的西北欧"核心"国家所支配的全球经济即将降临的胜利。事实上，采取如此决定论式的观点看待这段历史，并没有充分的根据。这段时期最鲜明的特色，就是欧洲诸国对欧亚大部分地方施加的影响有限。从欧洲的角度来看，最重大的改变，不在于欧洲与印度-伊斯兰世界的关系或与东亚诸文明的关系，而在于欧洲-大西洋世界里由殖民地、贸易、奴隶制所建构起来的巨大地区得到巩固。这个巨大地区包括了西非、巴西、秘鲁、墨西哥、加勒比海以及法国与英国在北美东部的殖民地。欧洲殖民地的扩大，相对来说速度缓慢，但在约1650年后以奴隶为基础打造的新种植园经济，为欧洲的出口和航运创造了很有价值的新市场。来自美洲的珍奇产品，增加了欧洲消费者的胃口。美洲的壮观奇景，也给欧洲人的想象带来类似的冲击。突然间掌控一整个"新世界"，对至当时为止苦于重重问题的次大陆诸社会造成的思想冲击、文化冲击，可说是无以复加。作为知识、创新、经验的来源，作为充塞金银的宝库，作为商业资本的使用者，作为辽阔的航海区，大西洋彼岸诸省已协助欧洲壮大，使欧洲在18世纪初期时可能已是"旧世界"最富裕、最有活力的文明。

　　但我们不应率尔断言，这财富和活力已足以使欧洲的势力更深入欧亚世界。诚如前面已谈过的，除了近东的部分地区，欧洲人在开辟亚洲的新市场方面进展不大，而除了在一些欧洲人占有优势的地点，欧洲人在确立实质统治方面进展更小。欧洲势力在亚洲的大前锋、强大的荷属东印度公司，1720年后不堪治理和军事开销的重负，脚步已开始踉跄，终至陷入赤字和"无利润的增长"。而由于印度纺织品外销量大，可能击垮英国本土的制布业，英国祭出保护性关税以保护自家商业利益。欧洲的消费（而非欧洲的生产）制约了欧洲、印度、中国三者间的贸易。如果说印度人和中国人着迷于欧洲的艺术和科技，反向的吸引力同样很大。

我们也可能会因为以下主张改变看法：1740年时，欧洲最繁荣的地区已在经济体制、社会体制的"现代性"方面确立了无可匹敌的领先地位，欧亚世界其他地方望尘莫及，且这一领先地位迟早会转化为称霸全球的优势。毕竟，尼德兰已开创"现代经济"，英、法则紧追在后。这里可见到经济现代性的普遍特征：商品和生产要素（包括土地和劳力）都有"适度自由而普遍的"市场；农业生产力的规模足以支撑复杂的分工；官方提倡财产权和迁移、承包的自由；科技与商业组织的水平，足以支撑持续的发展、丰富的物质文化以及市场导向的消费行为的扩散。[170] 但这些特色无一能让尼德兰免于18世纪的经济衰退。快速发展带来无法预见的环境恶果，水源被污染，农业也受到影响。都市化和内部迁徙破坏了婚姻模式，抑制了人口增长。高昂的生产成本，贸易竞争者的关税保护造成的出口市场萎缩，都危害着制造业，促使资金流向各国政府在国内外发行的债券——18世纪末的政治危机与外交危机使这一策略也逐渐失灵。整体而言，荷兰试图建构前工业时代的现代性，却因现代初期欧洲特有的三项因素而功败垂成：导向封闭市场和商业自给自足（亚当·斯密在《国富论》中严厉抨击的压抑贸易政策）的"重商主义"倾向；前工业时代高昂的制造业成本，以及环境对农业增长的限制；欧洲内部冲突对欧洲诸国财政体系的剧烈冲击。荷兰人的经验表明，前工业时代现代性的限制不久后也将加诸英、法两国，而欧洲的经济模式还需要经历科技、政治与地缘战略层面的革新，才能顺利殖民欧亚乃至世界其他地区。

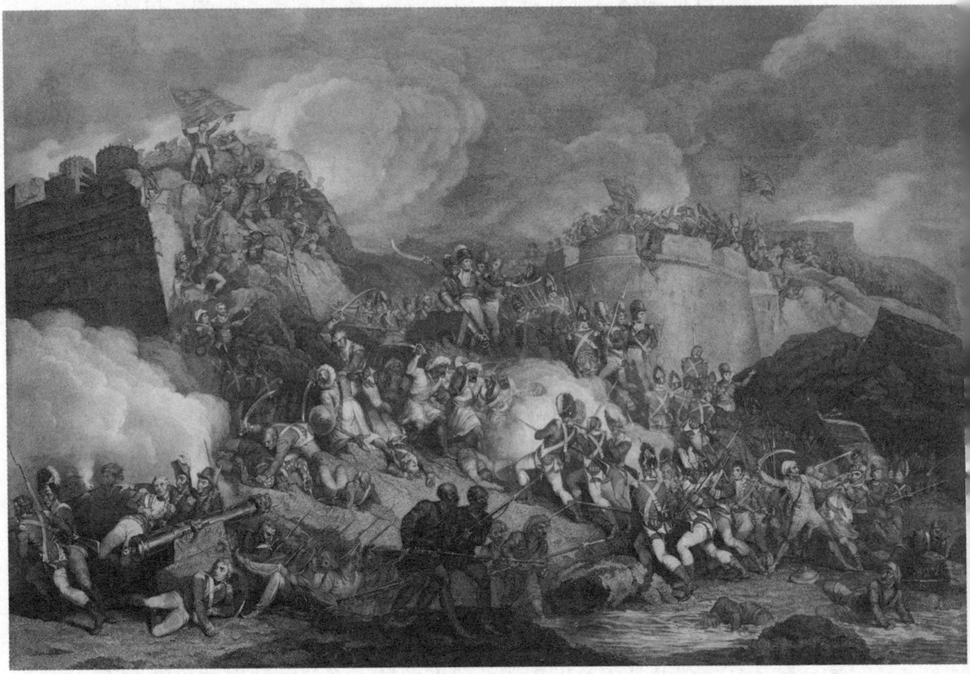

第四章

欧亚革命
The Eurasian Revolution

18 世纪 50 年代到 19 世纪 30 年代

工业革命并非欧洲扩张的唯一解释,富裕自足反使东方缺乏变革诱因

18世纪50年代到19世纪30年代，诸文化和诸大陆的漫长均势遭欧亚革命打破。在这段时期，欧洲诸国首度取得凌驾于欧亚其他地方之上的支配地位，得到将其势力伸入亚洲诸大帝国心脏地带的工具，而非只在沿海地区活动。史学家回顾这一改变时，通常把目光焦点放在让欧洲人获益的巨大经济改变上。欧洲的新权力，来自科技与经济组织上的"工业革命"，似乎毋庸置疑。事实上，那并非欧洲扩张的唯一解释，或者说那并不足以说明欧洲何以能扩张。欧亚革命其实是三场革命，分别发生在地缘政治上、文化上与经济上。欧亚革命并未带来欧洲全面称雄的时代。19世纪30年代，欧洲对世界的支配仍是局部的、有限的，反抗的空间似乎仍很大。在亚非内陆深处，欧洲人的威胁充其量只是传言。然而这为欧洲掌控地球其他地方的帝国体制开辟了坦途。

　　这三场革命紧密相连且相辅相成，每一场革命都强化了另两场革命的效应，扩大了另两场革命的范围，提高了另两场革命的力道。商业扩张加剧欧洲沿海诸国的对立，使欧洲与欧亚其他地方（特别是与印度）的贸易变得更重要，但也使欧洲更难抵御该贸易突然中断所带来的伤害。鉴于亚洲商品（特别是棉、丝、瓷器）在欧洲大受欢迎，欧洲制造商为了和亚洲制造商竞争，为了求生存，无不希望取得这些商品的"工业制造"方法，予以仿造；借由增加这些商品流入欧洲的数量，商业扩张也可能促使这些方法传播至欧洲。欧洲的海外贸易无法独力生存，欧洲商人的优势在于他们的信贷制度和对海上航路的掌控；但在1750年之前，他们在欧亚许多地方，地位都谈不上稳固。没有"工业"商品，他们占不了上风。没有多少东西可吸引亚洲消费者，他们不得不用金、银等贵金属购买他们所需的商品，而欧洲诸国的政府对于金、银的单方向外流，大为苦恼。雪上加霜的是，他们的固定成本（主要来自船队和要塞）高得吃不消，这主要是因为欧洲内部诸国间的敌对。最后，在印度和中国这两个欧洲对外贸易的最大市场，欧洲人能否入境通商，取决于当地统治者同意与否，而当地统治者可能视其为政治危险而予以拒绝（如在孟加拉所发生的），或予以严格限制（如中国的"广州公行制度"）。

因此，只有在地缘政治出现大转变之后，欧洲人才能扭转与亚洲贸易的失衡。而彻底改变运输和纺织品生产方式的机器科技，反过来加大且深化了欧洲胁迫、征服的效应。文化改变使欧洲人得以想象、解释、合理化他们声称在物质成就上、道德上、知识上均更胜一筹的说法，而科学探究与技术创新所产生的可见益处，则以类似前者的方式，强化那些文化改变所带来的冲击。但地图、海岸图的绘制，民族志资料的搜集，植物的采集，古迹的参观，古董的购买等等形成全球性思想世界的关键先决条件，全都必须在能取得信息、能前往当地、具有设备来处理所积累信息、具有让人想如此做的直接动机的情况下，才能实现。理论上，没有"地缘政治"势力，上述种种也有可能实现，但没有英国在 1760 年后在印度所享有的军事、政治优势，英国对印度人的认识将会大大不同，且少得多。如果库克得倚赖毛利人和原住民的合作，或曾遇上非欧洲国家的海上强权，他在太平洋的三次航行就不会进展得那样迅速。在此，一如在印度，地缘政治实力左右了贸易的提升和知识的生产。

这是贯穿本章大部分段落的论点。在此，我们所关注的是一种非常错综复杂的剧变，而欲对如此复杂的剧变条分缕析，必须战战兢兢。但使欧洲与欧亚其他地方之关系产生革命性变化的直接原因，不是更高的经济效率，因为要到 18、19 世纪之交，工业化才开始；原因也不在于欧洲人对科技的运用较亚洲人更为纯熟。汽轮问世之前，欧洲科技并未赋予欧洲人多少优势，即使在战场上亦然，这一点，英国人在印度就有亲身体验。欧洲突然间称霸欧亚，不是商业成功或科学高人一等的结果，而是一连串非法强行闯入或强行推翻所致；每一次的强行闯入或推翻，根源都可归于闯入者和本地人之间的争执。它们共同构成了欧亚世界从克里米亚到广州的辽阔摩擦边界。但这也必须放在更大的环境里来观照，因为这一革命时代真正令人震惊的特色，是不只发生于欧亚且发生于全世界的地缘政治变动。这些变动在欧洲本身达到剧烈程度（从 1750 年到 1830 年几乎有一半的时间欧洲战争不断），但有些变动是由与欧洲的活动几无关系的压力所触发的。我们也无法断定，这些变动所累积的冲击真能让欧洲得利；在 1790 年后欧洲最动乱的时期里，这些变动不利于欧洲，似乎反倒比较可能。但这模式于 19 世纪 30 年代出现时（当时许多人如此深信），它所揭露的鲜明事实，乃是欧洲的势力范围、占领区、统治区得到惊人的扩大；不只是欧洲在欧亚的地位改变，整个全球均势也改变了。

此事为何会发生？又是如何发生的？

第四章　欧亚革命　　161

地缘政治革命

18世纪中叶,欧洲、伊斯兰、东亚三个世界的诸国、诸帝国之间的关系,仍以不稳定的均势为特色;欧亚诸强权与"外围世界"(美洲、撒哈拉沙漠以南的非洲地区、东南亚、太平洋)的诸原住民社会之间的强弱态势,亦带有同样特色。然而,这并不表示各自地位固定不动。欧洲列强与奥斯曼帝国的边界,从18世纪初开始屡屡前后移动。尽管奥斯曼人于17世纪80年代最后一次大举入侵欧洲之后,节节后退,但在18世纪30年代之前,他们已收复失土,也已稳稳挡住奥地利在巴尔干半岛的攻势。在北方,奥斯曼人面临俄国的持续扩张,但通往黑海的要道,仍掌握在他们的伊斯兰藩属克里米亚的吉雷汗手里(这时黑海仍是奥斯曼人的内海,仍是他们北方诸省的战略屏障)。在北非和黎凡特地区沿岸,欧洲海上强权几乎无意(或欠缺工具)推翻奥斯曼人在当地仍享有的霸权。东方的里海周边,俄罗斯人从伏尔加河三角洲往南推进,进展甚微,但俄国城镇与伊朗、中亚、北印度之间的商业往来非常频繁。[1]

18世纪40年代的印度处于动乱之中,伊朗人、阿富汗人、马拉塔人入侵莫卧儿帝国的心脏地带,而印度沿海地区的该帝国古老属国(特别是孟加拉)越来越不听命于帝国中央。英国、荷兰、法国的特许公司已在南亚沿海广设要塞和贸易站,且在18世纪40年代兵戎相见。但在1750年,若预言北印度平原的群雄逐鹿,将以欧洲帝国主义的胜利而非亚洲帝国主义的胜利告终,则似乎仍是异想天开。较可能的结果,似乎是北印度平原由阿富汗、马拉塔的帝国建造者瓜分,印度沿海地区则走上不同的国际性发展道路。而在当时最大的帝国里,地缘战略剧变的威胁看来不如以往严重。这时清朝正准备对大草原上的游牧民族，也即东亚"世界秩序"最悠久、最致命的威胁，给予最后一击。[2]这一大业完成时（天山南北路于1759年完全平定），这个天朝帝国会对外来的扰乱有更强的抵御力，在纠缠不休的欧洲人叩其海疆后门时，更不愿做出任何让步。情势看来大抵如此。

在"外围世界"也没有多少迹象显示，即将发生有利于欧洲人称霸该地区的决定性变动。英、法两国在北美洲的僵持（两国在欧洲关系的延伸），法国人与内陆印第安人的权宜性结盟，已使欧洲人的殖民脚步在阿巴拉契亚山脉东麓丘陵沿线停下。从墨西哥大本营往北推进的西班牙人，攻势也遭阻挡。半干旱的北美大平原和大平原上行踪不定而好战的原住民，挡住了一线扩张；偏远的加利福尼亚海岸线看似不宜居住，因而很少有人愿意向另一线扩张（西班牙人直到18世纪70年代才占领旧金山地区）。在南美洲，辽阔的森林区、潘帕斯草原区（位于智利、阿根廷、亚马孙流域）挡住克里奥尔人和（西班牙出生的）白人的微弱攻击。在撒哈拉沙漠以南的非洲地区，穆斯林势力扩及热带稀树草原的西部，且沿着尼罗河往上，进逼科普特基督教会的据点埃塞俄比亚；[3]穆斯林势力把东非沿海地区拉向波斯湾和印度。但在非洲大西洋沿岸，欧洲人的活动范围大抵仅限于奴隶买卖的滩头堡，他们很少涉险进入那些滩头堡后面的内陆地区。在遥远的南方，开普敦内陆地区进行"大迁徙"的南非白人，遭到北边、西边桑人（也称布须曼人）和东边恩古尼（Nguni）族群的包围。[4]最引人注目的是，虽已有欧洲航海家多次越过太平洋，欧洲人对太平洋地理的了解仍出奇地少。澳大利亚的形状和生态、太平洋岛屿的位置和文化、今日加拿大的太平洋沿岸，在欧洲地图上仍是一片空白或不准确的。1774年，仍有一份权威地图把阿拉斯加当成岛。[5]这些仍是尚待探索的地区。

欧亚世界处于均势，不代表平静。1700年至1750年，除了伊朗人、

第四章　欧亚革命　163

阿富汗人、马拉塔人、莫卧儿人之间的战争，欧洲诸国间、欧洲人与土耳其人间、土耳其人与伊朗人间，也爆发了大战。但1750年后，地缘政治舞台遭到双重改造：欧亚世界冲突的规模和强度增加许多，它们对"外围世界"的冲击，令"外围世界"更加恐慌。促成这一转变的因素，至今仍未完全探明。但从两股长期趋势的骤然合流中，或许可找到部分答案。这两股趋势都与18世纪中叶商业经济的加速发展有关。第一个趋势是在压力之下欲取得、扩大利润越来越高的市场和贸易，并保护这些市场与贸易，免遭对手（即掠夺性入侵者）夺走。亚洲商人和统治者、美洲商人和殖民者、欧洲君王和大臣，都感受到这股压力（并传送出去）。为此，大有可能爆发一次争夺土地和贸易的短期战争。但商业增长促使一个更为潜在的趋势进入关键阶段。在18世纪的欧亚，国家武力的强弱取决于财政实力和财政稳定状况。这不只表明要有厚实的收入基础和健全的税收制度，还表明官员与管理金融市场（金融市场的最大客户通常就是政府）的利益集团之间，要有密切且互惠互利的关系。拥有成熟的金融体系，能以较低的成本迅速调动资金，乃是维持忠贞且装备完善的军队的关键。因此，贸易扩张提升了发动战争的能力，金融资源成为战争成败的关键。深知这两个道理的腓特烈大帝如此论道："金融体系……的不断改善，能改变一个政府的地位，它能使原本捉襟见肘的政府变得很富裕，进而改变欧洲大国之间的均势。"[6] 1815年，伦敦政府的税收已是100年前的10倍。"财政-军事国家"的道路自身不会造成冲突和危机，但胜败规则的变化，为新强权模式的出现开辟了坦途。

  18世纪中叶的欧亚，有两处地缘政治骚动的中心，第一个位于欧洲。造成欧洲情势紧张的直接原因，看来似乎再明显不过。当时的欧洲国家，大部分具有扩张主义本性。在前工业时代，欧洲人认为国力的强弱取决于领土和人口的多寡，或是否垄断热带产物贸易（因为拥有这种垄断，代表大有可能拥有盈余的金银）。王朝野心和相互猜忌，更激化了领土争夺战。在西欧，前一个世纪法、西、英、荷四强的争霸战，这时已演变为英、法两强的对决，谁将脱颖而出，称霸欧洲大西洋沿岸，掌控欧洲在南、北美洲大西洋沿岸扩张地区的海上进出通道，还未确定。欧洲列强对立的另一个舞台是"内陆美洲"：广大开阔的东欧边境地区。[7]这地区理论上由四个主权国共有，分别是俄国、奥地利、波兰、奥斯曼帝国。但波兰、奥斯曼帝国积弱不振的形象，勾起强大邻邦的领土吞并野心，加深彼此间的猜忌。在18世纪50年代中期之前，冲突频仍的欧洲，其摇摇欲坠的稳定局面，主要靠法国（欧洲世界的最强国）维持。即使法国在路易十四当政时未能独霸欧洲，法国仍是欧洲外交舞台的仲裁者。在欧洲，就数法国人口最多、政府收入最多、军力最强，[8]加上法国文化的尊荣地位，发展成熟的商业，庞大海军，最先进的外交、情报机构，这个国家看上去所向无敌。法国就算不能宰制欧洲，至少会希望以确保本身霸权的方式规范欧陆事务。

这个目标透过细心的外交制衡来达成。法国支持波兰某一党，以抑制正在崛起为强权的俄国和罗曼诺夫王朝沙皇觊觎欧洲的野心。法国与普鲁士结盟，以持续向奥地利施压；与奥斯曼帝国结盟，以挫败奥地利、俄国的扩张。法国、西班牙的波旁"同盟"（两国君王都是波旁家族出身），意在捍卫地中海和意大利的现状。法、西两国舰队加起来，舰数通常胜过英国海军，因此两国结盟也有助于制约英国在大西洋的海上扩张。借此，法国的"保守"霸权，无意中在欧亚世界与"外围世界"协助维持了更大范围的均势，还协助了奥斯曼帝国抵抗排山倒海而来的欧洲诸敌国联合势力，抑制了英属东印度公司在南亚的影响，并以固若金汤的魁北克要塞所主导的"印第安"外交，让北美沿岸的英国殖民地难以将势力伸入北美内陆。

这一法国体系覆盖了广阔地区，也给法国带来沉重的负担。法国得拥有欧洲最强的武力，得维持随时可以发兵德意志对付奥地利或普鲁士的常备军；法国得拥有足以和英国海军抗衡的海军实力，以维持大西洋"均势"，保护其在加勒比海的殖民帝国（法国在该地区拥有和英国不相上下的产糖殖民地）。法国还必须是地中海强权（法国在土伦有一支常驻舰队，旨在保护其在意大利的利益），必须维持奥斯曼帝国、奥地利（法国在欧洲的头号劲敌）在近东的均势。维持如此庞大的海军、陆军、殖民统治机器的开销，压得波旁王室及其政权大呼吃不消。1713年后，路易十四时代的庞大陆军（兵力超过40万），不得不裁减掉一半。到了18世纪中叶，情势已演变成法国不得不思索国家未来该寄托在大西洋贸易和其殖民地的增长上（两者攸关南特、波尔多、拉罗谢尔诸港的经济盛衰），还是寄托在保住并强化其在欧陆的地位上，以及思索整个波旁王朝的收入能否同时支撑这两个重担。

18世纪50年代中期，法国霸权所支持的脆弱稳定局势开始崩解，法国"体制"同时遭到东西方势力的挑战。破坏稳定的力量，乃是在法国军力已达到旧制度下的扩张极限时新兴的英国、俄国两大强权。俄国已强大到不能再被排除在欧洲之外；英国的金融实力则已足以撑起一支能打赢战争的海军、两支美洲陆军，并提供其欧洲盟邦所需的援助。结果就是爆发一场海陆战争，击垮波旁王朝的外交体系。1756年至1763年的七年战争，摧毁了法国霸权，但并未代之以新霸权，反倒引发地缘政治上的大变动。之后的战争、革命年代，持续了50多年，直到1814年至1815年的维也纳会议上，五大国（英、法、俄、普、奥）重新划定欧洲的政治版图，拟出实验性的五强"协调"（concert）新体制才停止。

裂痕最先出现在法国的大西洋防御上。在奥地利王位继承战争（1740—1748年）中，法国的霸权地位丝毫未损。但在北美洲，法国却出现了明显可见的衰弱迹象。位于路易斯堡（Louisbourg）的法国大要塞，扼守着船只进入圣劳伦斯河（法国人进入北美洲内陆的主要途径）的通道。结果，由英国人、印第安人组成的殖民地军队，在英国海军支持下攻克了该要塞。战争结束后，被迫交还路易斯堡的英国人，在新斯科舍的哈利法克斯建了一个新基地。在南方，来自北美十三殖民地的英国商人使出浑身解数，与法国人争夺和内陆印第安人贸易的机会。较短的供应线（相较于曲折连接俄亥俄流域和蒙特利尔、魁北克的圣劳伦斯河）、相对低息的信贷和较便宜的商品，使英国人占了上风。鉴于情势日益严峻，到了18世纪50年代初期，法国人不得不兴建迪凯讷要塞（Fort Duquesne，位于今匹兹堡），以确保其对俄亥俄部落的影响力，防止英国商人接近。但来自英国边境的压力也越来越大。英方于1755年出版的一张地图，把其领土往西画到远及密西西比河的地方，一场地图战争就此爆发。商人、殖民者、土地投机者，甚至传教士，都决意挑战法国对内陆地区的领土主张。[9]这时，法国对内陆的掌控，倚赖其原住民盟友似乎不堪一击的支持，和由军人、牧师、法裔加拿大林区人组成的薄弱部队。在英国诸殖民地，民选议会和地方利益集团的势力极强大。[10]对这些殖民地来说，要让经济发展免于停滞，唯一的出路似乎就是往西扩张，且伦敦所指派的诸多总督中有许多都支持这观点。找出法国防卫不力的垄断地位中的罩门，就成为不得不采取的行动。接着，其中一次由弗吉尼亚年轻测量员乔治·华盛顿率领的摸底行动，点燃了一场大西洋战争。

华盛顿的冒险行动以惨败收场。他的小部队被法国人和法国的印第安人盟军团团包围，部分属下遭到杀害，他则被遣回弗吉尼亚。但双方都对这起边境上的事件反应激烈。在法国人眼中，这似乎正好证明英国人打算再度攻击他们的内陆帝国和该帝国在魁北克的总部。于是来年（1755年），法国派来增援部队。但在伦敦看来，法国加强掌控内地路线的尝试、迪凯讷要塞的修建，以及法国人对待华盛顿的方式，都具有挑衅和威胁意味，等于是挑明要终结英国在北美的殖民统治。英国的"美洲"利益集团和其政界友人发出强烈抗议，英政府于是派出舰队，以在法国援军抵达大西洋彼岸前予以拦截。虽未能拦截到，但接下来所发生的小海战，开启了另一场大西洋战争。

这类战争原本未必会危及法国的地位。英国拿下魁北克（法属北美的大要塞）的尝试本来有可能失败（过去就失败过多次），而且英国本来有可能因其在欧洲的利益受威胁而打乱原有计划。但英、法两国的美洲纷争引爆了第二场冲突，地点在东欧。腓特烈大帝1757年写道："欧洲不知不觉陷入的那场动乱，始于美洲……拜本世纪的治国手腕之赐，如今世上的每场冲突，再怎么小的冲突……都可能把整个基督教世界卷入其中。"[11]

这个问题的核心在于波兰的政治解体。波兰是个治理无方的贵族共和国，广大的国土从波罗的海绵延至黑海。波兰是法国东欧外交政策的成败关键。波兰的存在遏制了普鲁士势力，使普鲁士更需与法国搞好关系；波兰的存在也制衡了奥地利，限制了俄国干预欧洲的能力。但到了18世纪50年代时，由选举产生的波兰国王已是俄国的傀儡，这一趋势使波兰贵族益发不满。原就有心插手波兰对立政局、再度挑战奥地利日耳曼霸主地位的普鲁士国王，这时更难压下那股野心。[12]他可能曾寄望于强大盟邦法国玉成此事，但波旁政府决意维持东欧现状，特别汲汲于阻止奥地利在英、法斗争中加入英国一方（奥地利与

168　帖木儿之后：1405年以来的全球帝国史

英国一贯是盟友关系）。[13]向来势如水火的波旁、哈布斯堡两王朝，破天荒地一笑泯恩仇，想要联手压制破坏现状的普鲁士。这是18世纪的"外交革命"，其令当时人震惊的程度，一如1939年8月纳粹突然与苏联签订互不侵犯条约。法、奥同盟把欧洲最强的两国凑在一块，照理说应能促成"稳健保守"的和平，协助法国解决其与英国的殖民地纷争。结果，腓特烈大帝借由顽强抵抗和一连串令人赞叹的军事大捷，羞辱了法、奥这两个大敌。事实证明，他所创建的军国主义组织，比起他的昔日盟友法国和治理无方的奥地利，打起仗来毫不逊色。腓特烈大帝未能彻底击溃敌人，但靠英国的援助和英国正对法国的大西洋利益造成的伤害，他苦撑了下来，终至把敌人逼上谈判桌。

法国的霸权地位随之迅速土崩瓦解。腓特烈大帝在欧洲权力舞台打下一片天时，英国也已缓缓集结了征服北美"新法兰西"所需的兵力。1759年，"胜利连连那一年"，英国海军控制了大西洋，使加拿大的法国人得不到母国增援；9月，在冬季即将降临，圣劳伦斯河即将封冻，英国舰队即将不得不后撤的关键时刻，沃尔夫将军拿下法国在美洲的大本营魁北克。这是惊人的一击。因为（虽然在1759、1760年之交的严冬时，魁北克差点被反击的法军夺回），从此英国可以拔除法国在北美内陆建构的势力网。在法国于大西洋的势力已如风中残烛之后，英国开始威胁与法国同伙的小老弟西班牙，西班牙的美洲帝国这时已暴露在英国陆海军的攻击范围内。决定大局的一年是1762年：英国攻下哈瓦那。对西属加勒比地区而言，哈瓦那的战略地位犹如地中海的直布罗陀。西班牙拼命求和。法国已快要破产。事实上，1759年拖欠借款之后，法国严格来讲就已破产。俄国看风使舵，对腓特烈大帝大为叹服的新任沙皇，停止对普鲁士的战事。

1763年签订的《巴黎和约》，其实是交战双方兵困马乏后的暂时

第四章　欧亚革命　　169

休兵。法国被逐出美洲大陆，保住富产蔗糖的加勒比海岛屿和纽芬兰附近的渔业平台（圣皮埃尔岛和密克隆岛）。路易斯安那转给西班牙，西班牙则割让佛罗里达给英国。但《巴黎和约》的真正决定，乃是法国不再是欧洲事务的仲裁者。法国"体制"已瓦解。接下来30年，欧亚世界和"外围世界"两地的旧地缘政治均势均逐渐解体，再无人可阻挡英国的扩张。在东欧和欧亚中部，法国衰落的主要受益者是叶卡捷琳娜二世（1762—1796年在位）当政的俄国。失去以往老大哥的撑腰，波兰共和国逐步遭受蚕食。第一次瓜分是在1772年，俄国、奥地利、普鲁士各咬了一口。俄国分到波兰东部边境，剩下的波兰实际上是俄国的保护国，以事事听命于俄国的斯坦尼斯劳斯·波尼亚托夫斯基（Stanislaus Poniatowski，叶卡捷琳娜二世的情人之一）为国王。这项有关波兰的协议使俄国得以倾全力完成其对奥斯曼人的战争（1768—1774年），实现其夙愿：靠着1774年的《库楚克开纳吉和约》（Treaty of Kuchuk Kainardji）在黑海边的赫尔松（Kherson）牢牢立足。1783年，俄国吞并克里米亚半岛，控制了黑海北岸。格里戈里·波将金（Grigori Potemkin，叶卡捷琳娜二世的宠臣兼情人）任"新俄国"总督，大力推展俄国南疆的殖民活动。[14] 奥斯曼人为了收复失土，与俄罗斯人又打了一仗，结果败北，再丢了一些领土给俄国。1793年，敖德萨建立，成为这个新南方帝国的重要城市。征服高加索甚至君士坦丁堡之路，已然开通。在俄国崛起为全球强权之路上，这是关键时期之一。

　　英国的扩张，则大不如俄国辉煌。英国已感受到战争对国家财政施加的压力，客观形势让英国人必须妥协。在财政捉襟见肘的情况下，新美洲帝国几乎是个累赘。想到要再投注资源于该地，他们大为惊恐。于是英国人眼中的当务之急，乃是稳定新占领地的局势，而非开发那些地方。他们安抚魁北克省境内的法裔加拿大人，拒绝从北美十三殖民地迁入的人设立民选议会的要求。英国政府决意将魁北克当成军事殖民地来治理，由该地监管北美洲中西部的原法国势力范围。1763年，英国沿着阿巴拉契亚山脉画出一条诏谕线（Proclamation Line），把该山脉以西的土地仍保留给印第安人。为维护和平和金融经济，该山脉以西地区由帝国官员维持治安，殖民地人民不得越过此线向西拓殖移民。殖民地人民原以为辛苦打败法国人之后，可以得到北美内陆这个战利品，因此英国政府的限制措施令他们大为愤怒。好像这还不够似的，英国还决意强迫北美殖民地人民支应帝国防务的部分开销，于是要他们缴纳帝国税，例如恶名昭彰的印花税。英国政府还决定更严密管制殖民地贸易，执行其未经英国港口转口的商品不得运往北美殖民地的航海规定，压制猖獗的走私。

接下来的发展，尽人皆知。殖民地人民叛乱，英国派兵平乱，最终以失败收场。横越北大西洋的补给线漫长又不稳定，这场战争先天就对英国不利。[15] 由于英国人无法迅速平定殖民地的叛乱，1763年他们在大西洋所取得的战果变得越来越岌岌可危。他们的海上对手本来就很想恢复大西洋上的均势，北美战事正好让他们找到报仇机会。1778年，殖民地战争爆发三年后，法国、西班牙、荷兰加入战局。孤立且海上实力处于劣势的英国，在关键时期失去其对大西洋的掌控，为其平乱战争敲响丧钟。1781年，在约克敦，英国在北美殖民地的主力部队投降。英国虽然在海上反败为胜（挫败了法国、西班牙、荷兰的企图），却还是不得不在1783年签订《凡尔赛和约》，让北美殖民地独立，但加拿大仍归英国掌控。

表面上，英国1763年的大胜，仅20年时间就几乎完全遭到扭转；但如果从全球的角度思考，可以看出英国白人殖民社会成功脱离帝国掌控，其实代表了1763年"暂时性"胜利的最后确认。北美内陆终于完全敞开,可供大西洋沿岸"新欧洲人"尽情施展身手。这场战争一结束(事实上甚至在战争还没完的时候),殖民地人民就开始大批越过阿巴拉契亚山脉,进入内陆。"美利坚合众国"成立后的初期作为之一,乃是在 1787 年通过《西北土地法令》(Northwest Ordinance),制订领土扩张计划。随着一批批移民涌入俄亥俄流域和"旧西南区"(Old Southwest, 今亚拉巴马、密西西比两州),他们与原住民不可避免地产生了摩擦,进而引爆了一连串边境战争。印第安人力量分散、枪炮火力不如美军、人数日趋劣势,一路被往西赶,他们抛下的土地则为白人和白人的奴隶所占领。到了 1830 年,白人殖民浪潮已抵达并越过密西西比河。[16] 在北美大陆上,前后只花了 50 年时间,一个"新欧洲"就从在"均势时代"挣扎求生的诸殖民地中诞生。

这个位于北美洲、"外围世界"里最富饶的地区,自此被撬开,供欧洲人长驱直入。但 1750 年后对"外围世界"令人震撼的入侵,发生在地球的另一头。英国海军在胜利的昂扬情绪下、称霸(全球)的新奇感觉中,开始有计划地绘制海图、风力图和洋图:帆船时代称霸海上的最重要情报。受命执行这类测绘任务的人当中,包括了詹姆斯·库克。他在 1759 年攻击魁北克之役中崭露头角,展现了高超的航海本事,受到海军部和皇家学会的注意。九年后,他率船展开他三次太平洋远航中的第一次远航,以观察、记录金星凌日的过程,并确认是否"可在西南太平洋区找到一块大陆,或广袤的土地"。[17] 此后他展开十年探索,在夏威夷与岛民起纷争之后去世。库克的探察报告(和约瑟夫·班克斯之类随船科学家的报告)问世后,轰动一时,展示了欧洲人几乎一无所知的广大太平洋世界。太平洋岛屿上的社会和文化,让欧洲民众惊叹为热带伊甸园,恬静纯真的乐园。但库克所展示的,不只具有文化层面的意义。他来到今日加拿大太平洋沿岸的那次远航,表明在北美的毛皮产区和有利可图的中国市场之间，可以开出一条新贸易路线。但库克最了不起的发现来自南太平洋。他打破了有个南方大陆往南绵延到世界底部的迷思，为澳大利亚大陆绘制了精确的海图，并在1770年8月22日宣布该大陆东半部为英国所有。在此之前，他已绕航新西兰一圈。库克死后不到十年，英国政府便在澳大利亚东部建立第一个流放地，而这或许在一定程度上是为了加强掌控印度洋与中国之间的南方海路。到了18世纪90年代，欧洲、美洲的捕鲸人、海豹猎人、商人、传教士及海滨流浪汉，已大量移入包括新西兰在内的太平洋岛屿。由于距离问题，又有法国干扰的威胁，这个离欧洲仍太遥远的地区，殖民进展仍旧缓慢；但到了19世纪30年代，澳大利亚的殖民进程已跟着放牧羊群的脚步完全展开了。1840年，英国移民抵达新西兰。第二个"新欧洲"（可能和美洲不相上下的"新欧洲"）逐渐成形。

因此，1763年后的30年里，欧洲所掌控的地球土地资源暴增，只是这些"新土地"的财富尚未开发。使这一发展更显意义重大的，乃是与此同时，欧亚"旧世界"的均势有了同样剧烈的转变，为19世纪欧洲称雄全球奠下双重基础。这一转变可见于伊斯兰世界、印度，还有19世纪30年代的东亚。俄国势力在18世纪70、80年代（大举）推进到黑海北岸，代表欧洲政治、商业影响力打入伊斯兰近东的过程，迈入一个关键阶段。

由此产生的全部影响，要一段时间后才显现。但对奥斯曼人而言，失去克里米亚乃是战略上的灾难。在此之前，黑海一直是土耳其人的内海，奥斯曼帝国交通网中的一环。借由独占黑海的使用权，他们得以相当轻易地守住从北方进逼该帝国的要道。诚如彼得大帝早已发觉的，没有海路的补给，俄国要入侵奥斯曼人的巴尔干半岛相当困难，甚至办不到；在黑海另一边，若没有海上运输的支持，要进入大高加索山脉西缘的高加索地区更是难上加难。黑海是奥斯曼帝国的海军屏障,缩小了奥斯曼人碰上欧洲人来犯时必须防守的战略边境。欧洲人要入侵,必须经由西巴尔干,而西巴尔干是不宜人居的地区,易守难攻。如此一来,与奥斯曼为敌的大国,实际上就只有一个足以构成威胁,即与它相邻的哈布斯堡帝国。这使奥斯曼帝国海军得以集中兵力于东地中海,得以防守爱琴群岛、通往君士坦丁堡的要道、埃及与黎凡特地区沿岸,而几乎不用担心遥远的欧洲海上强权(英、法、荷、西)来犯。或许,最重要的乃是黑海的战略利益影响了政治。它所带来的安全感,让奥斯曼帝国敢把权力下放到地方,而权力下放是该帝国18世纪时得以保持稳定、团结的关键因素之一。

在北方的海上门户紧闭的情况下,君士坦丁堡的奥斯曼政权挨过了此前惊涛骇浪的18世纪。奥斯曼人作为帝国统治者的威信已饱受打击,但尚未完全失去。在欧洲尔虞我诈的外交游戏中,奥斯曼帝国仍是受看重的结盟对象。但18世纪80年代,奥斯曼帝国赖以屹立的基石被移除;法国势力的衰落,更扩大此事的不利影响。在希腊的基督徒社群里和巴尔干半岛北部,开始出现新动乱。几乎在不知不觉间,这个帝国渐渐由众所公认(但厌恶)的大国,沦落为众所争抢的地区,开始有一大群欧洲掠食者围着这块肥肉,准备分食其广大领土。

奥斯曼帝国变成"欧洲病夫"的过程,是1790年后那场地缘政治革命第二阶段的主要特色之一。而在那之前许久,同样的沦落效应就已开始出现在18世纪欧亚另一个主要的地缘政治动乱中心。在上一章中,我们知道18世纪50年代初期印度境内已开始一场"双重革命"。使南亚次大陆大部分地区得以维持政治一统的莫卧儿帝国旧壳,已开始出现裂缝。在该帝国的内陆心脏地带,莫卧儿政权遭到两方的攻击。伊朗、阿富汗的冒险者,先后遵循中亚建立帝国的老路子,利用中亚的"部落"人力，入主印度北部的农业平原区——正如先前莫卧儿人所为（或满人在中国所为）。他们的目的或许是控制北印度与中亚之间的商业交通要道，这些通道在当时仍是世上最繁忙的贸易路线之一。在他们入侵的同时，马拉塔人也在西印度地区发动决定性攻势。由多个印度教国家组成的马拉塔联盟，致力于将北印度平原的莫卧儿心脏地带纳入其统治和土地税收体系。[18] 不堪政治、社会、经济改变所带来的压力，莫卧儿帝国瓦解（或说转变）为较松散的政权，与争夺领土、贸易、收入的数个新"次帝国"共存。在印度沿海地区，也出现类似的威胁。在此，促成改变者，乃是商业经济与海外贸易的快速扩张。新财富和新收入，使地区性的次级统治者越来越不受莫卧儿中央的监管，越来越不愿上缴他们应缴纳的贡税。但自主权越来越大，有其代价。有心据地称王者，靠商人和银行业者出钱才得以掌权，必须密切注意这些金主的动向；对于已加紧掌控印度海外贸易的欧洲利益集团，也必须予以严密监视。当欧洲人有意将其纷争带入印度次大陆时，这更加重要。英、法之间随时准备开打，这使英、法成为印度当地的军事强权，并把爆炸性的新元素注入本已不稳定的政治局势。

  冲突的主舞台位于孟加拉。孟加拉是最活跃、最繁荣的印度沿海经济体，该地已出现产量庞大的棉织业，以满足急速增长的世界市场。恒河河网及其三角洲，还有在新砍伐干净的林地上所种植的作物，乃是支撑这出口经济的重要支柱。政治权力落在名义上由莫卧儿帝国指派的省督和跟随省督的穆斯林权贵之手。这两者都乐于见到莫卧儿帝国衰落，以顺理成章地接收地方权力。但在这个充满新贵的世界里，稳定是奢望。1756年，新上任不久的省督西拉吉·乌德-多拉（性格相当神经质，政治上有数人与他为敌）掌控金融业，印度教商人和银行业者，例如有钱有势的贾各特·塞斯（Jagat Seth），对他的施政构成

第四章　欧亚革命　175

掣肘。孟加拉的租金和收入仰赖贸易，而贸易由他们掌管。他们与欧洲商人，特别是英属东印度公司过从甚密。该公司在加尔各答设有贸易站，理论上（凭着莫卧儿皇帝敕令）不必听命于孟加拉省督。该贸易站筑有防御工事，据当时人的描述，是个"形状不规则的大地方，比德特福德（Deptford）、罗瑟希思（Rotherhithe）稍大"。[19] 这个省督怀疑该公司包庇阴谋反对他的人，孟加拉紧张的政局陷入危机。该公司不肯交人，于是情势演变成硬碰硬的较量。[20] 1756 年 6 月，该省督攻占加尔各答，将该公司未及逃走的官员关入牢里（著名的"黑洞"）。一时之间，这场政变似乎表示即将有一个重商主义新国家、可以独立自主的东方荷兰在南亚兴起。

西拉吉·乌德-多拉的不幸，在于该公司有报复手段。该公司不得不报复，因为失去加尔各答已使其损失 200 多万英镑。6 个月后，一队船抵达恒河，船上载着来自马德拉斯的英国部队，部队指挥官是罗伯特·克莱夫。克莱夫迅速夺回加尔各答，与不满省督而急欲他垮台的地方权贵联起手来。1757 年 6 月，克莱夫在孟加拉首府附近的普拉西展示武力，省督部队随即瓦解，西拉吉·乌德-多拉垮台。这时，谁来掌管孟加拉全由克莱夫决定。克莱夫告诉他父亲："我们完成了一场革命……一场史上几乎绝无仅有的革命。"[21] 但克莱夫不愿让英属东印度公司统治孟加拉。他的想法是："要一个商业公司管这么大一个自治体……若没有国家援助，可能管不来。"[22] 扶植穆斯林权贵为新省督，似乎较明智。结果实验失败，东印度公司职员私底下搞个人买卖，不愿受省督管辖，不愿缴该缴的税。1764 年时，摩擦已升级为武装冲突。在伯格萨尔之役（Battle of Buxar），该公司军队击败省督和省督盟友，阿瓦德的统治者。来年，该公司接掌孟加拉、比哈尔（Bihar）、奥里萨三省的财政部门（diwani），从此，税和收入归该公司掌控，不归省督掌控。省督"除了头衔和虚权,一无所有"。[23]

这些变动令人吃惊,但印度这场革命才刚开始。克莱夫本人担心拖垮英属东印度公司,不愿进军德里。英国并非印度变动的唯一受益者。在次大陆西部和中部,马拉塔人的势力也不断扩大,比起英国人似乎毫不逊色。1784年入主德里者,就是马拉塔人。在印度南部,海得拉巴和迈索尔的情势显示,从莫卧儿帝国衰落的废墟中可建立新国家。特别是在迈索尔,有钱的穆斯林军人海德尔·阿里(Haidar Ali),靠着比马德拉斯的英属东印度公司更多的收入、更强大的军队,在1761年后开始建造新式的财政-军事国家。在他儿子蒂普苏丹(Tipu Sultan)当政时,这些变革更为深入。政府从事贸易,补助造船业,出资建造包含炮兵和步兵的大型常备军,军队的训练及战术和英属东印度公司的军队一样"现代"。[24]海德尔和蒂普与该公司的势力打消耗战,使该公司的财政濒临崩溃。若没有在孟加拉取得的资源(靠孟加拉的人力补充,该公司的兵力从1763年的1.8万人增加为18世纪结束时的超过15万人),[25]没有英国母国的海陆军援助,没有印度银行业者给予的贷款,该公司能否保住其在南印度的势力,实可怀疑。而英国人虽在1799年击败(并杀死)蒂普,但如果没有在欧洲冲突的第二大阶段(接下来就会谈到)中获胜,英国能否迫使马拉塔人接受英国的统治,同样是未定之天。事实上,到了18世纪90年代,欧亚世界地缘政治剧变的两大舞台,已几乎合而为一。

克莱夫的孟加拉革命,已开始让欧亚三大地区间的关系有了更显著的转变。在欧洲人进入印度洋之前许久,印度沿海地区就已扮演东亚贸易和中东、西方贸易之间的枢纽角色。18世纪时欧洲人已增加与中国的贸易,但清朝政府只同意前往中国经商的欧洲人在广州短暂居留。英属东印度公司支配对中贸易,主要输出白银到中国,以换取中国商品（主要是茶叶），满足英国消费者日益高涨的需求。

但不管是要扩大对中贸易，放更高额的贷款，还是以更诱人的产品吸引中国消费者，英国都是巧妇难为无米之炊。而征服孟加拉，把这三个问题全解决了。有了孟加拉的新收入，英属东印度公司便能在不必动用白银或外销更多产品到印度的情况下，买进中国买家想要的印度产品：原棉、棉织品、鸦片。但该公司的收入大增，只是促成这时期地缘政治变动的因素之一。该公司基于自身利益而容忍公司职员暗地里从事"私人买卖"，而且这种"私人买卖"所扮演的角色越来越重要。一小票欧洲人（受该公司之聘到印度工作的军人和平民）仗着该公司有财有势，以劫掠或特权贸易赚大钱（这些发财归国的欧洲人，返回英国后被大加挞伐）。将所赚钱财汇回英国，有个最有利可图的办法，就是把钱投资于运往中国的船货。船货脱手后，交易所赚的钱票交予垄断买茶生意的英属东印度公司，以换回伦敦后领取英国货币的票据。私人贸易也是鸦片销售的媒介，因为法令禁止该公司从事鸦片买卖。透过这种间接方式，英国对孟加拉的征服为一场大大影响地缘政治的商业革命，提供了有利条件。[26] 随着孟加拉的出口急速增长，华南的经济在其与英印之间的三角贸易中参与程度越来越深。最大的一条鱼开始上钩。

借此，欧洲与南亚的地缘政治变动，为欧亚不同地区之间的关系和欧亚与"外围世界"之间的关系的重大改变，提供了有利条件。在1790年后的第二阶段，此一变动所及的范围越来越明朗，18世纪末期隐约可见的新全球秩序的模糊轮廓，这时有了明确形状。但是要到欧洲政治局势爆发第二次危机，新全球战争出现，哪个强权将支配欧洲、可以放手走上全球霸权之路的问题有了答案之后，这才会发生。

这样的危机由法国大革命引起。这时波旁王朝已越来越不稳。它不得民心，原与它站在同一边的贵族、中产阶级越来越不满；启蒙思想家所发起的小册子战争和通俗作家较为粗鄙的猛烈抨击，已削弱其在知识界和文化界的威望。就 18 世纪的王朝制国家来说，这些并非什么特别的缺陷。俄国叶卡捷琳娜二世在 1780 年就写道："目前每个强权都陷入危机。"[27] 这些危机之所以对波旁政权危害这么大，乃是因为其所扮演的重大角色，使法国在欧洲和世界舞台上持续独领风骚的角色，同时垮掉了。18 世纪 80 年代末期，这个欧洲"大国"已失去其睥睨群雄的地位。对波旁王朝的威望来说，这是很大的打击，但最迫切的危机，乃是财政崩溃。经过短时间的承平，法国在 1778 年投身战场，与反英的北美十三殖民地结盟，以一雪 1763 年《巴黎和约》的耻辱，恢复其在大西洋上的地位。这是场豪赌，而收获微不足道，代价则是债台更为高筑。没错，法国的国债不如英国的国债多；症结在于法国偿付国债的能力远不如英国，国债给其财政带来的负担远比英国重。大革命前夕，光是支付利息就耗去法国支出的一半。[28] 1789 年，波旁王朝的威望降到谷底，破产的王朝陷入体制改革的大旋涡中，不得不把实质政治权力让给"第三等级"（6 月时改组为"国民议会"）的领袖。随着财政乱象日益严重，社会秩序瓦解，以奥地利为首的保守强权干预法国内政的威胁也越来越大。人民害怕国王与那些保守强权合谋，撕毁他在 1791 年 9 月签署的宪法，法国政局因此走上激进之路。1792 年春，法国与奥地利交战，大败，人民普遍担心外国入侵，较温和的改革者因而失势，君主政体也于 1792 年 9 月遭到废除。[29] 路易十六和王后玛丽·安托瓦内特于 1793 年 1 月遭处决时，法国发生了翻天覆地的变化。欧洲"旧制度"的支柱、王朝制国家的典范，已变成好战的革命共和国，致力于传播其颠覆性的"人权"理念。

法国政治动荡的直接结果，就是进一步削弱其在欧洲和欧洲以外

第四章 欧亚革命　　179

地区的影响力。在东欧，法国的衰弱使波兰失去了靠山，终于导致波兰在1793年至1795年遭瓜分而亡国。奥地利与普鲁士的军队于1792年进入法国时，俄国军队进入波兰。[30]俄国瓜分到的战利品（包括西乌克兰），使俄国的黑海帝国版图陡然大增。但到了18世纪90年代中期，法国的革命政权已发展出非凡的动员能力，其动用人力、物力、财力以供作战的规模，已非那些保守君主国所能企及。法国公民军队狂热的爱国情绪和选拔将领时唯才是举的作风，使法国再度跻身为军事强权。对外攻城略地，支应了部分军费。[31]在拿破仑掌政时，这一转变因他的魅力和天才达到最高潮。在意大利取得的大捷，使他成为战争英雄。他担任第一执政官（1799—1804年）和皇帝（1804—1814年），成为法国独裁者。他的使命之一，乃是恢复遭革命捣毁的社会纪律和行政体制，但他也决意恢复并扩大波旁王室所失去的欧洲霸权地位。这对欧洲与"外围世界"（美洲、撒哈拉沙漠以南的非洲地区乃至太平洋地区）的关系，冲击必然很大；对欧亚世界的近东、中亚、印度（进而中国）的影响，也丝毫不弱。

接下来的战争的第一回合，乃是争夺埃及。1798年，拿破仑和法国外长塔列朗拟订了征服埃及的计划。对以亚历山大大帝为军事偶像的拿破仑来说，埃及的吸引力自不待言。据说他曾兴奋地说过："欧洲是个鼹鼠丘，所有丰功伟绩都来自亚洲。"[32]但他和塔列朗的推论，说明了他们对18世纪中叶以来地缘政治的变动程度了解极深。[33]控制埃及将使法国得以让欧洲与印度之间的苏伊士路线复兴，反制日益壮大的大西洋贸易势力。埃及帝国将弥补法国丧失的美洲殖民地：1763年失去的魁北克和路易斯安那。这将有助于遏制俄国对其最终目标奥斯曼帝国都城君士坦丁堡的攻势（似乎正急剧加快的攻势），还将在关键时刻提高英国在印度扩张的风险。法国一旦进驻位于红海顶端的苏伊士，让法国的势力投向波斯湾和伊朗，英属东印度公司的外交、军事地位将被大幅削弱。英国要镇住锡克教教徒、马拉塔人、海得拉巴、迈索尔将困难得多，甚至可能办不到。如果成本和风险变得太大，英国在东方的帝国主义实验就可能一败涂地。

1798年7月，拿破仑率领4万人的庞大部队登陆埃及。他还带了天文学家、数学家、化学家、物理学家、机械工程师、建筑工程师、土木工程师、土地测量员、建筑师、动物学家、艺术家、作曲家、经济学家、古文物收藏家、印刷工、内外科医生、药剂师，总共超过165人。他们的任务乃是为拿破仑记录埃及的过去，规划其未来。7月21日，金字塔之役结束马穆鲁克王朝的统治。拿破仑坚称法国人是前来解放埃及人民，使其摆脱马穆鲁克王朝的残暴统治的，并承诺尊重伊斯兰教，甚至与乌里玛领袖讨论让其士兵大批改信伊斯兰教的条件（结果未成，而割礼问题是未成的原因之一）。他派人向最远至摩洛哥的北非沿岸诸穆斯林统治者示好，向达尔富尔（Darfur）的苏丹及印度的蒂普苏丹示好。英国怀疑波斯湾的马斯喀特（Muscat）已被法国纳入势力范围。拿破仑拟订了进军叙利亚的计划，以使法国控制整个黎凡特沿海地区，还有肥沃新月西半部。拿破仑最终想建立多大的帝国，至今仍不得而知。他想必打算通过迅速入侵所产生的地缘政治震撼，使局势转而有利于法国，把老战友奥斯曼人拉回自己的阵营，与之合力对抗俄国和奥地利。但事与愿违。他抵达开罗才几天，英国海军将领纳尔逊就在阿布基尔湾（Aboukir Bay）海战中大胜法军，歼灭法国舰队，切断拿破仑与法国的联系。埃及太穷、太弱、太无防御之力，承受不住法国的统治所带来的负担，无法在缺少海外支援的情况下供养军队。叛乱和反抗运动蜂起，奥斯曼帝国也对法宣战。法国远征叙利亚的行动以失败收场，对穆斯林所做的外交工作毫无成效。1799年8月拿破仑偷偷返回法国时，蒂普苏丹已在 5 月被英国人击败、杀死。法军继续坚守，但巴黎没有任何援助。1801 年 6 月，开罗被英国与印度派来的部队拿下。拿破仑的东方计划就此失败。

虽然拿破仑欲在海上和英国一较高下的希望破灭了，但战争并未结束。1805 年 10 月，在西班牙海岸外的特拉法尔加角附近，爆发决定性战役，他的死对头纳尔逊重创法、西两国舰队至无望复原的地步。这时拿破仑已放弃美洲大陆，1800 年从西班牙手里收回的路易斯安那已卖给美国，以换取现金。法国最富裕的殖民地圣多明各（今海地），1804 年因黑人起义而失去。英国拥有制海权，便得以封锁法国在亚洲的帝国：英国人于 1806 年拿下好望角，1810 年拿下法属法兰西岛（今毛里求斯），印度洋成为英国的内海；1811 年，英国人夺下荷兰王国（拿破仑的附庸国）所掌控的印度尼西亚帝国。

拿破仑或许想恢复以法国为首，由法国、奥斯曼帝国、伊朗组成的同盟，以反制俄国在欧洲的势力扩张和其他目的，[34] 但几乎一无所成。他的主要目的仍为称霸欧洲。爆发特拉法尔加之役那个月，他在奥斯特利茨获胜，距离实现称霸大业更近一步。他灭掉奥地利、普鲁士，重划德意志政治地图，建立新附庸国莱茵邦联（Confederation of the Rhine），让亡国的波兰以华沙大公国的身份复国。1807 年，他在蒂尔西特（Tilsit）与沙皇亚历山大会晤于木筏上，议定法俄互不侵犯。平定欧陆后，拿破仑将矛头转向英国。1806 年在柏林和次年在米兰，他下令禁止英国货在他的控制区内贩卖，断绝整个欧陆与英国的贸易，以击垮英国经济，吸干其白银，迫使伦敦屈服。英国也祭出反封锁措施，利用其强大海军封锁欧陆港口。如果说英国想称霸海上，拿破仑的作为似乎就在表示，他要把英国人溺死在他们最如鱼得水的地方。

如果他成功了，或许可以收复自兵败埃及之后法国所失去的地盘。但几可确定的是，为时已晚。意在堵死英国贸易的"大陆封锁"（continental system），像筛子一样漏洞百出。这政策还毁了欧洲接受拿破仑式帝国的机会。他的前秘书以挖苦口吻写道："为确保这政策成功，就必须征服并占领每个国家，而且绝不从那些国家撤兵。"[35] 拿破仑的名号，深深吸引那些不满老旧君主体制的欧洲人民，在他们眼中，他就如同救星，但他所建立的帝国却成为让人无法忍受的沉重负担。俄国拒绝接受大陆封锁的商业枷锁，且要求拿破仑承诺绝不让波兰人恢复其王国。到了1812年，拿破仑已断定，唯有征服俄国，才能确保和平。灾难随之降临。该年，拿破仑大军进攻俄国告败，被迫在严冬中撤离莫斯科，沿途又遭俄军痛击，死亡枕藉。1813年10月，莱比锡爆发"民族会战"（battle of nations），法军被奥、俄、普击溃，从此失去反击力量。法国本土遭敌人从东方、南方（来自西班牙的英军）入侵，拿破仑流亡厄尔巴岛。他的帝国就此瓦解。拿破仑的最后一次夺权行动（1815年的"百日王朝"）随滑铁卢之役的败北而结束，维也纳会议随之得以达成结论。事实上，该会议所做的决定，即使不是以全球为范畴，也是以欧亚世界为范畴。与会者理解到，已不可能恢复"旧制度"时代王朝混战的局面。25年的革命和战争，使这种前景变得让人想都不敢想。于是，与会者针对领土争执达成协议，以确保奥、普、俄、法、英五大强权间形成均势，没有哪个国家可宰制其他四个国家。他们创造了"欧洲协调"（Concert of Europe）机制，五大国将借由这个机制解决歧见，维持这个新的权力分配状态。[36] 事实证明，维也纳解决方案极耐用，欧洲有将近一个世纪未再爆发总体战争。这促成的结果之一，就是稳定了欧洲的局势，使位于"两侧"的强权（英国和俄国），得以放心大胆地在欧洲之外扩张（但扩张危及欧洲和平时除外）。维也纳会议为欧洲从南、北两方包围亚洲，开启了大门。

第四章 欧亚革命

拿破仑的战败和其帝国大业的落空，影响的不只是欧洲。我们一路探索其进程的那场地缘政治大变动，拿破仑终未能使其剧烈冲击转向，而拿破仑的失败正是那场大变动的真正顶峰。英国一摆脱他所加诸的威胁，立即将印度次大陆纳入囊中；对中国的商业渗透（1800年前已开始）这时开始加快脚步。英国虽然将战争期间所占领的马来群岛交还给新成立的荷兰王国（为防止法国在欧洲扩张而成立），但仍保有新加坡岛，并将该岛打造成东南亚大部分地区的贸易中心。在西半球，西班牙经过1805年特拉法尔加的大败，海上实力元气大伤，很快就无力再掌控其美洲帝国，西班牙美洲帝国的贸易门户因此被打开，而且主要开向英国。因此，拿破仑失败而英国大胜所产生的长期效应，乃是将过去的重商主义体制的残余一举摧毁。以舰队、要塞、特许公司、商业垄断相竞争的贸易帝国，已随着英国"宰制海洋"而成为明日黄花。就连英属东印度公司，都不得不在1813年允许非该公司的商人入印度经商，但它对中国的贸易垄断直到1833年才遭破除。妨碍贸易扩张的最大一块石头（商业帝国的相互对抗所带来的巨大固定成本），已被移除。私人贸易（即"自由贸易"）将如何快速利用这大变动所带来的新机会，仍有待观察。

大分流

这场地缘政治革命有三大效应。由于"外围世界"诸地区被占领和殖民，这革命打破了欧洲扩张领土的障碍。北美内陆和南太平洋很快就会遭吞并，成为西北欧的人口延伸区，成为"新欧洲"。其次，在1803年（欧洲战争经历过最短的暂停后重启）之后的关键阶段，英国海军摧毁了将世界贸易划分为数个排他性集团的重商主义分区制度，其摧毁方法乃是打破该制度所倚赖的海上武力均势：西、法、荷三国的联合舰队。长距离贸易的固定成本和风险、商业垄断的理由（在过去以高成本的保护来合理化）、新入场竞争者遇到的障碍，都被移除。再次，1757年至1817年（马拉塔人势力遭打破时），南亚经数阶段所完成的大转变，带给英国意想不到的巨大收益。英国人掌控了印度最富裕地区孟加拉的收入和贸易，借此一举取得他们强行打开华南经济门户所需的杠杆。以印度作为航运、信贷基地，英国在东亚、东南亚的地区性贸易，可以更轻易地和亚、欧间的长距离贸易挂钩。英国终于可以挑战东亚世界闭关自守的商业政策。

但若非欧洲诸国与欧亚其他地方的经济关系有更进一步的重大改变，这三项突出的进展，大概也只能带来短暂的收益。使欧洲与欧亚其他大部分地方的商业交流无法进一步拓展的主要障碍，乃是双方贸易规模小得可怜。贸易几乎只限于奢侈品，而奢侈品量小且市场有限。根据扬·德·弗里斯（Jan de Vries）的估算，一年下来从亚洲进口的货物，几乎塞不满今日一艘集装箱船。这问题有一部分出在欧洲除了白银，几无可打动印度或中国顾客的货品可卖，因此来自印度的棉花和鸦片，才会让在广州购买茶叶的英属东印度公司代理人觉得如获至宝。欲撬开亚洲消费市场的大门，只有一个稳当办法，就是找出亚洲普遍需要的欧洲产品，并想方设法将那些产品销往各地。否则，贸易量与贸易额的增长，很快就会停滞：他们所打开的大门，有可能被更坚定的统治者关上，而来自印度的意外收益将很快被征服与统治的成本消耗掉。

这在实际层面所意味的，就是靠地缘政治而得以扩大并重整的欧洲对亚贸易，若要免于增长停滞，就得靠科技变革来增强动力。必须改革技术，欧洲生产者才能打破亚洲同业长久以来的竞争优势：亚洲手工业的生产成本低廉许多。如果不想让运输成本问题影响内陆诸地区的贸易并导致交易规模无法扩大,亚洲(和其他地方)的运输科技就必须有类似的改变。最后(但并非最不重要的),不管是在亚洲、非洲,还是拉丁美洲,若要打破或"压制"当地统治者天生不愿和外人通商、不愿以大略平等的条件贸易的心态,欧洲人就得找到办法,以合理的成本将势力延伸至极远处。由于在这之前,欧洲人相较于欧亚其他国家(或非洲国家),并未享有明显的军事优势(除了在大海上),因此这也表明需要科技方面的解决之道。

当然,我们知道欧洲人找到了这些"解决之道",但他们并非同时找到的,且这些解决之道并非到处都管用。关于欧洲-大西洋世界的经济发展过程,和欧亚其他大部分地方及非洲的经济发展过程,两者之间何时开始出现那个已被简称为"大分流"(great divergence)的现象,史学家莫衷一是(更别提那现象是如何开始的);但显然约在1800年即已开始。[37] 在接下来两个世纪的大部分时间里,双方的贫富差距越来越大(得天独厚的地区除外),在某些情况中,这种现象存在的时间更久。乍看之下,原因在于只有欧洲能将其经济工业化,使产出大增,远超过前工业时代经济体或非工业经济体所能达到的增产程度。欧洲在机械化生产上达成初步创新后,又在这方面不断精益求精,并善加利用此精进成果,借此加快技术更新的脚步,逐渐拉大与非工业化竞争国在生产效率上的差距,从而使欧洲变得比世界其他地方富裕许多。这些工业上的新科技,还带给欧洲另外两个至关重要的益处,从而更进一步拉大两者间的贫富差距。它们(以较低的成本)提供了科技手段,使欧洲得以将原本看来不可能宰制的地方纳入欧洲的宰制,并以在前工业时代无法想象的规模达成这些宰制。武器的进步(连发枪、机枪、长程火炮、蒸汽战舰),扩大了攻击半径,大大增强了欧洲海陆军或由欧洲人领导的海陆军的威力。机械化的海上、陆上运输工具，使武力发挥作用的距离更远，还能以（就前工业时代的标准来看）近乎风驰电掣的速度投放兵力，从而使欧洲人得以在可能相隔数千英里的不同战役中灵活调度小规模部队。英国部队可以往来于南非、印度、中国甚至新西兰之间。蒸汽引擎运兵船和"战略性"铁道（例如1860年后在印度所建的铁道），使欧洲人不必再维持那么大规模的驻守部队，就能保住其控制区。电报和海底电缆产生了类似的作用，使欧洲人得以在几小时内（而非几星期内）便收到指令、警讯和求援信息。情报成为欧洲军火库里的隐形武器，其价值相当于数千人马和数百万英镑。工业主义带来的另一项重大好处，也是速度的产物。入侵者的现身、移民者的涌入、新贸易路线的形成、新港口城市的建成，速度惊人（全都靠工业技术以不同方式加快脚步），使欧洲人对在某些人眼中行动迟缓的亚非世界所展开的扩张行动，宛如闪电战。面对这些欧洲不速之客，亚非世界几无时间反应，且往往搞不清楚欧洲人的意图，有时难以遏制欧洲人的入侵也就不足为奇了。

当然，一如大分流观念所表明的，改变的征候可能出现得又急又猛，但经济的改头换面却是经过数十年才完全定型的。然而，在欧洲这时期结束时（19世纪30年代）已开始出现的，乃是一组与约1750年前存在的经济关系截然不同的经济关系。欧洲的工业化不是只关乎自家的事，它在根本上改变了其与世界其他所有地区的交流，改变了长距离贸易的体量和内容，改变了货物与人员在全球的流动。随着欧洲部分地区为全球性（至少是具有全球性潜力的）市场承担了一套专门职责，上述改变催生出新的分工。事实上，欧洲人已形同垄断了欧、亚之间的海上贸易。这贸易扩大时，其"指挥和控制"权（购船、保险、进出口、信贷）轻易就集中于欧洲人之手，而欧洲人在商业"情报"（内部消息）上的相对优势进一步强化了他们的掌控地位。但真正的革命性变化,在于欧洲取得"全球范围内制造品主要来源"的新角色,而这新角色的主要基础是机械化所带来的产量的大增和实质成本的大降。据经济史家保罗·拜罗克(Paul Bairoch)估算,到了1810年,使用纺纱机的英国工人一小时纺出的棉纱,比使用传统方法的印度纺纱工的产量要多出9倍到13倍,而如果是更高质量的棉纱,这差距更是高达400倍。[38]纺织品是非工业化经济体制造品的大宗(可能占到八成),因此不难理解,在这个几乎所有社会里消费最广的制造品领域,工业欧洲为何会成为全球性的供应者。到了19世纪中叶,这一工业领先地位,也可见于欧洲所能提供的其他形形色色的消费品(特别是金属器皿)上,以及机器制造过程和工业生产过程的巨幅扩展上。欧洲的工业区已成为全世界的作坊、工厂、技术实验室,如此大幅的进展乃是1800年前想象不到的。

或许这里隐含着的,但在1830年还没有完全彰显的,乃是欧洲的第三项全球性职能。工业欧洲(特别是英国)成为全球首要的资本供应者,在储蓄达到足够规模时,贸易网与商业信贷网、工业的获利、建造工业基础设施(例如铁道、港口)以增加交通量所带来的益处,就都自然而然地出现了。欧洲一旦成为全球首要的资本供应者,其在长距离贸易、工业生产、资本输出上的支配地位,就变成一股近乎所向无敌的力量,这三者相辅相成,重新塑造了全球贸易的整个模式。乍看之下,工业欧洲拥有创造新全球经济的改造力量,能使世上大部分地区变成原料的供应者、制造品的消费者、资本的借入者。制造手工出口商品(特别是布)的亚洲生产商,则会在这场大重建的过程中垮掉。因此,欧洲以外的地区未来明显会成为乡村,勤劳的农民要种植原料以供外销,然后用换来的钱购买进口商品(例如棉布)。对船运到欧洲以供加工的各式大宗商品(棉花、丝、茶叶、糖、咖啡豆、棕榈油、烟草、鸦片、可可豆、米、金鸡纳树皮、黄麻纤维、橡胶、古塔胶、阿拉伯树胶、胡椒、香草、靛蓝、藤黄、象牙、鸟粪、虫胶、兽皮、槟榔膏）进行商业性生产，将是他们获取财富、改善生活的依靠，也是促使他们遵守社会秩序和社会纪律的关键诱因。这套说法大概就是如此。1830年时，上述大部分情况还没有出现。诚如我们后面会看到的，往这个方向演进的过程中曾出现抵抗，且这个过程往往缓慢而不稳定，但大势已成定局，无法逆转。

这就是使欧、亚两端最富裕社会的财力对比改变的"大分流"。但何以致之？究竟发生了什么事，让欧洲最富裕的地区得以如此遥遥领先于亚洲最富裕的地区？在西方史学界最受青睐的解决方式，一直是祭出"工业革命"。某些欧洲社会具有发明科技手段并予以应用的独特能力，才有这样的突破。就这么简单的一句话来说，这论点无可反驳，但成堆疑问几乎立即涌现。什么因素使欧洲人在科技发展上领先如此多步？毕竟，在发明能力上（诚如我们已了解的），在这之前欧洲人往往落后于中国。就有利于科技变革的大环境来说，也看不出欧洲的大环境比其他地方（例如中国）的大环境要更有利。此外，欧洲的工业转变，并非一场"大爆炸"所致。英国经济增长相对缓慢，意味着那场工业转变是长期的改变过程，而非中头彩般一次到位。[39]有一个具有影响力的说法（部分得益于韦伯学说的启发）强调诸多关键机缘以不可预测且近乎随机的方式结合，而促成工业革命。因为那些机缘的结合，欧洲得以避开此前收益减少、资源耗竭的宿命。国与国间的竞争（使异议和自由思想得以存在），对政府权力的限制（使财产更有保障），奖励有效率之作为的市场经济，拥有储备充足粮食和燃料的良性天然环境，可供欧洲利用而数量惊人的美洲意外财富，构成了"欧洲奇迹"（独一无二且不可能再见的奇迹）的诸要素。[40]另有一

第四章 欧亚革命

种观点,彻底改变了这论点的平衡。根据这观点,在1800年之前,西北欧与欧亚其他地方最先进的经济体不相上下。欧洲的优势不在其社会结构或政治结构,甚至不在其科学思想上的进步,而是来自其拥有的煤(地理上的偶然结果)和殖民地(掠夺的结果):单凭这两点,欧洲就得以免于走向前工业时代经济增长必然的下场。[41] 还有一种思路,认为欧洲的"分流"主要不是因为其有得天独厚的资源、智力或制度,而是对全球力量和趋势的反应所致。在这观点下,欧洲的工业化甚至可视为防御策略,而那策略在无心插柳之间带来非比寻常的结果。[42]

首先,我们不妨承认18世纪末期的欧亚世界有两个地区非常突出。其中一个地区是欧洲,但当然不是整个欧洲,因为当时的南欧和东欧有许多地方,即使以当时的标准来看,都是贫穷而落后的。在欧洲大部分内陆乡村地区,仍可见到这类情况:农业技术原始,缺乏"改善的迹象"(没有围栏和排水系统),路况糟糕或根本没有道路,工匠技艺不足,识字率非常低,放贷或放款的金融机构付诸阙如,人身和财产缺乏保障,农奴制尚未废除。最繁荣的地区,可见于法国、不列颠本土、低地国家、莱茵兰、北意大利、加泰罗尼亚部分地区、德意志南部与东部的商镇、奥地利帝国。在这些地方,亚当·斯密在《国富论》里所称的那种先进商业经济已牢牢扎根。高度专门化的劳动分工使生产力得以提高,使市场得以在良性循环里增长,进而推动了经济增长。制造技术的日益精进和土地利用的逐渐改善,产生了同样的影响。此外,来自贸易的收益也是经济增长的推手,这包括了欧洲内部贸易和大陆间的贸易。长距离贸易的影响很难估量,但很可能加快了往大众消费社会迈进的脚步(借由提升对糖、咖啡、茶之类热带产物的喜好),并刺激了营销、管理、商业情报的搜集与利用上的创新。但这些有利情况,即使不是大部分,也有许多可在中国见到。江南（长江三角洲）是个大制造区，制造棉布供"出口"到中国其他地方。江南有3 000多万的稠密人口（每平方公里将近400人），[43]有众多城市，还有繁密的水道网将其与长江中上游（广阔的腹地）及中国其他地方（借由大运河）相连，角色相当于欧洲的商业心脏地带。有力证据显示，江南作为市场经济体，富裕程度和生产力同西北欧一样高。纺织品生产程度差不多，[44]而糖、茶之类的商品消费额则可能更高；技术创新很普遍。此外，中国还受惠于土地买卖管制较欧洲宽松的法令，受惠于农奴制已几乎废除（而与欧洲不同）的劳力市场。这是个井然有序、规范周密的社会，税赋低，官方积极推广较有效率的做事方法（通常是在农业上），因而看不出有什么原因能让江南不以亚当·斯密指出的路线和与欧洲相当的规模实现物质上的无限增长（经济学家所谓的"亚当·斯密式增长"）。

在欧亚其他地方，物质增长的障碍较大。在奥斯曼帝国和伊朗，没有江南式的核心地区出现。除了埃及这个例外（尼罗河三角洲有许多地方当时仍未排干），人口稠密、富有生产力的农耕区，分布零散且为数不多。在安纳托利亚和伊朗，有几大片地区仍是游牧民的天下。较恶劣的环境人烟稀少，且如此恶劣的环境，有时还遭遇激烈的动乱（例如18世纪中叶的伊朗）。除了沿海地区，货物要大量运输极难。这有助于地方的制造品供货商不致受到外来竞争。但到了18世纪中叶，与欧洲相邻的地理位置，已开始将奥斯曼帝国推向以大宗农产品换取欧洲进口制造品之路。[45]伊朗的丝织品出口已几乎消失；伊朗可供出口的大宗商品寥寥可数，更别提制造品。[46]在印度，情况则不同。印度的制造业，生产力高。18世纪时全球的出口制造品，可能有六成是印度制造的，印度是全球最大的纺织品生产国。印度的麦斯林纱（muslin）、白棉布（calico），在当时的欧洲被视作奢侈品，销量极

第四章 欧亚革命　191

佳，而较廉价的棉织品则在运到欧洲后再转口到西非换取奴隶。[47]古吉拉特、马拉巴尔、科罗曼德尔、孟加拉，都是与国外往来密切的商业区，可耕地充裕。但和中国、欧洲不同的是，建构大规模整合型经济的机会，严重受限。在南亚次大陆许多地区，内陆运输因缺乏可通舟楫的水道而不畅。北印度的贸易路线因莫卧儿帝国衰落而严重中断。贸易和商人当然没有因此灭绝，甚至可能还很兴旺，但政治版图变动频仍（使精英阶层的需求和保护因地而异），不利于稳定"核心地区"的出现。[48]技术的扩散（科技进步的要素之一），受阻于以职业为划分基础的种姓制，形成了不利于长期投资的经济生态，1750年后普遍出现的政治动乱也有此不利影响。或许同样真确的是，维持在小农、织工水平的印度社会太难治理、流动性太强，而无法接受（例如）加诸英国工厂工人身上的"劳动纪律"。

　　问题就变成：江南（和中国）为何未能获得和欧洲一样的经济扩张，没有阻止以欧洲为中心的世界经济出现？目前最具说服力的答案，乃是其无法克服前工业时代典型的增长束缚。[49]18世纪末期时，江南面临粮食、燃料、原料成本暴涨的问题。日益增加的人口、日益提升的产量，争夺面积大致没变的土地。粮食需求抑制了原棉产量的增加。从1750年到1800年，长江三角洲的原棉价格大概涨了一倍。[50]燃料（木头）需求造成童山濯濯，环境退化。理论上，要摆脱这困境，并不是没有办法。照理江南应从更远处取得必需品，应借由机械化扩大市场，进而扩大其供应来源，减少生产成本，应转而用煤来满足燃料需求。但事实上，这些改变实现的机会不大。江南面临着来自许多内陆中心城市的竞争，那些城市不仅粮食和原料更便宜，而且同样可利用中国发达的水路运输网。中国商业经济的成熟，使新生产者得以用同样的科技水平，相当轻易地进入市场。在这些情况下，机械化（即使科技条件足以实现机械化）可能从无机会诞生。而中国虽产煤，但煤产地离江南很远，无法以低成本的方式运到江南。因此，就整个中国来说，走上工业"大道"的诱因和工具都过于薄弱或付之阙如。

欧洲最发达的地区，则没有这些限制。即使把商业制度、信贷及资本的供应和有用知识的扩散等等在欧洲是否比在中国更有效率（因而较有可能科技进步）这个备受争议的问题撇开不谈，日益升高的粮食、燃料、原料需求，在欧洲似乎都较容易满足。欧洲的"资源边境"一直未遭关闭，可取得新土地（例如在俄国南部），而农业方面的进步已提升现有农地的生产力。在燃料需求最大的地方，煤的充足供应可以满足那种需求。欧洲还额外受惠于殖民贸易，而殖民贸易的利润有部分来自奴隶劳力的贡献。欧洲拥有意外得来的"无主"土地，特别是在北美洲。这两者可能有助于欧洲摆脱江南的命运（但并不具有决定意义）。整体的结果，就是欧洲的"核心地区"有较多时间利用技术进步所带来的机会，而且其实现科技大跃进，使用以煤为燃料的蒸汽动力的可能性要大得多。

如果真如证据所显示的，这一分道扬镳的现象，在1800年左右已开始出现，那么，一场大革命就的确已在酝酿。这场革命的实际过程比我们知道的更精彩。欧洲某个地区的经济变化特别汹涌澎湃，那地区就位于英国。英国的经济发展曲线比欧陆较繁荣地区的发展曲线陡峭得多。之所以如此，三个特色至关紧要。第一，1760年后的80年里，农业与制造业所雇用的劳动力，出现大幅消长。该时期开始时，工业雇用了约24%的男性劳动力，到了1840年，这数据升高为47%。工业虽吸走了人力，但农业生产的成本却未提高，而这是工业扩张的关键条件。事实上，1760年时一名农业工人可养活一名工业工人，80年后却可养活将近三人。[51] 第二，英国工业革命的显著特色，既表现为工业劳动力的激增（而非整体生产力的急剧上升），也表现为工业生产大大集中于纺织品（特别是棉织品）的生产。生产力的提升，主要体现在纺织业上。理查德·阿克莱特（Richard Arkwright）在1769年发明水力纺纱机，塞缪尔·克伦普顿（Samuel Crompton）在1779年发明使用水力的骡机。拜这两项发明之赐，纺织品制造得到机器的协助，从而能以远比传统手纺方式低廉的成本，制造出更强韧、更细密的棉纱，[52] 工业逐渐由倚赖具备专门技能的工人，转为倚赖不具备专门技能的工人。生产出的棉纱供外销，但棉纱也是制作布料的原料，因而拉低了布料的制作成本。1801年时，光是棉织品一项就占英国外销品将近四成；30年后，占超过五成。广大的新市场正在海外渐渐成形。

第三，英国率先应用蒸汽动力，以工业规模使用煤。当然，在这之前许久，就已经有人知道蒸汽动力的原理。18世纪初就已经有人使用蒸汽机，但那些蒸汽机十分笨重，燃料消耗大。直到1775年，马修·博尔顿（Matthew Boulton）和瓦特制出他们的模型，较有效率的蒸汽机才问世。蒸汽机和煤形成了密不可分的关系。如果没有蒸汽机抽出矿坑中的水，英国的煤产量大概会一直停滞在1700年的水平。[53] 拜蒸汽机之赐，1800年时，一年的煤产量已达1100万吨，其所提供的燃料，相当于英格兰一半土地上一年增加的树木所提供的燃料。蒸汽机使英国的增长不致如前面所提过的中国那样，受到燃料上的束缚，从而为需要大量能量的工业过程开辟了坦途。煤和焦炭是增加生铁供应量不可或缺的东西，而在1788年至1806年间，生铁产量增加了两倍多。[54] 蒸汽机与铁联手，制造出比木头所制更耐用的工具、工艺品、机器。它们协助创造出新的"工程文化"，而这"工程文化"的不断成长，有助于物质世界在 1800 年后改头换面。18 世纪 90 年代时，蒸汽动力也已用于纺织业的纺纱过程中，有助于进一步压低其生产成本。而这项创新不久就使其使用者取得商业上、战略上的大优势。

受惠于蒸汽动力和煤的利用，英国的经济实力大幅提升，提升幅度远超过欧亚世界所有竞争者。当然我们也应该知道，即使到了 1830 年，这些好处仍有许多还未成为事实。以蒸汽机和煤为基础的经济，其益处可能要到 19 世纪 50 年代才得以全面显现。[55] 但在 1830 年之前许久，英国工业化的第一大阶段便已改变欧洲与亚洲之间最重要的商业关系。欧洲对印度棉无止境的需求，印度布料在欧、印以外市场的竞争优势，自 17 世纪以来一直是东、西方贸易最重大的特点。到了 1800 年，英国制造品在本国市场上已大体取代印度货，在白棉布的外销上也已超过印度，不久后也将更廉价的同类产品赶出其他海外市场。但更引人注意的乃是到了 1817 年，印度织工已开始进口英国制的棉纱，且进口量逐年递增。19 世纪 20 年代时，印度已成为棉纱的净进口国。[56] 1830 年后，动力织造技术问世，英国在棉纱上的优势扩及棉布上。到了 19 世纪 30 年代中期，棉织品占了英国对印度出口的一半以上，印度已成为英国第二大的棉织品市场。[57] 主客地位也发生了出人意料的逆转。英国摧毁了印度纺织品长期以来在全球市场的龙头地位，借此将其贸易打入英国所能打开的任何亚洲市场。印度市场是被英国以帝国主义武力强行打开的。这一力量是否也能用在其他市场上，仍在未定之天。

英国不只在殖民北美洲、扩大奴隶买卖、确立欧洲对印度的掌控方面扮演了最活跃的角色，在工业化的开路过程中也扮演了同样的角色。而这一现象，可能并非只是巧合。英国在 18 世纪已能大规模扩张海外贸易，其海外贸易规模扩大了四倍之多。[58] 对加勒比蔗糖的需求暴增，使西印度群岛对英国制造品和来自北美殖民地的其他必需品的消费不断增加。北美殖民地所赚的钱也花在英国，从而扩大了大西洋贸易额。英国对美洲、非洲的出口，从 1700 年至 1774 年增长了八倍，超越了英国对欧洲的出口额。[59] 加勒比海也是奴隶劳力买卖（恶名昭彰）的大市场，18 世纪 80 年代时，英国出口的棉织品可能有四分之一运到非洲以购买奴隶。[60] 这一切所代表的重要意义，有一部分在于其促进了英国（特别是已成为与美洲、西非贸易主要商港的利物浦）的信贷与金融网络的发展。这为以工业过程为基础的新贸易增长，创造了一个现成可用的网络：原料的供应首先来自西印度群岛，棉织品则送到存在已久的市场。没有障碍或瓶颈阻止这些制造品的出口快速增长，或妨碍它们所需的进口原料的供应。工业化之前英国就很庞大的外贸规模还带来其他重大影响。在欧洲，没有哪个政府比英国更关注贸易与制造的需求，更用心地保护金融体制以免其失去人们的信任，或更愿意动用海军保护其商业利益。除了尼德兰这个例外，其他国家的统治阶层没有一个像英国那样进行商业投资，或那样倚赖商业扩张来取得收入。归根结底，这和印度有关。

关于欧洲工业转变的肇因，先前有提到一个颇有意思的说法：欧洲的工业转变，源自其对亚洲在制造品出口上称霸全球的防御性反应。1700 年时，印度的摩擦轧光印花棉布和白棉布，已受到英格兰消费者热捧。英国小说家丹尼尔·笛福在 1708 年写道："我们看到我们那些有身份有地位的人，个个把印度毛毯穿在身上。"[61] 为保护本土羊毛业，从印度进口的印花纺织品屡屡遭禁，但需求总是无法满足。英国棉织业始于以本土制造的棉织品（引进印度的素面白棉布再加上彩色图案）攻占本土市场的尝试。英国棉织业是"东印度贸易的产物"，[62] 其产品则被冠上印度名。[63]1770 年后，纺棉纱的新机器问世，使兰开夏的白棉布和麦斯林纱足以和印度货一较高下。因此，塞缪尔·奥德诺（Samuel Oldknow，麦斯林纱的龙头制造商）的伦敦代理商如此回应政府的询问："他们［纺织品制造商］想达成的目标，乃是……在英国建立某种程度上足以和孟加拉纺织业一较长短的制造业。"[64] 但英国征服印度（特别是孟加拉）带来的结果之一，就是东印度公司所进口的棉织品如潮水般涌入英国本地市场，拉低价格，危及这本土新兴产业。[65] 奥德诺的传记作者曾指出，来自印度（和来自劳动力廉价的苏格兰）的竞争，"为工厂体系的采用推波助澜，而这工厂体系不只包含纺纱和最后的处理过程，还包括织造过程"。[66] 为了不让印度货进来，18 世纪 90 年代英国关税提高了 2 倍，1802 年至 1819 年更提高了 8 倍，[67] 而英国的印度进口货的确在 1802 年后锐减。因此，欧洲势力渗入亚洲市场时，是模仿、保护、机械化三管齐下，才得以攻克其主要的攻坚领域纺织业。在替英国出口品强行打开进入印度的门户时，若没有这股欲将来自印度的竞争商品逐出市场的势力，结局可能大不相同。

文化对比

领土扩张和工业技术，乃是最能彰显欧洲破天荒地凌驾欧亚其他地方的特色。但这个新的失衡状态，还有第三个特色。欧洲人就在这时期首度主张，他们的文明和文化比其他所有文明和文化优越：不只在神学上是如此（对当时的欧洲人而言这早已是老生常谈），在智力上和物质上亦然。这一主张是否属实，不在我们探讨之列。较值得注意的，乃是欧洲人认定此为真，并且在行为上表现出来。这表现为他们热衷于搜集从世界其他地方采撷的知识并将其分类，表现为他们将这样的知识安入以他们自己为中心的思想体系时的那种自信。欧洲实质支配欧亚其他地方之前，先在知识领域占领了那些地方。这表现为这时期结束时（如果将法国入侵埃及纳入，则是更早的时候），欧洲人欲将非洲、亚洲部分地区，如"打造""新世界"那般，予以"重新打造"的野心。这最终表现在一个非比寻常的信念上，即只有欧洲能与时俱进，世界其他地方则处于"停滞状态"，等着欧洲来点化，赋予其活力。稍后我们会更仔细探讨这个"心态革命"。但在欧亚其他地方，情况又是如何？

在18世纪50年代至19世纪20年代的中国，文化方向不会有大改变，中国在更广大世界里的地位不会遭到伤筋动骨的重估，传统文化无疑不会遇到任何批驳；也没有任何显而易见的理由，要中国该有那些改变、重估、批驳。这是个富裕、繁荣、先进的士人社会。[68] 乾隆皇帝在位期间（1736—1795年），政治稳定，社会繁荣，（"中国本部"）一派承平。以当时的口号来说，这是个"盛世"。乾隆用兵天山南北路，平定这动乱的大草原区，为清朝在恢复和平、重新统一、加强控制、稳固中国疆域的成就上，画下完美句点。随着新疆的平定，中国在文化与科技上的优越性在最重要的地方得到了确认。毕竟这是一场在地理范围上和地缘政治的重要性上（甚至经济价值上），与欧洲在美洲的成就不相上下的胜利。

当然中国仍有其社会压力和文化压力。对缅甸、越南用兵失利，官员贪腐日益严重，主张救世主将会降临的民间宗教（如白莲教）引发的起义，全反映出清朝已开始衰落，王朝所赖以取得统治正当性的"天命"正渐渐消失。[69] 但儒家传统仍极强劲，其主要理念认为，社会由深受孔子纲常伦理熏陶的士大夫来实施家长式治理，将能得到最大福祉。含有道家成分（主张人应俭朴、天人和谐）的儒家学说，未遭到知识界的重大挑战。宗教在中国所扮演的角色，与欧洲大不相同。道家在知识界颇有影响力，道教的神秘信仰在民间很流行，但道教未有正式地位，遭儒家官僚体系猜忌。救世主义信仰不为官方所喜。[70] 佛教主要流行于西藏和蒙古。皇帝尊敬佛教，以换取佛教精英接受王朝统治。在"中国本部"，佛教遭边缘化。和尚一如道士，被视为会破坏稳定、惹出乱子的人。[71]

士大夫和士大夫出身的受教育士人阶层，因而未遭到有组织之神职体系的竞争。未有虔诚的宗教信徒从社会精英阶层内部提出挑战；官员的传统学问，也未遭到新式"科学"知识的威胁。出于种种原因（史学家争辩已久的原因），科学实验传统早已式微，可能在1400年时就已经式微。原因之一可能在于儒家思想里明显缺乏"上天立法者"这个角色。上天立法者是制定自然法则的神，[72] 在欧洲，对这种上帝形象的信仰，对"他的目标与宏大计划"的探求，一直是科学探索的主要动机之一（或许是最大动机）。欧洲人基本认定，宇宙由一套彼此协调的自然法宰制，且那些自然法可透过观察来证实，但在中国，没有这样的基本认定。即使是18世纪学界兴起的考证运动，强调应从各种科学领域、技术领域广泛搜集基于经验的数据，仍不愿接受"宇宙受自然规律支配、始终如一、可透过数学预测这样的观念"。[73] 考证运动应被视为批判、评注"古典"知识这一悠久传统的一部分，而不应被视为在抨击"古典"知识的假设。

这一切并不表示学术辩论在中国付之阙如。文人精英就为写作而存在。行政体系的运行，倚赖源源不绝的报告和调查，这些文件会经过整理、传递，然后归档。文人针对公众关心的事务撰文，以吸引有权有势者的赏识，出人头地。儒家文人在富裕而都市化的长江三角洲

（江南）地区特别多，而这地区长久以来被视为反清思想的温床。批评乾隆皇帝18世纪50年代耗费巨资平定新疆一役的声音就是从这里流传开来的。然而，辩论受到中国政治体制本质的束缚。中国与欧洲的情形不同，在政治权力场上，异议知识分子没有可栖身的"自由空间"。公开反对皇帝威权，可能引来杀身之祸。作家若沾上煽动骚乱的嫌疑，绝不会有好下场。[74]毕竟是满人当家，重要的文、武职位都刻意保留给居少数的满人。满人住在城镇里的特殊地区；清朝统治者不许满人和居多数的汉人通婚，想方设法保存自己的语言和文学。18世纪中叶清帝国开疆拓土的辉煌胜利，有助于强化满人在这王朝政权里的独尊地位。辽阔的版图，使清朝皇帝认为自己不再只是中原儒家正统的君王，这时更是全天下的君王。[75]这带来的影响，可能就是强化儒家文化的保守特征。对于士人（儒家传统的旗手）来说，不管如何牢骚满腹，在清朝治下，世界似乎都比以往任何时代更安定。"高水平均衡陷阱"（high-level-equilibrium trap，东西太好而不值得去改变）一说，用来解释经济活动的技术保守倾向，看来颇有道理，而在文化领域，这说法也同样成立。这时中国并未完全排斥外来影响，但外来影响会遭到细致的筛选调整，以符合单一中心的世界观。拿朝中负责绘制地图的耶稣会士为例，就可清楚看出这点。官方版的耶稣会地图拿掉了经纬线，以保住以中国为中心的世界观；[76]中国官方对欧洲地理的了解，在1800年后仍错得离谱。[77]在欧洲人大举抵达东亚海岸前夕，中国知识分子反倒更无意于将自己的文化加诸外在世界或预测外来影响将对自己的道德世界有何冲击，这实在吊诡。1793年马戛尔尼爵士来到中国，希望说服乾隆皇帝与英国建立外交关系，结果被断然拒绝。为了让朝中官员见识英国的创造发明，他带了礼物和精巧器械同行，结果那些东西被斥为不值一顾的奇技淫巧。乾隆发给英王乔治三世的敕谕里写道,中国"从不贵奇巧,并无更需尔国制办物件"。[78]

1750年后,伊斯兰世界的文化自信更为低落。在政治上,伊斯兰文明似乎陷入包围。奥斯曼、伊朗两帝国军事上皆受挫,被迫割地(主要割给俄国)。法国在1798年占领埃及,后来被英国人逐出;莫卧儿帝国在1760年后已成为空壳;伊斯兰孟加拉成为英国一省。穆斯林统治的迈索尔,1799年被英国消灭。在东南亚,英国于1811年入侵爪哇,为日后英国将该殖民地交还荷兰后,荷兰重新确立其对爪哇内陆伊斯兰诸国的殖民统治铺下坦途。伊斯兰世界似乎在欧亚世界两端都遭受了重击。

面对欧洲的帝国主义扩张、商业扩张、文化影响,最无抵御之力的伊斯兰国家,就是最大的伊斯兰国家奥斯曼帝国。在1768年至1774年的俄土战争中,奥斯曼帝国失败,出现崩溃迹象,令奥斯曼官员和乌里玛(伊斯兰学者总称,除了解释伊斯兰教法与神学的学者,还包括率领穆斯林做礼拜的伊玛目)大为惊恐。[79]这时奥斯曼帝国已开始雇用欧洲专家,例如著有引人入胜之自传的军事工程师德托特男爵(Baron de Tott),强化自己的防御设施,以欧洲方法训练军队。奥斯曼作家开始关注欧洲政局和欧洲列强的军事资源;些许地理、军事题材的欧洲著作得到译介;少数穆斯林赴欧洲游历,其中有些人写下个人游记提供给奥斯曼政府。这带来多少冲击,不得而知。当时熟悉欧洲语言的穆斯林学者不多,18世纪前可能连一个都没有。[80]他们对欧洲的动态,几乎没有最新的了解。[81]事实上,18世纪末期奥斯曼人的文化活动,大体上几乎不受当时西方骚动的影响。伊斯兰经典思想传统仍然极强,且扎根于神学、法律(知识阶层所最关注的领域)之中,牢不可破,在文学领域尤其如此,而建筑与设计沿用一成不变的本土图案,也体现了这一点。[82]

或许有人会将此贬抑为"衰败"的迹象:原本生气勃勃的传统无力回应欧洲势力进逼所带来的思想挑战。如此论断失之肤浅。欧洲的地缘政治攻击,来得又急又猛。但欧洲"威胁"的更深层本质是慢慢显现的,其"意义"连当时"熟悉内情"的欧洲人都几乎无法理解,更别提从外而内进行观察的穆斯林了。凭着后见之明,史学家往往批评奥斯曼帝国和其他伊斯兰社会一样,迟迟才采用其欧洲对手的文化模式:民族国家的观点和精神、自由主义伦理学,以及工业化经济的"技术"精神。事实上,关于这些信条,欧洲人自己都尚未有定论,而在穆斯林思想家眼中,拥抱这些信条将不只是冒险,还无疑是自找死路,届时从内部开始的崩溃将使外来的攻击更快得手。因此,像过去一直做的那样,零散吸收欧洲的专长而非全盘接受,根据奥斯曼帝国或伊朗的需求改造外国技术(如当时萨法维和莫卧儿统治者所为),似乎较为明智。

奥斯曼帝国为何会走上这样的因应之道,并不难理解。在奥斯曼帝国和该帝国以外,伊斯兰文化活动表现出超越民族、地域畛域的鲜明特色。受过教育的男子,可以在巴尔干半岛到孟加拉之间的任何地方闯天下。史学家阿布杜·拉提夫('Abd al-Latif)生于波斯湾的舒什塔尔(Shustar),在伊朗受业于数名学者,但为出人头地,他来到印度(当时他的兄弟已在印度的阿瓦德行医),成为海得拉巴统治者派驻加尔各答英属东印度公司政府的代理人(vakil)。他看待印度史时,是从伊斯兰而非"印度"的角度切入的。[83] 伊斯兰知识分子十分不理解以奥斯曼、伊朗或莫卧儿为"祖国",而必须对"祖国"效忠的观念。以民族国家为唯一效忠对象的观念,对他们来说根本毫无意义。在奥斯曼帝国,穆斯林(一如基督徒和犹太教徒)以圣典和宗教，而非语言或种族概念为认同来源。[84] 在多宗教、多种族的帝国里，穆斯林是军人、官员、律师、地主，地位最高。如果奥斯曼帝国变成全部或大部分由奥斯曼穆斯林组成的伊斯兰民族国家，这个帝国也就终结了；事实上，要到1918年该帝国瓦解，这情形才可能会出现。文化的守护者也不支持强势政府（意味着提升统治者的权力）的观念。在伊斯兰政治实体里，负责阐释伊斯兰教法的乌里玛和负责执行、维持伊斯兰教法的统治者，两者的关系一直很紧张。欲让权力天平倒向统治者一边的"改革"，必然引来怀疑。从这观点来看，奥斯曼苏丹谢里姆三世（Selim III，1789—1807年在位）师法欧洲军队创建"新军"，就比较像是用来对付国内的反对者，而非外来侵略者。伊斯兰谢赫（乌里玛领袖）发布教令，谴责谢里姆三世的新军，预示了该苏丹在1807年遭罢黜的下场。在伊朗，此种心态更为强烈。伊朗的乌里玛怀念在过去的萨法维政权（1501—1722年）时代，他们在教法学界的权威地位，认为约1790年后的卡扎尔王朝国王，都是不合法的暴得大权者。[85] 王储阿巴斯·米尔札（Abbas Mirza）也建立了新军，却只能偷偷学军事操练方法。反对他的乌里玛说他不适合继承王位，"因为他已成为佛朗机人［亦即欧洲人或基督徒］，穿佛朗机靴"。[86]

即使穆斯林已对欧洲的今非昔比有更切实的了解，即使"改革派"精英已拥有较大影响力，仍有多重障碍不利于彻底改革。伊斯兰世界没有独立于宗教之外的"舆论"可供动员，以壮大改革声势。学术与文化的权威，广泛分散在由学者把持的无数伊斯兰教学校里。在学者阶层之外，识字率很低。阿拉伯文印刷机在18世纪20年代就已引进奥斯曼帝国，但一直禁用到18世纪80年代。该帝国第一份报纸直到1828年才问世，而且是在开罗（当时已是自治总督辖地的首府）发行。曾游历欧洲或精通欧洲语言的穆斯林少之又少,因而奥斯曼、伊朗的统治者与欧洲诸国打交道时,往往倚赖从自己境内的基督徒少数族群(希腊人或亚美尼亚人)中找来的代理人。由于受到欧洲更多影响和更广泛地使用欧式方法对这些代理人所属的族群似乎更有利,这些代理人不免会被怀疑为不够忠诚。在这些情况下,因世局变化而惊恐的穆斯林,更有可能从伊斯兰传统里寻找指引。前去麦加朝觐的穆斯林,返乡后疾呼更严格遵守传统教法,或将他们朝觐途中所结识的学者之著作传播出去。[87] 阿拉伯半岛的瓦哈比派(该宗派信徒在1803年至1805年陆续拿下麦加、麦地那),就认为《古兰经》以外的影响,全是腐化人心、引人造恶的根源,而严予拒斥。瓦哈比派的支持者活动范围极广,最远达到爪哇。以神秘仪式、遗骨、符咒为特色的苏非教团,则是伊斯兰世界民间宗教最主要的体现。苏非教团遭到乌里玛精英的嫉妒,但他们为不同意更改方向的群众提供了抒发不满的潜在手段,因而不容小觑。[88] 就连目睹穆斯林如何败于欧洲人之手而精于世道的人,例如18世纪末期印度的学者兼史学家,大体上都把失败解释为腐败统治者的"道德"失败,淡化了其严重性。重建以伊斯兰教法为基础的国家,仍是他们共同的理想。[89] 即使在入侵的震撼中见识了欧洲人的厉害,穆斯林的想法仍未动摇。奥斯曼埃及晚期的大史学家贾巴尔蒂(al-Jabarti)对法国占领政权的速度和效率大为佩服,却对其残暴和不信神的作为大为反感。他写道,它"建立了……不信神的基础,打造了不公正的堡垒,带来了各式邪恶的创新"。[90] 穆斯林最普遍的心态是愤怒,而非好奇。

当然,我们不该低估穆斯林社会整军经武抵抗欧洲人入侵的能力,或低估其采纳新观念的能力。1826年是希腊起义最严重的时刻,奥斯曼苏丹马赫穆德二世(Mahmud II)肃清了禁卫军,其前任就是被这支传统部队与乌里玛联手废黜的。接着，在最高阶乌里玛的默许甚至允许下，马赫穆德二世展开一连串改革，包括废除戴头巾的习俗，改戴非斯帽（fez）。但在 1840 年之前，推动文化、知识变革的力量相对较薄弱，而这或许是因为欧洲此时施加的激烈挑战，伊斯兰世界尚未察觉；我们也不该认为伊斯兰文明本身在全面倒退。例如在西非，18 世纪末期时，伊斯兰势力的扩张大有斩获。穆斯林军阀和苏非教团扩大了统治与宗教的版图。时机是关键。奥斯曼·丹·佛迪奥（Uthman dan Fodio）在 1786 年至 1817 年间创立其圣战国索科托（Sokoto，在今尼日利亚）时，他和西苏丹地区（今马里）的建国者一起打造了一道屏障，阻止即将到来的基督教传教士和随之而来的西方殖民活动进入西非。[91]

中国、伊斯兰世界的文化领域，尽管有种种差异，却有几个共同特色。它们都非死气沉沉或"衰落"。学者辩论，建筑师设计，艺术家作画，诗人默想，镇民找乐子，学生求知，律师和医生被接连培养出来，富人渴求可炫耀其财富的商品；社会或经济上的变化，会引发道德层面或宗教层面的忧虑；天启或救世主降世预言挑战着思想正统。苏非派、瓦哈比派或白莲教壮大兴盛的世界，不可能是停滞不前的世界。但似乎有三个不变的东西，框住了它们。第一，在伊斯兰世界和中国，古典文人传统都处于支配地位。遵守该传统的美学规矩、伦理规诫，仍是文化活动的基础。解释自然世界的知识如何与该传统的形而上真理相吻合，成为知识分子展现才智的真正考验。第二，在这两个世界里，文化权力和思想权力都大大集中在能读写的精英手里，而这些人的特权地位有政治权力予以大力支持。公开质疑思想正统或宗教正统的行为，因而受到限制。第三，除了某些无关紧要的例外，两者大体上都对欧洲（还有对彼此）不感兴趣，对欧亚之外的"外围世界"兴趣不大。

　　欧洲虽然独特，但不应夸大其独特性。欧洲人在文化上也是内向的，也牢牢执迷于自己的宗教事务和思想问题。欧洲人大体上受缚于其宗教信仰，而且非常不能容忍其他宗教信仰。神职人员团体（教会）手握大量财富，掌控教育；教会与国家关系密切。在大部分欧洲人眼中，教会与国家少了一方，另一方就无法生存，这似乎是再清楚不过的事。神职精英与世俗精英一起治理国家，君王必须得到神职人员的加持，统治才具合法性。科学与宗教的关系，在20世纪似乎是水火不容，但在那时并非如此。牛顿的物理学横扫知识界，但他认为自然界由上帝管理，上帝的干预调整了自然界的不完美。在大部分欧洲思想家眼中，自然秩序是固定的，达尔文所谓的适应，是无法想象的或没有必要的，社会-经济体制亦然。科技变革与工业变革的冲击，对启蒙时代大思想家影响甚小。他们愿意相信进步，同样倾向于相信进步、衰退的循环。毕竟在他们所置身的世界，农奴制仍盛行于欧洲大片地区，政治权利遭严格限制，最富裕的几个国家在奴隶买卖和蓄奴方面最为投入。

　　但到了18世纪50年代，欧洲的文化开始踏上一条与欧亚其他地方大不相同的发展道路。在知识精英圈子里，可以公开质疑宗教。皮埃尔·培尔（Pierre Bayle，1647—1706年）"腐蚀人心的怀疑主义"[92]和大卫·休谟对基督教神迹信仰的连番嘲弄，对一般人的看法影响甚微。信仰基督教（不管是哪个教派），仍是获得社会接受的条件之一。但宗教信仰渐渐成为见仁见智的事，教会必须借由辩论而非强制规定，才能拉住信徒的心。1750年后涌现的书籍，说明了神职人员在保住信徒信仰上面临了何等严重的挑战。光是1770年一年，在法国就出版了

90本替基督教辩护的书。[93]

这一容忍质疑的现象，反映了文化假设上一个更深层的转变。洛克的《人类理解论》(*An Essay Concerning Humane Understanding*, 1690年)问世后，对西欧的知识界影响甚巨，表明他的个人主义心理学和哲学深深打动人心。众所周知，洛克认为人不是借由上帝所植入的"固有观念"来理解自然界，而是倚赖"感官印象"去了解外界，倚赖理性将那些印象整理为统合一致的模式。[94]洛克主张，凡是与理性、经验相忤的看法，皆予以摒弃，乃是人的天职，且是教育所应培养的思想习惯。[95]人不应不假思索地全盘接受前人传下的看法，人可以借由经验和实验发现新的真理。事实上，洛克深信"理性且正规的实验"非常重要，而他大半生所置身的知识圈就极力奉行此做法。到了18世纪中叶，这个做法已成为欧洲文化的主要活动之一。细心观察自然界，透过经验验证"自然法则"，成为探求知识的习惯做法、受过教育的圈子里普遍的嗜好。这并不代表宗教的创世论已经失势，许多科学探求都以神造万物、有必要解开神的计划为前提。但即使是神造论都必须不断更新，以符合观察结果。"古典"知识的神谕地位已遭废除，一去不复返。

除了怀疑主义和实验，我们还可以加上第三个特色：欧洲人对时空的看法。中世纪晚期，探明世界其他地方的强烈欲望就已是欧洲文化的一个显著特色。这或许肇因于欧洲人普遍认为欧洲位于世界边缘而非中心。1400年后的航海活动和航海报告，使反映这好奇心的著作大增。商人与殖民者开疆拓土的实际需要，使地理数据的需求高涨，而商业争议（例如出口金银是否明智）则使精确掌握亚、非贸易信息，变成当务之急。在知识探求、商业还有战略领域，地图与地图绘制工作越来越受重视。到了18世纪中叶，系统地汇整地理知识，已是欧洲

第四章　欧亚革命　207

人念兹在兹的大事。仔细观察人文、自然现象的"科学"旅行，备受推崇。库克南太平洋航行报告所引起的轰动，为促进非洲大陆探勘活动而创立的非洲协会（African Institution，1788年），拿破仑为"描述埃及"计划（1798年）投入的巨大人力、物力、财力，以及洪堡的南美游记（1799—1804年）对知识界的冲击，显示了"全球性"世界图景的形成，如何深植于欧洲人的想象中。诚如我们不久后就会看到的，这种对空间的着迷，可能协助打造了新的时间观。

因此，欧洲文化与欧亚其他大部分地方的文化，两者的"大分流"在18世纪中叶时已经展开。今日称之为欧洲"启蒙运动"的那场思想运动，事实上在17世纪就已扎根。[96] 该运动最大的特色，就是学者对"古典"知识的垄断逐渐瓦解，但在同一时期，"古典"知识在伊斯兰、儒家文化里仍被奉为圭臬。为何这会发生在欧洲，仍是历史谜团。欧洲多国林立，以本土语言印刷的书籍开始问世，宗教始终处于分裂状态，"姗姗来迟"的文艺复兴已经降临，"阅读大众"也在增加（这本身在一定程度上得归功于宗教辩论），这些条件或许创造了使读书识字、自成一体的精英无法垄断知识的环境。除此之外，欧洲历史另一个大不同之处，或许也是原因。只有欧洲人获得了"新世界"。这在多大程度上改变了欧洲经济发展的方向，仍无定论。但美洲对欧洲人思想的冲击，肯定大得惊人。随之而来的，不只是取得并整理大量的知识，以利贸易和统治。美洲让欧洲人发现自己有能力透过奴役、侵占、改变宗教信仰、迁徙、经济剥削的方式，彻底改变其他社会。美洲让欧洲人看到某文化或某民族可将其他文化或民族摧残殆尽，那是在欧亚其他地方未曾有过的冲击。最重要的是，美洲让欧洲人发现世上有人过着似乎较原始的生活，而且欧洲人推测，那种生活方式可能也曾盛行于欧洲。洛克说过："最初，全世界都是美洲。"[97]结果，就是使历史往过去极大延伸（远超过神创论的创世年代），而欧洲社会成为现今形式之前想必走过的各阶段，也以新方式得到了探索。[98]

美洲彻底改变了欧洲人的时间观。它促使欧洲人拟出一个可将世界其他地方之国家与民族安置进去的历史架构，它间接催生出诉诸揣测的进步史，而欧洲在那进步史里已跻身最高阶段。18世纪下半叶，欧洲在全球体制里跻身首位的观念，因三个极具影响力的看法而更为牢不可破。第一个看法认为商业是有力的文明开化手段，休谟和苏格兰启蒙运动的作家都如此主张。[99]在《国富论》(1776年)中，亚当·斯密极力强调商业自由是获得物质进步的最稳当途径，而康德在其《永久和平论》(Perpetual Peace，1798年)中，则采纳了不受约束的贸易是获得全球和谐的办法这样的见解。[100]不久之后，就有人（例如维多利亚时代的自由贸易论者）主张欧洲引领世界其他地方走向全面自由的贸易，就有人把世界本身视为广大的单一市场。第二个看法则是，启蒙运动思想家格外笃定地认为，人类制度，甚至人类行为，都可以按照"理性"准则予以重建。在这点上，最信心满满的，莫过于英国哲学家边沁。他的功利主义算法（追求最多数人的最大幸福），提供了验证世上任何地方之法律与体制的依据。[101]有了这个算法在手，(来自欧洲的)开明立法者可以比囿于迷信与落伍偏见而愚昧无知的当地人，拟出更好的法律。在他的追随者穆勒（James Mill）眼中，印度史表明"印度教信徒的生活方式、制度、成就已停滞了许多年"（在穆勒看来，这种停滞从公元前30年就开始了）。[102]穆勒还将这一论断粗暴地套用在中国身上。[103]欧洲的点化是印度与中国重新踏上进步之路的唯一指望。第三个看法同样令人震惊。18世纪结束时，欧洲人越来越深信，将其福音传播到全世界，乃是欧洲基督教社会刻不容缓的职责。特别值得注意者，乃是这股传播福音的冲动在新教英国所产生的力量。毕竟英国是欧洲最富强的海上强权，且在1815年时已是称霸南亚的最强大的海权国家。

因此，在18世纪后半叶，对于欧洲在世界舞台上的地位，有一种崭新而独特的观点成形了。认为欧洲文明有其局限和独特之处的观点（均势时代的特色），此时遭扬弃，换成深信欧洲的信念和制度放诸四海皆准的心态。这一自信满满的心态，因领土、贸易、影响力的增加（征服印度就是个鲜明例子）而牢不可破。这心态建立在以下信念之上：欧洲思想已解释了历史各阶段，欧洲科学可以系统地提供了解整个地球所需的所有数据。称雄全球的新心态形成所需的要素这时已经凑齐。

多视角的检视

接下来我们就可以从三个向度评估这场欧亚革命。我们可以看出，这场革命启动了国际关系的大重整，最终促成日不落帝国时代的出现，欧洲取得看来无可动摇的霸权地位。1830年时，这场革命尚未出现。但欧洲人与新欧洲人所建置的大型新桥头堡，以及他们难以捉摸的冲突和征服模式，已产生两个重大结果。第一个是猛然打开北美内陆。（新）欧洲人及其奴隶迅速占领北美内陆，使欧洲经济实力在19世纪中叶时大增。第二个则是欧洲境内战争和南亚境内战争所产生的彼此密切相关的结果，其影响就是打破已使欧洲对亚洲贸易成本升高，使这种贸易的增长陷入持平状态的旧商业帝国体制。一旦英国控制了通往印度、东南亚、中国的海路，结束了印度洋上漫长的海权争霸，就有新一批心怀憧憬的欧洲人前来苏伊士以东的世界闯天下,促进该地区的商业、传教和殖民。"自由贸易"的时代即将来临。

原因之一在于欧洲诸经济体(特别是英国经济体)令人费解的旺盛活力,以及这种活力赋予它们的商业上、科技上的优势。欧洲人将亚洲制造商挤出其原有的出口市场,然后又将他们从自家门口排挤掉(在英国人于印度贩卖他们所制的棉纱时),使过去的制造业对手沦为地位较卑微的原料供应者,但这并非一夕之间就办到的,且从未达到全面击溃的程度。科技变革,特别是蒸汽动力与高能过程的科技变革,开始赋予欧洲人多重优势:更易进入内陆地区(使非沿海国家失去了以往的安全屏障),移动速度加快(特别是部队),传送信息更便捷。到了19世纪40年代,凡是缺乏新型通信技术、运输技术的国家,无一拼得过拥有这些技术,可以长距离动用武力的国家,结果,缺乏这些技术的国家时时处于守势,在战略上受到包围,差不多就和新商业模式使它们在经济上受到包围一样。

事实上,这场正在进行的转变,几乎可以迅速而粗略地概括为欧洲对某个虚构之"中心地带"的逐渐占领,欧洲一旦占领那"中心地带",就可促使世界其他地方的外交和商业朝对欧洲有利的方向发展。(货物、观念、人员的)国际交流大道,已在欧洲势力(例如英国海军)的监控下。在上一节中我们已看到,这种位居世界中心的陶醉感受——自视为文化活力的主要来源、知识的总部、世界贸易的中心、(对福音传播者而言)真理的集大成处——在18世纪结束时,已几乎成为欧洲人共有的感受。就连中国都无法保持其神秘氛围。马戛尔尼爵士在其1794年徒劳无功的任务结束时写道:"中华帝国是一艘老旧不堪的第一流战舰,150年来,侥幸有一连串能干而警觉的军官奋力掌舵,才不致沉没,且纯粹靠其庞大身形和外表唬住四邻。"一旦由才干平庸的人掌舵,那艘船的下场,将会是冲上岸,撞得粉碎。[104]

欧亚世界均势(因而也是整个世界均势)这场大变,何以致之?是否有何支配一切的原因,决定了西欧亚(和附属于它的北美洲)的命运,决定了"世界岛"其他地方的命运?有人认为贸易的增长是最关键的因素,而支持这观点的理由看来似乎也颇有道理。由于分工、专门化、市场扩大,在整个18世纪的欧亚世界,不只出现长距离贸易,还出现商业活动的增长。商业化既是经济现象,也是政治现象、文化现象。商业化动摇了旧习惯,提升了品味,创造出新的不满,使原来的统治者失势,壮大新利益集团的势力。商业化扩展社会结构,使社会结构因不胜负荷而变脆弱。商业化既带来自满,也引发惊恐,而且在最富裕的那些国家里或许最为明显。对新财富的厌恶和对新财富来源的怀疑,在汉诺威王朝晚期的英国营造出新的道德风气,奴隶买卖(在18世纪80年代达到高峰)在这股新风气之下,受到保守而激进的抨击。[105]

根据这个论点,真正紧要之处,乃是欧亚世界有些地区在因应商业化的需求和利用商业化的益处方面,比其他地区更为成功。事实上,国家社会的存亡治乱这项重大议题,可以更准确地描述为统治者能否控制新的财富流,以强化国力,对抗外来攻击。有四个不同的例子,或可说明这个道理。在西北欧,英国政府借由悍然动用海上武力和商业规制,得以让荷兰在大西洋贸易的竞争中败下阵来,得以对英国的新财富课税以支应全球化战争的开销。在欧亚中部,奥斯曼帝国拒斥英国所青睐的重商主义法则,任由航运、贸易(和两者可能带来的收入)落入外国商人与得到外国"保护"的基督徒"黎凡特人"之手。因此到了18世纪80年代,奥斯曼帝国的财政资源逐渐减少或没有着落,而财政资源对于强大国家获取资金是不可或缺的。在印度,有两个地方本有可能出现强盛的重商主义国家。第一个是孟加拉，但毁于1756年至1757年的危机，成为英属东印度公司的经济殖民地。第二个是迈索尔，其政治领袖精明许多，英国花了30年时间，打了3场战争，才灭掉该国。最后一个例子是东亚，在19世纪30年代末之前，面对欧洲势力的进逼，东亚是胜是败仍在未定之天。因为在东亚，中国、日本的统治者保住了其对外贸的掌控，在这点上比欧洲以外的其他地方都要成功。比较不确定的，乃是他们对国内财源的掌控，能否让清廷和江户幕府挡住西方势力的入侵。

但我们不该认为，欧洲以外的国家都已被逼到死角。奥斯曼帝国在19世纪30年代经历了一场恐怖危机，在1833年和1839年差点解体。在这两次事件中，它主要都是靠欧洲列强的干预，才免于覆灭，因为欧洲列强私底下都认同，奥斯曼帝国是达达尼尔、博斯普鲁斯两海峡的守护者，是巴尔干半岛许多地区、安纳托利亚、阿拉伯地区的统治者，其存亡攸关欧洲战后均势能否稳定。马赫穆德二世（约1808—1839年在位）和阿卜杜勒·麦吉德（Abdul Mejid，约1839—1861年在位）利用外部压力，强迫施行旨在强化其对帝国体制的掌控和收回地方权力的改革。[106]讽刺的是，奥斯曼政权最大的威胁并非来自欧洲人，而是来自其叛离的藩属埃及。1805年就已奉奥斯曼中央之命，来到埃及担任总督的穆罕默德·阿里（本身是阿尔巴尼亚裔的马穆鲁克），利用旧制度被拿破仑摧毁后的局势扩大权力。他消灭残余的马穆鲁克势力，收回被税款包收人掌控的土地税收，把埃及的（棉花、谷物）出口改为国家垄断。1816年，他开办了一家纺织厂。[107]一如迈索尔的蒂普苏丹，阿里的目标为建立一个可以掌控该地区的财政-军事国家。1820年，他入侵尼罗河上游地区（今苏丹），在寻找黑奴、为其新军队提供兵员的过程中建立喀土穆。[108]到了19世纪

30年代，他已拥有一支由应征入伍的埃及小农组成的庞大部队，已迫使奥斯曼苏丹承认其"大埃及"（除了埃及本身，还包括叙利亚、克里特岛、苏丹）自治权。若非1839年至1840年欧洲的干预，这个强悍的冒险家和他实行军事体制的国家，很有可能吞并奥斯曼帝国在亚洲的大部分领土。[109] 扩张虽遭阻止，阿里却已将埃及改造为王朝制国家，经济之蓬勃居地区首位。

在伊朗，1747年纳迪尔沙死后，同样出现令人意外的由乱返治现象。纳迪尔沙死后，伊朗陷入群雄割据的状态，最后由其中一名地方势力领袖，即赞德（Zand）部落领袖卡利姆汗（Karim Khan）扫平群雄，统治伊朗西部地区。他并未称王，而以萨法维王朝的一名总督自居（至少名义上是如此），[110] 北部和东部（呼罗珊）仍不在他掌控之中。卡利姆汗死后，内乱再起，但到了18世纪90年代中期，另一个来自北方的突厥化氏族已收复萨法维王朝原有版图的大部分。卡扎尔王朝第一任国王阿迦·穆罕默德（Agha Mohammed）1796年即位。继位的法特·阿里沙（Fath Ali Shah，1797—1834年在位），面对在高加索地区积极扩张的俄国将领，不得不让出格鲁吉亚的宗主权和阿塞拜疆部分地区。阿里沙不甘任人宰割，结果招来1813年、1828年两个丧权辱国的条约。但借由与心怀疑虑的乌里玛有所保留地修好，借由小心翼翼地翻新古老的帝国传统，借由以马基雅弗利式手法对付掌控伊朗大部分地区的桀骜部落，[111] 再加上挑动英国对付俄国以从中渔利的手法越来越纯熟，卡扎尔王朝逆转了内部衰落之势，为改革争取了时间。[112]

在东南亚内陆地区，欧洲人支配一切的时代似乎远未到来。以伊洛瓦底江上游的阿瓦（Ava）为都城的缅甸帝国，在18世纪中叶（大约为普拉西之役发生之时）因境内孟族、掸族叛乱而陷入危机。但该帝国并未分裂，反倒在贡榜王朝统治下，国势复振。[113]1824年至1825年的第一次英缅战争，并非肇因于英国入侵，而是该王朝往北向喜马拉雅山脉扩张而引发的。1750年后，在暹罗可见到类似的王权巩固模式。一如缅甸国王，暹罗的却克里（Chakri）王朝从印度与中国之间的"国家贸易"中获取利润，以扩大势力和文化威望。最引人注目者，乃是1802年在阮朝统治下，分裂已久的越南复归一统。在这些例子里，地方势力割据和冲突（有利于欧洲人入主印度沿海地区和马来群岛的因素）均明显付之阙如。[114]

当然，欧洲的进逼也并不必然是欧洲以外地区扩张的障碍。欧洲的市场和商人，还有欧洲的政治情势，有时反可化为一种优势。马斯喀特的伊玛目就善用这三个外力。该伊玛目所掌控的阿曼地区，控制着波斯湾入口；阿曼商人和水手与东非沿海往来，历史悠久。19世纪20年代时，他们已从莫桑比克的葡萄牙人手里抢走东非沿海的奴隶买卖，并将桑给巴尔打造成吸引英、德、美船只前来的商业中心。中东的奴隶需求和欧洲的象牙需求上升，促使东非大陆地区商业帝国更快壮大。到了19世纪40年代，桑给巴尔已经相当繁荣，致使马斯喀特伊玛目迁都该处。[115]然而自1807年起就一心想摧毁海上奴隶买卖的英国人，为何对该伊玛目特别施恩，未祭出全面禁止买卖奴隶的禁令？因为他对英国的波斯湾海上武力来说是非常有用的盟友，是英国影响伊朗国王的主要渠道。印度总督就提醒道，粗暴禁止他那项有利可图的买卖，可能导致"即使是我们忠诚的老盟友，马斯喀特的伊玛目……都因此与我们疏远"。[116]伊玛目思索其季风帝国的增长时，或许已经想到，那是一股对任何人都没好处的恶风。

最后，我们该瞧一瞧其中最有意思的例子了。有个欧亚大国直至此时，几乎仍未受到欧洲扩张的影响。比起清朝皇帝保护中国的作为，德川幕府厉行锁国，态度更为积极彻底。德川幕府允许少数荷兰商人来到长崎港中的出岛，同意他们偶尔前往江户（似乎是为了一睹野蛮人古怪的言行，从中取乐）；德川幕府还同意与中国进行某种程度的贸易（长崎有中华街）。他们极敌视基督教，视其为颠覆势力，但允许"兰学"（西方知识）在学者圈内有限流通。不过他们对"间谍"活动的提防，已到了被害妄想症的地步。有个前来做科学访问的欧洲人，行李中被搜出日本地图，因此入狱一年；与他有接触的日本人，则遭严刑惩处。

厉行锁国的日本，这时已绝大部分自给自足，对外贸易额极小。国内经济划分为多个自成一体的"藩"，但拥有百万人口的江户（可能是当时世上最大城市），其需求已创造出庞大的内部贸易，特别是粮食贸易。18世纪时，稳定的人口（不似中国人口剧增）和"工业革命"（更集约化的农业和家庭人力投入纺纱、织造）已使经济繁荣程度颇有增长。但也出现某些警讯，显示农业生产这时已逼近极限。恶劣气候导致18世纪80年代的饥荒，经短暂喘息后，19世纪30年代饥荒再现。乡村生活的困苦，使乡村情势越来越动荡。武士的贫困和幕府收入的减少（两者都肇因于农民抗税，使土地税征收困难），引发有关社会体制和政治体制的辩论。雪上加霜的是，18世纪90年代起一连串警讯皆显示，日本长久以来不受欧洲干预的状态已然告终。1792年一支俄国探勘队出现在北海道；10年后，俄罗斯人再度来临，要求同意他们到长崎贸易。更令日本人恐慌的是，1808年一艘英国大型战舰突然来到长崎港，语带恐吓地要求补给，日本人满足其要求后，它才离去。自从18世纪70年代欧洲-大西洋地区局势变动之后，这是江户幕府所收到的第一个有关该变动的警讯。其他的不速之客（前来找水和食物的捕鲸船）则提醒日本人，西方船只已开始在北太平洋逗留，而日本正位于美洲与中国之间的主要航海路线上。但在 19 世纪 40 年代之前，这一切所带来的冲击，出奇地有限。日本学界的主流观点，极力强调"神国"相较于西方蛮人和西方有害思想的内在优越性。不准外国人上岸的禁令，执行得更为严格。[117] 事实表明，日本有利的地缘政治位置——距欧洲势力最远且有中国（欧洲首要的关注对象）为屏障——使日本得以再锁国 20 年（或许是关键的 20 年）。但与时间的赛跑，未来就连日本也躲不掉。

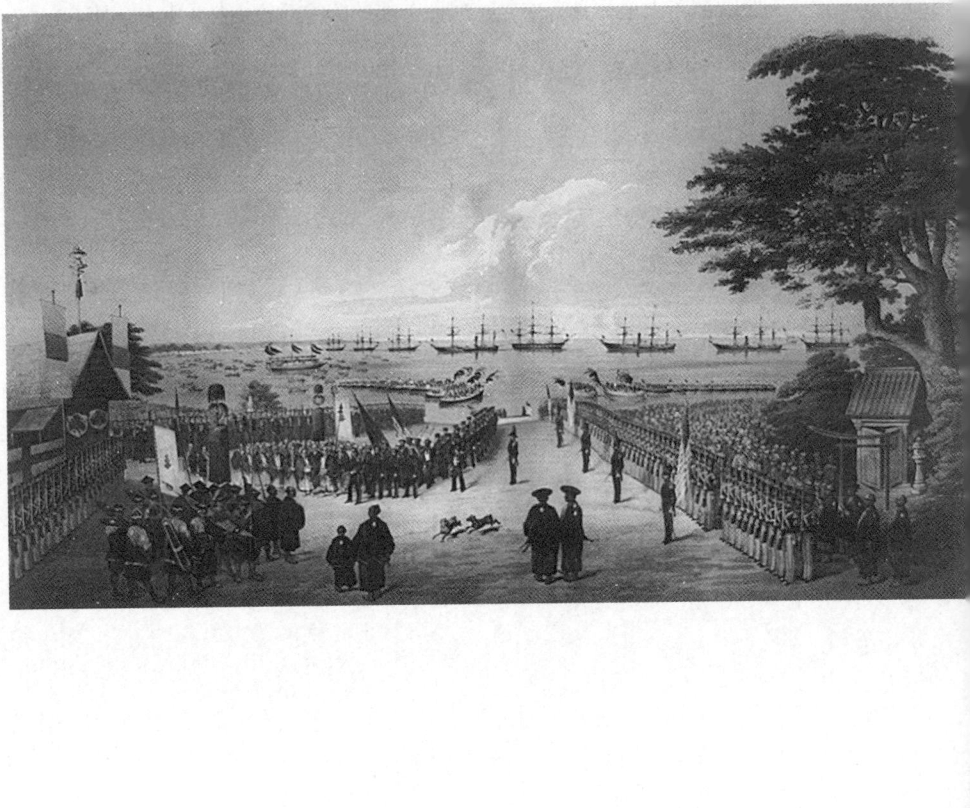

第五章

与时间赛跑
The Race against Time

19 世纪 30 年代到 19 世纪 80 年代
西欧迈向世界经济,亚非争取时间自强

欧亚的时机

那场欧亚革命，已表明诸大陆与诸文明间的关系开始出现剧变，也改变了现代初期世界的地缘政治。俄罗斯人拿下克里米亚半岛时，像撬开牡蛎般打开了奥斯曼帝国的防线，为罗曼诺夫王朝1804年吞并格鲁吉亚攻下了跳板。格鲁吉亚是通往里海地区伊朗诸省的门户，不久，随着《古利斯坦条约》（1813年）、《土库曼查条约》（1828年）的签订，这几省脱离了伊朗卡扎尔王朝的掌控，落入俄罗斯人之手。由于防御能力大不如前，奥斯曼人眼睁睁看着藩属埃及陆续遭法国人、英国人占领，然后在不听中央号令的总督穆罕默德·阿里的统治下形同独立。这一近东地缘战略上的剧变，使奥斯曼人、伊朗人远比以往更无法抵御竞相扩张势力的欧洲列强的进逼。但沦入如此境地者，不只是他们。与此类似的革命性变化在南亚也发生了。以孟加拉为大本营的英国"公司国"，经过50年的战争，在19世纪30年代已成为南亚最强的军事强权。英国这时可以从其孟买港口城市，将势力伸入波斯湾,横越印度洋,进入阿拉伯半岛南部(亚丁于1839年被英国占领)、桑给巴尔和东非。英国人也从东印度和他们在东南亚的据点("海峡殖民地")派出部队,打破清朝的闭关锁国,迫使清朝于1842年开放沿海口岸。

欧洲人入侵亚洲诸国,(在北美殖民地于1783年摆脱英帝国统治之后)深入北美内陆,在南太平洋建立诸多据点,不时进军西非和南非,表明他们已大大摆脱现代世界初期的诸多束缚。我们已看到,欧洲消费者对大西洋商品和亚洲奢侈品的需求,如何刺激出他们的机会主义作风。欧洲宗教界、知识界越来越深信,自己的信念及理念不受民族、文化和宗教的畛域限制,放诸四海皆准,从而为这些征服行动提供了合理化借口,为征服的成功提供了解释,为进攻提供了方针。科技创新使(某些)欧洲人的生产力超过亚洲人,并且使欧洲人不再倚赖从亚洲进口的奢侈品,特别是纺织品和瓷器。到了19世纪30年代,欧洲人已开始秣马厉兵,准备在领土上、商业上、文化上,支配60年前他们还无法染指的地区。那些地区的文明国家曾使位于欧亚另一头的欧洲人敬畏,觉得无法征服。

但即使在19世纪30年代,这一欧洲称雄的局面亦尚未成定论。若非欧洲诸社会改变其在欧洲以外世界施加影响力的做法,以发挥最大影响力,第二轮的发现和入侵,还有欧洲商业扩张、军事扩张背后的技术创新,可能只是池塘里的浪花。若非那些改变,不难想象将会是何种情景:欧洲新一轮扩张将趋缓,或者完全受阻。最有可能的障碍是欧洲内部重启冲突。1815年的维也纳会议,已为拿破仑帝国主义扩张画下句点。但这个不甘心的超级强国是靠欧陆诸国联手才击败的。再加上暴烈革命遗留下的意识形态,外强中干的国家(例如荷兰),失去独立地位的民族(例如波兰),统治中欧、南欧的脆弱王朝(哈布斯堡帝国）——这诸多的因素，使欧陆的和平变得很不乐观。若发生新一轮战争，哪怕只是维持重兵下的和平（冷战），影响都将深远得多。那将会堵住贸易渠道，促使全体回到经济学家马尔萨斯所预测的重商主义自给自足状态，结束英国的工业主义实验。（马尔萨斯说："就目前所知，在现代没有哪个商业、制造大国，赚取到比欧洲其他国家的平均值更高的利润。"）[1]那将使开启1830年后欧洲铁路时代的资本、科技扩散延后。[2]那将使从欧洲往外的移民潮（只有在海上航道安全而征兵不多的时期才可能有的移民潮）中断。事实上，只要19世纪时欧洲爆发总体战争，那个世纪的世界面貌就会改变。届时，一如先前的战争，欧洲诸国会将其争端带进其他大陆。它们必然会找上亚洲诸大国结盟，以壮大自己阵营的声势。事实上，即使英、法、俄三国彼此相安无事时，三国都极力争取奥斯曼人、埃及人、伊朗人、中国人站在自己那一方。亚洲诸国统治者若与欧洲结盟，在军队现代化和政治变革步伐的掌控方面，可能就会顺利许多。与此同时，美洲与澳大利亚的海外"新欧洲人"人数，将会随着他们所倚赖的贸易、资金、人力的流动受阻或停止而不再增长。经过1750年至1830年的巨变之后，世界本来会趋向新均势。受惠于欧洲内部的严重对立，欧亚其他地方人民和"外围世界"许多原住民本来会取得喘息空间，而得以重新侦察、重新武装、改革。

结果，情势的发展却使他们陷入与时间的赛跑之中：要赶在欧洲凭其武力与财富攻破他们的防线前"自强"。欧洲诸社会未重启内斗，反倒偃旗息鼓，在有所提防、有所限制、有所争议的自由主义这个意识形态大旗下，战战兢兢地尝试政治、经济的合作。"大欧洲"出现，把俄国与美国纳进一个广大区域中，而欧洲人面对顽强抵抗的大自然、心怀敌意的原住民或"亚洲"竞争者，升起共同的"欧洲身份"意识（"美国身份"意识与此类似，但属于地方性的），从而缓和了那广大区域里的政治差异及文化差异。那是个至关紧要但未曾在意料之中的发展，欧洲整体实力随之大增，物质力量大幅增强。因为欧洲若要超越旧有的欧亚局限、掌控世界，就得改头换面。它得把身份改换为"西方"。

发明西方

若说从美国西部到俄国东部这一大片北半球地区，在19世纪中叶几十年间，处于由某一强国支配的和平状态下，可能会有人觉得奇怪。毕竟，一下子就可想出六个不符之处。欧洲诸国间战争频频：英、法、奥斯曼帝国打俄国一国的克里米亚战争（1854—1856年），将法国、皮埃蒙特-萨丁尼亚（Piedmont-Sardinia）、那不勒斯、奥地利、普鲁士卷进其中的意大利统一战争（1859—1860年）和德意志统一战争（1866年），丹麦诸公国战争（1864年），1870年至1871年的普法战争。在俄罗斯人与奥斯曼人之间（1877—1878年）、法国人与北非穆斯林人之间、英国人与埃及人之间（1882年），都爆发了欧洲边境战争。时间最长、死伤最惨重的战争，在美洲大陆开打，即1861年至1865年的美国南北内战。战争虽多，死伤虽惨重，但这些战争中没有一个是将"大欧洲"诸国、诸社会全数卷入的总体战争。克里米亚战争有三大强权参战，且差点把第四个强权（奥地利）卷入，但战场实际上局限于黑海和波罗的海。意大利、丹麦、德意志的统一战争，还有普法战争，都是为时不长而规模相对有限的战役，且未直接涉及的强权皆拒绝参战。1877年至1878年的俄国与奥斯曼帝国的战争，从开打到结束，都未引发欧洲列强兵戎相见。美国南北战争未有其他强权卷入，只有在北方联邦封锁"南部同盟"时差点招来英国的干预。

更值得注意的是，这些战争的结果，都未引发争夺大陆霸权或半球霸权的大范围战争。在意大利、德国、美国，这些战争的主要影响，乃是摧毁地区间的藩篱，从而有助于建造内部更团结的民族国家。这些"西方战争"使卷入其中的士兵和平民死伤惨重，但其有限的规模，可能促使人们普遍相信：武装冲突乃是解决国际纷争、"建造民族国家"的可行方法，甚至可能是必要方法。但什么力量使欧洲人未走上互相毁灭的无限战争？毕竟，他们在1815年前曾投身这样的战争，而1914年后又重拾这样的战争，造成更惨重的伤亡。

最重要的影响，乃是1792年后横扫欧洲的大战留给一代人的记忆。由于战役和冲突不断发生，眼前的和平似乎永远不可能持久，再加上革命动乱与军事压迫的经验，战争所揭露的民族国家社会体制可怕的脆弱性，欧洲人普遍形成了一种深刻的印象，不再相信无力维持和平的"旧制度"，以及这时显得极端利己、机会主义和不负责任的旧式外交手法。那表明联手对付看来会威胁整体和平的任何大国，乃是当务之急，也凸显了重建欧洲、使之恢复地缘政治稳定的重要性。1815年的维也纳会议和为保障该会议的协定而制定的"协调体制"，乃是时时以"绝不重蹈覆辙"来惕厉自己的政治家苦心孤诣的成果。[3]

为落实维也纳会议之协定而形成的组织化集体力量旋即瓦解，但"协调体制"的主要原则却维持了许久。那些原则严禁任何足以破坏欧洲五大强国之间均势的片面行为；奥、英、法、普、俄五大国，等于欧洲公共事务的"管理委员会"。如果要更动对欧洲小国的控制权，或变动欧洲王朝制帝国的版图，就必须得到维也纳会议与会五强的集体同意。当然，五大国之间出现纷争时，这项条款即形同具文：1859年法国和皮埃蒙特就利用五大国的不和来对付奥地利，俾斯麦也利用这点先后对付过奥地利和法国。但整体来讲，这一基本准则发挥了极强的约束力。就连一心想控制博斯普鲁斯、达达尼尔两海峡，而常被贬为欧洲外交领域粗鲁无礼之恶熊的俄国，也尊重这项协调理念。俄国对巴尔干的外交作为，远不如英、法批评者口中常描述的那么投机冒进。[4]

"协调体制"能发挥作用，源自自私心态：不只是害怕战争，还对地缘政治变动感到不安。英国领袖有时喜欢哗众取宠，谴责其欧洲邻邦的政治作为，奥地利在意大利北部和匈牙利的镇压，就是其喜欢抨击的靶子之一。但即使帕默斯顿勋爵（Lord Palmerston）这样好战的大臣，通常都偏爱动口而非动手。[5] 一种远比协调原则还要有力的关系，将奥、普、俄统合成未言明的保守联盟。这三国都统治了东欧大片地区，而且对那些地区的统治禁不起任何民族原则的检验。这三国全都有理由担心（特别是在1848年诸革命后），它们之中有任何一国垮掉，都会引爆一场全面的剧变，而在那剧变中，受征服的波兰（遭三国瓜分的波兰）将会第一个揭竿而起，发出最强烈的反抗怒火（1863年波兰人的反抗及时向它们提醒了这一点）。因此，俾斯麦（来自易北河东岸的普鲁士贵族地主）尽管好谈"铁血"，尽管以强权政治闻名于世，却不愿剧烈重组欧洲政治版图。他在1871年所建立的德意志帝国，谨慎保留了德意志邦联的旧邦和君主国，否定了将所有日耳曼人（包括哈布斯堡王朝治下的日耳曼人）统合成单一国家的"大德意志"理想。事实上，在1870年之前，维也纳体系的最大挑战者，不是普鲁士，而是法国。1851年称帝，阴谋推翻奥地利在意大利霸权地位者，就是拿破仑的侄子路易·波拿巴。但即使是法国人（特别是支持路易的农民），都无意发动革命战争，而他们出手干预的吊诡结果，不是如愿在意大利北部扶植出附庸国，而是出现一个纯意大利的地中海对手。十年后的1870年，以欧陆霸主自居的法国，在败给普鲁士大军的色当一役中，残酷地暴露了自己的外强中干。

因此若说19世纪30年代至80年代"西方区"普遍处于和平状态，可能言过其实，但若断言那时期维持了广泛的地缘政治稳定（强权主导下的和平）则不无道理。那稳定带来几个重大结果。第一，英国的海上霸权虽从未稳如泰山，[6]但是"大欧洲"内部（特别是北大西洋）的航海路线，以及欧洲与世界其他地方之间的航海路线，在这段时期始终保持畅通安全。[7]大陆与大陆间可靠而迅捷的往来，以欧洲为中心逐渐扩展的贸易，都与此大有关系。若非海上交通安全可靠，19世纪40年代起投入巨资打造新式汽船船队的现象便不可能出现。第二，欧陆诸国间细心维持的势力平衡，加上英国的海上武力，让北美、南美都不致受到外来干预，美国便得以在不必分心防御外敌的情况下埋头发展。这一天大的好处，使美国得以专心发展经济，自行解决时时可能使美利坚合众国分裂的内部激烈对立（1865年局势平定）。第三，欧洲的外交结构赋予俄、法、英（19世纪80年代之前的"世界性"三强）相当大的自由，允许它们去追求自己在欧陆以外的国家利益，同时又阻止它们走向帝国扩张的混战。1815年后荷兰在东南亚的殖民帝国被谨慎地保留下来，1842年后大部分欧洲国家在中国享有同等的贸易权利和领事权利（主要靠英国以武力取得），说明欧洲列强政府努力避免其在亚洲或"外围世界"的利益彼此激烈碰撞。第四，"大欧洲"的地缘政治稳定，有利于"有限度自由主义"（limited liberalism）这个原本少有人青睐的意识形态在起伏和质疑之中渐渐壮大。

"有限度自由主义"这个主张,似乎也在一群体制各异的国家里受到强烈青睐,从美国这样的人民民主政体,到公民权受限的议会制政府,到位于政治光谱另一端的准神权统治沙皇专制政体。毋庸置疑,欧洲的政治思想家以宣传小册子发起意识形态战争,痛批(或颂扬)君主制、共和制、社会主义、资本主义、无政府主义、帝国主义和其他诸多思想。以这时期欧洲为题的历史著作,生动描述了自由主义者、激进分子、社会主义者,在面对国王、皇帝、贵族、小农根深蒂固的保守心态时,其内心的沮丧。在 1848 年的失败革命中,自由派、激进派、民族主义团体,被有士兵、官员、神职人员支持的保守派敌人击败。但到了 19 世纪 70 年代,欧洲诸国(包括俄国),几乎都至少有了自由主义体制的雏形。

欧洲的自由主义源远流长,但能落实在现实政治里,得归功于 1789 年至 1815 年欧洲那几场政治大危机。该时期的剧变带来双重警讯,显示出即使是最强大的"旧制度"国家,都可能被由下往上涌现的运动推翻。旧式专制政体,抵挡不住人民掀起的动乱。社会稳定和政治稳定,光靠思想单纯的"王位继承正统主义"(回归过去)是无法办到的。第二个警讯同样令人胆战心惊。法国的革命暴力遭到控制,是透过拿破仑的专制统治办到的。拿破仑遗留的东西,有好有坏。拿破仑在建造国家时展现的非凡创意,受到后人赞佩,特别是在意大利和法国两地。这些创意结晶包括法典,对称的行政体系,教育改革,整顿、改善国家的蓝图,还有最重要的,任人唯才的用人作风。但在欧洲其他地方,甚至在法国,拿破仑留给人们最深刻的印象却是野心骇人:铲除和扶植统治者、国家、制度时,手段一贯残酷。自封为皇帝的拿破仑如秋风扫落叶般消灭敌人、称霸欧陆。[8] "旧制度"欧洲如果难以抵御人民动乱,那么在面对"现代"专制政体时,似乎可说只能任其宰割。

19世纪中叶自由主义的核心理念，源自对欧洲这段可怕历史的深刻反省。欲摆脱周而复始的战争、革命周期，就需要政治体制能使国家不管面对人民暴动，还是新当道的专制统治，都能屹立不摇。统治者的"合法性"必须予以强化，他们需要更多族群和利益集团的效忠，他们的仆人和官员必须受到制衡。而理想办法，就是受到代议机构的制衡。这就引出谁来代表谁的问题，最重要的，这引出政府对其公民的社会活动、经济活动应管到何种程度的问题。自由主义对此的解答，乃是自由主义能获得青睐的关键，自由主义政治理论的基本前提。

瑞士裔法国人贡斯当对此有高明而扼要的描述。他的政治著作激烈驳斥革命暴力和拿破仑式独裁。他认为一般人必然反抗对其私人生活和社交生活的干预，官方的独断行为摧毁了人与人之间的互信，而互信是所有社会关系、商业关系的依靠。他将行使公权力的（狭窄）适用领域，和以私人利益的自我调整为主的更广大领域（我们今日所谓的"公民社会"）区分开来。他认为，现代社会太复杂，无法仿照古代城邦的政治方式（先前包括卢梭在内的许多作家所呼吁的典范）来治理。差异、多元、地方观念，乃是稳定与自由的秘诀。第二，负有监督行政部门之责的立法机关成员，应遴选自最不可能助长独断权或最不可能受煽动家鼓惑的人。政治应是有产阶级的保障，而有产阶级将对"穷苦劳动者"施加正面（且富有见识）的影响。有产阶级是公共利益的真正保护者。第三，财产权和其他公民自由，必须受到明确严格的规范保护，暗示了编纂法律与设立执法机关的努力目标。[9]

贡斯当为其自由主义体制提出了一个更为重要的理据：只有该体

制能与社会进步并行不悖。各种独断专行的政府,迟早都会走上整肃异己之路。没有思想自由,任何社会都必然停滞不前,因为观念的表达和交流乃是各种领域进步的依靠。事实上,观念无法自由交流的话,政府本身会几乎不知何去何从。不管是贡斯当,还是追随他的自由主义思想家,都无意促成众声喧哗的观念混乱状态。他们真正在意的,乃是受过教育、观念开明的有产人士,在思想探求上享有自由。因为(他们大概如此认定)这些人才是真正的政治民族,才是自由的捍卫者,才是改善方案的规划者。在他们的指导下,公民社会将不只自由,而且充满活力。

当然,围绕这些观念的论点多如牛毛。以世袭君主为国家元首可靠吗?或者共和制是唯一安稳的代议政体?女人可以是政治民族的一部分,还是说她们的"体弱"是个关键障碍?是商业财富和工业财富使这些财富的拥有者占有政治优势,还是说政治优势只取决于有无地产?宗教是思想自由的敌人还是社会道德的最重要支柱?法律应体现"国家的习俗"(而成为历史探索的题材),还是(如同边沁的"功利主义"信徒所深信的)应使社会摆脱过去的"不散阴魂"的掌控?然后,有了使自由主义大为苦恼的质问(其他问题可能都不会如此让自由主义苦恼):"民族"(共通的种族认同、语言认同,有时还包括宗教认同)的形成,是自由主义体制得以充分运作的基本前提吗?而如果对民族的追求与自由主义纲领的主要原则(思想自由、严格限制政府权力)相冲突,该怎么办?民族主义是高瞻远瞩的意识形态,还是落伍而愚昧的信条(除了在某些得天独厚的"先进"社会)?

引发争辩的同时,自由主义纲领的主要理念,在19世纪30年代至80年代之间,广泛散播到"大欧洲"各地。那并不表示那些理念得到一致的采用。代议制政体在英、法最为根深蒂固,但在英国,贵族仍享有特权(虽然那特权即将成为绝响),而在法国则爆发一次次革命性、拿破仑式的狂热活动。在德语国家普鲁士和奥地利,自由主义理念协助扫除了农奴制残余(1848年),使议会制政体,在德意志帝国、奥匈帝国(从1866年以及1870年至1871年两场战争中诞生的两个中欧大国)里牢牢确立。1860年新诞生的民族国家意大利(拥有民选议会、一套与宗教无关的观念和态度、王权受限的君主制),反映了资产阶级自由主义的希望。在自由主义批评者眼中,19世纪40年代至60年代的新欧洲,似乎沉闷、自私,商业挂帅,物欲横流。托马斯·卡莱尔和马克思就痛批资产阶级对待无产阶级劳工的无情。在抱持百分之百自由主义立场的其他作家眼中,"公众舆论"崛起成为影响民族形成的关键力量,可能会将个人置于流行偏见的重压之下。[10]巴塞尔贵族精英阶层的一员、史学家雅各布·布克哈特就为"旧欧洲"的消失感到遗憾,谴责新欧洲不事思考、拘泥细节、充满官僚习气的心态,以及其认定一切事物必然会不断进步的信念。[11]

在欧洲许多自由主义者眼中,俄国是幸福快乐故事里的异类,沙俄君主制的专制主张,不只在俄国是自由的敌人,在其势力范围内的欧洲属地亦然,但即使俄国都未能免于自由主义理念的影响。贵族阶层里有派有权人士认为,反抗拿破仑的战争,暴露了专制政体的缺陷,显示将帝国建立在农民大众的忠诚这个牢固的基础上,乃是当务之急:在1812年的入侵灾难中,俄国就是靠农民大众的奉献,才得以保住其帝制政权的。他们所憧憬的政权,由来自贵族-绅士阶层且受过良好教育的开明人士来治国理政,并由他们将广大受支配农奴打造成忠贞的民族。1825年"十二月党人"政变失败(十二月党人领袖之一谢尔盖·沃尔孔斯基曾是贡斯当在巴黎的社交沙龙的成员之一，但为时不长），仓促的改革无缘实现，[12] 新沙皇尼古拉一世随之建立长达 30 年的反动政权。十二月党人的支持者被流放西伯利亚，或退入以暗喻、寓言表达思想的文学怀抱中（这种文学将成为俄国的悠久传统）。对贵族阶级的审查、监视更为严密。凡是加入激进团体或革命团体的人，均遭严惩。1849 年，作家陀思妥耶夫斯基因加入某社会主义团体而被判死刑，后来在紧要关头，减刑为流放囚禁于西伯利亚。但在政治表象底下，欲将俄罗斯人重新打造为具有自己民族文学、音乐、艺术的"民族"社群，以取代旧阶级社会（特色是受过教育者讲法语或德语，而俄语是小农的语言）的压力，却急速上升。现代俄罗斯文学的奠基者是普希金（1799—1837 年），其著作典型反映了欲以欧洲理念构思俄罗斯，但又保有俄罗斯自身独特文化和特色的雄心。托尔斯泰的大作，1865 年出版的《战争与和平》，原名《十二月党人》，其背后也怀有同样的雄心。[13] 俄国于克里米亚战争中落败后，新沙皇亚历山大二世（尼古拉一世于 1855 年去世）开始大举改革。

改革的重点在于废除农奴制（1861 年 2 月下令废除）。落后使俄国付出 1856 年战败的代价，而农奴制就是其落后的象征。农奴得到自由，并获得主人庄园的土地，但土地属村社（mir）所共同拥有。设立地方自治机构（zemstvo）是改造乡村社会的一种手段，以让贵族阶级透过该机构在地方扮演"改善乡村生活"的活跃角色。司法改革带来"现代欧洲司法体系"。[14] 陪审团制度得到引进，并设立治安法官（Justices of the Peace）以将现代法律观念传播到乡间。[15] 1863 年颁布的《大学法》，使俄国教授得到与美国教授一样的自由。[16] 审查规定放松了，对个人自由方面较严厉的限制也取消了；1865 年后，甚至可在街上抽烟。许多俄国作家和艺术家以欧洲的方式，坚决保持自身传统的美学特点和道德优越感（英国人也有此习性）。尽管如此，在文学和音乐、自然科学、法律、政治理论方面，俄国与欧洲其他地方越来越接近。在斯拉夫派眼中，"西化派"在文化上向欧洲思想和欧洲作风"卑躬屈膝"的作为，乃是背离传统且不敬神的，即使如此，斯拉夫派仍然认为俄国是个基督教斯拉夫民族国家，且这国家的改革精英将会在精神上、宗教上支持农民大众。拜自由主义改革所赐，报纸广为发行，城市居民识字率提升（19世纪60年代圣彼得堡的识字率已超过55%），[17]俄罗斯文学百花齐放，俄国的文化威望急剧升高，俄国与欧洲其他地方的思想交流大幅增加。

当然，从许多标准来看，俄国仍是个极不自由的社会。俄国仍是专制官僚政治，给予人民的批评自由，给得快，撤得也快。但19世纪60年代的改革，代表沙皇认识到俄国若不想落于其他强权之后，不想放弃自彼得大帝以来就与罗曼诺夫王朝脱离不了关系的欧化大业，就得在一定程度上仿效欧洲自由主义者所颂扬的诸多自由形式。沙皇的改革观念和十二月党人的自由主义，再度表明了俄国的自我定位：以殖民、教化广大亚洲内陆——19世纪俄国最伟大的史学家瓦西里·克柳切夫斯基所谓的大主题——作为历史任务的欧洲国家。[18]因此，当亚历山大二世在国内施行"自由化"政策时，其军人和外交官同时往东亚黑龙江流域的帝国边境前进，深入泛里海中亚地区，就绝非偶然。在此，矛盾之处出现了。欧洲自由主义所揣想的有力社会远景，其进步观和对经济自由的强调，其在西方自由与东方"僵化一致性"之间所做的对比，鼓舞和促使俄国对欧洲的扩张做出贡献（很大的贡献）。但俄罗斯帝国的多民族特质、其社会团结的脆弱性、其薄弱的基础设施，时时在提醒该帝国的统治者：若没有独裁统治这个"钢骨架构"，庞大帝国可能一出现动乱迹象就会崩解。俄国似乎可以是建立在自由主义模式之上的民族国家,也可以是帝国,但不可能两者皆是。

美国是自由主义世界的西翼,一如俄国是其东翼。传统(暨美国)观点下的美国史,特别强调美国孤立于欧洲之外,与欧洲分道扬镳,形成其独特政治传统,形成美国"例外"。欧洲人困在自己的历史里,注定要在王朝斗争、阶级斗争、民族斗争中拼个你死我活,拼出个惨痛而动乱的结果。但美国可以自由创造自己的未来,可以追求自由,而没有"旧世界"不平等、对立的枷锁在身。这种观点下的历史,大部分只是殖民者迷思的浮夸翻版:在19世纪的大部分殖民社会里,在20世纪那些社会的大部分"民族主义"史学著作里,可以见到该迷思各种大同小异的版本。美国的历史其实平凡得多,它是"大欧洲"往西延伸的边陲。

当然,从意识形态来看,美国的确有某些独特之处。1789年至1815年欧洲的大动乱,给欧洲的自由主义留下无法磨灭的深刻影响,而美国宪法在此之前就已制定。美国对行政权的怀疑广为人知,而这主要得归功于18世纪英国的"在野派"(country party)传统,而非贡斯当的自由主义。在欧洲人眼中,拥有辽阔版图(即使在兼并得克萨斯和1846年至1848年的墨西哥战争使领土大增之前)、权力高度下放的美国,几乎谈不上是个国家。美国没有国家层级的外交政策,没有实力够格的陆海军(1815年至美国内战这段时期),还几乎没有政府。1783年后掌控北美洲将近一半地区的英国,不太担心自己的领地遭美国刻意攻击,反而担心当时的美国总统权力太弱,无力防止边境军阀对英国领地的劫掠。欧洲人也困惑、惊恐于美国的民粹主义:(对白人而言)十分普遍的选举权,以及公职(甚至法律官员或司法官员职务)民选的大趋势。英格兰激进人士爱德华·吉本·韦克菲尔德痛批美国社会流动性太强,让人漂浮无根,毫无地方感、传统感和历史感,最重要的是,(他认为)由于缺乏受过教育的有闲精英来指引方向,庸俗化便不可避免。"我看到一群没有古迹、没有历史、没有地方归属感……没有爱乡情怀、没有爱国心的人。"[19] 19 世纪 30 年代走访美国的托克维尔欣赏美国民主政治的惊人活力,但怀疑其民粹主义最终恐怕不利于其思想上的独立。[20] 但美国民主最吊诡的特点,乃是其容忍黑奴存在。这是 1863 年废除奴隶制前,造成英、美关系紧张的主要因素之一,并使大西洋彼岸更加怀疑美国民粹主义乃是欧洲自由主义粗糙、退化的翻版:粗暴、种族歧视、不稳定。英格兰史学家托马斯·巴宾顿·麦考利(Thomas Babington Macaulay)论道,美国西部就像是 17 世纪英国的蛮荒地区,靠刀枪来伸张正义。

当然,民粹主义的缺陷,美国也有许多人注意到。"辉格党"政治人物谴责"杰克逊主义"的扩张心态不顾后果,不尊重与美洲原住民签订的条约,土地改革措施过于粗暴,敌视旧东北地区既有的商业、金融体制。[21] 19 世纪 50 年代,废奴主张的兴起,以及蓄奴州与反蓄奴州对西部控制权的争夺(两方的对立引爆堪萨斯边界战争),催生出标榜"自由土地""自由劳动"而大受欢迎的新意识形态。内战前夕,由林肯筹组的"共和党"联盟统一了东北、中西部地区,联合对抗南方,摧毁了杰克逊主义的残余势力。1865 年北方打赢内战,美国的政治与欧洲的自由主义国家模式差异不再如此鲜明。联邦击垮蓄奴的南方,确立了旧东北地区(美国的工业中心、金融中心)及其大港口城市纽约在美国全国的龙头地位。华尔街银行业的兴起和托拉斯、卡特尔对金融的掌控,创造出一群在政治上和社会上呼风唤雨的新商业巨子。财阀统治(贵族统治的新贵兄弟)降临了。1865 年后的镀金年代[1]，美国政治的腐败，恶名昭彰。马克·吐温挖苦道："我们拥有世上最昂贵的议员。"与此同时，工业雇用人数之多，大城市的急速增长，庞大劳动阶级的出现，"未被占用"之土地（在此之前是理论上能够纾解东岸工业化社会紧张的安全阀）边界的逼近，清楚表明美国虽仍不同于（更自由、更富裕、更安全的）欧洲，却面临与欧洲同样多，甚至类似的政治与社会问题。从美国人对欧洲列强帝国主义扩张的看法逐渐改变一事，就可看出这点。美国人的"反帝国主义"心态，源于殖民社群对帝国统治的普遍敌意，还有对遭第一大城纽约的商人、银行家、船东、供货商剥削的忧心。在19世纪60年代之前，美国南方对英国反蓄奴主张的痛恶，旧东北地区和英国对北美大陆商业霸权和金融霸权的激烈争夺，更加深这一心态。但到了19世纪80年代，旧东北地区已打赢那场争霸战，该地区的精英已开始出现帝国主义心态，社会的观念和态度已远比以往更支持英国社会的观念和态度。英美关系的"大修好"，已是万事俱备。

不容否认，1830年至1880年这50年间，美国人与俄国人、英国人与法国人、德国人与意大利人的政治态度差异很大。但这些差异必须从宏观角度来观照，以给予恰如其分的评价。虽然有种种源自本地传统和不同历史的差异，然而这时期引人注目的特色，乃是"大欧洲"各地区以稳定的步伐，朝某种"广义自由主义"逐渐趋同。这带来数个巨大好处。1815年后的19世纪欧洲，摆脱了17世纪时撕裂欧洲的激烈宗教争议、18世纪时好大喜功而频频引发冲突的王朝野心，也未遭20世纪时带来生灵涂炭、种族屠杀的意识形态战争缠身。意识形态的趋同（迟疑的、局部的、勉强的趋同），使"大欧洲"诸国（19世

---

[1] 镀金年代，Gilded Age，美国南北战争后35年间的繁荣昌盛期，语出马克·吐温的著作。——译者注

纪60年代时已涵盖北半球一半地区的"西方雏形")得以走向与欧亚其他地方、"外围世界"截然不同的命运。这证明它们的进步观和积极进取(广义自由主义所强调的观点)是正确的,并拉大了它们与亚洲"停滞不前诸国"的差异。最重要的是,这赋予施行扩张主义的"大欧洲"诸多社群一份几乎通用的"道路图",可照此来解读、组织、合理化他们与欧洲以外民族的关系。"文明开化使命"(而非使异教徒改信基督教的使命)这种自由主义信念,既打动了美国西部的拓荒人,也打动了俄罗斯帝国的官员(不管以如何粗暴的方式打动)。与欧洲扩张主义者过去所宣扬的意识形态(十字军式帝国主义、重商主义、王朝专制主义)不同,事实证明,广义自由主义至少极受部分被殖民者欣赏。它的价值观(似乎)得到了普遍的欢迎:它们在印度、中国、非洲、阿拉伯精英当中受欢迎的程度,几乎和受欧洲人欢迎的程度相当。在此,欧洲人的扩张势力呈现出令人吃惊而前所未有的第三面向。那使他们(也就是搞起意识形态政治,手法较高明的人)在西方以外的世界里寻找结盟对象时,有了一个灵活的新武器;那有助于欧洲人打开用其他威逼利诱手法都打不开的社会;那是(或者说后来在其愤怒的仇敌眼中是)欧洲帝国主义的特洛伊木马。

迈向世界经济

有种观点认为,在19世纪中叶促成全世界改变的最有力因素,乃是欧洲人远比以往更能深入亚洲、非洲、南美洲及太平洋诸经济体。这一点可以展开谈一谈。欧洲人渴望交易更多商品,找出新市场,找到"新"产品和大宗商品,并将全球商业都卷入以西方各大港口城市(伦敦、利物浦、汉堡、波尔多、马赛、纽约)为中心的广阔网络,这些需求乃是促使"世界经济"(单一的全球贸易体系)在19世纪60年代至80年代逐渐形成的最大动力。在19世纪40年代经济萧条到70年代中期经济大幅衰退之间,出现了一个商品价格稳步增长的时期,也是原料需求不断上升的时期。当然,世上仍有大片地区因为交通不便、经济落后,或是因为内部政治或宗教的严格控制而无法与外界接触,未被拉入国际商业的影响范围之中。"世界经济"的关键特征不在于国际贸易的普遍性,而在于它如何瓦解那些更古老的地区贸易、价格与信贷体系,以及地方商人势力的阶层组织(例如东非沿海阿拉伯商人获得财富与权力的组织形式)。"世界经济"出现后,奢侈品不再是唯一的贸易商品。1880年左右,基本商品(例如谷物)的价格已由它们在世界市场上的成本决定,[22] 信贷与商业投资的供应,反映了国际需求(而不只是地区需求)的程度:西式商业银行出现在亚洲、拉丁美洲部分地区,便体现了这种改变。以西方为基地的航运者、商人、银行家及保险业者,往往使地区性商人精英在国际贸易中失势,或将他们纳入掌控。[23]

普遍的和平与意识形态上很大程度的趋同,乃是崛起的西方得以确立其经济霸权、打造出符合其需求的世界经济的两大关键因素;但西方诸国之间经济的日益整合,也是关键因素。没有这个因素,国际贸易的数量与金额,几乎不可能大幅增长。从1820年至1913年,国际贸易量增长了24倍,增长速度最快的时期则是1840年至1870年。国际市场能有更大范围的整合,大体上归功于西方本身已在很大程度上成为单一经济区。[24]

这一主张背后的理由,稍后会探讨。但首先我们应注意到,即使在世界贸易以惊人之高速增长的时期,国际贸易最突出的特色仍表现在西方诸国之间的贸易量上面。1876年至1880年,欧洲与北美的出口占了世界出口的 76%，其进口则占了在国际贸易领域流通之进口品的 77%。[25] 英国是 19 世纪最大的贸易国。1850、1860、1880 年，英国与欧陆、北美的贸易占了其对外贸易的六成多，剩下的三成多则落在与亚洲、非洲、南美洲及太平洋地区的贸易上。[26] 光是英国与美国的贸易，就比其与整个亚洲的贸易多了五分之一：1880 年，英国来自美国的进口额，就与英国和亚洲的整个贸易额相当。[27] 这一模式也不令人意外。地理上的邻近，可以在一定程度上说明这个现象：毕竟，英国若未与较近的国家有较大比重的贸易往来，反倒会令人觉得奇怪。但英国与隔着大洋、相距约 5 000 公里的美国的贸易，比其与法国、比利时、荷兰三国的贸易总和还要多，尽管这三个国家在人口、商业发展方面与英国相当。推动贸易并塑造这商业关系模式的因素，乃是专门化。在最有利可图的领域追求最大产量，乃是获得财富的法门，但那需要贸易伙伴间高度互赖才行。促成专门化的积极因素，乃是交通、通信的快速、可靠、便宜。"大欧洲"诸国就靠这个，取得凌驾欧亚其他地方和"外围世界"的决定性优势。

电报（传送商业情报，特别是价格信息）还有汽轮（最初主要用于运送邮件和乘客）的快速普及，从 19 世纪 30、40 年代以后协助统合了从密西西比河到乌拉尔山脉之间这整片广大区域。电报问世后，通讯社跟着诞生：哈瓦斯（Havas，总部设于巴黎）成立于 1835 年，纽约的美联社成立于 1848 年，伦敦的路透社成立于 1851 年。[28] 但促成经济连成一体的最有力工具，无疑是铁路。随着铁路运输越来越有效率，铺设铁路的地区得到了发展。在没有水道可倚赖的地方，铁路能将陆上运输成本减少高达八成。原本只能依靠自给自足经济的地区（因为陆路的散装运输，距离一超过 30 公里，就无利润可言），从此得以将其产物运送到更遥远的市场。依赖关系和专门化（经济增长的双重因素）变得可行。因此，透过铁路里程的长短，可看出经济整合的程度和经济整合带来多大的好处。在这方面，亚非与西方的差距非常惊人。1850年，西方诸国有将近4万公里的铁路线，亚、非、拉丁美洲加起来则只有400公里。[29] 1860年，这数据变成10.5万公里比2 900公里。即使在1880年，英国统治下的印度正大举铺设铁路之时，西方诸国的铁路公里数（约33.8万公里）仍比世界其他地方的总和多出9倍。1870年（到1890年），"大欧洲"里发展程度最低的大国俄国，其铁路公里数仍比人口多出它两倍的印度还要多。1890年时，中国境内几乎没有铁路。

金融基础设施的兴建，与将货物快速而低成本地运送于西方诸国之间的能力，起了相辅相成的作用。越来越多招商银行和金融机构兴起，以提供长距离贸易所需的资金。伦敦提供的借贷工具（"伦敦票据"），成为国际商业的通用货币。伦敦、巴黎的银行家（罗斯柴尔德家族在两地均开有银行）成为募集外国贷款的中间人——最初主要给欧洲、美国的政府提供服务，但到了约1860年时，为私人企业（特别是铁路建设公司）提供的服务亦逐渐增多。1856年后，俄国政府转而倚赖外国（主要是法国）投资人取得现代化改革所需的资金。证券交易所成立了，商业银行也开始出现。[30] 在欧洲、北美以外的地区，这几种金融关系似乎只在贸易往来特别频繁的某些飞地，或金融体制受帝国强权监管的殖民地（例如印度）才可能出现。

运输、金融方面抢先一步的发展，有助于说明为何西方诸国间的贸易占了世界贸易如此大的比重。还有一个因素，帮助"大欧洲"成为世上商业活动最频繁的地区，那就是人力资本的回报。1830年后，欧洲的人口外移从涓涓细流逐渐扩大，到了19世纪50年代已成洪水一般。1850年至1880年间有800多万名欧洲人移出，其中绝大部分移往美国。这股庞大的移民潮,带来双重影响。这纾解了"旧世界"乡村人口过密的压力,将"旧世界"过多的人口转移到贫困移民可成为大批生产者和消费者的地区。其次,欧洲的工匠技艺(因为并非所有移民都是穷人)透过人口外移,传播到格外有利于发展的环境中,为美国(19世纪80年代最大经济体)的经济增长,注入了新动力。

美国就是靠这个独特的经济增长模式,成为欧洲世界极有价值的延伸部的。美国最引人注目的特点,在于其拥有广大的"无主"土地,等着白人移民和(在1865年之前的南方)他们的黑奴组成的机动部队来开发。透过武力或透过向其他声称拥有土地者(法国人、墨西哥人、印第安人)购买来取得土地,成本低得惊人。美国的农地有"储存〔千万年〕的肥沃地力"可供挥霍,只需一丁点儿的劳作和照料(以欧亚标准来看)就能有收成,所以美国农业的收入非常高,即使在1830年,美国农业的生产力都比英国(广施化肥耕作法的发源地)要高上一半,比欧陆高上三倍。[31]迅速占领这些丰饶的土地后,美国将产品源源不断地输往大西洋彼岸的欧洲,并同样源源不绝地从欧洲进口产品。1840年后美国的出口有七成输往欧洲,进口有六成来自欧洲。[32]这种贸易是欧洲最富裕地区(大西洋沿岸地区)得以日益繁荣的大功臣之一。欧洲最富裕的国家英国,1860年时与美国的贸易量,比与北欧或西欧最富裕国家的贸易量都要大。[33]资本和技术(特别是工程技术)乃是从"大西洋欧洲"(英、法、比、荷)往东、往南扩散到欧陆其他地方的。[34]但美国这个"意外得到的宝地"能为欧洲带来如此特别的帮助,靠的是美国人自己在自身增长的速度和规模上所付出的努力。

理论上,开垦如此广大的未开发区,(除了土地成本还)需要承受巨大的(运输)投资负担,大量供应制造品(工具和消费品),通过复杂的商业网络让农民取得贷款和将农民的货物运往市场。19 世纪 80 年代以前的拉丁美洲经济史，表明了"新国家"的发展可以缓慢和不稳到何种程度。但美国的经济发展，与此截然不同。从独立之初（事实上甚至在独立之前），美国的商业活动（集中在费城、波士顿、纽约、查尔斯顿四个港口城市）在复杂程度和效率方面就已与西欧不相上下了。独立战争之后，美国商人与英国贸易伙伴的往来仍与革命前一样密切。他们在借放款方面和英国商人一样内行，而这新共和国的投机风气，可能已使金融冒险的习性比在"旧世界"还要普遍。因此，外资（主要是英国资金）虽然在铁路建设的融资领域扮演了关键角色，但打造现代经济体（美国的陆地面积从 1790 年到 1850 年增加了两倍）所需的巨额资金有 90% 多（可能高达 95%）由美国人自己供应。[35] 纽约崛起为美国最大港口（到 1860 年时美国已有三分之二的进口与三分之一的出口经由该港进行），成了商业大都市以及市场情报与金融权力（由于银行数量剧增）的中枢。到了内战前夕，纽约人口已增加到 80 多万，城区规模已渐渐和伦敦不相上下。凭借着自信满满的商业精英（包括海外人脉深厚的奥古斯特·贝尔蒙特这样的移民），深入内陆的运河与铁路，以及大西洋沿岸南北向的航运线路，纽约得以掌握充足的专业人员、情报与资源，从而取得国内投资优势，并在海外信贷中实现最大限度的杠杆效应。纽约市的兴起，意味着美国这个充满活力的庞大经济体，其商业、金融需求在很大程度上可以在内部得到满足。[36]

再者，美国经济虽以农业为主，但并不完全倚赖欧洲的制造品。从立国之初，美国就有可观的工业生产力，只是在 19 世纪 60 年代之前，那生产力有很大部分是通过作坊而非工厂组织起来的。1830 年，美国的工业产量就已和比利时、瑞士并居世界第二，仅次于英国，胜过法国。[37]到了1850年，美国的国民生产总值，已有约22%来自制造业和矿业（英国的相应数据是34%）。[38]包括新英格兰、纽约、宾夕法尼亚在内的旧东北地区，在美国如同英国的兰开夏、约克郡和英格兰中部地区。这地区的生产，越来越能满足庞大农业部门（到了1851年，塞勒斯·麦考密克所经营的芝加哥工厂，一年已能生产1000部收割机）的需求，[39]和激增人口（从19世纪30年代的不到1500万人增加为19世纪70年代的超过4400万人）的需求，同时越来越不需要倚赖英国和欧陆的工业生产。1854年至1880年间，英国来自美国的进口额，从7700万英镑增加为1.07亿英镑；输往美国的出口额，增长则较和缓，从2100万英镑增加为3100万英镑。[40]

这时应该就可以看出，在欧洲崛起成为欧亚霸主的过程中，在"大欧洲"称霸全球之路上，美国扮演了何等举足轻重的角色。传统观点在叙述欧洲19世纪的帝国主义时，总把美国排除在外，认为它是在1898年美西战争时才进入这个舞台的。事实上，美国独特的发展过程，对19世纪欧洲的帝国主义扩张影响极大。美国尽管农业开发区极其广阔，但实际上是其工业实力及金融实力使它成为推动欧洲扩张与整合的大西洋"核心"的一部分。美国的对外贸易，协助其大西洋伙伴致富，却未消耗伙伴太多的可用资本。美国在农业、采矿、水力、铁路方面的技术创新，轻易就扩散到欧洲人扩张时占领的其他地区。电报是美国人发明的，对欧洲人征服亚非贡献极大的其他三样工具（加特林机枪、马克沁机枪、塞缪尔·科尔特所发明的左轮手枪）亦然。美国人在通信和武器方面的创新发明，大大增加了欧洲人殖民时所能使用的工具。但在美国经济史里，或许有个关键因素发挥了更具决定性的影响。

在几乎整个19世纪中，原棉都是美国出口的大宗，在1830年至

第五章 与时间赛跑 243

1860年间占了总出口的一半，直到1913年还占了四分之一。[41] 1830年后，随着"棉花王国"在佐治亚、亚拉巴马、密西西比三州诞生，在种植园奴隶制的推动下，棉花产量激增。棉花贸易是美国经济的润滑剂，也是纽约得以成为商业龙头的保障。美国棉花的最大消费市场是英国兰开夏的纺织厂。价格低廉、稳定且数量庞大的棉花供应，以及自动纺织机的发明，使兰开夏成为世界纺织工厂，其产品攻占了几乎所有未受保护的市场。棉织品是英国初次打进亚洲市场的攻城槌，但在中国市场，英国还用上了鸦片这个锋利的武器。掠夺的时代谢幕后，英国立刻就凭借印度市场对棉织品的需求，将印度变成自己的庞大经济资产——印度成了被英国掌控的市场，英国不允许它自治，以免它设立关税。掌控印度之后，英国成为从苏伊士到上海，乃至印度洋周边地区的军事霸主。"棉花王国"及其蓄奴体制，兰开夏纺织业，还有英国在印度的统治，都被一种独特的共生关系紧密连接起来。在这方面，一如在其他领域，美国人不论在政治立场上如何"反殖民"，都是欧洲在亚非扩张中不可或缺的幕后伙伴。

"大欧洲"的边界地区

"大欧洲"在地缘政治、意识形态、经济上的特色，促使它在1830年后成为一个规模比先前几个世纪大得多的庞大扩张主义综合体。航海大发现成就非凡。欧洲人能闯入印度洋的贸易世界，是拜其强大的海陆军技术所赐。拿下前哥伦布时期美洲几个富产矿物的国家，则是大胆的劫掠行动带来的惊人回报。以奴隶、金银和蔗糖生产为基础建立的大西洋经济，则体现了大西洋欧洲在远距离贸易和长期信贷方面超前的发展，如何为欧洲经济增添一个可带来超高利润的附属经济区。但这对于欧洲人在全世界的影响力，尤其是在欧亚其他地方的影响力，一直未有决定性的影响，直到 1750 年后发生欧亚革命。在亚洲诸海域，欧洲人之前曾以"经商战士"的身份找到合适的栖身之所，在亚洲诸国的海岸线外以侵略性姿态巡航。在陆地上，欧洲人也连续猛攻奥斯曼、伊朗两帝国的大门。欧洲人的奴隶买卖对非洲商业和人口所带来的冲击，远及西非、安哥拉、刚果河流域的内陆地带，然而在几乎整个非洲地区，直接派驻的欧洲人少之又少。

在 1750 年后的动乱时期，欧洲扩张遭遇的许多地理限制和某些商业限制开始消失。欧洲人在印度、中国、太平洋乃至热带非洲，窥见了许多大好新机会。其中热带非洲是通过蒙哥·帕克（Mungo Park）的《西非游记》让英国人认识的。亚历山大·麦肯齐（Alexander Mackenzie）横越今日加拿大，梅里韦泽·刘易斯（Meriwether Lewis）和威廉·克拉克（William Clark）在 1803 年至 1806 年完成从今日匹兹堡横越到太平洋沿岸的壮举，[42] 德国伟大地理学家洪堡则横越了南美洲，这些行动使欧洲人对南北美洲不再只是熟悉其轮廓，而对其细部一无所知。求知热情滚滚而起，贪婪的憧憬倍增。但要到 1830 年后，欧洲人才开始强化他们对其他大陆的掌控，为拿下 19 世纪 80 年代时已似乎是他们囊中之物的全球霸权铺下坦途。

这样的大规模扩张，有三个主要的动力来源：文化、商业以及人口。如同第四章提到的，在欧亚革命时期大为勃兴的，不在于欧洲人对世界其他地方的好奇，反倒在于欧洲人用来搜集信息的工具，在于可以吸纳新知识的思想架构的组建。休谟、亚当·斯密、边沁、穆勒（其《印度史》于 1817 年问世）等人，针对社会进步、商业进步、文化进步提出看似言之有理的新普遍性进步模式，使人们不再怀疑欧洲人是否有能力（和权利）大幅改造他们所闯入或潜入的异质社会。18

世纪下半叶，来到印度的早期英国征服者仍震慑于南亚次大陆文化的悠久性和复杂性。到了1800年后，这态度被强烈的自信所取代，英国征服者转而认定，印度的思想体系和那些体系所支持的社会习俗，都是堕落的或过时的，都应视情况予以忽视或根除。在新的求知热情的驱使下，欧洲人往往将非欧洲民族的观念批得一文不值，而在背后推动这种热情的乃是一股力量，这股力量即使不是在欧洲历史上首次出现，至少也正处于彻底复兴的阵痛期：四处传教的基督教。

到了1830年，传教士已成为传播欧洲影响力的积极媒介，甚至是无所不在的媒介，但在某些方面，传教士又是充满矛盾的媒介。这时欧洲境内的传教事业，已因为对启蒙运动理性主义的反弹心理，因为革命战争的恐怖经历，因为社会、经济急速变迁所唤起的道德不安（这在英国最为明显）而再度兴起。借由直接行动或透过传教会来拯救异教徒的福音使命，纾解了躁动不安的宗教焦虑。但在非洲内陆、中国沿海地区［郭士立（亦译郭实腊）是最早来此传播福音者之一］和偏远的新西兰，传教士既是宗教使节，也是欧洲的眼线。他们的信件、报告、援助请求、巡回募款、传教性"报纸"和宣传性自传，促使国内的意见化为行动：募更多款，催促政治人物干预，乃至吞并。一如在新西兰所见，其动机往往是要保护一群新皈依者或极有可能皈依者，以免他们受到堕落的欧洲人（贩卖兰姆酒或买春）的掠夺活动侵害或（一如在东非所见）遭到奴隶贩子的毒手。所有传教士暨宣传家中，成就最杰出者是大卫·利文斯通（David Livingstone）。他在维多利亚时代英国所享有的崇敬，说明了这种落实于具体行动的宗教狂热是如何打动人心的。

就连传教士都借助商业变迁之力推动其传教事业，若非如此，他们的影响力会小得多，活动和资源也会少得多。事实上，郭士立或亨利·威廉斯（在新西兰）之类的传教士，乐于让传教与做生意相结合。郭士立布道时就兼卖鸦片。欧洲（特别是英国）商人及其工业供货商，要求进入一度封闭的非洲、亚洲、美洲市场，并向当地政府施压，若有必要，以武力强行进入。商人游说团体已在1813年和1833年先后打破东印度公司对印度和中国由来已久的贸易垄断。商人的压力促使伦敦打了第一场鸦片战争（1840—1842年），然后，通过1842年的《南京条约》，使中国首次真正对欧洲开放通商。靠着正在工业化的欧洲所生产的商品（特别是机器制造的纺织品），欧洲商人终于有了几乎无处不受欢迎的商品，因为便宜的棉布乃是几乎任何地方都有销路的消费品，甚至能与当地工匠竞争。唯一的条件，就是要有"开放"的市场，让欧洲货在不受关税阻碍和不被官方禁止的情况下自由贩卖。欧洲商人最在意的是"自由贸易"，而非征服或政治统治。

这种商业优先的心理，有助于解释1830年后西方扩张的独特模式。欧洲人欲将市场"全球化"、欲贩卖自家制造品、欲载满船货返国的念头，在世界许多地方，创造出一种远远谈不上殖民统治的新型商业控制方式。商人及其所属政府，常借由与当地统治者或精英谈成对彼此有利或看来对彼此有利的协议，取得入境经商权。毕竟，商人也必须买进货物，才能贩卖货物。商人给控制当地之人带来的好处，乃是为其因当地土地充足且农产品便宜而无法在附近卖掉的农产品提供市场。原本只能经营自给自足经济的地主，只要愿意种欧洲人会买的作物，从此就可以当消费者，购买衣服、家具、铁制品、食品杂货（如茶或咖啡）、工具。在这种商业协议运作最顺畅的地区，例如拉丁美洲部分地区，欧洲诸国几无动机策划征服行动。在当地人短期内无意合作而当地统治者又决心禁止或严格管制外贸的地方（最著名的例子是中国），被利益驱使的商人们便会要求本国政府采取行动。但即使在中国（英国政府强行打开通商门户的地方），这种强行干预行动（在1840年至1842年和1856年至1860年的两场鸦片战争中）也只是在中国沿海和长江沿岸地区开辟出一连串孤立的"条约口岸"。在这些地方，欧洲人享有自由贸易特权，但在19世纪70年代，想要深入中国内陆，仍然难似登天。

事实上，在西方以外的许多地区，欧洲商人不得不接受一种粗略而现成的分工。在欧洲商人无法进入内陆的地区（被本地商人逼赶，或因货币、信贷、销售的难题而无法进入），一如在中国和非洲内陆常见的，欧洲商人除了倚赖当地中间人，几无其他选择。欧洲商人待在沿岸的货栈里，或沿海航行（在西非常见的做法）。[43]在印度（1850年前殖民统治范围急速扩大的地区），细部做法有所不同，但模式类似。"代理行"（1835年时加尔各答有47所代理行）里的英国商人，专注于主要港口城市的进出口贸易，同时满足内陆地区寥寥可数的外国人的需求，但他们基本无意打入内地贸易或庞大的农业经济。商业失败的风险，几乎无一处不高。极端气候、不可靠的情报、易波动的货币、海难和政治动乱，皆增加了长距离贸易原本就有的一般风险，因此印度、中国境内欧洲商行的"阵亡率"甚高。这是商业开拓者发光发热而祸福难料的时代，他们航行于东方海域，寻找可满载而归的货物，这情景在小说家约瑟夫·康拉德的生花之笔下活灵活现。

尽管风险如此之大，欧洲的贸易势力在1830年后的50年里，还是以稳健步伐逐渐深入亚非。在东亚，第一批大量涌入的商人落脚于香港。香港是第一次鸦片战争后，英国在中国侵占的土地，作为英国人在中国沿海安全栖身之地。受鸦片贸易的暴利吸引，到1860年，在香港设立的英国商行已有40多家。[44]此外还有来自孟买的帕西商人，以及少许其他欧洲人和美国人。第二次鸦片战争后,通商口岸数量大增,欧洲人在中国大都市内部(或附近)建造带有公园、广场、银行和办公机构的欧式小镇,形成聚居区。这时,上海已成为中国真正的贸易中心,欧洲、美国的货物进入中国的主要港口。这时,欧、亚之间正快速形成一条大干道,上海就位于那干道的东端。干道沿线经过孟买、科伦坡、仰光(作为稻米、木材贸易中心正快速发展),穿过新加坡这个海上十字路口。新加坡城在 1819 年才创立,但到了 19 世纪 70 年代,人口已超过 10 万。[45]

1840 年后,欧、亚之间出现大体上规律而快速的通信网络,反映了这种商业增长。那一年,英国铁行轮船公司(Peninsular and Oriental Steam Navigation Company,简称 P&O)取得伦敦、亚历山大之间邮务专营的皇家特许权。两年后,该公司获准在苏伊士、斯里兰卡、马德拉斯、加尔各答之间开展邮递业务;到了 1845 年,该公司的业务范围扩及新加坡和中国。19 世纪 60、70 年代,印度、中国透过电报与欧洲相连。但最大的改变来自 1869 年苏伊士运河的开通。该运河使前往印度的海上航程缩短了数星期,加速了人员、邮件的运送,打破了原本似乎将欧洲与"东方世界"隔开的障碍(既是有形的天然障碍,也是心理障碍)。约瑟夫·康拉德在 1902 年写道:"打穿苏伊士地峡,就像打掉水坝,让无数新的船只、人员与贸易方式不断涌入东方。"[46] 由于进出欧洲更为方便了,商人对原本不在主航路沿线的地区产生了兴趣。原本只有阿拉伯独桅帆船往来的波斯湾和东非沿海地区,也开始吸引那些以孟买为贸易总部的英国商人。[47]一道新的商业前线已然开辟。

但这时仍无多少迹象显示,这些活跃的商业活动能够扩大欧洲人在亚非的统治范围。以英国人为先驱的欧洲人取得飞地、基地、要塞、

第五章 与时间赛跑

贸易中心，例如亚丁、新加坡、西贡、香港、拉各斯（Lagos）或塞内加尔的圣路易斯。欧洲人的商业活动和政治影响力，从各种桥头堡向外辐射。他们与当地人签订条约（或强迫他们接受条约），禁止奴隶买卖或根除海盗。这些潜在的保护国会支持那些顺服的本土统治者，但结果往往并不明确或不如人意。但在19世纪80年代以前，似乎没有哪个全面的帝国瓜分计划看起来能令人满意、有必要或是切实可行。主要的例外，出现在印度（这里的条件比较特殊）、接近俄国里海诸省的中亚部分地区、非洲的西北端与最南端，以及东南亚。在东南亚，英国人、法国人、荷兰人艰难地进入马来半岛、中南半岛，以及马来群岛的"外围诸岛"。这些"不确定的帝国"在19世纪80年代新的全球环境中版图大增，开启了西方称霸世界的巅峰时期（直到1914年才结束）。

在世界许多地区（欧洲人与非洲人、亚洲人互动的区域，而非有意兼并的区域），"大欧洲"的边界模糊而不明确。传教士和商人的扩张，不管是为神还是为利，都得倚赖当地人的合作。但它们绝非欧洲扩张的唯一舞台或最重要舞台。一直到1880年及其后许久，欧洲最活跃的都是人口的扩张，即定居边界的扩张。这方面的扩张幅度惊人。1830年，美国的白人移民已拓殖到密西西比河。到了1880年，他们已征服或占领日后美国四十八州（阿拉斯加和夏威夷除外）的几乎全境。在加拿大，移民已占领东部耕地，准备挺进大平原（后来拖了好久才付诸行动）。在澳大利亚，19世纪80年代时，大部分可供耕种或牧羊的地方已被225万名移民占据，只剩干燥、辽阔的内陆依然荒无人烟。在新西兰，欧洲人于1840年才开始拓殖，但到了1880年，除了北岛的毛利人据点外，大部分可用地都已被欧洲人占领。在上述地方，大量涌入的白人移民，赶走了他们遇到的任何住民：移走或赶走原住民，把他们圈入"保留区",往往毁掉他们的生计,使他们只能依赖白人的施舍过活。1880年后,只剩四个区域可供欧洲人大规模殖民:加拿大大平原、阿根廷潘帕斯草原、巴西南部的温带地区、西伯利亚。在第五个地区,也就是被全力打造成"白人家园"的南部非洲,白人能支配黑人族群,但人数太少,无法赶走黑人,或者说如果没有黑人提供劳力,白人就无法生活。在第六个地区,也就是非洲地中海沿岸,欧洲人的殖民地从始(1830年)至终(1962年)都是法国以武力留下后遗症的被冷落地区。

这规模宏大的扩张运动,永远改变了全球的经济、政治、文化版图。到19世纪结束时,就连清醒的评论家,都可能推断未来是欧洲人的天下。据英国杰出统计学家罗伯特·吉芬爵士(Sir Robert Giffen)的估算,1800年时"新""旧"欧洲的人口已有1.7亿,到了1880年则是4亿。相比之下,除了印度,"欧洲人之外的人种一直停滞不前……文明的力量,碰上黑色、黄色人种的力量,已几乎是所向无敌"。[48]他认为,到了公元2000年,"欧洲人"会有15亿到20亿,中国人则只会有4亿。吉芬大大高估了"大欧洲"未来的人数,但当时其人口剧增是千真万确的。不过在1800年,除了在北美洲东部部分地区之外,欧洲人的领土大掠夺,其实只是一连串的领土主张,移民定居那些土地,仍只是脑海里的盘算而已。那么这种移民定居活动为何发生,如何发生,又为什么、靠什么进展得这么快?

欧洲人口扩张的先决条件,乃是有许许多多欧洲人想离开家乡,并有这样做的自由。1880年之前的移民,大部分来自可轻易抵达大西洋诸港的欧洲地区,绝非偶然。但这不可能是唯一的理由,因为来自法国的移民,乃至来自西班牙的移民,在19世纪末期之前少之又少。人之所以会想离开家乡,乃是因为预期在家乡生存困难,而海外有谋生机会。在 19 世纪最后几十年之前，不列颠群岛一直是移民的主要来源，而且在 1914 年之前一直是最大来源。不列颠群岛也是最早受到工业主义带来的社会经济变革影响的欧洲地区。土地使用上的改变（例如将苏格兰收益微薄的耕地转为牧场）把人赶离家园，赶进城镇或赶往海外。在英格兰部分地区，古老乡村产业的没落带来类似影响。而在不列颠群岛，并没有（如法国那样）由农村构成的广大腹地，以吸纳这些失业者或未充分就业者。最悲惨的情况出现在爱尔兰，1845 年后爆发的可怕饥荒，夺走约 200 万人的性命，迫使数百万人离开家园，其中有些人移到英国本土。这些人既已离开家园，来到英国城市后再移往美国（大部分人）或澳大利亚（一些人），也就较无眷恋。海上航路安全，没有阻止移民的法律规定。而且这时候的运输体系可将大批乘客运到港口，再以快速而低成本的方式将他们载到大西洋彼岸。

通过这种方式，工业主义的实体成果促使人迁徙，然后又帮助人迁徙。工业主义的社会影响、文化影响，也发挥了作用。被迫离乡的人，有许多先落脚于英国的城市。如果城市环境是另一种面貌，且更有安全保障，可能会有较多人留下。但实际上，城市里勃兴的是流动文化，那种文化靠移民经纪人、航运企业、移民会社、土地公司和虔诚宗教信徒的热烈鼓吹而兴盛不衰，且靠印刷品（工业主义的另一个结果）低成本地四处传播。这股肇因于贫穷与经济恐惧的移民冲动，因为移民可改善生活这个信念的加持，变得更加无法遏制。在一群移民"企业家"（移民成了门生意）的巧妙吹嘘下，人们对移民的向往以惊人的速度在社会里扎下了根。

但移民不是只有心、有梦想就能成事的，更何况单程船票也不便宜。许多移民是靠"打头阵移民"汇回的钱，支付远渡重洋的费用的。

"连锁移民"（一如今日第三世界移民所实行的方式）是大量贫穷移民得以远赴他乡的唯一可行办法。但"连锁移民"也等于为特别受青睐的目的地和先行者的发达致富提供了保证。移入的社会若不肯接纳新来者，其经济若无法吸收新来者，1840年后那种规模的迁徙便不可能出现；移入地的经济环境若不理想，因贫穷而来的人，下场将是穷愁潦倒于异乡（更加缺乏安全保障的地方），移民链也将中断。一想到将有一大群穷人移来，压低工资，充塞劳力市场，"先住民"很快就会关上大门，不准新移民进入。那场大迁徙也将会戛然而止。

美国是大部分移民的落脚地，而美国非凡的经济发展过程说明了这场大迁徙为何得以出现。什么因素使美国如此吸引人？更贴切地说，什么因素使美国的经济有这么强的吸力？美国惊人的天然财富，显然是答案之一：未开发的辽阔沃土，广大的森林，蕴藏铁、煤、铅、银、金的矿产，深入内陆而可运出内陆产品的河道网。但美国能吸纳这么多移民的关键，不在于对这些天然财富的逐渐开发、利用，而在于这些天然财富投入市场经济时惊人的速度。美国人口能增长得如此快速，能吸纳这么多欧洲人进来而未出现更多的社会紧张迹象，关键就在于速度。美国的定居者增长（除借由移民，也借由自然增加）如此快速，"大欧洲"这个边境地区如此充满活力，归根结底（又）是工业主义（自外移进的美国工业主义）冲击所致。

我们可从几方面看到这冲击的作用。大规模的农业垦殖需要工具、社会组织、各式各样的服务（特别是金融服务），除非移民只想当个离群索居、无知、贫困且仅够温饱的农民。若要以合适的方式"按需定制"且将成本控制到可以接受的程度，就必须透过当地来满足这些需要。一如战斗部队需要庞大的"后方"提供补给、情报、指令，移民大军也需要附近有城市"后方"，提供农耕设备、市场情报、文化设施。没有这些东西，移民大军很快就会陷入停滞不前的困境。美国往西开拓的过程，其令人注目的特色，与其说是西迁农民的人数之多，不如说是他们抵达之后城镇兴起之快。城镇规模的增长比城镇人口的增长还要快。[49]城镇吸引着那些具有生产技术的工匠移入。19世纪20、30年代，在这些新兴的美国西部城市里可以看到铸造车间、碾磨厂、冶炼厂，满足所在城镇腹地的需求，生意兴隆；蒸汽动力早早就出现在西部。1830年之前许久，便有数百台蒸汽机在西部制造，其中许多用于航行在俄亥俄河、密西西比河上的汽船。拥有工程技术和工业技术，铁路能够得到快速铺设，将工业时代的运输工具直接引进开发区边缘，也就不足为奇了。铁路与汽轮不只带进人潮，还把人带去寻找新机会，加速了工业化移居地所倚赖的人口流动。

这一成功故事（不断增长的良性循环）的更深层因素，可在美国身为"大欧洲"的一部分所享有的有利环境中找到。美国没有来自外部的威胁（使分散的"创业"文化比限制重重的官僚体系经济更容易维持）[50]，殖民时代的跨大西洋贸易则给美国留下了遗产，这二者使旧东北地区成为与欧洲同等规模的商业区和工业区，在从大西洋欧洲最先进地区引进并重新分配技术与专门技工时极有效率（语言是原因之一）。因此，美国的西部不纯粹是"旧世界"的附庸。一如我们已了解的，它只需要少量的欧洲资本。它以本土技能、产量、制度的"附加价值"，提升其进口的货物和资本的价值。它是"旧世界"与"新世界"的有力结合，而这结合是它成功的基础。在澳大利亚和新西兰（距离欧洲本土最远的"大欧洲"边境地区）可以看到同样的刺激因素在发挥作用，但规模小得多。这两地的天然资源不如美国丰富，两者都比美国离欧洲更远，而距离愈远，成本愈高。[51]它们没有美国在1800年以前所享有的先起跑的优势，反而更倚赖欧洲的帮助。但在其他方面，这两地的欧洲人用了同样的工业时代工具来改造环境，以便外来移民生存。他们引进动植物，锲而不舍地改变环境（往往用火），以满足他们的需要。有人就语带挖苦地说，一盒火柴是拓荒者最管用的工具。他们没有太调整自己，而是让环境适应欧洲的生活方式。若没有工业文明的器具（实体器具和知识工具），要在距"母国"如此遥远的地方，以保持殖民势头所需的规模，做如此大而快的改造，大概是不可能的。[52]

拓荒故事还有个至关重要的类似之处。边境地区通常是经济吃力地缓慢增长的地方，但也往往会吸引人们蜂拥而至：除了为土地，还为淘金。那是个投机热潮汇聚之地，其成因主要是一窝蜂的狂热心理，而非冷静的经济算计。这是以流动为特色的工业文化里的狂热倾向，而它产生了几个重要结果。争夺热潮不只改变了移民扩张的步伐，也改变了其方向，创造出预料之外的新前进路线。对人口的影响，有时非常惊人。黄金的发现，使澳大利亚和新西兰的人口分别在 19 世纪 50、60 年代增长了一倍。在美国，往太平洋方向缓缓西迁的拓荒农民潮，在 1849 年加州中部河谷发现黄金后，变成滔滔洪流。旧金山作为"远西"的矿业第一大城，一下子繁荣起来。[53] 旧金山在商业、金融、技术方面的影响力，很快就沿太平洋岸边向南北扩散，同时朝远及内华达、犹他、爱达荷的内陆扩散。[54] 加州的新财富，加速了电报（1861 年）和联合太平洋铁路（1869 年）的降临。1858 年在落基山脉（位于移民区边缘以西约 1 000 公里处）发现黄金后，短短一年出头，就有 10 万人涌进科罗拉多。[55] 1863 年弗吉尼亚市发现黄金后，另一股淘金潮涌向北边的蒙大拿，一年涌进 3 万人。这造成的不只是经济上的影响。

到目前为止，我们一直忽略了对这些边区拓荒史影响重大的一个

第五章　与时间赛跑

因素：原住民对流离失所或征服的反抗。19世纪80年代，美国、加拿大、澳大利亚、新西兰境内的原住民反抗力量，已大体上被无视（尽管不同地区有些微差异）。1876年，拉科塔族（Lakota）印第安人在小比格霍恩河大胜乔治·阿姆斯特朗·卡斯特（George Armstrong Custer）率领的美军，一年后内兹佩尔塞族（Nez Perce）印第安人又在比格霍尔取得胜利，但都无法扭转大局。印第安人、澳大利亚原住民、新西兰毛利人的反抗，为何在40年或更短的时间里，就溃败得如此彻底？武器差距是原因之一，[56]但原住民也取得了先进火器，且运用有成，大败卡斯特军队就是一例。在美国平原上，环境的骤然改变（以获利为目的的猎人和现代步枪消灭了野牛群），摧毁了原住民生计与文化的大半基础。但白人推进的速度之快，才是击溃几乎所有地方之原住民势力的根本原因：原住民几乎没有时间进行政治重组、重新调度社会资源、形成较大的联盟或发展较有效的战术。西进热潮的重要影响就在于此。白人并非以稳定步伐推进，而是成群往前冲，方向飘忽不定。为了抢夺金银或"无主"土地，他们一下子就冲到极远的另一个地方。达科他淘金热引来的人潮，就把印第安人赶离他们依条约所占有的土地，从而引发以卡斯特的大败开场的双方对决。在其他地方，蜂拥而至的投机人潮不断从侧翼包抄原住民，或使他们遭遇绝无可能打赢的敌人——人数、组织、资源、装备、运输工具都带有工业主义标志的敌人。在温带拓殖地区，欧洲人在19世纪70年代时已赢定那场与时间的赛跑。

不稳定的帝国

在其他地方，情势则远不如这里明朗。欧亚革命使欧洲人强行进入在1750年前他们顶多设了滩头堡或贸易站的亚、非部分地区。由于有新科技、更具吸引力的商品、更佳的情报在手,他们可以更自信地冒险进入内陆。在有利的条件下,他们可以无视挡路的统治者及其军队,将其收买下来,或用钱叫他们下台——这一过程在印度次大陆最为明显(原因下面会探讨)。到了19世纪30、40年代,欧洲人已开始攻打中国的大门,强行进入奥斯曼帝国以便通商,渗入伊朗在里海、波斯湾的势力范围,并在中南半岛上传播基督教,甚至开始侦察日本。殖民尼日尔河流域的计划已经确定,信仰伊斯兰教的阿尔及尔(法国打造庞大北非帝国的起点)被法国人入侵,而英格兰冒险家詹姆斯·布鲁克(James Brooke)则在婆罗洲赢得了一个私人帝国。1839年,英国拿下荒凉多岩的亚丁。

尽管在商业上、政治上、慈善事业上积极活跃,欧洲对亚非国家和民族的有效帝国主义掌控,在19世纪80年代前仍是例外,而非通例。在亚非许多地区,1830年至1880年这段时期,乃是(大部分)亚非人与欧洲人在权力、财富、武器、流动性、信息方面日益增加的差距达到最大前"养精蓄锐的停顿"。1880年后,新式"世界经济"和新的"世界政治"体系才联合打造出以欧洲为中心的世界秩序,导致正式的和非正式的殖民主义近乎遍及全球的扩张。

与此同时,欧洲势力的推进运动一再出现迟疑和不确定的迹象。要求往更深更广处推进的压力,要求扩大欧洲势力桥头堡的压力,纷至沓来。商人抱怨贸易受限;传教士想拯救更多灵魂,或拯救他们已说服的灵魂;军人想拿下险要的山丘;水手渴求水更深的泊地。殖民地总督声称,殖民地愈大,治理成本愈低。这些团体个个都倚赖国内的游说团体催逼政府出手干预或征服,个个都利用自由贸易、"文明开化使命"、宗教职责、"帝国防御"或叛乱威胁等冠冕堂皇的说辞,在报纸上、国会里或向舆论大肆鼓吹其主张,增加自己的民意后盾。有时,欧洲政府觉得与其抗拒,还不如满足他们的要求比较省事。但如果用兵失利或财政困难削弱了激进政策的民意支持,政府同样会抽身。事后来看,这像是 19 世纪 80 年代帝国主义全力推行之前,伺机而动的把戏;但在当时人眼中,诸亚非帝国的边界、规模、稳定性,甚至建立这些帝国的目的,似乎都是可怀疑、有争议、不确定的。

形成这种心态的最重要原因,乃是欧洲人普遍怀疑建立这些帝国恐怕得不偿失。建立这些帝国所要付出的成本,可能是帝国建立后必须予以保护,以免被欧洲对手夺走。但引发疑虑的最直接原因,通常是欧洲人欲收服统治者和民族时,若对方决意反抗到底,很难收服成功。在亚非许多地区,"养精蓄锐的停顿"是个反抗时期。在北非的马格里布地区,法国人虽把阿尔及尔重建成欧式城市,但征服阿尔及尔后面的内陆地区却花了数十年。在西非,法属塞内加尔总督费代尔布(Faidherbe)将法国势力往塞内加尔河上游和大西洋沿岸地区扩张。但 1860 年后扩张停顿,直到 19 世纪 80 年代才重新开始。[57] 在黄金海岸(今加纳)沿海地区,已萎缩的英国殖民地随时可能遭内陆的阿散蒂王国吞并,因而在 19 世纪 60 年代,是否要撤掉该殖民地的问题,搬上了讨论台。即使在布尔人 1840 年后便征服其高原内陆地区的南非,白人真正的统治也要等到 19 世纪 80 年代才确立。德兰士瓦共和国[1],因 1876 年那场征讨佩迪人(Pedi)而以失败收场的战争,耗竭国力;祖鲁的"威胁"则长久笼罩着英国的纳塔尔殖民地,直到 1879 年的祖鲁战争后,此威胁才被消除。

在亚洲许多地区,欲确立欧洲支配地位的行动,也遭到类似的挫

---

[1] 德兰士瓦共和国,布尔人统治的独立国家。——译者注

败。在北高加索（今车臣），俄罗斯人打了一场漫长而死伤惨重的战争，才在 1864 年消灭切尔卡西亚人（Circassian）的反抗势力。在此之后，俄罗斯人通往中亚的道路才打通。俄国对该地的统治逐渐稳固，但要到 19 世纪 70、80 年代才完全巩固。英国两次入侵阿富汗（1838—1842 年，1878—1880 年），都铩羽而归。缅甸王国于 1826、1852 年被英国人夺走沿海地区，但其内陆部分直到 1885 年才被占领。在中南半岛，法国人于 1858 年以保护东京[1]天主教徒为名出兵，最后占领交趾支那（湄公河三角洲），将邻国柬埔寨纳为名义上的保护国。但要到 19 世纪 80、90 年代，法国人才真正掌控越南其他地方、老挝诸国、柬埔寨。在东南亚岛屿区，情形类似。荷兰已掌控苏门答腊大部分和爪哇。但亚齐（Acheh，位于今苏门答腊北部）、巴厘岛、东婆罗洲、苏拉威西和往新几内亚延伸的岛链，要到 19 世纪结束，甚至其后，才被荷兰人纳入掌控。

　　这种反抗为何如此有效？它通常无法完全赶走欧洲势力，但的确使欧洲人的宰制野心较晚才能得逞。当然，在某些例子里，小小的反抗就能让缺乏财力和人力，同时也缺乏坚持下去的动机的欧洲入侵者吃足苦头。偏远的地理位置和贫穷可能是最佳的防御。但面对欧洲人的入侵或攻击时，亚非各国和社会通常需要高度团结和保持极强的凝聚力才能反抗。事实上，许多国家在对付欧式的殖民战争时，装备精良到出人意料的地步。殖民强国的部队（英、法、荷、俄、美的部队）拥有特定的优势。他们（大体上）由职业军人组成，通常火力较强。在海路畅通的地方，他们常常会突然出现（例如 1858 年出现在越南岘港外的法军），取得奇袭效果。有时，他们能够使用海军火力威慑守军，

---

[1] 东京，越南北部一地区的旧称。——译者注

第一次鸦片战争中英国就曾如此对付中国。但殖民战争极度受制于战争回报的边际递减。没有哪个帝国主义霸权能够让大量士兵无限期驻留在边远地区。这样做成本太高，何况其他地方也需要兵力。第二，外国部队留驻越久，补给就越难得到保障，部队斗志也越难维持。在整个19世纪中，热带地区的欧洲部队一直饱受疾病摧残。第三，奇袭的坏处，就是往往缺少关键的情报。亚非人民或许不知道欧洲人要来，但欧洲人对他们要去的地方也所知甚少。由于几无参考情报可以用来判断当地统治者的计划、实力、弱点、补给以及兵力等信息，入侵部队的行动常常像是在蒙着眼睛玩捉迷藏。因此，许多殖民战役的进程都十分相似：先取得象征性胜利（摧毁宫殿或烧掉都城），随后表面凛然实则心虚地退到海岸。约瑟夫·康拉德在《黑暗的心》中描述某法国巡洋舰漫无目标地"向大陆开炮"，[58] 就是在嘲讽这种漫无计划的暴力行动。

这些殖民入侵活动的失败与受阻，清楚表明了什么是亚非国家抵抗欧洲人占领所需要的东西。答案的关键在于保持国家自身通信网络基本完整，使人员、货物、观念与情报得以畅行无阻。只有最原始、最贫困的社会，才不具备或是不需要这样的网络。几乎在所有地方，如果统治者、精英阶层和他们的城镇希望保障粮食供应与税收，想要其政府的统治范围能够超越最低限度的基层水平，或是希望其经济水平能不止于满足温饱，都必须维持这种网络。最重要的是，富强的亚非国家（以及那些贫弱的亚非国家），倚赖复杂的网络来收取并分配税收、粮食、奢侈品、基本民生物资（如盐）。统治者的威望和其统治的稳固程度，往往不取决于控制领土的多寡，而取决于对贸易路线、收税路线、（有时包括）朝圣路线的掌控程度。货物、金钱的流通，支撑着有钱的商人阶层，而商人阶层为维护自身利益，忠于统治者，这有助于稳固政权。最重要的是，这个网络应当维持自己的腹地，确保有一个不必面临外来竞争和失序风险的"安全区"。

1840年后逐退欧洲人的国家，都是能保住安全区（大到能支持统治上层结构的腹地）的国家。当然，大部分国家还有其他资源，可借以强化内部团结，对抗外来的欧洲人，使欧洲人得不到他们几乎必然要倚赖的内应。最重要的资源，或许是宗教。忠于儒家君主政体的文人，19世纪60年代组织越南人民抵抗湄公河的法国人。[59]民间佛教为缅甸帝国击退英国入侵者助了一臂之力。在苏门答腊北部，亚齐人反荷兰统治的运动，由宣扬对基督教入侵者发动泛伊斯兰圣战的穆斯林领袖领导。宣扬领袖神秘魅力的伊斯兰教信仰，在北非、西非的穆斯林地区协助顶住法国人的进逼。科普特基督教会赋予埃塞俄比亚帝国团结对抗外来攻击的精神，掩盖住该帝国摇摇欲坠的治理结构。在只要与外界接触几乎就会危及社会团结的恶劣环境里，通敌的动机可能会比较小。对欧洲人而言，这类地方通常利害关系不大，除非位于欧洲人前往较富裕之地的路上。[60]

如果说安全区和网络是国家生存缺一不可的依靠，那么它们也（可能）是国家生存的两个罩门。欧洲人如果能切断那网络，就可以让那国家解体，使该国最有势力的成员不再效忠。如果欧洲人能利用手上的武器（蒸汽机带来的机动性、工业化的消费商品、低息的信贷）切断当地经济赖以相连的环节，其效应将犹如电线短路。受此伤害的国家若要修复损伤，就需要采取无情手段。但这"疗法"可能会太急太猛，使该国政治失去稳定，改变反抗运动的本质。我们可以在1830年至1880年这段"中间期"，看到这一过程。随着欧洲殖民、商业、宗教的势力范围扩大，欧洲与亚非国家的摩擦必然变多。诚如先前提过的，在许多情形下，接下来的干预都没有起到决定性作用。

但不管是无意为之还是精心设计，欧洲人往往能借由间接方法，使他们锁定的政治体陷入混乱，这种现象在马来西亚世界的沿海国家里最为明显。这些国家的海上贸易（财富和收入的主要来源）被西方竞争者夺走，但它们并未就此成为欧洲帝国主义的囊中之物。统治者垮台之后，原先遭统治者控制的势力就会复苏；如果统治者的网络破损，原来被压制住的地方强权或社会掠夺者很快就会乘势坐大。教派（例如宣扬会有救世主降临的缅甸佛教教派）、走私、海上劫掠或强掳为奴的行径（例如在东非），可能会成为新社会体制的基础。新社会体制可能比旧政权更为山头林立，且往往较仇外而暴力。它以另一种反抗来对付欧洲人，从而使欧洲人再无疑虑地确信，亚非许多地方是危险而野蛮的。但那体制通常太过分裂，太不稳定，因而最终挡不住欧洲人对种种路线、环节和链条（它们将地区与地区、地点与地点连接起来）日益严密的掌控，也无法阻止欧洲人借由掌控而建立地方联盟。最后，纯地方性的反抗可能彻底遭到击溃，或在殖民地边缘逐渐自行瓦解。

但这个"最后阶段"都是渐渐才显现的。在亚非许多地方，那意味着在1880年后甚至1900年后才显现。在此之前，在欧洲人尚未有办法打破地方网络、代之以他们自己网络的地方，帝国统治的可能性看来都很渺茫。具有哲学素养的旅行家温伍德·里德（Winwood Reade）认为，在西非许多地方实现某种形式的穆斯林统治，比实现欧洲人的统治概率更大。他写道："土耳其人万一被赶出欧洲，很可能会成为非洲的皇帝，而就文明开化来说，那会是件好事。"[61] 曾探索湄公河的法国海军军官，语带怨恨地指出法国人对他所揭示的帝国远景"置若罔闻"。[62] 在没办法迅速取胜或得不到当地人支持以永久统治的情况下，欧洲诸国政府没什么兴趣跟飘忽不定的敌人打无休无止的

"原住民战争"。他们可能会准许部队从已建立的据点发动零星攻势，尝试一举击倒对方。但在亚非许多地方，他们不得不让大国本土政权继续存活，不得不容忍小国的抵抗。

印度是个巨大的例外，它可能是现代史上最引人注目的帝国主义扩张例子。1820年时，英国人已成为印度次大陆上的最大势力。1856年，印度反英起义前夕，英国人已征服信德、旁遮普，吞并阿瓦德。他们似乎决定直接控制印度每个地区，包括承认他们为宗主的那些土邦。但征服印度既不迅速，也并非没有争议。征服行动进行于经济萧条时代（经济萧条在一定程度上是因为对新征服的殖民地人民征收重税），代价极大，并非伦敦所乐见。东印度公司（仍是英国统治印度的代理）可能因军事开销的拖累而破产，伦敦当局不由得担心18世纪80年代那场严重的议会危机会再度爆发。征服行动在印度社会引发的紧张关系，最终导致1857年的反英大起义。在英国许多激进派人士眼中，印度是个专制统治的累赘，腐化英国政治，而且看来必然会将英国拖进无休无止的亚洲战争中。

尽管有种种反对意见，扩张的势头几乎始终强劲不衰。伦敦方面心有不满，但不敢反对那些好大喜功的殖民地总督。起义平息后，东印度公司名声扫地，英国政府干脆亲自治理印度。由于保护印度免遭来自北方、西方的对手入侵的战略负担，已成为英国外交方面最忧心的事项之一，英国政府愿意插手治理印度，就更显得非比寻常。起义过后所需的军事改组，使情势更为恶化。为了避免"历史重演"，英国派了多达7万人的部队常驻印度，使在印的兵力中有三分之一是英国兵，三分之二是印度兵。这用掉了英国陆军兵力的三分之一到二分之一（可能是起义之前驻印英军的三倍），让大英帝国其他地方的军事防御大为吃紧。于是，就有两个问题需要回答。为什么印度比亚非几乎任何其他地方都更早被征服，而且被征服得更彻底？为什么英国人愿意并有能力承担统治印度的巨大风险和成本？

要回答第一个问题，就得回头审视印度是在什么情况下经历双重革命，英国是在什么情况下首度将恒河下游纳入掌控的。在那场双重革命中，莫卧儿人（北印度、中印度名义上的统治者）因为先后遭纳迪尔沙（伊朗的拿破仑）及其阿富汗继承者艾哈迈德沙·杜拉尼的陆上入侵而一蹶不振。几乎与此同时，沿海地区（特别是纺织业发达的孟加拉）变得更加倚赖对外贸易，与外国商人的对立加深。英属东印度公司与当地盟友联手推翻孟加拉省督西拉吉·乌德-多拉，扶植傀儡统治者后，很快就发现德里对孟加拉几乎已无力掌控。到了19世纪初期，该公司已沿着恒河一路往上推进，占领德里，把莫卧儿转变为傀儡王朝。该公司的行政管理人员从公司的势力扩张中获利良多，因为该公司掌控贸易，从中带来源源不绝的收入，该公司日益庞大的行政体系，则产生大量工作岗位。凡是威胁该公司利益的统治者，均被公司消灭。很快，人人都认为该公司扩张得如此顺利，要归功于英国坚持战胜印度的混乱与死气沉沉之现象的决心。事实上，英国人得以入主印度的关键，不在于印度的落后和怠惰，而在于印度既开放又容易抵达，在于印度的金融、商业活动十分复杂而先进。

印度的开放，在几个方面帮了英国人。开放是那场双重革命的原因之一。与中国不同，印度没有长城可阻挡中亚势力进入印度斯坦平原。它也不像中国那样限制外国商人只能在广州之类的城市活动。欧洲人搜集有关印度的知识，比搜集有关中国的知识要容易许多；欧洲商人与印度商人打交道，也没那么困难。印度的商业经济（18世纪世界纺织业的中心）远比中国的商业经济外向，印度的银行业者和商人受统治者的控制也小得多。在印度沿海地区，英国遇到的是几个贸易邦，而非必须听命于遥远的皇帝且带有敌意的官僚体系。在沿海地区，英国人的利益受到当地统治者威胁时，他们不难找到对统治者心怀不满的人联手反抗。他们的组织化部队虽然兵力有限，但从东印度公司的贸易中获利而不想失去这种利益的当地人使其力量倍增。

但光凭这一点，还无法充分解释英国人挺进南亚次大陆内部为何比较容易。在此，还有印度现代初期的"现代性"所带来的其他三个好处，可供英国人利用。第一，改变次大陆各地均势的信贷体制，已使印度大部分地区互相连接。在英国发动的众多战争中，英国可将贸易利润和印度银行家的金融服务相结合，因此能够承受用兵失利的后果，撑得比敌人要久。[63] 第二，英国人首先拿下孟加拉（印度最繁荣的地区），得以利用该地运作已久的土地税收体系，取得宝贵资金。他们可以招募庞大的部队，然后夺取新的收入来源，取得新战争所需的经费。这是一种靠自力推动的殖民统治方式，而这种方式在亚非较不发达的地区几乎无法运作，在没有税收体系的非货币化经济体里，则根本无法施行。第三，印度低地已发展出职业区隔分明的阶级体系和佣兵部队（与此相对的是以氏族为效忠对象的作风和以封建方式征集的部队），东印度公司不难招募到（也养得起）效忠于外国雇主的印度籍职业军人。1835 年，孟加拉军队已有约 64 个"本地步兵"团，而该公司的印度籍部队比英国在国内外的所有军队都要庞大。[64] 有了这支常备军作为打击利器，再顽强的对手碰上该公司几乎都只能俯首称臣。

于是，印度为入侵的英国人提供了可转用于其征服任务的资源。[65] 因此，东印度公司很早就打造出自己的"安全区"，使自己成为印度次大陆上的强权之一，以印度的方式和次大陆上的印度对手竞争。该公司还可以利用印度社会的流动性，增加自己的优势。印度西部长期

第五章 与时间赛跑　265

以来接纳外国商人精英,特别是来自伊朗而最终主宰孟买这个港口城市的帕西人。帕西人自然而然成为该公司的经商伙伴。在孟加拉,新的印度教精英阶层婆陀罗洛克(bhadralok,"体面阶级")迅速崛起,取代观念守旧的穆斯林精英,为该公司提供了赖以统治该地的受过教育的合作者。靠着这类盟友,该公司可以打造出榨取(最终扼杀)任何印度对手之贸易和收入所需的当地网络。其影响是把大部分的成本和风险,由英国(印度帝国的最终受惠者)转移到最先出现于孟加拉"桥头堡"的英印混合政治实体上。征服印度的战争开销,由英属印度而非英国支付。伦敦派部队来帮忙时,也是由该公司支付雇请他们的费用——英国政府对于派兵到印度,比派规模更小的部队到新西兰或南非的贫穷殖民地更为干脆,这是原因之一。

东印度公司的巨大规模和财富,还带来另一个影响。从早期开始,在能进入东印度公司商业部门、行政部门或部队军官团服务的英国人(特别是苏格兰人)心目中,它就是充满机会的理想工作场所。到了19世纪30年代,这些人及其家庭已形成一个势力庞大的既得利益集团,从该公司的壮大中得到许多好处。他们所写的著作和自传,形成了一种关于英属印度的迷思的基础,那迷思认为印度是英国得以称雄天下的最大功臣。最引人注目的是,曾遭埃德蒙·伯克痛斥的征服印度的宏大行动,这时已被功利主义人士和自由派合理化为理性改革的伟大范例。文明开化的现代性,正在扫除无知与迷信的残渣。印度是项工程,而不是弊害。事实上,维多利亚时代中期英国两位极有影响力的作家,都极力支持统治印度。两人都替该公司效力过。史学家麦考利在该公司的印度政府当过立法者。他论罗伯特·克莱夫(1840年)和沃伦·黑斯廷斯(Warren Hastings,1841年)的两篇文章,称他们两人是罗马传统一脉相传、观念进步的帝国建造者。自由个人主义的宣扬者约翰·穆勒，曾在该公司的伦敦总部任职。他在《代议制政府》（1861年）一书中，为英国统治极力辩护，称那是社会进步的唯一途径。

这些影响有助于说明，伦敦为何那么容忍该公司的帝国主义作为。有个因素或许同样有力，那就是到19世纪40年代，印度已成为贸易帝国的主要资产之一。1850年时，有将近1.2万名英国人住在印度最大的两座港口城市加尔各答和孟买。[66] 1830年后，英国对印度的出口一直超过其对英属西印度群岛（大英帝国贸易原来的明珠）的出口。英国用印度兵强迫中国开放口岸，用印度兵保护英国在东南亚的贸易。随着金鸡蛋愈下愈多，金母鸡的健康很容易被忽视。以如此狂暴的速度建造帝国所积累的紧张关系，终于在1857年的一场大起义中爆发出来。

这场起义的导火索，乃是德里东北方约60公里处密拉特的印度籍士兵，因反对使用沾染了动物脂肪的弹药而哗变。在这场起义的幕后，乃是孟加拉军队印度籍军官所策划的一项大规模行动。薪饷低、白人军官素质差、油水变少，以及低种姓士兵入伍降低高种姓军队品质所引发的强烈怨恨，促使他们决意造反。他们的目标乃是推翻英国人的统治，重新为印度本土统治者效命。[67] 英国军力看似瓦解，使哗变士兵之外更多原已不满英国统治的人，敢于群起响应，加入反抗行列，起义随之如星火燎原般迅速传开。起义之所以扩大，有三个潜在原因。第一，莫卧儿传统心脏地带的穆斯林精英普遍认为，莫卧儿皇帝（自1803年起一直是傀儡统治者）威望的衰落威胁印度穆斯林的生存，因而反英起义在一定程度上就成为穆斯林对异教徒统治的反抗。哗变士兵于1857年5月进入德里时，即承诺恢复莫卧儿的统治实权。第二，在东印度公司日益紧缩的掌控下，某些地区性豪强已失去权力

（或认定即将失去权力），而在他们眼中，英国统治势力在恒河流域的突然瓦解，正好给了他们收回或巩固权力的机会。前一年甫遭该公司吞并的阿瓦德王国，还有中印度高原的诸地方统治者，尤其怀有这想法。在坎普尔，纳纳·萨希布（Nana Sahib）夺取了大权。他一心想恢复1818年遭该公司打破的马拉塔联盟。第三，该公司对土地使用所课征的重税，规范土地所有权和契据的作为，让某些地方利益集团获益，却惹恼其他许多利益集团，结果就是不时爆发难以预料的农民起义。在北印度一大片地区各自为政的反殖民统治阵线里，这三个因素混在了一起。

英国的统治遭遇严重危机。东印度公司面临一场漫长而所费不赀的平乱战争，外部的危险和母国内猛烈的政治批评，使情势更为棘手。有迹象显示反英起义已蔓延到其他土邦，因为那些土邦的部队也开始反抗其欧洲籍军官。事实上，反英起义在边陲的丘陵、森林里一直延续到1859年，但在起义的心脏地带，仅一年出头就被镇压。1858年7月，英军重夺阿瓦德。同年4月，英国人已有约9万名白人部队和同样庞大而效忠英国的印度人部队，起义军兵力则顶多6万。[68] 起义虽然声势浩大，却因四项关键弱点而无法成事。第一，起义局限于北印度，未扩及孟加拉、孟买、马德拉斯（英国统治的核心地区），而只在这些地区出现某些警讯。英国人可从这些"忠心"地区抽调部队和军需，可向母国求援。第二，英国人牢牢守住起义区里某些重要据点，包括亚格拉和贝拿勒斯（Benares，今瓦拉纳西），并保住他们新取得的省份旁遮普（该地的英国人得到电报的及时示警）。旁遮普攸关整个大局。1857年9月重夺德里的军队（印度兵居多），就来自旁遮普，而重夺德里，打掉了起义军凝聚力的唯一可靠来源。第三，由于起义军内部不和，缺乏共同的目标、意识形态和领袖，英国人一开始大举反攻，反抗势力即一个地区接一个地区地遭到消灭。第四，起义军来不及在英军反攻前摧毁东印度公司的网络，代之以自己的网络。在北印度，未能有新的莫卧儿国家兴起，德里和勒克瑙的起义军政权甚至没钱支付其军队薪饷。英国人离开时，许多印度地方豪强决定与起义军站在同一边，但英国人一旦再度出现，他们即因为个人利害考虑而不愿卖力反抗。英国人凶残的镇压手段（可见于洗劫德里和将穆斯林逐出德里的过程中）表明毫无政治妥协的余地。[69]

但毋庸置疑的是，反英起义的冲击深深影响了英国人对其印度帝国的看法。起义的发生，完全是他们始料未及的。起义如野火燎原般迅速蔓延。数百名白人死亡，包括许多妇孺（在坎普尔有200多名妇孺遭戮）。印度人忠诚、仁慈的表现屡见不鲜，不信任的气氛却不可避免地腐蚀了印度人与英国人的关系。种族情感变成洪水猛兽，必须极力防范。许多英国人深信，反英起义肇因于穆斯林的阴谋："印度兵只是穆斯林手上的工具。"[70]英国统治必须倚赖武力的主张变成主流看法。[71]反英起义的恐惧，从此在英国官员心中挥之不去。英国的统治变得更谨慎而保守。保卫印度免遭内外攻击的帝国包袱，似乎变得更为沉重。但在另一方面，英国也得到丰厚的补偿。1860年后因为铁路广为铺设，印度作为原料来源和英国最大出口品棉织品的最大市场，发展迅速得多。防卫印度尽管是个沉重的包袱，却未花到英国纳税人的钱。事实上，1860年后，大英帝国的常备军（包括英国兵和印度兵，总数约33万）有三分之二是用印度的税收而非英国的税收来养的，而且印度的部队可用于从马耳他岛到上海之间的任何地方（事实上的确用于这些地方）。随着1880年后瓜分亚非的速度加快，印度的经济价值和地缘政治价值成为英国制定政策时考虑的根本依据。不稳定的帝国已变得无可避免。

与时间赛跑

如果说欧亚其他地方和非洲的人需要警讯，以事先了解欧洲人带着各式新武器（商业、文化、军事上的新武器）来到自己的土地上后，可能会发生什么事，那么，印度所发生的事就是个警讯。亚非世界的统治者和精英在大体上有所察觉的情况下，陷入了一场竞赛。他们必须想办法将其结构往往已经松动的国家变得紧实，强化文化一体感，鼓励贸易，增加税收，而且必须及时。他们一再面临两难处境。如果想以"欧洲"方法（欧式军队、官僚体系、学校、科技）奋力"自强"，得冒很大的险。他们所企求的社会团结，可能在与传统文化的守卫者（老师、神职人员、文人学者）的争执中瓦解。追求政治一统，可能触怒在省区当王的地方山头。加强贸易管制，可能触怒商人及其顾客。如果他们让更多欧洲人（商人、顾问、专家）进来，可能引来反弹，被人斥为懦弱乃至背叛。他们也无法保证这些享有特权的入侵者不会危害他们，带来乱子。但如果想赶走这些入侵者，自强计划可能会成不了，更糟糕的是，可能在还未准备好的情况下引来他们的攻击，招来大祸。这些统治者和精英必须同时进行两场竞赛：既要赶在欧洲人大举入侵前完成自强计划，又要赶在内部歧见摧毁所有成功希望前完成"改革"。

欧洲以外的所有欧亚大国中，中国和日本向来是最富裕、最强大、最不受欧洲影响的国家，尤其是中国。19世纪30年代之前，欧洲人似乎完全无法攻入中、日两国；到了1840年，这免疫力在中国已失效，在日本则即将失效。两国都受到欧洲人日益增加的压力；带头者是英、俄、美。它们要求自由进出东亚港口，要求与中国、日本商人自由贸易，要求去除把西方人视为蛮夷并且认为西方文化、政治都不如中国的那套外交定见。它们在提出这些要求的同时,展示武力并动用武力,还提出领土要求;海上强权英国索求的是不算大(但也绝非微不足道)的沿海领土,陆上强权俄国索求的领土则大得多。不足为奇的是,这种国际地位上教人揪心的转变,对中、日两国政治、文化、经济造成深远影响。到了1880年,两国都经历了一连串内部改变:中国的同治中兴、日本的明治维新。[72] 两场维新都是内忧外患交逼下的产物。但一如我们后面会看到的,两者的发展轨迹,和它们所预示的改革规模,却大不相同。

中国比日本早一步感受到欧洲不好惹,起因是中国用来规范它与欧洲贸易的广州公行制度的瓦解。在这制度下,广州是唯一合法的对外贸易港,且欧洲人只能与严密管制的中国商人行会贸易。欧洲人可以在码头上保有货栈,但不准在广州城永久居留,贸易季一结束就得离开,前往澳门。东印度公司垄断英国贸易的特权于1833年被废除,贩卖鸦片(几乎是白银之外,中国人唯一愿意用茶叶来换取的商品)的"自由"英国商人人数剧增,并带来危机。中国当局亲眼看见对外贸易必须透过广州进行的这项规定形同具文,目睹鸦片大量流入和白银(中国的货币基础)随着购买鸦片而大量流失,大为惊恐,于是想重新予以管制。中国当局赶走派来监管鸦片贸易的英国官员,销毁违禁鸦片。伦敦得知后大为愤怒,决定动武。1842年8月,英国人已兵临南京,准备进攻该城。清朝皇帝屈服,中国签下第一个不平等条约。[73]

根据1842年的《南京条约》,清朝向西方开放五个通商口岸,香港割让给英国,欧洲人获准在开放口岸派驻领事,行之已久的广州公行制度则被自由贸易取代,中方承诺对进口品只课征5%的关税。这是中国与西方相对地位的大逆转,但其重要性(在这阶段)不应夸大。这条约让中国当局很不是滋味,但也不是没有好处。外国人只能在远

第五章 与时间赛跑 271

离北京的地方活动，不能自由出行，而且在领事裁判权的制度下，从行政层面与中国人小心地区别开来。[74] 对一个庞大的陆上农业帝国而言，蛮夷在遥远沿海地区的叫嚣，乃是可借由巧妙外交手腕处理掉的小麻烦。

但这条约只是麻烦的开始。接下来，中国人与欧洲人龃龉不断。到了1854年，英国人已开始催逼清廷修改条约，要求开放更多口岸，让欧洲人可以自由进入内陆拓展贸易。1856年，"亚罗号"事件发生，英国以此为由，发动了第二轮军事侵略。1860年，英法联军进占天津，攻陷北京，烧毁圆明园，以报复所遭的损失。第二次鸦片战争中签订的《天津条约》和《北京条约》，使中国开放更多口岸（最北为天津，还有内陆长江沿岸多个口岸），赋予欧洲人（包括传教士）在中国内陆游历的权利。此外，迫使清朝皇帝同意欧洲派使节长驻北京，彻底消除了中国在外交中以天朝自居的错觉。这时候的中国，似乎已在不由自主的情况下，被屈辱的条件整合进欧洲的国际体系，顶多只能称作二流强权。

对于忧国忧民的中国官员和学者（中国官员选拔自最聪明能干而精通古典文献的学者）来说，这些巨变需要厘清，以找出因应之道。他们的结论很坚定。过去的方法已失败，改革刻不容缓。必须找出和蛮夷打交道的更好方法，必须系统地译介、传播西方知识，必须改善运输和通信。最重要的是，中国必须取得现代武器，以免战略要地几如不设防般任由西方攻击。主张改革的学者冯桂芬（1809—1874年）写道："而今顾觍然屈于四国［俄、美、法、英］之下者，则非天时地利物产不如也，人实不如耳……彼何以小而强，我何以大而弱？"[75] 但冯桂芬写下这篇文章时，清帝国已穷于应付内部危机而焦头烂额，而且那是场看来比欧洲人的零星侵逼还危险的危机。19世纪50、60年代，华中、华南部分地区（中国最富饶的部分地区）落入叛军之手，贸易停摆，清廷收不到该地税收，"天命"（王朝统治的合法性来源）看来就要离清朝而去。

这些大规模民变中，最严重的是太平天国运动。太平军建于华南西部，以一位相信太平盛世终将到来的先知的理想鼓舞人心。该先知所宣扬的教义，结合了得自传教士的基督教义，以及饱受贫困压迫的广大农民的痛苦呐喊。洪秀全自称耶稣之弟，1851年宣告建立新王朝太平天国，自称天王。他的拜上帝会以惊人速度集结部众，组成农民军，接连攻下清政府的孤立要塞，势如破竹般地攻进清帝国的长江流域心脏地带。到1853年，太平军已拿下南京。但洪秀全的目标乃是推翻清朝，统治中国。后来他的部队攻抵天津，似乎就要拿下都城北京。太平天国声势至此臻于极盛。此后，他的部队渐渐被逼回长江流域，但要到1864年，洪秀全死亡，南京遭清军攻陷，太平天国才覆亡。[76]

太平天国运动，遍及长江以北广大地区、到1868年才平定的捻军起义，[77] 陕甘回民起义（1862—1873年），说明了清朝的政治、社会、经济秩序已急剧瓦解。这或许肇因于农业经济的破败。1830年后，中国的农业经济遭遇一连串打击。在此之前，中国的农业生产在18世纪时曾有惊人增长。新耕地的开辟、旧耕地的集约化应用，使得1850年前后中国人口达到4.3亿时，粮食供应仍能跟上其增长步伐。商业化和国内贸易的兴起，使农民得以借由专门化和交易，提升产量。随着对外贸易增长，白银供应量日增，这个前工业时代的富裕经济体，得到源源不绝的资金流。[78] 但在1850年之前许久，经济增长的三个来源就已枯竭。随着鸦片进口暴增，[79] 白银从流入转为大量外流：1700年起所积累的白银，可能在1820年后的一些年内流失了一半。[80] 货币供应量的急剧减少，使价格下跌，商业萧条。新土地的供应，再也无法应付人口增加的压力。既有土地的粮食产量已达极限，而欲增加既有土地产量的作为可能引发生态浩劫，导致森林遭砍伐，土壤流失，河川泥沙淤积，地力下降。在中国中北部，黄河 1855 年的改道造成大规模环境灾难。在种种天灾人祸之下，社会紧张——收税人与纳税人之间，地主与佃农之间，在先前世道好时吸引了外乡人前来谋生的地区里本地人与新来者之间，居少数的民族、宗教信仰者与居多数的汉人之间的紧张——随之加剧。努力维持社会稳定、收土地税、维持水道畅通、管理存粮的政府官员，面临不满的人民日益增加的反抗。随着特权商人对收税、水利、粮赋体系加大掌控（很容易伴随官场腐败而生的一项改变），这些官员的权力和威信，已被商业扩张时代的"私有化"削弱。太平天国的行动纲领要求给农民更多土地，要求回归更俭约、更自给自足的时代，绝非偶然。太平天国痛斥吸食鸦片亦然，而这立场无疑招来西方商人及其政府的强烈敌视。

1860 年，治理清帝国的士大夫阶层面临了灾难。他们的威信和自信，正遭受英、法、美、俄的连番打击（俄国人已凭借 1858 年的《瑷珲条约》从中国夺走黑龙江以北大片土地）。他们的国内威权，以及支撑整个帝国统治上层结构的税收基础，都已因动乱在中国边疆地区和中国本部蔓延而开始瓦解。在这危急之际，他们力挽狂澜，效果非凡。曾国藩（1811—1872 年）、李鸿章（1823—1901 年）等新将领，遏阻、削弱并最后镇压了大规模起义势力。他们操练新军，为其配备西式武器；透过由西方人管理的海关，向商业和外贸课征新税。起义渐渐平息时，曾、李寻求中国"自强"之道。他们鼓励引进科学知识，设立两座大型兵工厂以建造现代武器，以给予补助和垄断权的方式鼓励中国商人投资现代企业，特别是船运业和矿业。他们甚至欲向西方买下一支配有欧洲军官的现代海军，但最终未成。伴随着这些"现代化"措施的推行，在乡村地区，被战乱破坏的土地开始重新有人定居，水道得到修复，士大夫的权威也得以重建。[81]

这一浩大改革所无法办到的（且无意办到的），乃是将中国改造成西方模式的现代国家。1884年8月，中方在中法战争中屈辱的挫败——法国战舰炸碎中国的新舰队（船只仍然是木材构造的）——使曾、李"自强"运动的局限，表露无遗。[82]官商合作或许已找到促进工业发展的方法，但这远远谈不上经济更全面的工业化。19世纪中叶农业危机和政治动乱的同时逼迫，使这任务更难达成。例如，要以长江三角洲的中国最富庶地区（18世纪中国商业经济的核心）为中心，建造新中国，已是奢望。太平天国运动过后，该地区民生凋敝，满目疮痍，且该地区无力抵御西方势力的渗入，难以担负重振中国的龙头重任。甚至可以说，这场"自强"运动真正的重点，乃是恢复儒家政权的威权和讲究俭约、社会纪律的儒家精神，而不是打破儒家模式。[83]但即使改革派士大夫未能完成其工业转型的目标，自强运动的影响仍不容低估。基于现实需要，19世纪中叶的改革已使省和省级士人的权力大增。乡村的复原计划，协助恢复了小农与士人统治者之间未形诸文字的契约。但随着满人高官渐为汉人高官所取代，士人与帝国的结合也更为紧密。汉人在精英阶层的比重增加，但晚近的研究显示，满人是否大权旁落仍未有定论。[84]中国在工业产量或现代武力上或许不及欧洲列强，但中国已在1890年后的危机岁月降临之前，及时强化其文化一致性和社会团结。

与此同时，欧洲诸国也未能将中国变为准殖民统治的边陲国家。欧洲列强原打算以开放的口岸作为进入中国经济的桥头堡，借此复制印度的模式，使西方制造品源源不断地流入中国经济。然而，对外贸易虽然增长（大大造福了乡村经济）了，中国商人却不愿让外国企业进

第五章 与时间赛跑 275

入中国内部经济。外国人不得不透过中间人（买办）与中国顾客打交道。[85] 在竞争激烈而又充满变数的市场里，获利不易。企业淘汰、更替速度极快。到了19世纪70年代，除了怡和洋行与太古洋行这两个最大的外商之外，其他企业都已垮台，或者让位给新进来的企业。[86] 与印度相比，人口多它一倍的中国是个规模更小、更难经营的市场，进口额只及印度的一半。19世纪80年代初期市场突然崩溃时，欧洲人的赚钱美梦似乎化为泡影，[87] 但对中国政治、经济的真正考验尚未到来。

在19世纪50、60年代，种种迹象显示，日本应会在更为剧烈的冲击下遭遇和中国一样的命运。随着19世纪初期起欧洲人渐渐打入北太平洋，俄国（其"蛮荒东部"距日本北部仅数百英里）、英国、美国的船只，在日本周边海域的活动已越来越频繁。1853年，日本幕府将军在紧张不安中接待美国海军准将佩里，结束了锁国时代。5年后，在1858年的不平等条约中，日本人赋予西方列强入境特权（与1842年英国向中国强索的特权类似）。外国人可以自由前来各"条约口岸"通商（其中最重要的口岸是东京附近的横滨），而在这些口岸，他们仍受自己国家领事的保护，享有不受日本管辖的领事裁判权。这些口岸将腾出土地，供他们建造办公机构、仓库、住所。日本只能征收极低的关税，以鼓励"自由贸易"，便于西方制造品的普及。沿袭已久的锁国政策一被打破，日本看来比其亚洲大陆的强邻中国更难逃过西方的支配。日本的人口（约3 200万）比中国少得多，但在欧洲人眼中绝非微不足道。日本的主要城市均在西方海上武力的攻击范围内（当时日本没有海军）。俄国威胁着人烟稀少的北海道岛（日本列岛的第二大岛）。19世纪60年代初期，日本的政治体制因德川幕府和位于西方、南方的最强大藩属爆发内战，而濒临瓦解。

欧美列强大举进逼（1856年后联合侵逼中国的附属行动）的同时，

自17世纪初一直统治日本的德川幕府政权也陷入危机,两者交相激荡,使日本情势更为危急。幕府将军向来由从强大的诸德川氏族中选出之人担任,形式上是代表天皇行使权力的总督,天皇则住在距江户幕府所在地数日行程的京都皇宫,享有尊贵地位。事实上,将军的实权建立在许多半自治的"藩",和愿意以家臣地位臣属于幕府将军的藩主之上。藩必须向幕府纳税,藩主必须每隔一年在江户住上一年,藩主的妻小则须常住江户以充当人质,以示没有二心。从根本上来讲,幕府将军的政权若要稳固,有赖诸德川氏族("亲藩")的效忠和其他世袭藩主("谱代大名",即关原之战前从属德川家的大名)的支持,以压制住"外样大名"(关原之战后从属德川家的大名,与德川家渊源最浅)。[88]但幕府体制的稳固,除了倚赖大范围的商业整合(将各藩纳入以大阪、江户为中心的单一市场),还倚赖盛行于武士阶级而强调效忠于天皇的儒家精神。

19世纪20、30年代,这一"旧制度"陷入格外紧张的时期。根本的原因,可能是农业产量这时因环境限制而无法再提升。砍伐林地和更集约化的耕种,无法再大幅增加产量;难以耕种的土地极易受不可测之气候的伤害。[89]19世纪30年代的天保饥荒,以东北地区最为严重,影响了整个日本。藩主既要向江户尽义务,又要照顾本藩需求(特别是要赐予"藏米"俸禄给这时已大部分文职化为官僚阶层的武士精英),陷入左支右绌的境地。在某几个大藩领地里,统治集团采取积极措施(拒绝清偿债务,打击垄断,鼓励种植新作物和生产新制造品,积聚白银)以恢复清偿能力。[90]这些统治集团对于对外贸易和更系统地了解"兰学"也越来越感兴趣。萨摩藩的统治集团对于对外贸易,兴趣尤其大。该藩的狭长岛屿末端,伸入往台湾延伸的琉球,长久以来都是与中国贸易的通道。"兰学"是有关西方与西方文明的知识,透过出岛港（位于长崎港湾中的荷兰人贸易站）这个小孔流进来。与此同时，南方、西方的两个最大藩长州藩和萨摩藩，深切察觉到西方干预的威胁越来越大，西方势力若来犯，它们首当其冲。因此，到了19世纪50年代，两藩都已开始购买现代火器、火炮、汽船，并摸索西方的冶金术以自行制造武器。

这些变革必然使它们与江户幕府起冲突。幕藩体制内部的均势已开始改变。1858年签订的不平等条约，与幕府将军对外国压力的让步，使幕府内部分裂，权威削弱，开始有仇外人士要求幕府"锁国"。幕府本身对军备进行了谨慎而犹疑不定的重整，但反对照某些改革派的呼吁向西方全面开放，深恐其意识形态威信一夕瓦解。随着西方势力侵逼加剧，政治气氛趋于焦虑和紧张。长州、萨摩两藩在1863年至1864年与西方兵戎相见，在实际接触过程中发现了对方的长处和自己的缺点。接下来三年，随着长州、萨摩两藩与其他藩结盟，试图赢得天皇的支持，削弱德川家的威权，幕府向长州藩开战，以作为回应，日本情势急速恶化为内战。[91]诸藩要求得到更大的自治权，幕府将军则决心重申中央的最高权威，双方互不相让。1866年，日本西南诸藩结盟，对抗幕府将军。到了1868年1月，武器较精良而统御更高明的长州、萨摩联军，已打败德川家，迫使幕府将军退位。为填补权力真空，合法化他们的叛乱行为，叛军领袖宣告大政奉还，恢复由天皇治理国家。

到这时为止，日本的危机都是以我们熟悉的模式出现的。与外部霸权国家的密切接触以及该霸权国家在贸易、科技方面的吸引力，使地方对中央的忠心松动，瓦解了人们对统治者的信赖。随着新兴势力崛起、争夺权位，旧政权分崩离析，外国干预的时机也随之到来：不论是直接吞并、建立傀儡政权，还是强加沉重的不平等条约。日本最终没有落入这种下场，部分是因为西方列强不愿插手日本的内战[92]（或许是因为内战结果难料，没有哪个国家有把握能从中得利），但更大的原因，乃是新政权建造现代国家的步伐迅速且坚定。[93]改革的速度和规模都令人咋舌。明治天皇的五条誓文（1868年4月6日），承诺设立"万机决于公论"的政府（此一承诺延宕许久才落实），"求知识于世界"。日本将仿效西方设置政府部门，包括外务省。更重要的乃是"版籍奉还"（使全国土地与人民脱离藩主掌控，统归天皇管辖），将世袭的藩主改造为可由中央调控的地方官，1871年更进一步废藩置县。封建综合体从此转型为以东京（1869年江户改名为东京）为唯一都城的统一国家。1872年，旧的纳贡体制废除，代之以用现金支付而全国一致的土地税。1873年全国实施征兵制，取代武士和封建藩兵。政府付钱（而非米），让武士退休。在1870年至1873年雷厉风行的改革下，法律平等、觅职自由、卖地权利，乃至推行公历，使德川幕府时代的社会面貌为之一新。1868年前踟蹰不前的西化改革步伐，这时已变成朝着欧式"现代性"一往无前的猛冲。在这场与时间的赛跑中，日本已成为短跑冠军。

　　两个问题也随之出现。这个新政府的改革为何如此迅猛，为何能使极度保守的社会，更别说是如此害怕与外界接触的社会，完成如此激烈的改变？照理，讨伐幕府的诸藩在推翻德川幕府后，比较可能的做法应该是自建幕府，自居大位。但他们无法如此。倒幕诸藩无一强大到足以单靠自己一藩取代德川家，而且这么做会使内战打到不知何时才能结束。废藩是确保长治久安的唯一法门。第二，倒幕联盟的领导人物，决意使日本"自强"，以使国家能与西方抗衡，而且在他们所出身的藩里，人们普遍认识到外贸、外国知识、外国方法大有助于"自强"。当务之急乃是按照西方模式建造一支军队。要养这样的军队，就得有通行全国的税收体系。第三，出于某些尚未完全探明的原因，领导这新政权的改革派武士，对于商人阶级的要求表示出同情，废除了对经济活动与商人地位的严格管制。但施行如此浩大的改革是一回事，让质疑者和异议者接受这种改革又是另一回事。特别是庞大的武士阶级（超过百万人），照理应会反对废除其享有的世袭地位和军事职责。占人口大多数的小农，承受更为沉重的税负，更没理由欢迎这些改革。西方列强在旁准备着，决定只要其国民或贸易受到不当对待，即出手教训。

事实上，改革过程一点也不平顺。新政权的领袖，有许多人遭誓报血仇的武士杀害。提倡西学最著名的人士福泽谕吉回忆时称，有好几年，他深恐遭人暗杀，不敢在夜间外出。[94] 1877 年的萨摩叛乱，有 3 万名武士及其部众投入战场，最后遭东京的新军击溃。农民多次起事。但日本改革派所处的环境，比帝制中国的改革派要有利得多。第一，新政权一开始就控制了占全日本领土四分之一的德川氏领地，还有重要的财库和庞大人口。第二，武士阶级庞大的社会力量，原可能是极危险的不定时炸弹，但新政府将这威胁化为助力。这是改革得以成功的重中之重。西乡隆盛、山县有朋之类领袖的威望，[95] 卸除了武士的忧惧，大批武士任职明治政府，担任军人、官员、警察、办事员。他们长久以来所扮演的维持社会纪律的角色（特别是在乡村），有助于压制农民骚动，而不致出现中国那种几乎推翻清廷的大规模起义。第三，日本有万世一系的天皇可供重新确立为新政权的权力象征，确立为以神社和官设祭师为特征的民间宗教（神道教）的信仰核心，而这在中国远不可能出现。[96] 第四，日本超高的民族一致性，化解了潜在的内部分裂根源，有助于这个新国家一致对外。

改革派若未能在第二战线获胜，这种政治实力将无足轻重。经济上的自强，和政治上的自强一样重要。经济若失败，将会使外国势力得以乘机将日本纳入掌控。外国势力可能以几种方式办成此事。西方商人可能会要求更自由地进出，胁迫母国政府加大干涉。厉行现代化的东京政府，可能会向海外大举借款，在财政上开始倚赖西方放款人，从而在不知不觉间受制于西方。最糟糕的是，费尽千辛万苦进入多变的国际贸易世界，会带来严重的破产风险，而破产的政权会在国内失去民心，又难以抵御外国势力侵逼，面对外国干预，几无招架之力。日本人未落入这些险境，成就令人赞叹。当然，我们不该夸大这些成就。工业化脚步相当缓慢。1880年，日本的出口货里，有三分之二是生丝和茶叶。1887年，日本的海外贸易，或许有九成在外国商人手中。[97] 到1890年时，西方仍往往将日本视为风景优美，而清偿能力倚赖少数几样出口商品的东方国度。事实上，经济独立与工业进步的基础，这时已然奠定。在棉织品这项关键产业上，1880年时日本国内产量已和进口量相当，1883年开始出口。[98] 商业与工业成功背后的关键机制（专门化的外贸银行、将制造业与贸易相结合的大财阀、政府补助制度）都已到位。19世纪70年代的剧烈通胀（肇因于纸钞泛滥），在通货紧缩的19世纪80年代遭强力抑制，稳定的货币得以确立。在这关键的过渡阶段，日本几未向外借贷。日本已绕过现代化的合恩角——金融崩溃和社会暴动。

表面上，日本的维新之道和清朝改革者所主张的方法没有两样。政府鼓励商人投入工业和航运业，补助商人营运。政府把制造现代武器列为优先事项，并认识到外国商人会要求合理的出入境自由、商业安全和低税。但到了19世纪80年代，日本的革新已比中国更卓然有成，双方的差距到了1914年已十分惊人。在某种程度上，这或许得归因于明治日本继承了德川幕府时代的有利遗产。"传统"日本一直是个高识字率而工匠技艺高超的社会,也是个以大阪、江户为中心而高度集中的经济体。财阀发展自日本历史上存在已久的银行界富商,例如可追溯至17世纪初的三井家族。明治维新之前许久,就已有某些大藩追求外贸和西方科技。但这些论点可能流于夸大。德川幕府时代的日本,并非自由市场经济,其收入水平"远低于"19世纪成功工业化的其他国家的初始水平。[99]经济转型的阵痛,极容易导致退步与混乱。对于像日本这样较晚才进入国际经济的国家,需要强大的政府和特别守纪律的社会秩序,才有可能顺利进入国际经济。因为这点,日本才显得与众不同。武士阶级支配这个新国家,明治维新就由该阶级的领袖主导完成。由武士领导的政府向银行界富商借钱,然后将政府资助成立的企业廉价卖给他们,作为回报。[100]为了对付西方,防止国内动乱,这是不得不然的结盟。广大农民则是输家。靠着新建的"国"军和警察,明治政府得以压制乡村的不满,以前所未有的方式向农民收税,让乡村的经济大权掌握在地主手中。[101] 19世纪80年代剧烈通货紧缩拉低物价时,受害的也是农民。日本拥抱西方方法、规则、制度,确属事实,但"武士资本主义"的核心,乃是无情剥削农民,为实现工业、商业独立提供助力。

或许就是这些特色,使日本的转型显得独一无二。先进的前工业时代经济,明治维新时所塑造出的格外强固的社会、政治体制,相对远离西方及其火力的地利,在西方势力从1890年开始全面深入亚太地区之前即得以展开"自强"运动的天时,乃是日本在这场与时间的赛跑中得以获胜的关键因素。在第三个例子奥斯曼帝国中,引人注目之处,在于缺少这些特色,或这些特色反倒带来危害。到了19世纪80年代晚期,这所带来的结果,就是陷入某种经济托管的处境,帝国瓦解以及被西方列强瓜分的危机日益加深。西方列强对于如何处置这"欧洲病夫"意见不合，有时似乎反倒是该帝国得以存活的主要原因。奥斯曼政府所承继的地缘形势，的确比中国和日本所承继的不利得多。奥斯曼帝国既不如日本那般小巧扎实，又未如中国拥有辽阔、富饶的农业心脏地带（内地十八省）。它横跨三大洲，到了19世纪30年代时，已有多个地方处于欧洲海上武力的攻击范围之内。除了在巴尔干半岛有与欧洲各国接壤的"外在"边境，它还必须防守一连串"内部"边境，以防部落、游牧民、沙漠居民入侵。这些"内部"边境分别位于安纳托利亚（要防范库尔德人）、杰济拉（Jezireh，位于今伊拉克，什叶派居民占多数）、叙利亚（境内沙漠的阿拉伯人逼近农耕区边缘，**势力越来越强**）、遥远的也门（该帝国最南端）。该帝国的地缘战略均势，到了19世纪30年代，可说已遭到无可复原的伤害。[102]但奥斯曼的领袖比中国人、日本人更早且更全面地认识到，帝国若想存续，就要将西方技术小心翼翼地移植到其伊斯兰帝国的社会结构和政治结构中。

这个过程在19世纪20年代，该帝国撤除权力过大的禁卫军，而逐步代之以更加欧式的军队时，就已开始。19世纪30年代，俄罗斯人从北方入侵，有法国人撑腰的埃及总督则欲脱离奥斯曼人自立，该帝国差点因此灭亡。因为这场严重危机，彻底改革变得更为刻不容缓。为了安抚英国这个重要盟邦的不满，君士坦丁堡于1838年同意对外国商人开放市场。然后在1839年，奥斯曼帝国宣布推动名叫坦志麦特（Tanzimat）的大范围改革——目的之一无疑是改善该帝国在国外的形象，赢得欧洲列强的支持。在御园敕令的规定下，所有奥斯曼子民享有同等权利（废除了原来对穆斯林与非穆斯林的区别），保障人身和个人财产安全，全面改革税收制度与军队、司法系统的管理体系，并大体上以法国之类"先进"欧洲国家为师，进行这些改革。在接下来的坦志麦特时期（1839—1876年），奥斯曼两位苏丹，阿卜杜勒·麦吉德（1839—1861年在位）、阿卜杜勒·阿齐兹（Abdul Aziz, 1861—1876年在位），似乎全心投入于有计划的"自强"运动，努力使帝国得以应付来自欧洲的经济、政治、意识形态压力。这时的奥斯曼帝国已是地方山头林立，令不出中央，而四位改革派政治家，雷希德、福阿德、阿里、迈扎特四位帕夏，决心大幅强化中央政府和政府官员对地方的掌控。他们改组军队，透过征兵制大幅扩充兵力（从1837年的约2.4万人增加为逾12万人）。[103] 1864年，他们颁行省级管理法，使各省治理体制更为一致，削减地方豪强的权力。他们推广世俗教育，以西方的科学、技术、法律方法培养新一代官员和军官，削弱穆斯林神职人员的势力。他们设立财政部和预算制度，创立奥斯曼帝国银行以发挥中央银行的部分功能。最重要的是，他们竭力推广新的奥斯曼公民的权利、义务观念，以取代地位较低的非穆斯林族群或宗教团体原有的米勒特制，这样的族群聚在一起，地位低于"核心"的穆斯林族群（苏丹历来仰赖这个族群的效忠以巩固帝国统治）。改革工程浩大。

到了1880年，这一大张旗鼓的改革，获益似乎微不足道，代价却高昂得令人却步。1878年，奥斯曼帝国接连丧失领土，民心士气深受打击。基督徒数量众多的那些欧洲省份，几乎全被夺走。19世纪20年代取得自治地位的瓦拉几亚和摩尔达维亚两省，成为独立的罗马尼亚。尼希（Nish）省遭塞尔维亚吞并。保加利亚成为自治体，数年后获准与其南部三分之一地区，即所谓的东卢米利亚（Eastern Roumelia）合并。小小的黑山成为主权国。就连波斯尼亚与黑塞哥维那，住着许多穆斯林的地区，都被哈布斯堡王朝纳为保护地。雪上加霜的是，自1571年来一直属于奥斯曼帝国的塞浦路斯岛，都被英国占领（但非正式吞并），理由是英国协助其对抗俄国，奥斯曼帝国必须有所回报。俄国则夺走东安纳托利亚的卡尔斯（Kars）、阿尔达汉（Ardahan）两地区。在连番丧失土地之前，奥斯曼政府已被迫接受黎巴嫩和克里特岛的基督徒聚居区受外国监管的特殊体制。在克里特岛，操希腊语的基督徒曾在1866年至1869年间起事。而不久之后，严格来讲皆受奥斯曼人统治的埃及与突尼斯，分别遭到英国（1882年占领埃及）、法国占领。19世纪70年代的大危机，也并非只是政治危机。财政崩溃使那场危机的冲击加剧。1875年，奥斯曼政府拖欠外国借款，宣告破产。为恢复财政稳定，奥斯曼帝国不得不接受严厉的检查、控制制度。1881年后，由欧洲银行家和官员派任职员并由他们监督的奥斯曼公债局，享有奥斯曼国家税收的优先使用权，以偿还债务，剩下的钱才拨交苏丹政府。从物质方面和象征方面来看，这个帝国似乎都已沦落为实质上的附属国。

从这点来看，坦志麦特未能促成自强，反倒促成自残或更惨的结果。事实上，坦志麦特革新者所面对的国内外同时施加的压力，远大于东亚中、日两国所面对的压力。在战略上，奥斯曼人挡不住俄国的武力侵略（除非俄国的欧洲对手能压制沙皇的侵略野心），而奥斯曼帝国海上实力的遽然衰退，使其处境更加危险。[104] 1877年俄国的入侵，导致奥斯曼帝国在1878年的柏林会议上失去数块领土。然而其根本的弱点，乃是居人口少数的基督徒拒绝奥斯曼人统治，锲而不舍地吁请欧洲诸国为他们出手干预。随着19世纪渐近尾声，这问题越来越严重。"民族观念"传播至欧洲其他地方，必然使这些奥斯曼少数族群也受到感染，毕竟他们与帝国之外的同族人一直往来密切。该帝国的欧洲裔商人（例如希腊商人）从经济变化中得到的好处，大于该帝国穆斯林商人得到的好处，这一经济变化还使更明确地要求获得政治权利的群体越来越大，而且往往使苏丹赖以治理基督教少数族群的高层神职人员的权力受到限制。这些新的"民族主义者"主张，认同感必须在拥有明确版图的国家中（而非教堂成员的身份中）寻求。坦志麦特本身已使帝国更倚赖受过教育的基督徒。在这样的情况下，改革者希望基督徒接受共有的奥斯曼公民身份，将其与穆斯林的差异泯灭在对苏丹的共同效忠中，就无异于缘木求鱼。事实上，迈扎特帕夏于19世纪60年代在保加利亚试行其改革计划，就陷入四面受敌的困境。[105] 在许多穆斯林看来，稀释帝国的伊斯兰特质乃是大逆不道的事。那意味着乌里玛（精通伊斯兰教法、神学知识的伊斯兰宗教学者）将被打入冷宫，意味着帝国的基础将不再建立在稳固的穆斯林忠诚磐石上，而是建立在与基督徒合作的流沙之上。坦志麦特的中央集权措施所激起的痛恨，数十万穆斯林难民被俄罗斯人逐出高加索的悲惨遭遇所激起的愤怒，加剧了反改革情绪。[106] 事实上，这些难民移居奥斯曼数省，可能使原有的民族、宗教对立在19世纪70年代白热化。

可想而知，奥斯曼帝国若能打造出拥有实权而财政充裕的中央政府，大概就能如愿收服地方山头，更能有力吓阻外敌入侵。但在这方面，改革者同样受挫。克里米亚战争（1854—1856年）的高昂成本，使他们不得不向外借贷，然后他们又没能好好利用贷款。到了19世纪70年代，因借贷而来的每年应付款项，已相当于国家总收入的约三分之二。在某些借款上，他们一年要支付三成利息。[107] 他们虽使总收入增加了约五成，却未能革除税收业务外包的旧习，因而未能直接掌控税收。他们希望贸易增长能补充国库，但奥斯曼帝国的贸易增长幅度远低于全球平均值，[108] 而政治动荡则伤害了奥斯曼帝国的商业和信用等级。政府领导的工业化行动软弱无力，原料出口则促进了港口周边飞地的发展，而落后的陆上交通更助长了这一趋势。[109] 政府借来的款项，几无一笔用于铁路之类基础设施的建造。奥斯曼帝国与明治时期日本的对比再强烈不过了：不仅民族多元，欠缺武士之类的阶级来维持社会、政治秩序，经济发展模式也被外力"全面"控制。[110]

尽管遭遇外力连番重击，奥斯曼帝国并未瓦解或落入欧洲人之手。帝国的欧洲省份大量丧失，使这个帝国更趋近于土耳其、阿拉伯、伊斯兰国家。在苏丹阿卜杜勒·哈米德二世（Abdul Hamid II）在位期间（约 1876—1909 年），奥斯曼当局变得更支持泛伊斯兰运动，更意识到自己作为圣地守护者的国际角色，而这时，越来越多穆斯林搭汽轮和火车从印度、东南亚前来圣地朝觐。与此同时，坦志麦特的旧计划得到推行。国家机器缓缓现代化，铁路网扩大，阿拉伯诸省受到的军事控制和行政控制也更为深入。奥斯曼人已无心再维持其在 16 世纪所建造的多民族大帝国。1880 年后，他们投入另一场与时间的赛跑，要在进一步对抗欧洲或阿拉伯民族主义兴起并导致阿卜杜勒·哈米德的帝国瓦解之前，巩固剩下的领土。

另外两个中东国家，也被拉入这场与时间的赛跑，但命运将不同。第一个国家是形式上仍属于奥斯曼帝国的埃及。将法国入侵者逐出埃及之后，奥斯曼苏丹派穆罕默德·阿里为埃及总督，而在他的治理下，马穆鲁克王朝时代的埃及形同独立王国的地位变得更为明显。他以新建的军队为核心，构建了独裁国家。[111] 他的真正野心乃是建造版图从苏丹到叙利亚的埃及帝国，统治阿拉伯地区。他两度差点将奥斯曼苏丹拉下台，都遭欧洲列强阻挠而功败垂成。他被迫向欧洲开放边境通商，放弃其所费不赀的国营制造业计划。穆罕默德·阿里死于 1849 年，但他的宏大计划至少有一部分在继任的赛义德（Said，约 1854—1863 年在位）和伊斯玛仪（Ismail，约 1863—1879 年在位）治下，得到逐步推行。

对这两位统治者而言，最终目标乃是为其王朝赢得与奥斯曼苏丹正式平起平坐的地位和主权独立地位，使其对外关系不必再受奥斯曼政府控制，军队规模不必再由奥斯曼政府决定，最起码不会再遭奥斯曼政府撤职（1879年就真的发生了这种事）。两人所欲建立的，不是"民族国家"，而是统治者拥有无上威权的君主制国家。他们将让土耳其化切尔卡西亚精英（结合了旧马穆鲁克统治阶级和穆罕默德·阿里之突厥化、阿尔巴尼亚裔部众的阶层）在阿拉伯人居大多数的社会里拥有特权地位，以回报该精英阶层对其主子与保护者的忠心支持。两位统治者都认识到，成败取决于农业财富能否快速增长。

情势显示大有可为。工业化欧洲对埃及长绒棉的需求几可说是永不满足，但要满足这需求，就需要农业革命。可耕地面积从1813年至1877年增加了六成。[112]开罗下游的三角洲沼泽地被排干，开垦成农地。水道网、拦河坝提供了经年不断的灌溉用水，耕种不必再倚赖尼罗河一年一度的泛滥，产量因此加倍。到了19世纪60年代中期，外来投资已开始增加，外国银行迅速出现，以服务于新兴的有地阶级。亚历山大作为出口经济的地中海港口城市，迅速繁荣。铁路得到铺设。开罗境内，沿着尼罗河兴建了欧式城区，内有新王宫、证券交易所、歌剧院、仿自巴黎的开阔林荫大道。[113]凭借着中央集权政府、地主精英阶层、含有自由主义精神的物权法，以及庞大的外国人社群（19世纪70年代多达10万人，而当时的伊朗只有不足1000名外国人），埃及似乎成为"发展"国家的典范，改革卓然有成的国家，伊斯兰世界里的日本。埃及吸引了具有冒险精神的欧洲人前来效力，例如外号"中国通"的查尔斯·戈登（后来人称"喀土穆"的戈登），被派去治理苏丹，根除奴隶买卖（还有什么比这更能说明统治者的现代性？）。到了19世纪70年代，埃及获得完全独立，似乎是早晚的事。说不定奥斯曼帝国再碰上一场大危机，这就会自然而然地实现了。与此同时，某份权威的埃及指南，以奉承口吻如此描述伊斯玛仪（已在1867年被奥斯曼苏丹授予更尊贵的头衔"赫迪夫"）："陛下说起法语和巴黎人一样溜……不管你是工程师、商人、记者、政治人物、具有实际经验的农学家，还是几乎其他任何行业的人士，都会很快发觉你在专门知识和信息方面碰到了对手。"[114]

对赛义德和伊斯玛仪而言，只有开凿苏伊士运河，个人功业才算圆满。代价会很高，但回报也很大。[115]该运河的收入将带给他们新财源。另建运河（"淡水运河"）连接苏伊士运河与尼罗河后，埃及还能获得一块可以精耕细作的新地。特别是，苏伊士运河将带来巨大的地缘政治效益。埃及统治者一旦成为世上最值钱水道的守护者，欧洲列强将会认识到，必须保护他免受任何侵略的威胁，并将看出他独立自主的重要性。因此，雷赛布成立公司以开凿该运河时，赛义德欣然同意大笔入股。19世纪60年代，产棉重镇美国南方遭到封锁，后来又经受战乱，棉花无法运出，棉花价格随之攀升，这时，伊斯玛仪很容易就在欧洲借到钱，最后国债高达1亿英镑。但随着棉花价格于19世纪70年代中期下跌，苏伊士运河（1869年开通）的营运尚见不到利润，投机性繁荣变为金融崩溃。1875年，伊斯玛仪不得不将其运河公司股份，以400万英镑的价格（可能是实际价值的四分之一）卖给英国政府。一年后，他本人，以及埃及，都宣告破产。

与时间赛跑的代价，自此开始全面展露。埃及社会体制的急速改变，早已积累无数民怨。有地阶级一心欲压制统治者的独裁作风。乌里玛（其位于开罗爱资哈尔清真寺暨大学的埃及乌里玛大本营，乃是伊斯兰世界里地位最高的学术中心）厌恶统治者拥抱外国异教徒的离经叛道作为，厌恶其贪腐网络，厌恶其豪奢的生活方式。在军中和政

第五章　与时间赛跑　289

府官员中，受阿拉伯语教育的阶层痛恶国家大权一直掌握在土耳其化切尔卡西亚精英手中（在赛义德实行了一段时间相对"阿拉伯化"的政策之后，土耳其化切尔卡西亚精英在伊斯玛仪当政时重获宠信）。这些悬而未决的冲突里，全包含着弥漫在社会中的隐隐不安：对欧洲投机人士的疑惧；对于乡村农民（fellahin）阶级（农业改革的最大受害者）遭到严重剥削，生起的道德不安。[116] 造反的情绪此时已开始通过新出现的记者和报纸得到抒发。人们对于这些外界施加的负担最后将落在谁身上争论不休，因此外债（和欧洲人要求实质掌控埃及财政）所引发的外部危机，很快就转变为内部危机。原欲借以使埃及完全独立的苏伊士运河，变成外国宰制埃及的特洛伊木马，外国强权借以入侵埃及的途径。

伊朗较为幸运，其统治者较谨小慎微，毕竟他们能施展的空间小得多。穆罕默德·阿里凭借其军力和棉花外销的收入建立国家，而大约同时掌握大权的卡扎尔王朝统治者，则没有这些资源。伊朗欲建造军队，抵挡外来侵略，压制内部异议，要困难得多：事实上，只有4 000人的御林军可凑合着使用。[117] 神职精英（什叶派乌里玛）厌恶伊朗国王，而他们的社会影响力远大于埃及的乌里玛。[118] 为了坐稳大位，伊朗国王不得不倚赖部落联盟，而这种倚赖已到了若无部落联盟支持，大位即会不保的程度，因为游牧民占了伊朗超过三分之一的人口（甚至可能占了一半），为既有军队的主力。伊朗国王没有"新"土地来奖赏顺服的精英，或支撑较庞大的官僚体系。伊朗虽然经济大为恢复，摆脱了18世纪末期的混乱失序，却不像埃及可借由棉花吸引外国投资，凭借棉花收入推动公共建设，改善灌溉、铁路或公路。伊朗仍处于急剧地方化的阶段，大小部落、村庄、工匠公会、城中聚居区、派系、宗教或语言，仍是认同的主要来源，分裂对立的主要原因。简而言之，建造埃及那种强大王朝制国家所需的资源、工具，伊朗几乎是一无所有。

但卡扎尔王朝面临的外部威胁，却和奥斯曼帝国所面对的至少一样严重。俄国势力伸入高加索，已使伊朗人损失惨重。《古利斯坦条约》（1813 年）和《土库曼查条约》（1828 年）则使他们不得不放弃对格鲁吉亚、亚美尼亚的领土主张，割让阿塞拜疆大部分地区。英国海上武力在波斯湾的增强，必然使他们坐立不安。那使伊朗南部的几大部落更不愿听命于中央，还可能使其沿海聚落，例如大谢赫为阿拉伯人的霍拉姆沙赫尔，不再效忠于卡扎尔王朝。毕竟，即使在 19 世纪末期，搭船经黑海、里海再往南前往德黑兰，也比直接走陆路从波斯湾到德黑兰快得多。1856 年纳赛尔丁（Nasir al-Din）拿下赫拉特（位于今阿富汗境内，但在萨法维王朝时代为伊朗国王极看重的领土）时，英国炮轰布什尔（Bushire），派兵到霍拉姆沙赫尔，借此逼他吐出到手的肥肉。若开打而败于英国人之手，或丧失一省，他的威信可能尽失，他赖以维系其多民族帝国于一统的权威可能瓦解，这样的风险，没有哪个伊朗国王敢无视。

纳赛尔丁在位期间（约 1848—1896 年），卡扎尔王朝采取了某些措施以强化王权。奥斯曼帝国的坦志麦特模式影响甚大。[119] 他设立一所大学，以传播西方知识，培育一批新的治理人才。但在这短暂的"革新"时期，伊斯兰教巴布派也兴起了。该教派某些人痛斥统治者的腐败，其中更有一人谋刺国王。该教派随即遭到铲除，国王与乌里玛自此捐弃前嫌，携手合作。改革大臣被打入冷宫，后遭杀害。伊朗国王虽然仍靠巧妙地操控族群与利益团体以稳固大权，却有迹象显示一个更加统一的政治实体正慢慢浮现。1847 年，伊朗终于确定其与奥斯曼帝国的边界；1866 年，德黑兰确立其对锡斯坦和俾路支斯坦（Sistan and Baluchistan）的控制权；1872 年，议定其与阿富汗的边界。[120] 什叶派（文化认同的主要来源）的影响力得到强化，而这在一定程度上是与巴布派斗争的结果。[121] 行政体系的管辖范围逐渐扩大，在财产权的规范方面，国家法律取代了伊斯兰教法。[122] 德黑兰与部分省份有电报相通。鸦片出口使伊朗西部更为富裕。但到了 19 世纪 70 年代，已有不祥征兆显示危机就要降临。

俄国的进逼是一眼即可看出的警讯。1859 年至 1860 年，沙皇军队已进入里海以东的广大中亚地区。1866 年，塔什干遭俄国吞并。1873 年，俄罗斯人已进入希瓦，逼近伊朗的东北部地区和圣城麦什德。纳赛尔丁财政拮据，难以抵抗。他的收入渐少，物价则形成通胀螺旋式上升。他前往欧洲争取新的援助。缺钱促使他通过一项引发轩然大波的协议——"路透特许权"（Reuter's Concession）。根据这项协议，伊朗境内任何新铁路、矿藏、灌溉工程、工厂的利润，都让予外国企业家（尤利乌斯·路透，路透社创办人），以换取 4 万英镑现金。协议引发抗议浪潮，纳赛尔丁不得不仓促予以撤销。他想趁俄罗斯人入侵之前及时强化伊朗国防，这个打算看来已然落空。他转而实行日后看来虽有风险但无可避免的做法：让外国商业利益团体进入伊朗。可能他估计他们会相互制衡。英、俄对立的确是伊朗的最佳护身符，使英、俄任何一方都无法宰制伊朗。伊朗的地缘战略位置和地方山头林立的政治情势，加上庞大的宗教精英势力，的确使外国势力很难全盘掌控伊朗。但在这个几乎见不到西方人的地区，卡扎尔王朝和伊朗的独立地位，是否能承受住纷至沓来的外国入侵压力，[123] 结果很快就会揭晓。

其他许多亚非国家，包括阿比西尼亚（今埃塞俄比亚）、暹罗（今泰国），与 19 世纪中叶的中国、日本、奥斯曼帝国面临着同样的挑战。

它们担心西方人入侵,担心名义上归它们所有但实际上难以掌控的边境地带会被夺走。它们觉得欧洲商人居心险恶。它们急切地想将军队和税收体系现代化。它们希望挑动欧洲人相斗,以从中得利,希望透过间接方法保住自己的自由。它们优柔寡断地考虑过在政府的带领下实现发展,有时赋予欧洲人特许权,有时则鼓励移民。它们全都面临了一个两难问题,即在中央政府权力衰弱的国家施行激烈改革,可能引发混乱和叛乱,从而更可能引来外力干预。它们全都面临了一个现实状况,即到19世纪80年代时,欧洲与这些亚非国家在技术资源、财政资源、人口资源上的差距似乎已急剧拉大。1880年后,这场与时间的赛跑,胜负即将揭晓。

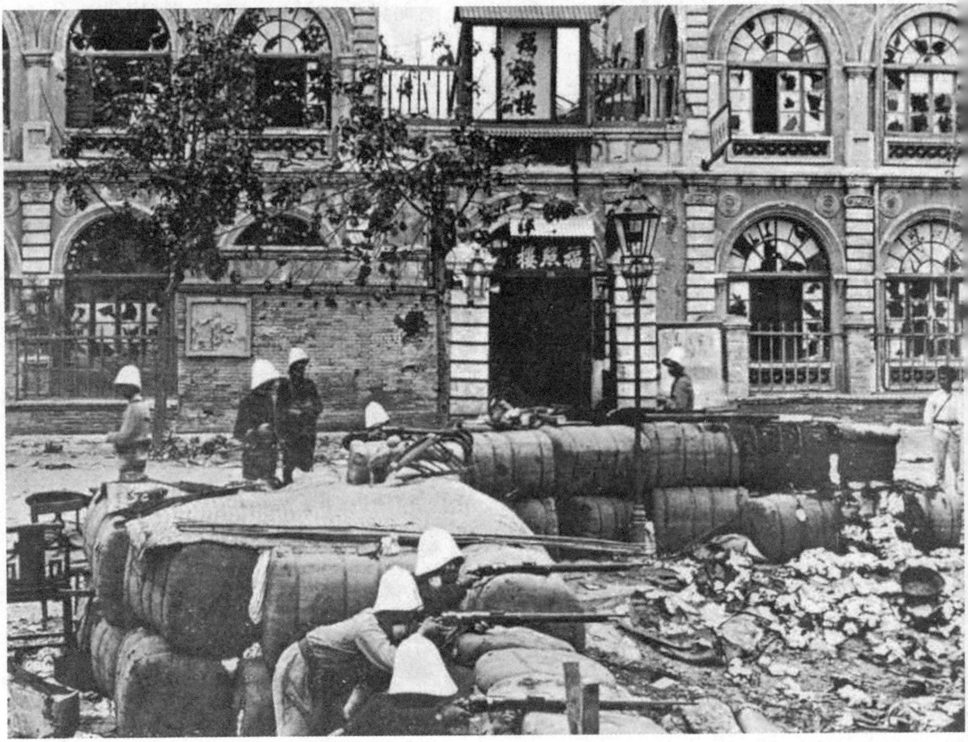

第六章

全球殖民主义
The Limits of Empire

19 世纪 80 年代到 1914 年
"大欧洲"独霸全球,确立了自由贸易的模式,也助长了优越错觉的确信

帝国的限制

　　1880年后，"大欧洲"的疆界急剧扩大，仿佛西方以外的世界完全落入西方宰制，只是早晚的问题。这一趋势最明显的迹象，乃是那些此前几十年中未遭欧洲殖民者染指的地区，也被迅速瓜分。最著名的例子是非洲，随着1884年后一连串的惊人交易，被英、法、意、葡、西、德、比利时国王瓜分（比利时国王将抢得的非洲土地当作个人领地）。不只是非洲，东南亚和南太平洋也遭此下场。"大欧洲"的扩张也不只是表现在领土上。"大欧洲"的扩张倚赖国际贸易的大幅增长，流往先前被认为风险太大或无利可图地区的资金（最初的规模很小）剧增。在这扩张的同时，欧洲的外流人口剧增，其中大部分移往北美或南美，但还是留下了充足的人口，使之能够深入非洲热带地区以及亚洲进行殖民活动，并在俄国的北亚地区建立更大的桥头堡。这些扩张使欧洲人比此前更加确信，推动全世界的物质进步、向全世界传达宗教真理和哲学真理，乃是欧洲的文化使命，这种确信又回过头来助长了他们的扩张活动。欧洲人会通过各种角度来论证，他们凭借在科学、社会组织或是宗教方面的不断进步，成为最先进的人类族群。欧洲人的"种族优越"论，在此得到确立。最后值得一提的是，"大欧洲"的扩张能够触及欧洲人先前觉得太偏远或是难以驯服的亚非地区，正是凭借了科学与技术的力量。欧洲人与其他（大部分）民族之间的"知识差距"在19世纪结束时似乎进一步扩大了，而非缩小。在西方以外的世界尚未运用煤和蒸汽时，欧洲部分地区已进入第二次工业革命的电气时代。

其结果就是物质实力、经济实力与文化实力的全球性阶层被建立起来，这在世界历史上还是头一次。这种体系通过一系列机构、政治实践以及传统信念而得以运作，一直延续到第二次世界大战。1900年的世界是帝国的世界，帝国主义在当时的扩张程度，即使在距之不远的1860年都无法想象。在那个世界里，帝国的疆域广布全球，而其他地区则受到贸易、不平等条约，以及欧洲人享有的治外法权（连同用来强索治外法权的驻军和炮艇）所构成的非正式帝国宰制。欧洲人发明的国际法观念，除非涉及的国家符合欧洲人所认可的"文明标准"，否则便视他国的主权主张为无物（并合理化欧洲人干预他国的行为）。在经济理论上，这一帝国主义世界必然意味着分工，实际上也是如此。帝国主义强权同时也是工业强权（但工业化程度因国而异）。它们供应（或试图供应）产品、资金、技术和熟练的劳动力。殖民地和"半殖民地"（例如中国或阿根廷）的职责，乃是生产粮食、工业原料，以及工业帝国渴求的其他商品，并接受工业帝国的产品和资本流入——这一经济规则意味着殖民地本土的利益集团及其保护下的市场会被迫参与自由贸易。从人口角度看，帝国主义世界是白人当家的世界。欧洲人大体上可以随心所欲地（如果没有战争或经济萧条的影响）迁往他们想去的地方，谋生不成问题。帝国统治者鼓励人们移民到亚非地区发展殖民地，无视当地社群不允许外族人侵占土地的要求。这种帝国主义世界的文化理论，可能是该世界最普遍的特色。欧洲人深信并试图说服其他人也相信，欧洲以外的文明或者文化虽然有异域情调，并且迷人、浪漫或美丽，但它们最终都没有前途。只有欧洲之道才是已证实的可通往"道德提升与物质进步"的道路（"道德提升与物质进步"是英属印度政府发行的年度报告名称）。

当然，我们知道这一强有力的欧洲支配体系从未完成，亦不持久。该体系里最强大的成员是大英帝国，而1890年出生的英国公民或许在有生之年就能看到帝国的衰退和瓦解。现代世界史的最大疑问之一，就是帝国衰落的原因。这个问题大部分的答案可以在1914年至1945年的世界大危机中找到。但在那之前的时期里，也蕴藏着一些重要的线索。"全球殖民主义"是人为构建出来的，但其勃发仓促，根基不深。或许更贴切地说，它的稳定性倚赖一组不可能稳定持续的条件。历史证明，帝国主义的外交就像其经济和意识形态，都有不可救药的"基因缺陷"。

帝国的远景

1880年后，"世界已缩小"一说变得稀松平常。这在一定程度上是因为便捷交通、通信设施的迅速普及。从19世纪30、40年代起，汽轮、铁路、电报就在欧洲和北美洲广受采用；到了19世纪70年代，它们已进入世上的广大地区，为原本通行不便（且成本高）而缺乏信息的地区打开进出的通道。1869年苏伊士运河的开通，使汽轮航运公司及其定期航班服务往东延伸，创造出一路绵延到上海、横滨的商品航运大干道。海底电缆和陆上电报,这时能在数天内将东亚的商业、政治消息送到欧洲,后来更缩短到数小时。但最重要的是,铁路彻底改变了人们的距离观。19世纪末是铁路扩张的鼎盛时期。英国人、法国人在非洲西部、东部、南部的殖民地铺设铁路,将动荡不安的内陆与他们设在沿海的桥头堡连接起来。外里海铁路(1880—1888年)将俄国势力带进中亚。西伯利亚大铁路(1891—1904年,所有帝国铁路工程中最浩大的一项),意在将俄国的"蛮荒东部"改造为欧洲的延伸部。欧洲人还大胆规划了其他路线,但都未能完成:连接汉堡与巴士拉(和波斯湾)的巴格达铁路;连接欧洲与印度的"横贯波斯"的铁路;从好望角绵延到开罗,贯穿英国整个非洲统治区的铁路,这是塞西尔·罗得斯的梦想。英国伟大地理学家哈尔福德·麦金德认为,铁路将改变世界史。海权挂帅的"哥伦布时代",即将让位给掌控大量资源而几乎坚不可摧的陆上大帝国的新时代。[1]

19世纪结束时,可以说世界上没有哪个地区不受这场交通革命的影响。在经济联系和战略本质方面,世界都已成为(或者更快速地成为)一个整体。距离的消失,在维多利亚时代晚期已成为司空见惯的现象。欧洲人在其拥挤大陆上惯有的密切邻国关系,将在全球范围内被复制。欧洲人所熟稔的好斗倾向(商业对立、外交摩擦、文化敌意)将需要全球性的解决之道,而非局限于欧陆。欧洲人与欧洲以外国家的接触越发频繁且规律,在这种情况下,国际社会(欧洲人提出的概念)需要扩大,以包容更多的国家。而在19世纪中叶理查德·科布登(Richard Cobden)这样的自由贸易主义者眼中,全球范围的相互依存正是全面进步与和平的最佳保障。但这种"世界性"未来(许多自由主义思想家深深迷恋的未来)被截然相反的一种趋势打断了,而从事后来看,这种趋势才是那个时代的标志。

前几章中，我们已了解日益富强的欧美如何侵犯诸多亚非社会的地盘。有些社会被征服，有些被分裂，还有些社会则得到警告：若不迅速革新，就难以保住自治地位。但在19世纪70年代之前，如此迅速的大规模变革是否必然发生，仍有可怀疑的空间。欧洲资源有限，在本土发生的反抗或叛乱，已使欧洲列强政府难以确定该不该再接新包袱。1875年《泰晤士报》评论道："身在中国的英国国民应能理解，我们并不想担负起治理另一个印度的责任。"[2] 当时人们仍认为，亚非各国有可能振衰起弊，恢复国势。19世纪70年代有了重大改变。该年代结束时，大规模的地缘政治危机已开始席卷仍保有独立地位的亚非诸国——北非的马格里布地区，撒哈拉沙漠以南的非洲地区，奥斯曼帝国、埃及、伊朗构成的中东，中亚诸汗国，东南亚大陆地区，以及中国。这些地区的国家看起来日益衰退，当时某位政治家称其为"垂死诸国"，另一位政治家则称其为"苟延残喘的东方诸国"。它们的政治体制似乎处于瓦解边缘，内部秩序正在崩溃，财政也日益紊乱；它们往往无法保卫划定得不明确的边境，无法保护外国财产和外国人，暴力、盗匪和种种狂热行径也危及它们的旧社会秩序。问题是：它们的下场会是如何？

正在"全球化"的世界，连同欧洲以外诸国的衰弱与落败，激起了各个种族、各类文化对当时世界的兴奋与忧虑。这有助于说明欧洲政客、外交官、商人、殖民者、传教士讨论其"帝国"未来时，为何充满急迫之情。三种不同的前景影响了他们对未来的期望。世界作为"单一体系"，被火车铁轨和无形的金融、商业纽带越来越紧地收束起来，会变得无限繁荣。贸易会扩大，投资活动会更兴盛，会有更多土地被用于商业生产。欧洲的势力范围，特别是欧洲宗教的势力范围也会相应扩大。一连串投机性行业自然会涌现，特殊利益的游说团体也会出现——他们会募集资金，进行公共宣传，并以政府为依托。但第二种可能的情景，就没那么让人放心了。世界变得四通八达，不再受到"距离"这道护城河的保护，而在这种感觉出现的同时，人们也普遍忧心世界正被快速"填满"。1893年，美国年轻史学家弗雷德里克·杰克逊·特纳（Frederick Jackson Turner）发表"美国开放的边境已然关闭"的著名主张，紧接着在澳大利亚和新西兰也有人提出类似警告。[3]全球温带地区已无"空地"可供欧洲人施展拳脚，因此欧洲人将会为了控制热带地区和"垂死诸国"的土地、商业，而互不相让。[4]在这些地方，本土体制衰弱，外国的强大势力将主宰一切。一个条约、一条铁路、一家银行或一座基地，就能使当地变成形同保护国、外交附庸的排他性贸易区。机会主义和警戒之心，乃是在这即将到来的世界秩序里存活所要付出的代价。而其结果将是欧洲列强之间的对立日益激烈，兵戎相见的概率越来越高。

再来是第三种可能的前景和第三组焦虑。在日本、中国、印度、中东、非洲观察家眼中，危险似乎在于欧洲人可以用其傲慢的干预，轻轻松松就破坏他们的社会团结和文化自信。欧洲人愈是易于在他们的国家走动、贸易，外国利益团体和影响力就愈容易冲破他们的防御，在他们境内插入飞地，颠覆当地政权。即使在东亚，都不难想象在不久的将来，西方贸易、海上武力、基地、条约口岸、传教士使该地区分裂，文化瓦解，任人宰割。日本的史学家和中国研究专家内藤湖南说，世界已经变小。欧洲和美国已包围东亚，种族斗争即将到来。[5]在欧美人当中，与亚非大型社会的社会经济关系更趋紧密的前景，引发了另一种不安。欧洲人可能主宰全世界，但一如史学家出身的政治人物詹姆斯·布莱斯指出的，欧洲人大举入侵较"落后"的社会，已产生"世界史上的危机"。[6]他认为，"基于经济目的，全人类正快速融合为单一民族",而在这单一民族里,"落后国家"将沦为不具备专门技能的底层阶级。避免接下来会发生的"种族敌对"将相当不容易,因为通婚(最佳的解药)不为白人所喜爱。[7] 将个人税务工作经历与社会研究相结合的本杰明·基德,在其极具影响力的大作《社会演进》(*Social Evolution*,1894年)中警告,只有坚持不懈地追求"社会效率",欧洲人才能保住其称霸地位,因为肤色、血统及智力都不是他们得以称霸的关键。劳力在这新出现的全球经济里的流动性,则是令欧洲人忧心的另一个根源。许多移民国家(加拿大、美国的太平洋沿岸诸州、澳大利亚、新西兰、南非)担心日本、中国、印度、非洲其他地区的廉价劳工涌入,因而滋生出被迫害妄想,怀疑会在不知不觉中被入侵。

因此,在得意扬扬地预言欧洲将称雄全球的同时,欧洲人对未来还怀着更悲观的隐忧。为防止种族摩擦持续不断,种族隔离成为必要方案;为防止白人以外的人种大量涌入温带诸"白人国家",必须出台彻底拒绝这些移民的政策(例如澳大利亚的白澳政策);必须严厉控制新征服的民族,以免国力出现衰弱迹象时发生叛乱。尽管如此,查尔斯·皮尔森(Charles Pearson)在《民族生命与性格》(*National Life and Character*,1893年)里思忖道,未来发展仍有可能不如人愿。他认为,一旦所有温带土地都被占满,再无地方输出欧洲多余人口,经济停滞必然降临。而由于"劣等人种"的人口增加速度,比"高等人种"快得多,欧洲得意的日子必然短暂。"这一天终会到来,或许距今已经不远。"他警告读者:

> 届时,欧洲观察家举目四顾,将看到绵延不断的黑人、黄种人居住区围绕地球一圈,黑人、黄种人将不再虚弱得挡不住侵略,也将不再是受保护者,而是享有独立自治地位或几乎独立自治的

地位，垄断他们所在地区的贸易，限制住欧洲工业的发展；届时中国人和印度斯坦诸民族、中南美洲诸国（那时已由印第安人占人口大多数）……刚果河与赞比西河流域受外国强势阶级统治的非洲诸民族，将受邀派出舰队来到欧洲海域参加国际会议，将在文明世界的冲突中以文明世界盟友的身份受到欢迎……我们将赫然发现自己被人漠视，甚至被挤到一旁，而我们向来认为那些人具有奴性，永远只能扮演满足我们需求的角色。唯一令人感到安慰的，将是这些改变已无可避免。[8]

非洲及其分治的地缘政治

1880年后欧洲入侵势力的持续扩大，乃是全世界的现象。但说到欧洲帝国主义扩张最迅速或是最彻底的地方，则非撒哈拉沙漠以南的非洲地区莫属。此前欧洲人对这块"黑暗大陆"内陆的占领脚步要缓慢得多。因此，这一时期的非洲历史才如此令史学家着迷。欧洲人在19世纪80年代对非洲大陆的"争夺""瓜分""征服"，在一个多世纪后仍然能引起人们激烈的情绪反应和争论。原因之一在于它们冒犯了当代人关于种族公义的理念，另一个原因则在于非洲在后殖民时期的处境，使其殖民历史比起其他较幸运的地区，显得更加真实残酷。欧洲占领非洲的过程与暴力，也促使人们将之视为欧洲帝国主义的"典型"例子。事实上，欧洲人在非洲热带地区的扩张，比起他们在拉丁美洲、中国推行的商业帝国主义，在北美、澳大利亚推行的殖民帝国主义，以及英国人在印度次大陆的帝国主义统治，并无特殊之处。相较于帝国主义势力在欧亚世界广大地区的争夺，非洲的局势不过是这一时期的插曲。但非洲的确比其他地方更能让我们看清楚1870

年后欧洲称霸世界的部分地缘政治优势。这也能促使我们去思索,在欧洲人有意愿且有能力瓦解其他社会时,为何非洲诸社会比亚洲大部分社会更难抵御这外来的瓦解力量。

什么因素驱使欧洲人突然大举深入非洲?根源在于欧洲人将进入其他地方的方式,渐渐用于这最棘手的大陆。非洲沿岸精英阶层及其内陆盟友,竭力试图保住自己在商业腹地的垄断地位,而欧洲商人凭借了汽轮和铁路这两种攻坚利器,才得以打破他们的垄断。在非洲西部、东部、南部,19世纪70年代的欧洲人正在谋划进一步深入内陆。而有此野心的不只是欧洲人。埃及人(在今苏丹南部)和桑给巴尔人(在大湖区),也希望打造出新商业帝国。这些人之所以会觉得其冒险计划切实可行(且有利可图),不只是因为出现了便捷的新运输技术,还有其他三个因素。第一是环绕非洲海岸的商业"干道"日益繁荣,降低了非洲贸易与全球主要贸易路线的连接成本,这在东非尤其明显——苏伊士运河和欧亚地区之间繁忙的交通,使印度洋和东非海岸的商业发生了革命性变化。[9]这一要素也同样适用于非洲西部和南部。第二则是现金的供应。19世纪70年代时,欧洲(特别是伦敦)金融机构的发展,使人们能够比过去更容易募集到资金,前往未知地区进行投机活动。"海外投资"成为欧洲资产阶级日益牢固的理财习惯,吸引着更多人参与其中。"宣传营销"的不实手法(商业宣传、公司营销、内线交易)大行其道,肆无忌惮地吹嘘近乎天方夜谭的发财之道,把贪婪与无知之人耍得团团转。第三,这些发财梦能让人深信不疑,乃是因为非洲部分地区的确有珍贵矿物。19世纪70年代,南非境内已发现钻石和黄金,为19世纪80年代的淘金热揭开序幕。这吸引了大笔投机资本流入往北寻找黄金的活动中。塞西尔·罗得斯及其友人以新商业集团戴比尔斯控制了金伯利的钻石矿场后,便将其利润投入至大规模的远征活动中,使今日的津巴布韦和赞比亚成为庞大的私人帝国,以及"不列颠南非公司"的产业。[10] 英国国内许多人都热衷于购买罗得斯大企业的股份,成为其股东。

但这还不是全部结果。欧洲的扩张,如果是透过民间利益团体(有些是商业团体,有些是慈善团体)的逐步入侵,透过官员、军人在既有殖民区边缘积极追求个人功业的作为,势力范围和管辖范围的扩大会很缓慢,那将是个毫无章法的过程。受挫的进攻、激烈的商业对立、冒险事业的破产、反抗行为、边境战争,会拖慢欧洲人的占领脚步,会使这征服过程比征服北美慢得多;更何况欧洲移入非洲的人数,比移入北美的人数少得多。但这并非欧洲人争夺非洲的模式。这过程格外迅速,而且(从地图学的层面来讲)出奇地全面。尤其重要的是,欧洲诸国政府积极介入那过程——即使只是同意瓜分条件并接下统治的职责。殖民地的欧洲人在当地的活动,一下子被卷入大规模的外交协议,何以致之?

原因主要在于他地发生之事所引发的连锁效应。19世纪70年代,欧亚世界有几个欧洲以外的大国陷入危机,其中又以奥斯曼帝国面临的危机最为深重(该帝国的财政困境前面已提过)。1875年至1881年,该帝国动荡不安,政府破产,国家遭入侵,在接下来的和会中被迫割地。有几年的时间,该帝国本身的存续都遭到怀疑。该帝国1875年的破产,连带拖垮其名义上的属地埃及。在此之前,锐意革新的埃及王朝,以苏伊士运河这个浩大工程(19世纪最伟大的工程成就之一)为核心,以几乎不顾后果的冲刺速度,致力于将国家现代化。开罗的统治者为此向欧洲大举借贷。但随着19世纪70年代中段埃及税收下滑,收益减少的欧洲人不愿再借款给埃及。没有了新资金的流入,开罗政府也越发无力清偿债务。[11]

埃及赫迪夫伊斯玛仪不敢拖欠欧洲人的债务。他可能是担心债权人的政府会出面干涉，但他也急于重启关乎王朝存亡的现代化工程。因此，他同意指派两名欧洲监察人监管他的财政，直到埃及能够清偿债务为止。这是风险很大的试验，这必然会激怒那些利益将因此受损的人，也会引来埃及官僚们的激烈反弹，使赫迪夫的威信受损，并且会使这个伊斯兰国家（伊斯兰的学术研究中心就在开罗的爱资哈尔清真寺暨大学）的人民产生怀疑，认为这是异教徒的篡权阴谋。几乎可想而知，那两位监察人很快就发现他们的"改革"无人理睬。他们向本国政府告状，促使英、法两国政府要求埃及实行更为严格的管理制度，即所谓的"双重控制"，而英、法两国对这制度的监控将更为严密。但这一举动催化了民间反对外部势力干预和埃及赫迪夫专制统治的民族主义运动。"双重控制"体制试图裁军，却在1881年引发起义，带头者是深受群众喜爱的军官，上校阿拉比（Arabi）。

此时的伦敦和巴黎均陷入窘境，更别提赫迪夫伊斯玛仪。他不得不指派阿拉比进入政府担任要职。但很显然，阿拉比唯有反抗统治者，打破"双重控制"体制，才能继续得到追随者的支持。身处埃及的英、法人士，以及欧洲记者们耸人听闻的报道，都给英、法两国内阁带来了压力：光是《泰晤士报》就有将近700篇文章报道1881年至1882年的这场埃及"危机"——阿拉比将会组建起一个狂热的政权，外国资产将会泡汤，借款将永远收不回来，占人口少数的基督徒会受到迫害（甚至更糟）。伦敦的内阁官员们还有另外两方面的顾虑：首先，虽然没什么证据显示苏伊士运河受到直接威胁，但假设印度再次发生起义（人们对第一次反英起义记忆犹新），该运河将是英国派兵前往印度镇压的主要路径，因而其战略价值无可估量。其次，视宗教激进主义为英属印度政权最大威胁的英国治印官员，不能容忍在通往印度的干道上出现反抗欧洲势力的运动,挑战他们至高无上的威信。那将会点燃导火线,引发规模更大的战火。[12]

政治、财政、战略等方面的种种舆论压力交织在一起,迫使英国格莱斯顿的自由党政府采取了轰炸亚历山大(以威吓阿拉比)的拙劣办法,他们随后又在1882年9月大举入侵埃及(而法国决定不参与其中)。阿拉比落败,被迫流亡国外。埃及赫迪夫的威权得到确立,但也受到限制。英国在埃及政府里安插本国顾问。在英国的授意下,埃及起草了新宪法。局势一稳定,出身银行家族的埃弗林·巴林(Evelyn Baring)即在1883年前来埃及监督英军撤离。但19世纪80年代结束时,英国人已决定无限期居留,而巴林本人更是留居了24年。埃及已成为"未明言的保护国",英国人声称他们只是暂时占领埃及,他们在此只是为埃及政府提供施政建议,但实际上,他们凭借开罗的驻军及其在地中海东部的海军力量,牢牢地控制了埃及。

对英国政府而言,陷身埃及可能惹祸上身,应该能免就免——英国拖了好久才决定留下的主要原因便在于此。其他强权强烈不满英国夺取奥斯曼帝国这个大省(埃及的法定地位)的方式。若埃及问题使英国陷入孤立,英国在其他地方的利益可能连带遭受重大损害。早早撤离也不是简便的解决办法。英国人需要有权处理埃及债务的欧洲列强主动同意。若不迅速改革财政,埃及的危机会恶化。伦敦将面临难堪的两难境地:要放弃埃及(和英国在当地的利益),还是不顾诸大国的不满,强化对埃及的掌控。为免陷入即将发生的"受缚于埃及"(语出《圣经·出埃及记》中以色列人受缚于埃及,后由摩西带领他们出埃及的故事)的困境,英国人采取安抚策略,在(对自己)最无关紧要的地方主动让步。在非洲西部、东部、南部的部分地区,在其默认取得非正式霸权的地方,英国同意了法国、(特别是)德国的利益要求。英国还同意以一组新规则来决定领土主张出现争议时领土的分配。1885年的柏林会议（举行地点至关重要），事先敲定以"有效占领"作为权利裁定的主要标准。为降低商业冲突的发生概率，尼日尔河、刚果河两流域变为自由贸易区。[13]

这场非洲的"交易"足以减少针对埃及的外交纷争，分化批评英国的阵营，但在1904年英国通过承认法国支配摩洛哥而成功收买法国之前，占领埃及一直是让英国难堪的一个麻烦。完成这交易的诸国似乎认为情势不大可能会有激烈变动，特别是在非洲。它们大有可能认为，借由确立"有效占领"原则，它们将无限期拖延欧洲人往非洲内陆的正式扩张。事实上，这原则反倒成为瓜分非洲大陆的起点，原因与欧洲诸国政府刻意实行的任何政策都关系不大。若非当地已有决意建造帝国者，决心不顾远处的宗主意见，也要追求个人名利或升迁，这场瓜分不会有如此大的规模。唯一的大例外，乃是比利时国王利奥波德二世。他在1884年至1885年间，说服诸强权同意了他的刚果自由邦对刚果河流域的领土主张（或许是因为这样做该地就没有领土争议了），但即使如此，这刚果自由邦仍是他个人所有的私人帝国，而非属于比利时政府。在非洲其他地方，"柏林规则"则成为促使欧洲冒险家争取母国政府支持其领土野心的公开诱因。他们的算盘很简单：一旦把其他欧洲人赶走，他们就更容易将自己的意愿强加在非洲社群身上，进而掌控他们所觊觎的土地、人力、贸易。真正令人意想不到的，乃是他们游说母国政府同意他们的领土主张时，竟出奇的顺利。

从19世纪80年代中期到1900年前后，这场"争夺"（scramble，这说法似乎是1884年9月被《泰晤士报》创造出来的）进行得非常迅猛。指挥官路易·阿希纳尔（Louis Archinard）所率领的一群法国海军军官和他们的黑人士兵，一路打败或吞并阻挡他们扩张的任何非洲国

第六章 全球殖民主义 309

家,在西非的沙漠与森林之间的一片广大地区创立一处军事领地。[14] 这群人称"苏丹军官"的军阀无视巴黎的愤怒指责,在开展征服行动时总是先斩后奏。[15]他们称政治人物的批评带有私人利害考虑。大众媒体报道他们的英勇行为,报道阁员在派系林立的参众两院的软弱表现,使他们免于被召回及羞辱。与此同时,在尼日尔河下游地区,军人出身的强悍英国生意人乔治·戈尔迪(George Goldie),已把一摇摇欲坠的家族商行改造成新式企业。随着汽轮问世而出现的激烈竞争,还有西非主要出口品棕榈油价格的暴跌(19世纪80年代后半段降了三分之一),掌控供货来源已成为存续的关键。[16]经过锲而不舍的游说,戈尔迪终于在1886年赢得伦敦政府的皇家特许权——实际上是允许他对其公司贸易业务所在的今尼日利亚南部部分地区,行使最低限度行政控制的特许权。但戈尔迪将其"皇家尼日尔公司"(Royal Niger Company)打造为地区性强权,拥有私人军队和从英格兰运来的轻型火炮。[17]从此他可以向与他竞争的非洲商人课税,形同垄断该地区经济命脉所系的棕榈油贸易。不久后,该公司的军队在另一位去过非洲许多地方的退役军官弗雷德里克·卢格德(Frederick Lugard)的统领下,开始与今尼日利亚西北部地区的"苏丹军官"一较高下。

在西非,欧洲人侵略者集结的军力刚好足够他们从沿海挺进内陆,击败当地对手(有时是在极惊险的情况下打赢的)。戈尔迪曾提醒他麾下的军官,他们碰上的非洲对手极善于在作战时用火,只要让对方有机可乘,就难逃被烧死的命运。[18]面对3万人的非洲军队,"我们全靠12磅和9磅炮弹,才免遭歼灭",几星期后他向伦敦如此回报。[19]在东非(1870年前是与外界更为隔绝的地区),随着苏伊士运河的开通,抵达该地区变得更为容易,成本也更低,而就在此时,桑给巴尔苏丹国(来自波斯湾的阿拉伯王朝)陷入政治危机,给了欧洲人乘虚而入的大好机会。大卫·利文斯通（维多利亚时代英国的传教士圣徒）广泛刊行的个人游记和他更广为人知的死讯，使人道主义者开始关注东非奴隶买卖和从事这种买卖的阿拉伯商人。这时候，桑给巴尔苏丹已被迫明令禁止奴隶买卖。有人怀着强烈的愿望，特别是苏格兰人，欲将"基督教、商业、文明"（他的著名座右铭）带到利文斯通最后踏足的地方，也就是今天的乌干达和马拉维，以纪念他的贡献。有家公司在以孟买为大本营的生意人威廉·麦金农（William Mackinnon）的主导下成立，并透过游说在1888年成功取得特许权。但桑给巴尔苏丹的大权日益衰落，已促使卡尔·彼得斯（Carl Peters）之类的德国商人争取到了俾斯麦对"保护区"构想的支持（英国在1884年至1885年就已经接受这种构想）。麦金农的公司试图在穆斯林与基督徒爆发内战的乌干达赚到钱，却未能如愿。经过更为大力的游说，加上英国政府担心桑给巴尔的"帝国"被德国人和法国人抢走，英国政府于1895年宣布两个辽阔的保护国（涵盖今乌干达和肯尼亚）为英国领土。东非就此遭到瓜分。

在非洲南部、中部，争夺行动大多出自两个拥有无穷扩张野心的巨头之手。在利奥波德的刚果自由邦，一群实行寡头统治的半薪军官（大部分是比利时人）和流浪者，开始替他治理和西欧一样大的广大地区。为了替自己的政权打造正派形象，利奥波德曾想雇用维多利亚时代英国另一位名人，外号"中国通"而深具福音传播热情的查尔斯·戈登为总督；但戈登拒绝了，转而选择前往喀土穆。但毫无章法之利奥波德"政府"的真正目的，乃是逼迫人民从事收集象牙、采集橡胶的工作（两者都是利润极大的商品）。这个政权以骇人的残酷手段施行统治，造成种族灭绝般的后果（可能有1 000万名刚果人直接、间接死于其统治之下）。[20] 20多年后，这个利奥波德的私人领地，才因其残酷统治引发的公愤而不得不改组为比利时政府辖下的殖民地。[21]

塞西尔·罗得斯的野心则更大,但手段没这么残酷。罗得斯非常乐于用金钱换取影响力(他的公司董事会吸纳了不少手头拮据的贵族),也乐于欺骗投资人,以及用残酷的武力手段对付任何反抗他的非洲社群。他的公司在今日的津巴布韦境内与恩德比利人(Ndebele)及绍纳人(Shona)作战,为他和他的追随者夺取非洲土地(今日津巴布韦许多地方就以这种方式首度遭瓜分)。[22] 但罗得斯的目标不只是夺取土地或致富。他决意将南部非洲几乎全境统一为名叫"英属南非"的单一大国。这不只是为了确立英国在该地区的统治,因为罗得斯所向往的,乃是将当地英裔以及亲英的白人移民纳入掌控,把整个非洲南部打造成类似加拿大或(他极为向往的伟大典范)美国的"白人国家"。但没有伦敦的协助,罗得斯终究缺乏让当地的对手(拥有资源并决心为其自由而战的两个布尔人共和国)接受他计划的实力。

"争夺"非洲的惊人历程,引发了人们一连串的质疑。首先,为何欧洲人深信他们有权提出抢夺非洲所该依循的规则?毕竟他们并未针对中东、中国或拉丁美洲制订类似的计划。答案有很大一部分在于他们对非洲诸国和诸文化的敌视。他们对非洲内陆所知甚少,而他们了解的部分,大多也只是反映了传教士、探险家和已在该地闯出一番名堂而看法不尽可靠的生意人的自私偏见。我们有充分理由相信,旅行家笔下有关"黑暗大陆"的所谓事实,有很大一部分是在酒醉糊涂、药物(为防生病而一次服下的多种药物)作怪、满脑子追求名利的情况下虚构出来的。[23] 在当时的欧洲人眼中,没有哪个非洲统治者(除了信仰基督教的埃塞俄比亚皇帝可能是例外)能行使完整的主权功能。他们普遍认为非洲内陆国家是混乱野蛮的国度,奴隶买卖盛行,文明落后。在"柏林规则"下,瓜分非洲的欧洲列强被认为应压制既有的政权,扶植新政权。但这无法解释欧洲诸国政府为何愿意让边远地区的商人和军人牵着鼻子走，把它们通常基于（某种）风险或成本考虑而不愿承担的重任揽在身上。

原因可从三方面来说。第一，边远地区的利益集团深谙如何通过国内支持者来游说政府。他们懂得如何利用爱国情操和商业贪婪，还有宗教情感与人道情怀。他们抓住物价下跌时期（直到19世纪90年代中期才止跌）经济焦虑的命门，把大众报纸（例如拥有百万读者的《小日报》）这种新宣传工具的功用发挥得淋漓尽致。[24] 有关非洲的信息通常掌控在他们手中，因此他们对事态的陈述往往难以反驳。罗得斯这样的呼风唤雨者除了享有上述种种优势，还拥有能让人才和权贵为己所用的非凡本事，而拉拢办法往往是赠以他公司的丰厚股份。第二个因素与财政有关。边远地区利益集团的扩张若会加重财政负担，再怎么高明的游说，恐怕都无法让母国政府同意拿钱出来资助。这扩张若意味着要花掉大笔纳税人的钱，其好处恐怕会受到质疑，政治人物恐怕会比较谨慎，争议恐怕会更大。但事实上，占领非洲的开销低得惊人——大众对此的热衷在19世纪90年代未减反增，这是原因之一。利奥波德、罗得斯的私人帝国，都未花费纳税人的钱。"苏丹军官"征服西非，带给法国大约500万平方公里的土地，为此付出的代价则只相当于500万英镑。[25] 第三，在爆发战争的可能性上，情形也差不多。政治人物就殖民地领土归属问题而争论时，常叫嚣要出兵解决争端，但大家心知肚明，没人会为此冒险引发欧洲战争。就连长久以来欲将英国人逐出埃及的法国，都想过以外交途径解决此事：在国际会议上争取到德国的支持来"解决"埃及问题。[26] 这条路行不通之后，法国派远征军赴尼罗河上游，在1898年末，该远征军在法绍达（Fashoda）与霍拉肖·赫伯特·基钦纳（Horatio Herbert Kitchener）的军队相遇，结果只冒出些许硝烟味，法军就自己认输撤走了。[27]

第六章 全球殖民主义　313

后面两个论点都需要进一步检视。占领非洲内陆，为何只耗费如此低的成本？非洲当地的统治者为何未让欧洲人付出较高的代价，就让出独立地位？概括而论失之武断，而且我们对前殖民时期非洲的大部分地区仍所知不多，但史学界大体同意一个重要事实：在当时撒哈拉沙漠以南的非洲地区，几乎每个地方都人力不足，而留下大片无人居住或无人使用的土地。这可能肇因于出奇恶劣的环境、奴隶贸易的冲击、疾病的摧残，这造成的结果至关重要。在前殖民时期的非洲，建造国家格外艰难。让勉强接受统治的子民缴税或尽义务，已经在哪里都相当难了；而在只需离开、找个小聚落栖身，就能反抗国家统治的地方，负面因素就更多了。在某些特别有利于国家统治的地方（例如西非部分地区），统治者可以牢牢掌控贸易，但除此之外，非洲的国家以欧亚世界的标准来看，都很弱小。它们的地理位置不佳，无法从国际贸易的增长中得利；它们之中几乎没有哪个国家有钱购买现代武器，或养一支兵力强大到足以击退欧洲人持续攻击的部队。或许最糟糕的，乃是普遍缺乏较大范围的政治统一或文化统一，使非洲当地的统治者都摆脱不了一个难以察觉的罩门：在几乎每一场对抗中，欧洲入侵者都很容易找到当地人襄助。在后来成为法属西非的地方，"苏丹军官"用一支黑人部队打下他们的战士国，而那些黑人的薪饷以奴隶支付，这就是那场征服行动花费如此低的原因所在。在英属东非，马赛族战士协助英国人征讨基库尤族（Kikuyu）和恩布族（Embu），而以所掳获牛只的一部分作为报酬。[28] 对非洲当地统治者而言，最有可能实现的前景乃是保有某种地方自治地位。如果他们能让子民和追随者继续效忠，且与他们的新欧洲"主子"达成尚可接受的协议，这一前景实现的概率就大为提高。在尼日利亚北部、西部，以及布干达（Buganda，今乌干达部分地区），前殖民时期的统治者在这方面大有所成。

但欧洲列强为何如此不愿意为其非洲帝国兵戎相见？瓜分非洲的过程是平和的（至少对欧洲人来说是如此）。有剑拔弩张的外交折冲，有报纸上的愤怒陈词，有欧洲人在非洲争抢、挥舞拳头，但欧洲诸国之间并未开打。各宗主国政府其实有两方面的考虑。它们不想触怒势力庞大的殖民者游说团体，也不想面对殖民地领土纠纷时被指责为软弱。总是有政治人物想借由挥舞帝国大旗来提升自己的政治地位，有些政治人物则深信，若未在即将到来的全球瓜分过程中分到应有的一杯羹，国力就必然会衰落。但对欧洲所有政府而言，欧陆均势的维持，都是比任何殖民扩张行动更重要的问题。列强对欧洲的看法极为保守，认定如果发生危机，不值得为了保住非洲帝国而冒欧洲情势大乱的风险，因为这些国家都认为从那大乱中得不到好处。它们愿意考虑在非洲建立殖民地，但前提必须是不危及自己国家在欧洲的安全。它们也认定，欧洲人在非洲的领土纠纷应尽可能在欧洲和平解决，而不应在当地动用武力。非洲局势的发展如其所愿，因为欧洲诸国外交官都认定，除了苏伊士和好望角（只有英国人愿意为之而战的地方），非洲各地与他们的利害关系都不大。费心调和不同游说团体间的分歧才是重要的。因此，欧洲人为瓜分美洲而兵戎相见，且时时扬言要在中东如此做，但在瓜分非洲时，他们却出奇地融洽。这带来两个重大影响：一是使非洲当地领袖利用欧洲诸国间的不和而渔翁得利的空间变小，因而快速沦为欧洲人的阶下囚，二是非洲各殖民地的疆界一旦划定，就可以不必防范任何欧洲敌人入侵（在第一次世界大战之前）。

争夺非洲一事，清楚表明了欧洲日益高涨的称霸全球的野心，还有欧洲为实现这野心能动用的所向披靡之实力。但这也是个悖论。第一，欧洲诸国政府对于将控制范围扩及非洲内陆兴致不大，是在游说团体的强烈要求下勉强响应的。第二，一旦划定自己的地盘，只要能在名义上控制条约划归其所有的人民和土地，各国即心满意足。列强不觉得必须立刻赢得非洲当地人的效忠，或立刻着手打造殖民地人民的爱国精神。殖民国家仍是架构粗疏的政治体：由少数外国人施加低度的统治，极度倚赖当地"合作者"的支持，而那些"合作者"的滥权行为即使被发现，也罕能予以制止。第三，"文明开化使命"（争夺非洲时挥舞的意识形态大旗）显现奇怪的双重特性。它的心（在欧洲）或许强大，它在非洲的身体却始终软弱。全球殖民主义在非洲格外残酷，原因之一就是对统治义务存有这种不当回事的漠视。刚果或许是极端的例子，但有充分证据显示，欧洲人认为使用肢体暴力乃天经地义，且以自相矛盾的态度对待非洲人的财产，种族歧视和文化歧视是原因之一。但欧洲诸国政府同意让其非洲子民任由商业利益团体或殖民利益团体（主导瓜分的那些游说团体的后代）摆布，也是原因之一。在人口稀少的艰困环境里，若不以光明正大或卑劣的手段捕捉、控制非洲劳力，没有哪个企业能生存。因此，在使非洲如此轻易就被征服，继而如此轻易就被欧洲人恶劣的政权（欧洲人在世界各地所成立的最恶劣政权的一部分）统治的诸多理由中，带有令人惊骇的对称性。

在这些规则所支配的瓜分时代，非洲某个地区出现了例外情况。1899年至1902年的英布战争中，白人与白人兵戎相见，数万名白人（包括妇女和小孩）死于暴力、疾病或囚禁。白种男人摧毁其他白种男人的财产，烧掉他们的农场或抢走牲畜；黑人也被卷入这场白人战争，受到类似的伤害。[29] 这场战争究竟为何而起？

在撒哈拉沙漠以南非洲的历史中，南部非洲是个异数（且长久以来都是如此）。那是在19世纪末期之前许久，欧洲人就已建立永久殖民地的唯一地区。大约从1700年起，操荷兰语的农民（布尔人）就从好望角向北迁移，逐渐将沿途的非洲族群纳入其统治之下。他们的一系列"迁徙"活动在19世纪30年代末期达到巅峰，占领了今日南非北半边的高原地区。1870年后，这股本土化的欧洲殖民势力受惠于新发现的矿物财富（先是钻石，继而是黄金），实力猛然大增。对1815年后就支配好望角地区的英国政府来说，这是使这落后地区摆脱连续不断又所费不赀之边境战争的绝佳机会。英国希望将南非打造成类似加拿大的地方：一个经济进步、抱持"英国"立场、效忠大英帝国的联邦自治领。届时英国贸易会兴盛起来，好望角将为英国的印度洋海上交通提供安全保障。这也是罗得斯想要达成的目标，而伦敦愿意支持他对今日津巴布韦、赞比亚的领土主张，主要原因就在这里。一位极敬佩罗得斯的索尔兹伯里勋爵（Lord Salisbury）说："他已为一宏大帝国奠下基础。"[30] 但北部内陆地区自立门户的布尔人也有自己的想法。19世纪50年代起，他们一直享有几近完全独立的地位。19世纪80年代初期，英国人试图将德兰士瓦人摇摇欲坠的"共和国"纳入殖民地，未能得手；到了19世纪90年代，由于兰德地区（Rand）金矿的收入剧增，一度破产的德兰士瓦渐渐成为整个南非最强大的国家。其强悍的总统、老边境战士保罗·克鲁格（Paul Kruger），挫败了罗得斯的宏大计划，破坏了罗得斯的政变企图，即恶名昭彰的詹姆森袭击事件（Jameson Raid, 1895年）。他展现出过人本事，成功分化了涌入兰德地区的移民社群（大部分是英国人），迟迟不同意英国人让那些移民拥有完整政治权利的要求。但1899年9月，他似乎在公开要求完全独立（例如有权与外国强权直接往来）时，触及英国的痛处。英国认为这可能推翻其在该地区的支配地位，使外交威信和战略安全都连带严重受损。几个星期后战争爆发。将近三年后，战事停止，德兰士瓦和奥兰治自由邦两地的布尔人不得不承认他们是英国的子民，但白人仍统治整个南非的黑人。

第六章　全球殖民主义　317

竞争共存

瓜分非洲是一种最鲜明的证据，说明欧美以外的世界将接受殖民（或半殖民）统治，被占领、掌控或对欧美产生某种经济依赖。东南亚和南太平洋也被欧洲人瓜分，使法、英、荷、德、（1898年后）美的支配范围扩及欧亚世界的海洋边缘地区。1900年后，地球上大部分地区在政治上、法律上已成为欧洲的延伸部，认为世界其他地方（特别是东亚大陆和中东）迟早会步其后尘，似乎是合理的推断。事实上，的确有许多警示信号显示这种瓜分已迫在眉睫——只要列强谈妥瓜分方案。

但是政治瓜分并非19世纪末世界政治面貌的唯一变化。1880年后的二三十年里，被认为将共享全球支配权的四大或五大"世界性强国"，国力增强。其中有两个是新登上帝国主义舞台者，最抢眼的是美国，另一个是德国。美国与旧欧洲的共生关系日趋紧密。越来越多欧洲人横越大西洋，移入美国。意大利人、波兰人、俄罗斯人、犹太人和其他许多族裔的人，与欧洲几乎每个地区都建立了横跨大西洋的关系，使欧洲的影响力在美国社会与文化里扩散，开枝散叶。到了1900年，美国已拥有世界上第二多的欧裔人口（在包括黑人在内的9 200万总人口中，占了8 200万），仅次于俄国，且欧裔人口的母国涵盖欧洲各国。美国也已成为世上最大的工业经济体，1910年时生产的生铁和钢超过英、法、德三国生产的总和。托马斯·杰弗逊口中由独立自由农民组成的共和国，已变成大工厂林立的地方：开采铁矿，挖煤，制造纺织品和钢，建造火车头、船乃至汽车，加工食物和饮料。美国有庞大的劳动阶级，其中有些劳动人口一如社会调查者雅各布·里斯（Jacob Riis）向愤慨的大众所揭露的，住在与欧洲贫民窟极类似的环境里。[31] 尽管比起欧洲的一般情形，美国的生活水平较高，阶级关系不那么僵化，社会流动性大得多，但19世纪结束时，已有上层社会阶级明显成形。该阶级的人读名校，仿效欧洲的上流社会作风，哀叹美国政治的民粹走向和粗鄙不文；这一阶级和大西洋彼岸名门通婚、与英国贵族联姻的倾向也耐人寻味，"二战"时的英国首相丘吉尔就是其中一次联姻的后代。

美国由于民粹主义的流行及其公开的种族隔离政策，而与欧洲大相径庭。但在其他方面，美国这时候似乎越来越接近一个"标准"的欧洲国家。1890年时，美国已渐渐不再是拥有大片无主地或未占领地的边远地区社会。美国人体认到其天然资源并非用之不竭后，开始加强保护饱受摧残的环境，帝国主义扩张的使命感也变得更强烈。美国加勒比海门口处的宝贵土地，没有得到该地的西班牙裔守护者（古巴的欧洲西班牙人）或中美洲其他地方的克里奥尔人妥善的管理，这令美国人大为恼火；在太平洋沿岸（与中国、日本往来已久的地区），则另有些人把加州视为美国向东亚扩张的基地，把旧金山湾视为帝国的跳板。[32] 美国迅速利用某些人对西班牙的不满，在1898年掀起一场"漂亮的小战争"，夺走西班牙手上的古巴和菲律宾，说明这一日益扩大的美国国家利益观，在政治上已切实可行。西奥多·罗斯福担任总统期间（1901—1909年），这个观念得到进一步落实。"罗斯福推论"（Roosevelt Corollary）直言不讳地宣示美国在加勒比海的霸权地位，此推论宣称，加勒比海地区和周边的独立国家若行为失当或拖欠借款，美国将会为受害的外国代为主持正义，但不欢迎该国径予干涉。而在罗斯福的推动下，美国终于以海上强权的姿态行动了（海权的重要倡导者阿尔弗雷德·马汉是美国海军将领）。1907年，美国海军的"大白舰队"（因其涂上的漆色而得名）大张旗鼓地巡行了太平洋一圈。[33]

美国开始以上述种种方式申明其作为世界大国，与欧洲最强国家平起平坐的地位。作为在中国拥有治外法权的殖民强权（1898年后），美国的利益和立场看起来与欧洲非常类似。具有影响力的史学家弗雷德里克·特纳宣称，美国是个"拥有属国和保护国的帝国主义共和国……新的世界强权"。[34] 1910年爆发的墨西哥革命，将华盛顿进一步推向帝国主义。为逼独裁者韦尔塔（Huerta）将军下台，美国在1914年占领墨西哥最大港口长达8个月。[35] 但我们不应夸大美国与欧洲的相似之处。美国对欧洲的全球殖民主义，仍采取若即若离的立场。美国虽有派代表参加柏林会议，却并未参与瓜分非洲。19世纪90年代之前，美国未在亚洲占有土地。1898年美国的帝国主义行动，引发了一场远比欧洲有时爆发的殖民统治辩论激烈的政治争议。罗斯福的海军计划，受到国会中反对人士的限制与阻挠。[36] 罗斯福本人把他所欲打造的新式海军，界定为"盎格鲁-撒克逊"非正式海上武力联盟中的小老弟。他论道，英国的海上霸权乃是"世界和平的强大保障"。[37] 在经济方面，欧洲与美国之间仍有显著差异。当时美国几无资本投资于国外，寥寥可数的对外投资大部分都投入邻国墨西哥。美国工业主要满足庞大内需和广大农民经济的需要，美国的产出只有5%真正出口（英国是25%）。美国企业的经济殖民地位于美国西部、南部，而非海外。对于要不要采取其他世界性强权的侵略政策或备战状态，美国人没有达成共识。但美国工业经济的惊人增长，最终成为影响美国人看法的关键因素，因为那使美国人开始担心被排除于世界市场其他部分之外。由于在帝国主义地盘争夺中只分到小小一杯羹，未来多抢到地盘的概率微乎其微，且到了1913年美国制造业产量已是全球之冠，因此，美国领导者顺理成章地把任何全球瓜分行动都视为对美国利益越来越大的危害。

1880年后的30年，对于俄国作为全球强权未来的命运，同样至为关键。关于沙皇时代晚期的传统历史著作，喜欢着墨于这个旧政权的弊病丛生，且通常将病因归于农民不满、中产阶级薄弱、过于仓促的工业化及"落伍"的贵族阶层。被革命推翻是沙皇政权不可逃的命运。但过度强调衰落和腐败，带来肤浅的俄国现代史观。在1917年至1921年的动荡时期，俄罗斯人的帝国虽遭遇战争和革命的影响，然而并未瓦解。在20世纪40年代中期，它甚至还完成惊人的复原，国力臻于巅峰——沙皇时代最有远见的官员都会斥之为妄想的国力巅峰。

若考虑到1880年前俄国的欧亚帝国几乎只是个空壳，其成就会显得更加惊人。俄国刚刚开始对穆斯林掌控的中亚进行帝国主义征服。它还透过1858年和1860年的《瑷珲条约》《北京条约》，夺走中国大片土地，大大扩大了在东北亚的版图。但俄国对这广大地区大部分地方的掌控，有名而无实。19世纪60年代的改革，并未对俄国有形国力的提升造成立竿见影的效果；事实上，1877年至1878年在国外的挫败（俄国希望速速打败奥斯曼帝国，结果受挫），还有国内的政治不满，表明改革起到了相反的作用。农奴经济已开始现代化。参照世界其他地方的改变速度（资金流入、贸易量升高、科技日新月异），俄国欲保持在世界强国之林，看来机会不大。对大部分外国观察家来说，压制与混乱似乎是沙皇体制的主要特色。年轻的寇松以日后出任英国驻印度总督时的自信说，其结果就是俄国政策"忽而虚张声势，忽而犹疑不定"。[38]

不过俄国国力依旧日渐强大。工业化迟迟才展开，但到了19世纪90年代，脚步已变快。到了19世纪结束时，俄国的煤产量已是1860年时的约50倍，钢产量则是约2 000倍；[39]两者的产量到了1913年又翻了一倍。俄国出口剧增，从5 500万英镑左右（1881年至1885年的平均值），增至近1亿英镑（1901年至1906年的平均值）。[40]乌克兰

第六章　全球殖民主义　　321

发展成小麦大产区，叶卡捷琳娜二世在黑海岸边建立的城市敖德萨，是这种新兴谷物贸易的主要集散地。俄国与法国的结盟正式确立（1894年）后，来自法国的借款立即涌入，推动了俄国的现代化进程。[41] 连接俄国心脏地带与中亚（奥伦堡—塔什干铁路）、与太平洋沿岸（西伯利亚大铁路）的大型铁路计划，这时得以完成。随着铁路线的延伸，移民大军（来自俄国欧洲地区过度拥挤之村落而渴求土地的农民）跟着涌入。这些俄国拓殖地的开拓者、农民、铁路工人，往南、往东迁移，构成俄国亚洲势力里最坚定不移的一环。[42] 到1914年，已有500多万名俄罗斯人穿越乌拉尔山进入西伯利亚，还有更多人已定居在原来属于伊斯兰汗国的俄国中亚地区。[43]

沙皇政权以这种逐渐推进的方式，在第一次世界大战前将俄国现代帝国体制的几乎所有关键要素都安排到位。在"一战"之前，俄国已牢牢掌控难以治理的波兰，从而取得其伸入欧洲的突出部，为俄国心脏地带提供防御的堡垒，以及在大国外交中施力的杠杆；乌克兰则已被打造成财富来源，俄国增强其在黑海地区商业影响力的工具，新兴小麦出口经济的发动机。乌克兰的繁荣及其铁路网，有助于增强俄国对高加索边境地区的掌控，而高加索地区既是通往中东的陆桥，从另一个角度看也在伏尔加河流域（俄国的密西西比河流域）外围形成天然防御。1914年之前，里海沿岸的巴库周边发现油田，已为高加索增添了新的战略价值。借由铁路、移民、新兴棉花经济、强大的驻军，俄国已把中亚紧紧扣住，使其只能扮演俄国欧亚帝国西南门户守护者的角色。中亚的贸易遭到严密封锁，成为俄国的禁脔。[44] 而随着俄罗斯人殖民西伯利亚，西伯利亚的交通得到改善，俄国对太平洋沿岸的薄弱掌控随之增强。[45] 尽管日俄战争（1904—1905年）的惨败，粉碎了俄罗斯人染指朝鲜半岛和中国东北的企图（俄国曾计划让其士兵伪装成伐木工人渗入朝鲜半岛），但这并没有打消俄国成为太平洋强权的野心，也没有使其停下向亚洲东北部扩张的脚步。[46] 因此，尽管帝国体制脆弱不堪，技术落后，经济脆弱，文化吸引力薄弱，[47] 俄国已不只和其他世界性强权并驾齐驱，它还沿着独特的路线，进入了全球殖民主义舞台。

1880年，英国有资格自称是独霸全球的世界性强权，它或许是唯一在世界各角落都有领土、有利害关系的世界性强权。它的殖民统治和势力范围从加拿大西部到南非，从苏伊士到香港，分布非常辽阔。这个帝国的许多地方是在19世纪30年代后迅速纳入版图的，有许多地方人烟稀少，几无开发。英国对其广阔领地的统辖，乃是无其他强权介入的默认结果。但1880年后，随着世界被"瓜分"干净，这种默认的势力范围不再有效。英国被迫正式确立其对势力范围的管辖权，有时还得以武力来提供保障。随着世上更多地区遭到瓜分，英国人开始接触新一批可能会带来纷争的邻居，有了需要费心维系的新边界，同时也要保持警惕。结果十分吊诡。大英帝国的版图越来越大，受命保护帝国的外交官和战略家却越来越不安。英国拥有分散于全球各地的辽阔领土，因此英国似乎总是在与他国发生纷争。一位英国高层官员就叹道，大英帝国似乎是个巨人，"因痛风而肿胀的手指和脚趾，伸向四面八方"。一旦有人靠近，这个巨人就会因担心被触痛而尖叫。[48] 这样是无法在对外关系上获得和谐的。战略家同样紧张，他们认为英国海军以及各种小型专门化部队规模过大，十分危险。有些最敏锐的观察家怀疑铁路的广泛铺设已使这海上大国落入下风。或许这时候，优势已经转移到了那些坚不可摧且不会受到英国威胁的广阔内陆统治者（例如"内陆霸权"俄罗斯帝国）那里。

这种恐惧在英布战争期间达到巅峰，因为这场战争暴露了英国军事实力令人难堪的不足之处。更令人忧心的,乃是与英国敌对的强权可能会利用这个大好机会抢走英国在世上其他地方(中东、中国)的利益,甚至可能会从印度西北边疆入侵印度。这一堪虑的前景引发了一阵军事规划热潮,其中一项结论是英国陆军得下亚洲所有骆驼以供应前线。基于我们前面已探讨过的诸多原因之一(担心欧洲均势被打破),其他大国决定不组成反英联盟。但在伦敦,危机感已非常真切。这种危机感促使英国重新思考海军战略,决定建造新的现代舰队,并与日本结盟(1902年),以确保英国在东亚的利益;[49]这种心态还驱使英国在1904年与1907年,先后与法国、俄国达成协议,从而把英国拉进欧洲大国政治博弈的非正式同盟。[50]

在1880年后的"世界政治"新时代,英国国力似乎已经相对衰落。但从任何标准来看,英国的整体地位都仍然很稳固。英国在全球各地的利益,很少会受到单独哪个霸权国家的损害。唯一的例外(因为美国入侵加拿大似已不可能),乃是俄国入侵阿富汗对英属印度统治势力的威胁。即使某些强权国家甘冒风险,联合打击英国以壮大自身势力,其他强权国家对此也不可能坐视不理。

此外,从很多方面看,英国本身似乎正越来越富强。英国人从国际贸易的大幅增长中受惠最多。1900年至1913年,英国人光是对外投资就增长了一倍。他们通过不起眼的出口贸易获得庞大的国际收支盈余,能够轻松应对建立庞大海军的高额开销。他们的殖民地(有100多万达到入伍年龄的男丁)这时正急速发展,包括印度(英帝国在亚洲的兵力来源与战争金库)。英国在银行、保险、航运、铁路、电报、矿场、大种植园方面的海外企业,构成了令所有对手望尘莫及的庞大商业帝国。一旦遭遇攻击,英帝国的这些庞大后备力量就会开始发挥作用,同时其海军也会像蟒蛇一样牢牢封锁住敌人。至少英国人的计划是这样的。

在 1904 年后，英国人预想中的这类威胁主要来自德国。与美国一样，德国是大国外交博弈场上的新人，在 1870 年击败法国、将德意志诸邦统一为以普鲁士王国为首的半联邦式"帝国"之后，得以登上舞台。德国似乎既有财力，也有野心（在 1900 年后）实行"世界政策"（Weltpolitik），以成为世界霸权。德国崛起的后盾乃是其经济的迅猛增长：德国的国民生产总额从 1873 年至 1913 年增长了两倍；[51] 德国在化工产品与电器这两个新兴制造领域的生产能力特别强；到 1900 年，德国已有完善的铁路网，成为欧洲（俄国不算在内）人口最多的国家。[52] 完善的交通、强大的工业基础以及庞大的人口，使德国成为全欧洲征兵效率最高的国家，同时也成为欧洲第一军事强国。19 世纪 80 年代中期，俾斯麦已利用这些日益壮大的资产，在瓜分非洲的浪潮中抢到一些殖民地（在南太平洋也有所斩获）。但种种迹象显示，俾斯麦并不看好那些殖民地的价值。[53] 1890 年后接替他的几位宰相，对此则没这么笃定。如果中国被瓜分（这似乎不无可能），太平洋被海洋帝国们圈占势力范围，奥斯曼帝国瓦解（19 世纪 90 年代中期时另一件看上去可能发生的事），那么德国就应要求从中取得与其地位及经济实力相称的好处。如果未来各国要在封闭的世界体系里，为求生存或是争夺霸权而悄无声息地展开一场优胜劣汰的残酷竞争，那德国也退无可退，只能走这条路。

德国人追求其优势地位的侵略手段已是众所周知，不必赘言。但从 19 世纪 90 年代末起，德国人推行"世界政策"的最大特点，就是他们其实并未全力以赴。[54] 他们曾因萨摩亚、摩洛哥（两次）、西非，以及通往波斯湾的巴格达铁路而卷入几场殖民地纷争，而在这些纷争中，他们不是打退堂鼓就是接受妥协。德国人这么做有充分的理

第六章 全球殖民主义　　325

由。德国人在海外贸易方面越来越积极（例如在拉丁美洲），[55]但他们的经济利益的主要来源仍在欧洲之内（对外投资情形亦然）。德国的强大军队只能在欧洲发挥作用。若没有远洋海军，德军势力不可能抵达欧洲之外。但柏林一开始建造远洋舰队，就会立即处于英国的对立面。1909年后，英国已经清楚表明要在海军建设方面超越德国，无论付出何种代价。凭借着奥克尼群岛的庞大基地，英国能够封锁德国海军，使其无法驶离德国的北海诸港。

德国的处境催生出一种残酷的逻辑。德国的力量都潜藏于欧洲：数百万德裔散布在德国境外的欧洲各地；德国在中欧与东欧具有深厚的商业和金融传统；这里还有一批有意附庸于德国的国家，包括表面仍是欧洲大国的奥匈帝国。鼓吹殖民的卡尔·彼得斯说："英国若称霸、一统海洋彼岸的世界，那么旧世界只能靠建立欧洲合众国才能保住霸权地位。"[56]彼得斯的意思非常清楚，德国若能称霸欧洲（牺牲掉俄国、法国和英国），不但可以弥补它未能建立英式帝国的缺憾，还将摧毁全球殖民主义到当时为止一直倚赖的地缘政治基础，为有利于德国的瓜分全球新方案创造有利条件。但欲以武力称霸欧洲的计划风险极大，不容草率采用，也无法公开辩论（这也是史学界对德国战争罪责一直未有定论的原因之一）。直到1914年，征服全欧洲对德国人而言仍然无异于天上掉馅饼般的臆想。

表面上，法国拥有足以与世界四强相抗衡的技术与资源。法国仍是坚不可摧的陆上霸权，也是海洋强国之一（尽管法国的海洋力量已经相对衰落）。法国的对外投资规模仅次于英国（约为英国对外投资额的一半），其中大部分投资流向欧洲，特别是俄国。法国思想、文化的全球影响力，法国作家、制度与艺术的声望，也如以往般强大。19世纪70年代起，法国的霸权地位通过其在亚非地区建立的庞大帝国得以彰显。从1880年至1910年，法国的海外领地面积增加了12倍有余（从90万平方公里增至约1 200万平方公里），人口增加了近16倍（从300万增至约5 000万）。[57]非洲北部、西部与赤道地带的许多地方，以及马达加斯加、中南半岛、南太平洋部分地区，都已在法国统治之下。法国已在全球瓜分过程中攫取了巨大份额，但这对它而言还不够。

法国的三个弱点阻碍了其获得世界霸权地位的野心。第一，法国国内的人口增长停滞，工业发展远远落后于德国，更不如英国。第二，法国殖民帝国虽然版图辽阔，经济潜力却不高。法国没有印度这样的殖民地为其支付帝国开销，也没有美国这种由殖民地独立的国家作为贸易伙伴和战时盟友。更糟糕的是，法国殖民版图中的大部分地方属于战略累赘，因为法国已任由保卫其海外版图的海军力量渐渐流失。[58]以法国伟大外交官泰奥菲勒·德拉卡塞（1898—1905年在任）为首的一派人认为法属印度支那毫无实用价值，敦促法国政府把注意力放在以摩洛哥、阿尔及利亚为基地的非洲-地中海帝国上面。[59]第三，法国在欧洲的地理位置（在1871年丧失阿尔萨斯-洛林之后），使之比其他世界霸权更容易受到致命攻击——没有任何海洋或是陆地屏障能够阻隔入侵部队直入法国的行政与工业中枢地带。因此，法国的政治立场总是在亲英与亲德之间摇摆不定，也就不足为奇了。第三共和国的派系政治，政权的频繁更迭，以及宗教信仰和世俗权力上的痛苦分裂（在德雷福斯事件中体现出来），都强化了法国外交政策中的不稳定因素。

历史作品的一个传统观点认为，正是横行全球、满手血腥的帝国主义，揭开了第一次世界大战肆虐战火的混乱序幕。但在1914年前几无迹象显示，世上最强的几个大国有意为争夺全球霸权而兵戎相见。与此相反，它们采取的路线是"竞争共存"，列强至少能暂时在大致维持均势方面达成一致。它们之间虽有冲撞和摩擦，但它们（和小型殖民强权）对于该以何种态度对待欧洲人以外的民族，看法大同小异。在它们眼中，支持殖民地反抗帝国主义的运动，或是宣扬民族自决的激进学说，总归是自取灭亡。它们理所当然地认为自己的文化更加优越，而它们的"文明水平"[60]能够将其对"文明程度较低"地区的干预或殖民活动合理化。在它们看来，将全世界分割为几大殖民帝国，在现代环境中是天经地义、无可避免的。被殖民者追求自治的进程（如果最终真的能够实现）也会极度缓慢。与此同时，列强认为对国际和平的最大威胁，可能来自当时尚未被瓜分的"垂死帝国"。在奥斯曼、伊朗、中国这三个帝国，列强下了不少赌注，彼此间却很难达成一致：它们很有可能因为在这些地区的利益斗争而失和。但事实证明这一危机还不是最重大的。以武力进行恐吓的外交手段总会有失控的风险。惊慌的统治者，抱有投机心态的顾问，报纸上头脑发热的言论或者纯粹的估算错误，都有可能使局势由和转战。全球殖民主义脆弱的稳定性和世界和平，其实取决于欧洲诸国的相互牵制及其对欧陆脆弱均势的尊重。如果这些发生变化，帝国的地缘政治就会陷入混乱。

全球经济

探索全球殖民主义，不应只聚焦于欧洲诸国的版图扩张。地缘政治变化的同时，全球经济也起了变化。19世纪70年代，现代世界经济体系诞生。[61]当然，各大洲之间的贸易早就存在。事实上，如同前文所述，欧洲人开采美洲白银，已在16世纪创造出全球贸易体系，但交换的物品大致局限于白银和奢侈品。18世纪时海洋贸易迅速扩张，中国茶叶和印度棉织品等商品，出口远至美洲、西非市场。但最频繁的还是横跨大西洋两岸的贸易活动。到了19世纪上半叶，欧洲西北部、不列颠群岛与美洲东北地区之间已经实现了高度的经济一体化。19世纪下半叶的世界经济，在一定程度上属于北大西洋密集的商业网扩张到新地区的产物，这些新地区包括南美洲、非洲部分地区、印度、东南亚、澳大利亚、新西兰及其附近的南太平洋诸岛，以及东亚。该时期世界经济的显著特色之一，就是世界各地的奢侈品价格，乃至谷物类的普通商品价格，都无法由当地或地区性因素决定，而是由全球规模的市场力量决定。[62] 世界贸易的商品价值与规模持续增长。1880年，世界贸易总值达到近30亿英镑，1900年达到40亿英镑，这一数字在1900年至1913年间又翻了近一倍，在战前达到近80亿英镑。[63] 贸易的巨大增长，伴随着（其实是依赖于）两项更为深远的变化，这二者把世界不同地区的商业活动连为一体。

　　第一个变化是国际支付"通路"的兴起，任何国家都可以加入并从中提取外汇来支付进口产品。从此各个国家不必再与所有贸易伙伴逐一结算账目：只要一个国家在某处有盈余，就可以在此赊账计贷。[64] 这打破了长期以来阻碍商业增长的一大瓶颈。第二项变化则是欧洲的资本输出在1870年后有了更大规模的增长，分布地区也远比过去广泛。其中大部分资金流入美洲和欧洲其他地区，小部分流向亚洲与非洲（1913年时英国对外投资约有三成流入亚非地区），但就资本而言，世界已变成单一市场。这个市场十分注重商业信息的快速传播与精准传播（主要靠电报实现），但也注重金融资本与实体产业发展的协调融合。事实上，以发展商业为幌子的全球殖民主义，意味着将世界其他地方都卷入以欧洲及其西部外延地区（美国）为中心的经济体系中。更确切地说，这意味着全球分工：帝国主义工业国家以其制造品、资本和信贷，换取世界其他地方的原料和商品。

　　当然，这一新全球市场的形成，不只是也不可能只是纯粹商业活动的产物。该市场的形成，在许多重要方面都源自强权的确立，即直接或间接的帝国扩张。例如，东亚就已被武力和不平等条约的军事外交强行施加了自由贸易体制；在印度，自由贸易体制则是通过伦敦政府毫不含糊的坚持（从而扫除当地英国官员的疑虑）来维持的。第二，若非英国在印度帝国的国际收支上享有盈余，以英国为中心的多边商业付款模式大概无法顺利运行，而英国在印度的盈余既得益于商业经营的成功，同时也是由其统治地位来保障的（这也是印度人向其外国主子支付的"劳务费"）。[65]第三，新的全球市场能扩及澳大利亚、新西兰、加拿大西部、拉丁美洲以及非洲（在非洲的扩张水平有限），靠的是欧洲的人口帝国主义，由欧洲移民者占领土地，（通过协议、逼迫或是欺骗）使原住民失去家园。一如贸易与资本流动所显示的，这种"帝国"在经济上的发展动力最强。第四，不论是在自己的殖民地还是在其他国家，欧洲各国政府都会努力发展一种保障侨民企业利益的产权体制。[66]市场体制尽可能地依循当地法律，并在必要时凭借治外法权（如同在奥斯曼帝国、埃及、伊朗、暹罗、中国以及日本所发生的那样），稳步扩大其势力范围。

新全球经济的主要推动力，乃是交通运输的巨大进步与全球普及。从1869年苏伊士运河开通到1914年巴拿马运河竣工，欧美世界以外的许多地方被纳入欧美之间原本已有的交通网络。汽轮、铁路、电报以及海底电缆，构成了环绕地球的交通网络与信息网络。1900年后，这种不断扩展的网络似乎迟早会将每个生产区都纳入其中。规模日益增长的产品交换促进了专业化生产和各地经济的相互依存。随着贸易流动的增长，专业化生产和各地经济的相互依存似乎又助长了对新奇产品的无穷需求。欧美工业生产需求的变化，也起了同样的作用。国际贸易中的主要产品除了棉花、羊毛、谷物、木材、糖、茶叶、咖啡等历史悠久的商品外，又增添了橡胶、锡、其他基本金属及燃油。新的冷藏技术的诞生，使粮食出口贸易得以在19世纪80年代兴起，商品粮从阿根廷、新西兰之类的偏远地区，经数星期运输，送到欧洲消费者手中。英国对1.9万多公里外越海而来的基础食品的日益倚赖，最能说明全球经济的惊人发展潜力。

新兴贸易的增长和传统贸易的扩张，清楚地体现为全球各大港口城市规模的扩大。这样的例子在北大西洋世界数不胜数。但在19世纪末期，新的（或是更大的）港口城市主要集中在其他大洲。布宜诺斯艾利斯（新被征服之潘帕斯草原的商业中枢）的人口从1880年时的30万，仅仅30年后就增至130万。[67]开普敦发展十分迅速，为盛产钻石、黄金的内地富庶地带提供服务。孟买得益于苏伊士运河的开通，主导着印度与西方世界的贸易，并将其影响力扩及波斯湾。[68]新加坡作为进入南海的西部通道，以及东南亚贸易的主要中心，以惊人的速度持续增长。[69]上海作为中国主要港口，以及长江流域（中国生产力水平最高的地区）的商业出口地，地位则更为稳固。墨尔本和悉尼（以及偏远的达尼丁），将澳大利亚、新西兰及其附近南太平洋岛屿的内陆地区，与世界另一头的供货商和市场相连。

要建立繁荣的港口城市，必须大刀阔斧地改善港口，整顿码头，广泛建造调车场，将铁路线（或水路航线）延伸到内陆。[70]商业兴旺的外在表现，乃是海关大楼、火车站、银行、旅馆、供新兴商人阶级使用的豪华俱乐部以及住宅的迅速建成。孟买火车站、新加坡的莱佛士饭店、布宜诺斯艾利斯华丽气派的"巴黎式"新城区、开普敦的标准银行（罗得斯存钱的银行）、上海滩、墨尔本的科林斯街、悉尼马丁广场周边几大银行的气派建筑，展现了这一商业世界的自信和繁荣。这一商业世界拥有越来越多的码头工人、搬运工、铁路职工、包装工、仓库工、办事员为其服务。这世界的支配者是一群行走各地、往往见多识广的精英,这些精英横跨遥远距离的异地人脉,通常是他们经商有成、取得良好信用的关键。英国生意人(特别是苏格兰生意人)遍布各大陆,此外,还有不少人也同样勇于闯荡。在近东和黑海,这类人通常是希腊人。在孟买,商业巨子是祖先来自伊朗的帕西人,而非印度教信徒。帕西人、犹太人、亚美尼亚人(例如萨松家族),循着贸易路线向东发展。[71] 新加坡(如今这里仍有座亚美尼亚教堂)、香港以及上海等地都能见到他们的商行。在19世纪末期新加坡的前几大船东之中,有一人是阿拉伯裔。阿拉伯人在许久以前,就已在马来群岛建立起贸易者与航海者的社群。而其他的船东都是华人。新加坡第一任总理李光耀的祖父就拥有一家汽轮航运公司,在新加坡、巴达维亚(今雅加达)间的航线上运营。

在19世纪末期,这个商业网的成员之间虽有文化差异,但若认为他们之间有许多共通之处,却也并非不切实际。他们是天生的经济自由主义者,提倡人员在各种行政辖区与国家疆界之间自由流动,讨厌政府官僚的干预,渴望有一个能够赞同商业理念、愿意追求"进步"(并且能落实到具体层面上)的政府。他们十分尊重合约和财产权,需要可靠的货币和值得信赖的银行。简而言之,他们的利益与瓜分全球的政策相抵触,因为后者会将世界锁进封闭的帝国集团里,而商人们更不希望出现那种鄙视商业势力而排斥异族的殖民政权。对这种政权的愤恨,促使孟买的帕西人成为最早主张印度人有权反抗英国人统治的群体之一。另一方面,如果商业连接起来的世界被分割成一个个疆界分明而难以驾驭的民族国家,其统治者也与大港口城市商会成员在目标上不太一致,那么即使是欧洲以外的商人,也将一无所获。

简而言之,商人期待的是贸易畅通无阻,信贷、资金与人员(特别是劳工）自由流动的"开放经济"。这是19世纪40年代起英国人一直在追求的"自由贸易帝国"，那时的英国人就试图在印度、中国、拉丁美洲以及中东等地区，强制施行自由贸易，并取得某种程度的成功。凭借着新兴的运输技术，英国人将世界其他地方拉向欧美商业的高压地带，但光是如此，还无法促成自由贸易帝国。诚如前文所述，贸易的一大障碍就在于难以让两个不同的市场取得平衡，使二者都能在彼此的市场中顺利支付、购买产品。解决之道就是建立一个多边外汇体系，好让任何国家都可以通过外汇，购买其无法以现金结算的商品。但要使这种体制生效，就得有能受到大部分商人信赖的"通用货币"，能用来充当各种类型的债权凭证；其次还得有一个可以让他们赎回债权，或是拿债权换取等值商品的地方。

于是，可以满足上述种种需求的伦敦成了新世界经济的中心。与黄金挂钩、可以自由兑换的英国货币成为当时世界上最稳定的硬通货，"伦敦票据"成为国际贸易中最可靠的信用工具。作为欧美区域中心的自由贸易港和英国-印度"体制"的帝都，伦敦是世上最大的市场。涌进伦敦金融城（俗称"一平方英里"）的商人、银行家，可以轻松使用英镑汇票兑换其他货币、将其出售给客户，或是用来购买即将远销海外的大宗商品。伦敦成为贸易所倚赖的各类商业服务的总部。英国的海外银行、保险公司以及航运公司的业务，是各大洲之间新兴往来活动中比重最大的部分。英国的船舶业务代理商及其汽轮遍布世界。1870年后，英国的经济利器中，又增添了对外投资这一项——英国经济增速逐渐落后于海外"新兴"经济的局势促进了对外投资的发展。从那之后到1914年，从欧洲流出的资金中大半都来自伦敦。大部分资金流入了交通运输业，交通运输的发展则推动了新市场的开辟，并将新兴的制造区连接起来。到了1913年，英国的海外资本有超过四成投入国营铁路（比如在澳大利亚和印度）或是私营铁路。[72] 英镑的流通在其他方面也带来重要的影响：它使商业交流更加顺畅，也促使一些地区的货币趋于稳定——若没有英镑的流通，这种稳定是难以实现的。[73] 这也强化了伦敦对欧洲以外世界的商业资本的掌控，因为（当时人理所当然地认为）这些地区要实现繁荣，都需要来自英国（在其求贷无门时最后求助的放款大国）的信贷。因此越来越多的国家开始加速进入"金本位"制：将货币与黄金挂钩，以扩大贸易，促进对内投资。[74]

因此，伦敦的城区规模和富裕程度，与日益增长的国际贸易同步发展。[75] 伦敦的商人和银行家深信，凡有益于伦敦的，就有益于世界。英国在19世纪40、50年代推行的自由贸易和开放经济，并非只是一种政策，而是一种完整的世界观，一种被十字军般的热情推动的意识形态。在这种意识形态所想象的世界中，人终将凭借商业浪潮摆脱统治者的束缚。个人自由将会与国际贸易一同得到提升。自由贸易被认为是英国经济成功的关键，也是世界其他地方经济增长的关键（作为自由贸易对立面的商业保护主义在1914年前遭英国政界拒斥，支持者要保护的对象也不一致）。自由贸易的提倡者主张，让市场决定该生产什么东西，乃是经济资源利用效率最高的组织方式。资本有限或是经济根基不足的国家，应集中精力生产"基本原料"，即全球普遍需要的原料或食品。这些国家可以利用这些产品的收入来购买其所需的制造品，并偿还贷款利息——因为它们必须发展铁路、港口，使之足以将商品运到各地市场，才能实现其"基本原料"产业的发展。除此之外的其他发展方针（例如关税壁垒保护下的工业发展之路）不只效率低下（因为可从国外买到更便宜的工业产品），而且不公平。那意味着增加消费者的负担，来造福那些受到关税保护的生产者，而相关的政治程序（自由贸易主义者会如此暗示）也会不可避免地产生腐败。因此，开明的殖民统治应该推行自由贸易（如英国人在印度的作为），一如明智的外交政策也应时刻倡导自由贸易。19世纪末期各地出口的迅速增长，包括印度和（1890年后）中国的出口增长，似乎进一步证明了这一经济策略放诸四海而皆准。因此，伦敦在新世界经济里扮演中心角色，并非只让英国自己获利，他国也可获益；就连资本的输出，都能被貌似合理地描述为提供重要的商业服务。学识丰富的银行家罗伯特·布兰德（Robert Brand）说："加拿大［可能是1900年至1914年英国资金的主要流入地区］极其认真地维持来自英格兰的资金流入，如同城市极用心维持水的供应。"[76]

自由贸易理论认为农业生产商品化乃是全世界小农得到解放的灵丹妙药。该理论认为，在自由贸易中，印度人、中国人将是心满意足地穿着兰开夏棉织布衣的顾客。这种理论还主张经济依存关系具有促进和平的功用。当时一份著名的宣传小册子宣称，战争将不会再出现，因为想发动战争的强权将会因贸易停摆而损失惨重。[77]但在不断强调新世界经济的互利好处时，自由贸易理论低估了新经济产生的摩擦，也忽略了新经济的稳定体系随时都有可能崩溃这一问题。很明显，这个经济俱乐部的许多新成员获准加入的条件和老成员有所不同。这些新成员，只能占据尚未被划分的空间，必须生产更早入场的竞争者不想供应的大宗商品，必须降低生产成本以弥补商业体制的缺陷，劳工也必须非常便宜。雪上加霜的是，转而生产经济作物的决策往往可能使社会陷入危机。将移民带进渺无人烟的地区是一回事，而在耕种权和土地租金关乎社会关系与地位的人口稠密之地，生产专供出口的经济作物则完全是另一回事。在这些地方，"清理""过剩"农民的耕地，为高效的农业生产方式开辟空间，足以引发社会革命。印度的英国统

第六章 全球殖民主义　　335

治者深恐这种情形发生，因而（从19世纪70年代起）逐步限制传统的自耕农阶层将土地转移给那些城市经商者。在非洲，阻碍自由贸易理论提倡的那种发展方式的，往往是劳动力短缺，而不是劳动力过剩。采矿公司和殖民者不断抱怨"原住民懒惰"，抱怨他们不愿为资本主义世界边陲地区所能提供的微薄报酬而工作。因此，互惠互利的理念，禁不住现实利害的拉扯而破灭。为非洲人提供"工作"，成为殖民政权将他们贬为（在最坏情况下）农奴的借口。强制性的税收（从而使非洲人不得不出卖劳动力赚取工资）、不人道的工作规定、[78]对任何形式劳工组织的禁绝、对具有商业价值的土地的征用，都成为殖民资本主义在非洲实现其野心的武器。难怪在当时的非洲及其他地区，人们普遍将商业经济和白人种族特权画上等号。

即使一些地区的本土精英也想从升值的土地和新的城市繁荣中获益（例如阿根廷的农场主），因而支持新世界经济体系，新体系的附加条件也远超本地自由贸易主义者愿意接受的程度：要维持信贷流动，吸引更多资金，利用市场需求日益旺盛的农产品与日用产品的优势，往往就得接受令人不快的规范；想要保持货币稳定，就需要抑制支出；想要鼓励贸易，就得降低关税，牺牲本地产业；为了让外国投资人满意，就得安抚、讨好他们的铁路公司和银行。在欧洲以外的世界里，有许多人认为自由贸易经济是不公正的交易，因此痛恨伦敦的支配。在印度和西非，本土商人倾向于支持自由贸易，但也有些人痛恨欧洲企业的特权地位。在贸易额处于上升阶段时，这些观点会被淹没。但促使国际新经济蓬勃发展的商业条件，未必能稳定、持久。只要商品贸易从繁荣转为萧条，世界市场受到强权冲突的破坏，或是伦敦未能尽到提供信贷、资金的职责，自由贸易的敌人就会开始集结。欧美世界的其他各大经济体，较之英国更倾向于保护主义。世界贸易的迅速增长能够压抑保护主义的倾向，但如果贸易增长受阻，以伦敦为中心的自由贸易区范围缩小、财富缩水，那么极有可能出现一连串互相敌对的世界霸权所主导的集团。一旦失去了足以让世界霸权国家互惠互利的"开放区"，它们之间的对立就会更尖锐。而过去催生出全球殖民主义的经济体制，也将开始衰退。

事实上在1914年以前，就已出现某些左支右绌的征兆。贸易的急速扩张开始变缓，谷物出口无法再像以前那样大幅增长。在各个工业国家中，只有美国经济保持显著增长。但这时，欧洲人已开始担心美国这个工业巨人动摇以欧洲为中心，特别是以伦敦为中心的新"世界经济"体系。美国已成为工业大国，但在原料和粮食上基本自给自足，制造的商品大部分内销。没有什么诱因促使它实行自由贸易，其关税水平比欧洲诸工业国（俄国除外）高得多。[79]美国有庞大的黄金储备（1910年时几乎占全球黄金供应量的三分之一），[80]而美国黄金储备量占全球总量的比重一旦增加（例如因经济急剧增长而大量买进黄金），其他金本位经济体就可能会出现危机，因为它们的黄金储备将会缩水。然而，如果发生了这样的危机，美国经济的庞大规模以及华尔街日益壮大的势力，将使伦敦银行家的"意见"不再具有那么大的影响力。如果工业世界的这两大区域之间出现裂缝，刚刚开始成形的全球经济可能会难以协调，进而失控。

文化战争

全球殖民主义已在政治上带来由帝国主义霸权和殖民（或半殖民）属国组成的阶层体制。新兴的商品经济在世界许多地方，创造出由（欧洲）工业资本主义主子和（主要是非欧洲的）从事商品生产的"仆人"

组成的类似世界,那些"仆人"也并未受到良好保护,难以抵御国际市场需求的波动与变化。全球殖民主义还有第三个维度。它制造出一个力量惊人、影响力深远的文化阶层体制。这一时期的欧洲人以空前绝后的热忱强调自己在文化上的支配地位。1880年后欧洲在亚洲、非洲以及太平洋等辽阔地区的绝对主导地位,意味着其文化影响比以前范围更大,更富权威性。欧洲的思想范畴、科学探索的方法、对历史的诠释、关于社会秩序的理念、公共道德的典范、罪责与司法的概念、文学写作范式,以及欧洲的保健食谱、娱乐休闲,甚至着装风格,都成为衡量其他文化的文明"标准",而这些文化往往达不到"标准"。欧洲以外世界受过良好教育的精英越来越难摆脱欧洲统治者的政治威权,悲痛地承认自己的国家在知识、国力上的惊人落后。这让那些穆斯林思想家格外忧心。但他们要如何挑战日益扩张的欧洲文化霸权?完全拒斥欧式的现代性,将会导致某种文化停滞,无异于自取灭亡。这种方案只会加速痼疾的恶化。但另一个办法,即根据自己的文化要求改造欧洲方法(利用欧洲的引擎驱动自己的文化复兴),风险同样不小。那可能会造成本地文化精英阶层的分裂,并破坏传统,几乎是以另一种方式为欧洲的最终胜利创造条件。

欧洲人认为,自己在各个大陆、各个文化中突然崛起,占据主导地位,乃是因为发现了持续进步之道。只有欧洲人打破了其他所有文明都摆脱不了的兴衰循环,发现了国家致富的诀窍,取得了举世无双的科技成就,突破了迷信和神话的旧障碍,在严格辨别经验知识的基础上建立起了新的智识生活。他们普遍认为自己因为谨遵四大基本原则,才获得这样的成果。第一个原则乃是鼓励观念的自由交流,压制可能会阻碍思想交流的人(例如神职人员)的权力。第二个原则是保障私有财产,使之免受犯罪活动的侵害或是专制君主的剥夺(因而确保了个人追求进步的动机)。第三个原则是在社会经济进步所倚赖的劳动力群体中,建构起维系道德规范,特别是性道德规范的社会体制。女性是否在所谓"女性空间"(separate sphere)中受到正确对待,成为一个社会是否高度发达的评断标准。最后一个原则是看重强健体魄和勇敢品质,海外的欧洲人常把他们称雄世界的军力和政治支配地位归功于这两项"阳刚"特质。但这些习俗和态度为何以及如何被人们接纳,随后又如何深植于欧洲诸社会,至今仍众说纷纭,莫衷一是。

欧洲人自信只有他们掌握了进步之道,而这份自信可以部分说明欧洲人看待其他文化时,为何频频流露出那种令人难堪的傲慢。如今有人主张,欧洲人虚构出陷入道德与知识"落后"泥淖的东方"他者",乃是欧洲自我界定为"进步"一方的关键因素,这说法看来颇有道理。只有坚称"东方"(事实上包括所有非西方的民族)衰败,欧洲人才能信心满满地坚持自己的进步认同。而这无疑是夸大了欧洲人对世界其他地区的知识探求兴致。和大部分文明一样,欧洲人执着探求的不是他者,而是自己。他们是通过审视自己的过去,才得出结论说他们已获得惊人进步的,只不过他们对那惊人的进步是如何发生的没有达成共识。他们还意识到,欧洲许多地区虽有进步,但进步一直很慢。欧洲思想界最激烈的辩论,关心的并不是欧洲以外的世界,而是要把欧洲前工业时代的信念和价值观抛弃到何种程度,才算安全。欧洲知识分子诸多激烈的交锋中,有一些关注宗教地位、"传统"道德、"民间"文化和语言、现代社会里的前现代社会关系(社会家长主义)等主题。[81] 当时人普遍认为进步是很脆弱的,容易受到披着教会外衣的"反动势力"威胁,特别是自由主义思想的威胁。进步可能会被自下而上地颠覆,被反对其严格经济规范的民众暴动(无政府主义的威胁)推翻。进步也可能导致"退化",人们常说城市生活与工业社会对环境和道德会造成这样的影响。进步可能会迎合大众而抹除个性，以粗俗的物质主义取代精神上的追求，从而走向自我毁灭。社会恐慌感使人觉得这些论点指出了急需解决的紧要问题。[82] 在这些只关注自身的氛围中，无知与漠不关心支配了欧洲人对西方以外世界的态度。在生存的大搏斗中，西方以外的民族是旁观者，只有极少数欧洲人有心了解他们。只有欧洲（或者说欧洲发达地区）已摆脱停滞的过去，而从这个层面来解释他们的文化，简单省事。

这种趋势还因为大环境而被强化。在这种大环境中，欧洲人开始关注欧洲以外的各个地方。的确有大量著作将亚非世界介绍给欧洲读者，但那些著作大部分是根据欧洲人在当地的活动书写的。在军人、探险家、传教士的报道式著作中，着墨最多的乃是亚非社会的暴力、贫穷、偏僻和迷信。在既有的殖民地中（最佳例子是印度），人种调查大部分由欧洲官员进行。[83] 可想而知，他们利用流行的种族理论和生理学（例如颅骨学）等原是为了解释欧洲内部人种差异的理论，[84] 声称被殖民地区的社会缺乏"进步"特质，因而难免在某一时期受外族统治。在他们笔下，大部分印度人、非洲人并未追赶欧洲的发展脚步，而是受到传统的束缚，无法实现自治，且这些社会的改造之路漫无尽头。在新近占领的殖民统治地区，欧洲人更是不假思索地声称，欧洲人入侵带来的失序，有力地印证了前殖民时期当地体制的混乱和野蛮。这些非西方社会若是任由其现状发展，并不会逐渐迈向现代性这个遥远的目标，反倒会面临着社会、道德迅速崩溃瓦解的命运。一旦与欧洲人产生直接竞争，这些社会就可能会集体灭亡——新西兰的毛利人和澳大利亚原住民就常常被预测会有这样的结局。

19世纪结束时，欧洲评论家越来越倾向于认为欧洲以外诸社会的"停滞不前"，乃是世代相传的情形。不管起源为何，文化差异都会变成"种族"差异，文化习性则变成种族"本性"的产物。[85]鲁莽的干预、过于仓促的改革或是不负责任的剥削（官方高层对商人活动与殖民活动的观点），可能导致剧变，摧毁整个体制存续所倚赖的内部团结。稳定是日益迫切的需求，而促进稳定的最好方式是支持当地的习惯法（而非自外引进的法律体系），支持"新传统"统治者（接受其殖民地位的当地权贵），而非支持殖民地中的那些接受西方教育的精英（英国派驻印度的某个总督以轻蔑口吻称这些精英是"微不足道的少数"）。[86]在某些情形下，殖民统治者认为获得稳定的最安全方式，乃是刻意施行领土分隔政策，这是管理南非"原住民事务"的官方委员会提出的解决方案。[87]因此，对于自己与西方以外世界在未来的关系，欧洲人并没有任何宏大的理论。影响极为广泛的社会达尔文主义理论，也没有对帝国主义的扩张做出明确解释。事实上，许多社会达尔文主义者认为帝国主义扩张会导致文化与种族失去纯正性，因而强烈反对。[88]欧洲人为自己格外积极进取的原因争辩不休，他们就欧洲以外民族"停滞不前"的原因与影响，也陷入严重的意见分歧。欧洲人对印度有多种不同的解读：一个由自给自足的村庄组成的稳定社会，一个中世纪残余的遗骸，或是最早的雅利安统治者与本土达罗毗荼人混合的不幸产物。[89]有些欧洲思想家不再对工业制度抱有幻想，发觉"讲究精神追求"的东方有许多地方值得欣赏：东方仍然保有手工工艺，没有阶级斗争，还具备不同于西方社会的"接近自然"的文化。[90]欧洲人竭力尝试给纷杂的非西方文化分门别类。对于他们赖以稳固其统治地位的特殊群体（殖民军队所需的"善战种族"，或尼日利亚与北印度境内的穆斯林精英阶层），他们会务实地承认其特权地位。他们也缺乏将自己的文化蓝图（即使他们真有这样的规划）强加给当地的手段和胆量。他们不得不倚赖当地人士提供的资料，来编纂官方史书、手册、法典、地名辞典和民族志。因此可想而知，统治印度的英国当局仍然认可婆罗门阶层传统的最高种姓地位，并肯定作为印度社会基础的种姓制度——英国官员对印度历史的大部分了解都来自婆罗门学者和梵文学者。[91]

这一现象背后的重要意涵，乃是在落入欧洲人之手的大部分地区里，本地精英仍有进行文化抵制的空间。我们可看到他们发动的三种不同的文化"战争"。第一种极大仰赖欧洲的文化变革模式，例如在孟加拉，涌入英国行政机构任职的新兴受教育阶层，很快就受到"英式"教育，但那些人也迫切地想要为孟加拉打造出一个以英国为范本的文化形象。在他们眼中，孟加拉语应成为文学语言，以孟加拉语撰写的诗歌、小说、历史著作、新闻报道，将会创造出新的孟加拉文化认同。[92]老师与记者们将会塑造出现代的孟加拉人民。尚在起步阶段的殖民统治政权，也将发展出初始形态的国会，而这国会未来会日趋完善。苏伦德拉纳特·班纳吉（Surendranath Banerjea，虽无君王称号但拥有实权的孟加拉统治者）等政治领袖将扮演重要角色，打造新的欧式民族国家的自治架构。[93]类似的模式还可见于西印度的马哈拉什特拉（Maharashtra），该地区有意使用本地语言来撰写西式历史，以此塑造人们对政治与文化的认知。[94]这种雄心为早期印度民族主义的形成提供了部分动力，但作为文化策略，它还需要有一个受过教育的强大精英阶层来充当殖民当局与当地社会之间的中间人。

受到上述情形的部分影响，那些宗教复兴活动也包含了文化反抗的普遍形式。除了少数例外，欧洲人倾向于认为基督教在欧亚世界里的劲敌（例如伊斯兰教或印度教）已经衰落或是行将灭亡。他们把伊斯兰教的学问蔑视为落伍的经院派哲学，过去虽然一度繁荣，但已经毫无研究的前景。伊斯兰教学者囿于古代典籍，无法承认世界已然改变，也无法改造自己的观念以适应新的经验知识潮流。正因为伊斯兰教的正统学者乌里玛在这方面的失败，各种苏非派"兄弟会"及其魅力型领袖（教派长老和隐士）才有了大加扩张的空间。激进主义运动也因此得以鼓动风潮，对异教徒、多神论者及其视为堕落的穆斯林教友发动圣战。欧洲人对此格外厌恶（以及恐惧），认为这正是伊斯兰教无法进步的表征。穆斯林在 19 世纪末期最著名的胜利，乃是马赫迪[1]派反抗埃及在苏丹尼罗河流域殖民统治的起义，起义的声势在 1885 年马赫迪派攻占喀土穆，杀死戈登将军——他是埃及政府在英国极力施压的情况下派赴当地筹备撤兵的总督——时达到了顶峰。95 13 年后，英国人在恩图曼（Omdurman）击败马赫迪派军队，重返喀土穆，基钦纳下令将第一任马赫迪统治者穆罕默德·艾哈迈德（Muhammad Ahmad, 1844—1885 年）的遗骸丢入尼罗河。基钦纳还打算用这位马赫迪的颅骨做烟灰缸，在维多利亚女王下令阻止后才作罢。

事实上，穆斯林对欧洲文化扩张的反应，一般并没有这么激烈，相对也更持久。上文提及的马赫迪是位身处伊斯兰世界边陲、受人爱戴的传教士。位于各大学术中心的穆斯林教师则深知他们的传统学问已经过时，必须想办法改造正统学问，以因应现代思潮。19 世纪末期两位穆斯林大学者，哲马鲁丁·阿富汗尼（Jamal al-Din al-Afghani, 1839—1897 年）和穆罕默德·阿布杜（Muhammad Abduh, 1849—1905 年）都致力于此。两人都努力掌握欧洲思想，且都在巴黎留过学。两人都在英国占领埃及（伊斯兰最崇高的学术中心就在开罗的爱资哈尔清真寺暨大学）时，亲眼见证了欧洲的进逼，矢志支持穆

---

[1] 马赫迪，穆斯林所期待的救世主。——译者注

斯林团结起来共御外侮。最终目标乃是重振乌玛（即全球虔诚的穆斯林）的活力，重新教育乌里玛（穆斯林的学术导师和顾问）。那意味着要将已接受伊斯兰教信仰的各个文化体中的迷信、非正统信仰、不纯正的习俗全部破除。那意味的不只是纯正化，还是某种现代化。改革后的乌里玛将与各大学术中心往来更密切。他们将会在穆斯林神学和史学方面得到正确的教育，能够在面对欧洲思潮时给出更令人信服的回应。他们将会更自信，并以更高效的方式将伊斯兰教义传达给虔诚的穆斯林。讲道、教学、传播思想等活动，都会得益于新的媒介（印制成本低廉的报纸、书籍）、新式教育（使用西式教室和学校），以及便利的新交通方式。汽轮和铁路使信徒们能够以前所未有的规模去麦加朝圣，坐在大学者面前聆听教诲，理解伊斯兰世界的辽阔。可预见的结果是，整个伊斯兰世界会团结起来，精英阶层会更富有才干，乌玛会更有纪律，人们对现代世界中伊斯兰特殊地位的认识也会更深刻。[96]

在许多穆斯林观察者眼中，这一理想的实践进展到 1914 年时障碍重重。乌玛群体过于庞大，其成员分散于各地，往往不识字又贫困，因此动员乌玛的任务十分艰巨。伊斯兰世界因政治、种族、语言上的分隔而四分五裂。阿拉伯语（穆斯林科学、法律以及神学的传统用语）现代化的进程，浩大而艰巨。各大伊斯兰国家承受着来自欧洲人的进一步挫败与羞辱（后文将会介绍）。事实上，在某些穆斯林社群里，民族主义国家和领土主权国家的概念，较之泛伊斯兰联盟这个遥远的理想，更有可能成为反殖民统治运动的基础。一些人宣称伊斯兰教与西方科学、政治学并不冲突，另一些人则认为这些西方思想会侵蚀传统，二者之间有时会出现激烈对立。但毋庸置疑，阿富汗尼和阿布杜一直大力提倡、日益强烈的伊斯兰认同感，已开始使许多穆斯林社会展现蓬勃生气。在西非，穆斯林精英加强了对信徒群体的掌控，同时还强化了自身对法国当局的影响力。[97] 在埃及（伊斯兰世界现代思想的中心），穆斯林对伦理改革以及强化社会规范的关注，使民族主义的政治主张在受教育阶层中的呼声见长。[98] 在印度阿里格尔（Aligarh）创立的新穆斯林大学（英国-东方学院）或许强调西方现代知识的价值，但那里也是 1914 年后崭露头角的"青年穆斯林"（Young Muslim）领袖的摇篮。[99] 在受殖民统治的东南亚，改良主义运动和新兴的新闻媒体促进了伊斯兰教理念的传播，在荷属东印度群岛形成了政治运动组织"伊斯兰联盟"（Sarekat Islam）。[100]

在印度教方面，也出现净化、整顿宗教习俗的类似趋势。雅利安社（Arya Samaj）这样的改革社团，也含蓄地承认基督教信仰（对个人与神灵关系的重视）的吸引力。在民间宗教的层面上，这种宗教复兴可见于"护牛"运动和鼓励膜拜印度教众神而非地方神灵的运动。交通运输的进步，使更多信徒能前往贝拿勒斯、"恒河母亲"以及其他印度教中心朝圣膜拜。在受过教育的群体中，印度本地语言的印刷品促进了精神导师和宗教运动影响的传播。但 1914 年以前最引人注目的发展，或许是甘地的文化反抗宣言——1909 年出版的小册子《印度自治》（Hind Swaraj）。[101] 他在 1893 年至 1915 年间在南非工作、生活，《印度自治》则是他在伦敦与南非之间的航行旅途中写成的。这本小册子巧妙熔宗教、文化、政治主张于一炉，为文化复兴拟出了第三条大战略，指出经过纯正化的印度教价值观将会成为社会的道德基础。它也采纳欧洲人的观点，将印度社会视为由多个"村社"拼合而成的庞大集合体。甘地的目标不是重复"停滞"论的陈词滥调，而是坚称这些自给自足的村落，在道德水平上优于西方强加的那种虚伪且制造分裂的剥削性文明。因此，印度的自治，并非靠接收殖民政权的体制来实现（按照甘地本人生动的比喻，那就像是除掉了老虎，自己却保留了老虎的本性）。要实现印度的自治，就得清除西方支配下的一切产物，包括法律、医学、铁路和电报，以及印度政府本身。按照甘地的构想，宗教改革是伦理改革的一部分，伦理改革则是社会改革的一部分，社会改革又是政治斗争的一部分。伦理解放有助于政治自由，因为印度人一旦拒绝英国统治所倚赖的精神霸权（甘地说印度人一直"容许"英国人统治），就会取消与英国人的合作——这种合作正是英国殖民统治得以建立的基础。甘地以惊人的本领（以及区区一份小册子），展示了文化运动如何在关键时机来临之前避免与殖民政权正面对抗。但（精神）解放一旦完成，最终的对抗将会迅速结束且温和无害。

可想而知，《印度自治》立即被印度殖民政府当作危险作品而予以禁绝，甘地本人直到1918年才在印度具备了一定影响力。甘地的部分主张，特别是文化与经济应自给自足的观点，1905年后就已在孟加拉的"国货运动"中得到践行，并可见于国大党政治人物提拉克（Bal Gangadar Tilak）的辩论著作中。但这两者都缺乏甘地独有的政治巧思。在"一战"结束到"二战"爆发之间的那段时期，把印度的民族主义最终转化为非暴力不合作运动的，正是甘地在欧洲帝国主义扩张的鼎盛时期构想出来的政治、文化反抗模式。

对所有受到欧美影响的社会而言，西方思潮的冲击及其渗透影响的程度都不应低估。这往往造成一个后果，即欧洲以外的民族开始根据西方的思想和偏见来看待自己（和欧洲人），这种情形因潜移默化而影响更深。我们同样不应否认，西方思想的大部分影响力源于其自身的吸引力与同情关切，而不是全凭暴力强加。个人自由、代议制政府、民族国家理念、实证科学及基督教教义，对非西方世界都具有强烈的吸引力。这种文化影响也无法直接用于强化殖民统治或促进帝国主义的殖民支配。因为文化影响的内容往往多元，有时甚至彼此矛盾，其带来的结果多变且无法预测。西方文化的影响还会遇到根深蒂固的本土文化网络，而在那些文化网络里，文化倾向与宗教认同紧密结合。只有少数殖民政权有办法或是有意除掉当地社会的文化"守门人"，而要取得那些"守门人"的合作，得借助某种文化"契约"。西方思想赖以广泛传播的武器（报刊、低成本的人员流动，以及教育机构）同样可以被转用于本土文化的革新与抵抗上。

就连"种族"观念（通常被视为欧洲最强劲的文化武器）也会被如此转用。尽管欧洲种族主义的基本假设是文化差异会世代遗传，但它的理论内核没有完整脉络，也谈不上严谨。尽管有"科学"践行者的不懈努力，但欧洲种族主义实际上模糊了文化属性与身体属性的差别。它靠一套刻板化的语言来解释欧洲内部的差异，以及非西方世界诸文化、诸民族的各种差异。但影响力最大的往往是"粗鄙的"，而非"讲道理"的种族主义。生活在亚非地区的欧洲人深知，他们能有这样的地位和收入，靠的是"他们与当地人之间有着无可逾越的差异"这类主张。他们不必费什么脑筋，就能将这些主张与欧洲物质进步的传说挂钩，把自己重新确立为文明与进步必备的代理人。对安全的需求，对疾病的恐惧，以及对落单的欧洲人可能会"本土化"（这是对社会秩序和文化秩序的颠覆）的普遍忧虑，促成了不同程度的隔离与区分政策。因此，比起文化理论，欧洲的种族主义更像是一套以直接、挑衅的方式所表露的粗鄙社会态度。

但这种观念并非欧洲人（或欧美人）所独有，那是极适合外销的东西。如果成为一个"种族"是欧洲支配世界的秘诀，那么自然而然，谁都想成为一个"种族"。在殖民统治的孟加拉，信仰印度教的婆陀罗洛克（"体面阶级"），因无法参政而愤慨，痛恶殖民统治者的轻蔑。在这里，民族主义主张使种族观念转而不利于殖民统治者："印度种族"是世上最文明的种族，与欧洲人同为雅利安人后裔，它独特的种族使命不是追求政治称霸或军力强大，而是发挥"精神力量"。通过刻意凸显文化差异（穿上本土服装），追求强健体魄和勇气，重新发掘荣耀历史，孟加拉人取得了一个"种族"的所有标志，这些标志与欧洲人的不同，但一样出色。[102]"拥有过去的种族……必然也拥有未来。"《婆罗提》（*Bharati*）杂志在 1904 年如此论道。[103]

在诸多种族主义被改造、转用的例子中，最有意思的或许是爱德华·威尔莫特·布莱登（Edward Wilmot Blyden）的经历。[104]布莱登生于西印度群岛，为了将获释黑奴带回西非"家乡"，他先去了美国，后（1850 年）前往利比里亚，并成为长老会牧师。他深信种族的界限正在不断明确，因此主张非洲人需要更强烈的非洲种族认同感。他写道："非洲人应当掌握权力，也需要建立一些权力中心，在那里一切物质力量与知识力量能够被组织集中起来。"布莱登意欲建立一个西非民族国家，但他坚持那必须是不折不扣的非洲人国家。非洲人应避免西式穿着，[105]保存本土习俗，避免异族通婚。[106]布莱登深信只有"纯"黑人能促进非洲民族主义，拒斥"种族混合"观点。[107]在《基督教、伊斯兰教与黑人种族》（*Christianity, Islam and the Negro Race*, 1887 年）中，他认为伊斯兰教比基督教更适合非洲。耐人寻味的是，曾在塞拉利昂当过一段时期殖民政府官员的布莱登，认为他的种族理想与他欲在英帝国统治力量的支持下建立西非民族国家的大业毫无冲突。但事实早在 1914 年以前就很明显：种族的号召力既可用来对付欧洲霸权，也可用来支持欧洲霸权。

欧洲全球殖民主义"未竟的事业"：东亚与中东

19世纪80年代时，欧洲人和美国人探索东亚商业前景的历程已超过一个世纪。他们已在中国、日本建立起商业桥头堡（"条约口岸"），使两国接受不平等条约，让外国侨民和财产享有不受中日两国政府管辖的领事裁判权。他们已强迫中日政府施行有利于他们贸易的低关税制度，还与中国打了两场仗，以保障并扩大他们的利益。他们已迫使清朝皇帝承认西方诸国与中国的平等外交地位，并接受欧洲外交中允许外国使节常驻的惯例（1876年）。[108]但在1880年，尽管欧洲列强在华气势凌人，亚非其他地方也正在迅速、普遍地被纳入殖民统治，列强却根本无法将整个中国（更别提日本）纳为殖民地，甚至是半殖民地。

原因之一在于东亚离欧洲较远，两地间的贸易额比欧洲与印度的贸易额（更别提与美洲的贸易额）要少。但欧洲人的谨慎，也表明中国作为统一的文化体以及仍在运作的政治体制，残留的国力不容小觑。在非洲长驱直入、靠着一小撮雇佣兵打造出私人帝国的那些冒险家和掠夺者，在中国大概不可能这么风光。非洲在文化、政治上四分五裂，使欧洲入侵者能够轻易找到当地盟友，但这种分裂情形不见于中国。在商业领域，情形也差不多。条约口岸商行里的欧洲商人无力控制中国内部贸易，他们面对着一个高度组织化的商业世界，还有语言障碍和中国复杂货币系统的阻隔，他们不得不通过那些为欧洲公司担任"买办"（中间人）的中国大商人来处理事务。[109]直到1893年，这种商业关系仍可能被中方视为互惠互利的关系，而非外国的单方面剥削。[110]19世纪中期，中国的内乱外侮纷至沓来，尽管如此，清帝国的政治结构在李鸿章（1870年至1900年的大部分时期中，清朝最有权势的官员）的改良主义主导下，仍运行不辍。满族统治阶级占据清政权的权力核心，占据人口多数的汉人，其反抗满人统治的民族情绪尚未被完全激发出来。[111] 或许更重要的是，向来极度俭省的清廷，极力避免产生外债，以防种下外国干预的祸根。北京以安抚性心态对待外国在中国的割据地和利益，将敏感的海关事务交由外国人处理（但仍在中国当局的管辖之下），希望借此防止与西方的正面武力冲突，为中国的"自强"事业争取时间。

但清政权的稳定，也倚赖中国在东亚"世界秩序"里的中枢地位。清朝最大的成就，乃是将西藏、新疆、蒙古、中国东北组成的广大中国边疆与位处东亚心脏地带的"中原"相结合，缔造出辽阔的中华帝国。外国势力渗入清帝国边疆，可能会导致这个辽阔的支配网络崩溃。19世纪80年代，欧洲人步步逼近，削弱清帝国。俄罗斯人进逼中亚，英国人征服上缅甸（今缅甸中北部地区），法国人迫使中国放弃其对安南（今越南大部分地区）的宗主权。但令清廷感到情势危急的，乃是朝鲜的遭遇。朝鲜无法抵御来自俄国与日本的外部压力（俄国觊觎朝鲜的不冻港）。其儒家政体此时也已在国内反对者（其中有些是基督徒）的冲击下摇摇欲坠。清廷承受不起朝鲜倒向其他强国、切断与中国悠久宗藩关系的风险。这个"隐士王国"（hermit kingdom）是进入中国边疆的沿海门户，是进入中国东北广大地区的跳板。失去朝鲜，可能会极大影响中国边疆的稳定。因此，1894年，由日本支持的政变推翻朝鲜的亲中政权时，清廷不肯退让。但在随后1894年7月到1895年3月的甲午战争中，中国落败，颜面大失。

《马关条约》（1895年4月）引发了一连串改变。它迫使中国承认朝鲜独立，将台湾、澎湖列岛、中国东北部分地区割让给日本。中国不得不支付日本相当于清廷岁收的巨额赔款。清朝的统治倚赖各省士人的效忠，而在这些读书人眼中，清朝威信尽失。雪上加霜的是，清廷这时不得不向外举债，以支付赔款，恢复军力。眼见清帝国已露出崩溃征兆，欧洲列强皆欲得到对华贷款的机会，让清政府以领土和商业权利作为担保。俄国率先借款，清廷于是同意其建造贯穿中国东北后抵达俄国东部新城市海参崴的铁路，该铁路沿线的经济资源租借给俄国开采使用，为期80年。[112] 1898年，德、俄、英等国都在接近北京的华北沿海取得海军基地。清廷这时似已准备批准某些地区的铁路建造特许权，欧洲列强即针对它们将优先取得特许权的地区，彼此自行达成协议。动荡不安之际，清廷突然发布一连串敕令，按照与日本明治维新类似的方法，改革教育、军队和官僚体系。但改革尚未施行，皇太后慈禧发动政变，罢黜改革派。在政治斗争的仇视氛围中，又爆发了针对华北基督徒的反抗运动，即1898年至1900年的义和团运动。在朝廷的怂恿下，义和团及其支持者攻占北京，切断北京对外交通，包围外国使馆。义和团的目标是唤起人民仇外心理、扶清灭洋，结果却适得其反。列强（欧、美、日）派出庞大联军（4.5万人）解救其外交官，镇压义和团。中国的统治者似乎已在无可奈何之中，跟跟跄跄地走上与世界其他国家正面武装对抗之路。

结果必然是再度受辱。慈禧太后率领群臣仓皇逃出北京，另一笔庞大赔款（庚子赔款）加诸中国。事后所签的《辛丑条约》，还迫使中国同意开展有利于对外贸易的关税改革。在"外交使团"的威逼恐吓下，北京几乎必然同意让出铁路特许权，允许外国势力深入中国内陆。与此同时，种种迹象都显示，镇压义和团的入侵军队无意立刻撤走。两年多后，俄国虽同意撤军，但中国东北却被近15万人的俄国部队占领。[113] 其他各国见俄国扩大在华地盘，也不甘落后，纷纷有所动作，经济瓜分甚至领土瓜分的趋势一时似乎不可阻挡。

但中国最终逃过瓜分的命运,也未沦入外国商业利益团体希望从中得利的经济管制境地。原因很复杂。首先,诸大国各怀鬼胎,在瓜分中国时,几无可能像瓜分非洲那样意见一致。俄罗斯人可能希望吞并华北,但英国(在华拥有最大商业利益的国家)绝不同意。这部分是因为伦敦当局认为,一个印度已经够了,不该再有"另一个印度"(需要保护、控制的大片亚洲领土),特别是这"第二个印度"还有邻近的俄国军队威胁。[114] 义和团危机发生时,英国正在与布尔人的对抗中遭遇难堪的挫败,而且英国国内舆论对战争日益不满,因此英国人此时任何瓜分中国的计划都无异于政治自杀。未被瓜分的中国,加上听话的政府,对英国的贸易和投资更为有利。因此英国和立场相近的美国,怂恿日本反对俄国扩张。1902年,英国缔结地区性盟约"英日同盟",承诺日本若与不止一个大国兵戎相见(也就是说如果俄国的盟邦法国加入战局的话),英国会出兵(例如海军)相助。[115] 剩下两个对中国感兴趣的大国——法国和德国,都没有足够的诱因或力量不顾英、美的意见,强行瓜分中国。

但看待这个问题,不是只考虑帝国主义者的企图就足够,中国人的顽强抵抗也是同样重要的因素。清朝政权的凝聚力一直难以打破,它倚赖士人阶层的效忠来维持,而士人阶层靠王朝体制觅得饭碗,基于自身利益,自然不希望王朝瓦解。有人可能会认为,经历了1894年、1895年以来的一连串灾难,清朝拥有"天命"的主张会遭到削弱,事实确是如此。但结果颇为吊诡,因为由此而兴起的新政治气氛更加强烈地敌视外国干预。一些中国人认为,中国的统一有赖王朝统治,但19世纪90年代,驳斥这一观点的政治运动迅速壮大。孙中山及其追随者主张,[116] 清朝是专制异族政权,[117] 提出"驱除鞑虏,恢复中华"的口号。孙中山的民族主义,也不是中国政治激进改革的唯一表现。以通商口岸为中心的新兴商业活动，催生出新的社会改革。各种协会纷纷涌现，为自觉创造"现代"中国社会的新兴城市中产阶级提供服务。[118] 通商口岸的工业化，创造了中国劳动阶级，即可用来威吓外国利益集团和租界的平民大众。太平天国运动之后，各省士人阶层自主权越来越大，眼见清朝越来越腐败无能，他们接下保卫中国、抵御外侮的重任。义和团运动后，清廷重启革新变法之门，结果使各省士人阶层权力更大。新军（效仿欧、日军队）、新行政机构、新学校、废除崇奉儒学的古老科举制度（1905 年）等改革，打破了士人阶层与帝国中枢之间残存的忠诚纽带。在各省，士人官员极力阻止外国人利用铁路特许权扩张势力的企图。"铁路建设在中国没有进展。"《泰晤士报》特派员如此告诉其外国编辑。[119] 在汇丰银行的查尔斯·阿迪斯（Charles Addis）这样的英国金融家眼中，中国要求收回权利，意味着外国人可以投资铁路建设，但别想控制铁路。[120] 清廷极力想恢复摇摇欲坠的威权并增加财政收入，便决意将新建的铁路从各省手中收回（1911 年 5 月下令将所有铁路干线收归国有），[121] 结果引发一场最终使清朝覆灭的革命。1911 年，清帝退位，中国人民随后迎来近 40 年的不稳定局面。但清朝的覆灭，也表示中国本可能臣服于欧洲中心世界体制的那个时代，就此告终。

在 1890 年后遏制欧洲势力入侵东亚的过程中，日本扮演了举足轻重的角色。讽刺的是，引发欧洲列强在中国竞相设立基地和租界的导火线，乃是 1894 年至 1895 年甲午战争中日本的获胜。但日本并未扮演西方帝国主义列强"小老弟"的角色。日本人对欧洲人的意图仍深有疑虑，且极担心欧美联合起来损害日本脆弱的自主地位。伊藤博文于 1882 年赴西方考察宪政时论道，欧洲人"照顾、关爱自己的亲友，也想要逐步消灭与自己关系疏远、没有亲缘关系的人……东方的处境脆弱如筑在蛋上的塔……我们必须竭尽全力强化、扩大军备"。[122] 在《脱亚论》（1885 年）中，日本现代化的重要提倡者福泽谕吉将亚洲视为落后的代名词。但他并非认为日本应与西方列强结盟，反倒主张日本的天命乃是领导亚洲，为亚洲争取自由。事实上，日本人的想法反映了其对中国的深层矛盾心态：既瞧不起中国的"落后"，又觊觎中国的资源，还担心若不先发制人，中国大部分地区会落入欧洲人之手。不少日本人同情中国的民族主义，也有成千上万的中国人到日本留学。日本在改革政治、阻止列强入侵方面的惊人成就，反过来也使日本的维新模式对中国产生了深远影响。

当然，日本的所作所为，不只是立下榜样。从 19 世纪 70 年代起，日本就实行谨慎防范俄国在东北亚扩张的政策。19 世纪 90 年代，日、俄相互猜忌的焦点已落在朝鲜（日本神话中"指向我们心脏的匕首"）身上。1895 年后日本势力伸入朝鲜，令俄国大为不满。1898 年，日俄双方达成临时协议，中国东北由俄国支配，朝鲜则相应由日本支配，但俄国趁义和团运动时对中国东北实施军事占领，打破了这项协议。俄国拒绝从中国东北撤兵，不承认日本对朝鲜的支配（这时日本对朝鲜的掌控已经十分稳固），动武便无可避免。结果令人震惊。日本陆军在中国东北心脏地带的奉天战役中打败俄军。在随后所签的和约中，日本接收俄国在辽东半岛的基地及其商业租界，并得到库页岛（北海道以北极具战略地位的岛屿）南半部。不久，俄国的波罗的海舰队绕过大半个地球，欲击溃日本新建的海军，结果在朝鲜、日本之间狭窄的对马海峡（对马海战）遭日军歼灭（1905 年 5 月）。日本至此清除了自己将朝鲜纳为保护国的障碍，并在 1910 年正式吞并朝鲜。日本一举成为该地区陆、海军最强大的国家；此后任何外来强权若要武力干涉该地区，都得经过它的同意。

但我们不该夸大日本的国力,日俄战争几乎耗尽日本的财政收入。日本决策者担心西方对其帝国主义扩张强烈反弹。"中国东北不是日本的领土。"阅历丰富的政治家伊藤博文曾如此警告。[123] 美国的敌意变得更加明显,[124] 但日本的国际地位已大幅提升。日本已成为东亚的殖民强权,拥有现代陆军和海军(大部分战舰产自英国)。日本已在战场上击败一个欧洲大国,通过协商摆脱了赋予西方人领事裁判权的不平等条约(中国要到 1943 年才废除),并已完全收回关税自主权(1911 年)。日本已成为不折不扣的大国,其利益范围与最大的几个潜在对手相隔较远,不必担心受侵犯。日本已隐隐威胁西方在中国的商业势力,其崛起使西方既眼红又惊恐。[125] 但在欧洲诸国权势如日中天之际,日本为何以这低调但成果斐然的革新,完成跻身列强之林的挑战?

原因之一可能是西方观察家一直低估了日本的实力。基于显而易见的理由,日本未得到西方报界的充分报道,就连曾多次前往日本实地考察的人也觉得日本政治复杂难解。在维多利亚时代的英国,日本最吸引英国人的地方是它的古怪奇特。日本是个由天皇统治的"精灵之地"(词作家吉尔伯特与作曲家阿瑟·沙利文合编的轻歌剧《日本天皇》于 1885 年首度公演)。[126] 对日本实力和策略的严重误判,导致了俄国海军 1905 年的惨败。但日本也享有得天独厚的地缘政治位置,利于保卫其利益。日本位于欧亚大陆与"外围世界"之间的边境地带,距离欧洲各个海洋大国和(位于欧洲部分的)俄国十分遥远,后两者的势力几乎伸不到日本(即使在汽轮时代,从英国港口到东京也有 32 天航程,英国海军的遥远根据地香港距东京约有 2 600 公里)。19 世纪 70 年代起,日本政府巧妙利用这一地理优势,强化其对日本群岛附近海域与陆地的掌控。在 1875 年与俄国签订的条约中,日本放弃对库页岛的领土要求,以换取对千岛群岛的掌控,在不利情况下替自己争取到最大利益。数年后，往南向台湾延伸的琉球群岛也被日本吞并。[127] 1894年至1895年的甲午战争后，台湾被日本夺走。随着对朝鲜的渗透、侵占到最终正式吞并，对辽东半岛的掌控，以及对库页岛南部的重新占领，日本完成了对本土的环状防御，其受到入侵的风险（日本政府自古以来的忧虑）几乎已被完全化解。

如果日本的国内变革破坏了政治稳定，威胁到外国人的人身财产安全，给了欧洲列强干预的空间，那么上述成就的价值大概就没那么大。俄、德、法三国在1895年联合施压，迫使日本放弃本已到手的辽东半岛，说明列强的外来威胁不能忽视。此时的关键在于日本独特的经济发展路径。诚如前面提过的，日本在19世纪80年代便已在国际贸易竞争中取得成果：除了生丝之类的日本特产，棉纱和棉布（或许是贸易网最广的制造品）也在国际市场上占有一席之地。但至为重要的是，日本在迈向工业化的过程中并未倚赖资本的大量输入，也避免了倚赖外人、受制于人的危险根源。1913年日本已有400万人投身工业生产，但他们差不多都在雇员不超过5人、几乎未使用机器的小作坊里工作。[128] 极度廉价的劳工（特别是女性劳工），效率虽然不及机器，却是日本进入全球经济的关键。[129] 日本人引进技术，予以改造、简化，降低成本的同时也减少了日本对外国技术和零件的倚赖。在率先发展的工业背后，有庞大人口从事的农业部门作为支撑。到了1903年，城市居民在日本总人口中占比不足8%。[130]

结果，在这样一个社会里，外来影响受到仔细过滤（尤其是受到语言的阻隔），社会变动则被严格限制。特别是在乡间，古老的农村阶层体制（要求社会地位较低者遇到较高者时主动让道，并表现出过分的尊敬）仍运行不辍。在知识水平较高的圈子里，人们既支持政治、文化的改造，同时也对"欧洲主义"的过度功利、社会分化、文化傲慢抱有深深的疑虑。官方对基督教仍然敌视，不信任外国人的心态也根深蒂固。1891年，日后成为俄国沙皇的尼古拉访问日本，结果被一名以为国家遭俄国人侵的警察攻击而受伤。在如此氛围下，不难理解明治时代武士出身的政治家，为何能建立如此集权式的现代国家体制。意在为日本取得西式主权地位画下圆满句点的1889年宪法，保证了萨摩-长州寡头统治集团（有权遴选阁员的"元老"）的大权。享有投票权的人口比例只有1%，国会也无力撤换内阁。陆、海军不受文官大臣控制，贵族院里满是萨摩、长州指派的议员。为了给这巧妙的权力划分披上神圣庄严的外衣，掌权者把这说成是对"皇权"的效忠实践。学校除了传授西方知识，也推广爱国精神，而天皇和"天皇崇拜"成为爱国精神的核心内容。

借由这些方法，日本领袖得以打造出特别有利的发展环境，打进由西方宰制的世界。但日本并非所向无敌。对俄之战使日本不得不向外举债。日俄战争在国内所激起的爱国情绪，危及日本政治的寡头统治基础。债务的新负担，使日本经济立刻陷入赤字，面临着与其他半工业化经济体同样的危机：货币紧缩（日本采用金本位制），对国内制造品的需求下降，对原料进口的依赖提升。[131] 1905年的胜利成果，也并非安全无虞。俄国已经在延伸其帝国东部的大动脉，即西伯利亚大铁路；同时，中国的袁世凯（自1884年担任中国驻朝鲜特使以来就与日本为敌）已成为"强人"总统，统治中国。1913年末，袁世凯已得到西方列强的支持，列强视他为可以打交道的实权统治者，日本对此很不情愿。[132] 但时势决定一切。在这些因素影响到日本在新获得地区的霸权地位之前，欧洲战争就打破了所有预测。

东亚并非欧洲中心全球殖民主义唯一"未竟的事业"。在中东，奥斯曼帝国虽在1875年至1878年间差点覆灭，却展现了惊人的强韧生命力。苏丹阿卜杜勒·哈米德二世大力推行奥斯曼自强运动，利用列强在瓜分奥斯曼帝国方面的意见分歧（若列强达成共识，他的地位大概早已不保），奋发图强。国家权力不断扩大、深化，学校和宪兵将国家权力扩散到地方层面，日益扩大的行政体系则将地方精英也纳入其中。[133] 奥斯曼帝国对阿拉伯诸省的统治日益稳固。[134] 连接阿勒颇与麦地那的汉志铁路（Hejaz Railway），强化了奥斯曼帝国对红海沿岸和穆斯林圣地的掌控。沿着波斯湾的阿拉伯半岛海岸，奥斯曼势力伸入科威特与巴林岛（英国在巴林的影响力正与日俱增）之间的哈萨（El Hasa）地区。与此同时，奥斯曼帝国的经济得益于1896年后日益兴旺的原料贸易，[135] 尽管机械化的现代工厂仍然稀少，但棉织品和地毯的制造产业也在稳步发展。[136]

如果奥斯曼帝国是个纯粹的亚洲国家，它或许可以结合其外交力量和文化凝聚力，争取到建立强大政府机构和发展经济所需的时间。但该帝国的西半部暴露在当地欧洲民族主义（以宗教斗争、种族斗争的形式直接表现出来）无休无止的压力下。1878年后，奥斯曼帝国牢牢抓住其位于欧洲部分的领土。该地区的阿尔巴尼亚、科索沃、马其顿、鲁米利亚及色雷斯等地，大半人口都是穆斯林。[137] 但奥斯曼帝国每次试图强化统治，都必定会加深当地的种族矛盾与宗教对立，以及当地人民（不管是基督徒还是穆斯林）对其的敌意。因此，唯恐丧失自主权的阿尔巴尼亚穆斯林强烈抵抗奥斯曼帝国的掌控。19世纪90年代末，克里特岛的种族暴力将奥斯曼帝国卷入与希腊的战争。在列强干涉下，奥斯曼帝国丧失了对该岛的实质统治。1908年，地方暴动和外国干涉已经使马其顿这个关键地区（奥斯曼帝国的战略枢纽）几近独立。在奥斯曼帝国军队与行政体系中的激进"青年土耳其党"人看来，"马其顿一旦独立，就意味着奥斯曼帝国要失去一半疆土乃至……彻底灭亡"。奥斯曼帝国的边界将会退回到君士坦丁堡,都城会被迫移出欧洲。"马其顿问题关乎土耳其人的存亡。"[138] 因此,1908年欲将苏丹权力架空,以土耳其裔为核心重建帝国的那场政变在马其顿的萨洛尼卡发动,绝非偶然。至少在短期内,政变没带来多少好处。同年晚些时候,波斯尼亚(严格来说仍是奥斯曼帝国的领土)被奥匈帝国单方面吞并,到了1911年,奥斯曼帝国为保住利比亚而和意大利交战,却以失败告终。次年,保加利亚、塞尔维亚、希腊、黑山趁机夺取奥斯曼帝国剩余的领土。战胜国之间又爆发一场战争之后,脆弱的和平降临巴尔干。奥斯曼政府继续掌控博斯普鲁斯、达达尼尔两海峡(其帝都所在地区),但其丧失的威信和阿拉伯诸省对"土耳其化"政策的反抗迹象,使该帝国似乎比以往任何时候都更倚赖变动不测的大国外交,才能躲过四分五裂的下场。

就伊朗(这时仍通常称为波斯)而言,1914年时它似乎更逼近亡国边缘。纳赛尔丁善于处理种族、语言、宗教、社会方面的分歧(伊朗社会分裂的潜在根源),但即使在他这样强势的国王治下,强化中央威权的目标仍然遥不可及。授予外国人特许权以增加收入的做法,深受市集商人和乌里玛(商业与宗教精英)的不满。纳赛尔丁于1896年被杀害后,继任的国王穆扎法尔丁(Muzaffar al-Din)更加迫切地寻觅新财源。他指派了一个比利时人掌管海关(政府收入的主要来源)。他向俄国大举借债,以里海诸港的关税收入为抵押。他授予一名英国探矿者特许权,同意他在波斯湾北部勘探石油:这就是达西特许权(D'Arcy concession),由此诞生了英波石油公司(英国石油公司的前身)。但这位国王此时正慢慢陷入两面夹攻的困境中。外国利益集团日益壮大,外国影响也随之增加。随着更多伊朗人出国或与欧洲接触,自由主义、民族主义乃至社会主义的思想开始在精英阶层传播。俱乐

第六章 全球殖民主义 359

部、社团里的政治活动日趋活跃。1905年俄国陷入革命动乱,切断了伊朗贸易的主要出口途径,引发商业恐慌,不满的精英阶层随后与商人、神职人员以及巴赫蒂亚里(Bakhtiari)部落联手,在1906年的宪政革命中让穆扎法尔丁下台。[139]

结果令人惊惧不安。穆扎法尔丁被迫接受新宪法(除了设立国会,还明确将什叶派定为国教),但心里并未认输。后来他发动政变夺权,结果惨败。宪政体制虽然保留下来,但受到了极大损害。敌对派系为掌控政权相互倾轧,中央权力开始瓦解。拥有私人军队的省长和部落领袖成为实权者,一名卡什加人(Qashqai)告诉英国领事:"在今日波斯,枪杆子是权力……每个有枪的人都可以是国王。"[140]这距离伊朗寻求列强保护已然不远。1907年俄、英两国同意将伊朗分割为三大势力范围(分别为俄属、英属及中立地带)之后,这趋势更为明显。俄国出兵伊朗北部,以阻止国王的支持者与反对派之间的武力冲突。1911年,俄军逼迫伊朗将其聘请来整顿伊朗财政的美国专家赶走。另一方面,地方省份的实权者在俄国保护下,从已无实权的德黑兰中央夺走征税权,取得形同独立王国的地位。第一次世界大战前夕,英国愤怒地指控俄国在北伊朗驻军1.7万人,将该地区纳为俄国的"政治保护国"。英国大使也表示:"波斯北部如今正被俄国当作其省份来治理。"[141]圣彼得堡对此的反应冷淡而轻蔑。德黑兰政府里则净是些蛊惑人心的政客,怀有"与这些地区的文化水平或道德水平格格不入的极端民族主义思想"。[142]

伊朗是否已如那位被赶走的美国专家所说的,已经被牢牢控制?[143]差不多是,但还没到那地步。那场革命造成中央权力的旁落,外国势力也极力促成这一事态,但不管在神职人员圈子里,还是在受过教育的世俗阶层里,伊朗的民族认同感自19世纪90年代以来似乎一直在强化。但伊朗要免于被英、俄合谋瓜分的命运，仍无计可施，除非国际局势出现大变动，能够扰乱地缘政治舞台，使列强放松其对伊朗的掌控。

"近东"（欧洲人以此指称包括伊朗在内的一个广大地区）和东亚的上述情势最清楚地表明，在欧洲列强的掌控下为各自帝国利益打造的全球秩序，仍然尚未完成。欧亚以外的"外围世界"，已被欧洲人迅速瓜分。事实已表明，通过压迫或合作，将"外围世界"发展水平较低的经济体与北大西洋的商业、工业核心地带连接起来并不困难。欧洲人也以惊人的移民扩张，将"外围世界"纳入支配，并在这些地区打造出"新欧洲"。但在欧亚"旧世界"，事实则表明，将亚洲诸国和诸文化体纳入欧洲"体系"，比想象中困难得多，欧洲列强想在瓜分殖民地的问题上达成一致都很困难。这是辽阔而不安定的欧洲全球殖民主义的边缘地带，如果欧洲内部失和，其"世界经济"便会失去吸引力，其全球霸权也可能遭到反抗。不久之后，欧洲就会面临严峻考验。

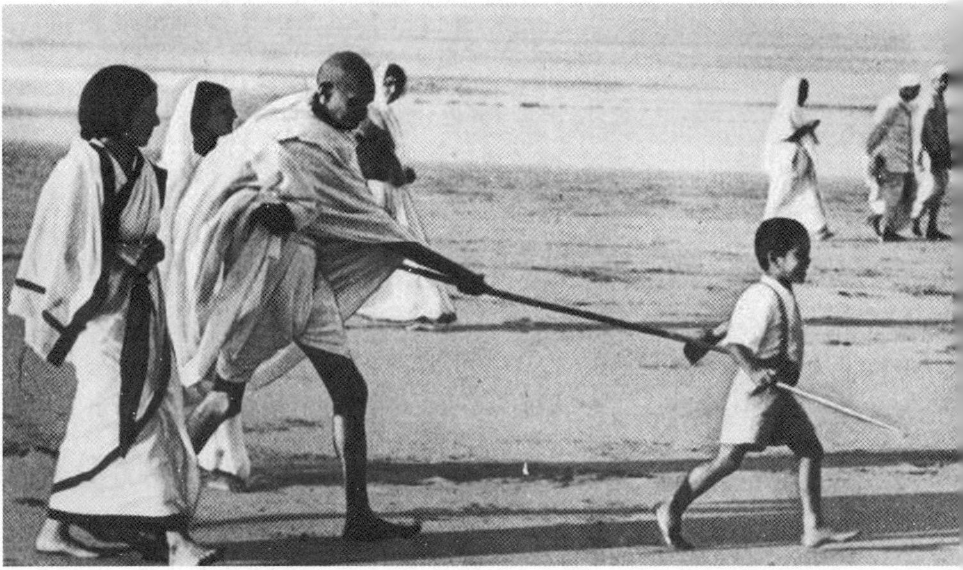

第七章

步向世界危机

TOWARDS THE CRISIS OF THE WORLD, 1914—1942

1914 年到 1942 年

利益带来帝国间的鹬蚌相争，美国崛起，东亚则前途未卜

混乱的时代

1914 年前就有警讯显示，全球帝国主义体制无法保障世界和平与繁荣。笼罩在西方势力下的东亚，再怎么看都是前途未卜。欧洲列强已为北非、中东领土和势力范围的瓜分问题，吵得脸红脖子粗。美国经济的庞大规模，引发棘手问题：在以伦敦为中心而由欧洲殖民列强瓜分掉的全球经济里，可以容许美国分多大的一杯羹？急速增长的国际贸易和投资，这时脚步似乎开始趋缓。欧洲诸工业经济体内的社会动荡，可能限制各大国政府的权力施展空间，约束其全球野心和策略。但在上述任何一个改变的影响传播到国际之前，世界政治已被一火山爆发式的巨变改头换面，那巨变源自欧洲，但旋即往外扩散，席卷了欧亚世界的每个重要国家。

英、俄、德、法、美、日六大国尝试在各自从事帝国主义扩张时，彼此大体上保持合作关系，但第一次世界大战粗暴地终结了这场实验。这场大战重新开启了 1914 年前全球瓜分半确定、半搁置的问题。它催生出新的国际社会观,那观念在理论上(甚至在实务上)与殖民统治范围的日益扩大相扞格。"一战"在旧帝国主义强权俄国及其他大国之间打开一道宽大的意识形态裂缝。"一战"往国际经济打入一根大桩子,堵住贸易路线,阻碍货币流通和付款,造成人为短缺和围城式经济。"一战"强迫殖民地资源(包括人力)流动,从而在厌恶新负担和新规则(打破殖民政治"旧协议"的新负担和新规则)的殖民地人民之间,引发强烈反应。"一战"粉碎了"欧洲是独一无二进步型文化"这个迷思,使较老一辈文化精英(和他们所倡导的思想)的支配变松。

不难想象,战后的世界无法再回到战前的"正常状态",在国际秩序的规则上,未有广泛的共识。构成殖民体制及其在中国等地的半殖民延伸之"法律"基础的吞并和条约,遭承继沙皇帝国的布尔什维克政权严厉驳斥。战后,诸战胜国成立国际联盟,以监督战后协议的执行,但美国拒绝加入。欧洲的经济复苏因战损赔偿上的激烈争执而严重延宕,欧洲的社会稳定、政治稳定随之严重受害。在欧亚的许多地方(高加索、中亚、中东、东亚部分地区),谁来统治什么地方这个问题,主要得诉诸武力或武力威胁,而非外交折冲来解决。在诸殖民帝国(特别是大英帝国),民族主义者的独立要求或自治要求,顽强不屈前所未见。爱尔兰的辛芬党(Sinn Fein),埃及的华夫脱运动,甘地在印度开展、以穆斯林成员为多数的"不合作"运动(1920—1922年),剧烈挑战了英国统治权威,暴露了以压迫作为统治手段的局限。反抗情绪不只见于政治。在上述地方和其他地区(尤其是中国),反抗情绪也表现在对新文化的需求上,新文化必须是不折不扣的本土文化,但目的在于(借由大众认同)将领袖与民众结合得更紧密,以团结抵御外界(帝国主义世界)。

第一次世界大战的强大余震,冲击甚广。在此冲击下,欧亚的"旧制度"瓦解。那场战争把欧洲、亚洲的几个帝国送进坟墓。霍亨索伦家族、哈布斯堡家族、罗曼诺夫家族都被拉下君位（或者更糟），领地瓦解；奥斯曼帝国也步其后尘。暴得大权的袁世凯1916年称帝，试图恢复帝制，旋即失败。世界的广大中心成为政治战场，各种运动、意识形态、宗教、民族、利益团体，在那战场上为建立一新国际体系而搏斗，帝国主义强权（或者说仅剩的帝国主义强权）以狡诈手段保护自己的所有权和特权。到了20世纪20年代末的停战期，许多冲突得以止息，但停战只是短暂的。1930年后，经济大萧条带来的政治危机促使战后体制在激烈争执中瓦解。20世纪30年代中期，狠毒的新帝国主义者德、意、日公开蔑视战后体制，比起19世纪80、90年代的欧洲帝国主义前辈，这三国更具侵略性，野心也更大。1937年至1942年，它们使欧亚世界陷入大危机。在接下来的全球大决战中，不管是谁获胜，获胜者都得打造新世界秩序，这似乎是不可避免的事。

没有尽头的战争？

欧洲能够称霸欧亚，和欧洲诸大国得以强力支配欧亚以外的"外围世界"，其最大支柱乃是诸大国都有不兵戎相见的决心。因为这一决心和欧洲、美洲间的大西洋和平，国际贸易才得以迅速增长，欧洲的影响力和权力才得以稳定扩张，欧洲列强才得以强行瓜分非洲。欧洲诸国政府不愿打破其欧陆均势，不愿冒总体战争所引发的社会、政治动荡的风险，从而抑制了它们对国家优势、帝国优势的追求。即使在看来与它们有很大利害关系的地方（例如奥斯曼帝国），或在经济扩张似乎特别大有可为的地方（例如中国），它们都心照不宣地接受眼下暂时的安排：让当地的旧政权继续当家做主，而不想面对瓜分或征服这"最终解决方案"所带来的后果。当然,在当时和后来的许多观察家眼中,这一诉诸默契的模式本质上就不稳定,迟早会有严重的地方危机,恶化到非这些过一天算一天的办法所能处理的地步。敌对大国间的力量对比,可能变动到一定程度,刚好足以减轻它们的相互约束,使它们对势力范围的分配现状不满。"旧"外交带有超越民族或地域畛域的传统精神,对于纯粹"商业"的利益抱有贵族气的不屑,但以"舆论"为幌子、透过报纸表达立场的游说团体,其影响力威胁到这一传统。中欧和东欧那些统治不稳定的多民族帝国(就连德意志帝国都有数百万名波兰人)的帝制王朝,可能倾向于将王朝威望(而非物质利益)视为开战理由,可能很容易就受其朝臣、军队之军国主义思想摆布。[1] 如果因担心未来衰弱而先发制人,那就连列强用以阻止彼此攻击的工具(加强军备)都可能引发战争。

但直到1914年为止,几无迹象显示欧洲列强在非洲、太平洋、东亚、中东(包括奥斯曼、伊朗两帝国在内的亚洲地区)的竞争,已创造出一个无法控制的军事冲突旋涡,反倒是欧洲列强间的竞争对日本在东北亚侵略中国或俄国的行动,起了强大的遏制作用。列强的严重失和,不因强权国家在欧洲以外世界的野心而起,而是因欧洲的巴尔干后院的均势问题而起。当然,巴尔干半岛不稳定的政治局势,其实直接肇因于奥斯曼帝国越来越无力压制其基督徒子民的激进民族主义。在1911年至1913年的严重危机中,奥斯曼人先遭已夺取多德卡尼斯群岛(Dodecanese)部分地区和今利比亚的意大利攻击,再遭塞尔维亚、希腊、保加利亚的联军攻击。这联军把奥斯曼帝国势力几乎全赶出欧洲,土耳其人只保住色雷斯的一小块地区。与先前几次危机不同,列强这一次未能支持奥斯曼帝国在欧洲保有残余统治,带来的结果不是解决了巴尔干的政治问题(事实上,巴尔干诸国旋即兄弟阋墙,彼此为瓜分战利品又打了一场战争），而是使该地区将由哪个外部强权支配这个问题，前所未有地凸显出来。因为所有人都不放心巴尔干诸国政府会尊重各自边界，会约束各自的好战分子，会镇压种族冲突，或能抗拒利用大国阴谋谋取自身利益的诱惑。

令人震惊之处（事后看来），在于列强未能以它们在欧洲以外事务方面常见的外交方式，在和平瓜分势力范围上达成一致意见。但巴尔干诸国政府中央权力薄弱，境内武器充斥，局部地区的种族暴力由来已久，外人难以进入，因此，要间接掌控这样的地区，从来都不容易。同样不容否认的是，巴尔干的地缘政治风险似乎比欧亚其他地方都要大，更不用说和"外围世界"相比了。不难想象，在该地区遭遇挫败可能对俄国或奥匈帝国的长远战略利益（进而对政治凝聚力）带来无法弥补的伤害，且可能对它们所参与的欧洲联盟连带造成同样的伤害。如果巴尔干统一为哈布斯堡王朝及其北方大盟邦实质上的保护国，那么奥地利与德国的影响力，将很快也支配博斯普鲁斯、达达尼尔两海峡地区（1913 年在该地区的政变，已使该地与柏林的关系更为紧密）。届时，德国与奥匈将在不发一枪一弹的情况下取得压倒性胜利。由它们的附庸国所组成的一大片地区，将包围俄国，紧紧掐住黑海与地中海之间的俄国气管，使俄国念兹在兹的目标（支配君士坦丁堡，即今伊斯坦布尔）永无实现之日。罗曼诺夫王室的威望，将瞬间崩毁。另一个可能的发展，则是如果领土已大为扩张的塞尔维亚得以在俄国的保护下，于奥匈帝国的南斯拉夫人之间挑起反哈布斯堡的民族主义情绪，那么由相互敌视的日耳曼人、马札尔人、斯拉夫人三足鼎立撑起的奥匈帝国政局，便可能在混乱中崩解。[2] 东欧、中欧出现一大片脆弱地区，将破坏均势，使弱化的德国面临战略包围这个最可怕的梦魇。可能带来的结果令人心惊。1911 年至 1913 年的不寻常事件，已

第七章 步向世界危机　369

使大国外交中的旧巴尔干断层线扩及欧洲心脏地带，把小亚细亚拉进这地震区。

因此，除非有特别高明的本事和非比寻常的善意，哈布斯堡皇储在波斯尼亚遭塞尔维亚人刺杀一事引发诸大国武装对抗的事件将很难避免。1914年7月那场危机，肇因于奥地利认为塞尔维亚人窝藏了该刺客所属的秘密会社，于是要求塞尔维亚人将其内部治安交由奥地利监管，以弥补该罪过。塞尔维亚在国际上有俄国支持，拒绝接受这半殖民地的地位。1908年至1909年，俄国曾反对奥地利吞并波斯尼亚，最后不得不唾面自干，接受这事实。但在1914年，俄国若退让，就必然招致地缘政治上的大挫败，在国内引发不利政局的影响，因此俄国拒绝退让。在俄、奥两国开始动员军队、以示自己说到做到之际，迫在眉睫的问题就是其他欧洲大国是否会坚持以国际会议解决这争端。这是这场危机的最关键阶段。这时候德国不表态不行。没有德国无条件的支持，与塞尔维亚和俄国双线作战的维也纳政府可能得撤退，让塞尔维亚脱离掌控，届时俄国将急速恢复其在巴尔干的影响力。俄国日益壮大的军力（德国策划者夸大了俄国的军力，认为俄国的"大计划"会在1917年时打造出比德国大两倍的兵力），[3]将使巴尔干断层线沿线的均势进一步倾斜。为了坚定小老弟的决心，德国给了维也纳便宜行事权，形同反对召开国际会议。但此举带来的结果必然是扩大危机，降低和平概率。因为依据德国的战略计划，如果德国被迫和俄国交战，就必须先打败俄国的盟邦法国，或者使法国在实质上中立化。唯有如此，德国才能安心将全部兵力部署在辽阔的东部。为威吓法国、孤立俄国，德国扬言打破比利时（入侵巴黎所经之地）的中立地位，要求英国承诺在此事上中立。奥地利原只是想管束一动荡不安的巴尔干国家，但只一个多月时间，情势就升级为德国欲支配全欧。如果俄、法联盟瓦解（法国中立的必然结果），英、法协议形同具文，结果会是如何，可想而知。当英国拒绝德国的要求，一场席卷全欧的大战，也就几乎无可避免。[4]

7月那场危机显示，欧洲全球霸权的命门乃是欧洲国际体系未臻完善。欧洲势力突然扩张到巴尔干门口、欧洲多民族帝国的脆弱结构、欧洲最小几个国家的政治乱局，使一场政治谋杀事件演化为总体战争。欧洲的均势无法处理奥斯曼帝国在巴尔干的统治最终崩解的问题。在大战前夕某位熟悉内情而洞察大局的人士眼中，国际和平很明显地有赖于政治家和外交官的判断和本事。库尔特·里茨勒（Kurt Riezler，德国宰相贝特曼-霍尔韦格的私人秘书）主张，在环环紧密相扣的世界里，战争的代价几乎必然太高，但他也认为，正因为各国的国家利益已紧密交缠（不与他国往来已不可能），国家必然要清楚表明自己的需要和立场，必然要整军经武以展现自己的决心。在国际游戏中，虚张声势往往有其必要性；"过度虚张声势"才可能引发战争。[5]里茨勒的理论，相当有说服力地说明了19世纪70年代以来的大国外交。那理论未能预测到的，乃是欧洲陷入"超级危机"。在这种危机中，双方都认为妥协将代表大败，而且更糟糕的是，双方都认为自己赢面大。这理论还未考虑到眼光短浅的后果：决策者无法预见总体战争可能衍生的所有后果。

事实上，协约国（俄、法、英）和同盟国（德、奥匈）之间的欧洲战争，很快就变成全球战争。1914年10月结束时，担心协约国获胜可能不利于己的奥斯曼帝国，加入同盟国一方，战争因此延及高加索、与英国治下之埃及相邻的西奈边境、当时由英国海军主宰的波斯湾。在东亚，日本以英国盟邦身份参战，但明显是为了夺取德国在中国胶州湾的基地和德国在山东省的商业权利。在西非、东非、西南非

第七章 步向世界危机 371

则爆发殖民地战争，一方是英、法、比利时，另一方是德国，而且这场战争扩及大洋。劫掠商船的德国武装快船和（越来越受重用的）德国潜艇，攻击英国航线上的船只，以截断英国作战所倚赖的粮食、原料、弹药的供应；英国则回敬以海军封锁德国港口，压迫德国经济，使德国无法从海外取得粮食和战略物资。这表明了在世界经济和单一世界政治体系下，不管战争爆发自何处，没有地方能不受战争波及。

即使欧洲战争已变成全球战争，这战争仍得在欧洲内部解决。到了1915年底，不管是哪一方，要彻底击溃对方，似乎都不大可能。在西线，德国已迅速占领比利时、法国的部分地区。1915年无关大局的几场战役显示，由于走向壕沟战，双方已陷入僵局。英、法无法将德国人赶走，德国人也无法逼英、法屈服。在东部战场，情况类似。到了1915年9月，德、奥军队已使俄军退防到俄罗斯帝国内地的里加（Riga）到切尔诺维茨（Czernowitz）一线，攻占他们称之为奥伯奥斯特（Ober-Ost）的广大边境地区。[6]他们攻占塞尔维亚，在保加利亚的协助下控制了通往奥斯曼帝国的宽阔巴尔干走廊。但西线若未能获胜，他们便无法将所有人力和物资用来打败兵源不虞匮乏的俄国。奥斯曼人在安纳托利亚、美索不达米亚、巴勒斯坦，特别是在加利波利的顽强抵抗，令协约国阵营大为挫败。它们原以为奥斯曼帝国是同盟国阵营里最弱的一环，结果它坚如磐石。但双方都未认定这场战争已陷入僵局，也都不接受必须透过外交来解决的主张。双方反倒都把希望寄托在提升赢面上：动员更多人力和资源以突破僵局，或打消耗战把对方拖垮。双方心照不宣地认为，战争的撕扯已表明战前体制的破产。

因此，1916年标志着这场战争开始进入新阶段，而且从事后来看，标志着世界史上的一个新阶段。不计代价打赢的决心，导致了凡尔登战役、索姆河战役以及俄军将领勃鲁西洛夫在东线进攻时惨绝人寰的伤亡（在东线俄军死亡超过百万人）。随着死亡人数渐增，获得战后和平的条件也越来越严苛。英、法、俄同意瓜分奥斯曼帝国。将奥匈帝国分割为数个民族国家，成为协约国的战争目标。重组德国，以去除其"军国主义"，则是"历史不再重演"的最稳当途径。就德国这边来看，这一切的纷纷扰扰全肇因于俄国的"威胁"。彻底摧毁沙皇帝国，便成为获得战后安全的最起码要求。在德、法、英三国，1916年至1917年时新领导者上台，都矢志要在这场战争中决出胜负，但在和平问题浮上台面的许久以前，总体战造成的沉重负担，已使整个形势改观。一心要尽快结束战争的德国，诉诸无限制潜艇战[1]，促使美国在1917年4月参战。自此，任何和平协议的签订，不只要考虑到欧洲诸强国的领土主张，还要考虑到美国的贸易要求和美国对欧洲本土及欧洲以外地区欧式帝国的敌意。但最震撼人心的发展，乃是俄国君主政体的突然垮台。

在所有大国中，俄国最没有打总体战的能耐，它缺乏借以维持其庞大军队战力的工业实力，需要西方盟国的援助，但援助又有困难。由于博斯普鲁斯、达达尼尔两海峡遭奥斯曼帝国封锁，可用来送进援助物资的港口只剩极北的阿尔汉格尔斯克和极东的海参崴，而这两港都极不理想，许多援助物资因此堆着，帮不上忙；即使送来较多的援助物资，也未必能扭转局势。俄国的铁路网应付不了补给前线的繁重任务，或者说，担负不了将维持战争经济所需的粮食、燃料运送出去的重任。在所有参战国中，艰困、焦虑、因国家未能打胜仗而对领袖生起的不满，三者交互作用，造成政治局势紧张。俄国的军事失利（大量兵员死亡、大块领土丧失）最为惊人，各大工业城（特别是帝都彼得格勒）物资严重短

---

[1] 无限制潜艇战指以潜艇无预警攻击商船的海战。——译者注

缺，民心士气不稳，工厂纪律荡然。任何政权面对如此程度的挫败，大概都会岌岌可危，而沙皇政权又特别脆弱。它没有以民意为后盾的政治领袖来主导政府，它的大臣都是对沙皇负责的官僚，大臣之间既是同僚也是对手，选举产生的国会可以谴责、辱骂他们，但无权撤换他们。外界普遍怀疑沙皇宫廷里藏有失败主义者或叛国者。不满升高时，唯一可用的手段就是镇压，沙皇的威权倚赖警察对群众的控制和（根本上说）军队的效忠来维持。1917年春，彼得格勒发生起义，这两根支柱双双垮掉。仅一个星期的时间，沙皇就被迫下台，历时千年的君主制走下历史舞台。有位在俄国度过"一战"时期的英国史学家论道，这场革命"没有组织，非常狂暴。好似有具尸体躺在一个乖乖不敢动的人身上，后来那人从下面往上一推，尸体就滚落了"。[7]

最初看来，这个由向国会负责的领袖领导的新俄国，会有爱国冲劲、民众支持、政治力量来重启战争，重新发动攻势。但俄国的战争经济受损太严重，组织化的工人的不满太根深蒂固，因而国力无法迅速恢复。或许只有德国垮掉，才能拯救这个后沙皇时代的自由国家。六个多月后，新政权即面临人民不满、经济凋敝、军事失利一齐逼来的同样困境，但它不像沙皇有镇压机器可用。随着地主的田地分给劳动者，农民的困苦和对土地的渴求瓦解了乡村旧秩序。（到1914年时，农社或个人已占有四分之三可耕地，而土地相对集中于较富有的农民之手可能加剧了土地不足的感觉。）[8] 1917年10月，布尔什维克把革命政府推上台。这个政府知道若要保住政权，自己就得退出战场。事实上，布尔什维克靠着和平承诺和对农民起义的支持，得以在权力斗争中获胜，但那是随时可能失去的胜利。

1918年3月苏俄与德奥等国在布列斯特-立托夫斯克签订的和约是苏俄为和平付出的代价。为让德国同意停战，布尔什维克不得不做出惊人让步。俄国西部大多数地方，包括波兰、波罗的海诸省、今白俄罗斯，都割让给同盟国集团。使俄国得以成为欧洲大国的那个突出部，一举遭夺走。但同样非比寻常的，乃是失去乌克兰。当时，入侵的德国人已在乌克兰扶植了一个分裂政权，即中央议会"拉达"（Rada）。乌克兰是俄国的主要粮仓（战前外汇很大一部分来自乌克兰），俄国煤炭的主要来源，俄国前几大工业中心的所在，而这些全都落入德国附庸国的掌控。事实上，《布列斯特-立托夫斯克和约》似乎只是更大一出戏的序幕。德国军队准备包围黑海，"解放"俄国在高加索的殖民地，甚至里海另一头的殖民地。而随着内战在俄国剩余土地上酝酿，俄国中央对其位于中亚和远东诸省的旧帝国边陲地带的掌控，看来也必然不保。一根将欧亚大陆固定在一块的大铆钉，正渐渐裂为两半。

事实上，俄国的崩溃为整个欧亚大陆的大重整，开启了大门，其即时效应就是让德国得以将东线兵力调到西线，在美国援助扭转大局之前击垮英、法。1918年3月至6月的大攻势，使德国几乎就要如愿以偿。协约国军队在这攻势下弃守溃退，一时之间，伦敦觉得战局即将由僵持转为大败。法国和经历过1917年10月卡波雷托惨败的意大利（意军遭奥军击退），距失败已是一线之隔。法、意一旦撑不住，英国（和美国）就得撤出欧陆，欧陆将整个落入德国掌控。俄国的残余力量将无足轻重：德国若打赢这场战争，布尔什维克政权大概也撑不了多久。有奥斯曼帝国这个盟邦，加上乌克兰、高加索等新加入的盟友，德国将主宰近东和中东，将把伊朗纳为附庸，进逼波斯湾。英属印度将陷入德国攻击范围。情势若真演变到这地步，伦敦也没法保证其盟邦日本不会为了保住其趁战争期间在东北亚夺取的利益而倒戈。即使谈和休兵，在这样的情况下，随之也必然陷入帝国主义强权间的冷战。在欧洲孤立无援的英国，将更为倚赖其盟邦美国。非洲、印度、澳大利亚、新西兰和附近岛屿的"南不列颠世界"(当时英国大战略的用语),将成为一座不知何时才能摆脱战时体制的大军营,该世界的政治前景由此受到的影响难以预测。[9]

英国政要们推断,要防止德国称霸欧洲的全球冲击,唯一办法就是加倍努力掌控位于中东的欧亚十字路口。1918年3月起,英国派遣数支小部队到高加索和中亚,号召俄国的前属国反抗德国-奥斯曼联军。英国还派了"北波斯部队"(Norperforce)到"北波斯",以确保德黑兰政权不致倒向德国。英国计划,一旦西线的兵力可腾出,又可在印度募集到新部队,立即就对巴勒斯坦的奥斯曼军队发动一轮新的大规模攻势。务必瓦解奥斯曼帝国,将希腊至阿富汗之间的广大地区纳入英国宰制,这成为英国外交政策的新根本方针之一,而在1914年之前,英国人不可能有这想法。[10] 由英国控制的中东,将与遭瓜分的非洲一起成为欧洲的附属地,但欧洲本身却被一大陆霸权国家和一陷入苦战的大陆岸外强国所分裂(晚至1918年7月时似乎仍可能是如此)。但这一惊人计划尚未验证是否可行,西线的战局便已开始逆转。

德国人打算以全面攻势突破壕沟战的僵局,但一如1916年至1917年英国人、法国人体会到的,德国人发觉在这种有利于守方的作战模式中,很难维持其攻击势头于不坠。初期一场突破,差点将英法部队分为两半,但到6月中旬时,德军攻势已后继乏力。英法发动一场组织完善的反攻,开始逼退德军,德国在美军开始大量投入之前获胜的最后一丝希望渐渐消失。经过8月初的惨重伤亡和"德军的黑暗日"[1],兴登堡与鲁登道夫的"沉默独裁政权"开始心慌。国内出现社会不安的迹象,而巴尔干、巴勒斯坦两前线传来日益不利的消息(英国陆军

---

[1]"德军的黑暗日",德国将军鲁登道夫对亚眠战役第一日的称呼。——译者注

元帅埃德蒙·艾伦比在巴勒斯坦的美吉多击败奥斯曼军队），德国决定求和停战。协约国一方（英、法两国计算持续战争的成本时，必须考虑影响力渐大的美国的看法）无意打到德国彻底投降为止。1918年11月11日停战协议签订时，德国前线仍横跨比利时。协约国若入侵德国，战争大概要拖到来年。由于停战时德国并未完全溃败，一则似是而非的说法开始流传：德军并未遭击败，而是被国内的社会主义者"在背后捅了一刀"（这说法在"一战"结束到"二战"开始之间普遍流传于德国社会）。在如此状况下停战，也在德国催生出一个经久不衰的想法：停战后的和平未考虑到军事上的得失，对作为欧洲大国的德国极不公平。因为这点，西线的大规模交战，结果什么都没解决，这场停战其实只是欧洲第二次三十年战争期间的短暂休兵。

1919年1月在巴黎召开的和会，把拟订德国与迫使德国停战的四强之间的和约条款视为第一要务。这些条款涉及德国边界问题、战争损失的赔偿要求及（为合理化赔偿要求）德国承认掀起战争的罪责，此外还有许多待议事项。最迫切的事项乃是为东欧、中欧、东南欧设立一新国际体系，以取代原来由罗曼诺夫、哈布斯堡、霍亨索伦三家族主宰而已经破败的帝国体制。还有一个同样迫切的议题是，在政治上该如何安排前奥斯曼帝国的未来，安排高加索、中亚地区基督徒、穆斯林混居的旧沙皇帝国边境地区的未来。在东亚（中国已于1917年参战，加入协约国一方），调解人面临日本欲接收德国在山东势力范围的问题（遭中国强烈反对）。日本已在1918年4月占领海参崴——显然是协约国为阻止俄国落入德国掌控而做出的干涉行动之一。如何处理在东北亚大陆地区势力日益庞大的日本，也是巴黎和会的棘手问题。而这两个问题只是一更大问题的一部分：是否要让日本支配推翻帝制后的中国。整体来看，这是要为几乎整个欧亚世界的政治重建拟出一计划。相较于此，从德国

第七章 步向世界危机　　377

那里夺取来的太平洋、非洲殖民地,该在哪种条件下由哪个战胜大国治理,似乎是烦人的细枝末节。确实,那是最容易解决的问题。[11]

在较重大的议题上,达成共识的前景非常黯淡。除了各大战胜国间的敌对,诸多重大的不确定因素,使调解更为棘手。这时苏俄内战正炽,红军和白卫军哪一方会获胜?苏俄的革命政治主张会不会传到欧洲其他地方?为欧洲规划成立的诸多新民族国家,同不同意各自的边界划分?土耳其人、希腊人、亚美尼亚人、阿拉伯人、犹太人的种族主张能否彼此调和,能否和英、法、意三国在战时所制订的瓜分奥斯曼帝国的协议并行不悖?如果不行,会怎么样?谁将崛起掌控俄国的前亚洲帝国?如果各大战胜国拥有势不可当的军力,且协同一致使用军力,它们或许会希望强行贯彻它们支持的解决方案(如果它们能在解决方案上意见一致的话)。现实并非如此。军队复员迅速,厌战心理强烈。国内民心的躁动不安,使政策难以一致,结果就是产生一种几乎成为动乱温床的气氛。另一方面,地方领袖有充分诱因促使他们招募地方军队,贯彻当地的解决方法,使鞭长莫及的调解者和权力不足的调解者代理人,只能接受既定的现实。此外,民族自决这个新意识形态,被英国人、美国人当作战争武器而极力鼓吹,被视为巴黎和会的主旨而得到大力支持,使任何看来合理的民族主义主张,都燃起了得到承认的希望。各地的种种迹象显示,欧亚的旧帝国体制已被战争浪潮冲垮,在这种情形下,革命征兆这时出现在几乎所有地方,也就可说是不足为奇了。

革命与帝国

1919年3月时,欧洲人在亚洲许多地区的支配已普遍陷入危机。3月10日,埃及的英国官员报告,民族主义领袖萨德·札格鲁尔(Saad

Zaghlul）被捕之后，开罗发生起义。不过几天，起义就扩及三角洲诸镇和上埃及。死了1 000名埃及人之后，起义被镇压；政治动乱则难镇压得多。4月初，英国统治的印度发生几场起义。在旁遮普省（印度军队的主要征募地区），英国人面临了一场他们认为有组织而以推翻英国人统治为目标的起义。英国人的残暴反制，使死伤在4月13日达到最惨重程度，将近400名起义者遭部队射杀。在土耳其的安纳托利亚（已有部分地区被巴黎和会指派给奉行扩张主义的希腊治理），5月时，在凯末尔（战前的"青年土耳其党"成员和第一次世界大战时奥斯曼军队的将领）领导下，开始民族起义。在安纳托利亚东南部，一场库尔德人起义危及英国人对其所占领的摩苏尔省本已不稳的掌控。在以大马士革为政治活动中心的阿拉伯中东，阿拉伯人迫不及待地等着列强实现其同意建立自由阿拉伯国家的承诺，但心里对此也疑虑日深。在前沙皇帝国境内，巴什基尔人（Bashkir）、鞑靼人、哈萨克斯坦人、阿塞拜疆人、中亚地区的穆斯林，在1917年俄国革命时就已跟着开始为自由而抗争，而这时，抗争是成是败也在未定之天。最重要的是，1919年5月中国所发生的事，显示自1911年以来似乎陷入泥淖的中国革命，终于启动。北京的五四示威游行，以巴黎和会决议让日本接管德国在山东的势力范围为抗议目标，却代表一场更波澜壮阔的民族觉醒运动就此展开。这时候，所有知识分子似乎都认同中国必须是个宪政国家，而非王朝制帝国。让中国恢复完整主权、取消外国（特别是英国）租界和特权、被国际社会视为平起平坐的一员，成为中国新民族主义的目标。五四运动对东亚，对与中国相邻或境内有华人少数民族的受殖民国家，注定有很大影响。

当然，这些运动和类似的运动在1918年至1919年出现，绝非突发事件，而是酝酿已久。在大部分情况下，它们乃是建立在此前即发出的要求上：要求成为独立国家，要求自治或至少被承认为自成一体的族群。被迫动员参战（上战场或供应物资），或通过他人遭遇间接感受到这所带来的苦难和损失，引发了民怨，使民族主义者的反抗声音得到更多人支持。"一战"结束或（一如俄国的情形）帝国统治瓦解时，政治气氛迅即沸腾。那是一种夹杂忧心与希望的复杂心情所引起的：忧心战时的压迫将继续，不知伊于胡底；希望欧洲的帝国体制瓦解和1918年时协约国所宣扬的自治承诺，将代表新"民族"时代的开端。使自己的奋斗目标得到巴黎和会的承认，说服和会列强纠正历史错误，为自己民族的独立赢得认可，乃是埃及、土耳其、阿拉伯地区、伊朗、中国之民族主义领袖的主要目标。这一策略失败或上述目标无望实现时，他们即转而采取更直接的办法。

结果是有好有坏。在埃及，短暂的人民起义留下政治动荡的苦果。英国的调查结果，将人民的怒火大部分归咎于战时积累的怨恨：通货膨胀、物资不足、征调人员与牲畜供英帝国对抗奥斯曼帝国所带来的怨恨。但战争结束时，埃及精英阶层深深怀疑英国打算将埃及彻底纳入其帝国体系（这时英国仍未正式吞并埃及），于是组成华夫脱党（华夫脱意为"代表团"）代表埃及参加巴黎和会，为埃及在1882年前就已享有的实质独立（或更好的地位）争取国际支持。英国粗暴拒绝华夫脱党参加和会的请求，关押该党领袖以防范他们大搞群众运动，随之激起1919年3月的起义。罢工、示威、谣言和恐惧的催化效应，与阶层划分森严的社会里更大的社会紧张来源相互激荡，使情势一发不可收拾。起义被镇压之后，政治气氛转为深深的怨恨。英国人透过埃及裔部会大臣和埃及国王（1917年已改头衔为苏丹）控制埃及，认为透过这种间接统治方式，可以在较少正面对抗的情况下取得他们想要的：垄断埃及所受的国外影响，并且掌控苏伊士运河（英国东方帝国的生命线),确保它绝对畅通。他们主张,埃及绝不可能享有"真正"的独立。但 1919 年 3 月后,所有埃及部会大臣都要求英国让埃及独立,否则辞职。没有了埃及裔大臣,英国面临来自埃及各地的全面反抗:官员不合作,教师和神职人员谴责,运输业和公用事业的主要工人罢工,甚至还用起英国人最害怕的"爱尔兰人"办法——抵制、暗杀、恐怖攻击。1919 年 3 月至 1922 年 1 月间,英国人绞尽脑汁欲找出一个可以安抚埃及领袖"温和"派,分裂反英民族主义同盟的办法。直到英国宣布埃及是独立国家(但国防、外交事务得听英国的"建议"),强烈的反英情绪才渐渐平息。[12]

在阿拉伯人地区,问题更为复杂而棘手。推动建立阿拉伯人国家的力量,乃是费萨尔与其哈希姆氏族(奥斯曼时期伊斯兰两大圣地的世袭统治者)及叙利亚显要人物组成的联盟。费萨尔是麦加行政长官之子,就是他在 1916 年后,在英国的协助与鼓励下,领导阿拉伯人反抗奥斯曼帝国统治,也是他迫使列强承诺"一战"结束时让阿拉伯人独立建国。叙利亚显要人物则在 1914 年前,就已率先倡导阿拉伯人反抗奥斯曼统治。事实上,从 19 世纪 60 年代起,叙利亚就已开始被认为是阿拉伯人的祖国。[13] 费萨尔和叙利亚人都知道不能太乐观。他们知道巴勒斯坦会被划出去治理,目的之一是让犹太人得以建立"民族家园"。他们还知道,1916 年时英、法已同意瓜分阿拉伯人土地,把今日的叙利亚、黎巴嫩划归法国监管,把今日伊拉克大部分地区划归英国支配。雪上加霜的是,情势不久就表明,在巴格达成立的新英国政权认为阿拉伯人建立统一国家的构想是鸡毛蒜皮甚至荒谬可笑的事,该政权无意让巴格达的显要人物与他们在大马士革的友人合作。费萨尔希望的,乃是英国人改变心意,废除与法国的那项协议,创建一个或数个受宽松保护的阿拉伯国家。在这之前,英国人已同意他领导由国得以全力夺下叙利亚，敉平接下来发生的大起义（1925—1927年）；并且让英国得以在付出少许代价的情况下就将势力伸入伊拉克——英国提供空中武力协助费萨尔消灭其反对势力，换取英国保护通往波斯湾的要道和空军抵达印度所需的基地。但战后反抗运动的风起云涌，已在中东政局烙下深刻的印记。

在叙利亚和巴勒斯坦，阿拉伯人的自治要求一直遭严厉拒绝。但在埃及和伊拉克，英国已不得不同意给予广泛的自治权，承认两国的独立主张（1922年承认埃及独立，10年后承认费萨尔领导的伊拉克独立），以换取英国对战略要地（特别是苏伊士运河）的掌控，就连外约旦都获准拥有自己的（哈希姆氏族）国王。瓜分虽令阿拉伯人伤痛，但阿拉伯中东并未完全沦为殖民地，战前觉醒的泛阿拉伯意识并未遭铲除，仍留有许多空间可供这意识生长。欧洲的支配（主要是英国的支配）从社会和文化的角度看，浅而不稳，它在很大程度上倚赖会变动的地缘政治因素：在德国失势而俄国陷入孤立的情况下，大国之间的敌对暂时缓解。在大萧条时期，欧洲对阿拉伯的支配未从贸易的扩张或该地区跻身国际经济舞台得到多少助力。石油业的增长迟缓（中东产油量在1920年时只占全球1%，1939年只占5%，且这5%几乎全产自伊朗西南部），使其无法成为欧洲帝国主义势力的特洛伊木马。战争帝国主义的短暂兴奋一旦过去，不管是英国，还是法国，都对建立阿拉伯帝国（特别是要花大钱的帝国）兴味索然。[17] 如果说瓜分中东是帝国扩张的最高潮，那也是最快衰退的浪潮，最短暂的帝国扩张时刻。

1918年到1923年的动乱时期获益最大的，似乎是土耳其和伊朗。在此之前，两国都面临沦为保护国或跌至更卑下地位的屈辱处境：土耳其是遭占领的奥斯曼帝国的残余领土，伊朗是"一战"战胜国英国的附庸国。1914年之前这两国几乎已无法承受的外部压力，将在这时期骤然减轻，而使两国受惠。1923年后，不管是苏联还是英国，都无心积极干预这两国的内部事务，英、苏都把心力放在自己的国内要务上。两位才智不凡的国家建造者抓住这机会，贯彻1914年前改革派所梦寐以求的变革。凯末尔（后来被尊称为"阿塔图尔克"，意为"土耳其之父"）在已败亡的奥斯曼帝国的安纳托利亚核心地区（该地区的基督徒少数群体已大部分遭"清除"），打造出土耳其共和国。在凯末尔的共和国里，保守的穆斯林是最大敌人，是建造独立自主、不受心怀不轨之列强支配的现代国家的最大障碍。新的法律改变了衣着（禁戴使穆斯林信士得以让头触地的无檐非斯帽）、字母表（以拉丁字母取代阿拉伯字母）、教育（禁止学校教授宗教课程）、姓（规定土耳其人取西式的姓），加剧了穆斯林认同和世俗政府要求国民忠于国家之间的冲突。

凯末尔的成功，得力于为赢得希土战争、恢复土耳其独立而发起的"民族"运动。凯末尔统率一支仍以实现其民族大业为目标的军队，他还承继了奥斯曼帝国在1914年前改革时留下的现代化行政体系。在伊朗，情况必然较为棘手。"一战"及其后续效应，已加剧伊朗内部的冲突，几乎摧毁德黑兰中央政府；外国（英、俄及后来的苏联）军队占领、山头势力割据称王、少数民族运动、社会动荡、部落自行其是，使伊朗眼看就要亡国。在这危急存亡之秋，哥萨克旅（有名无实的德黑兰中央政府底下唯一的正规部队）军官礼萨汗（Reza Khan）于1921年2月发动军事政变，得到广大支持，因而得以和苏联、英国协商撤军事宜。权位稳固之后，他立即发动改革——与奉行凯末尔主义的土耳其所施行的改革极为类似。他建立大军以肃清地方叛乱，平定桀骜不驯的部落。新建的铁路和公路，增加了中央政府的掌控力。针对头戴物（规定戴有檐帽或无檐帽）、取姓（礼萨汗取姓"巴列维"）、女性待遇、禁蒙面罩所颁的法令，表明礼萨汗主要对付的目标是毛拉的势力。虽面临反抗，礼萨汗仍成为实质上的独裁者，于1926年4月称王。他以军队和行政系统，加上巨大的王朝地产和广泛的宫廷赞助，支撑起他的权力。礼萨汗打造出新的帝制国家，国力之强大远超过卡扎尔王朝所希望建立的国家。他未倚赖外国资金或给予外国人特许权，就获得此成就（卡扎尔王朝就因给予外国人特许权而使原本一盘散沙的反改革派集结），关键原因在于他有一个新财源。因为，尽管礼萨汗在最后关头（出于谨慎）未将波斯湾北岸的油田控制权从拥有特许开采权的英国公司（英国政府拥有51%股份的英波石油公司）手中夺回，那些油田在1913年后的收益增加了百倍，却使他收入大增。但对他而言，一如对阿塔图尔克（死于1938年）所打造的土耳其共和国而言，真正的考验要到他们巧妙利用的地缘政治平静状态，在1939年后崩解为战争时才会降临。[18]

在西南亚如此多地区陷入动乱的这个阶段，"伊斯兰教"对政治的影响却出奇地微弱。在团结中东人民反抗外族宰制的过程中，穆斯林认同感无疑扮演了重要角色。但在土耳其、伊朗、埃及和阿拉伯地区，民族主义运动却与宗教没什么关系。特别是在叙利亚，基督徒一直属于那些最大力提倡以语言和文化为结合纽带，而非主要以宗教为结合纽带的阿拉伯民族主义人士。伊斯兰教发挥更大影响力的地方，在更东边的印度。1914年前，印度穆斯林对于自己在更广大伊斯兰世界里的地位的体认，就已急剧加深，且至此时仍在加深。由于奥斯曼苏丹（即使只是名义上）也是哈里发，即"（穆斯林）信士的统帅"，英国与土耳其交战对他们的心理冲击就更为强烈。英国派了许多印度军队前去和土耳其军队交战，鉴于印度军队里有许多穆斯林士兵，英属印度政府只要发现穆斯林政治人物和报纸发抒泛伊斯兰情感，即使只是一丁点儿的流露，都立即予以压制，几名印度穆斯林领袖因此在狱中度过"一战"的大部分时期。当英国承诺改革（大幅扩大民选印度领袖参与省级事务的权力），同时扬言罗拉特法案（Rowlatt Act）所赋予的逮捕、拘禁等战时特殊权力将无限期继续施行，强烈愤慨就特别爆发自穆斯林。[19] 对此法案的抗议行动（甘地成为全印度知名政治领袖后，在其第一场大型运动里所策划的行动）协助引发 1919 年的反抗事件，间接促成英军将领戴尔为报复欧洲人在该城遭杀害，而残酷枪杀印度人民的阿姆利则（Amritsar）屠杀事件。[20]

乍看之下，甘地不可能成为印度穆斯林的盟友。他是信仰印度教的改革者，希望把较简单、较具精神性的那种印度教套用在社会、道德的改革计划上。节欲、贞洁、自制、谦逊全是甘地主义的理想。但一如前一章提过的，他在战前宣言《印度自治》中，已将这些美德与印度自治相联系。他主张，它们只有在自治村社里才可能真正实行，而过去印度原就由众多自治村社组成。那是流于幻想的对过去印度的认识，在某些方面反映了英国官员所提出的历史，也反映了托尔斯泰（1910 年殁）后期著作的影响和他对俄国农民公社的理想化认知。但在一个农民仍占人口绝大多数的国家，这观点非常能打动人心。不过，甘地坚持只有英国殖民统治结束，印度才有可能开始重整道德，因为这坚持，他的主张才变得极为激进。英国统治是西方外来文化腐化印度的工具，推翻英国统治的要求相当迫切，但要透过道德压力，而非透过暴力。甘地的目标，乃是打一场心理解放的大战役，以终结印度的受支配地位。因为是印度人"同意"让英国人统治，"同意"遵从英国的司法、法律体系，"同意"采用英国人的经济观点、政治看法，"同意"效法英国人的教育、文化发展之道。打破这一心灵桎梏，确立从印度角度而非英国角度思考的自由，以"非暴力抵抗"对抗有形的权力,乃是印度得以快速获得真正独立的最稳当途径,甚至是唯一途径。

这些观念与印度民族主义政治圈的主流观点大相径庭。印度国大党在19世纪80年代就开始为自治而奋斗,但该党领导人希望接管英国的印度政府,无意摧毁该政府对乡村社会的掌控,不想建造无政府主义的乌托邦。他们欣赏代议政体和文官体系之类的英国制度,认为那是建造新印度国家的基础——由上而下建,而非由下而上建。他们不赞成与英国完全决裂,希望印度成为像加拿大那样忠于英王而属于大英帝国一员的自治领。他们认为甘地的想法是怪人的想法,其中有些人认为那些想法无害,另一些人则觉得危险(甘地是受英国教育的律师,先前在英国或南非待了20年,1915年回印度时已46岁。以他这样的出身,会有上述想法,更显奇特)。国大党领袖希望印度在"一战"时忠于英国,可赢得政治回报,而英国的确给了某种程度的回报。但1918年英国提出的"改革"建议,令他们大失所望。国大党要求仿照"白人自治领",建立由印度人担任中央政府部会首长的议会制政体,但这些"改革"建议对此要求几无让步,反倒以省为印度人参政的主要领域,(许多国大党领袖认为)其目的明显在于扩大印度诸地区间的差异,阻挡印度迈向真正的民族国家。改革受挫,使甘地直接采取政治行动的方法,吸引力一下子水涨船高,直到1919年出现动乱,他的方法才失去人们的青睐(许多国大党政治人物是地位崇高的地主)。但1920年,甘地找到另一个赢得国大党支持的办法。[21]

关键在于战胜国加诸奥斯曼帝国的和平条款,令穆斯林领袖日益愤慨。在这之前,奥斯曼帝国的落败和这最后一个伊斯兰大帝国的瓦解,已使印度穆斯林惊恐。他们担心伊斯兰圣地的守护权落入异教徒之手。事实上,位于耶路撒冷的伊斯兰圣地已落入英国掌控。但欧洲列强计划剥夺土耳其对君士坦丁堡的掌控，令他们大为愤怒，在他们眼中，那是对苏丹/哈里发的蓄意羞辱，对世界性宗教伊斯兰教之威望的直接攻击。为向英国政府（那些计划的主要制订者）施压，他们开始展开有计划的行动，在印度的穆斯林之间，撩拨起反对基督徒攻击"哈里发之位"（奥斯曼苏丹身为穆斯林信士统帅的世袭职位）的愤慨情绪。甘地从这运动中得到启发，把旁遮普省非暴力抵抗运动所受到的残酷镇压（"旁遮普的不公"）与"哈里发之位的不公"相结合，呼吁穆斯林和印度教信徒一起支持民众不服从运动，以"在一年内实现自治"。他鼓励穆斯林加入国大党，选出代表参加国大党的年度大会，结果大为成功。在穆斯林的大力支持下，甘地迫使国大党的保守派支持直接行动。他把原是政治精英俱乐部的组织，改造成入会费极低而拥有真正草根力量的群众运动组织，并把形同清谈俱乐部的政党改造成战斗机器，以骚扰英国统治当局，在有机会成为平行政府时抓住机会。

从1920年底到1922年初，甘地以印度国大党为工具，对英国殖民统治发动了某种和平战争。示威游行，抵制政府法院和学校，拒买进口的英国货，拒绝英国政府所提的改革计划（包括让印度人参与省级事务治理等），构成了"不合作运动"——收回对英国统治权的同意。不合作运动进行的同时，印度其他地方动乱频仍，且这运动俨然就要变成大规模混乱，印度的英国殖民当局为此大为惊恐。但他们最担心的乃是甘地不合作运动中的伊斯兰成分、捍卫哈里发之位运动对广大穆斯林的宗教吸引力、伊玛目的影响力、猛然高涨而可能在警察和军队中大肆蔓延的狂热情绪（穆斯林在警察和军队中所占比例超乎寻常地高）。[22]事实上，甘地的不合作运动走到了令人痛心的最高潮。这场高潮始于南印度部分地区的贫穷穆斯林佃农攻击他们信仰印度教的地主——所谓的"莫普拉"(Moplah)暴动,夺走1万条性命。最后,一群愤怒的暴民放火烧掉北印度的一处警察分局,杀死22人。种种迹象显示不合作运动已失控,甘地于是在1922年3月将这运动叫停,不久就被关入狱中。再不到两年,民众参与国大党的热潮已消退。捍卫哈里发之位运动也走向类似的下场。1924年,哈里发一职遭废除,但废除者不是英国人,而是凯末尔所创建的世俗土耳其共和国。穆斯林、印度教信徒联手争取印度自治的行动,失去了理由。甘地的伟大实验似乎要在呜咽中结束了。

英国人当然希望如此。但印度政局这段革命时期,留下了有力遗产。在这段时期,印度人首度看到蔓延整个次大陆的有组织群众运动,可如何挑战英国人的统治。不合作运动的失败,对甘地的心腹信徒是沉重的打击。它让他们清楚认识到,控制这样的运动、维持其冲劲于不坠有多困难。但就英国人来说,他们从此提心吊胆,不知道什么时候又会爆发这样的群众运动,打击他们的威信,瓦解让印度裔士兵、警察、公务员、地方重要人士与英国的统治体制紧密结合的忠诚心态。事实上,对类似运动再度爆发的担忧,支配了接下来25年英国人的政策。第二,甘地对英国殖民统治的攻击,在意识形态上取得了胜利。许多印度民族主义者,仍深深着迷于英国人所创建的代议制度。甘地的成就则是使一大批潜在支持者相信,他所主张的那种具有社会内涵和道德内涵的民族主义,将满足印度农民大众的需要和希望,印度的问题得由印度人来解决。简言之,他创造了印度的民族主义,而非"英属印度"的民族主义。第三(一定程度上肇因于前者),甘地使民族主义(和国大党)成为草根运动,把农民、妇女、工业工人、森林与丘陵的"部落"民、贱民吸引进这运动。当然,人民关注的程度和国大党人数的规模,可能有涨有落(1922年后就有所降低)。但追求"乡村提升"或推广甘地教育、卫生计划的甘地主义核心信徒，构成一个行动主义者的网络，他们已蓄势待发，随时准备投入下一场"非暴力抵抗"运动。他们的机会何时会到来，仍在未定之天。[23]

但就眼前来说，即使是像埃及那种名义上的自治，对印度人来说都是可望而不可即的。甘地已大大动摇了英国人的自信，但英国殖民政权的"钢骨结构"（军队、警察、行政系统）拥有数万名印度忠仆，仍稳如泰山。甘地所急欲弥合的宗教对立、社会对立，使打造一民族主义大同盟以对抗外族统治一事，只能当作憧憬，而无法在短期内成为政治行动的实际基础。

中国的情形不同。1919 年至 1922 年间，尽管有种种困难，中国领袖还是成功确立了 1890 年后似乎岌岌不保的完整主权，他们替中国在新成立的国联理事会（国际联盟的营运委员会）取得了一席之地。他们拒签《凡尔赛和约》（因为山东条款），最终迫使列强在 1921 年至 1922 年的华盛顿会议中，针对东亚局势达成新协议。他们还做出在 1914 年以前几乎不可能的事情：在华盛顿会议上提出废除不平等条约的计划，以收回关税自主权，废除领事裁判权，（逐渐）关闭外国在中国的许多租界。在反抗以帝国为常态的全球秩序上，中国比亚非世界其他地方几乎表现都要好。[24]

当然，原因之一在于西方虽已在 19 世纪侵害中国的独立（一些西方国家在华享有领事裁判权，包括美国、巴西、秘鲁、玻利维亚），中国仍强烈抵抗，而未在 1914 年前的关键十年沦入某种半殖民的从属地位。而且，将中国改造成民族国家（而非王朝制帝国），建立可表达民众意志的共和制政府，在受教育阶层里得到惊人的快速认同。1919 年 5 月，中国在巴黎和会主张收回德国在山东的权利遭到拒绝，引爆全国抗议，显示这种新式的爱国主义并不只限于受教育阶层。五四运动由北京的学生发起，但很快就发展成更广大的抗议行动，商人和工匠加入示威和抵制，且扩及北京以外的遥远城市。那清楚表明外国商业利益可被人民公愤重创，愤怒的群众会遵照新知识阶层的民族主义主张行事，但这种新民气并未转化为强有力的民族政府。1919年至1922年，中国除了北京有政府，广州也有一个政府。北京政府派系倾轧，其号令几乎出不了北京城。[25] 在中国许多地方，真正掌权者是各省的督军，说难听点就是"军阀"。[26] 军阀之间不断升高的敌意，在1922年引爆支配中国政局的内战，直至1928年蒋介石攻下北京才结束这场混战。华盛顿会议上签订的条约对中国主权国家地位的热情支持和遵守该条约的严正承诺，有点令人费解。因为要说有什么变化，推翻帝制后中国的内乱，似乎反倒引来和1914年前一样严重的列强干预，甚至更严重的干预。

在第一次世界大战期间，情形似乎就已是如此。1915年1月，日本一了解到欧洲的战争规模浩大，立即向中国政府提出《二十一条》，其事项写在"带有机枪和无畏级战舰之水印"的陆军省文件上。[27] 日本提出最恶毒的不平等条约，要求中国政府同意日本继承德国在山东的权利，扩大日本在中国东北的特许权并延长其租借期限至该世纪结束，未经日本同意不得向外举债发展福建（距日本通常的势力范围极远的南方沿海省份），须聘用日本人担任"政治、财政、军事"顾问。[28] 总而言之，日本人要将中国纳为实质上的保护国。中国政府没有盟邦或军队为后盾，只能屈服，签署经过修改后的不平等条约《中日民四条约》。这为日本势力在华北的迅速扎根开了方便之门，使北京政府日益倚赖向东京借款。沙皇的下台和沙俄帝国的解体，为日本支配中国的野心解除了最后一道真正的障碍：在战争阶段，英国和美国都无意挑战日本。1918年3月苏俄与同盟国签订《布列斯特-立托夫斯克和约》后，英美认为苏俄可能落入德国之手,为阻止此事发生,英、美同意出兵西伯利亚,但出兵最多者是日本,预期从此获取最大利益者(势力深入内亚)也是日本。因此,1919 年的山东决议属于战时东亚权势的重大变动。随着中国陷入分裂(广东政府已在 1917 年出现),地方军阀收受日本资金,一时之间,中国似乎可能成为以东京为中心的庞大非正式帝国的一部分。

但这并未发生,原因在于中国的政治情势与东亚诸大国的冲突关系猛然合流。北京的号令的确不及于各省督军,但在"收复权利"这个问题上,(以北京的新大学为中心的)北京知识精英的民族主义计划,[29] 几无疑问地赢得了中国沿海条约口岸城市的民众支持,那是五四运动的深远影响。到了 1920 年结束时,北京政府已废除德国、奥匈帝国("一战"时的中国敌国)的领事裁判权,布尔什维克政府已宣布放弃沙俄对华的权利要求。接下来,北京政府似乎非常有可能通知其余与中国签有不平等条约的强国,包括英、日、美,废除在华享有的特权。[30] 北京政府若出此招,不难想象那会在上海和其他地方激起如何爆炸性的效应,也不难想象面对接下来必然出现的群众示威和抵制,保护外国利益和资产有多困难。眼下的情势,促请北京支持渐进式改变,似乎较为保险。对英国人和美国人来说,还有一个理由要他们与北京妥协。他们已惊恐地看到日本势力日益坐大,不相信主导日本政策的"军国主义集团"。[31] 在 1920 年这一整年中,他们催促日本政府将其商业特许权交由一国际财团共同经营,反对日本在关外的中国东北拥有特殊地位。[32] 英美的施压令东京既恐惧且愤恨,但还有其他理由要日本领袖不得不改变其东亚政策。他们遭遇国内情势不安的问题,而那有一部分肇因于战时经济的压力。[33] 远征西伯利亚,伤财又死人,极不得民心。[34] 没有了俄国的旧威胁,东京更难对国内人民自圆其说。

至于在朝鲜,独立运动于1919年遭残酷镇压,当地政局的稳定为当务之急,[35] 而且日本人和西方人一样忧心,中国的反帝国主义情绪可能失控,使他们的商业利益蒙受重大损失,特别是中国如果拒买他们的纺织品的话。[36] 安抚已是不得不走的路。

结果就体现在1921年至1922年华盛顿会议的各项条约当中。西方列强和日本保证维护中国的独立和完整,针对不平等条约的革除拟订了计划。任何大国都不得在中国寻求特殊权利或达成排他性的协议。一时之间,中国似已恢复了在动荡的19世纪90年代痛失的民族尊严,但国家地位革命,并非故事的结束。从1922年起,外国在中国的利益团体遭遇日渐壮大的激进民族主义。第二场革命(社会和政治的革命),使华盛顿会议为恢复中国完整主权所拟的不慌不忙的时间表,显得过于自满。革命的发源地是南方大城广州。广州原本就是反清政治运动的中心,有位中国沿海的老保守派说,广东人是"中国的爱尔兰人"(这不是恭维)。[37] 广州距香港不到130公里,而香港是广州的外港和帝制时期异议分子的安全避难所。1911年前,孙中山就在香港为创建同盟会(国民党前身)而奋斗。[38] 推翻清朝的各省新统治者(其中许多是军人),其横征暴敛和压迫,令商人和工匠日益不满,但孙中山欠缺大量追随者,难以利用这股民怨实现其理想。受教育阶层(包括年轻的毛泽东)痛恨因军阀、军人掌权而有志难酬,但孙中山也无法打动这些人;1922年,他甚至被军阀陈炯明赶出广州。但接下来三年,情势有了惊人的改变。因为在1923年,孙中山与苏联布尔什维克政权派来的代表达成划时代的协议。他接受苏联的军援提议,同意让苏联顾问团按照列宁主义模式重组国民党,[39] 与成立不久的中国共产党相互提携。国民党和共产党开始在农民和城镇工人中打造群众基础,[40] 建立起自己的军队后,终于具备了打败军阀并建立新国家的能力。[41]

革命年是 1925 年。最初，情势对国民党不利，国民党失去广州（但为时不久），其领袖孙中山早逝。但 5 月 30 日，大批学生在上海公共租界示威，声援罢工工人，英国巡捕枪杀十多人，上海（外国企业集中地）的劳资冲突爆发为暴力事件，庞大抗议潮席卷长江流域和沿海地区。[42] 6 月 23 日，再次发生示威民众遭枪杀事件，这次是在广州的沙田租界。香港全面罢工和抵制英国贸易，直接挑战英国当局。国民党从这次抗议风潮中获利，以有实力进行有效统治的民族主义运动组织的形象，得到人民信任。苏联的支持、群众运动、北方军阀之间的残酷内战，为矢志驱逐所有外国势力的民族主义政府重新一统中国，创造了有利条件。1926 年 7 月，国民党军队从广州北伐，目标遥指北京。该年结束时，国民革命军已抵达位处华中交通枢纽的大城武汉，攻下南京、上海指日可待，中国的主权（在华盛顿会议上得到热情支持）眼看就不再有名无实。在旧秩序里拥有最大利害关系的英国，开始趁着革命军上门之前，赶紧撤离最难防守的军事基地。[43] 上海（最大的通商港埠）的庞大外国势力（日本和西方），未来命运会如何，没人说得准。

战后这场有关革命与帝国的大戏，有个奇怪但重要的结尾。在北欧亚的大部分地区，最重要的发展乃是帝俄的命运。帝国显然已在 1918 年的混乱中解体。随着沙俄政权的瓦解，列宁所谓"国家监狱"的受征服子民，得以一尝自由的滋味。在乌克兰、高加索、中亚，以及在俄罗斯人本部境内的少数民族（例如巴什基尔人和鞑靼人）里，独立政权争取当家做主。就当时情势来看，他们如愿的机会很大。1918 年至 1919 年，布尔什维克正为打赢内战而奋斗。此外，布尔什维克支持遭俄罗斯人征服的民族获得解放，把他们当作对抗沙皇专制政权的盟友。列宁本人就在其著名的战时宣言《帝国主义是资本主义的最高阶段》（1916年）中宣称，殖民地人民得到自由，乃是摧毁欧洲心脏地带之资本主义的关键第一步。在1917年后，布尔什维克陷入四面楚歌之境，他们觉得这个革命原则对他们有利。面对泛伊斯兰情感在高加索、中亚穆斯林之间流传的威胁，他们亟欲先发制人，以消弭该威胁。而且一如我们已了解的，担心日本往其东亚边境地带扩张，担心英美势力伸入该地区，已促使莫斯科在1922年至1923年间先后干预华北和持民族主义立场的华南，且在后一干预中得到较大的收获。[44]

但一如之前当政的罗曼诺夫王室，布尔什维克很快就理解到，不能在政治上掌控内欧亚[1]及其富有战略价值的边境地带，苏联就不可能高枕无忧。为打败内战对手白卫军，他们动员了人数超过500万的军队。[45]红军欲将革命斗争带进中欧，但在1920年遭波兰人挡住。但莫斯科收回其对乌克兰和白俄罗斯大部分地区（在《布列斯特-立托夫斯克和约》中失去的部分土地）的掌控。在伏尔加地区，莫斯科最初似乎乐见巴什基尔人和鞑靼人独立建国，但在1920年期间，莫斯科中央又重新确立其对该地区的掌控。[46]在中亚，当地穆斯林精英欲恢复40年前所失去的自由，遭到移居该地的俄罗斯人（其中许多是铁路职工）反抗。但1920年2月和9月，红军抵达，先后攻占希瓦和布哈拉，打破这混沌局势。"巴斯马基人"（Basmachi）战士发动游击战，但1921年时终究失败。在高加索，莫斯科最初行事较谨慎。它小心翼翼地与土耳其、伊朗（对抗英国在中东势力的潜在盟友）都保持友好，其军力不足以征服此群雄割据的地区。它面对难对付的格鲁吉亚政权，在1920年5月承认其独立。但到了该年结束时，苏俄的战略地位已变得较为有利。"一战"结束时，英国国力已开始从高峰滑落。[47]亚美尼

---

[1] 内欧亚，即Inner Eurasia，历史学家大卫·克里斯蒂安将此地区定义为"西自摩尔多瓦和乌克兰，东至远东之蒙古，北自西伯利亚，南至梅尔夫绿洲与兴都库什山的地区"。——译者注

亚人担心遭重获新生的土耳其征服，于是放弃独立以换取莫斯科保护。来年，基于类似理由，格鲁吉亚人跟进。到了 1921 年结束时，莫斯科已掌控沙俄时代的旧高加索诸省。然后，1922 年，日本撤出西伯利亚，莫斯科恢复其对太平洋沿岸地区（1860 年后从中国夺来的土地）的掌控。俄罗斯帝国重现。[48]

　　这一惊人的结果，无疑要大大归功于托洛茨基红军的能征善战。但同样重要的因素，乃是在构成内欧亚的庞大地缘政治领域里，没有哪个对手在人力和资源的动员上，比得上莫斯科在俄国欧陆地区的动员。但布尔什维克虽然打赢内战、恢复版图，却没有资源和意愿重启战前俄国的帝国主义扩张模式。1918 年至 1923 年，国家陷入内战、外国入侵、经济崩溃、农民起义、用兵失败、国家机器形同瓦解的内忧外患中，在这种情形下，上述结果可说是不得不然。列宁坚持，若要赢得旧沙俄帝国境内非俄罗斯人的效忠，只能透过政治让步和对他们的民族愿望表示支持。落实这一政策的民族事务人民委员，是离开故乡格鲁吉亚出来闯天下的斯大林。斯大林是经验最丰富的边境战争老手，"草原政治"的操弄高手。[49] 在他高明的手腕下，民族政策成为打赢更大斗争的手段。后来他告诉列宁："四年内战期间，在受到外国干预的情况下，我们不得不在民族问题上展现莫斯科的自由主义。"[50] 莫斯科的特工们接获命令，要限制中亚境内各俄罗斯移民族群的沙文主义本能。[51] 边境省份（例如乌克兰、白俄罗斯）尝试独立，不久即失败，随之被改造为苏维埃社会主义共和国，由其自己的布尔什维克领袖统治。较小的受征服民族，也得到莫斯科中央的安抚——承诺让他们成为自成一体的共和国和自治区，让他们治理自己的土地，享有发展自己语言、教育、文化的"文化自治权"，可以自由建立民族国家。当然，斯大林所承诺的自由不触及主权部分，自治共和国不得有外交往来。"民族共产主义者"要把布尔什维克的奋斗目标，视为更加优先的效忠对象。事实上，布尔什维克政党国家将拥有一新的"政党帝国"，直到苏维埃各民族融合为一整个苏维埃民族为止。1922年底，斯大林生气警告道，边境地区共产党员"不愿把独立游戏当游戏"，正试图玩真的（英国人对埃及也有同样的批评），[52]甚至想有自己的外交政策。斯大林主张将所有新成立的苏维埃共和国并为俄罗斯联邦，列宁不同意。1924年的新苏维埃宪法，保留了由平等诸国组成一苏维埃"联盟"这个法律拟制[1]。

破裂的世界秩序

经过那段大动荡期，世界许多地方在20世纪20年代中期，似乎正迈向较稳定的状态。把战前岁月视为某种"国际无政府"状态的人，或反感欧洲帝国主义之掠夺无度的人，把国际联盟的成立视为新时代的开始。由王朝制帝国组成的"旧制度"，已变成一个"由民族国家组成的世界"。国联"盟约"约束加入的民族国家，禁止武装侵略，规定国际争端的和平解决方法。把殖民征服视为战争之合法战利品的古老传统，已遭扬弃。德国失去的殖民地和奥斯曼帝国失去的省份，将成为国际"托管地"，那些托管地公开受国联官员检查，向所有商业活动平等开放。至少对其中某些托管地而言，国联赞成它们早早自治。国联本身带给世人更宏大的憧憬：抱持同样自由主义价值观和拥有共通法律架构的国际社会，将势如破竹地由欧洲扩至"新欧洲"（例如拉丁美洲诸国）以及此外的非西方世界。[53]

---

[1] 法律拟制，即 Legal fiction，指在法律事务上为权宜计，而在无真实依据下所做的假定。——译者注

当时的人期望国联发挥类似过去"欧洲协调"体制的作用,但是以全球为格局,且以自由主义民主为其意识形态标杆。一如在"欧洲协调"体制下,国联中的大国将以道德劝说来对付国联中较爱惹是生非的小国。在支持国联的人士眼中,国联之所以不可或缺,在于未来的国际政治将会比战前更为"涵盖全球"。各国的国家利益将会更加环环相扣,国际社会也会更强调非侵略性的行为,意识形态的影响(特别是民族主义和民主)会传播更广。但国联要扮演好国际和平集体守护者的角色,有个条件必须满足,那就是所有主权国都必须加入,承认其规则。而这从未实现。

事实上,20世纪20年代成形的战后世界,从一开始就分割为四个地缘政治区,其中最大的无疑是国联区。这形成一个宽松的国际邦联,以行事暴躁易怒的英、法为领导,其会员国大部分是欧洲国家或拉丁美洲国家,还包括中国和日本(日本在1933年退出)。最初,苏、德都未获邀加入;两国后来成为会员国,但加入时间不同(德国于1933年退出,苏联于1934年加入)。美国不愿加入。在欧洲以外,国联的涵盖范围,几乎和英法的帝国体系及荷兰、葡萄牙之类较小的殖民强权的帝国体系的范围重叠;拉丁美洲仍旧是若即若离。国联能够吓阻侵略和维持战后协议,主要倚赖国联里英、法这两个老大的陆海军力,但它们需要欧洲稳定(主要是法、德维持友好)才能放手行动。1925年的《洛迦诺公约》,让法、德两国保证尊重彼此的边界,似乎代表欧洲将迈入由欧洲四强(英、法、德、意)和睦处理欧洲事务的新时代。得到集体支持的国联,将是世界上最强大的一股力量,使欧洲的战前霸权得以在不言之中恢复大半。但不到10年,这四强就严重失和,导致国联本身动荡不安。国联未能阻止会员国意大利征服阿比西尼亚,间接肇因于英、法两国对德国的顾忌。最后一个以欧洲为中心,欲维持全球秩序的实验体系,就此土崩瓦解。

美国不愿加入国联一事,乍看令人不解,因为极力倡导成立国联的正是美国总统威尔逊,国联似乎体现了威尔逊的大半理想。1914年后,美国也已成为比以往更强大的国际强权。它已建造或说正在建造大得多的海军,规模至少和英国海军一样庞大。美国的海外经济利益,规模已大增。1914年,美国的对外投资为48.2亿美元(约合10亿英镑),略少于其海外贷款(约50亿美元)。到了1919年,情势大逆转,对外投资比海外贷款多了100余亿美元。10年后,美国的对外放款已达到350亿美元的惊人规模,超越英国成为世上最大的债权者,[54]这些钱大部分投资在欧洲。诚如先前提过的,美国在1921年至1922年的东亚协议上扮演了吃重角色。在威尔逊的支持者看来,透过国联运用美国国力以创造一新的世界秩序,乃是理所当然的事。使欧洲诸帝国逐渐解体,实行全球自由贸易和对商业"开放门户",禁止他国组成能危及美国利益的同盟体系,乃是他们所追求的目标。但他们担心加入国联后会妨碍美国的施展空间,担心美国的国力遭利用,因此裹足不前。参议员博拉(Borah)称,国联的功用是保障大英帝国,那是"英国最大的外交成就"。参议员诺克斯(Knox)则说,国联盟约将使未来每一场战争都成为世界战争:"我们因此被整个推入可怕的欧洲政治旋涡中。"批评威尔逊最猛烈的亨利·卡博特·洛奇(Henry Cabot Lodge)则警告道,美国的海陆军可能被他国派上战场。[55]

讽刺的是,反对美国加入国联者,除了那些认为卷入国际事务会危及民主的人士(例如博拉),还有那些希望美国称霸世界的人士(例如卡博特·洛奇)。在这些"大国"派人士眼中,国联是妨碍美国运用其权力的枷锁,会使美国陷入由英国支配、欧洲主导的体系里而束手束脚。若是不通过国联,美国可以更方便地施展其影响力。如果真如这时许多专家所说的，经济力量已取代领土掌控，成为检验世界支配力的标准，[56]则美国未来称霸大业的真正谋划者，将是华尔街的银行家，而非日内瓦的外交官。因此，拒绝加入国联，不代表美国退回孤立主义。美国企业在欧洲、南美，甚至亚洲，都极为活跃。由好莱坞传播的美国文化传布更广。[57]美国领袖宣扬世界和平理念，主张与英国联手预防海上军备竞赛。但美国人的思维，骨子里还是单边主义，希望美国超脱既有的世界秩序，而非协助维护该秩序。这思维不愿将美国视为彼此平起平坐的一群大国中的一员。那反映了美国中产阶级的疑虑：投身外部事务可能招来风险，外国居心不良。因此，美国与国联打交道时，把国联当作一个与自己有竞争关系而有时友善的强权。一发现情况不妙，美国就重新搭起商业的保护墙，在1922年祭出《佛尼-麦坎伯关税法》（Fordney-McCumber Tariff）。1931年至1932年中国东北出现危机时（见后文），华盛顿的本能反应是反对集体行动。[58]因此，"一战"结束到"二战"爆发这段时间，并非"美国世纪"的序幕，而是陷入死胡同的时代。美国领袖不满世局现状，20世纪30年代期间经济大萧条降临时，不满更甚。但对于世界现状可如何改造，他们没有切实可行的想法。他们几乎想不出可在什么条件下与别的强权合作，甚至与英国合作亦然。[59]

支配第三大地缘政治区的大国，情形亦可以说是相仿。1922年至1923年时，布尔什维克政权已收复沙俄时期掌控的内欧亚广大土地，只剩个别省份还在波兰、芬兰、波罗的海三小国之手。诚如前文所述，新生的政权将所有对外关系牢牢掌控在莫斯科手中。莫斯科矢志与共产国际联手推动"世界革命"（共产国际是独立自主的组织，在实践中受苏联政府影响较大）。20世纪20年代，莫斯科基于充分的战略理由，把全部心力投注在中国。与此同时，为了复苏经济，向西方开放。斯大林当政时，为快速工业化而实施第一个五年计划（1928—1932年）。这一时期的苏联对进口机器需求提升，外债也增长至战前水平，但苏维埃世界与国联世界无法真正修好。在苏联领导阶层眼中，主宰国联的诸大国既是迟早要随着资本主义一同灭亡的腐朽国家，同时又是可能使伟大的社会主义实验夭折的潜在威胁。斯大林的五年计划无意扩大苏联在国际贸易中所占的比重，而是正好相反。五年计划创造大众阶级（建造苏维埃国家的基础），并创造工业财富以捍卫革命。事实上，1932年后，苏联在经济上回到某种程度的自给自足状态，外贸金额只有1913年的五分之一。[60]

斯大林在外交政策上采取防守策略，他的最高目标乃是保住庞大的苏维埃区。他在1937年某场私人宴会上说，俄国沙皇干了许多坏事，"但他们干了件好事，就是创造出从这里绵延到堪察加半岛的辽阔国家。我们继承了这国家，而且，我们布尔什维克已首度使这国家团结一致，将它巩固为统一而不可分割的国家"。[61]但斯大林也明白，不能视国家的团结为理所当然。他急于稳定苏联的边境：1930年后，那些摇摆不定的边境居民，都被要求迁移至他处。[62]他担心日本从东方进攻苏联，因此一方面不得不安抚日本（将过去沙俄在中国东北攫取的铁路权利转让给日本），一方面重建东方的陆海军。[63]但他更担心来自西方的攻击，丧失波兰和波罗的海诸省已大幅削弱苏联在西方的战略地位，特别是此间还有摇摆不定的乌克兰人。因此，苏联的最初策略是与德国保持友好。两国的经济合作与（私下的）军事合作，在20世纪20年代时就已很紧密。但是希特勒的掌权迫使莫斯科重新评估与德国的关系，评估的结果是斯大林决定加入国联（1934年），与法国缔约。但他此时仍然尽量避免与德国正面决裂，以确保苏联安全。斯大林无法完全信任国联的动机，也无意和国联保持完全一致。他在欧洲和东亚,有自己的考量。

第四个地缘政治区是东亚。东亚的战后协议是英、日、美三国的安排,但情势很快就表明,东亚将会成为国联和任何大国都无法一手主宰的地区。到了20世纪20年代中期,英国(与东亚利害关系最紧密的强权)已采取守势,深恐汹涌的民族主义会将其赶出条约口岸的租界,香港也成为英国的沉重包袱。英国在1927年派兵到上海,但急于和国民党谈判。在中国没有太多利益的美国(1931年美国在华投资只占其对外投资的6%,远逊于英国的37%,日本的35%,甚至不如苏联的8.4%),[64]倾向于与国民党政权建立良好关系(国民党政府的部分领袖与美国有深厚渊源)。美国人一心想要让国民党远离苏联的怀抱。美国人不愿见到苏联影响力扩张,因而不愿与日本(苏联在东北亚的主要敌人)为敌。日本于1931年占领中国东北时,美国虽然表达了强烈的反对意见,但最终未采取任何实际行动予以制止,只寄希望于东京当局能约束日本军方。[65] 1931年后英、美关系降温(部分因为经济摩擦),使"华盛顿体系"在东亚的实施失去了最大保障。

1931年后,最重大的发展乃是国民政府(此时以南京为大本营)、苏联(急于巩固其影响力)、帝国主义日本三者间的对立。经历1928年至1931年的内战(战祸和饥荒夺走了600万条人命),南京政府已扫平各地军阀,但仍未能真正掌握全部"中原地区"。[66] 1932年,中国人对日本占领东三省的愤慨,升至对上海本地的日本利益相关群体的攻击时,南京政府无力阻止日本对上海施加的暴力。1928年,蒋介石当权时,国民党领导阶层已和党内共产主义者决裂,实行"清党"。国民党在江西苏区的杀戮,迫使毛泽东及其追随者在1934年至1935年展开长征,逃到中国西北的安全之地。共产党结束长征后,在苏联支持下再度对抗国民党。苏联在东亚的作为,意在巩固莫斯科的影响力，援助中国共产党，使之得以存续，阻止日本入侵中国边疆地区并支配中国。但军事力量以及后勤补给的薄弱、国民党的敌意、（一如先前所提过的）对于两面作战的忧虑，使苏联难以如愿。

在东亚，主动权操于日本之手。20世纪20年代，西方列强蔑视日本的实力：1924年英国大使说日本"是个弱国，而非强国"。[67]事实上，禁止列强在西太平洋（包括英国在香港的基地）增筑防御工事的《太平洋条约》，已使日本抵御海上攻击的能力远胜于1914年之前。东京的政策乃是避免与英、美正面冲突，同时通过操控中国东北的军阀统治者，巩固其在中国东北的势力。[68]中国东北是日本最看重的地区，已在中国东北耀武扬威的日本军，一心想将其彻底占领。中国东北作为辽阔的边疆地区，其经济重要性不言而喻，但1928年后，日本在中国东北的非正式占领，受到日益自信的中国越来越大的压力。"满铁"（日本商业势力深入中国东北各地的工具）和守卫"铁路区"的关东军挑起的纠纷，也日益频繁。1931年9月，关东军自导自演了一场暴力事件，然后占领了中国东北地区的首府沈阳。东京当局迫于无奈，准许了关东军的举动。经济大萧条的严峻形势，以及陆海军对日本在1930年伦敦海军会议上接受裁军条款的一致反对，催生出日本新的政治气氛。[69]日本退出国联（1933年），借由扶植中国东北的"满洲国"否定华盛顿会议上签订的条约，且在华北地区步步紧逼。国民政府准备抗战时，[70]真正不确定的乃是战争何时会全面爆发，还有谁会参战，战争会如何结束，以及战争会对已破裂的世界秩序带来什么影响。

人们很遗憾没能建立起成熟的战后体制，可以让大国之间据此消弭分歧，结成联盟，一致应对违反规则的国家，但乐观的经济前景或许能纾解这一遗憾。20世纪20年代中期的情势似乎显示，商业的大幅复苏将会使人们忘记战后体制建设的失败。繁荣的世界经济会把美国拉向欧洲，助长德国境内的自由主义，卸除日本的忧虑，使西方与苏联之间的交往不致完全断绝。然而1930年贸易的骤然萎缩使所有事态都往相反的方向发展。受创最深者是以初级产品为主要收入来源的国家：随着收入断绝，这些国家的购买力也瓦解。市场崩溃，物价下跌（许多商品价格下跌了一半），主要商业国赶紧采取自保措施。本就颇高的美国关税，在1930年又涨了四分之一。为了稳定英币币值，英国放弃了自由贸易政策（至少此时是放弃了），建立起帝国的关税壁垒；[71]苏联则几乎完全退出世界贸易。在自由贸易消退的情况下，最明显的受害者（除了那些生产原料、粮食的贫穷国家之外）乃是日本与德国的工业经济。1933年后德国的经济复苏，建立在由国内需求带动的生产以及尽可能减少进口的严格贸易管制之上。德国的复苏还倚赖其与东南欧诸邻邦之间以物易物的协定：20世纪30年代中期时，对东欧（实质上受德国商业势力控制的地区）原料的取用特权，已成为纳粹恢复世界大国地位计划中的重要一环。[72]就日本来说，形势更为严峻。日本必须进口原料和燃料（原棉来自印度，石油来自美国），且以出口（特别是纺织品出口）所得来购买那些进口品。日本产品的出口额高达美国的三倍。[73]日本产品的主要优势是低廉的劳动成本、大商社的高效生产，以及迅速提升的布料生产效率。[74]这些因素使日本得以在20世纪30年代其他工业国陷入严重困境时，还能保持工业发展。但日本仍极难抵御贸易壁垒（例如1933年至1934年日本的第二大市场印度就因贸易壁垒而对日本关闭）、物价下跌（例如其输出至美国的生丝价格下跌）、对日货的抵制（在中国频频出现），及其整体经济的突然混乱（和随之而来的社会、政治脱序的可怕后果）所带来的潜在伤害。东京的应对手段，乃是剧贬币值（贬将近一半），管制进口，通过积极外交手段争取海外市场的出口配额，致力于在东亚建立"日元集团"。这是新全球秩序的征兆。贸易的政治化、日益相信国际贸易相较于产出必然进一步萎缩、迫切欲透过政治手段掌控关键市场和供应，乃是这个时代（19世纪末期"全球化"已骤然逆转的时代）的重大标志。[75]

地缘政治上和经济上的分裂或许也不足为奇，但这种分裂在文化上竟然也出现响亮的呼应。西方自由主义者欲打造现代文化的大计划，在1914年前就已遭遇挑战。宗教思想家（在世界各地）和受过教育之精英（在世界某些地区），认为这些计划和主张在挑战他们的动员能力。西方关于科技变革、个人选择、公共领域的理念，被毫无阻碍地加以利用，与此同时，新式媒体和新式协会被用于从较古老传统里打造具民族特色之"高尚文化"的行动中。第一次世界大战是一道分水岭。它对思想与想象的爆炸性冲击，使自由主义者的笃定一下子消失无踪。苏联的发展，最能说明这一现象。布尔什维克主义能够在斗争中活下来，成为新统治体制，不只需要政治革命，还需要文化革命。新的苏维埃文化旨在透过普罗大众的集体努力，而非资产阶级的自助，来实现技术现代性。这也是"去小农化"（de-peasantization）这个大运动的一部分。[76] 新的"苏联人"将拥抱科技与社会主义，同时心里笃信资本主义社会正迈向自我毁灭。在德国，自由主义文化在1918年后，也受到更为猛烈的抨击。这绝非偶然。长久以来，左派和右派都痛恶自由放任资本主义对社会凝聚力的腐蚀作用。由德国领导中欧这样的诉求能打动人心，原因之一就是它在相对落后的东方和过度商业化的西方之间，提供了一条中间道路。战败的创伤、数百万德国同胞被迫永久与新德国分离所带来的"失落感"，以及来自外部的经济冲击所带来的毁灭性影响，催生出强烈的社会、文化危机感。只有强大的国家，才能使德国人民不致被无视可靠品质和归属感的国际资本主义的巨轮碾碎。这些观点在1929年前就普遍存在于德国人心中，1933年1月希特勒掌权后，更得到了权威的加持。[77]

苏联与纳粹都为现代性提供了诠释。两者都强调自己科技的积极创新，都声称科技的发展乃是为服务一共同的社会目标，都极力主张为达到文化上的自给自足，必须排除外来影响，都谴责西方腐败、堕落并且正急速衰落。资本主义大国（美、英、法）连该怎么挽救国际贸易体系都无法达成共识，更别提达成共识后该如何落实了，这似乎证实了左派与右派那些批评的正当性。对西方的文化攻击，不只限于欧洲。在20世纪20、30年代急剧加速工业化（而极度依赖女性劳工）的日本，大量人口涌向城镇，乡村生活所受的压力，新媒体（特别是美国电影）的冲击，对旧社会规范瓦解的忧虑，导致全社会出现了深度文化焦虑的征象。[78] 1930年的情势，似乎证实西方强行加诸东亚的国际秩序与其格格不入，行将破产。国民党治下的中国，希望西方支持的心理，在国联对日本占领中国东北的怯懦反应下深受打击，与共产党的对抗则成为国民政府的施政重心。在英国治下的印度，国大党是民族主义者的主要工具。20世纪30年代时，知识界对该党"领导班子"的忠诚，已分裂为对甘地主义自给自足乌托邦的效忠和对受苏联启发的社会主义的效忠（社会主义受到甘地思想的理性继承者尼赫鲁的支持）。宗教复兴主义（盛行于印度教和伊斯兰教）和通俗甘地主义（提倡建立纯洁的、乡村的、虔诚的印度），联手对帝国统治文化价值观构成攻击（帝国统治被谴责为对印度道德秩序的外来侵犯）。在被殖民的非洲，害怕肯尼亚被殖民的命运摧毁其社会、道德体制的基库尤族上层人士，同样发出了反对的声音。[79] 在《面向肯尼亚山》中，曾在伦敦跟随伟大社会人类学家马林诺夫斯基学习的乔莫·肯尼亚塔，谴责殖民统治为破坏他人文物的野蛮行为，摧毁了基库尤文化

第七章 步向世界危机　　407

的物质基础，并在这一过程中毁掉了欧洲人所无法理解的自由意识和责任感。[80]

在这黯淡的时代背景下，欧洲的海外帝国命运，怎么看都前途未卜。马克思主义者、顽固帝国主义者，乃至焦虑的自由主义者，都从自己的立场预言欧洲的帝国主义将会早夭。[81] 若不断然采取措施，帝国主义将很快在政治、经济、文化上都走上破产之途。在左派欢欣鼓舞和右派黯然悲观的这些迹象之间，帝国统治者时时显露出信心危机。与此同时，帝国主义即将衰落的预言，使那些自觉无法幸免于难的人，例如南非、中非占人口少数的白人或上海的外国侨民，愤怒更甚。[82] 但一如汤姆·索亚[1]的讣闻，"失去疆域"或"全世界起来反抗欧洲"这种预测，都为时过早。事实表明，欧洲主要殖民强权（英、法、荷、葡、比）的帝国体制，出人意料地强韧。第二次世界大战爆发前夕，它们的帝国版图仍完好无缺。即使在民族主义已得到最广大支持的地方，被殖民的民族能否冲破罗网，获得自由，仍是难以预料的。经过20年抗争之后，尼赫鲁在1938年时几乎已对印度的政治前途感到绝望。[83] 真正的独立似乎仍遥不可期。

帝国能够存续，部分原因在于帝国统治者的务实手段。殖民政策抛弃高压手段，因为这些手段代价太大、太过笨拙，还会带来反效果，战后的动乱已让殖民当局吸取了这一教训。要从当地找出盟友，就必须让渡更多地方权力，英国人在1920年后开始积极践行这一原则。在伊拉克和埃及，他们声明不再直接监管内政，而是倾向于通过条约条款确立他们的支配地位。[84] 我们不该把这误解为英国默认其帝国统治地位已然终结。英国逐渐扩大当地人的政治权利的同时，也小心翼翼

---

[1] 汤姆·索亚（Tom Sawyer），马克·吐温《汤姆·索亚历险记》等小说中的主人公。——译者注

地从事宪政改革，旨在让省份而非国家成为当地政治活动的中心，在印度尤其如此。随着地方省份的领导人全权担负起全省政务职责，他们的选民会期待他们把重心放在开发建设、社会福祉这些"民生"事务上，而非追求"立即独立"这种白费力气的事情上。英国此举，功用不止于此。各省在宗教族群、语言族群的结构上差异极大。各省新领导人不可能毫无保留地支持印度国大党（英国殖民统治的最大敌人）——北印度的印度教信徒把持着该党的政治大权。在孟加拉和旁遮普这两个最重要的省份，各省自治已使穆斯林开始担任官职。1935年，英国人把他们权谋机诈的自由主义发挥得更加淋漓尽致。他们承诺让印度以联邦自治领的身份施行自治。但在国大党看来，为穆斯林和土邦领主保留了大量职位的宪政规章（这联邦将把"英国人"的印度和"土邦"的印度统合为一），几乎会让该党无法掌权，甚至可能难逃党派解体的命运。[85]

我们或许不必夸大这些帝国统治手段背后的不良居心。但仍然值得注意的，是这些帝国冷静的预期心理：它们预期殖民政治可通过那些尽可能保住帝国主要利益的方式（战略性地利用当地资源以及垄断对外部关系的掌控）来进行"管理"。这想法并不荒谬。一直到20世纪30年代末期，英、法、荷都有理由认定，其他大国胆敢干涉其内政的概率几乎为零。只要这种情势不变，殖民地当地的民族主义领袖，就别想挑动自己的殖民"主子"和别的殖民强权相斗以渔翁得利，也别想拿效忠为筹码要求殖民者给予更多好处。更糟糕的是，外部威胁几乎全部被消除，使殖民统治者得以肆无忌惮地以高压手段对付他们认定为"极端分子"的当地反对势力。这时，殖民政权拥有比1914年前更可靠的情报，得以狠狠打击"颠覆"运动：20世纪30年代法属中南半岛和荷属东印度群岛的共产党人起义，都被迅速镇压。[86] 统治者

第七章 步向世界危机　　409

可以利用的另一个有力工具，乃是大部分殖民社会的内部对立。

殖民地政治情势，有一至关重要的吊诡现象，那就是社会、文化上的变迁，对民族主义运动既有利，也有不利之处。在世界大部分地区，殖民地的疆界基本是人为划定的，殖民政权常常把原本少有共通之处的地区硬凑在一块。帝国的疆界划定和内部行政区的分割，由行政当局的便利、征服模式以及外交活动中的瓜分决定，而未考虑到保存民族-语言的统一或古老的贸易、交往关系。当然，殖民政权一旦开始成形，确立其对整个殖民地的统治后，往往会在其殖民地人民之间引发类似的发展趋势。当偏远地区都开始感受到遥远政权的要求，以及殖民地首府政策的影响时，该地区的领袖和重要人物就有了建立超越地方层级进行结盟的强烈动机。只有遍及整个殖民地的运动，才能让殖民政权官员感受到足够大的压力，使殖民中央在决策时考虑当地人民的意见。这种民族主义因两股重大趋势的加持而更为昂扬，第一个趋势是透过更迅捷的交通、知识的传播（往往借由报纸）、新式教育（在欧式大中小学里），将殖民地不同地区紧紧结合；第二个趋势是本土新兴的"受西式教育的精英"，不采用殖民统治者的政治思想体系，而采用统治者遥远的欧洲母国的政治思想体系。法律平等、言论自由、自治权利，成为印度国大党运动（最早、最杰出的殖民地民族主义运动之一，其他许多同类运动的榜样）的战斗口号。殖民地首府的那些技术纯熟、行事老练、人脉广阔、熟谙殖民地治理之道的精英阶层和渴望影响政府财政、教育、运输或农业方面决策的地方重要人士，两者的结合，大体上代表群众民族主义发扬光大的日子已然到来。此时恰当的举措，是让当地人民的怨恨保持在适切的热度上持续酝酿着，同时等待民族主义精英从困惑的统治者那里争取政治权的分期拨付。

但这是理论上的想法，实际通常并非如此。殖民地统治者把打击民族主义领袖（在动机和可靠程度方面，民族主义领袖比不上传统当权者，即那些土邦领主、地主、谢赫、酋长）之主张的公信力，视为施政要务。从"一战"结束到"二战"爆发这段时期，在英国所统治的非洲大部分地区，"间接统治"不断扩散。间接统治把殖民地的治理权下放给酋长及其追随者（"部落"），[87]而非民选的机构。这种统治形式授予酋长有限的课税权，提倡运用习惯法（法典化的当地惯例），借此将被殖民国家转化为由不同民族群体组成的松散邦联，且殖民官员可轻易审查这些民族彼此间的联系和往来（不管是纵向的还是横向的）。[88]这对民族主义政治主张的发展构成了挑战，但它并非最大的威胁。更严峻的挑战，乃是"次民族主义"（sub-nationalism）的兴起。次民族主义乃是以语言、宗教、族裔或地位身份为核心认同的新情感，它否认殖民政权作为文化单位或政治单位的现实状况。我们不难理解次民族主义如何产生：识字率与印刷品分布的不均、经济变迁冲击程度的地区差异、宗教信仰与教义之间日益分明的区隔，使一连串敌视最初民族主义者的"新"社群开始行动起来。在这一方面，印度就是个典型例子。"在我眼中，不管是在大英帝国之内……还是之外取得自治，印度西北部出现统一的伊斯兰国家，都是穆斯林的最后归宿，至少是印度西北部的最后归宿。"诗人暨哲学家穆罕默德·伊克巴尔（Muhammad Iqbal），在1930年12月出任穆斯林联盟主席的就职演说中如此宣称。[89]"把我们印度教信徒绑在一块的，不只是对……共同祖国的热爱……还有对我们的伟大文明——我们的印度文化——一致的敬意。"萨瓦卡尔（V. D. Savarkar）在其宣传小册子《印度教特质：谁是印度教信徒？》（*Hindutva: Who is a Hindu?*）[90]中如此宣称，并驳斥世俗性的印度民族主义观念。平民领袖安贝德卡尔（B. R. Ambedkar）

第七章 步向世界危机　　411

则高喊:"英国有个帝国,印度教信徒也有个帝国。因为印度教不就是某种帝国主义,而贱民必须效忠、驯服于他们的印度教主子,这不就是受支配的种族吗?"[91] 甘地主张国大党是所有印度民意的唯一代表,但到了 20 世纪 30 年代,这一主张已失去公信力。在其他殖民地,本土族群的政治觉醒或文化觉醒,就意味着它们会要求脱离那些曾是剥削者而深受痛恨或未来可能攫取支配地位的其他本土族群,或是要求得到保护,免受其他族群侵犯。对缅甸的山地邦(Hill State)居民或法属中南半岛上的老挝人、高棉人来说,殖民地统治者的威胁,还不如缅族人或越南人的威胁更大。人们没有理由相信,随着时间变化,最早的民族主义运动会盖过新出现的次民族主义运动,或是在被镇压、围堵的困境下继续发挥影响力。20 世纪 30 年代晚期,令尼赫鲁无比沮丧的,乃是担心国大党会屈服于各个省份、各个地区、各个阶级,以及各个宗教的利益需求。独立的机会一旦错过,可能就不会再来,届时印度或许只能获得限制重重、有名无实的独立。

因此,这时的人们很难想象欧洲诸帝国会早早覆灭。事实上,拥有最大帝国版图的英国,倾向于强化其对帝国内部某些地区的掌控,那些地区(例如阿根廷)更加依赖英国市场,或自认比以往任何时候都更需要英国的战略性保护(例如新西兰、澳大利亚)。在亚非广大地区,欧洲帝国主义都依赖于当地盟友及附庸的勉强默许,才得以保住其支配地位,而在这些地区,情势也已经走入某种僵局。殖民的动力(欧洲殖民者在大部分地方其实从未有过强劲的殖民动力)已然消失。权力的资源也快耗尽,殖民者的目标已然涣散,但殖民主义仍在"营业中"。它在殖民地的当地敌人,仍要在殖民者建造的迷宫中寻找出路。他们需要有一场来自外部的大冲击,帮助他们辟出一条通路。

帝国主义兵戎相见

帝国主义可以界定为一国欲借由将其他社会吸收进其政治、文化、经济体系，以支配其他社会的企图。诚如先前所提过的，最积极推行帝国主义的往往是欧洲人，但那并非欧洲人独有的行为，推行的方式也并非只有一种。帝国主义有时依赖于对扩张地区的直接政治控制，但让有名无实的当地政府继续当家，以掩饰外力支配的事实，往往更加省事。有时帝国主义会导致当地居民因大量新移民的涌入而失去家园。但在欧洲势力进入亚洲、非洲的过程中，这股趋势一直不强。欧洲人进入亚洲、非洲，大多是为了划定某经济独占区的范围，使贸易和投资为帝国所独家掌控。但也非一成不变：大英帝国，最大的帝国，施行自由贸易直到20世纪30年代。更常见的是基于意识形态性的要求（"文明开化使命"），诉诸一种文化阶层的观念：殖民者有能力实现"道德上、物质上的进步"，而与被殖民者的退步形成强烈对比。这文化帝国主义虽然极为傲慢，却没有"生物性种族主义"的那种残酷笃定。19世纪末期的帝国主义者，的确相当普遍地相信种族血统会对智力或道德发展有所限制。但并非所有帝国主义者皆如此认为，英、法两帝国（相较于美国）仍在法律、制度、官方意识形态上，正式认定人有可能不分种族一律平等。

因此，帝国主义不是毫无差异的铁板一块，而应被视为在目的和方法上差异极大的连续体。在一场闻名于今世的论辩中，几位最杰出的英国帝国主义史学家表明，英帝国的扩张模式因地而异，且主要取决于和当地精英合作空间的大小。在某些地区，当地精英愿意提供的合作无法满足英国利益，英国即施行"正式"统治，反之则保持"非正式"支配即可。[92] 这一规则可扩大到更大范围中。怀有帝国主义野心的国家,在扩张能力、自身利益观,以及可获得的机会上差异极大。资金不足和有限的地缘政治影响力,使排他性帝国更受追捧,但建立大帝国的机会也变少了。较晚上场角逐,可能意味着好东西已被挑光,只能捡剩下的。在特定时刻,有意成为帝国主义强权的统治集团,可能觉得扩张的成本和风险远大于其可能带来的好处。出于此种及其他原因,1880年后,诸帝国大肆扩张,欧洲诸国却未大动干戈。瓜分势力范围的外交活动也反映了一个事实,即在利害关系最大的地方(中东和中国),当地既有的体制并未瓦解,且任何强权都没有动机或能力将之强行分割。

19世纪末期诸帝国的竞争对立,一直令史学家大为着迷。但催生那些竞争对立的"新帝国主义",却不具备特别强的侵略性,这与20世纪30、40年代的残酷扩张几无共通之处。在"一战"后受到压抑的帝国扩张冲劲,在20世纪30、40年代达到凶残的最高潮。在这20年间,有意跻身帝国主义强权者,在领土掠夺上的急迫感远胜于1914年前。它对国际秩序的威胁,无法像先前那样,借由将冲击转移到统治力量较薄弱的"外围世界"来加以纾解。而三个关键的时局发展要素,更是强化了掠夺的激烈程度,打破了妥协的可能性。第一个要素是1930年后经济危机的加剧,及其引发的民众关于社会全面崩溃的忧虑。第二个是国与国之间——欧洲的共产主义国家、自由主义国家与法西斯国家之间——意识形态战争的暴烈以及由此扩大的不信任。第三个要素是世界局势最有可能的发展趋势,乃是由分歧走向集团化的彼此对抗,于是在这样的世界里,人人忧心自己会在经济上、种族上或地缘战略上陷入围困。雪上加霜的是,自认最有可能遭受这些危险的政权——德国和日本——正是最不愿维持均势和旧社会秩序(这是1914年前抑制帝国冒进主义的两大因素)的政权;它们更不可能尊重世界既有的国界划分。20世纪30年代的新帝国主义,是一种焦虑的、无法无天的动荡世界的恶果。

那么新帝国主义会以什么形式呈现?它在德国的推动下逐渐成形。希特勒掌权后,德国对"国联世界"领袖的反抗变得越发激烈。借由公然违反《凡尔赛和约》的裁军规定,将莱茵兰军事化,吞并奥地利,以侵略性的外交政策逼迫捷克斯洛伐克退出国联,希特勒羞辱了战后体制的两大守护者英国和法国,使两国的气势顿时矮了一截。他鼓励当时同样不遵守国联规定的意大利(德国过去的伙伴)倒戈。希特勒的帝国主义——追求"生存空间"(Lebensraum)——矛头指向东欧,指向乌克兰和苏联,想要在苏维埃国家的"废墟"(既是国家实体,也是意识形态层面)上建立帝国。相比之下,他对英、法的殖民帝国兴趣不大,并将1914年前德国挑战英国之举视为自取灭亡的大错。[93]但1939年,他发现英、法这两个强权不愿在未曾交火的情况下轻易准许他登上东欧霸主的宝座。斯大林是他的主要对手,但在打赢主要对手之前,他得先打败英、法,为此他在1939年8月与斯大林签署了《苏德互不侵犯条约》。德苏两国都在争取时间:德国在为称霸西欧、中欧争取时间,斯大林在为必然到来的苦战做好准备、争取时间。有几个月时间,希特勒所下的赌注似乎比斯大林的更大。毕竟,如果以第一次世界大战为参照,他几乎不可能在一场全面战争中击败英、法,特别是如果他还有苏联这个后顾之忧。即使他打赢了这场战争的第一阶段,波兰遭到强行瓜分,西方仍然在玩非正式的武装停战——英国人所谓的"假战"(phoney war),法国人所谓的"怪战"(drôle de guerre)。当时人们普遍认为,如果德国无法迅速获胜,它那已然不堪重负的经济,会比有海外投资和帝国作为后盾的英、法两国经济更早崩溃。[94]经过六个月的"战争",德国人可能会失去斗志。英国首相张伯伦在

1940年4月说道:"希特勒已然错失良机。"[95]

但在1940年5月至6月的闪电战中,希特勒打破所有理性的预测,将欧陆大部分地区纳入宰制。他可以从法国的大西洋海岸,向英国发动潜艇战,封锁其海上航路。他迟早会进攻苏联,将从大西洋海岸到乌拉尔山脉之间的广大土地都纳入德国掌控。与此同时,他戏剧性地击败西方大国也表明第一次世界大战之后的世界秩序开始崩溃,这种崩溃甚至不限于欧洲。法国一垮,意大利立即参战,试图攻击希腊和埃及——英国控制中东的战略要塞——以建立地中海帝国。英国如果失去开罗(大英帝国的运输中心)和苏伊士运河,将无力阻止轴心国挺进波斯湾和(最后到达)印度边境。讽刺的是,意大利进攻希腊和埃及,坏了希特勒的大计。这拖延了德国对苏联的大举进攻,使他在1941年6月才发动"红胡子行动"(Operation Barbarossa)。随着德军势如破竹深入苏联,长驱直入乌克兰,一场大规模地缘政治革命随之展开。种种迹象显示,一年之内,德国人就会控制乌拉尔山脉以西的苏联国土和盛产石油的高加索。德国人将建立一个规模空前的大帝国,将控制麦金德所说的"心脏地带",称霸欧亚大陆,把英国(和美国)逼到欧亚大陆的沿海边陲以及欧亚之外的"外围世界"。[96]"我们会成为被封锁的一方。"一名美国专家如是说。如果走到那种地步,亚非的旧殖民秩序,大概剩不下多少。事实上,到1941年中期时,世上最大的殖民地已明显浮现出种种危机迹象。面对德国称霸欧陆的局面,以及中东的新威胁,英国不得不(一反原来的计划)动用印度的资源。这时的英国不得不满足印度民族主义者和穆斯林"次民族主义者"的要求,否则就会面临政治反抗。英国人开始走上曲折的妥协之路,进而在1942年中期许下让印度在战后独立的重大承诺。

在欧亚世界东端,第二场大剧变已然开始。征服中国东三省后,日本人继续渗入华北，并在 1936 年中期将内蒙古纳入其掌控范围。1937 年 7 月，驻华日军挑起与国民政府军队的冲突，全面战争开始。东京的目标乃是把中国纳为其东亚体系的一环，切断中国与西方及苏联的联系。日本的文化焦虑感，"整个亚洲"起来反抗殖民主义西方的意识形态要求，[97] 以及日本对欧洲在亚洲的势力正急剧衰落的日益深信，使日本敢于放手推动帝国扩张。[98] 日本在 20 世纪 30 年代经济极发达，但其主要海外市场，极度依赖于同英国（当英国统治印度时）和美国的良好关系。诸强权之中，就数日本最难以抵御工业经济被外力破坏的损失：其本身的商业帝国就是预防这一毁灭性结局的最有力保障。事实上，把持东京政府的军方领袖，认为世界很快就会被分割为一个个地区和封闭的经济区。他们可以在未来的一场战争中将苏联、英国赶出东亚。与此同时，日本军方推断，日本可以逐步扩大其在华控制区，而不会有与美国开战的危险，因为美国虽厌恶日本建立帝国，却也极其敌视苏联。[99] 英、美对日本入侵中国一事未有一致反应，而且美国国会在 1938 年反对建造新战列舰，美国海军在太平洋也采取守势，这些在日本看来，似乎证实了它的判断。[100]

但情势发展终未如日本所愿。英、美并未退缩：即使国民政府从南京被赶到内陆深处的重庆，英、美仍继续援助国民政府。但伦敦和华盛顿也有所误判，错估了日本及其武力侵略的决心。1940 年 6 月，法国失陷之后，日本的气焰更为高涨。9 月 23 日，听命于希特勒的法国政府同意日军进入法属中南半岛。几天后（27 日），日本与德国、意大利签署三国条约，用意或许是欲阻止英、美继续援助国民政府。来年 4 月，日本达成另一项协议。先前，1939 年 8 月，日军已在蒙古的诺门坎和苏联军队打了一场关键战役，红军胜利。双方从中得到教训：再打下去毫无意义，至少就目前来说是如此。双方都不想陷入双线作战的局面。1941年4月的中立条约，正式确定了双方的立场，苏联军队得以全力对德作战，日军则得以向南方发动另一场战争。1941年7月，日军进入中南半岛南部，取得入侵泰国、马来亚、荷属东印度群岛（蕴藏丰富石油）的跳板。华盛顿以石油禁运作为回应时（日本仍有八成石油来自美国），日本的反应是打一场先发制人的战争。12月7日日本偷袭珍珠港和两个月后攻占新加坡（和希特勒在西方一样惊人的两场胜利）之后，日本成为亚太霸主。东南亚殖民地已落入日本之手，日本入侵印度似乎是迟早的事。到了1942年中期，苏联节节败退，大英帝国就快垮台。两股新帝国主义势力就要瓜分欧亚，然后或许就是瓜分全世界。"新秩序"眼看就要降临。

这些惊人的事件，表明1914年前以欧洲为中心、看似牢不可破的世界秩序终于崩溃，还揭露了"自由世界"惊人的脆弱性——它的战后重建曾被高声夸耀。这还不只是自由贸易终结的问题。20世纪30年代，欧洲和东亚都出现了规模空前的政治暴力。思想控制、宣传、武力，成为集权政府日常的统治手段。意识形态战争爆发且战火激烈，人性禁不住压力而扭曲。最骇人的，不只是种族敌视心态的爆发，还在于计划性种族主义的大行其道。1942年（或许是现代世界史上最关键的一年），种族主义发展到高潮。在柏林附近的万湖召开的一场官方会议，把"大屠杀"列为德国的官方政策。[101]1942年，是"最令人惊骇的大屠杀年，整个人类历史上最令人惊骇的杀戮年份之一"。[102] 落入纳粹之手的犹太人，有将近一半在1942年3月后的12个月里遭到杀害。在这场疯狂的屠戮中，我们或许看到了一个世界的终结。究竟是什么造成了这一道德沦丧的深渊？

今人很容易就会把20世纪30、40年代斥为狂人、疯子大行其道的怪诞时代。这一观念并无根据。那一时期的历史进程十分复杂，但主要的发展脉络似乎再清楚不过。暴力、仇恨、杀戮、各个文化的封闭性倾向以及经济的自给自足趋势——这种种现象源于1890年后塑造世界的两股强势力量的相互冲击。第一股力量是促使诸多文化体、经济体和政治体，以庞大规模和惊人速度接受外来影响的剧烈全球化。全球化虽有种种迷人之处，但可想而知，它也在许多社会里制造了数不胜数的苦恼与恐惧，其中包括以文化、种族"净化"为诉求的普遍运动。第二股力量是国家的建立。国家建造与全球化趋势在许多方面受到了同样要素的激发：交通的改善、大型产业的兴起，以及新社群的诞生。利用它们还可打造新式的威权和新的控制方法。国家建造者发觉，可以利用当地对外国人的恐惧来强化他们要求人民爱国服从的主张。1914年前，全球化和国家建造已以不稳固的平衡关系携手并进。但20世纪初的双重大危机，破坏了这不稳固的平衡。"一战"及其结果摧毁了国际秩序的合法性，也就是摧毁了全球化所倚赖的政治架构。在欧洲前两大国家俄国与德国中，失败带来的冲击催生出对经济开放、文化开放的激烈反对。1930年后贸易的大幅萎缩，使民众骤然产生了强烈的反抗情绪。日本的泛亚洲主义者和法西斯主义者相信，全球主义的实验到当时为止带来的只有灾难，这些实验已离寿终正寝不远了。在接下来的权力斗争（或许是决定生死存亡的斗争）中，真正紧要的乃是民族国家的强大、内部团结及其扩张规模。在没有集体意志的分裂世界里，加诸个体的约束少之又少。1942年中期烽火连天的欧亚大战争，乃是全世界的危机。

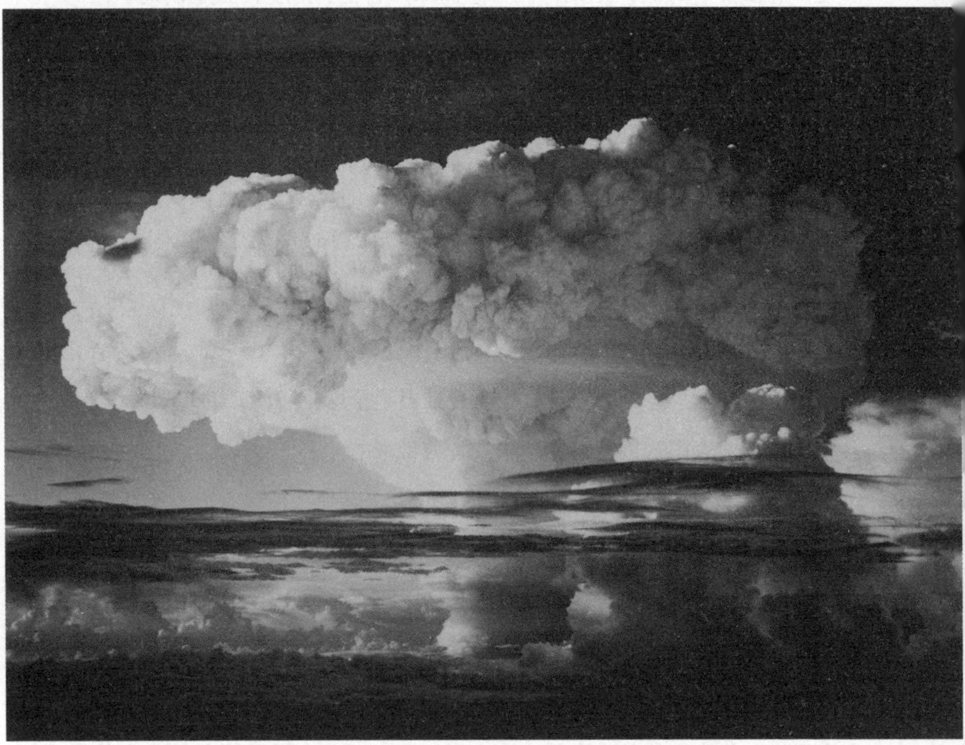

第八章

帝国碰壁

Empire Denied

20 世纪后半叶
欧亚旧帝国消亡,美苏两极对立

对于饱受"二战"折磨的人而言,这场战争无异于世界末日。它摧毁了1918年后就已出现裂痕的薄弱的国际社会结构,摧毁了国家及其事业;堵塞了贸易通道,创造出新的经济依存形式;无论是在财力还是物力上,都给人民和政府带来了难以承受的新负担;塑造了通过宣传、警察、复杂经济网络进行控制的新型高压统治方式;放大了意识形态的力量,使之服务于对民众的激励与动员;让暴力无序的巨浪席卷远超战区或军队行进路线的广阔地带;使无数人流离失所、受到奴役,或是失去性命,这在欧洲、东南亚以及中国格外显著。这场战争不论如何结束,都必然在接下来的和平上投下阴影。浩大的战后重建任务,将落在疲惫而茫然的人民和政府肩上。[1] 在战后的世界,恢复社会与政治上的凝聚力(或者说规范)是当务之急。那些能够维持(或超越)战时生产水平的国家,将在权力斗争中占尽优势。有一点可以确定:即使动荡的20世纪30年代中真的存在某种"原状",如今也不可能恢复了。1939年前的世界,一如1914年前的世界,一去不复返。

当然,这并不表示新世界会如月球表面般处处都与以往不同。"二战"虽带来种种可怕的冲突压力，地球上仍有大片地区（美洲和非洲）保持了其社会与政治秩序。在此以外的许多地方，平民百姓最强烈的愿望（几可确定的）是摆脱当权者的需索，恢复正常的日常生活。他们会不满于战后的种种新规则，不满于国家对劳动力的需索，不满于物质生活上的新困苦。因为战胜国会把许多战前的目标和设想施加给战后的和平世界——不论那些目标和设想在战争中已经发生了怎样的变化。只要是力所能及的地方，它们都会利用战争的残余影响，建造符合自身利益的新秩序——只要它们能确定自身利益为何。实际上，它们在和平蓝图（"一战"结束至"二战"爆发之间那段岁月的另一项遗产）上达成共识，或是有意愿、有能力在全世界实现其和平计划的概率都微乎其微。因此，战后世界（不管预言家和规划者的梦想为何）并不是一个新的开端，也无法消除冲突。那像是个被炸毁的城市，最迫切的需求乃是加固那些幸存的建筑，把其他已被炸毁的遗址分给那些彼此竞争的承包商进行重建。但由于人们难以就重建地点或拆除部位达成共识，也会争夺那块最大的废墟的归属权，因此战后重建过程缓慢、波折重重且充满仇恨。1949年后，紧张的氛围变得更令人窒息，因为这时两个超级大国都有了大规模毁灭工具：核武器。在这样的时代背景下，旧帝国被打破，新帝国组成。

瓜分欧亚

第二次世界大战这场全球战争，在1942年与1943年时走到转折点。在1942年6月的中途岛之役里，美军摧毁了日本海军在西太平洋的防守力量。1942年10月至11月，德、意联军试图攻下埃及、分割大英帝国版图的计划在阿拉曼（Alamein）以决定性的失败告终。特别重要的是，在斯大林格勒战役和库尔斯克（Kursk）的坦克大战中，德国欲击败苏联的企图被彻底粉碎。轴心国虽赢得数场胜利，但1943年过半后仍无法击溃敌人，东京、柏林无法如愿建造其渴望的新世界秩序。这时仍有悬念的是这场战争会何时结束，如何结束，战争结束后的世界局势如何，以及战胜国间的力量均势如何。1944年6月盟军的诺曼底登陆若未成功，或是同时期的日军若在印度边境的英帕尔（Imphal）获胜，战局都将发生逆转。

与此同时，在同盟国（反轴心国联盟开始如此自称）一方，旧殖民秩序的瓦解，乃是该阵营最强大的两个国家（美、苏）公开声明的目标。莫斯科对帝国的敌视也是不言自明的，帝国毁灭将使资本主义不可避免地走向灭亡。美国总统罗斯福则毫不掩饰其对欧洲殖民统治的厌恶，但基于对丘吉尔的尊重，他把大部分抨击的矛头指向法国殖民主义的恶行，而非英国。但当时的美国决策者普遍认为，英国对其本土的防御虽英勇可敬，但其作为帝国主义霸权的地位，已无可挽回地衰落了。事实上，英国人自身也不乏此观点的认同者。新加坡的失守，马来亚与缅甸的丧失，英军的节节败退，亚洲臣民（特别是在印度）欠缺为英帝国大业奋斗的冲劲，这些似乎都显示出英国支配南亚、东南亚的世纪已步入尾声。固守旧式帝国主义，将是徒劳且危险的。在《照进殖民地的苏联之光》（*Soviet Light on the Colonies*，1944年企鹅公司出版的特刊）中，一位专业评论者比较了英国的殖民政策和苏联在中亚诸共和国的统治作为，认为前者不如后者。[2] 英国政府担心美国舆论的敌意于己不利，于是对美国发动魅力攻势，称帝国统治能帮助"落后民族"建设民主、促进发展，以此来美化它。[3] 殖民地政府被允许扩大政治活动与选举范围，殖民地的政治人物也注意到这情势的变化。不论战争结果如何，战前殖民地的政治僵局似乎都必然会被打破。一场重大变革的迹象已经显现。1943年，英国放弃其在中国已然无用的残余特权，中国终于彻底地废除了不平等条约。

但战争的进展并不意味着，由帝国组成的世界，必定会顺利转型为由民族国家组成的世界。同盟国稳定掌控的第一个地区是中东，其直接影响是使英国重拾其1918年起在当地享有的支配权。事实上，战胜使英国能更牢固地支配中东——至少看起来如此。英国人把开罗打造成其在中东和地中海庞大"经营范围"的中心。1936年英埃条约所划定的"苏伊士运河区"，乃是不受埃及管辖的庞大军事飞地，那里除了作坊、商店、训练基地和机场，还驻扎了数千人的部队。那是英国赖以将其兵力输送到世界各地的重要据点。事实上，几无迹象显示英国人认为他们应放弃对中东的支配。英国人担心苏联恢复势力，怀疑斯大林对博斯普鲁斯、达达尼尔两海峡以及伊朗北部（"二战"中被苏联军队占领）有所企图。英国人决心保护其在伊朗西南部的石油开采特许权，及其在波斯湾阿巴丹地区的产油飞地。他们认为中东是英国赖以向东半球发展势力的重要平台。他们的目标不是施行旧式的殖民统治（这在20年前就已经被放弃了），而是用更适宜的方式重塑当地的政治形态。他们的基本假设，乃是埃及、伊朗、阿拉伯诸国的"温和"民族主义者，会容忍英国势力以较"低调"的方式留在其境内，以换取英国的保护承诺和慷慨的经济援助。但英国人未能预见到巴勒斯坦（在国际授权下被委托给英国治理）境内阿拉伯人与犹太人的冲突，会在"二战"结束时因大批犹太难民涌入而迅速恶化，也没预料到阿拉伯人会认定以色列建国（和1948年英国人撤离后阿拉伯人在巴勒斯坦战争中的败北）是英国人对阿拉伯人的背叛，因而使英国的影响力大幅削减。中东帝国终结后，未能在多方势力的协调下过渡到民族国家阶段。

巴勒斯坦问题，英、苏对立的风险，日益重要的中东石油储备，都使中东的未来和欧洲的战争结果紧密相连。在理想状况下，欧洲各国会达成协议，来恢复战前的国际体系、民主自治，并推动经济复苏。若有这样的"新欧洲"诞生，以制衡美、苏势力，战后世界的发展模式会大不相同。但战争的进展，使这样的结果不可能发生。同盟国坚持要轴心国"无条件投降"（一方面是因为厌恶纳粹帝国，另一方面是因为担心谈判会使同盟国阵营分裂），希特勒决心作战到底，在1944、1945年几乎将整个欧洲都变成战场。欧陆许多地方都成了动员参战的纳粹帝国，纷纷消灭战前的国家形态，拔除战前诸社群，并对少数族群展开清洗。东欧、西欧及中欧的纳粹帝国主义在可怕的垂死挣扎中，留下了大规模的暴力、种族分裂与意识形态的对立，以及通敌（不管是否被迫）的污名等贻害无穷的恶果。在恐惧、报复、仇恨的气氛中，恢复民主自治（特别是在东欧）的任务，极易受到社会或种族冲突，以及外部压力的损害。迅速恢复欧洲的世界地位，是不可能的事。真实境况乃是诸战胜国与其当地盟友为了争夺对纳粹帝国残骸的掌控，展开一连串斗争。

对欧洲的瓜分并未立即开始。斯大林、罗斯福、丘吉尔原来的期望，似乎是粗略分割势力范围，承认苏联对波兰、罗马尼亚及保加利亚的主导权，但留下一大片"中间地带"（包括奥地利、匈牙利、捷克斯洛伐克）由欧洲的和约来决定其未来。但只有解决了德国问题，欧洲才能真正获得和平。同盟国在外交方面的最大顾虑，是担心德国再度壮大、建立新帝国，或是在百废待兴的东欧、中欧之上出现第二个纳粹帝国。出于显而易见的理由，那也是苏联最主要的顾虑。因此，欧洲的战后重建必须在确保欧陆不受德国侵略威胁的前提下进行。四国委员会（法国将会加入美、英、苏"三大国"之列）的职责，是永久地铲除德国帝国主义的机器和根源。在解除德国的武装、清除纳粹影响并削减其工业生产能力之后，德国就没办法再建立帝国。但同盟国就在这项工程上发生了分歧。在西方列强眼中，经济复苏是首要任务。它们担心经济迟迟无法恢复将引发西欧各地的民众骚乱，也不愿延迟它们所占领德国地区的经济正常化。斯大林反对此议，但西方列强一意孤行。1948年柏林封锁（斯大林的还击）之后，列强对德国的共管宣告结束，转为实质上的瓜分。在东欧、中欧各地，苏联扶植了以莫斯科为中心的共产党政权（南斯拉夫例外）。在西方，美国的经济援助（通过马歇尔计划）及其保护其他国家免受苏联压力的承诺，支撑起混合的经济体和民主政权。

欧洲分裂乃是战后世界的重大事件。这标志着同盟国的战时和谐终于瓦解，使斯大林深信苏联的确面临着美国的攻击[4]——因为资本主义无法容忍苏联的实验。苏联在掌控波兰、罗马尼亚及保加利亚之后，还试图将势力伸入伊朗、土耳其与希腊，华盛顿当局的立场迅速发生变化。因为美国深孚众望的苏联政策专家乔治·凯南（George Kennan），于1946年从莫斯科发出的著名"长篇电报"中，已宣称苏联具有强烈的扩张野心，而上述发展似乎印证了这一观点。凯南似乎主张，苏联的扩张由意识形态来推动，是旧时代扩张的延续。[5]在美国政界，那些声称要遏制苏联威胁、接下捍卫西欧重任的主张，都带有深恐共产党阴谋破坏美国自由的被害妄想心理——并最终演化成麦卡锡主义的可怕幻想。这一心态加深了意识形态的国际对立，为美国对其他国家的干涉行径打下了理论基础。朝鲜战争爆发后，美国坚信自己将会卷入对抗苏联扩张的全球冷战，进而以此为依据制定政策。与此同时，欧洲分裂使欧洲西半部更倚赖美国的力量（倚赖程度远非"二战"结束时任何人所能预见），而在苏联掌控的东方也出现同样情形。

在欧洲以外的世界，欧洲分裂带来的影响更加出人意料。

前面提过，美国领袖极度厌恶欧洲人的殖民帝国。在他们的想法中，这些帝国是封建残余，是特权的堡垒，民主的对立物，它们效率低下、落后且笨拙。更糟糕的是，这些帝国都在经济上采取排外政策，禁止与美国贸易往来，妨碍了美国出口的增长。在美国看来，法属中南半岛、荷属东印度群岛、英治马来亚以及缅甸这几个帝国的覆灭，以及英国从印度的撤离，似乎都是太平洋战争的结果。在短暂占领日本、解除其军事力量之后，美国更加坚定地要求迅速废除殖民统治。届时，各个被殖民国家就可以用前殖民地民族国家的身份重生，并能够向世上最大的前殖民地——美国——寻求帮助和意见。由于国力大不如前，且受困于更紧迫的本国事务，欧洲殖民列强对此也不会有异议。帝国已经是（或者已经被认为是）它们负担不起的奢侈品。

在一个重要例子中，就真实发生了这种情形。"二战"时英国人为保住家园而奋力抵御德国，但在丘吉尔的坚持下，英国也会努力保住其帝国势力。丘吉尔在一场著名谈话中宣称："我担任国王的首席大臣，不是为了主持大英帝国的破产清算。"但在1942年的危急时刻，就连丘吉尔也不得不同意，印度将会在战后不久获得独立。日本投降后的18个月中，伦敦的工党政府竭力想要找出让印度拥有自由但仍受到英国管辖的政治方案。他们拒斥穆斯林脱离印度独立建国的要求，原因之一在于印度的多数党，即国大党不同意此举；另一方面则是他们希望统一的印度会是在战后乐于与英国合作的亚洲伙伴。但在1947年初期，随着经济危机日益深重，英国人担心自己深陷印度内战无法脱身，于是弃械投降。英国派遣新总督前去印度，由他负责在一年内结束英国对印度的统治。蒙巴顿勋爵提前完成了任务。他让国大党相信要迅速获得独立就得接受国家分裂，若是继续抵抗，国家就可能陷

第八章 帝国碰壁 429

入混乱。随后他在接任总督6个月后的1947年8月，以迅雷不及掩耳之势撤出印度。此后不到一年，锡兰（斯里兰卡）和缅甸也相继独立。

令人意外的是，这一撤离帝国的举动并未成为通则。英国人确实也放弃了其在巴勒斯坦的托管权，但那主要是因为他们认为进一步卷入阿拉伯人与犹太人的冲突，会毁掉他们在中东地区急欲维持的支配地位。英、法、荷、比等国尚未意识到其经济衰退以及战略的暴露已使其海外帝国成为有害无利的负担，反而进一步扩张。为了重建千疮百孔的战后经济，它们需要转卖廉价原料和热带商品来换取美元，以便购买从美国进口的基本商品，而它们的殖民地似乎正是廉价原料和热带商品的理想来源：它们可以强迫殖民地接受低于世界平均水平的商品价格，接受欧洲的软通货，而非美国的硬通货（美元）。西非的可可，刚果的铜，马来亚的锡和橡胶，荷属东印度群岛的糖、咖啡、石油，将使宗主国在自身经济恢复平衡前免于困境。在荷兰，普遍流传着这样的说法："如果失去东印度群岛，一切都要遭殃。"1947年4月，荷兰展开"安全行动"（police action）以重新掌控爪哇的主要经济资产，[6] 荷兰财政大臣说道："我们已经在深渊边缘。"英国在伊朗西南部所拥有的石油开采特许权，价值自然更高。

支持帝国的论点，不全出于经济考虑。英国主张留在中东的理由中，地缘战略考虑是关键一环。战略家主张，要遏制苏联在中欧的侵略，最好的办法就是使用空中武力——英国此前已部署空军来对付纳粹德国的庞大轰炸机队。俄国的工业城市都在英国本土机场的航程之外，但凭借其中东基地，英国可以随心所欲地轰炸那些城市。英国在中东的支配地位，将弥补英国在欧洲本土的衰弱。战后法国的领袖也深信他们需要帝国——这一需求甚至与英国不相上下。法国于1940年6月战败后，一直由其非洲殖民地合力支持"自由法国"。欲让法国在战后恢复其世界强国地位，必先维持帝国的完整，更何况帝国是军队兵力的重要源泉。

但是，要保住帝国并非易事。那必然耗费金钱，消耗本土战后重建所需的宝贵资源。在东南亚，那意味着要压制当地在日本占领期间崛起的反抗运动，以恢复殖民统治。这些不知悔悟的帝国主义者，需要美国的金援，因此华盛顿当局若反对他们恢复殖民统治，他们大概不敢违抗，但这重顾虑已不复存在。随着杜鲁门及其顾问群把局势变化视为苏联的挑衅，他们对欧洲殖民主义的看法也几乎彻底反转。在杜鲁门及其顾问眼中，这时逼欧洲友邦放弃殖民资产并非明智之举。英国就军援土耳其、希腊等事务求助于美国时，美国用杜鲁门主义响应了英国的诉求，协助其在地中海和中东的围堵工作。美军的参谋长呼吁"向英联邦的通信系统和联合王国……竭尽所能地提供政治、经济援助，必要时也提供军事援助"。[7] 美国以一年10亿美元的经费，承担保卫英国海外帝国的开销，默许英国维持其在中东的势力。到了20世纪40年代末期，已有大笔援助给予法国，协助其维持在法属中南半岛的权威。欧洲战争的惊人结果，已使美国成为诸欧洲帝国的赞助人和保护者，但美国认为那些帝国的市场和经济迟早会向自己开放。

当然，促成这一结果的不只是发生在欧洲的那一连串事件。在欧洲大陆，纳粹的帝国主义垮台；而在东亚，日本的帝国主义也宣告失败。但一如在欧洲，战争在亚洲结束的方式出现了意外的转折与影响。在对日作战上，苏联采取中立立场。日本派遣大量军队（超过百万兵力）驻扎中国，以保卫日本的傀儡政权，消耗国民政府军队的反抗力量。美军不得不以伤亡惨重的逐岛击破方式缓慢推进，最终才有机会像诺曼底登陆般（计划如此）攻入日本本土。对于中国在击败日本的过程中和战后和平时期将要扮演的角色，华盛顿当局原有自己的构想，

第八章 帝国碰壁　　431

但其构想在战争的最后一年骤然破灭。到了 1944 年末期，国民政府军队在豫湘桂战役中的惨败，已使罗斯福和丘吉尔认为国民党在反击日本上力量有限，于是转而专注于说服斯大林在欧洲战事结束后立即出兵攻击日本。在 1945 年 2 月的雅尔塔会议上，他们同意让苏联收回其 1905 年失去的领土（千岛群岛和库页岛北部），原本在中国东北享有的铁路权，（最使人震惊的）及其位于中国旅顺港——该港扼守中国华北地区的海上进出门户——的旧海军基地，以换取苏联出兵相助。按照原先的构想，"二战"后国民党主政的中国将与美国、苏联以及英联邦共列全球"四强"，并成为美国在亚太地区的主要伙伴；但由于私下达成的"雅尔塔协议"，这一构想被打入冷宫。敦促日本投降的紧迫性，美军从海上入侵日本本土计划的预期伤亡，以及苏联援兵的不可或缺，使英、美不得不改变其优先考虑的事项。

结果击败日本凭借的不是苏联援兵，而是在广岛、长崎投放的原子弹。但日本帝国的垮台及其对"大东亚"地区占领的瓦解，并未使国民政府得利。在 20 世纪 30 年代，蒋介石可能认为只要日本被击败，民族主义主导下的新中国就将在东亚秩序里扮演领导角色。新生的中国可以挑动列强互斗以从中得利，并且恢复广大版图和收复藩属。[8] 战后几个月中，国民政府似乎仍然势不可当，就连斯大林都不看好毛泽东的共产党势力能扳倒国民政府，[9] 事实上八年的全面抗日战争（1937—1945 年）已使国民党的实力被消耗大半。靠着涓滴般的外援（"二战"期间美国对盟国的贷款只有 3% 流向中国），要在日本占领区以外的中国各地发展战争经济，无异于缘木求鱼。国民政府没有来自出口的收入。以中国不同地区间农产品交换为基础的国内商业经济，也受到战争以及随之而来的国土分裂的破坏。随着中国回到自给自足的经济形式，国民政府的货币最终失去保障、形同废纸。对农村生产者的征税也越来越苛刻。[10] 因此，国民政府在战争结束后试图消灭毛泽东领导的共产党政权时遭遇了重重困难。中国共产党充分理解了农民与地主、城镇阶层（政府收税的基础单位）的矛盾。它承诺让乡村自治，并且会重新分配土地，尽快解决广大农民赤贫的问题。[11] 共产党军队还从迅速进入中国东北的苏联那里得到至关重要的援助，取得日军储备的武器。蒋介石迅即派兵到北方，掌控中国东北的工业资产（中国东北地区南部是中国最富裕、工业化程度最高的地区），结果却使他本已衰弱的政权力量更加分散。[12] 1949 年，国民政府彻底战败；同年 10 月，中华人民共和国在北京宣告成立。

这些变化影响十分深远。在欧亚世界两端，"二战"都已创造出一个分裂的次大陆。一如在欧洲，人们未能达成一致的战后秩序来规划欧亚世界的未来；在东亚，也没有形成全面的和平协议来结束战争。在华盛顿当局停下来思索该如何应对国民党的失败时，共产党的影响力似乎已经要席卷从朝鲜到爪哇（包括日本在内）的诸多千疮百孔的战后社会。但要美国在保卫欧洲这个重担之外，把亚洲事务也揽在自己身上，似乎分身乏术。这两难困境把美国的政策推往新的方向。美国顺理成章地认为自己应该支持英、法在马来亚、越南的殖民政权，抵抗当地共产党领导的运动组织。同时美国却无意于支持荷兰对付印度尼西亚的民族主义者，因为后者在 1948 年镇压了一场共产主义运动，令华盛顿当局大为欣喜。外交上的困境也使美国打消了为中国利益而削弱日本工业力量的计划（麦克阿瑟将军原本预测日本会成为"亚洲的瑞士"），结果日本反倒成为美国的亚洲盟邦，让美国无限制使用其国土，以换取保护。在某些观察家眼中，这一特别的交易似乎是亚洲不平等条约的延续。

"我们生活在一个革命性的过渡年代。"尼赫鲁于 1949 年 1 月如

第八章　帝国碰壁　　433

是告诉一群亚洲领袖。[13] 他说得很有道理。战争及其后的动乱的影响，打破了世界许多地区的顺服习性。史学家通常把"二战"后最初的三四年称为冷战的序曲——先出现于欧洲，再出现于亚洲，事实上也确是如此。但这只是世界局势变化的一部分，而且这些变化对于世界上其他大部分地区而言，并不是最重要的部分。这些变化会如何影响"二战"所产生的其他动荡，时人也尚不清楚。因为欧亚世界两端所点燃的冲突，已在世界各地引发一连串震动。在它们的冲击下，既有的秩序（往往是晚近才出现的脆弱秩序）变形、扭曲，在某些地方则被彻底毁灭。战前被逐出权力舞台的群体（不管是共产主义者、社会主义者、民族主义者、犹太复国主义者、伊斯兰主义者还是分离主义者），都开始利用这个机会去打破既有的政治框架。本地的政党和利益团体争相去动员那些支配该地区的列强，以提升自己的实力。但他们的所作所为，无一不反映了某种极不确定的状态。各战胜国是否会强制施行其集体决定？[14] 它们是否会闹翻？美国是否会回到1919年那样的孤立状态？全球经济是否会走向衰退？大战的破坏是否会使世上许多地区无缘国际贸易？国家计划下的自给自足政策，是否会是唯一可行的经济复苏之道？战时环境下对私有财产的破坏（通过征税、充公或损害），还有个人权利的全面退却，是否已永远抹除旧有的社会差异，使社会不再有阶级之分？新的大众文化是否必然会战胜前工业时代的"高尚"文化与民间习俗？即将来临的时代里，会看到由诸多大国和大陆聚合体组成的世界，还是由诸多自由民族国家组成的宽松邦联？

在战后的头5年，迹象充满矛盾，许多小国对联合国寄望甚高。联合国成立于1945年，承继国际联盟，但比国联更有影响力。但联合国会成为制衡强权的力量，还是只是强权竞争和发生冲突的场所？1944年至1945年的布雷顿森林（Bretton Woods）协议，为防止经济再度陷入毁灭性的衰退,设立了新机制。国际货币基金组织使各国得以在不必对贸易和交换进行管制的情况下,也能应对国际收支上的短期危机(20 世纪 30 年代世界经济就因经济管制而萎缩)。美国人抱着新皈依者般的热诚,要求废除关税和其他贸易管制。但鉴于美国与世界其他地区在生产力上的巨大差异,以及其他国家缺少购买美国产品的美元外汇,新的自由贸易时代很快就停摆。英镑流通区(包括英国、英国诸殖民地、印度等英联邦的独立国家、埃及和伊拉克之类的某些中东国家)形成自成一体的贸易与货币区,美元流通在此受到严格管制。西欧多久才能恢复其生产实力或商品市场,这时仍不明朗——即使有美国的马歇尔计划提供援助;苏联集团则走向自给自足的计划经济。在如此严峻的环境下,很难想象未来会是个增长、繁荣、个人选择多元的时代。此时的当务之急还是不计代价扩大生产。这与政治自由的进步是否可以并行不悖,也是个耐人寻味的问题。在不加入大集团(或帝国),或是无法充分取得资金供应的情况下,小国能否独立生存,也仍然充满变数。

因此,人们未能就新世界秩序的可能面貌达成共识,也不足为奇。在各个旧殖民列强中,最见多识广者深信,只要在情况许可的地方,维持帝国体制都是最保险的做法——即使它们本应放宽殖民统治。殖民强权会用看似合理的论点,让殖民地人民相信,在混乱失序的世界里,帝国统治是有益于他们民生的做法。反殖民统治的民族主义者,可以通过英帝国势力从南亚的撤离得到鼓舞。但人们没有理由认为殖民帝国的衰落将会是全球现象,或是会迅速发生。我们几乎也同样没有理由相信,殖民统治者能够在世界各地再度振作,在美国支持下重建(经过修正的)殖民政权。尼赫鲁口中的革命年代仍方兴未艾。

去殖民化

当然，大家都知道，殖民统治的复活范围有限，且为时甚短。事实上，去殖民化成为亚非许多地区沛然莫之能御的政治趋势，其效应也在意识形态上影响了拉丁美洲。今人常把去殖民化等同于殖民统治的终结，但这样的界定太过狭隘，更有用的方式是将去殖民化视为以欧洲为中心的帝国秩序——这种秩序将欧洲帝国与其在海外领地的"权利"紧密联结起来——的瓦解。散布于亚非各地的基地、租界、驻军、炮艇、条约口岸、不平等条约（如在埃及或中国境内所见），和旧帝国地图上以红、蓝、黄或绿色标示的殖民地和保护国，都是欧洲帝国主义的外在表现。以欧洲以外国家普遍未能达到欧洲访客所期待的文明标准为借口，认为欧洲人的干涉是顺天应人之举，也是欧洲帝国主义的表现。这一帝国"秩序"认为世上诸文化间存有等级关系，西北欧人（和欧裔美国人）诸社会具有进步能力，西方以外的文化则摆脱不掉（有时也是独特的）"停滞状态"，两者往往形成鲜明对比。这一帝国"秩序"还认为应在可以施行经济分工的地方施行经济分工，即由帝国-工业世界提供资本、制造品、技术，换取西方以外诸国的原料和粮食。

这一全球"体制"的绝大部分内容，在"二战"结束后的20年里很快就被摧毁，以欧洲为中心的世界秩序无法再持续。事实上，英法两国试图在它们统治或是原本受它们势力支配的地区维持这一世界秩序，却激起当地的反抗，迫使它们最终从这些地区撤离。它们的美国代理人身份原本能维持得更久，但大西洋彼岸的赞助者，在20世纪50年代中期时已对殖民的方法失去信心，大环境已然改变，帝国、殖民统治的话语在国际事务上几乎完全失去了合法性。全球两大超级强国老早就痛斥这套话语，也有大量曾被殖民的国家（印度是其中影响最大的）把摧毁殖民主义视为当务之急，且两大超级强国都正在争取这些国家的友谊和支持。联合国（两大超级强国争夺影响力的主要战场）的机构和宪章所欲缔造的世界，早已把自由民族国家视为理想和准则。殖民统治失去了支撑。

去殖民化带来的结果十分显著。它使主权国家的数目激增，几乎使"一战"结束到"二战"爆发那段时期的国家总数增加了三倍，并摧毁了欧洲人在某些名存实亡的国家里行使特权的机构，打破了帝国统治的合法性，为帝国"服务"的理念也开始受到人们的嘲弄。去殖民化也有助于那些曾经的被殖民地政府，能够在帝国势力退出后没收外国人的财产、控制对外贸易、与跨国公司达成（有时有利可图的）和解；它促成了对于不同文化价值的大规模重新评估，并极大地促使人们拒斥或是质疑那些被视为源自欧洲的事物。目前尚不明朗的（我们接下来会看到），乃是欧洲所支配的帝国秩序崩溃，是否代表世界确实在向"由诸民族国家组成的世界"过渡；欧亚世界的分割（去殖民化得以发生的必要环境）是否将会促成新式帝国的兴起，而这些新式帝国虽然不那么倚赖殖民统治，却能够以同样有效的新形式施加影响。

英国在1947年结束对印度的统治，以及两年后欧洲海军撤离中国，都标志着亚洲史上"达·伽马时代"的结束。欧洲支配的时代就此告终——数年后一位印度史学家做出了上述论断。[15] 当然，欧洲的支配程度不该被夸大。欧洲人曾建造庞大的殖民帝国，特别是在亚洲南部：马来群岛、中南半岛，尤其是印度。欧洲人在约1840年后控制了通往东亚的海上航路，且在19世纪60年代时已在中国沿海地区站稳脚跟。但日本不愿臣服于欧洲，也不满足于仅仅保住独立自主的地位。1890年后欧洲人刚开始要把势力进一步深入中国的社会和经济，就因第一次世界大战的地缘政治变动而停下脚步。欧洲在亚洲的殖民一直是局部性的，在东南亚许多地区只是浅浅扎根（19 世纪 90 年代之前在东南亚的殖民统治并不稳固）。欧洲人在大陆沿海边陲的扎根，比在内陆更牢固（在这点上，一如在其他方面，印度都是个异数）。欧洲殖民势力在 1941 年至 1942 年时瓦解得如此快，且在 1945 年后只短暂东山再起，旋即又覆灭，部分原因在此。

但 1945 年后的改变确实巨大。不到十年，殖民统治在南亚、东亚、东南亚几乎已荡然无存。在那些仍施行殖民统治的地方，只要该地不是无足轻重，独立都已被提上日程。香港是个例外。[16] 看到战后欧洲满目疮痍，陷入分裂，新一代亚洲政治领袖自然会惊异于世界局势在短短数年内的巨大变化。以欧洲为中心的世界秩序同时也日趋瓦解，独立国家在亚洲大部分地区突然开始涌现，预示着一个新的历史进程。亚洲的种族观和文化观，亚洲对欧洲内部争端的漠不关心，亚洲数百万贫困人民的福祉——这些如今都得以被更多人关注。

1955 年 5 月在印度尼西亚万隆举行的"亚非"会议，就带有这种精神。会议东道主是印度尼西亚总统暨印度尼西亚反殖民统治革命英雄苏加诺。超过 25 个国家和地区派出代表参与会议，包括黄金海岸、塞浦路斯这两个仍为殖民地的地方。[17] 埃及代表是纳赛尔。印度总理尼赫鲁、中国总理周恩来的与会，提升了这场会议的权威性。会议没有正式议程，但暗藏的目标乃是捍卫非西方世界在国际政治上的权利。会议决议要求让更多亚非国家进入联合国安理会，谴责各种形式的种族歧视，宣告殖民主义为"应予迅速铲除"的恶行。周恩来在广结善缘的演说中强调，中国没有扩张野心，坚持求同存异方针。尼赫鲁谴责与西方结盟的举动，称之为"对亚非国家无可容忍的羞辱"，谴责北大西洋公约组织乃是"殖民主义最有力的保护者之一"。非洲和亚洲应在东、西方的冲突中保持中立："我们何必卷入他们的纷争和战争中？"[18]

尼赫鲁、周恩来演说的背后，潜藏着对亚非的未来构想——未来，外部影响只有在亚非人民的宽容下，才得以存在。那是一种崇高的去殖民化构想，摒弃了后帝国主义时代残存的一切帝国遗绪。亚洲诸国要开始为解放剩下的被殖民人民而奋斗。亚非人民之间的文化合作，将取代过去对欧洲文明主张的顺从。这些观念至今仍具影响力。组成一个不结盟的"第三世界"，与东、西方抗衡的想法打动了许多人。第三世界在联合国强势展示了其团结对抗殖民主义的决心，从而使欧洲人的统治（特别是1960年后欧洲人在非洲的统治）更快结束。但万隆会议构想出的后殖民前景，尽管令人憧憬，却是在一开始就注定无从实现的。去殖民化并非只是废除殖民统治或排除欧洲影响那么简单，即使在万隆会议上，支持尼赫鲁"中立主义"路线的亚非国家和公开亲西方的一大群国家之间，就已出现裂痕。原因之一在于对大国意图的忧心不安，但更深层的原因在于亚洲脱离帝国宰制所引发的复杂紧张关系。因为脱离帝国宰制后出现的一众新兴民族国家，并非完全从亚洲的"旧制度"基础上发展而来。在帝国垮台或遭推翻的地方，接下来的发展乃是群雄继起、争夺大位。帝国统治往往将不同民族绑在一块，且不顾古老的民族-文化分界，因而不管是新的民族认同，还是民族的领土权，都无法被视为顺理成章之物。如果这只是针对欧洲人已打造的殖民帝国，情况或许会简单些，但到20世纪50年代时，亚洲还散落着其他覆灭帝国的遗骸。

一如在过去欧亚历史上频频见到的，中国扮演了关键角色。毛泽东的非凡胜利除了要归功于中国共产党符合民意的"土改计划"，或许也缘于中国乡村大众因痛恨日军侵占而起的"农民爱国主义"。[19]

哪个贡献较大，至今仍无定论。[20] 但毋庸置疑的是，中国已恢复在东亚的主导地位，拥有数量庞大而身经百战的军队。新任中国领导人在这一点上与先前中华民国领导人和清朝统治者持有同样看法：只有由可靠的政权掌控通往中国的陆上要道，中国才能保证内部统治的安稳。当朝鲜似乎要被美国势力染指时，中国果断抗美援朝。[21] 对于中国南部疆域，毛泽东持有类似观点。当越盟与法国人在越南北方的争斗走到关键阶段时，中国提供军援和战略"建议"，促成了1954年5月法军在奠边府之役的溃败（法国结束其在中南半岛殖民统治的序曲）。[22] 北京担心自己遭到包围，乃是因为国民党势力在台湾存活了下来，且可能在美国援助下重启政治斗争。因为中国共产党虽已把国民党赶出大陆，毛泽东及其同志深知政权还不是完全稳固。他们面临着要在中国的农业基础上建立新工业国家的挑战。他们必须在尚待塑造的社会新秩序中稳固政治基础。

由于感受到来自内、外的威胁，中华人民共和国未像中国古代的统治者那样退入与外隔绝的境地。在美国唆使下，联合国拒绝中华人民共和国恢复合法席位，这正是中国所受威胁的鲜明体现（直到1971年中国才得以重返联合国）。最初，中国的政策既审慎又乐观。由于发展工业刻不容缓，还必须制衡美国对国民党的援助，中华人民共和国选择与苏联结盟。在1953年至1954年的朝鲜半岛、越南，北京接受双方各退一步达成的和平，同意南北分治。法国在第一次印度支那战争中落败之后，周恩来致力于以温和的外交手段化解地区恐惧（和抑制美国影响力），但到了20世纪50年代末期，中国转而认为必须采取更加强硬的态度。1960年，中国同意河内锲而不舍的要求，即重启后者自1954年搁置的武装斗争，统一越南。[23] 毛泽东的新路线，是让中国成为革命行动的支持者，而革命的矛头则指向残存的殖民政权或是与资本主义勾结的新政权。他的主张很简单，推翻帝国主义的大业远未完成，欲实现去殖民化（如果要来真的），就得诉诸贫困农民的大规模乡村运动：以全球规模的"人民战争"应对全世界的资产阶级。[24]

毛泽东为后帝国主义世界提出的计划，在知识界和政治界激起广大回响，尤其打动了那些想要隔岸观火、坐享成果的人。20世纪60、70年代，这计划为后殖民政权提供了比失败和妥协前景更好的选择，它吸引了那些仍想扭转资本主义在战后世界卷土重来势头的人士。诚如我们稍后将会看到的，它在东南亚的特殊环境里取得了最显著的成就。但从更广阔的视角来看，真正影响深远的乃是中国及其反帝主义遭遇的围堵。

如果说中国转向共产主义一事，超出了欧洲在战时的大部分预测，那么日本愿意"接受失败"同样令人意外。[25] 战争结束时，日本已被人数将近百万的美国军人和平民占领。[26] 6年多的时间里，美国总督（大部分时期由麦克阿瑟将军担任）握有行政权，任何重大决议都须经过他的同意。日本的主权地位被搁置：日本人不得出国，也不得批评美国的占领体制。占领政权推出许多改革措施，以根除日本穷兵黩武帝国主义的根源。女人得到公民权，投票年龄降低，使选举人数增加了一倍多。在占领者指示下制定的新宪法，禁止军方参与政治，宣布不再以战争作为施行国家政策的手段。财阀遭解散，土地改革削弱了地主的势力，使拥有自己土地的农民比例增加了一倍，达到约六成。[27] 占领者鼓励组成工会。新教科书推出，教育的课程大纲得到民主化。[28] 对战前体制如此猛烈的抨击，本有可能引来反弹，因为美国人所打交道的平民精英仍极保守。事实上，这也是双方在达成重大协议时得顾及的。美国人因忧心中国而"逆转进程"时，认为的确有必要建立一个拥有工业经济的强大日本。他们与强大的官僚体系和解，暗中支持日本天皇（日本人一直小心翼翼地维护着天皇有名无实的元首角色）。在东亚大陆日益动荡和1950年6月朝鲜半岛爆发战争时，日本保守领袖也没有多少回旋余地。他们急欲结束美国的占领，恢复日本的主权。但公然挑战华盛顿的政策可能会触怒美国大众，使日本的独立被继续推迟。那可能会鼓舞占三分之一日本选民的左派，引发更激烈的改变。

结果便是美国在新日本政权的形态和发展方向上，握有特别大的主导权。1951年在旧金山签署的和约，恢复日本的主权地位，但苏联和中国都非签约国。美国的条件很严格，日本必须接受一相互安全保障协议，同意美军使用日本境内任何地方，并让美军人员不受日本司法管辖。1879年遭日本吞并而在太平洋战争时爆发重大战役的冲绳岛，成为美国大基地，不再归日本政府治理。日本经济透过固定汇率与美国经济相绑，其在中国的旧市场则遭封闭，以配合美国的贸易禁运。在东亚战后格局形成的关键阶段，日本已成为美国支配该地区所不可或缺的支柱，美国可借以投射其经济实力和军事力量以制衡中国再度勃兴的大型离岸平台。日本的流行文化，也深刻感受到美国的影响。说来讽刺，在去殖民化的东亚，西方的影响（不只是欧洲的影响）反倒比"二战"前更为强势。

亚洲第三大国是印度。在尼赫鲁的领导下，印度也许曾希望在后殖民时期亚洲事务的决策中扮演重要角色。[29] 事实上，尼赫鲁可能曾想与北京联手，以让亚洲大陆的政局不受外来势力影响（一如他在万隆会议上曾呼吁过的），但客观情形不利于此。印度的影响力因其本身后殖民时期遗留的问题被极大削弱。印度独立的同时，国家走上令人心痛的分裂，留下尚未解决的冲突，使印、巴之间的关系极为紧张。印度的政治体制（将相当多的权力和资源下放给邦级政府）、与巴基斯坦开战的"国内"威胁、印度经济发展态势的低迷（20世纪50、60

年代印度占全球贸易的比重下跌了三分之二），使印度在此阶段成为亚洲"大国"的雄心落空。[30]

从广义上看，亚洲去殖民化的进程受到了亚洲几大强国自身缺陷与弱点的强烈影响。不管是独自发展还是彼此联手，它们都无望解决亚洲被诸帝国殖民的那段历史遗留下来的一连串纷争，以及当今亚洲革命的意识形态冲突。这也为尼赫鲁所亟欲排除的外来势力，留下了扩张的空间。中国与苏联的合作，使斯大林得以在1950年6月加入朝鲜战争。[31]美国控制了日本，才得以在朝鲜半岛南部部署大批军队。然而那些由外部势力扮演关键角色的地区冲突，主要发生在东南亚。

这绝非偶然。比起南亚（英国对这里的统治已经垮台）或东亚（日本帝国的主导地位随着战败而覆灭），殖民主义在东南亚的终结之路要坎坷得多。部分原因在于美国为英、法（尽管美国并未援助荷兰）的东南亚殖民行动提供了不少帮助。但是种族与宗教上的对立，地理上的割裂，以及殖民统治对东南亚国家建设的束缚，也是重要原因。日军在战争中的军事占领，最初看上去似乎摧毁了欧洲在东南亚的殖民统治，也使当地的政治领袖获得了充分的自由（和时间）去塑造新的政治凝聚力，打破旧殖民体制。缅甸、中南半岛，以及荷属东印度群岛（印度尼西亚），都出现了新的"民族"政府。东南亚指挥部的同盟国部队（主要是英军和印度部队）在日军撤走后重返东南亚时，发现这里已经有了本土的实力派新领袖，情势随之陷入僵局。对此，殖民强权的策略是承诺让渡部分权力，以笼络这些新领袖，但他们不会允许后者真正独立。不过东南亚当地政局与国际环境的动荡，使任何协议都难以延续。在缅甸，英国人很快就因为重新占领的高额成本及微薄收益而撤离此地。[32]在印度尼西亚、中南半岛、英属马来亚，抗争则延续了更久。

在马来群岛的大部分地区，民族主义获得的支持都很有限。那些地区的人们害怕被爪哇人支配，也对（某些局势下的）反伊斯兰运动心生畏惧，这让荷兰殖民者的统治在对比之下反倒没那么可怕了。因此，荷兰人希望利用这一客观局势，保住自身在印度尼西亚的殖民统治地位。但事实就是，即便在尼德兰-印度尼西亚"联邦"体制下，若没有爪哇（马来群岛最发达的地区，拥有印度尼西亚八分之五的人口）的支持，荷兰也无法顺利控制整个地区。而荷兰偏偏没能获得爪哇的支持，加上美国拒绝支援荷兰在苏门答腊和爪哇境内长期开展游击战（那可能破坏印度尼西亚经济，并且使更多当地人支持共产主义者），荷兰人不得不在1949年至1950年撤离。[33]

中南半岛的结局则有所不同。在这里，法国人能够将越南的北部（被法国人称作"东京"，即Tonkin的地区）和南部地区（法国殖民时期的"交趾支那"）都重新纳入掌控。他们的行动受到了越盟的强力抵抗（越盟以胡志明为领导人，以越南北部的农民阶层和南部的种植园经济为力量基础）。法国能够一度掌控越南，是因为其具备一大优势，即胡志明倡导的越南民族主义（胡本人是马克思主义者，两次大战之间共产国际的资深战士），在越南社会的大部分阶层——有产阶级、大部分城市居民、天主教徒（占北部总人口的20%）、高台教与和好教信徒，以及一些高地少数民族——中并没有很受欢迎。[34]其中许多人或是仍未表明立场，或是支持越南末代皇帝阮永瑞（年号"保大"）在法兰西联邦内建立越南自治政府。这种优势使法国能够勉力支撑对越盟的作战，也为美国阻止"共产主义者与武装部队"（美国国务卿艾奇逊语）掌控越南的行动提供了便利。[35]但到了1953年中期，保大帝的信誉已然全靠法国的军事威信来支撑。然而这种军事威信也在次年的奠边府之役中粉碎殆尽。保大帝的地位，以及法国在越南的地位，都无法维持了。但对胡志明而言，胜利并非轻而易举。

原因并不只是美国急切要阻止共产党势力的扩张——1954年华盛顿出于这一点曾考虑对支持胡志明的中国发动全面战争。第二个重要因素，乃是吴庭艳（人脉广阔的知名天主教徒）能够打造出一个可以控制住南越大部分地区的强大网络。吴庭艳是民族主义者，他的精明足以使他获取美国的支持，并拒绝法国的"半独立"提议。他后来被斥为美国的走狗，但他的初衷乃是打倒胡志明，按照自己的构想建立越南国家。[36] 第三，则是越盟受到限制，无法放手施为——一方面是因为中国想要避免战争，另一方面也是因为中国不希望将老挝、柬埔寨推入美国怀抱。作为回应，老挝和柬埔寨保证中立，而泰国此时已经加入西方的《东南亚国家马尼拉协议》。在东南亚大陆地区，大部分摩擦源于缅甸人、泰国人、越南人、老挝人，以及高棉人的建国计划——这些族群彼此之间的冲突，不可避免地将外部势力引入该地区，使他们难以抗拒外国人的援助建议。在马来亚，情形也差不多。在马来亚的政治领袖眼中，1948年后的共产党人起义活动，既是对英国殖民统治的威胁，也是当地华人对未来马来国的质疑。为防止共产党势力扩大，防止他们的马来亚"老大哥"（苏加诺的印度尼西亚）势力的渗透，他们于1957年独立的同时与英国结盟，而未选择不结盟或是中立路线。[37]

因此，1945年至1960年亚洲去殖民化运动的关键阶段，实际进程与万隆会议上人们宣说的希望和梦想大相径庭。许多亚洲领袖并未如尼赫鲁主张的那样，将冷战的外交游戏斥为无用之举，反倒接受了"两极"世界的现实。他们未能维持光荣的独立，反倒希望利用冷战来为当地谋取利益。或许，他们实际上除此之外别无选择。经济与军事力量的薄弱、内部分裂、社会动荡，以及百年来向亚洲以外寻求现代

第八章 帝国碰壁　445

性道路的惯性思维，必然使亚洲的后殖民时代发展偏离正轨。这些因素会在多大程度上将亚洲大陆拉进新帝国体系的轨道中，此时仍有待观察。

中东的去殖民化进程，同样充满艰辛、痛苦，且冲突不断。在中东，一如在亚洲其他地区，人们把第二次世界大战的结束视为新的开端。随着和平降临，中东人民得到了英国的承诺，即终结其在整个中东地区建立起来的庞大军事帝国。战时英国的超级帝国主义行径，使阿拉伯诸国和伊朗（部分地区由苏联占领）沦为帝国战争的工具，但这个军事帝国一旦瓦解，政治活动或许就可以重新开始。更令人感到乐观的是，英国（为了自身利益）已决定将法国人赶出叙利亚和黎巴嫩（战前法国的托管地），使这两个地区的独立（1946年）得到保障。中东前景看来一片美好，英国人还在1944年至1945年鼓励建立阿拉伯国家联盟。英国人有意以该联盟为中介，对中东地区施加影响，将阿拉伯诸国留在英国的保护伞下。但是这个联盟也可能会促使阿拉伯人联手合作，排除或是遏制外来势力的影响。新的地缘政治局势，即苏联、美国的势力显然已经与英国旗鼓相当（甚至超过了后者），使这种阿拉伯国家联盟的可能性较之1939年以前更容易成为现实。许多年轻的阿拉伯人认为，战后世界走入新的"民族时代"绝非奢望。阿拉伯人摆脱奥斯曼帝国统治、当家做主的希望，在1918年后破灭（他们等来的是英国的主宰），如今终于有可能迎来阿拉伯人真正独立建国的美好春天。

阻碍的力量几乎立即就出现了。英国人拒绝了"情理之中"的撤离，反倒坚守不退。[38] 英国人的战略主张（正如上文提及的那样），及其对石油（主要仍产自伊朗）的高度依赖，使英国人无意撤退。战后英国的战略缺陷和经济衰退，使之不可能拱手让出帝国资产，除非（一如印度的情形）那些资产已经实在守不住了。在中东，英国人仍深信自己能主宰大局。英国的地位建立在它与埃及结盟的基础上。埃及是中东最发达国家，人口（1 900万）超过中东阿拉伯国家总人口的一半（约3 500万）。[39] 埃及君主与地主阶级间持续已久的冲突，给了英国人操纵埃及政局的空间。如果英国人需要进一步"说服"当地人，他们可以在几小时内从其位于运河区的基地派兵进入开罗。为改善因战争而受损的国家关系，此时的英国人承诺削减驻军规模以拉拢埃及。他们推断，埃及国王迟早会同意和解，因为埃及的地区性影响力一如其内部稳定，都需要凭借英国的支持。因此谈判停摆时，英国人按兵不动，打算等局势"缓和"。他们大有这么做的资本，或者说他们认为自己有这个资本，因为他们还与掌控着伊拉克、约旦的哈希姆王室建立起了政治友谊。这两个国家（都是在20世纪20年代初期由英国人划分出来的）深知，它们的内部团结及其君主（大约同时期由英国人推上王位）的地位，都有赖于英国人承诺协助它们应对国家内外的叛乱。而这两个国家东部与南部的波斯湾，也仍然是"英国内海"。在阿拉伯半岛的波斯湾沿岸地带，从科威特到阿曼的一连串小国也在英国人保护它们免受邻邦野心侵袭的承诺下，听命于英国。在阿拉伯半岛的最南端，有英国设立于亚丁的古老基地，还有受到英国较为宽松的辖制的狭长沿海地带。仿佛这种种安排还不够稳当似的，英国人又开始计划在利比亚设立基地。英国人从意大利人手中夺走了利比亚，也已安排好让英国人支持的国王在利比亚推行自治。不消说，英国人控制整个中东地区政局的作为，乃是在行使惯例权。对那些彼此存在纷争的国家提供外交支持，提出援助建议，乃至拒绝与"不友善"的政府往来，都是典型的帝国主义控制手段。英国人玩这一招已有二三十年，甚至更久。赶走英国人必然会面对重重困难，引发分裂，甚至是流血事件。

在较激进的阿拉伯人看来，解决办法再清楚不过。要打败这头帝国巨兽，唯有借助泛阿拉伯民族主义的集体力量。阿拉伯人共建民族国家的前景，将使英国人与阿拉伯诸国的统治者及"大人物"所达成的协议失去正当性，也将挑战地主精英阶层的自满心态，还有可能改善社会环境，使阿拉伯人的预期寿命不再停留在与印度人相同的水平。但到此时为止，阿拉伯地区的统一仍是个遥不可及的梦想，民族、宗教与社会身份的分裂（在某种程度上是奥斯曼人与欧洲人统治的遗毒）仍然根深蒂固，泛阿拉伯民族主义必须克服该地区统治精英之间由来已久的敌对心态。埃及的民族主义者认为，埃及与其他阿拉伯国家（萨德·扎格鲁尔在20世纪20年代蔑称其为"一群无足轻重的国家"）几无共通之处。[40]他们沉湎于法老时代埃及的光荣历史（他们因为20世纪20年代图坦卡蒙墓的重大考古发现深受鼓舞），自认为是阿拉伯民族主义与阿拉伯最崇高文化的真正守护者。在埃及人看来，伊拉克、约旦的哈希姆家族统治者不过是傀儡或者暴发户，他们自命为阿拉伯世界领袖的行径也荒谬而狂妄。哈希姆家族国王对于自己在阿拉伯事业中的领导者身份同样坚信不疑，毕竟正是他们在1916年后领导起义并宣布建立阿拉伯民族国家。他们怀抱已久的雄心，乃是以哈希姆王室为领袖，建立一个将叙利亚（于1920年落入法国之手）、巴勒斯坦、伊拉克、约旦统一起来的伟大国家。他们最大的敌人是沙特王室，而沙特王室对这些地区也有所垂涎。麦加、麦地那两圣地原归哈希姆王室守护，但被沙特王室夺走，原本由哈希姆王室掌控的汉志（Hejaz）也被并入后来的沙特阿拉伯，成了后者的一个省份。埃及、哈希姆王室、沙特王室之间的对立，大部分聚焦于叙利亚。叙利亚的宗教冲突与地域冲突，使其成为外来势力扎根的沃土。[41]

战后中东诸多政治势力之间的粗略平衡，很快就在巴勒斯坦问题的爆炸性冲击下被打破。英国人原打算通过平稳的过渡政策，维持其对该地区的支配。根据英国人的计划，所有阿拉伯国家都将独立，其中一些国家会通过条约与英国绑定在一起，另一些则会承认英国是在中东掌控大局的唯一霸权，让英国具备实质上的支配地位。但在第一次世界大战后一直被国际联盟托管给英国进行直接统治的巴勒斯坦，英国人的过渡政策总是面临着重重阻碍。既要兑现使犹太人拥有"民族家园"的诺言，又要兼顾已经在巴勒斯坦定居的阿拉伯人权利，这在20世纪20年代已经让英国人为难不已。20世纪30年代大批犹太难民为躲避纳粹压迫而涌入巴勒斯坦，使局面变得更加棘手。"二战"前的英国计划限定犹太人的移民人数，确保阿拉伯人在巴勒斯坦居民中占多数，借此安抚当地阿拉伯人对犹太移民与日俱增的怒火。而巴勒斯坦作为一个未来的阿拉伯民族国家，也有可能过渡到某种形式的自治。但英国的这个"巧妙"的解决方案在1945年后很快就触礁。拒绝犹太难民入境的计划在现实中很难实施，也有损英国的政治形象；美国因反对该计划而向英国施加外交压力；犹太移民也频繁发起残忍的恐怖主义活动——这些都使英国支配巴勒斯坦的假象在1948年中期就已被揭露无遗。[42]其结果可以说在整个殖民世界中都是最糟糕的：整个巴勒斯坦地区变得不受控制，一对似乎无法协调的仇敌为巴勒斯坦的管辖权争论不休，外界的煽动使争执双方都更加强硬、拒绝让步，人们也缺少制定决议的手段或是思路。联合国提出的分治建议也无法施行。接下来，犹太人和阿拉伯人（当地巴勒斯坦人以及阿拉伯诸国派来的分遣部队）兵戎相见，犹太人一方获胜。新建立的以色列国，凭借着强大的国力一再扩张，占据了更多的领土，但它的国力远未强大到足以迫使阿拉伯诸国永远接受这种结果。

阿拉伯人的惨败，标志着殖民帝国在中东地区的覆灭过程中一个重要的阶段。它激发了泛阿拉伯民族主义的情感，并为这种情感提供了导向目标，以及怨恨的对象。以色列建国对于各大阿拉伯国家的政权而言都是奇耻大辱，而在这些国家，战后的通货膨胀和贫困也使民众日益不满：1948年1月巴格达的瓦思巴（Wathbah，意为"跳跃"）暴力示威，使官方打消了恢复《英伊条约》的念头。[43]阿拉伯人的惨败在军队中激起了强烈的仇恨情绪，军人们把战争的挫败归咎于文职领导。在整个阿拉伯世界中，埃及受到的冲击最大。埃及国王坚持派兵参战，以提升自己在国内的威信，并确立埃及在阿拉伯世界的领导地位。[44]因此，战败对埃及人的心理冲击更为强烈。雪上加霜的是，埃及国王并没有能力将英国驻军赶出广阔的运河区，这几乎象征着埃及已不再属于阿拉伯世界的一流强国。事实上，连埃及国王的政治宿敌、华夫脱党的领袖也没能力赶走英军。外交手段都被证实无效，于是人们开始采取更加直接的手段，对英国人的抗争行动变得越来越暴力。埃及人利用英国对其劳动力的依赖，以及英国机构组织与人事部门防御不足等弱点，展开了罢工、暗杀，以及其他恐怖活动。报复活动逐渐蔓延到埃及各大城市。眼看国内秩序已然瓦解，国王也计划发动暴乱，借机肃清军中的异见者。不过他还未动手，自由军官组织就在1952年7月夺取政权，迫使他流亡海外。

最初，这场运动似乎并没有造成什么过激的影响。新政权开始恢复秩序，镇压穆斯林兄弟会这个支持者不少的伊斯兰主义运动组织。当英国统治下的苏丹获得独立建国的承诺时（英国人拒绝了埃及人关于尊重"尼罗河流域领土完整"的要求），埃及的新政权也接受了埃及影响力退出尼罗河上游的事实。特别重要的是，新政权以允许英国人在必要时重返运河区、击退外部入侵军队为条件，使英国人同意退出运河区。英国人断定，既然空投核武器已经具备了足够的威慑力，眼下对于陆上基地的占领形式就显得多余,政治代价也过高了。[45]他们大概认为新成立的纳赛尔政权会将注意力转向国内改革,且埃及在阿拉伯世界的影响力也有限。[46]与此同时,英国人会围绕着新的军事协议,及其与哈希姆王朝国家之间更紧密的同盟关系,重新打造他们对中东的支配图景,而协助促成苏伊士协议的美国势力,会被抛在一边。埃及则会被排除在英国的计划之外,要努力表现自己——但纳赛尔并不愿意顺从。事实上,纳赛尔对英国"体制"的剧烈反抗,是中东去殖民化过程中最重要的事件。

作为埃及的民族主义者(新政府初期的一大作为是将拉美西斯二世的一尊雕像运到开罗),纳赛尔有充分理由不信任英国人和计划将英国人完全赶出中东。他还受到泛阿拉伯情感与巴勒斯坦战争的影响,希望掀起一股革命性的政治浪潮,摧毁中东殖民时期遗留下来的由地主和国王把持权力的旧制度。他还担心没有足够的时间推动改革。不管是谁统治埃及,大概都会面临类似的两难困境。埃及失去了苏丹这块土地,与以色列关系也十分紧张,马什里克地区[1]不再受到埃及影响——连贸易往来都逐渐停滞。没有市场和石油,纳赛尔会面临国内经济停滞、社会日益动荡的难题,这会让他陷入严重依赖西方经济援助的危险境地,而新政权还十分脆弱,随着反对纳赛尔的人数迅速增加,他的革命会失败。因此,当英国人召集土耳其、伊拉克和他们期待的约旦(叙利亚在下一批召集名单中)加入《巴格达公约》(Baghdad Pact)时,[47]纳赛尔发起了反击。他加入了泛阿拉伯主义阵营。在沙特阿拉伯的支持下,纳赛尔支持叙利亚政坛中反对伊拉克的派系。他支持约旦境内反对《巴格达公约》的势力。随后在1955年9月,纳赛

---

[1] 马什里克(Mashreq),指埃及以东、阿拉伯半岛以北的阿拉伯人地区。——译者注

尔使出一记妙招。他打破了西方国家施加的武器禁运的封锁，从苏联那里获得了武器供应。现在的埃及可以发展为一个军事强国了。1956年初，他公开宣布将与中东地区残余的英国政治势力进行斗争。以色列与埃及交界处的暴力升级，恰能让他一展身手。他似乎毫不费力就在地区性的政治舞台上掌握了主动权。他使埃及成为泛阿拉伯事业的捍卫者，将泛阿拉伯情感变为一股强大的力量。英国对此感到惊慌与愤怒。

1956年的苏伊士危机，直接源于这场对抗。当华盛顿搁置用来支付埃及阿斯旺大坝建设费用的贷款时，情势就变得无可挽回。纳赛尔没收这时由英、法共同拥有的苏伊士运河。那似乎是虚张声势的举动，但或许纳赛尔推断英国难以击败他。英国已没有驻军于旧苏伊士基地，公然攻击将会激怒所有阿拉伯人。英国人真正想要的，乃是让纳赛尔下台，但国际压力（透过联合国）不可能让他们如愿。或许在纳赛尔看来，伦敦的敌意从未消减过，但华盛顿的敌意并没有那么强烈。事实上，英国的反击反倒暴露了自身在政治上的弱点。英、法联合占领苏伊士运河，表面上说是为了调停埃及、以色列的军事冲突（明眼人都知道这是个借口，因为以色列入侵埃及的行动有英、法暗中相挺），其实意在羞辱纳赛尔，要把他拉下台。纳赛尔能保住权位，关键在于他的反抗行动大大激发了广大阿拉伯人的爱国情操。艾森豪威尔总统因此深信，若让英国人获胜，阿拉伯人将会同仇敌忾，与整个西方为敌，苏联在中东将有机会施加更多影响力，而且将大大伤害美国利益。经济脆弱乃是促使英国与纳赛尔斗争的原因（英国担心纳赛尔的影响力会危害英国生存所系的油源），讽刺的是，经济脆弱也成为英国失败的关键因素。没有华盛顿的支持，英国面临财政崩溃的危机。英国撤退，低头认错。纳赛尔保住运河。[48] 失势垮台的不是纳赛尔，而是英国首相安东尼·艾登。[49]

苏伊士运河危机的结果,表明英国操控整个阿拉伯世界政局的野心破灭了。那使中东成为无大国在其中翻云覆雨的地区,迎来打造中东新秩序的时机。纳赛尔以"阿拉伯拿破仑"的身份挺身而出,他的威望无人能及:他是 rais(老大)。埃及是阿拉伯现代性的象征,拥有规模庞大的中产阶级、大城和大海港、文学和戏剧、新闻记者和老师。纳赛尔提出泛阿拉伯民族主义(白纸黑字写在埃及新宪法里)时,正逢大部分中东国家社会剧烈变迁的时期。它为新出现的都市工人、越来越多的学生、日益扩张的行政体系、年轻的军官阶层,提供了政治信条和文化纲领。它承诺透过使国家恢复元气的集体努力,终结巴勒斯坦人的不幸。在纳赛尔于苏伊士危机中获胜的不到两年后,他将叙利亚拉进他的政治同盟,组成阿拉伯联合共和国。同年(1958 年),伊拉克的哈希姆王室下台。纳赛尔仍得对付美国势力(美、英联合干预,以阻止亲纳赛尔的派系推翻约旦和黎巴嫩的当权者)。但美国担心苏联影响力扩大,而纳赛尔又反对共产主义,美、埃关系因而得以战战兢兢地修好。依此情势看来,纳赛尔似已完成惊人的双重胜利。他已赶走英国这个地区性强权,换上较宽松、较包容的美国势力,他已使自己和埃及成为与中东有利害关系的任何强权都不得不结交的伙伴。在埃及领导下,泛阿拉伯团结(支持其他主张的伊拉克新政权已遭孤立)显得前景大好,埃及能以对自己较有利的条件和外部强权打交道,可使用石油为武器(20 世纪 50 年代石油产量剧增),甚至可以"解决"巴勒斯坦问题。

但结果,中东的去殖民化距离这一泛阿拉伯理想甚远。纳赛尔可能曾希望富产石油的波斯湾诸酋长国(特别是科威特)会拥抱其"阿拉伯社会主义",抛弃其君主。但英国在波斯湾坚守不退,支持当地统治者对抗纳赛尔的政治挑战。第二，纳赛尔所倚赖的泛阿拉伯情感遭遇一强劲敌手。战后头几年，新诞生的那些阿拉伯国家似乎都是外力强行塑造而成的。受过教育的阿拉伯精英，在这些国家间轻松游走；他们的观念亦然。政府结构薄弱，外部影响可轻易渗入。到了1960年，这样的情况已开始改观。新的"本土"精英开始进入国家的统治机器，每个政权都有了秘密警察（mukhabarat）。阿拉伯诸国之间的民族歧异感变得越来越鲜明：走领袖魅力路线的纳赛尔泛阿拉伯主义政治，面临艰困斗争。他与叙利亚的结盟在三年后瓦解。[50]第三，事实证明，以色列国脉的强韧超乎人们的预期，以色列所得到的美国支持毫无衰退迹象，甚至到20世纪60年代初期时，美国的支持力度有增无减。[51]第四（大体上是前一因素使然），泛阿拉伯主义的大业要完成，绝对需要外力援助。为觅得武器、援助、较以色列（及其本地对手）占上风的地位，阿拉伯诸国被拉进冷战外交的迷宫中。第五，地质命运上的转折，使这地区的石油财富全位于那些最不愿遵从开罗意识形态领导的国家：沙特阿拉伯、伊拉克、受英国保护的波斯湾诸国。煤曾在英国促成社会、工业的变化，但石油在中东并未促成这样的改变。事实上，阿拉伯的繁荣（或繁荣的前景）似乎大大倚赖耗费自然资源的工业，且那工业的实际掌控权落在外人——支配石油世界的"七姊妹"（七大跨国石油公司）之手。[52] 1967年的第三次中东战争，埃及、约旦、叙利亚三国对付以色列一国，结果阿拉伯人再度惨败，这残酷地提醒阿拉伯人：矿物财富不代表权力，油元不代表工业力量。到了1970年，纳赛尔英年早逝那一年，后帝国时代获得自由的承诺，已成为"阿拉伯的困境"。[53]

中东前三大国是埃及、土耳其、伊朗（2001年时各拥有6 600万人口）。纳赛尔壮志未酬，未能将埃及打造为阿拉伯革命的中心，继他之后领导埃及的萨达特改弦更张（类似 19 世纪 40 年代时的穆罕默德·阿里），走上与西方和解的回头路。到了 20 世纪 70 年代末期，埃及已成为美援的第二大受援国（仅次于以色列）。

在伊斯梅特·伊诺努（Ismet Inonu，凯末尔的前得力助手）的领导下，土耳其在第二次世界大战期间谨慎保持中立。但大战结束时苏联势力大举进逼，加上斯大林公开表明他对博斯普鲁斯、达达尼尔两海峡的意图（他在雅尔塔会议上宣称，"让土耳其掐住苏联的气管，这样的处境，苏联不可能接受"），安卡拉坚决倒向了西方阵营。在杜鲁门主义（1947 年）的主导下，土耳其成为美国援助与保护的对象，不过在这个阶段，其援助与保护是隐隐约约的。到了 1955 年，土耳其已成为北大西洋公约组织的正式成员。冷战的冲突模式，以凯末尔想象不到的方式，为土耳其被接纳为西方的一员、受到欧洲国家普遍认可并得以在 20 世纪结束前加入欧盟，开启了大门。与希腊的紧张关系，以及塞浦路斯未来归属所引发的纷争（土耳其在 20 世纪 70 年代出兵塞浦路斯），使土耳其与西方偶有摩擦。在土耳其内部，1945 年后那半个世纪的大部分时期里，最重大的问题，乃是凯末尔所立下的国家大计（拥有现代工业基础和世俗文化的强有力政府）能与代议制民主（凯末尔主政下的土耳其一直是一党制国家）及开放（而非政府支配）的经济并行不悖到何种程度。

伊朗的情况则是这几国中最耐人寻味的。伊朗在 1941 年时曾遭苏联、英国联合占领，部分是为了防止礼萨汗与德国相通，主要则是为了确保英国物资能顺利送达陷入苦战的苏联。礼萨汗退位，被流放国外，其集权统治政权随之瓦解。心怀不满的权贵（势大的有地阶级）、城镇里的激进运动组织（例如人民党）、卡什加人（Qashgai）和巴赫蒂亚里人的部落领袖，以及少数民族（库尔德人、阿拉伯人、阿塞拜疆人),挑战伊朗年轻新国王的威权,争相向两大占领强权寻求支持。"二战"结束时,此一不稳定局势更为恶化。苏联红军留在伊朗的阿塞拜疆地区,直到1946年才撤走。战时通货膨胀的效应,使经济一蹶不振。国王的支持者与激进派、权贵争夺议会(Majlis)控制权,政府遭到部落、省级团体、少数民族日益增加的反抗。但到了1949年,伊朗国王已几近完全收复大权,这或许是因为若不如此,伊朗看来会进一步分裂,社会动荡会更趋恶化。

这还未能发生,一场大危机就爆发了。为了恢复自己的地位,伊朗国王一直很想扩大其主要财源(伊朗西南部的大油田)的收入,但那些大油田控制在英国人所拥有的英伊石油公司(原英波石油公司,今英国石油公司)手中。1949年7月,有份所谓的"补充协议",提议将该公司所应支付的开采权使用费由15%增加为20%,且定下日后进一步增加的条款。但这协议遭遇两个重大阻碍。第一个是国内的反国王势力担心这一新得到的财富将使国王有恃无恐地恢复战前权力一把抓的地位。第二个则是更广大伊朗人民对于本国关键资源继续遭外人掌控,对于该公司据信拥有的影响力普遍抱持的敌视心态。雪上加霜的是,当伊朗议会辩论此事时,传来消息:阿拉伯-美国石油公司(Aramco)已提供利润的一半给所在国的沙特阿拉伯政府。伊朗政府与英伊石油公司的谈判缓慢进行之际,政治气温逐渐升高。1951年3月,伊朗议会通过立法,将该公司收归国有;数天后,与国王和国王父亲为敌多年的穆罕默德·摩萨台(Mohamed Mossadeq)出任首相。[54]

情势随之陷入僵局。英国表示要动武干预,遭华盛顿反对,美国认为伦敦的做法鲁莽,只会使情势恶化。[55] 于是,大批英国人员撤出油田和阿巴丹炼油厂,几大石油公司担心其他国家跟着伊朗如法炮制,便对伊朗石油施以极有效的国际抵制。摩萨台看来已快要达成一场宪政革命，但其所获得的支持（从来不是很团结的支持）这时却开始崩解。西方怀疑他是个危险的宣传家。1953 年 8 月，他遭军事政变推翻（发动政变者得到美国特工的援助和部分资助以及英国某种程度的支持），换上忠于国王的首相。在新石油协议下，伊朗石油透过英、美石油公司卡特尔卖出。伊朗国王的石油收入暴增：从 1954、1955 年到 1960、1961 年增加了 9 倍，达到 3.58 亿美元；到了 1973、1974 年又增加了 14 倍。他的军力和政治权力也大增。到了 20 世纪 60 年代初期，他已是坚定不移的西方主要盟友之一，遏制苏联势力向南扩展的堡垒，但由于外界担心他称霸波斯湾的野心会引发与该地区阿拉伯诸国的冲突，这一防杜苏联扩张的价值常常被抵消。

从冷战的角度来看，伊朗国王斗垮摩萨台似乎是西方的胜利。事实上，他的成功既要归功于美国中情局的诡计和策略，在同样程度上也要归功于他对手阵营的分裂、犯错和由地主支配的社会里无可救药的保守心态。[56] 从另一个观点来看，伊朗国王与摩萨台两人已使伊朗的整体地位有了明显的改变。礼萨汗当政时都未能完全摆脱的半殖民地位、几乎等于国中之国的石油公司的特权、英国透过其省级盟友所加诸伊朗官员的无所不在的影响力，都已随着英伊石油公司的狼狈撤退而悉遭铲除。伊朗国王不只能确立伊朗的独立地位，还能申明其作为该地区唯一大国的主张，他在这方面的成就是中东其他统治者所不能及的。说来很讽刺，最终继承他所建造之国家的，是最激烈反对他所加诸伊朗社会之改变的那些人。

东亚、南亚、中东的事态发展，戳破了欧洲人以为可在战后世界恢复其殖民帝国的幻觉。至少有一段时间，非洲的情况似乎有所不同。即使是见多识广的观察家，都认为非洲未必能走上与亚洲同样的道路，或认为非洲若走上这样的道路，恐怕要经历一番艰苦的奋斗。

在马格里布地区诸国（摩洛哥、阿尔及利亚、突尼斯），法国势力仍根深蒂固。法国的地中海"天命"观，使之无法容忍攸关法国世界地位的北非地区脱离其掌控。由于在阿尔及利亚有100万名法国移民（这些人有代表在法国的议会体系里为其喉舌），还有在法国的军事体系里占有举足轻重地位的非洲兵团（主要从北非招募兵员），战后的法国政府非常不希望被迫撤出中南半岛的事在北非重演。在撒哈拉沙漠以南的非洲地区，英、法、葡、比更觉得没有必要为早早撤离做准备。

撒哈拉以南的非洲地区，这时已间接感受到战争的某些后续效应：通货膨胀、物资短缺、招募士兵、局部地区工业化、刺耳的官方宣传。但这整个地区（除了埃塞俄比亚有短时间例外）并未因领土问题而爆发战争，没有哪个殖民政权被入侵行动推翻。语言、族裔、宗教上的多元，似乎使非洲的民族主义不可能变得和泛阿拉伯民族主义一样强大，不可能在殖民地里得到群众支持（更别提得到不同殖民地人民的共同支持）。基于类似的理由，非洲领袖仿效印度民族主义发起政治运动的可能性，似乎微乎其微。甘地所创造的广大次大陆同盟，与非洲殖民政治聚焦局部地区的特质格格不入。事实上，撒哈拉以南非洲地区的诸多被殖民国家，不只未发展成非洲的民族国家，似乎反倒还背道而驰。"部落"非洲的创造仍在进行，而这至少有一部分是非洲对欧洲人所施加的"间接统治"形式的反应。创造"部落"（有些部落是非常大规模的创造，例如约鲁巴）似乎仍是非洲精英阶层施行影响力、建构权力的最理想方式。最后，在"白人南方"，1945年后动员最积极的，乃是白人移民的民族主义，而非非洲黑人的民族主义。实行种族隔离和强化白人政治支配权，乃是20世纪50年代南非的政治计划。建造并捍卫一个由白人统治的非洲中部国家，则是北罗得西亚和南罗得西亚（今赞比亚和津巴布韦）的殖民者的目标。[57] 白人统治地位的巩固，出现另一番新局面。由于 1945 年后重燃殖民使命感，信奉萨拉查（Salazar，葡萄牙总理）路线的葡萄牙人致力于将其位于安哥拉、莫桑比克的两大非洲领地系统地殖民化。[58]

讽刺的是，旧殖民列强为保住亚洲殖民地而焦头烂额时，却认为在非洲可以好整以暇地应付。权力转移的行政蓝图，出自殖民地的规划者之手，按照他们的规划，权力转移是在不知何时的未来，在经过一连串阶段（犹如笨学生从一年级读到六年级）后施行的。真正紧要的，乃是必须尽快使殖民地开始生产：可可、植物油、棉花、波罗麻、烟草、铜、金、铀、钴、石棉。美元短缺和冷战局面，使非洲从两次大战之间那段时期的弃儿，成为欧洲的阿拉丁洞穴[1]。不招惹麻烦的"值夜者"国家，必须被打造成到处管事的"发展"国家。东非、中非的白人移民社群，一贯被战前的殖民官员视为恼人的累赘，这时必须予以宠爱，他们的扩张则必须予以鼓励。在没有白人移民的西非殖民地，殖民地官员寻求沿海城镇受教育精英阶层的支持。战前，精英阶层遭殖民地官员冷遇，这时则要来协助推动经济增长。伦敦和巴黎的决策者怀着耐人寻味的乐观（感性甚于理性的乐观）推断，最终给予自治的承诺，将化解更侵扰式殖民势力所激起的怒火，奠下在殖民统治最终遭扬弃时"欧非"合作的基础。

他们未能考虑到的，乃是殖民政权不够稳固。在非洲许多地方，殖民政权一直很脆弱。在 1914 年前瓜分与征服非洲的时代，殖民政权所追求的只是殖民地局势大致的和平，殖民政权倚赖移民和拥有特许权者来创造税收。在两次大战之间那段时期，间接统治被普遍奉为圭

---

[1] 阿拉丁洞穴，比喻藏有巨大财富之处。——译者注

臬（主要因为担心破坏"传统"非洲社会的稳定），税收则饱受经济大萧条打击，使得殖民政权偏爱施行花费成本甚少的统治方式——将权力下放给地方层级的所谓"本土当权者"。对时势比较敏感的殖民地总督非常清楚，若不改弦更张，想保住殖民地的完整性或为中央的任何主动作为赢得全面同意，会越来越难。[59]"二战"（要求更多行动和开支）和战后余波，使改革变得刻不容缓。为了让非洲人有更大的发言权，建立更积极有为的殖民政权，决策者决意展开他们认为得到双方认同的行动，但非洲人对此却有不同的认知。在战后物力紧缺的环境下，殖民政府不得不管制物价，压低工资，镇压工人骚动，限制当地消费。他们不得不推行激起强烈反弹而只能倚赖强制手段的农业改良措施，例如给牛只洗药浴，防止水土流失，烧掉染病的可可树。由于外国专家和（在某些地方）新移民的大量涌入，被殖民的非洲经历了某些史学家所谓的"第二场殖民扩张"。[60]几乎可想而知的是，殖民政权这突如其来的大张旗鼓式作为，引来猜疑和反抗。不久，殖民政府就得在两条道路上择一而行。他们可以加快权力下放非洲领袖的脚步，为殖民政权争取更多人民支持（加纳的英国人在1948年骚乱后选择这条路），或者走向压迫式政权，希望强势作为会压下"极端主义"（专门用来形容那些不愿和殖民政权合作的人），使愿意接受缓慢的政治改革时间表、愿意不对非洲人多数统治的实现设定期限的人，成为殖民地人民的主流。[61]

非洲人民的愤慨变得显而易见时，英、法（甚至比利时）政府的第一选择，乃是避免对抗，并与非洲领袖达成新协议。但在肯尼亚和中非，这一解决办法遭到白人移民社群的反对。当肯尼亚的白人移民成为非洲人攻击的对象（但真正遭杀害的其实甚少），白人移民就必然要求进入"紧急状态"。结果就是引发星火燎原的暴力事件。因为在肯尼亚，基库尤人所发起的"茅茅"（Mau Mau）运动，不只肇因于对白人移民的仇恨，还在同样程度上肇因于对基库尤同胞的不满。经济变迁已使许多基库尤权贵及其追随者，在牺牲穷人（无地者或人脉较差者）利益的情况下增加了财富，过去的"道德经济"观和社会互惠观已瓦解。[62] 惊慌失措的白人移民迫使殖民政权以镇压对付，这些紧张状态随之演变为社会战争。忠于殖民当局的酋长袭击可能支持茅茅运动者，后者回敬以同样手段或逃到森林打游击。茅茅反抗运动于1956年遭击垮。但即使在肯尼亚，长期安全维护行动的成本、拉拢非洲族群支持殖民政权的需要、镇压机构（特别是"改造"被怀疑参加茅茅运动者的营区）[63] 的惨剧和暴行带给殖民当局的难堪，也已使权力下放在1960年时变成势在必行之事。事实上在那之前，让非洲殖民地独立、自己组成政权，就已是葡萄牙之外的所有殖民强权认可的政策；但殖民列强所希冀与盘算的是掌控改变的进度，扶植将会与殖民强权和睦来往的"温和"政权，继续紧密监控前殖民地的对外关系和国内发展。撒哈拉沙漠以南的非洲地区这时仍是不受国际关注的偏远地区，远离冷战的前线，因此殖民列强认为自己可以好整以暇地完成往后殖民时期的过渡。

刚果危机粉碎了这一错觉。1960年6月，比利时政府已准许刚果独立，前提是比利时在刚果事务上的角色和影响力只能有最小幅度的改变。[64] 结果，比利时误判情势，酿成大祸。不到几天，军队就哗变，广大的白人侨民社群大为恐慌。具领袖魅力的新总理帕特里斯·卢蒙巴（Patrice Lumumba）拒绝在后殖民时期与比利时维持紧密的伙伴关系，富产矿物的南卡赛（South Kasai）、卡坦加（Katanga）两省，片面脱离新成立的刚果共和国，而卡坦加省的独立得到比利时的默许。比利时或许存有消灭卢蒙巴的意图。1960年8月，卢蒙巴向苏联求

第八章 帝国碰壁　　461

援,苏联武器和人员开始抵达,联合国派出一万人的部队前来维持刚果共和国的统一。但随着新分离主义政权兴起,敌对部队为争夺控制权而使暴力增加,卢蒙巴遭卡坦加(或许还有比利时)士兵杀害,[65] 国际上就联合国派兵目的出现意见分歧,这个三年前还被视为模范殖民地的国家,这时已变成"刚果灾难"。[66] 1964 年至 1965 年表面上恢复了秩序,但刚果的悲剧改变了非洲去殖民化的意义。那揭露了冷战时代东、西阵营争相拉拢非洲人所带来的始料未及的危害。那证明了英国人确有先见之明,趁着混乱的传染病上身之前,就早早甩掉其在东非、中非所剩下的殖民包袱。而最为重要的影响是,那使赞比西河南岸的白人深信不疑,只要向非洲民族主义者让步,结果必然是混乱和野蛮破坏。在非洲其他地区如火如荼迈向完全独立(就连拥有百万白人移民的阿尔及利亚都已于 1962 年脱离法国统治)之际,在"非洲南三分之一地区",白人把权力抓得更紧,形成一个把安哥拉、莫桑比克的葡萄牙殖民地也包括在内的紧实集团。非洲陷入新一轮独一无二的"瓜分"。

一如在中东或亚洲其他地方,非洲的去殖民化,并非与遭帝国宰制的过去一刀两断,再无瓜葛,也不是进入"由诸民族国家组成的世界"的门票。新兴的非洲诸国承继了先前殖民政权的脆弱状态,在最短促的过渡期后套上前殖民强权的旧鞋。地区或地方的种族认同比民族主义强烈得多。没有共通的语言,打造民族认同会至为困难。殖民统治时期的"部落"遗习根深蒂固。事实上,在非洲许多地区,创造新式的"部落"种族认同,成为因应更大规模经济活动、社会活动的惯常方法。与此同时,扩大中央政府职能的压力非常大,在社会服务和经济发展领域皆然。不管是哪个新政权,当务之急都是趁着追随者尚未有异心时,赶紧找到财源和(往往必须找到的)军援。[67] 这为外部势力以后殖民时期的新形式扩张，提供了现成的环境。如果世上前几大强权有意这么做，建构新影响力帝国的工具俯拾即是。

未宣明的帝国

去殖民化最好理解为地缘政治上、法律上、经济上、文化上、人口上全球秩序的瓦解。这一独特的全球秩序在19世纪40年代出现，19世纪90年代得到巩固，然后跟跟跄跄走进20世纪40、50年代，在情势仍有利于这一秩序存活的地区苟延残喘。残存的殖民强权保住这一旧帝国体系的能力，在1945年后迅速下降。诚如我们已了解的，那是战后新国际风貌的关键要素之一。另一个同样重要的要素，则是纳粹、日本战争帝国主义的彻底崩溃。这两个帝国政权（"旧殖民政权"和"新帝国主义政权"）几乎同时垮台，为拥有新意识形态、新方法、新目标和新对象的新世界帝国的崛起腾出了空间。

尽管如此，美国势力的超快速扩张仍然令人意外。在此之前，美国人对于是否要接下北美洲或中美洲以外的义务，一直莫衷一是，担心卷入外国纷争的心态根深蒂固。美国人普遍认为，美国的自由得自对堕落"旧世界"的原始心态和好战精神的刻意拒斥，一旦与"旧世界"往来太频繁，美国的自由就可能不保。美国的政治体制似乎极不利于外交政策的形成和实施，外交政策的延续性很容易受到国内争议的破坏。美国人行事往往极喜欢独断专行，嘲讽活跃外交必不可少的结盟、妥协，墨守成规的传统观念（认为对外关系应受司法决定和具约束力的严正协议来规范）更大大强化他们这些心态。[68] 相较之下，欧洲式的外交（以机会主义方式追求国家利益）就显得不相信人性、对自己有害、徒劳无益。这些特质促使美国拒绝加入国际联盟，促使它在

1939年前不愿加入围堵纳粹扩张的行列。但1945年后，美国政府接下了全世界的庞大新重担，且建构出结盟体系以协助承担那些重担。世局有了什么改变？

两个因素改变了美国人的看法。第一个是美国与其他任何国家在有形国力上出现巨大差距。1950年，大战结束的五年后，美国的经济产出是英、法、德三国总和的两倍（1913年时则是约略相当），[69]拥有核子科技和运用原子武器的独特能力，更大大强化这一经济优势。或许，这些新的权力来源，本有可能使美国走上比两次大战之间那段时期更为孤立主义的道路。但取得那些权力来源的同时，美国人也体认到，美国的安全防御范围，已因为空中运输的进步和管理国际经济以避免战前经济萧条重演的需要而大幅扩大，"美利坚要塞"不再是坚不可摧的，而且在促成有助于确保美国霸权的结盟方面，美国领导人这时享有充裕的主导空间。担心1941—1942年的战略梦魇重现，使他们有动机这么做。

结果是诞生出具有所有帝国本质，但只缺帝国之名的美国"体制"。1946年，美国为海上武力支配地中海拟订了计划。1947年，杜鲁门主义承诺军援希腊和土耳其，以协助对抗苏联势力，马歇尔援助计划则承诺以经济、技术援助，恢复破败不堪的西欧经济。1948年初，华盛顿表示愿意商谈让美国承担西欧防御任务的大西洋公约，美国国会则通过了范登堡决议案（Vandenberg Resolution）。1949年4月，《北大西洋公约》签署，两年后，美军部署在欧洲以协防西欧。在加拿大（飞越加拿大是通往苏联最短的空中路线）和东亚（1951年与日本签署相互安全保障协定），美国也有类似的承诺。事实上，到1951年时，这体制的主要架构已安置妥当。那并非对称性的架构，它包括与英国（北大西洋公约组织的主要欧洲成员）紧密结盟，与西欧其他国家形成防御伙伴关系。军队受美国有效掌控的联邦德国，让美国人在境内享有广泛治外法权的日本，则是准保护国。菲律宾（严格来讲已于1946年独立）同意让美国掌控其约23座基地，保证未经美国同意不将那些基地转给他国使用；菲律宾是实质上的保护国。[70] 密克罗尼西亚继续受美国直接管理，以便美国利用其基地，特别是扼守美国到日本、菲律宾之航道的关岛（美国在西太平洋的要塞）。[71] 美国在拉丁美洲所建立的辽阔"非正式帝国"，也可纳入这份清单里。第二次世界大战已使英国在拉丁美洲的商业势力荡然无存。根据1947年的《里约热内卢条约》，即《西半球联防条约》，美国提供军援，以协助对抗拉丁美洲遭到的武装攻击和其他形式的侵略。20世纪50年代，只有三个拉丁美洲政府与苏联保有外交关系。

这个庞大帝国规模空前，在此之前，没有哪个世界性强权在欧亚世界两端都确立其支配地位，或有实力这么做。这之所以能实现，一定程度上是因为许多国家热衷于和美国交好，欢迎美国的领导。英美联盟乃是一日渐没落（但认为会恢复往日地位）的帝国主义强权及其最明显可见的接棒者合作的绝佳范例。有一段关键时期，英美双方都接受彼此平起平坐的迷思，实行某种形式的国际共管。在西欧，美国"受邀"（盖尔·隆德斯塔语）建造帝国。[72] 在日本，一如先前所提过的，政治精英宁可接受《安保条约》的沉重条款束缚，也不愿冒险让民意骤然左倾。不管是真有其事还是想象所致，对共产主义与苏联扩张的疑虑，乃是使美国走上与外国合作之路的催化剂，使美国国内更愿意承揽支配世局的重担。若是在其他情况下，美国新扮演的世界角色不可能得到这么多国家的默许。

20世纪50年代初期时，地缘政治和意识形态已被美国影响力的第三个组成部分大大强化。由于欧洲、日本经济的逐渐复苏、美国马歇尔援助计划对经济的刺激、朝鲜战争期间军事支出的进一步升高,国际贸易猛然摆脱了 1913 年至 1950 年的漫长停滞。全球出口金额从 1953 年至 1963 年增加了一倍,出口量则增加了将近一倍。[73] 这惊人的经济荣景得以出现,有其客观环境的配合因素,而美国在这客观环境的打造上贡献最大。以促进汇率稳定为宗旨的国际货币基金组织,以贸易自由化为宗旨的关贸总协定,若没有美国的支持,将会一事无成。或许最重要的,乃是贸易扩张有赖于全球普遍接受的储备货币,而可兑换为黄金的美元,正提供了这样的货币。当然,美国拥有绝佳的优势,才得以收割这新商业经济的成果。1939 年至 1950 年,美国的对外投资额已增加了一倍多;在航空运输和大众娱乐之类蓬勃发展的领域,美国产品几乎是所向无敌。经济、文化方面的"软实力",支撑了战略武力方面的"硬实力"。凡是倚赖贸易货币的国家,没有一个敢冒险惹火美国,以免一旦经济吃紧,得不到美元的支持。

美国所给予或强行施加战略保护的广大地区(1955 年时美国在 36 个国家设有 450 个基地),跟以美国为中心的新国际经济范围部分重叠,两者共同构成美国支配下的和平。20 世纪 50 年代,该和平局面迅速得到巩固,但过程中并非没有摩擦。1956 年是关键的一年,华盛顿拒绝协助匈牙利对抗苏联,显示美国默然接受了 1945 年至 1948 年欧洲分割的局面。几乎就在同时,借由逼迫英、法(透过金融压力)停止其消灭纳赛尔政权的举动,华盛顿告知其欧洲盟邦,必须以符合美国大战略的方式处理其剩下的帝国领域。1958 年欧洲诸国货币全面恢复为可彼此兑换的状态,表明"紧急时期经济"已结束,全球贸易经济也已正常化。[74] 在中东和东南亚,有限的干预似乎就足以阻止苏联势力的扩张,稳定两大超级强国势力范围的交界地区。由于"遏制"线已在欧亚世界许多地区紧紧拉上,且有了阻止苏联闯入西欧的战略工具（核攻击），美苏两强的争霸这时看来是美国稳稳占了上风。

事实上，欧亚分割的全球效应，并非如此容易就被约束住。主要原因在于苏联国力的惊人增长。1942年至1945年这3年战争期间，苏联从濒临惨败的险境中重新站起，而得以在击败德国一事中付出最大贡献。这一付出的报酬，则是苏联在东欧、中欧的支配范围大幅扩张，以及最为重要的，在实质上否决德国的统一。苏联在西方这场大胜，乃是苏联称雄世界的主要基础。或许，苏联在战后叱咤风云的关键因素，在于其在地缘政治上的优势。苏联伸入民主德国的军事突出部，威胁西欧的心脏地带，抵消了美国在高科技武器上的领先优势。苏联的东南欧诸卫星国，扼守住通往乌克兰和南俄罗斯的路线（1941年至1942年纳粹国防军就走这条路线入侵，打得苏联节节败退）。只要这条帝国边界线固定不动，苏联在传统战争里就几乎立于不败之地。苏联在1945年至1948年牢牢控制住被盟军占领的欧洲之中许多地区，原本并非易事，但有两个因素使苏联较易得手。第一个是战后苏联未受到来自东亚的严重威胁，与1941年前受到日本威胁时情形大不相同。事实上，毛泽东打赢国共内战，对苏联而言是天外飞来的大礼。自此，莫斯科可将全部心力用于西方。第二个因素是纳粹帝国主义的遗绪。纳粹已将战前东欧的政治精英铲除殆尽，同时在你死我活的冲突中支持或践踏各种社会性、宗教性、种族性群体，在他们之间播下仇恨对立的种子。

尽管如此，苏联骤然扩大其势力范围，将东欧、中欧纳入支配，仍然是个沉重负担，尤其在人力上。那负担落在一个已在战时失去约14%的人口（多达2 700万，美国则失去约40万人）和大约四分之一有形资产的国家身上。[75] 1946年的歉收，带来大规模饥荒。经济复苏是斯大林工业体制的最后一桩成就。斯大林以较之战前规模更大的方式,执行更严格的工作规定。[76] 斯大林于 1953 年去世时,战时的损失已弥补回来,苏联达到仅次于德国、日本"奇迹"的经济增长水平。[77] 赫鲁晓夫即以此为基础,进一步扩大苏联的势力范围。

赫鲁晓夫体现了苏联的新自信,自信能与西方在平等的地位上竞争,而且不只在欧洲竞争——这代表了摆脱斯大林时代草木皆兵心态的重大改变。苏联的太空科学家,1957 年率先发射绕轨飞行的人造地球卫星,向世人昂然宣告他们已超越西方的竞争对手。赫鲁晓夫批准由厉害的海军将领戈尔什科夫领导,发展苏联的海上实力。到了 20 世纪 50 年代末期,苏联庞大的潜艇部队已使苏联海军成为全球第二大海军,跟上美国舰队的规模,使其无法"制海"(所谓制海,指的是牢固地宰制全球的海上航线)。[78] 赫鲁晓夫还决意迫使西方同意德国的永久分裂,从而在 1961 年引发柏林危机。在西方拒绝之后所立起的柏林墙,代表苏联决意在可预见的未来里统治其在欧洲的控制区。但赫鲁晓夫路线最基本的特色,在于他精明而细心地评估了去殖民化所能带来的机会。英国中东霸权的瓦解、非洲诸殖民地的纷纷独立、拉丁美洲社会动乱的迹象,预示了苏联摆脱欧亚遏制的出路以及闯入"外围世界"的机会。针对苏联经济缺乏吸引力的问题,苏联可能希望以"苏联现代性"的意识形态魅力来弥补。苏联的工业增长模式、苏联党国体制的强大和效率以及马列主义的平等主义价值观的炫目魅力,的确让许多新兴国家大为着迷。苏联为进入现代世界提供了一条经过试验证明可靠的道路,在那条道路上,不必继续受制于在殖民(或半殖民)时期支配一切的外国商业利益。

赫鲁晓夫的目标(我们或许可如此推测),乃是在美国势力和以西方为中心的经济得以支配后殖民时期的世界之前,善加利用全球政治局势里的新流动性。犹如 1914 年前的德意志帝国,苏联追求"阳光下的立足之地"，欲取得形塑正浮现之世界秩序的权力。至1960年左右，对立的迹象频频出现。华盛顿试图以禁止古巴蔗糖进口（试过而有效的手段）来击垮卡斯特罗在古巴的革命时，赫鲁晓夫承诺买进那些蔗糖。刚果因部分地区片面独立而陷入危机时，赫鲁晓夫谴责西方未能支持卢蒙巴的政府，把联合国说成是急需断然改革的西方工具。伦敦和华盛顿当局因而提高警觉。[79] 1961年，胡志明向南越的吴庭艳政权发动斗争，一个新战线在东南亚开启。1962年的也门革命和随之爆发的内战，使支持革命一方而大举介入的纳赛尔，似乎很有可能会更为倚赖苏联的援助。也门战争把沙特阿拉伯搞得动荡不安。美国人在百般不情愿的情况下，答应帮助沙特阿拉伯对抗纳赛尔之也门合作者所发动的任何攻击。[80] 最震撼的发展，乃是赫鲁晓夫在其拉丁美洲的新盟邦境内部署苏联导弹。1962年10月古巴导弹危机的结果是，苏联撤出导弹，美国也做出类似让步，不按其原本的计划在土耳其部署导弹，并且承诺（或许）不入侵古巴。这场危机虽以苏联退让结束，但这危机显示了美、苏对峙范围的日益扩大。这危机使肯尼迪政府坚信，必须用更为果断的方法阻止苏联势力在亚、非、拉丁美洲的"第三世界"扩张。就是在这种气氛下，美国把南越吴庭艳政权的摇摇欲坠，看成是冲击力超越局部地区的大事。

接下来20年，超级强国的势力竞逐是全球政治局势的最大特色。争夺的东西不是（如19世纪90年代那样）一块庞大的领土，而是一个由附属国和盟邦组成的非正式帝国，超级强国以军援、军事代表团、"开发"援助和商业贷款，将这些附属国和盟邦团结在自己旗下。在这场过程起伏不定而无法捉摸的竞赛中，有五个方面引人注目。第一个是1962年后，不论是美国还是苏联，都无意在对方的"后院"直接挑衅，20世纪60年代末期双方核子武力的势均力敌，更强化这一心态。

第八章 帝国碰壁　　469

1965年美国占领多米尼加共和国,未引来反击;三年后苏联出兵捷克斯洛伐克亦然。20世纪70年代的"低荡"(détente)外交,确认了欧洲分裂格局的固定性:1975年的赫尔辛基《最终议定书》,实际上是个让欧洲诸国(包括苏联)承诺接受既定边界的欧洲和约。第二个是两大超级强国在经济实力上的差距。苏联的军工复合体虽然成就斐然,经济却仍比美国弱。1960年到1975年,苏联占全球出口的比重从未超过4%;[81]美国占全球制造品出口的比重,1976年时则达到13%。[82]以美国为中心的自由市场经济,贡献了国际贸易的大部分。第三个是两大超级强国所竭力欲纳入支配的广大"边界"区,局势一直不稳。这一骚乱现象,肇始自前殖民地建国过程的纷扰、非洲部分地区反殖民统治的冲突、20世纪70年代的经济动荡(1973年的"石油危机"和燃料价格的陡升)。这一现象使某些政权及其对手渴求军火和援助,使超级强国永远不缺求助者,助长超级强国战略家的骨牌效应心态,还使"外围世界"里美苏代理人战争的地区日益扩大。到20世纪70年代中期,苏联的军援和政治影响已开始深入非洲之角和非洲大陆的南三分之一地区。第四个是上述不稳局势的部分结果:相互竞争的两大超级强国都遭遇大挫败。美国欲保住南越,使之免受共产主义者主导,却一败涂地。这就是最鲜明的例子。但来年(1976年)埃及政府突然中止与苏联的结盟关系,驱逐苏联顾问团,在地缘战略上影响同样深远。[83]最后,一如我们或许可从这事件推断出的,两大超级强国虽然军力傲视全球,在控制其不安定、桀骜、任性的附属国方面,却都有力有未逮之处。因此,两大超级强国都遇到了被不可靠的盟邦拖下水,不得已被拉进对抗局面的严重风险。而中国—如19世纪末期时一般,不愿被拉进任何帝国体系之中。

在当时许多分析家眼中,这一超级强权帝国主义的消长,应该会无限期继续下去。在美国的"衰落学家"看来,越战的教训就是美国不该过度扩张,做自己力所不能及的事。越战所带来的财政压力和油价的陡然上涨(阿拉伯国家欲对以色列间接施压的作为之一),抑制了1970年后市场经济体的快速增长,强势美元不得不与黄金脱钩。马克思主义者希望资本主义崩溃,"世界革命"爆发。有人为"新国际经济秩序"的形成拟订了计划,以主导科技、让资本转移向发展中国家。西方所忧心的,乃是前殖民世界的大幅转向。由于全球力量变得更为平衡,发展中国家提出更大的要求,这时要将纷争地区纳入支配,看来必然越来越难。美、苏对爆发马克思派与反马克思派内战的安哥拉的争夺,说明这种"代理人战争"可如何快速将整个次大陆卷入。[84] 在非洲之角,苏联大规模援助埃塞俄比亚的马克思派领导人,美国则以援助其邻邦索马里反制。[85] 但直接行动更令人忧心。1979年末期苏联出兵阿富汗,被西方视为"新"冷战的第一枪,以莫斯科为中心的"邪恶帝国"(里根语)所发动的新攻势。遏制政策已经失败,美国国务卿于1983年6月如此告诉美国参议院:"苏联的意图和能力,老早就超越这一原则所视为理所当然的地理界限。"[86] 去殖民化令人意想不到的进展,并未预示出一种"由诸民族国家组成的世界",似乎反倒为新式帝国的出现铺路。事实上,很可能曾有人主张,20世纪末期帝国主义的附带伤害(暗地干涉对稳定局势的破坏、给予集权统治者的经济援助、大量武器买卖助长的政治军国主义化)[87] 至少和19世纪末期帝国主义的附带伤害一样大。"竞争性共存"那充满危险的不确定状态(具有在核武互击中"保证相互毁灭"的骇人可能),似乎必然是两极世界不可免的代价。但事态并未如此发展。

情势逆转之大令人震惊。20世纪80年代中期,苏联的计划之大,似乎甚于以往任何时期。从位于越南南部金兰湾的前进基地,苏联海军可以将其力量投射到贯穿东南亚的几条主要海上航路和一直到20世

第八章 帝国碰壁 471

纪50年代都是"英国内海"的印度洋。[88] 借由建造庞大的新航空母舰（例如"勃列日涅夫号"），莫斯科这时志在与美国的全球干预力量相抗衡。但接下来不到五年，这个庞大的帝国（支配北欧亚的强权；南亚、非洲、中东地区顽强的对手）就解体了。这期间未出现"白银时代"或衰落阶段，而是一下子发生的。

原因或许在于纷至沓来的压力要求内部改革，以及苏联领导者为摆脱他们所认为正要受到的钳制力量而实施的计划以失败收场。1970年后，苏联过去几十年的快速增长无法再维持。苏联规划经济的主事者有心增加生产，以提高生活水平，为军事机器提供资金，却苦无良策。斯大林所打造的计划经济，已无法掌控劳动力。[89] 缺乏用以引导投资、挑选创新的物价机制，其代价变得越来越高。雪上加霜的是，20世纪70年代伤害各市场经济体的那些逆流，为时不久就消失。[90] 构成资本主义世界之核心的七大工业国（德、意、法、英、加、日、美），在20世纪80年代向典型的商业全球化飞速迈近：日益倚赖出口和贸易、跨国界的银行活动、资本流入对外投资、大规模买卖货币。美国的企业经济在20世纪80年代大大复苏。[91] "新兴工业国"如新加坡、马来西亚、泰国，特别是韩国（1989年时已成为全球第十大钢生产国）的高速发展，大部分是在美国的战略保护下取得的。在东南亚，更受欢迎的是韩国迈向工业繁荣的模式，而非越南的农民革命模式。但在苏联，军事开支的负担越来越难以承受，共产东欧的诸卫星经济体越来越朝向西方寻找投资、贸易机会。

戈尔巴乔夫的"政经改革"，乃是苏联新领导人的最后一轮改革，[92] 其主要目标是将苏联的"国内"经济和"外围帝国"的"帝国"经济都予以"西化"：使它们更快响应消费需求和技术创新。这轮改革的内涵非常广泛，它意味着提拔"新"人，放宽政党行政体系对计划经济的掌控；它意味着提出过去投注于军事的资源，放宽莫斯科加诸东欧诸卫星政府的"规定"，容许"温和"的改变，还意味着通过谈判取得西方投资和西方新科技。而由于这得化解"新冷战"的紧张关系才有可能实现，这轮改革就要缩减苏联的国外驻军规模：在东欧和中欧，在亚非的介入区，特别是在阿富汗。但若说戈尔巴乔夫决意放弃苏联作为全球性强权（其实是全球第二大强权）的地位，那是最不可能的事。他追求的是喘息的空间。他为缓和紧张关系而从事的外交，旨在确保东欧从苏联控制区巧妙过渡为乐于接受苏联影响的"非正式帝国"。苏联将在西方注视下，在"合作性共存"的和睦气氛中现代化。一旦重振活力，得到新生，它仍将向世人提供"另一种现代性"。

但戈尔巴乔夫发现，建立非正式的帝国并非易事。放弃控制和压迫威胁，要冒很大的险。没有其他手段来让旧附属国继续效忠，最终可能会使其脱离控制。莫斯科通过经济诱因所能提供的好处，已不再那么大：这在20世纪80年代苏联对波兰日益放松的掌控中已可见到。因此，东欧的改革，一转眼间就变成东欧的剧变。1989年11月，柏林墙倒塌，亲苏联的诸政权垮台，东欧的"外围帝国"灰飞烟灭，这冲击了苏联政权。来年，苏联的"内部帝国"，即苏联诸共和国，包括叶利钦领导的俄罗斯本身，开始要求自主权。戈尔巴乔夫的同僚欲遏止这股政治浪潮，终归徒然，且这反倒成为压垮苏联的最后一根稻草。1991年12月的《阿拉木图宣言》，将苏联分解为15个新国家。根据该宣言，苏联结束其在波罗的海地区、外高加索地区和中亚的统治。最能彰显此变局的，或许是就连乌克兰（自17世纪50年代起一直是俄罗斯帝国扩张最重要的助手）都投票赞成完全独立。后苏联时代的俄罗斯仍是个版图辽阔的强国，但由于经济困顿，美国在内欧亚的影响力日增，若彼得大帝在世，可能都要为其未来忧心忡忡。

第八章 帝国碰壁 473

无限制的帝国？

两极时代的帝国建造，一直是去殖民化形之于外的另一面。两大帝国体系都想方设法遏制对方的扩张（真有其事的扩张或想象的扩张），稳定后殖民时期那些不稳定的广大区域，以壮大自己的声势。事实上，稳定到头来只是个假象。相互敌对者在全球阵营上达成一致意见的概率，或是达成一致后落实协议的概率比 1914 年前还要低。第一，联合国宪章白纸黑字写下的新主权准则，禁止采取公然控制领土的做法，两大对立超级强国的国家内部意识形态也坚持这一主张。第二，除了欧洲这个例外，世界上凡是还有政治变革可能性的地区，美苏都不愿承认永久丧失该地区。在这点上，国内的意识形态主张也是很坚定的。第三，帝国所留给后殖民世界的局面，完全谈不上是顺利的开端。继承国之间存在地缘政治纷争，宗教冲突和种族冲突未能解决，使用政府权力积聚私人财富的现象频频出现，弱国难以抵御外来经济冲击的伤害——这些只是殖民地在自由后品尝到的部分苦果。它们大大提升了动荡的可能，大大增加了（不管是受邀而来，还是不请自来的）外来干预的操作空间。第四，两大超级强国即使已确立了各自帝国领域的边界，仍面临另一方无可化解的敌意。中国是超级强权政治游戏里特立独行的一员，或成为强权拉拢的对象，或与强权起争执。事实上，20 世纪 70 年代末期中国转而拥抱市场经济，原本封闭的中国经济突然开始惊人增长，这在超级强国对峙的最后十年里，是一个新的重大变数。

而一旦苏联解体，结束了两极对峙，世界局势会有何变化？情势立即清楚表明，美国绝不会退回西半球奉行孤立主义。1945 年后美国支配力与影响力的显著增长，不会逆转。冷战时代是美国扩张势力的时代。美国贸易与投资的庞大新规模，美国对进口商品的依赖（特别是石油），使主导制定世界经济的规则在此时一如在第二次世界大战结束时一样重要。空中武力、卫星科技、核武器促成的地缘战略革命,更有力地表明:美国安全是全球事务,而非半球事务。因此,美国对冷战结束的反应,乃是将冷战结束视为左右世界历史进程的元历史(metahistoric)的良机,而非卸下帝国重担的机会。[93] 这是完成全球经济永久转型的时机(这种转型在 20 世纪 70、80 年代已在进行)。封闭的经济体应予以打开,政府垄断事业应予以打破,门户应强行打开,私人财产(特别是外国私人财产)应得到保障。美国总统威尔逊为实现国际和平所提出的妙方,终于可以施行于全世界。政治歧异、民族主义的疤痕、阶级战争的伤口,乃至种族仇恨的恐怖,都将被自由经济贸易及其文化副产品构成的清流冲刷掉。因为市场经济将随之带来对民主化沛然莫之能御的需求。为了完成这项全球性任务,地缘战略自然成为首要考虑。任何国家都不得以武力破坏这任务成果,都不得有能力威胁其邻邦,不得有能力建造旨在排除这全球性经济及其自由文化的地区性"帝国"。美国于冷战结束时业已取得的巨大军事优势,这时必须用来维持全球均势。对于资深大战略家布热津斯基来说,这道理再清楚不过。美国除了在欧亚地缘政治上扮演管理角色,别无选择。[94]

几乎可想而知,这看来不受限制的美国野心,引来有褒有贬的反应。美国无须再讨好拉拢他国,不再需要冷战结盟的伙伴,且打赢了意识形态战争,正意气风发,因而看来可以随心所欲运用其经济、军事力量去对付任何反对者和所有反对意见。美利坚"帝国"这个字眼,过去只见于左派言论中,这时越来越常听到。全球性帝国(一国将其国内法强行加诸其他国家身上)与 17 世纪起在欧洲发展出来的悠久国际法传统格格不入。在那传统下,一再被强调的,乃是必须尊重国家的主权,在制定国际行为准则时必须得到所有国家的同意(19 世纪时指的是所有

"文明"国家的同意)。[95] 除了左派的不安,这时还多了许多后殖民国家的疑虑(担心在两极局势下自己所享有的自由即将失去),以及更广大的抱怨——抱怨去殖民化文化(不再认为西方是"正常状态"的文化)的建构,在面对美国支持下的"全球化"时,根本不可能实现。

20世纪结束之际,这些忧心更为深切。因为,针对后冷战世界所轻率提出的种种假设,在这时候开始被戳破。情势显示,在中东、东亚、撒哈拉沙漠以南的非洲地区,冷战时期的冲突和不稳定仍顽强存在。历史并未终结。就去殖民化的较广义角度来看,去殖民化仍未竟其功。美国的反应是更为直截了当地断言美国应以其力量确保已取得的进展,推动建构1989年后世界新秩序的大业。接下来的辩论,使美国是否是个帝国这个问题,或美国是否该拥抱帝国强权的角色这个问题,更清楚地摊在世人眼前。批评者所体察到的,乃是美国对世界其他地方所抱持的两种根深蒂固的心态咄咄逼人的复苏。第一种是独断专行,不愿受他人所立规定束缚的心态。这种心态源自美国认定自己出身"特殊":美国是在专制君主或欧洲贵族的封建余孽统治的世界里,以民主社会之姿诞生于世界舞台的国家。第二种是放诸四海皆准的心态:凡是对美国好的,对世界也好。以美国为准的民主体制、美国式市场经济、为大众消费所打造的商业文化,是财富与稳定的最稳当保障。拒绝采用它们,就是敌视进步与和平的表现。独断专行和放诸四海皆准这两种心态,是孤立主义强权身上的缺点。在世上唯一的超级强国里,它们成为帝国心态的主要成分。配合压迫外交或武装干涉,它们是通往"帝国"的康庄大道。在这"帝国"里,国外的持久战将颠覆国内的民主。[96]

辩论美国是否该被视为帝国强权毫无意义,因为事实已摆在眼前。1990年后,美国成为世上唯一帝国。这个无其名而有其实的帝国,拥有能强势干预几乎世上任何地区的工具,军力优势为任何对手所望尘莫及，经济规模是第二大经济大国的两倍以上。美国没有像过去的英国那样拥有殖民地（维多利亚时代的英国能称霸全球，一定程度上要归功于那些殖民地），根本无关紧要。维多利亚时代的英国，在官方意识形态、经济目标、政治方法上与一世纪的罗马大相径庭，但两者都统治帝国。两帝国的存在都是为了大规模地积聚国力；两帝国所采取的形式，反映了当时普遍的客观环境，而非对某种过时模式盲目固守。美国的帝国令人感兴趣的地方，不在其存在于世（这点我们可以当作不言而喻的事），而在其（和过去所有帝国一样）可能遭受的限制（或未遭受的限制）。

美国的强大，可以从几方面的数据简略看出。2003 年，美国拥有设于 130 个国家的 700 多座基地（和 234 座军用机场），这还不包括一些"临时"设施。有超过 25 万名军职人员，服务于分割管辖全球的海外地区性军事指挥部（例如太平洋军事指挥部、南方军事指挥部、中央军事指挥部之类）。靠着 54 艘核子攻击潜艇、12 艘航空母舰、12 艘直升机母舰和众多辅助舰船组成的庞大舰队，美国宰制海洋。在陆上的现代战争里，在太空，在空中，美国都拥有几乎所向披靡的优势。从经济来看，美国的富裕程度同样惊人。1999 年，美国的总产值占了全球总产值的将近三分之一；[97] 而现在（2007 年）美国的国民生产总值是中国的五倍。作为大消费国和大生产国，作为规范全球贸易、金融的组织里拥有最大发言权的国家，作为全球许多大企业的总部所在，美国能行使庞大的"软实力"。第三，经济成就和美式民主的威望、魅力，联合创造出投射影响力而遍及全球的新据点。可用以奖励合作和友好的巨额财富，还有借由教育、移民群体和离散族群（离散族群最富裕的成员居住在美国）建造的社会网络，提供了将这些据点往更广、更深处推进的工具。因为美利坚帝国的建造（就如它之前的大英帝国），并非只靠政府和决策者。美国扩张的动力，有很大一部分来自非官方和私人部门。

第八章　帝国碰壁　　477

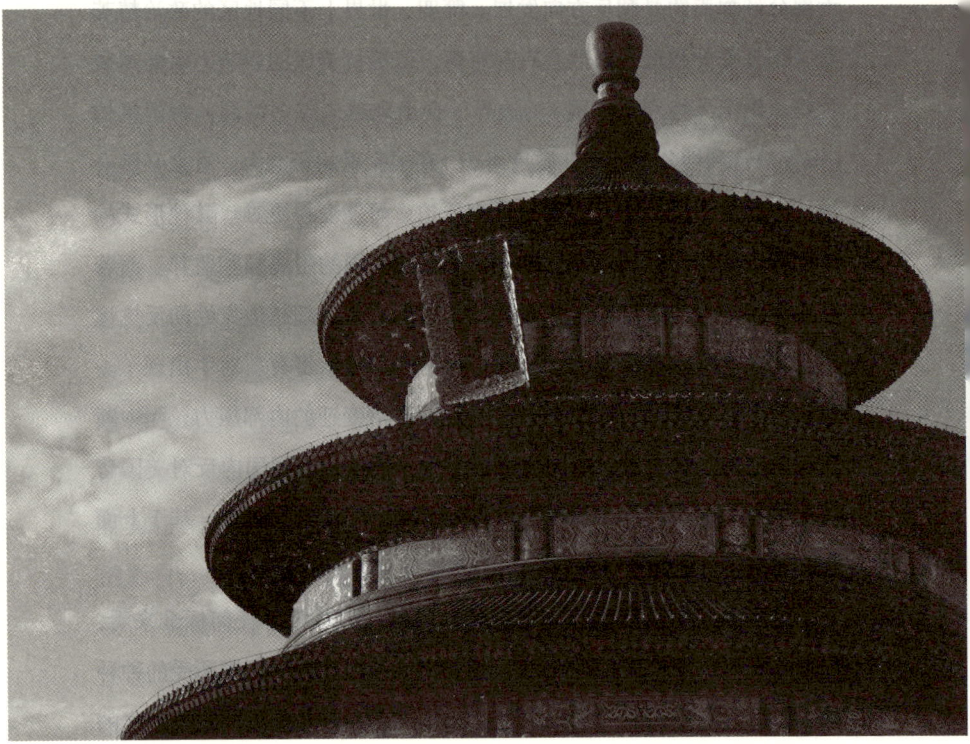

TAMERLANE'S SHADOW

帖木儿的阴影

第九章

21世纪至今

中国、印度重回世界舞台,多极化世界回到将近几百代的多元、均势性态势本书一开始就主张，绝不可把今日世界草草解释为全球经济及其政治、文化副作用的产物。在财富与权力的消长变动、体制与价值观的分歧、文化与宗教纽带上的差异（这些差异在 21 世纪仍旧显著）背后，有着更加错综复杂的历史——竞相建构帝国、国家与文化的历史。但这些历史不易探明，也存有极大争议。它有时被称为掠夺性帝国主义的残酷史话，西方对不幸的非西方世界的入侵。反对观点也同样鲜明：这是以西方为向导和模板，迈向现代性的世界历史。这两种观点都只能得到自己阵营的支持，因此也就不难理解地理决定论的解释为何会受到更多青睐。但即使真能从可驯化的动植物数量较多这点来解释为何是欧亚世界征服"外围世界"，而非"外围世界"征服欧亚世界，[1] 地理决定论仍无法解开本书所关注的问题：最近 500 年欧亚世界内部权势、财富的消长。

上述论点虽激起种种强烈爱憎，本书却表明，"剥削"与"现代化"这两种对立主题的宏观历史叙事，并不利于指引人们探明欧亚历史。这并非因为我们无法找到充足证据，来表明这两种情形真实发生过，而是因为这两者都不是完全自主的。在二者影响力显著的国家和地区，它们都与那些国家、地区的政治、文化有纠葛。二者都被迫妥协，以赢得它们顺利运行所不可或缺的当地盟友和代理人；二者都取决于变幻莫测的局势，而这些局势直接影响（不论是积极影响还是消极影响）着欧洲帝国野心、商业扩张以及文化政策在世界各地的实践情形；二者也都是可以被巧妙的抵抗与适应形式消除、取代或是无效化的"项目"。世上没有简单明了的帝国兴衰史，没有简单明了的欧洲支配欧亚其他地方的地理影响，"西方"的帝国也并未在殖民地运动的虚幻火焰（我们所谓的去殖民化）里走向终结。

简而言之，我们需要以更切合实际的观点来看待这段引发争议的过去，以理解我们今日所处的时代，从而不再将当今视为永恒的"现在"，而是将当今视为历史上的一个"时期"，与其他所有时期一样注定要走向变革、衰退。本书前几章花了相当多的篇幅，介绍当前世界一路走来的曲折路径。那些章节的叙述，与各种流派的理论家在上面画出直线的那些历史路线图，几无共通之处。然而那些叙事也表明，确实有一些宏大主题构成了历史的核心，让人得以一窥欧亚，乃至世界的未来。接下来，我们就来谈谈这些宏大主题。

帝国史：帝国无所不在

谈到世界史，人们不禁会想，这就是帝国史——由一个个帝国构成的历史。许许多多的历史著作让人们很容易认为帝国是非自然的产物，是强行入侵非帝国世界的不速之客。帝国的兴起要归功于特殊的环境条件，或独特人格的狂热力量。帝国的衰落是可预期的，因为让帝国兴起的特殊条件无法持久。这一观点很吸引人，但除此之外没有什么值得称道之处。随意一瞥世界史，就可看到实情正好相反：大部分时候，就政治来说，除非有外力干预，否则帝国强权是常态。帝国是打破或无视种族、文化以及生态区分的势力体系或统治架构。帝国的无所不在，源自一个事实：不论就全球范围还是某一地区而言，建造强大国家所需的资源分布都极不均衡。这不只在于有没有可耕种的平原或可通航的河流，还在于社会是否团结、文化是否一致，以及政府是否能轻易调用人力和物资。就是这种"现代性"，使庞大的秦帝国得以在2 000多年前的公元前诞生。要抗拒帝制国家的文化吸引力或有形力量很难，除非有地处偏远或内聚力超乎寻常这样的因素。即使是躲过帝国征服的那些国家，都必须在帝国强权之间小心周旋，以免死于巨人足下。

帝国既普遍常见，也变化多样。历史上的大部分帝国会让今日的我们觉得不过尔尔，它们人口不多，版图也不大。即使将目光局限在本书探讨的那些较大的帝国，也可以发现它们彼此差异颇大。今人有时称为"古典"帝国的那些国家乃是大型的农耕文化政治体系。它们的基本特征是对土地和农作物剩余产品的掌控。帝国组织并吸纳人才，形成一个相对集权的官僚体系，以增强皇帝权威、削弱地方利益团体或土地贵族的力量。这些官员负责收税以及执行帝国法律。皇帝的威望是非常重要的资源，得借由隔离、仪式、典礼予以细心保护。西方的罗马帝国覆灭后，古代中国是人们了解顶尖帝国运作方式的最佳范例。在其他地方，情势通常不利于帝国的形成：宗教、生态或地缘政治环境，使这些地方无法走上中国那样的帝国统治之路。在欧亚中心地带，统治者转而求助于马穆鲁克，也就是从帝国边陲征募的奴隶兵。马穆鲁克人，作为靠埃米尔宠爱而生存的外族人，或是改信伊斯兰教者，不会受到地方人脉、部落或亲族关系影响而有损于对统治者的忠

第九章 帖木儿的阴影　485

地步，大部分帝国体系里仍然潜藏着危机：帝国的领导权力几乎会不可避免地落入扎根于帝国体系的权贵之手。他们会将帝国渐渐改造为半私人的领地，为各自派系牟取利益。他们会拉拢其他派系，结成联盟，捍卫他们的既得利益。但这种不愿改变的心态是致命的，因为帝国要存续下去，就必须不断调整自身以适应来自国内、殖民地，以及外部的压力，并迅速利用文化与经济活动上的一切创新。[3]

19世纪末期，情势的确让人觉得，使帝国衰败、瓦解的诸多根源将使世界改头换面。在西方大部分观察家看来，结局已显而易见。亚非境内仅存的大大小小本土帝国，覆灭之期已不远。它们与欧洲诸帝国艰难共存的日子即将结束。经济的停滞、文化的衰退，以及体制的腐化已摧毁它们的统治意志。它们无力保住边界，也面临着境内少数民族的反抗。经济挫败加剧了社会冲突。文化死气沉沉，助长人们对外国思想的渴求，但这相应又会孕育出愤怒、排外以及狂热的情绪。混乱与毁灭已在眼前：这些帝国已是"垂死的国家"，名存实亡。相对地，欧洲的殖民列强及其北美兄弟，似已找到永远进步、帝国永续（吉卜林极力警诫的狂妄野心）的窍门。[4]它们已打破帝国兴衰的循环。工业化、有机燃料（煤）、数千英里外的遥远资源基地，使过去的环境制约变得无关紧要。它们的商业和文化将引来众多新子民（至少是新群体中的精英），而那些子民或精英的效忠（或合作），将使帝国的运行成本永远低廉。帝国"本土"的情势也已好转。"低成本"运作的帝国和人民对外部市场的日益依赖，为推广"帝国"意识形态，营造了更有利的环境。"国族"（state nation）在国内社会的影响力与日俱增，强化了"民族"群体的概念（以及在必要时保卫海外帝国的意愿）。最有影响力的因素，或许是"自由主义"的政治主张（提倡经济、政治活动中的自由竞争），似乎使政治从此不致受到权力私有化的侵蚀，使变革不致受阻于顽固的抵抗。这一进步精神被认为根植于"民族"——一个融合了生理、社会与文化层面特征的混杂产物。这是欧洲人（至少是部分欧洲人）得以发现社会演化奥秘的原因，他们也因此认为，对世界其他地区的永恒主宰，是对他们伟大发现的应有回报。

最有可能的结果（至少看起来如此）乃是大权集中于少数"世界大国"之手的全球新秩序。剩下的非西方世界国家和帝国将被瓜分，即使勉力留存，也会成为西方严密监管下的半附属国。它们境内的"改革派"和"进步人士"，将会得到"世界大国"的支持，来粉碎其广大落后偏僻地区的反抗。代价则是它们不得不接纳欧洲的规则：保持商业与文化的对外开放，制定新的法律规章以保护外国人及其财产。而这种监护期将会持续很久，甚至在不断重复的失败抗争中无限期持续下去。不过事态并没有按照这种可能发展。

原因之一与地缘政治有关。欧洲要将势力伸入亚洲，势必要先确保欧洲境内的和平，避免大战爆发。19世纪中期、末期欧洲的帝国对抗看似激烈，实则得到巧妙的管控：抱怨和吹嘘取代了实际的冲突。但这个多种势力竞争共存的权力真空期，在1914年被永久地终结了，战后欧洲想要恢复该状态，但几无所成。以欧洲为中心的世界秩序，差不多还未开始就夭折了。欧亚世界的各个主要地区，在某个关键时刻都遏止了西方的入侵，但地缘政治只是部分因素。

帝国得以存续的模式

探讨18世纪中叶后"帝国"的历史著作，大部分都有相同的预设：日本于19、20世纪之交开始借用西方的殖民观之前，重要的帝国只有欧洲人的殖民帝国。欧洲势力在非洲的角逐博弈，给人们留下了帝国主义猖狂、势不可当的不实印象。但如果更仔细检视亚洲，会发现情况并非如此。欧洲人在亚洲的沿海边陲地区四处蚕食，直到19世纪结束时才以缓慢而迟疑的脚步往亚洲内陆挺进，但欧洲人对亚洲的支配，除了印度这个例外，充其量也不过是局限于小块的局部地区。可以说，在漫长的19世纪，面对欧洲人的进逼，亚洲其实屹立不倒，并未被击败。中国就可充分说明这点。虽然遭遇改朝换代、内战等种种动乱摧残，中国在1913年前仍保持着惊人的统一局面。经过1911年帝制的终结，接近40年的动乱、占领和战争接踵而来，中国的国家概念仍然存在。或许更令人惊讶的是，中国还保住了庞大的边疆地带，包括中国东北、内蒙古、新疆以及西藏地区。虽然经历20世纪30、40年代生死存亡的危机，中国的边疆版图也只失去了外蒙古这一块。今日中国的版图，和19世纪30年代欧洲势力强行闯入清帝国时的中国版图相差不远。日本面对欧洲人挑战时所表现出的不屈不挠，尤令人瞩目。日本彻底改造其君主政体，为新政治秩序的建立提供意识形态纽带，最终打造出国力强大到足以抵御向西方开放的冲击并很快致力于帝国霸业的国家。

在中央欧亚部分地区，也可看到类似的模式。西亚的几大伊斯兰国家，虽然无力抵御欧洲的经济与军事入侵，却未沦为殖民地。奥斯曼帝国虽在1913年失去其在欧洲境内的诸省，又在1918年被迫放弃其阿拉伯领土，但帝国的安纳托利亚核心地区却躲过了遭欧洲列强瓜分的命运，进而成为新的土耳其人国家。伊朗帝国的版图，在萨法维、卡扎尔两王朝统治期间，略有消长。但现今的伊朗伊斯兰共和国版图，涵盖了古代伊朗的大部分地区，包括大不里士、伊斯法罕、德黑兰、马什哈德四大城。即使是政治面貌因欧洲干预而发生剧烈改变的中央欧亚地区（例如埃及或印度），也仍保有或建立起不受殖民文化束缚的独特文化认同。

何以致之？原因之一，如前文所述，欧洲人缺乏资源，有时也缺乏动机，去打造完整的全球帝国。他们的帝国外交，在 1914 年前无意瓜分中国、伊朗或奥斯曼帝国。1918 年后，欧洲人之间的对立加剧，因此更难瓜分。但这只是复杂因素中的一部分。亚洲诸大国政治、文化上强韧的自主传统，是同样重要的因素，它们像一堵阻隔外部势力的无形之墙。现代初期欧亚世界的建国浪潮，更是加强、深化了这些传统，其影响力散播到"旧世界"各地，而非局限于欧洲境内。明朝的革新、德川幕府的承平、萨法维王朝的妥协、奥斯曼从军事国家到横跨欧亚非大帝国的转变，都是与欧洲新式君主制同样突出的成就。它们创造出在重重压力下仍能屹立不倒的政治组织形式。在中国改朝换代（明灭清兴）、18 世纪伊朗动乱的时期，欧洲人或有机会消灭这些不稳固的政治体，特别是语言隔阂较多、部落联盟林立的伊朗。但这种情形并没有发生。

现代初期这些重建运动，有一深远影响。它们促进了传统治国方法的存续，使中央政府在来自欧洲的压力变得更加强烈时仍然稳固。欧洲人所面对的国家，乃是需要翻新的"旧制度"，而非号令不出中央、已然四分五裂的国家。这些国家的官员往往知道自己国家的弱点，知道需要"改革"。但他们所认定的改革，乃是将新的政治方法嫁接到原有的体制主干上，而非施行缺乏认同、与现实不相容的改革计划。这一差别十分关键。凯末尔的土耳其共和国，建立在奥斯曼帝国革新的基础上，而非凭空构想出来。该共和国的"官方"版历史，不谈土耳其对欧洲的屈从，而是强调土耳其民族在世界历史上的重要地位。[5]该共和国的政治教父（不管暗地里如何与他切断关系），乃是苏丹阿卜杜勒·哈米德二世（约 1876—1909 年在位），在他治下，奥斯曼中央政府对社会的控制得到大幅提升。[6] 礼萨沙·巴列维（即礼萨汗，约 1921—1941 年在位）利用伊朗的古老君主制传统，得以确立其对叛乱地区和部落的统治，强化国力。天皇发布的五条誓文，使明治日本得以稳步走向强化中央集权的体制，使反对明治维新者失去意识形态根据。在中国，清朝的覆灭代表与过去更为全面的决裂，即使如此，新兴的民族主义仍在 20 世纪 20 年代重启监管户籍的旧制，以恢复对社会的控制。

除去政治领域，这些地区在文化上也保持着延续性。宗教、语言、文学对欧洲诸国民族认同的作用，大家早已耳熟能详。为何 1914 年前民族国家观念在欧洲比在欧亚其他地区发展得更为迅速，原因有几个，其中 1789 年至 1815 年间蹂躏欧陆大部分地区的革命与战争的影响尤不能忽视。在欧亚大部分地区（包括东欧大部分地方），文化与国家的联结并未与西欧的模式保持一致。对领土主权国家及其统治者绝对效忠的观念，与穆斯林社群（乌玛），以及那些享有《古兰经》和伊斯兰律法诠释权威的群体，都扞格不入。在被较小、较弱国家或藩属所环绕的广大中华帝国，塑造欧洲民族主义的那种以王朝冲突和建国为特色的斗鸡场心态，显然也并不存在。在日本，两百年的锁国强化了对外国人的强烈猜忌。但在明治维新之前，日本人却不觉得有什么必要去将日本特性与强大中央集权国家联系起来。但尽管欧洲人对民族国家（文化与政治的结合体）的执着，在其他地方没什么意义，欲以共同价值观和习俗（从饮食、衣着直到历史和宇宙论）统合社会的行为，却在整个欧亚世界得到同样程度的重视。在欧亚其他地区，一如在欧洲，知识传统都通过老师传授和典籍来维持、传递。以知识传统为核心，凝聚起享有社会威望和文化权威地位的知识分子精英阶层。在伊朗和中国，这一阶层与官方思想密不可分。从萨法维王朝时代起，乌里玛就申明,伊朗政府的首要职责乃是保护什叶派免受敌人攻击。什叶派在伊斯兰世界居少数地位,使这任务变得更为急迫。在中国,士人既是帝国体系的文化精英,也是行政骨干(而在接下来的"民族主义"时代他们似乎仍扮演这角色)。英国从 18 世纪中叶起逐渐将印度纳入统治,即使如此,印度前殖民时代的传统仍存,因为那些传统已牢牢根植于印度各地繁荣的本土文化里。地区性的家乡情感、公正政府的观念、另类的历史观,以及殖民政权的文化机器,在此维持着不稳定的共存关系。[7] 19 世纪末期,印度各地方言被改造为条理井然的文学语言,人们获得了强有力的新工具,来表达其本土文化情感的社会关切与政治关切。没有这一基础,甘地尝试将印度的民族主义打造成的全民运动,就不可能在 1914 年后如此迅速发展壮大。

这些情形的重要意义,在于欧洲对世界其他地方的文化冲击在 19 世纪末期达到高峰时,面临着组织日益完善的抵抗。但在欧亚世界其他文化体的守护者和"看门人"眼中,救亡图存似乎是场胜负难料的竞赛。他们忧心自己的文化传统会彻底瓦解,被西方的现代性浪潮淹没。他们担心下层社会会脱离其掌控,并为此大为苦恼,因为他们认为保障下层社会的道德与文化福祉乃是他们的责任。他们理解欧洲科技领先所代表的意义,了解社会上、文化上的创新乃是欧洲得以维持优势的因素之一,但对于那些创新对道德、社会可能造成的影响,态度却很矛盾。因此,他们对于欧洲某些关于现代性的观念情有独钟,这些观念虽孕育于西方,却强烈反对西方的自由资本主义价值观和帝国主义主张。甘地唤醒群众的运动,源于托尔斯泰自给自足的乡村乌托邦观念。马列主义的魅力,在于其所提出的愿景:工业得到发展,而又不致发生资本主义无法避免的社会冲突。两者似乎都提供了一条不致失控的通往现代性之路。在 1918 年后伊朗、土耳其、中国的政权,以及1947年后治理印度的政治领导阶层中，对外来文化的严格监控似乎和建立工业屏障以抵御外国生产力的冲击一样重要。为达成这一目标，官方通过教育、广播、宣传以及审查制度广泛而深入地施加影响力。如果形成这种文化上的"受困心态"，那么20世纪大部分时期横扫全世界的强烈意识形态风暴，使开放社会变成命运赌博的情形也就不足为奇了。

趋同的条件

这一政治上、文化上的延续模式，孤立来看是很难理解的。若不对欧亚世界不同地区的统治者和精英阶层目标诞生时的物质环境进行描述，就很难解释为何出现这现象。文化自主与政治自由的维持，部分有赖于经济成功，也必然受到对外贸易的吸引、对外来商品的喜爱或抗拒心态的影响。纵观古往今来的世界史（还有今日），统治者和精英阶层追求商业交流（对外国商品和贸易开放门户）的好处时，从来都会考虑到文化、政治上的风险。他们时时担心受到商业"大国"的支配或吞并，担心在不知不觉中被外国企业及其在当地的合作者联合起来殖民化，还时时忧心新的生产与消费方式会导致不利于稳定的社会、文化乱象。因此，经济往来的规则（加入全球经济的条件）一直至关重要。

我们可以坚定地宣称，16世纪时已出现某种全球经济。[8]美洲与欧亚、非洲建立起联系后，一整套新的交易系统立即随之展开。从美洲获得的白银使欧洲人得以从南亚、东亚买进更多的纺织品、瓷器与茶叶。美洲蔗糖的收入，使欧洲人得以购买、引进（前后总计）数以百万计的非洲黑奴，间接增加了非洲人以奴隶为交换的消费。美洲的农作物，例如木薯、玉米、豆科植物以及马铃薯，改变了欧、亚、非三洲一些地区的农业潜力。有利可图的长途航线网络，促使欧洲成为支配各大洋的大型海上货物集散地。但这现代初期（1500—1750年）的世界经济，并未赋予欧洲凌驾于欧亚其他地区的决定性优势。这经济使欧洲更依赖亚洲的产品，却无助于欧洲扩大其产品在亚洲的消费比重。[9]

1750年后，这一模式发生大幅变化，但并非一蹴而就。英国抓住机会将孟加拉的经济纳入掌控，使之与中国的贸易关系有所改变。英国靠鸦片和武力强行打进东亚贸易圈，而鸦片来自印度，武力也来自其印度基地。但关键的改变乃是欧洲开始机械化生产。此后仅数十年，亚洲纺织品的出口市场就被欧洲纺织品攻陷，欧洲布料甚至长驱直入印度、中国的纺织品市场。世界贸易额开始快速增长，在漫长的19世纪期间增长了约24倍。但亚洲这时与欧洲贸易的条件，使亚洲的施展空间小了许多。欧洲人除了供应长途贸易的大部分奢侈品，还控制了长途贸易网。亚洲经济体要进入该贸易体系并购买欧洲的制造品，只能靠出口原料和粮食。雪上加霜的是，从亚洲的立足点来看，它们除了彼此竞争，还得与大西洋经济圈的商品生产者竞争。美洲棉花和小麦，品质不逊于印度棉花和小麦；在英国市场上，印度茶叶也取代了中国茶叶。由于掌控了亚洲的海上贸易，找到了接触亚洲消费者的新门路（在印度武力征服，在中国签订不平等条约），以及自身具备了工业领先优势，欧洲人似乎已将亚洲诸经济体，在欧亚实力差距最大的时刻，拉进全球市场。数据可说明一切。1820年时印度、中国的人均国内生产总值约是西欧的一半，到了1913年则约是七分之一。[10]

但这一惨淡的景象并非历史的全景。亚洲成为新全球经济的一部分，贸易的商品额较之1750年大幅增长。但基于种种原因，欧洲人对亚洲诸经济体的掌控远不算彻底。欧洲人的资金不足以将亚洲生产者

第九章　帖木儿的阴影　　495

完全"殖民化"。他们克服不了深入亚洲最大经济体的种种障碍。中国的语言、货币、国内商业网络,使欧洲人难以打入。时机也不站在欧洲人这边。欧洲与美国早已往来密切,但在亚洲,就连沿海地区,都要到进入19世纪下半叶之后许久,凭借铁路的铺设、苏伊士运河的开通,以及汽轮、电报的运用,其与欧洲的距离才拉近到与欧美间跨洋交往相近的程度。对19世纪80年代时已大力推动工业化的日本来说,这一变化发生的时间点特别重要。东亚正在沦为附属地区,日本由于距离较远,并未一同沦落,它对西方的出口贸易及其收入,促进了亚洲诸经济体内部与彼此之间贸易的急速扩张。不久之后,就会有印度工厂老板和(往往与中国商人合伙的)日本实业家,来满足东亚地区日益增长的消费需求。到了1914年,亚洲内部贸易的增长速度,已超过亚洲与西方贸易的增长速度。[11]

因此,1914年前的那100年,可以称为"准全球化"时代。在这段时期,出现了资本与金融服务的全球市场,同样也有了初级产品和工业品的全球市场。在某些国家(但并非大多数国家),相较于国家的出口总值,贸易额已经大增。但这一增幅远低于20世纪末期那些终于进入世界市场的国家。[12]而且除了东亚这个例外,这一时期的制造业很大程度上集中于大西洋欧洲和美国的旧东北地区。在这些市场里,世界其他地区的工业产品完全敌不过当地的产品。第一次世界大战在欧洲爆发,几乎完全打断了这一准全球化进程。在接下来的动荡时期,1914年前的全球经济整合趋势发生了逆转。经过20世纪20年代末期短暂的复苏,全球经济萎缩。全球经济的中心英国,也放弃了推动全球贸易流动的一贯政策:金本位的世界货币和对自由贸易的承诺。全球最大经济体美国,退入其自我保护的洞穴深处。世界其他地区,大多投入相互对立的两大集团:双方成员各听其霸主指挥,致力于减少与另一集团成员的贸易。苏联走上实质上与世隔绝的境地。较小的国家努力降低对外依赖。初级产品的生产国贸易收入暴跌。东亚经济，包括正快速工业化的中国，也遭受重创——先是受到日本的"日元贸易区"的冲击，随后又受1937年日本全面入侵中国的影响。在全世界为一场新的总体战而动员时，前一世纪贸易的大扩张，已无法再被视为通往未来的指引。封闭的经济、自给自足、内部发展（而非促进贸易）已成为在四分五裂的世界里存活的代价。

第二次世界大战之后，这一观点也没有完全消除。战后经济恢复终于降临时，恢复过程本身也揭示出和平未能解决的对立问题。全球的自由贸易远景，虽然催生出国际货币基金组织、世界银行、关税及贸易总协定，却必须面临全球冷战的现实情况。自给自足的苏联在东欧、中欧大幅扩张势力范围。中国共产党的胜利，使战前东亚经济的分割局面更难以动摇。中国，一如早期的苏联，进入了计划经济主导、不与外界贸易往来的局面。韩国、新加坡等国家和中国台湾、香港等地区效仿日本的发展路线，成为日本的主要贸易伙伴。欧洲共同体（西欧复苏的工具）形成了保护主义集团，其经济协议反映出其主要目标是化解法、德两国的敌对，而非推动开放的全球经济。欧洲的海外帝国瓦解成大批新国家，其中大部分国家在建立工业基础时偏向于实行封闭式的计划经济，且实行外交结盟，不愿接受美苏两极任何一方的援助和投资。但这个时代最重要的特征，或许就是美国国力的强盛。第二次世界大战使美国不只成为全球最大经济体，还成了最强的经济体。全球冷战则使美国成为全球最大军事强国。在20世纪结束时，美国带着这些资产进入了"全球化"世界。

本书所要表达的观点或许已经很清楚了。过去15年我们所习以为常的经济体制，代表动荡的全球经济史上一个非常特别的时刻。那由一场剧变促成,那剧变和世界现代史上的任何一场剧变一样震撼人心。那需要地缘政治变动(苏联突然解体和中国决定推行市场经济)和通信、运输的科技革命两者结合,才可能发生。苏联解体后的国家与中华人民共和国都转向市场经济,大大提升了生产力,创造出庞大的新市场。与此同时,航空旅行成本的降低极大促进了人员流动,货物运输发生了"集装箱革命",最重要的是网络科技开始运用于商业。20世纪80年代的金融"自由化",使金融服务和西方诸国间的资金转移比以往自由得多,为贸易迈向超高增长期,以及经济活动的密集整合(以远超出1914年前所能想象的全球规模)创造了成熟的条件。欧洲-大西洋西方和欧亚其他大部分地区,在财富与经济成就上的"大分流"逐渐退去,转而迎向"大合流"。"大合流"若持续不辍,将在接下来50年内使双方的力量对比,恢复到500年前约略平衡的状态。

但正受"全球化"改造的这个世界,大体上是在与500年前大不相同的条件下形成的。在本书所涵盖的大部分时期里,世界不同地区间的经济关系,几未阻碍(反倒大力促成)具备独特价值观、态度、制度以及意识形态的国家与文化的建设。经济互赖(抑制文化多元的主要因素)的存在时间太短,太快被中止,影响也太有限,因而无法扭转趋势。今人普遍认为,这一漫长时期就要结束:本土文化和民族国家无法抵御信息、人员、商品自由流动的世界所产生的侵蚀效应。目前为止,自由交流之路走得还不长。结果如何,仍有待观察。

帖木儿的阴影:欧亚世界不愿接受单一规范

或许真正的重点在于,我们很有可能正处于一大转变(地缘政治、经济、文化上的大转变)的边缘,其影响比起18世纪末期的欧亚革命,绝无不及。若真是如此，几乎毋庸置疑，这一转变对世界不同地区的冲击将会有很大差异。欧亚世界的历史告诉我们，军事、政治上的新方法，新的生产技术，新的文化习俗，以及新的宗教信仰，由"旧世界"的一端传播到其另一端（乃至四面八方）时，并未能使两端的人对现代性或何谓"现代"产生一致的看法。过去的贸易与征服、离散与迁徙的模式，已把遥远地区联系在一起，影响了那些地区的文化和政治，而那些模式一直都相当复杂，其产生的影响不是使世界同质化，而是使世界保持多元。相对地，全球经济的凝聚力到目前为止都太不稳定，各地受到的影响也各不相同，因而无法促成自由贸易主义者常期盼的协同合作与文化融合。今日所称的全球化，可以被直接看作当今四大经济"帝国"（美、欧、日、中）晚近达成的一组协议（有些是未言明的协议，有些是非正式协议）的结果。对它们以及其他所有国家和社会而言，未来要克服的挑战，乃是调和内部凝聚力与自由竞争负面效应之间的矛盾。挑战压力很大，结果难料。但如果说从对过去的漫长检视中，可以发现什么不变的事实，那就是欧亚世界对单一制度、单一统治者或单一规范的抵制。由此看来，我们仍活在帖木儿的阴影里，或者更确切地说，仍活在他失败的阴影里。

MAP 地图

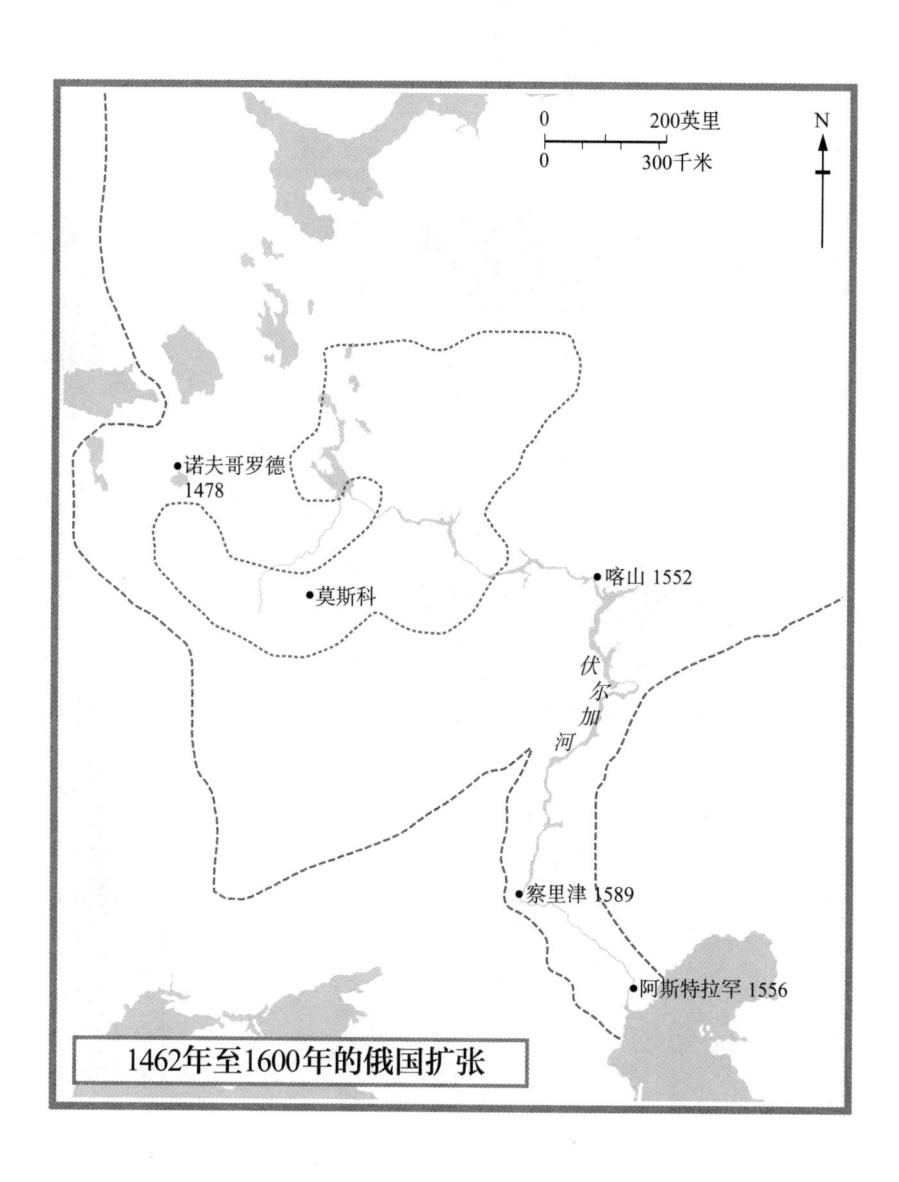

1462年至1600年的俄国扩张

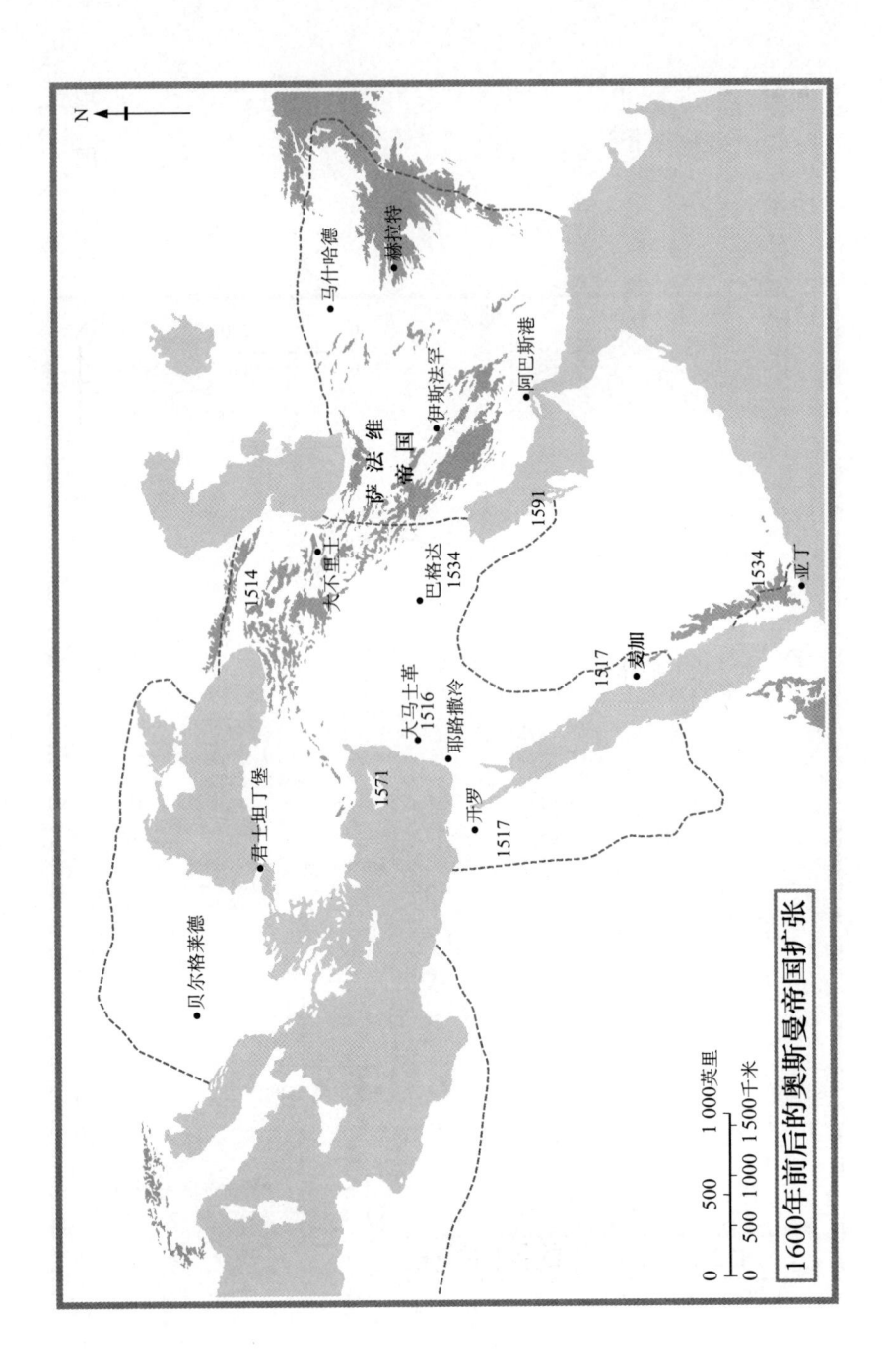

1600年前后的奥斯曼帝国扩张

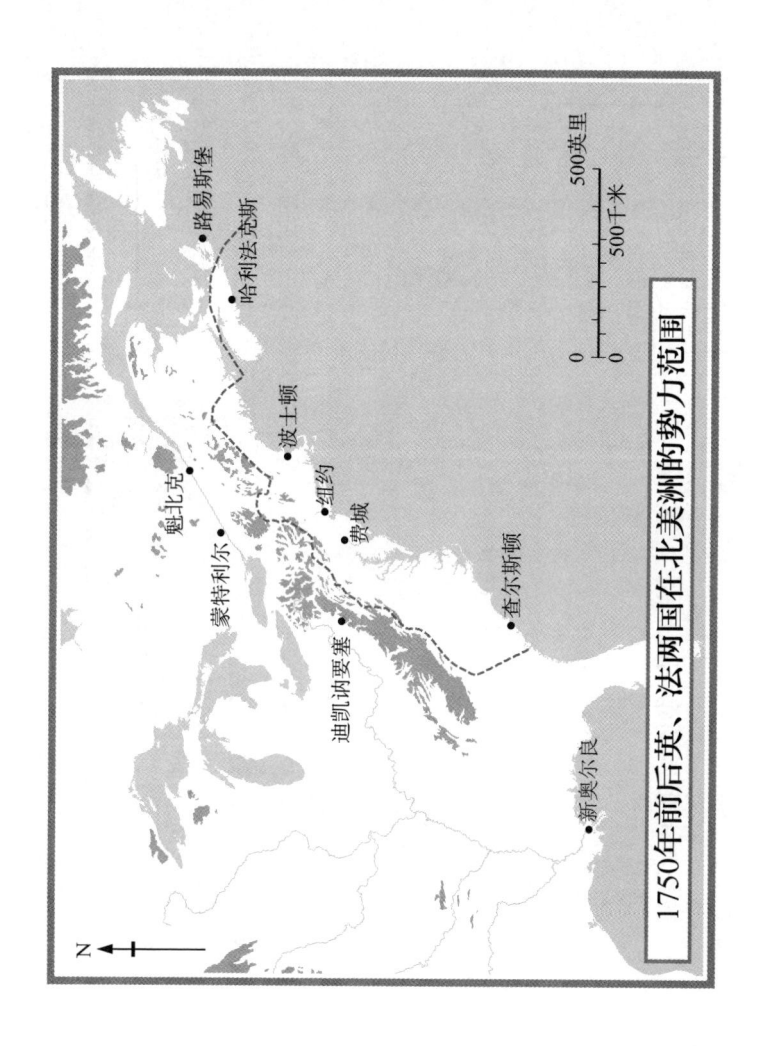

1750年前后英、法两国在北美洲的势力范围

地 图　503

1815年前俄罗斯帝国的扩张

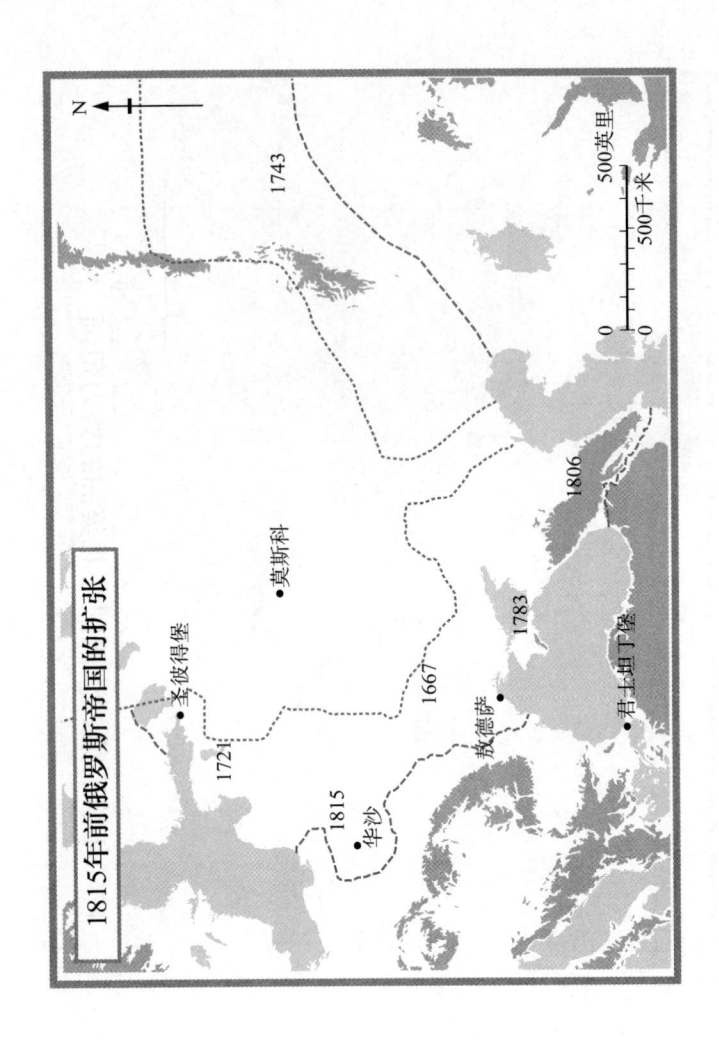

1743

500英里
500千米

1806

圣彼得堡
1721
莫斯科

1667
1783
敖德萨

1815
华沙

君士坦丁堡

北 美 洲

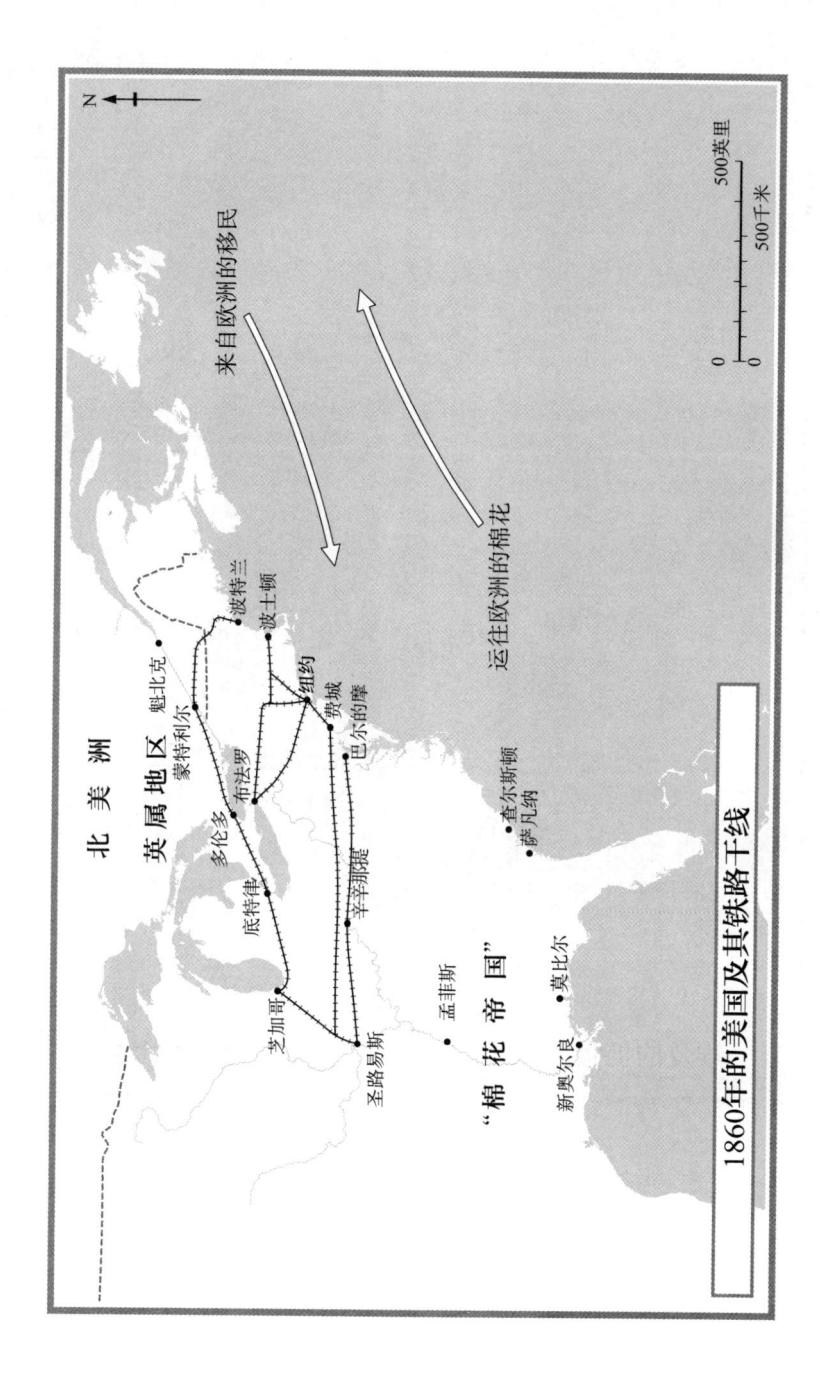

英属地区
魁北克
蒙特利尔
波特兰
波士顿
多伦多
布法罗
纽约
底特律
贵城
巴尔的摩
辛辛那堤
查尔斯顿
萨凡纳
芝加哥
孟菲斯
圣路易斯
"棉 花 帝 国"
莫比尔
新奥尔良

来自欧洲的移民

运住欧洲的棉花

1860年的美国及其铁路干线

500英里
500千米

地　图　　505

埃及的扩张，1821—1879

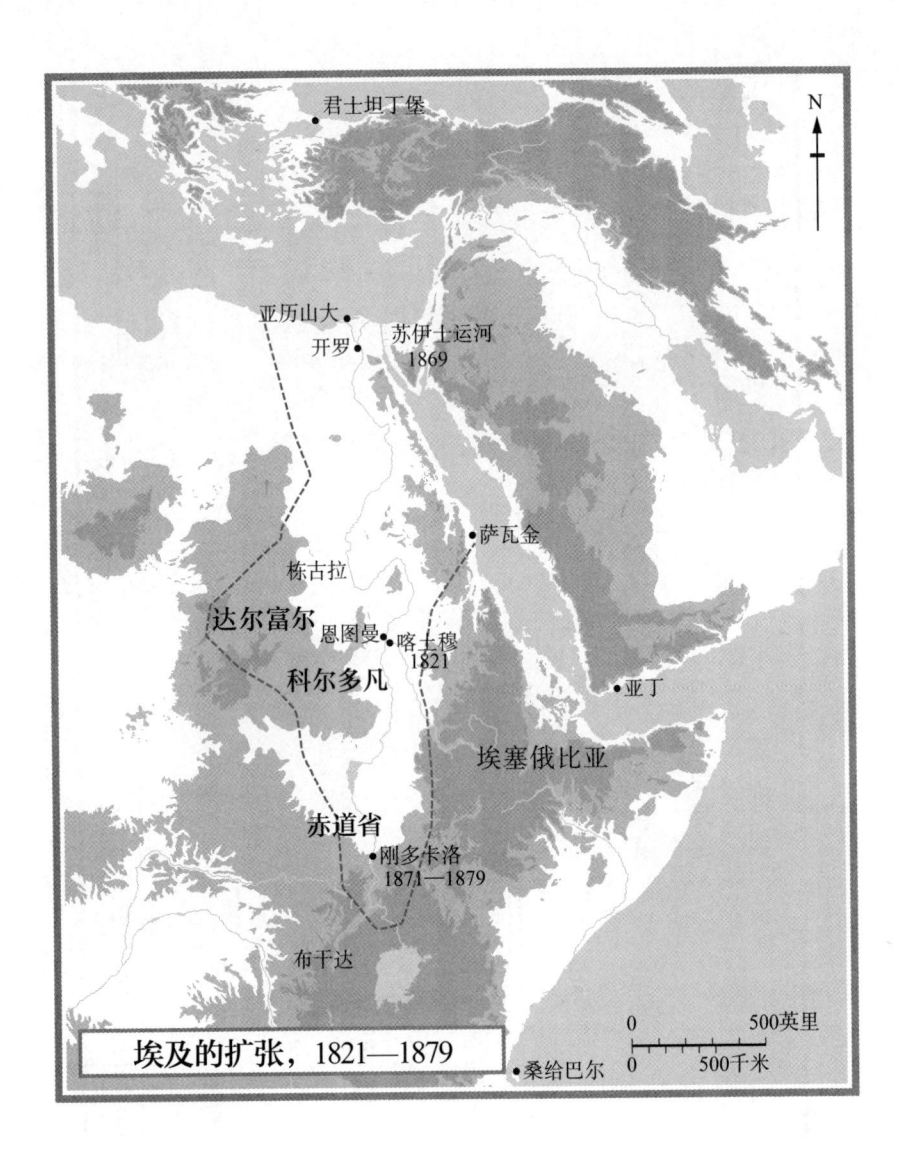

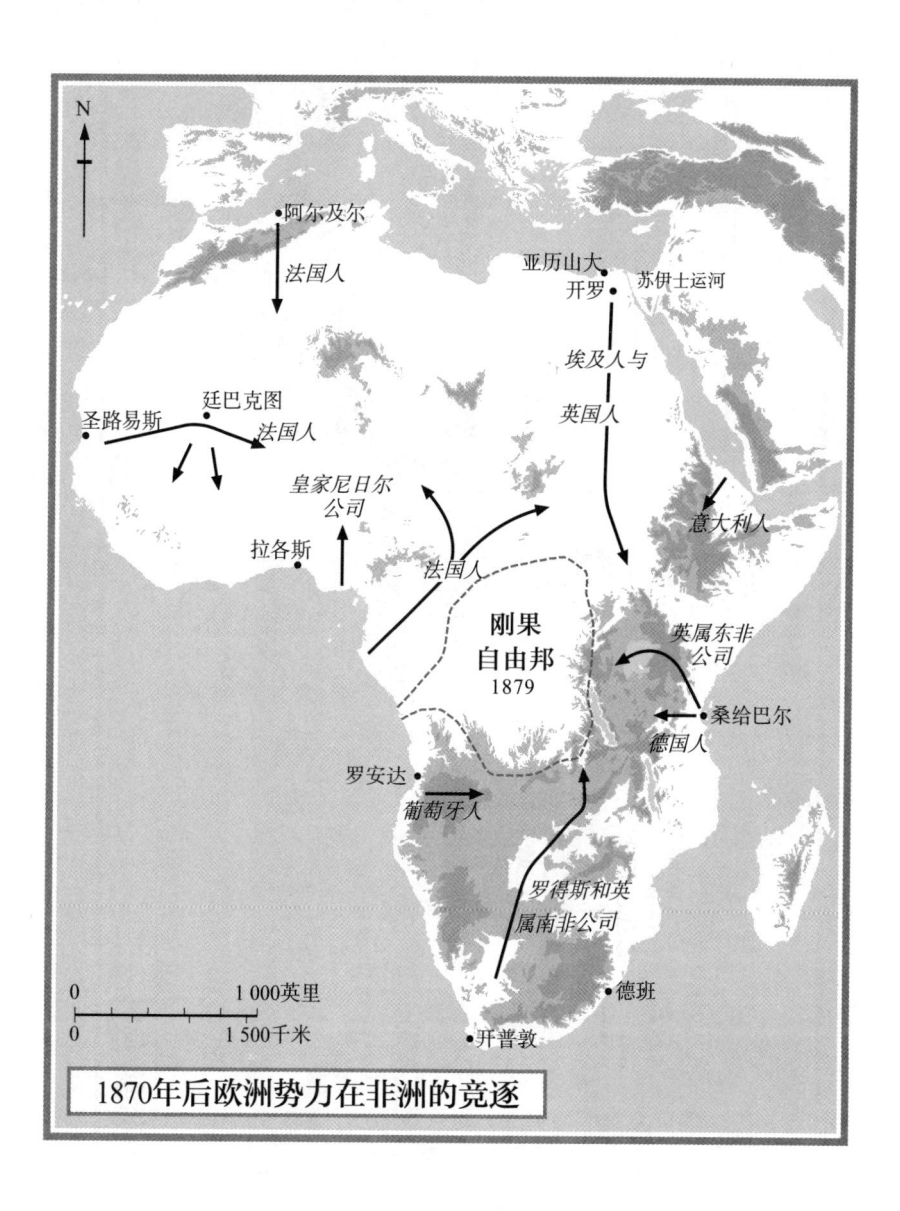

1870年后欧洲势力在非洲的竞逐

- 阿尔及尔 — 法国人
- 亚历山大、开罗 — 苏伊士运河
- 埃及人与英国人
- 圣路易斯、廷巴克图 — 法国人
- 皇家尼日尔公司
- 拉各斯
- 法国人
- 意大利人
- 刚果自由邦 1879
- 英属东非公司
- 桑给巴尔
- 德国人
- 罗安达 — 葡萄牙人
- 罗得斯和英属南非公司
- 德班
- 开普敦

0　　　　1 000英里
0　　　　1 500千米

1918年的战争危机

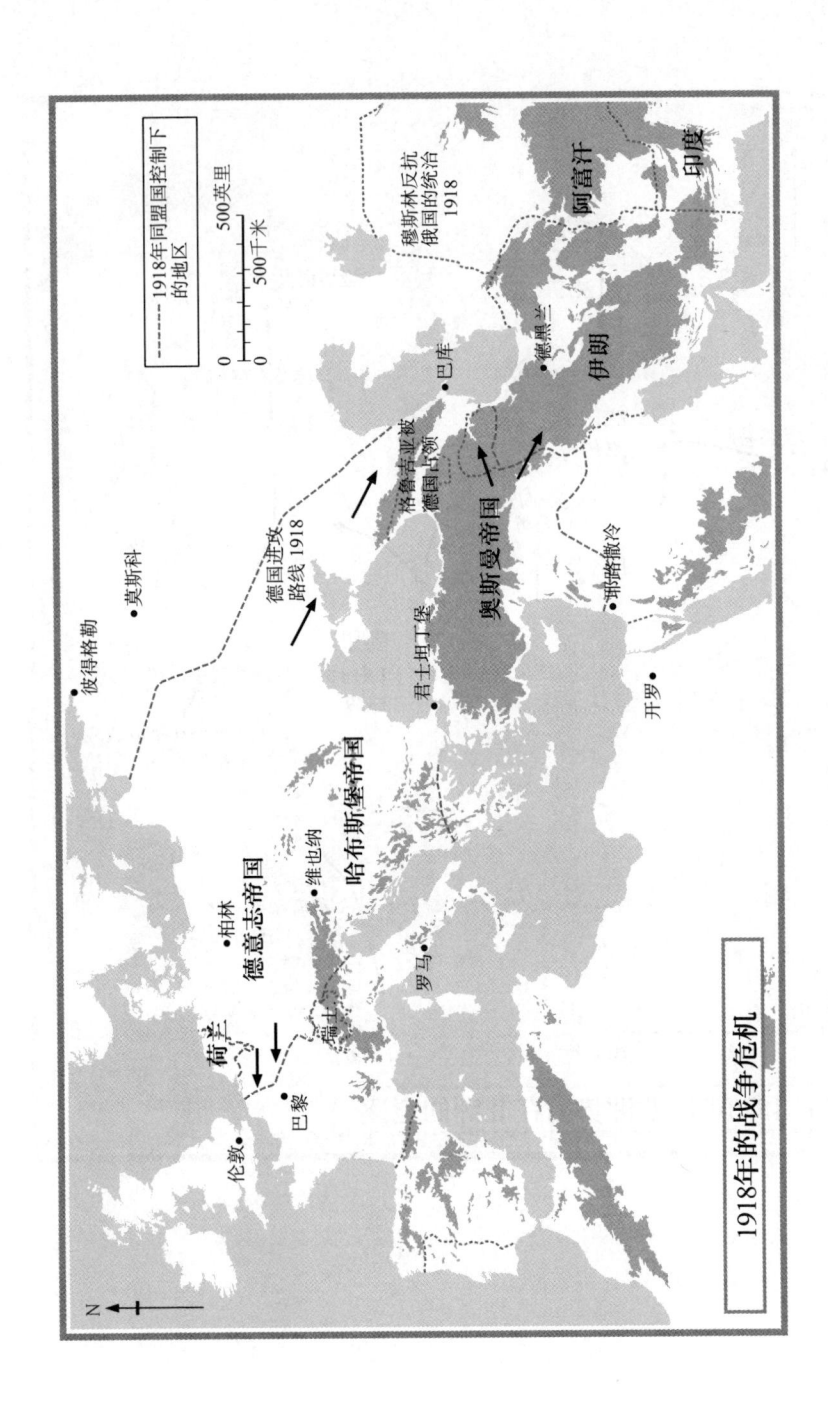

图例：
- ------ 1918年同盟国控制下的地区
- 0 500英里
- 0 500千米

地名标注：
- 伦敦
- 巴黎
- 柏林
- 德意志帝国
- 荷兰
- 维也纳
- 哈布斯堡帝国
- 罗马
- 瑞士
- 彼得格勒
- 莫斯科
- 德国进攻路线 1918
- 格鲁吉亚被德国占领
- 巴库
- 君士坦丁堡
- 奥斯曼帝国
- 穆斯林反抗俄国的统治 1918
- 德黑兰
- 伊朗
- 阿富汗
- 印度
- 邯郸撤冷
- 开罗

N

508　帖木儿之后：1405年以来的全球帝国史

1918年后的中东

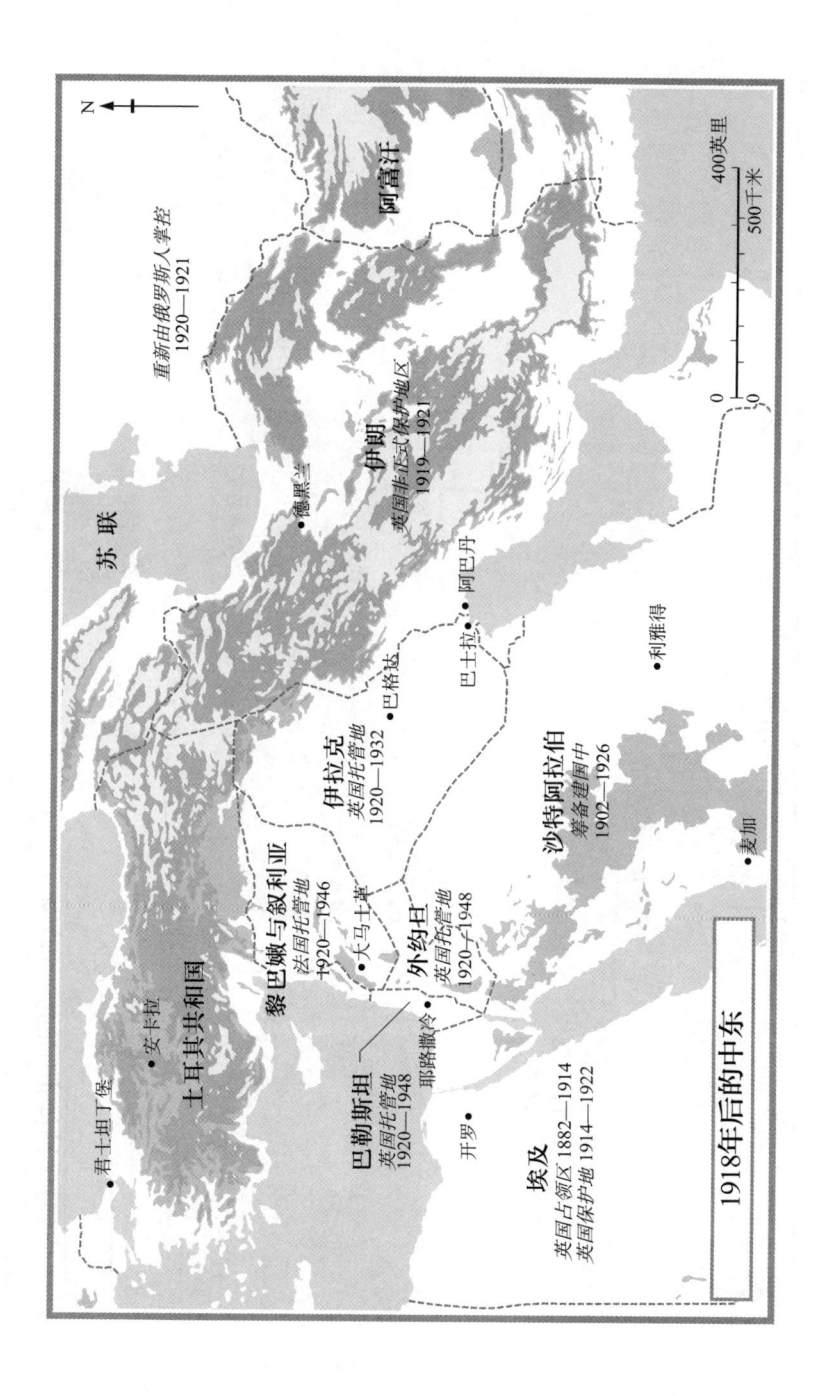

- 君士坦丁堡
- 土耳其共和国
- 安卡拉
- 苏联
- 重新由俄罗斯人掌控 1920—1921
- 阿富汗
- 伊朗 英国非正式保护地区 1919—1921
- 德黑兰
- 阿巴丹
- 巴士拉
- 巴格达
- 伊拉克 英国托管地 1920—1932
- 黎巴嫩与叙利亚 法国托管地 1920—1946
- 大马士革
- 外约旦 英国托管地 1920—1948
- 耶路撒冷
- 巴勒斯坦 英国托管地 1920—1948
- 开罗
- 埃及 英国占领区 1882—1914 英国保护地 1914—1922
- 沙特阿拉伯 筹备建国中 1902—1926
- 利雅得
- 麦加

400英里
500千米

1942年纳粹帝国的势力范围

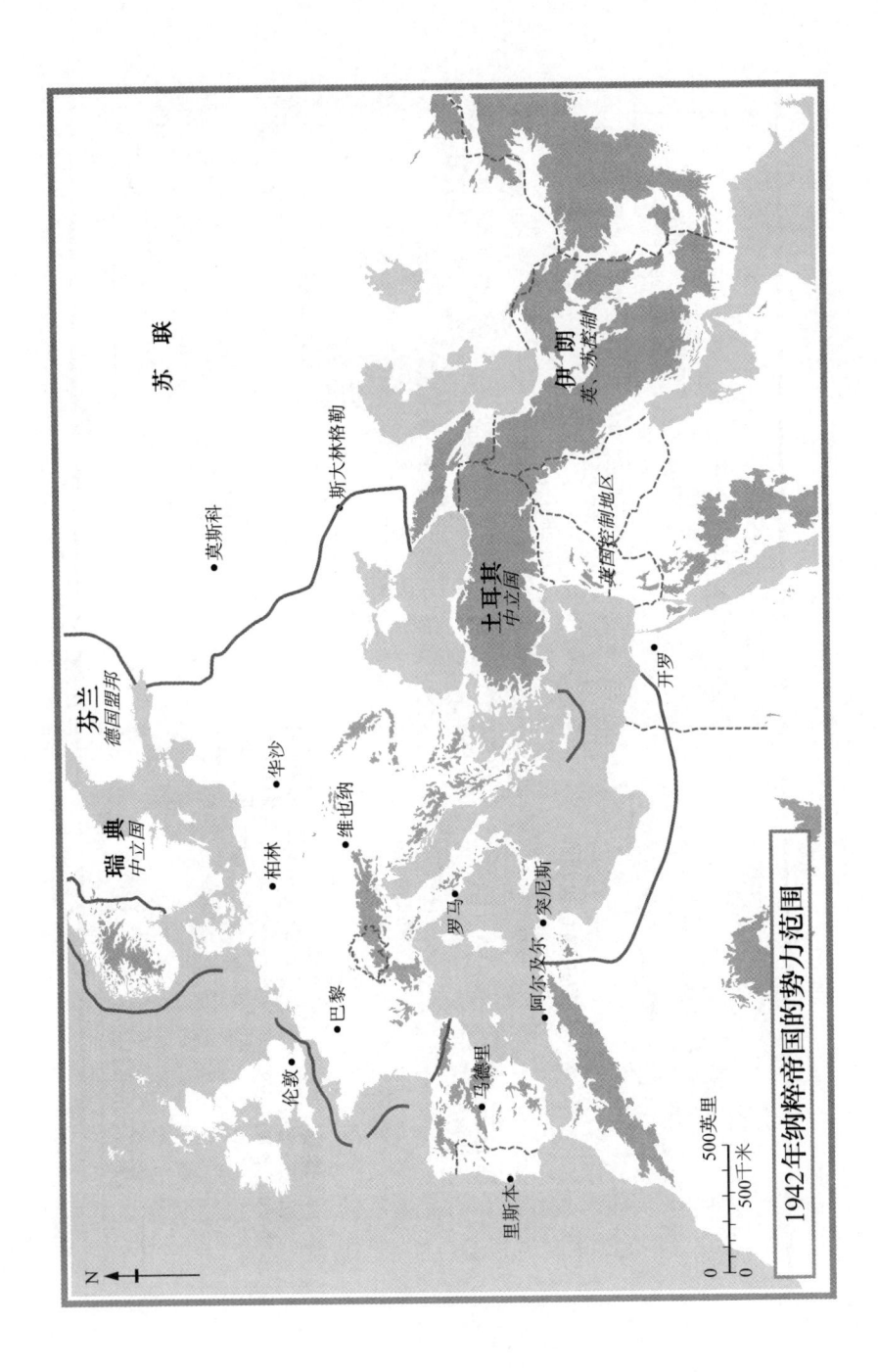

NOTES 注释

前言

1. Frederick Teggart, *Rome and China* (Berkeley, 1939), p. 245.

第一章

1. 参见 Ibn Khaldun, Y. Lacoste, *Ibn Khaldun* (Paris, 1969); *Encyclopedia of Islam* (Leiden, 1999)。
2. 相关权威研究可参考 B. F. Manz, *The Rise and Rule of Tamerlane* (Cambridge, 1989)。
3. 近来关注蒙古时期欧亚地区贸易的研究，可参考 Thomas T. Allsen, *Culture and Conquest in Mongol Eurasia* (Cambridge, 2001)。还可参见 John Masson Smith, "The Mongols and the Silk Road", *Silk Road Foundation Newsletter* vol. 1, no. 1，网址为：http://www.silkroadfoundation.org/newsletter/volumeonenumberone/mongols.html。
4. Karl Marx, "The British Rule in India" (1853), 收录于 E. Kamenka (ed.), *The Portable Karl Marx* (Harmondsworth, 1983), pp. 334-5。译文出自《马克思恩格斯全集》第 9 卷。
5. 列宁的《帝国主义是资本主义的最高阶段》于 1916 年在苏黎世面世。
6. 参见 I. Wallerstein, *Historical Capitalism* (London, 1983)，该书精妙地阐述了这一思想流派的要点。

7 M. Weber, *The Sociology of Religion* (1922; Eng. trans. London, 1965), p. 270. 韦伯还强调了种姓制度的影响和儒家文人对创新的敌视。参见 H. H. Girth and C. Wright Mills (eds.), *From Max Weber: Essays in Sociology* (pbk edn, London, 1974), 第 16、17 章。

8 "庶民历史"的详细研究成果，可参见 V. Chaturvedi (ed.), *Mapping Subaltern Studies and the Postcolonial* (London, 2000) 的"导论"部分。

9 J. C. van Leur, *Indonesian Trade and Society: Essays in Asian Social and Economic History* (The Hague, 1955), p. 261.

10 关于范洛伊尔的生平记叙，可参见 J. Vogel, "A Short Life in History", 收录于 L. Blussé and F. Gaastra (eds.), *The Eighteenth Century as a Category in Asian History: Van Leur in Retrospect* (Aldershot, 1998)。

11 S. Subrahmanyam, "Connected Histories: Notes towards a Reconfiguration of Early Modern Eurasia", *Modern Asian Studies* 31, 3 (1997), pp. 734-62.

12 关于亚洲季风气候区与干旱地区的讨论，可参考 J. Gommans, "Burma at the Frontier of South, East and Southeast Asia: A Geographic Perspective", 收录于 J. Gommans and J. Leider (eds.), *The Maritime Frontier of Burma: Exploring Political, Cultural and Commercial Interaction in the Indian Ocean World* (Leiden, 2002), pp. 1-7。

13 关于这一论点的有力阐述，可参见彭慕兰的《大分流：欧洲、中国及现代世界经济的发展》，认为欧、亚世界"惊人相似"的观点即源自此书。

14 E. Said, *Orientalism* (London, 1978).

15 S. L. Eisenstadt, "Multiple Modernities", *Daedalus* 129, 1 (2000), pp. 1-29.

16 一些研究者坚称印度种姓制度是由英国政府一力贯彻的，但是更客观的看法，是印度上层阶级也在种姓制度的极端化中扮演了重要角色，详见 N. Dirks, *Castes of Mind* (Princeton, 2001)。

17 T. Spear, "Neo-Traditionalism and the Limits of Invention in British Colonial Africa", *Journal of African History* 44 (2003), pp. 2-27.

18 参见 J. Belich, *The New Zealand Wars* (Auckland, 1986) 第五章。

19 最初见于哈尔福德·麦金德为皇家地理学会撰写的论文"The Geographical Pivot of History", *Geographical Journal* 23, 4 (1904), pp. 421-37。

20 最有价值的相关论述可参考 D. Hay, *Europe: The Emergence of an Idea* (Edinburgh, 1957)。

21 关于俄国在欧洲"文化等级"中的地位，可参见 Catherine Evtuhov and S. Kotkin (eds.), *The Cultural Gradient: The Transmission of Ideas in Europe 1788-1991* (Oxford, 2003)。

22 关于这一争议的最新讨论，可参考 P. K. O'Brien, "Metanarratives in Global

Histories of Material Progress", *International History Review* 22, 2 (2001), pp. 345-67。
23 参见《国富论》第一卷第二章。
24 A. de Tocqueville, *Democracy in America* (1835; Everyman edn, London, 1994), vol. 1, p. 332.
25 参见 Eisenstadt, "Multiple Modernities"。
26 关于这一问题的最佳概述，可参见 D. Obolensky, *The Byzantine Commonwealth* (London, 1971) and M. Whittow, *The Making of Orthodox Byzantium 600-1025* (London, 1996)。
27 相关经典著作可参读 G. Duby, *The Early Growth of the European Economy* (1973; 英译本, Ithaca, NY, 1974)。此书也可与 C. Wickham, *Framing the Early Middle Ages* (Oxford, 2005) 参照阅读。
28 参见 M. Lombard, "La Chasse et les produits de chasse dans le monde musulman VIIIe-XIe siècles", in M. Lombard, *Espaces et réseaux du Haut Moyen Age* (Paris, 1972), pp. 176-204。近东地区的动荡不安减少了相关产品的需求，这一影响是十分显著的。参见 R. Hodges and D. Whitehouse, *Mahomet, Charlemagne and the Origins of Europe* (London, 1983)。
29 参见 A. Lewis, *The Sea and Mediaeval Civilisation* (London, 1978), 第 14 章; K. Leyser, "Theophanus divina gratia imperatrix Augusta", 收录于 *Communications and Power in Medieval Europe: The Carolingian and Ottoman Centuries*, ed. Timothy Reuter (London, 1994)。
30 公元 9 世纪 80 年代时基辅的弗拉基米尔皈依基督教一事，参见 S. Franklin and J. Shepard, *The Emergence of Rus 750-1200* (London, 1996), 第 4 章。
31 更多精彩论述参见 R. Bartlett, *The Making of Europe: Conquest, Colonisation and Cultural Change 950-1350* (London, 1993)。
32 参见 R. Fletcher, *The Conversion of Europe* (London, 1997); E. Christiansen, *The Northern Crusades* (London, 1980)。
33 Duby, *Early Growth*, pp. 257-62.
34 E. Ashtor, *Levant Trade in the Later Middle Ages* (Princeton, 1983), pp. 462, 469, 512.
35 参见 R. Fletcher, *Moorish Spain* (London, 1992), 第 7 章。
36 A. Wink, *Al-Hind: The Making of the Indo-Islamic World*, vol. 1: *Early Mediaeval India and the Expansion of Islam, 7th-11th Centuries* (Leiden, 1996), p. 23。
37 参见 A. M. Watson, *Agricultural Innovation in the Early Islamic World: The Diffusion of Crops and Farming Techniques 700-1100* (Cambridge, 1975)。
38 参见 P. Ratchnevsky, *Genghis Khan: His Life and Legacy* (1983; 英译本, Oxford, 1991)。

39　Ibn Khaldun, *The Muqadimmah: An Introduction to History*, 英译本，F. Rosenthal (London, 1967)。该书在 19 世纪 60 年代被翻译成法语。最早的完整英译本于 1958 年出版，此处参考的为该版本的缩略本。

40　相关论述可参见 P. Crone, *Slaves on Horses: The Evolution of the Islamic Polity* (Cambridge, 1980)。

41　参见 D. Pipes, *Slave Soldiers and Islam* (New Haven and London, 1981)。

42　M. G. S. Hodgson, *The Venture of Islam* (3 vols., Chicago, 1974) 对此进行了详尽的研究论述。

43　R. R. Di Miglio, "Egypt and China: Trade and Imitation", in D. S. Richards (ed.), *Islam and the Trade of Asia* (Oxford, 1970), pp. 106-22.

44　I. M. Lapidus, *Muslim Cities in the Later Middle Ages* (Cambridge, 1967), p. 9.

45　参见 J. Abu-Lughod, *Before European Hegemony: The World System 1250-1350* (New York, 1989), pp. 230ff.; C. Cahen, "Quelques mots sur le déclin commercial du monde musulman à la fin du moyen âge", 收录于 C. Cahen, *Les Peuples musulmans dans l'histoire medievale* (Damascus, 1977), pp. 361-5。

46　M. Elvin, *The Pattern of the Chinese Past* (London, 1973), p. 205. 引文出自章如愚的《群书考索续集》。

47　C. P. Fitzgerald, *The Southern Expansion of the Chinese People* (London, 1972), 第 7 章。

48　相关讨论可以参见 A. Waldron, *The Great Wall: From History to Myth* (Cambridge, 1990), pp. 190-92。

49　近来对于伊懋可论点的权威评述，可参见 R. von Glahn, "Imagining Pre-Modern China", 收录于 P.J. Smith and R. von Glahn (eds.), *The Song-Yuan-Ming Transition in Chinese History* (Cambridge, Mass., 2003), pp. 35-70。

50　伊懋可的相关核心论点同样见诸 *The Pattern of the Chinese Past* (London, 1973), 第 14、17 章，以及 "The High Level Equilibrium Trap", 收录于 *Another History: Essays on China from a European Perspective* (Sydney, 1996), 第 2 章。

第二章

1　参见 F. Fernandez-Armesto, *Before Columbus* (London, 1987), pp. 216-20。

2　参见 P. Chaunu, *European Expansion in the Later Middle Ages* (1969; 英译本, London, 1979), pp. 95-7。

3　参见 A. Hamdani, "An Islamic Background to the Voyages of Discovery", 收录于 S. K. Jayyusi (ed.), *The Legacy of Muslim Spain* (Leiden, 1994), pp. 286-7。

4　J. Phillips, *The Mediaeval Expansion of Europe* (Oxford, 1988), pp. 251ff.

5   近年来的研究成果可参见 S. Subrahmanyam, *Vasco da Gama* (Cambridge, 1997)。
6   J. Vogt, *Portuguese Rule on the Gold Coast 1469-1682* (Athens, Ga., 1979), p. 89.
7   M. N. Pearson, *The Portuguese in India* (Cambridge, 1987), p. 43.
8   A. Das Gupta, "The Maritime Merchant of Medieval India", in *Merchants of Maritime India* (Aldershot, 1994), p. 8; Pearson, *Portuguese in India*, p. 56.
9   S. Subrahmanyam and L. F. F. R. Thomaz, "Evolution of Empire: The Portuguese in the Indian Ocean in the Sixteenth Century", in J. D. Tracy (ed.), *The Political Economy of Merchant Empires: State Power and World Trade 1350-1750* (Cambridge, 1991), p. 318.
10 关于巴西贸易的重要影响，可参阅 J. C. Boyajian, *Portuguese Trade in Asia under the Habsburgs* (Baltimore and London, 1993)。
11 G. B. Souza, *The Survival of Empire: Portuguese Trade and Society in China and the South China Sea, 1630-1754* (Cambridge, 1986), p. 229.
12 Hamdani, "Islamic Background".
13 Chaunu, *European Expansion*, p. 170.
14 R. Hassig, *Mexico and the Spanish Conquest* (London, 1994), p. 146.
15 参见 T. Todorov, *La Conquête de l'Amérique* (Paris, 1982)。
16 历史学家们对这一话题的讨论已有数十年之久，较新的研究成果可参阅 Linda A. Newson, "The Demographic Collapse of Native Peoples in the Americas, 1491-1650", in W. Bray (ed.), *The Meeting of Two Worlds: Europe and the Americas, 1492-1650*, published in *Proceedings of the British Academy* 81 (1993), pp. 249-77。关于秘鲁 90% 的死亡率估计数据，可参见 D. N. Cook, *Demographic Collapse: Indian Peru 1520-1620* (Cambridge, 1981), p. 116。
17 P. Calvasco, "The Political Economy of the Aztec and Inca States", in G. Collier, R. Rosaldo and J. D. Wirth (eds.), *The Inca and Aztec States, 1400-1800: Anthropology and History* (New York, 1982).
18 B. A. Tenenbaum (ed.), *Encyclopedia of Latin American History and Culture* (New York, 1996), vol. 4, p. 435.
19 关于巴拿马地区富商加斯帕尔·埃斯皮诺萨的更多信息，可参阅 G. L. Villena, *Les Espinosa* (Paris, 1968)。
20 参见 G. W. Conrad and A. A. Demarest, *Religion and Empire: The Dynamics of Aztec and Inca Expansionism* (Cambridge, 1984)。
21 S. Gruzinski, *The Conquest of Mexico* (1988; 英译本, London, 1993) 重点讨论了这一话题。
22 H. S. Klein and J. J. TePaske, "The Seventeenth-Century Crisis in New Spain: Myth or Reality?", *Past and Present* 91 (1981), pp. 116-35.

23 J. I. Israel, *Race and Class in Colonial Mexico 1610-1670* (Oxford, 1975), p. 8.
24 Gruzinski, *Conquest*, p. 152.
25 F. F. Berdan, "Trauma and Transition in Sixteenth-Century Central Mexico", in Bray (ed.), *The Meeting of Two Worlds*, p. 187.
26 参见 A. Hennessy, "The Nature of the Conquest and the Conquistadors", in Bray (ed.), *The Meeting of Two Worlds*, p. 23。
27 Gruzinski, *Conquest*, pp. 176-87.
28 Berdan, "Trauma and Transition", p. 190.
29 J. Lockhart, *Spanish Peru 1532-60: A Colonial Society* (Madison, 1968).
30 Hennessy, "Nature of the Conquest", p. 19.
31 Ortega y Gasset, 转引自 R. H. Billington, *The Icon and the Axe: An Interpretive History of Russian Culture* (pbk edn, New York, 1970), p. 71。
32 H. Birnbaum, "The Balkan Slavic Component of Medieval Russian Culture", in H. Birnbaum and M. S. Flier (eds.), *Medieval Russian Culture* (London, 1984), pp. 3-30.
33 R. O. Crummey, *The Formation of Muscovy 1301-1617* (London, 1987), pp. 36, 41.
34 Ibid., pp. 36ff.
35 关于莫斯科的地缘讨论，可参阅 W. H. Parker, *An Historical Geography of Russia* (London, 1968)。
36 关于波兰的文艺复兴，可参阅 N. Davies, *God's Playground: A History of Poland*, vol. 1: *The Origins to 1795* (Oxford, 1981), pp. 148-52。
37 D. Obolensky, "Russia's Byzantine Heritage", in *Byzantium and the Slavs: Collected Studies* (London, 1971), p.99; N. Andreyev, *Studies in Muscovy: Western Influence and Byzantine Inheritance* (London, 1970), pp. 14, 21; R. Wortman, *Scenarios of Power: Myth and Ceremony in Russian Monarchy*, vol. 1: *From Peter the Great to the Death of Nicholas I* (Princeton, 1995), p. 24.
38 Billington, *Icon*, p. 64.
39 Ibid., p. 90.
40 G. V. Lantzeff and R. A. Pierce, *Eastward to Empire* (Montreal and London, 1973), pp. 72, 107, 109.
41 J. L. Wieczynski, *The Russian Frontier: The Impact of Borderlands upon the Course of Early Russian History* (Charlottesville, Va., 1976), p. 77.
42 这段对大草原的诗意描绘来自 Nikolai Gogol, "Taras Bulba" (1835), in N. Gogol, *Village Evenings near Dikanka and Mirgorod* (英译本, Oxford, 1994), p. 257。
43 关于俄罗斯人的军队向南方大草原挺进时遇到的困难，可参阅 W. C. Fuller, *Strategy and Power in Russia, 1600-1914* (New York, 1992)。

44 参见 E. Keenan, "Muscovy and Kazan: Some Introductory Remarks on the Pattern of Steppe Diplomacy", *Slavic Review* 26, 4 (1967), p. 553。关于俄罗斯人在大草原上的扩张历程，还可参见 A. S. Donnelly, *The Russian Conquest of Bashkiria 1552-1740* (New Haven and London, 1968)。

45 可对比阅读 F. Barth, *Nomads of South Persia* (Oslo, 1964), pp. 106-11。

46 Keenan, "Muscovy and Kazan", p. 555.

47 严谨结论可参阅 P. Bushkovitch, *The Merchants of Muscovy 1580-1650* (Cambridge, 1980), pp. 93-101。

48 M. Khodarkovsky, *Where Two Worlds Meet* (Ithaca, NY, 1992), 第 3 章。

49 参见 See W. D. Allen (ed.), *Russian Embassies to the Georgian Kings (1589-1605)*, Hakluyt Society, 2nd Series, 138 (2 vols., Cambridge, 1970), vol. 1, pp. 69-71。

50 相关论述可参阅 R. Hellie, *Enserfment and Military Change in Muscovy* (Chicago and London, 1971) 以 及 J.H. L. Keep, *Soldiers of the Tsar* (Oxford, 1985), pp. 47-8。

51 Hellie, *Enserfment*, p. 164.

52 Billington, *Icon*, pp. 102-4.

53 E. S. Forster (ed.), *The Turkish Letters of Ogier Ghiselin de Busbecq* (Oxford, 1927), pp. 111-12.

54 关于这场战争的背景信息，可参阅 Shai Har-El, *The Struggle for Domination in the Middle East: The Ottoman-Mamluk War 1485-1491* (Leiden, 1995).

55 Forster, *Turkish Letters*, p.112.

56 1528 年时，奥斯曼人的军队规模已达 87 000 人，具体可参见 H. Inalcik, "The Ottoman State: Economy and Society 1300-1600", in H. Inalcik with D. Quataert (eds.), *An Economic and Social History of the Ottoman Empire 1300-1914* (Cambridge, 1994), p. 88。

57 关于奥斯曼帝国的海军力量，可参阅 P. Brummett, *Ottoman Sea Power and Levantine Diplomacy in the Age of Discovery* (Albany, NY, 1994)。

58 Ibid., p. 174; A. Hess, "The Evolution of the Ottoman Seaborne Empire in the Age of Oceanic Discoveries, 1453-1525", *American Historical Review* 75, 7 (1970), pp. 201-22.

59 P. F. Sugar, *Southeastern Europe under Ottoman Rule 1354-1804* (London, 1977), p. 109.

60 P. Mantrán, *La Vie quotidienne à Constantinople au temps de Soleiman le Magnifique et ses successeurs* (Paris, 1965), p. 295.

61 参见 C. Kafadar, *Between Two Worlds: The Construction of the Ottoman State* (Berkeley, Los Angeles and London, 1995), p. 153。

62 Forster, *Turkish Letters*, pp. 111-12.

63 奥斯曼帝国经济发展的相对繁荣也是学界讨论较多的话题。D. Goffman, *Izmir and the Levantine World, 1550-1650* (Seattle, 1990)，以及 B. Masters, *The Origins of Western Economic Dominance in the Middle East: Mercantilism and the Islamic Economy in Aleppo* (New York, 1988) 两书对奥斯曼帝国的经济实力评价较低，不同论点的对照阅读可参考 S. Faroqhi, "In Search of Ottoman History"，收录于 H. Berktay and S. Faroqhi (eds.), *New Approaches to State and Peasant in Ottoman History* (London, 1992)，以及 S. Faroqhi, "Crisis and Change, 1590-1699"，收录于 Inalcik with Quataert (eds.), *Ottoman Empire*, pp. 474-531。

64 H. Islamoglu-Inan, *State and Peasant in the Ottoman Empire* (Leiden, 1994)，这本书探讨了农业赋税与商业化之间的关系。

65 Rifa'at Ali Abou El-Haj, *The Formation of the Modern State: The Ottoman Empire, Sixteenth to Eighteenth Centuries* (Albany, NY, 1991), p. 10.

66 有关这些冲突的精彩论述可参阅 W. D. Allen, *Problems of Turkish Power in the Sixteenth Century* (London, 1963)。

67 相关背景可参阅 W. Barthold, *An Historical Geography of Iran* (Princeton, 1984)。

68 P. Jackson and W. Lockhart (eds.), *The Cambridge History of Iran*, vol. 6: *The Timurid and Safavid Periods* (Cambridge, 1986), pp. 227-8.

69 关于伊朗的什叶派，可参阅 H. Halm, *Shiism* (Edinburgh, 1991), pp. 91ff。

70 J. J. Reid, "Tribalism and Society in Islamic Iran, 1500-1629", PhD thesis, University of California at Los Angeles, 1978.

71 Jackson and Lockhart, *Cambridge History of Iran*, pp. 246, 263，亦可参见同一卷书中由 R. M. Savory 撰写的关于萨法维王朝行政体系的章节。

72 D. Navridi, "Socio-Economic and Political Change in Safavid Iran in the Sixteenth and Seventeenth Centuries", PhD thesis, Vanderbilt University, 1977, pp. 71ff.

73 J. B. Tavernier, *Voyages en Perse* (Paris, 1970), pp. 251-2。Tavernier 于 1639 年第一次到访波斯，他的游记则在 1670 年首次出版。

74 Navridi, "Safavid Iran", p. 168.

75 J. Fryer, *A New Account of East India and Persia, Being Nine Years' Travels, 1672-1681*, ed. W. Crooke (3 vols., London, 1909-15), vol. 2, pp. 246-50.

76 甚至到 19 世纪时，仍有三分之一到一半的伊朗人是游牧民或部族民。A. Wink, *Al-Hind: The Making of the Indo-Islamic World*, vol. 2: *Slave Kings and the Islamic Conquest, 11th-13th Centuries* (Leiden, 1997), p. 15。

77 Halm, *Shiism*, pp. 94-8.

78 关于巴布尔的出身及其早年生涯可参阅 S. A. M. Adshead, *Central Asia in World*

History (London, 1993), pp. 131ff。

79 J. F. Richards, *The Mughal Empire* (Cambridge, 1993), p. 6.
80 S. F. Dale, *Indian Merchants and Eurasian Trade 1600-1750* (Cambridge, 1994), pp. 6-7.
81 *Baburnama (Memoirs of Babur)*, 英译本：A. S. Beveridge (Delhi, 1921, 1989), pp. 531-2。
82 Richards, *Mughal Empire*, p. 2.
83 R. M. Eaton, *The Rise of Islam and the Bengal Frontier 1204-1760* (London, 1993), p. 36.
84 关于埃米尔可参阅 Richards, *Mughal Empire*, p.19。1595 年时，三分之二的阿克巴贵族都是突厥语族群或是伊朗人出身。参见 Eaton, *Bengal Frontier*, p. 165。
85 T. Raychaudhuri and I. Habib (eds.), *The Cambridge Economic History of India*, vol. 1: *c.1200-1750* (Cambridge, 1982), p. 184; Richards, *Mughal Empire*, p. 66.
86 Raychaudhuri and Habib (eds.), *Economic History*, vol. 1, p. 266.
87 D. Streusand, *The Formation of the Mughal Empire* (Delhi, 1989), p. 71.
88 Ibid., p. 130.
89 Ibid., p. 131.
90 F. C. R. Robinson, "Perso-Islamic Culture in India from the 17th to the Early 20th Centuries", in R. L. Canfield (ed.), *Turko-Persia in Historical Perspective* (Cambridge, 1991), pp. 110-11.
91 Adshead, *Central Asia*, p. 131.
92 关于莫卧儿帝国的经济状况，可参阅 Dale, *Indian Merchants*, pp. 15, 21; Raychaudhuri and Habib (eds.), *Economic History*, vol. 1。
93 Tavernier 指出，如同法国或是意大利一样稳定，参见 Raychaudhuri and Habib (eds.), *Economic History*, vol. 1, p. 353。
94 Ibid., pp. 288-301.
95 相关信息来自 David Washbrook 的一篇尚未发表的论文。
96 E. L. Farmer, *Early Ming Government: The Evolution of Dual Capitals* (Cambridge, Mass., 1976), p. 19.
97 J. Dardess, "The End of Yuan Rule in China", in H. Franke and D. Twitchett (eds.), *The Cambridge History of China*, vol. 6: *Alien Regimes and Border States, 907-1368* (Cambridge, 1994), pp. 581-2.
98 R. Huang, *Taxation and Governmental Finance in Sixteenth-Century Ming China* (Cambridge, 1974), p. 55.
99 Huang, *Taxation and Finance*, p. 310.
100 关于帖木儿及其继承者与明朝的联系，可参阅 Joseph E. Fletcher, "China

and Central Asia, 1368-1884", in J. K. Fairbank (ed.), *The Chinese World Order: Traditional China's Foreign Relations* (Cambridge, Mass., 1968)。

101 关于晚明时期皇帝的战略考虑可参阅 A. Waldron, *The Great Wall: From History to Myth* (Cambridge, 1990)。

102 S. Jagchid and V. J. Symons, *Peace, War and Trade along the Great Wall* (Bloomington, Ind., 1989), p. 86.

103 D. O. Flynn, "Comparing the Tokugawa Shogunate and Hapsburg Spain", in J. D. Tracy (ed.), *The Rise of Merchant Empires* (Cambridge, 1990).

104 J. E. Wills, "Maritime China from Wang Chih to Shih Lang", in J. Spence and J. E. Wills (eds.), *From Ming to Ch'ing* (New Haven, 1979), p. 211.

105 A. Reid, "An Age of Commerce in Southeast Asian History", *Modern Asian Studies* 24, 1 (1990), pp. 9-10.

106 参见 R. von Glahn, *Fountain of Fortune: Money and Monetary Policy in China 1000-1700* (Berkeley, 1997); F. W. Mote and D. Twitchett (eds.), *The Cambridge History of China*, vol. 7: *Ming Dynasty 1368-1644*, pt 1 (Cambridge, 1988), pp. 587-8; Reid, "Age of Commerce", pp. 10, 21-3。

107 J. W. Hall (ed.), *The Cambridge History of Japan*, vol. 4: *Early Modern Japan* (Cambridge, 1991), p. 321.

108 参见 M. Jansen, *China in the Tokugawa World* (Cambridge, Mass., 1992)。

109 参见 Wills, "Maritime China"。

110 Ibid., p. 244.

111 P. Burke, *Tradition and Innovation in Renaissance Italy* (pbk edn, London, 1974), p. 306.

112 其极富影响力的作品 *The Civilization of the Renaissance in Italy* 在 1860 年于瑞士巴塞尔出版，但此书直到 19 世纪 80 年代才广为人知。

113 参见 Jacob Burckhardt, *The Civilization of the Renaissance in Italy* (英译本，London, 1944), pt 1。

114 F. Braudel, *The Mediterranean and the Mediterranean World in the Age of Philip II* (1966; 英译两卷本，London, 1972-3), vol. 2, p. 913。

115 参见 G. Parker, *The Grand Strategy of Philip II* (London, 1998)。

116 参见 G. Muto, "The Spanish System", 收录于 R. J. Bonney (ed.), *Economic Systems and State Finance* (Oxford, 1995), pp. 246, 248。

117 参见 A. Peroton-Dumon, "The Pirate and the Emperor", in Tracy (ed.), *Political Economy of Merchant Empires*, pp. 196-227。

118 参见 D. F. Lach, *Asia in the Making of Europe*, vol. 1: *The Century of Discovery* (Chicago, 1964), 第 4 章。

119 A. R. Mitchell, "The European Fisheries in Early Modern History", in E. E. Rich and C. H. Wilson (eds.), *The Cambridge Economic History of Europe*, vol. 5: *The Economic Organisation of Early Modern Europe* (Cambridge, 1977), pp. 157-8.
120 W. L. Schurz, *The Manila Galleon* (New York, 1939); H. Kamen, *Spain's Road to Empire: The Making of a World Power* (London, 2002).
121 关于"救世主式帝国主义"可参见 G. Parker, *Grand Strategy*, 第 3 章。
122 关于美洲带来的影响，可参阅 J. H. Elliott, "Final Reflections", in K. O. Kupperman (ed.), *America in European Consciousness 1493-1750* (Chape Hill, NC, and London, 1995), p. 406。
123 J. de Vries, *The European Economy in the Age of Crisis 1600-1750* (pbk edn, Cambridge, 1976), p. 130.
124 参见 A. W. Crosby, *The Columbian Exchange* (Westport, Conn., 1972); A. J. R. Russell-Wood, *A World on the Move* (New York, 1992)。
125 关于奥斯曼帝国对美洲的无动于衷，可参阅 B. Lewis, *Cultures in Conflict* (Oxford, 1995)。

第三章

1 J. B. Brebner, *The Explorers of North America* (pbk edn, New York, 1955), p. 255.
2 Ibid., p. 255.
3 Ibid., p. 299.
4 相关经典作品为 J. Baker, *History of Geographical Exploration* (London, 1931)。
5 参见 J. C. Beaglehole, *The Life of Captain James Cook* (London, 1974)。
6 R. Law, "'Here is no resisting the country': The Realities of Power in Afro-European Relations on the West African Slave Coast", *Itinerario* 17, 2 (1994), pp. 56-64.
7 相关信息可参阅 C. R. Boxer, *The Golden Age of Brazil 1695-1750* (London, 1962), pp. 31-2。
8 N. Canny, *Europeans on the Move* (Oxford, 1994), p. 265.
9 F. Jennings, *The Invasion of America* (pbk edn, London, 1976), pp. 30, 178-9, 300.
10 T. Burnard, "European Migration to Jamaica, 1655-1780", *William and Mary Quarterly*, 3rd Series, 52, 4 (1996), pp. 769-96.
11 B. Bailyn, *Voyagers to the West* (London, 1986), p. 24.
12 D. Eltis, "Free and Coerced Transatlantic Migration: Sorne Comparisons", *American Historical Review* 88, 2 (1983), pp. 252-5.
13 R. S. Dunn, *Sugar and Slaves: The Rise of the Planter Class in the English West Indies*

1624-1713 (Chape Hill, NC, 1972).
14 P. R. P. Coelho and R. A. McGuire, "African and European Bound Labour: The Biological Consequences of Economic Choice", *Journal of Economic History* 57, 1 (1997), p. 108.
15 B. Solow, "Slavery and Colonization", in B. Solow (ed.), *Slavery and the Rise of the Atlantic System* (Cambridge, 1991), p. 29.
16 I. Blanchard, *Russia's Age of Silver* (London, 1989).
17 关于欧洲的糖类产品消费，可参阅 S. Mintz, *Sweetness and Power* (pbk edn, London, 1986), p. 67。
18 K. N. Chaudhuri, *The Trading World of Asia and the East India Company 1660-1750* (Cambridge, 1978), pp. 7-10; L. Dermigny, *La Chine et l' Occident: Le Commerce à Canton 1719-1833* (3 vols., Paris, 1964), vol. 2, p. 691.
19 R. Davis, "English Foreign Trade 1660-1700", *Economic History Review*, New Series, 7, 2 (1954), pp. 150-66; R. Davis, "English Foreign Trade, 1700-1774", *Economic History Review*, New Series, 15, 2 (1962), pp. 285-303.
20 N. Zahedieh, "Trade, Plunder and Economic Development in Early English Jamaica, 165 5-1689", *Economic History Review*, New Series, 39, 2(1986), pp. 205-22; K. Glamann, "The Changing Pattern of Trade", in E. E. Rich and C. H. Wilson (eds.), *The Cambridge Economic History of Europe*, vol. 5: *The Economic Organisation of Early Modern Europe* (Cambridge, 1977), p. 191.
21 参见 J. de Vries, *The European Economy in the Age of Crisis 1600-1750* (pbk edn, Cambridge, 1976)。
22 Ibid., p. 116.
23 Ibid., p. 125.
24 Ibid., p. 181.
25 相关例证可参阅 J.H. Plumb, "The Commercialization of Leisure", in Neil McKendrick, John Brewer and J.H. Plumb, *The Birth of a Consumer Society: The Commercialization of Eighteenth-Century England* (London, 1982)。
26 相关论点可参阅 I. Wallerstein, *The Modern World System* (2 vols., London, 1974, 1980)。
27 De Vries, *Crisis*, p. 142.
28 关于皇家非洲公司的信息，可参阅 K. G. Davies, *The Royal Africa Company* (London, 1962)；关于南海公司可参阅 J. Carswell, *The South Sea Bubble* (Stanford, 1960)；荷兰东印度公司盈利的减少以及两个荷兰西印度公司的倒台，相关讨论可参阅 J. de Vries and Ad van der Woude, *The First Modern Economy: Success, Failure and Perseverance of the Dutch Economy, 1500-1815* (Cambridge, 1997), pp. 463-4,

468。
29 Holden Furber, *Rival Empires of Trade in the Orient 1600-1800* (Minneapolis, 1976; repr. New Delhi, 2004), pp. 334-9.
30 M. Korner, "Expenditure", in R. J. Bonney (ed.), *Economic Systems and State Finance* (Oxford, 1995), pp. 393-422.
31 参见 N. Henshall, *The Myth of Absolutism* (London, 1992)。
32 J. Berenger, *Finances et absolutisme autrichiens dans la seconde moitié du xviime siècle* (2 vols., Paris, 1975), vol. 2, p. 662; R. J. W. Evans, *The Making of the Habsburg Monarchy* (Oxford, 1979), pp. 96-9.
33 E. Le Roy Ladurie, *L'Ancien Régime* (2 vols., Paris, 1991), vol. 2, p. 26.
34 出自 J. Henretta, *"Salutary Neglect"* (Princeton, 1972)。
35 J.H. Parry, *The Spanish Seaborne Empire* (London, 1966), 第 14 章。
36 D. Ogg, *Europe of the Ancien Régime 1715-83* (London, 1965), pp. 41-4, citing J. H. Bielefeld, *Institutions politiques* (1760).
37 Parry, *Empire*, pp. 202-5.
38 E. S. Morgan, *American Slavery, American Freedom: The Ordeal of Colonial Virginia* (New York, 1975), 第 13 章。
39 D. Baugh, "Maritime Strength and Atlantic Commerce", in L. Stone (ed.), *An Imperial State at War* (London, 1994), pp. 185-223.
40 B. Bailyn, *The Origins of American Politics* (pbk edn, New York, 1968), pp. 72-4.
41 Korner, "Expenditure", p. 416.
42 R. J. Bonney, "The Eighteenth Century II: The Struggle for Great Power Status and the End of the Old Fiscal Regime", in Bonney (ed.), *Economic Systems*, pp. 322ff.
43 M. Anderson, *The War of the Austrian Succession 1740-48* (London, 1995), pp. 25ff.
44 参见 B. Lenman, *Britain's Colonial Wars, 1688-1783* (London, 2001)。
45 参见 J. Stoye, *Marsigli's Europe* (London, 1994)。
46 参见 W. C. Fuller, *Strategy and Power in Russia, 1600-1914* (New York, 1992)。
47 T. Smollett, *The Adventures of Roderick Random* (1748; Everyman edn, London, 1927), 第 34 章, p. 191。
48 G. W. Forrest, *The Life of Lord Clive* (2 vols., London, 1918), vol. 1, pp. 26-30.
49 A. Osiander, *The States System of Europe 1640-1990* (Oxford, 1994), pp. 78-81.
50 关于西班牙"体系", 可参阅 R. A. Stradling, *Europe and the Decline of Spain* (London, 1981)。
51 Anderson, *Austrian Succession*, p. 58.
52 W. Goetzmann, *New Lands, New Men: America and the Second Great Age of Discovery*

(pbk edn, London, 1987), pp. 62-4.
53 J. Tully, *An Approach to Political Philosophy: Locke in Contexts* (Cambridge, 1993), 第5章。
54 参见 J. Harrison and P. Laslett, *The Library of John Locke* (Oxford, 1965)。
55 Dermigny, *La Chine*, vol. 1, pp. 19-22.
56 Montesquieu, *Lettres persanes* (1721), 第 121 号书信。
57 Montesquieu, *The Spirit of the Laws* (1748; 英译本，New York, 1949), vol. 1, pp. 301-4。
58 Ibid., p. 368.
59 引自 N. A. M. Rodger, *The Command of the Ocean: A Naval History of Britain 1649-1815* (London, 2004), p. 235。
60 J.-P. Rubiès, "New Worlds and Renaissance Ethnology", *History and Anthropology* 6, 2-3 (1993), pp. 157-97.
61 M. J. Anderson, *Britain's Discovery of Russia 1553-1815* (London, 1958), p. 98.
62 参见 Wallerstein, *Modern World System*, 第 2 卷。
63 J. Billington, *The Icon and the Axe: An Interpretive History of Russian Culture* (London, 1970), pp. 146, 154, 166.
64 J. M. Letiche and B. Dmytryshyn, *Russian Statecraft: The Politika of Iurii Krizhanich* (Oxford, 1985), p. xlvii.
65 G. V. Lantzeff and R. A. Pierce, *Eastward to Empire* (Montreal and London, 1973), pp. 139ff.
66 Blanchard, *Russia's Age of Silver*, p. 90.
67 相关材料可参见 A. S. Donnelly, *The Russian Conquest of Bashkiria 1552-1740* (New Haven and London, 1968).
68 关于彼得大帝政策的最佳论述，可参见 L. Hughes, *Russia in the Age of Peter the Great* (London, 1998)，关于参议院的内容见 p. 296。
69 O. Subtelny, *Ukraine: A History* (Toronto, 1988), p. 182.
70 S. H. Baron, "Who were the Gosti?", 收录于 *Muscovite Russia: Collected Essays* (London, 1980)。
71 Blanchard, *Russia's Age of Silver*, pp. 218ff. 1710 年时的税赋已经达到农业收成的 64%，约等同于国民生产总值。参见 R. Hellie, "Russia", 收录于 R. J. Bonney (ed.), *The Rise of the Fiscal State in Europe c.1200-1815* (Oxford, 1999), p. 497。
72 Hughes, *Russia*, 第 7、9 章。
73 B. H. Sumner, *Peter the Great and the Emergence of Russia* (London, 1951), pp. 55, 72.
74 引自 "The Weber Thesis and Early Modern Russia", p. 333, in Baron, *Muscovite*

    Russia。
75 Leriche and Dmytryshyn, *Russian Statecraft*, pp. lviii-lix.
76 S. A. M. Adshead, *China in World History* (3rd edn, London, 1995), p. 243.
77 "清"有纯净之意。
78 L. D. Kessler, *Kang-hsi and the Consolidation of Ch'ing Rule 1661-1684* (Chicago, 1976), p. 10.
79 J. E. Wills, "Maritime China from Wang Chih to Shih Lang", in J. Spence and J. E. Wills (eds.), *From Ming to Ch'ing* (New Haven, 1979), p. 226.
80 Kessler, *Kang-hsi*, p. 86.
81 V. S. Miasnikov, *The Ch'ing Empire and the Russian State in the 17th Century* (1980; 英译本, London, 1985), p. 183。
82 Wills, "Maritime China", p. 228.
83 J. E. Wills, "Ch'ing Relations with the Dutch 1662-1690", in J. K. Fairbank (ed.), *The Chinese World Order: Traditional China's Foreign Relations* (Cambridge, Mass., 1968), p. 245.
84 参见 Joseph E. Fletcher, "China and Central Asia, 1368-1884", in Fairbank (ed.), *Chinese World Order*。
85 J. Spence, *Emperor of China: Self-portrait of K'ang-hsi* (New York, 1974), p. 9.
86 Miasnikov, *Ch'ing Empire*, p. 94.
87 Ibid., p. 286.
88 Pei Huang, *Aristocracy at Work: A Study of the Yung-cheng Period* (Bloomington, Ind., 1974), p. 181.
89 Huang, *Aristocracy*, p. 160; 更多背景可参阅 B. Bartlett, *Monarchs and Ministers* (Berkeley and Los Angeles, 1991)。
90 Adshead, *China*, p. 253.
91 P. C. Perdue, *Exhausting the Earth: State and Peasant in Hunan 1500-1850* (Cambridge, Mass., 1987), p. 10.
92 Ibid., p. 22.
93 M. Elvin, *The Pattern of the Chinese Past* (London, 1973), p. 248.
94 关于江南地区及其棉花贸易, 可参阅 M. Elvin, "Market Towns and Waterways: The County of Shanghai from 1480 to 1910", 收录于 M. Elvin, *Another History: Essays on China from a European Perspective* (Sydney, 1996), p. 109。
95 关于近代早期中国与欧洲的经济对比研究, 可参阅 K. Pomeranz, *The Great Divergence: China, Europe and the Making of the Modern World Economy* (Princeton, 2000), pp. 106-7。
96 Spence, *Emperor of China*, p. 78.

97 Ibid., p. 83.
98 R. J. Smith, *China's Cultural Heritage: The Ch'ing Dynasty 1644-1911* (Boulder, Colo., and London, 1983), pp. 190ff.
99 Ibid., p. 108.
100 C. P. Fitzgerald, *The Southern Expansion of the Chinese People* (London, 1972), pp. 152-5.
101 Peng Yoke, "China and Europe: Scientific and Technological Exchanges", in T. H. C. Lee (ed.), *China and Europe: Images and Influence in Sixteenth to Eighteenth Centuries* (Hong Kong, 1991), p. 196.
102 F. H. Bray, "Some Problems Concerning the Transfer of Scientific and Technological Knowledge", in Lee (ed.), *China and Europe*, p. 16.
103 Smith, *Cultural Heritage*, pp. 185-7.
104 关于中国政治组织的长期发展趋势，较有启发性的两本著作分别为 J. A. Fogel, *Politics and Sinology: The Case of Naito Konan, 1866-1934* (Cambridge, Mass., 1984) 和 J. Schrecker, *The Chinese Revolution in Historical Perspective* (New York, 1991)。
105 C. Totman, *Early Modern Japan* (London, 1993), p. 140.
106 江户是日本第一个人口达到百万的城市，参见 H. Jinnai, "The Spatial Structure of Edo", in C. Nakane and S. Oishi (eds.), *Tokugawa Japan: The Social and Economic Antecedents of Modern Japan* (Tokyo, 1990)。
107 Totman, *Early Modern Japan*, p. 149.
108 S. Nakamura, "The Development of Rural Industry", in Nakane and Oishi (eds.), *Tokugawa Japan*, pp. 81-5.
109 参见 E. Kato, "The Early Shogunate and Dutch Trade Policies", in L. Blussé and F. Gaastra (eds.), *Companies and Trade* (Leiden, 1981)。
110 A. Reid, "An Age of Commerce in Sout heast Asian History", *Modern Asian Studies* 24, 1 (1990), pp. 10, 21.
111 M. Jansen, *China in the Tokugawa World* (Cambridge, Mass., 1992), p. 16.
112 Ibid., p. 7.
113 Ibid., p. 8.
114 Totman, *Early Modern Japan*, p. 138; Jansen, *Tokugawa World*, p. 35.
115 参见 Y. Yonezawa and C. Yoshizawa, *Japanese Painting in the Literati Style* (英译本，New York, 1974)。
116 Jinnai, "The Spatial Structure of Edo", p. 148.
117 Totman, *Early Modern Japan*, p. 261.
118 A. Reid, *Southeast Asia in the Age of Commerce, 1450-1680* (2 vols., New Haven,

1988, 1993), vol. 2, 第 3 章。
119 J. S. Trimingham, *A History of Islam in West Africa* (pbk edn, Oxford, 1970), pp. 131-6.
120 Ibid., p. 122.
121 B. Lewis, *The Muslim Discovery of Europe* (London, 1982), p. 237; H. A. R. Gibb and H. Bowen, *Islamic Society and the West: A Study of the Impact of Western Civilisation on Moslem Culture in the Near East*, vol. 1: *Islamic Society in the Eighteenth Century*, pt 1 (London, 19 50), p. 214.
122 参见 J. Mokyr, *The Lever of Riches: Technological Creativity and Economic Progress* (Oxford, 1990), 第 4 章。
123 Trimingham, *Islam*, pp. 141-2.
124 近来关于这一时期的研究, 可参阅 I. Parvev, *Habsburgs and Ottomans between Vienna and Belgrade (1683-1739)* (New York, 1995)。
125 B. Masters, *The Origins of Western Economic Dominance in the Middle East: Mercantilism and the Islamic Economy in Aleppo* (New York, 1988); D. Goffman, *Izmir and the Levantine World, 1550-1650* (Seattle, 1990).
126 Lewis, *Discovery*, p. 296.
127 *Memoirs of the Baron de Tott on the Turks and the Tartars* (英译 2 卷本, 1785), vol. 2, p. 15; Lewis, *Discovery*, p. 153.
128 P. Goubert, *Cent mille provinciaux au XVIIe siècle: Beauvais et les Beauvaisis de 1600 à 1750* (pbk edn, Paris, 1968), pp. 172-3.
129 Rifa'at Ali Abou El-Haj, *The Formation of the Modern State: The Ottoman Empire, Sixteenth to Eighteenth Centuries* (Albany, NY, 1991), p. 10.
130 Carol B. Stevens, "Modernising the Military: Peter the Great and Military Reform", in J. Kotilaine and M. Poe (eds.), *Modernising Muscovy: Reform and Social Change in Seventeenth-Century Russia* (London, 2004), pp. 247-62, esp. pp. 258-9.
131 参见 L. Valensi, *Le Maghreb avant la prise d'Algers (1800-1830)* (Paris, 1969); A. C. Hess, "The Forgotten Frontier: The Ottoman North African Provinces", 收录于 T. Naff and R. Owen (eds.), *Studies in Eighteenth-Century Islamic History* (Carbondale, Ill., 1977), pp. 71-83。
132 H. Inalcik, "Centralization and Decentralization in Ottoman Administration", in Naff and Owen (eds.), *Islamic History*, pp. 38-46.
133 B. McGowan, "The Age of the Ayans, 1699-1812", in H. Inalcik with D. Quataert (eds.), *An Economic and Social History of the Ottoman Empire 1300-1914* (Cambridge, 1994), pp. 664-76.

134 关于开罗的咖啡贸易，可参阅 A. Raymond, *Artisans et commerçants au Caire au XVIIIe siècle* (Damascus, 1972), p. 144。关于伊兹密尔的迅速发展，可参阅 S. Faroqhi, *Towns and Townsmen of Ottoman Anatolia* (Cambridge, 1984), p. 6。

135 J. Carswell, "From the Tulip to the Rose", in Naff and Owen (eds.), *Islamic History*, pp. 328-9.

136 S. Faroqhi, "Crisis and Change, 1590-1699", in Inalcik with Quataert (eds.), *Ottoman Empire*, p. 526, and McGowan, "The Age of the Ayans", p. 724.

137 S. Blake, *Shahjahanabad: The Sovereign City in Mughal India 1639-1739* (Cambridge, 1991).

138 R. M. Eaton, *The Rise of Islam and the Bengal Frontier 1204-1760* (pbk edn, London, 1996), pp. 228ff.

139 C. A. Bayly, *Rulers, Townsmen and Bazaars: North Indian Society in the Age of British Expansion 1770-1870* (Cambridge, 1983), p. 155.

140 T. Raychaudhuri and I. Habib (eds.), *The Cambridge Economic History of India*, vol. 1: *c.1200-1750* (Cambridge, 1982), p. 396; J. R. McLane, *Land and Local Kingship in Eighteenth Century Bengal* (Cambridge, 1993), p. 31.

141 Raychaudhuri and Habib (eds.), *Economic History*, vol. 1, pp. 400-402.

142 Ibid., p. 417.

143 相关精彩论述可参阅 F. Perlin, "Commercial Manufacture and the 'Protoindustrialisation' Thesis", in F. Perlin, *Unbroken Landscape: Commodity, Category, Sign and Identity: Their Production as Myth and Knowledge* (Aldershot, 1994), esp. pp. 81-2。

144 E. Maclagan, *The Jesuits and the Great Moghul* (London, 1932), p. 268.

145 Ibid., p. 269.

146 Ibid., pp. 243ff.

147 L'Escaliot to Sir T. Browne, 28 Jan. 1664, in N. C. Kelkar and D. V. Apte (eds.), *English Records on Shivaji* (Poona, 1931), p. 73.

148 Ibid., p. 374.

149 S. Gordon, *Marathas, Marauders and State Formation in 18th Century India* (New Delhi, 1994), p. 28.

150 Ibid., 第 2 章。

151 A. Wink, *Land and Sovereignty in India: Agrarian Society and Politics under the Eighteenth-Century Maratha Svarajya* (Cambridge, 1986), p. 40.

152 Ibid., pp. 7, 34.

153 M. Alam, *The Crisis of Empire in Mughal North India: Awadh and the Punjab 1707-1748* (Delhi, 1986), p. 241.

154 W. Irvine, *The Later Mughals*, vol. 2: *1719-1739* (Calcutta, 1922), p. 360.

155 关于莫卧儿帝国的"核心地带",可参阅 Jos Gommans, *Mughal Warfare: Indian Frontiers and the Highroads to Empire 1500-1700* (London, 2002), p. 18。
156 D. Ludden, *Peasant History in South India* (New Delhi, 1989), p. 74.
157 参见 Perlin, "Commercial Manufacture"。
158 关于怀特,可参阅 M. Collis, *Siamese White* (London, 1936)。
159 Forrest, *Lord Clive*, vol.1, p.26.
160 G. R. G. Hambly, "The Emperor's Clothes", in S. Gordon (ed.), *Robes of Honour* (New Delhi, 2003), pp.31-49, esp. p.43.
161 相关重要研究可参阅 J. J. L. Gommans, *The Rise of the Indo-Afghan Empire, c.1710-1780* (Leiden, 1995)。
162 参见洞察格鲁吉亚政治局势的经典篇章: W. E. D. Allen, *Russian Embassies to the Georgian Kings (1589-1605)*, Hakluyt Society, 2nd Series, 138 (2 vols., Cambridge, 1970), vol. 1, "Introduction"。
163 L. Lockhart, *Nadir Shah* (London, 1938), p. 268.
164 Ipid., p. 268; P. Sykes, *A History of Persia* (3rd edn, 2 vols., London, 1951), vol.2, pp. 241ff.
165 Gommans, *Indo-Afghan Empire*, pp. 55ff.
166 Ibid., pp. 26-7.
167 R. L. Canfield, *Turko-Persia in Historical Perspective* (Cambridge, 1991), p.22.
168 Lockhart, *Nadir Shah*, pp. 212ff.
169 Gommans, *Indo-Afghan Empire*, p. 177.
170 De Vries and van der Woude, *The First Modern Economy*, p. 693.

第四章

1 S. F. Dale, *Indian Merchants and Eurasian Trade 1600-1750* (Cambridge, 1994).
2 P. C. Perdue, *China Marches West* (Cambridge, Mass., 2005).
3 关于18世纪中期上尼罗河地区政治局势,可参阅 J. J. Ewald, *Soldiers, Traders and Slaves: State Formation and Economic Transformation in the Greater Nile Valley 1700-1885* (Madison, 1990)。
4 相关经典论述参见 P.J. van der Merwe, *The Migrant Farmer in the History of the Cape Colony, 1657-1842* (1938;英译本, Athens, O., 1995)。
5 W. P. Cumming, S. Hillier, D. B. Quinn and G. Williams, *The Exploration of North America 1630-1776* (London, 1974), pp. 233-4.
6 引自 R. J. Bonney, "The Eighteenth Century II: The Struggle for Great Power Status and the End of the Old Fiscal Regime", in R. J. Bonney (ed.), *Economic*

Systems and State Finance (Oxford, 1995), p. 315。

7 关于这一地区的最佳导读仍然是 W. H. McNeill, *Europe's Steppe Frontier* (London, 1974)。

8 根据 1763 年法国的一项调查显示，法国以 3.21 亿里弗尔的岁入高居首位，其次是英国的 2.24 亿，第三位荷兰的岁入为 1.2 亿，第四位奥地利为 9 200 万。参见 Bonney, "The Struggle for Great Power Status", p. 336。

9 W. Goetzmann, *New Lands, New Men: America and the Second Great Age of Discovery* (New York, 1986), pp. 69-73。

10 关于集会的影响力，可参阅 B. Bailyn, *The Origins of American Politics* (pbk edn, New York, 1968)。

11 T. Schieder, *Frederick the Great* (1983; 英译本，London, 2000), pp. 116-17。

12 因为腓特烈大帝担心俄罗斯人的扩张，ibid., pp. 151-8。

13 主要是为了收复其在 1740 年时被普鲁士夺走的西里西亚。

14 参见 S. Sebag-Montefiore, *Potemkin* (London, 2000); N. K. Gvosdev, *Imperial Policies and Perspectives towards Georgia, 1760-1819* (London, 2000), 第 4 章。

15 P. Mackesy, *The War for America* (London, 1964) 一书中对此有公允的记述。

16 近来的相关概述，可参阅 G. Nobles, *American Frontiers: Cultural Encounters and Continental Conquest* (London, 1997), 第 2、3 章。

17 库克的指令内容引自 J. C. Beaglehole (ed.), *The Journals of Captain James Cook. The Voyage of the Endeavour, 1768-1771* (Cambridge, 1957), p. cclxxxii。

18 A. Wink, *Land and Sovereignty in India: Agrarian Society and Politics under the Eighteenth-Century Maratha Svarajya* (Cambridge, 1986)。

19 这一描述来自一封信件，原信收录于 *London Chronicle* in July 1757. S. C. Hill (ed.), *Indian Records Series: Bengal in 1756-1757* (3 vols., London, 1905), vol. 3, p. 85。

20 关于这场危机的详细描述可参阅 ibid., appx 2, 3。

21 克莱夫于 1757 年 8 月 19 日写给父亲的信，参见 ibid., p. 360。

22 克莱夫于 1759 年 1 月 7 日写给威廉·皮特的信，参见 W. K. Firminger (ed.), *Fifth Report ... on the Affairs of the East India Company 1812* (1917; repr. New York, 1969), p. clvi。

23 克莱夫于 1767 年 1 月 16 日写给东印度公司的信，参见 ibid., p. clix。

24 B. Stein, "State Formation and Economy Reconsidered", *Modern Asian Studies* 19, 3 (1985), pp. 387-413; K. Brittlebank, "Assertion", in P. Marshall (ed.), *The Eighteenth Century in Indian History: Evolution or Revolution* (New Delhi, 2003), pp. 269-92。

25 R. Callahan, *The East India Company and Army Reform* (Cambridge, Mass., 1972), p. 6。

26 关于这项贸易,可参阅 E. H. Pritchard, *The Crucial Years of Anglo-Chinese Relations 1750-1800* (Pullman, Wash., 1936); Holden Furber, *Rival Empires of Trade in the Orient 1600-1800* (Minneapolis, 1976; repr. New Delhi, 2004)。
27 A. Sorel, *Europe and the French Revolution: The Political Traditions of the Old Regime* (1885; Eng. trans. London, 1969), p.119.
28 R. J. Bonney, "France 1494-1815", in R. J. Bonney (ed.), *The Rise of the Fiscal State in Europe c.1200-1815* (Oxford, 1999), pp. 148-50.
29 比较近的作品可参阅 M. Price, *The Pail of the French Monarchy* (London, 2002)。
30 A Sorel, *L'Europe et la Révolution française: La chute de la royauté* (10th edn, Paris, 1906), p. 458.
31 Bonney, "The Struggle for Great Power Status", p. 360.
32 F. de Bourrienne, *Memoirs of Napoleon Bonaparte* (1836; Eng. trans. ed. E. Sanderson, London, n.d.), p. 68.
33 F.' Charles-Roux, *Bonaparte: Governor of Egypt* (1936; Eng. trans. London, 1937), p.2.
34 参见 J. B. Kelly, *Britain and the Persian Gulf 1795-1880* (Oxford, 1968),第 2 章。
35 Bourrienne, *Bonaparte*, p. 328.
36 目前讨论该问题的最佳作品是 P. W. Schroeder, *The Transformation of European Politics 1763-1848* (Oxford, 1994),第 12 章,还可参阅 E. V. Gulick, *Europe's Classical Balance of Power* (London, 1955), pt 2 中的绝佳研究成果。
37 参见彭慕兰的《大分流》。
38 P. Bairoch, *Victoires et déboires: Histoire économique et sociale du monde du xvi siècle à nos jours* (3 vols., Paris, 1997), vol. 2, p. 852. 关于英国棉纱产品和布料价格的急剧下跌,可参阅 C. Knick Harley, "Cotton Textile Prices and the Industrial Revolution", *Economic History Review*, New Series, 51, 1 (1998), pp. 49-83。
39 参见 N. F. R. Crafts, *British Economic Growth during the Industrial Revolution* (Oxford, 1985)。
40 参见 E. L. Jones, *The European Miracle: Environments, Economies and Geopolitics in the History of Europe and Asia* (Cambridge, 1981)。
41 这是彭慕兰在《大分流》一书中的核心论点。
42 相关评价可参阅 D. Washbrook, "From Comparative Sociology to Global History: Britain and India in the Pre-History of Modernity", *Journal of the Economic and Social History of the Orient* 40, 4 (1997).
43 Pomeranz, *Great Divergence*, p. 85.
44 Ibid., p. 138.
45 关于奥斯曼帝国的经济情况,可参阅 B. McGowan, "The Age of the Ayans,

1699-1812", in H. Inalcik with D. Quataert (eds.), *An Economic and Social History of the Ottoman Empire 1300-1914* (Cambridge, 1994), pp. 703, 724, 727。

46 W. Floor, *The Economy of Safavid Persia* (Wiesbaden, 2000), pp.161, 331.

47 J. E. Inikori, *Africans and the Industrial Revolution in England: A Study in International Trade and Economic Development* (Cambridge, 2002), p. 443. 在18世纪早期，印度的棉花"完全垄断了"非洲西部的市场。

48 C. A. Bayly, *Rulers, Townsmen and Bazaars: North Indian Society in the Age of British Expansion 1770-1870* (Cambridge, 1983), p. 194.

49 后文的论述依据均来自彭慕兰的《大分流》。

50 Ibid., pp. 290, 325.

51 Crafts, *British Economic Growth*, p.138. Strictly, 2.7.

52 Harley, "Cotton Textile Prices", pp. 50ff.

53 M. W. Flinn, *The History of the British Coal Industry*, vol. 2: *1700-1830: The Industrial Revolution* (Oxford, 1984), p. 114.

54 从68 000吨到24万吨的变化，可参见 T. S. Ashton, *Iron and Steel in the Industrial Revolution* (Manchester, 1924), p. 99。

55 G. N. von Tunzelman, *Steam Power and British Industrialization to 1860* (Oxford, 1978), pp. 46, 224, 295.

56 D. A. Farnie, *The English Cotton Industry and the World Market 1815-1896* (Oxford, 1979), pp. 96-7.

57 J. A. Mann, *The Cotton Trade of Great Britain* (1860; repr. edn, London, 1968), 表格25。在1840年后，印度一跃成为首位。

58 P. Hudson, *The Industrial Revolution* (London, 1992), p. 183.

59 R. Davis, "English Foreign Trade, 1700-1774", *Economic History Review*, New Series, 15, 2 (1962), pp. 285-303.

60 Hudson, *Industrial Revolution*, 197-8.

61 P. Mantoux, *The Industrial Revolution in the Eighteenth Century* (rev. edn, London, 1961), p. 199.

62 Ibid., p. 203.

63 G. Unwin, *Samuel Oldknow and the Arkwrights: The Industrial Revolution in Stockport and Marple* (Manchester, 1924), p. 44.

64 Ibid., p. 62.

65 东印度公司在英国本土以近乎成本的低价销售印度商品，这一行为受到指摘，参见 A. Redford, *Manchester Merchants and Foreign Trade 1794-1858* (London, 1934), pp. 122-3。

66 Unwin, *Samuel Oldknow*, p. 98.

67 Farnie, *English Cotton Industry*, p. 96.
68 A. Feuerwerker, *State and Society in Eighteenth Century China* (Ann Arbor, 1976), p. 111.
69 J. Spence, *In Search of Modern China* (London, 1990), pp. 112-14.
70 M. L. Cohen, "Souls and Salvation", in J. L. Watson and E. Rawski (eds.), *Death Ritual in Late Imperial China* (Berkeley, 1988), pp. 200-201.
71 参见孔飞力的《叫魂：1768 年中国妖术大恐慌》。
72 C. A. Ronan (ed.), *The Shorter Science and Civilisation in China: An Abridgement of Joseph Needham's Original Text* (Cambridge, 1978), vol.1, p. 305.
73 R. J. Smith, "Mapping China's World: Cultural Cartography in Late Imperial Times", in Wen-hsin Yeh (ed.), *Landscape, Culture and Power in Chinese Society* (Berkeley, 1998), p. 75.
74 参见 J. Spence, *Treason by the Book* (London, 2001)。
75 E. Rawski, "The Qing Formation and the Early Modern Period", in L. Struve (ed.), *The Qing Formation in World Historical Time* (Cambridge, Mass., 2004), p. 234.
76 Perdue, *China Marches West*, p. 456.
77 Smith, "Mapping China's World", pp. 85ff.
78 引自 A. Singer, *The Lion and the Dragon* (London, 1992), p. 99。
79 由此引发的焦虑情绪远达摩苏尔。A. Hourani, *Islam in European Thought* (Cambridge, 1991), p. 138.
80 B. Lewis, *The Muslim Discovery of Europe* (London, 1982), pp. 81-3.
81 Ibid., p. 157.
82 G. Goodwin, *Islamic Architecture: Ottoman Turkey* (London, 1977), pp. 21, 161-78.
83 关于他的生平与思想，见 Gulfishan Khan, *Indian Muslim Perceptions of the West in the Eighteenth Century* (Oxford, 1998), pp. 100ff。
84 因此安纳托利亚地区的许多"希腊"基督徒会在希腊语抄本中掺杂使用土耳其语，参见 B. Lewis, *Multiple Identities in the Modern Middle East* (London, 1998), p. 8。
85 H. Algar, *Religion and State in Iran 1785-1906* (Berkeley and Los Angeles, 1969), 第 1 章。
86 Ibid., p. 78.
87 R. M. Eaton, *The Rise of Islam and the Bengal Frontier 1204-1760* (London, 1993), p. 282; M. Laffan, *Islamic Nationhood and Colonial Indonesia* (London, 2003), pp. 20, 23-4.
88 关于苏非教团可参见 H. A. R. Gibb and H. Bowen, *Islamic Society and the West: A Study of the Impact of Western Civilisation on Moslem Culture in the Near East*, vol.

1: *Islamic Society in the Eighteenth Century*, pt 2 (London, 1957), pp. 187-97, and in Hourani, *Islam in European Thought*, pp. 156-63。奥斯曼帝国的地方长官阿里帕夏就暗中为宣扬苦修的拜克塔什教派（Bektashi）提供支持，以壮大自己的实力，参见 F.W. Hasluck, *Christianity and Islam under the Sultans* (2 vols., Oxford, 1929), vol. 2, p. 537。

89 Khan, *Indian Muslim Perceptions*, p. 375.

90 Abd al-Rahman al-Jabarti, *Chronicle of the First Seven Months of the French Occupation of Egypt*, ed. and trans. S. Moreh (Leiden, 1975); S. Moreh, "Napoleon and the French Impact on Egyptian Society in the Eyes of al-Jabarti", in I. Bierman (ed.), *Napoleon in Egypt* (Reading, 2003).

91 参见 J. S. Trimingham, *A History of Islam in West Africa* (Oxford, 1962), 第 5 章；G. Robinson, *Muslim Societies in African History* (Cambridge, 2004), 第 10 章。

92 J. Israel, *Radical Enlightenment: Philosophy and the Making of Modernity 1650-1750* (Oxford, 2001), p.10. 这本书的一大主题是斯宾诺莎唯物主义哲学产生的重大思想影响。

93 N. Hampson, *The Enlightenment* (London, 1968), p.131.

94 关于洛克的观点，可参阅 M. Cranston, *John Locke* (London, 1957), 第 20 章；Hampson, *Enlightenment*, pp. 38-9。

95 J. Tully, *An Approach to Political Philosophy: Locke in Contexts* (Cambridge, 1993), pp. 200-201.

96 最近的研究成果参见 J. Israel, *Radical Enlightenment*。

97 J. Locke, *Two Treatises on Civil Government* (1690), ed. J. W. Gough (Oxford, 1946), sect. 49.

98 最近研究成果可参阅 A. Pagden, *European Encounters with the New World* (London, 1993)。

99 关于休谟，可参阅 N. Phillipson, *Hume* (London, 1989), pp. 32-4。

100 H. Reiss (ed.), *Kant's Political Writings* (Cambridge, 1970), p.116.

101 J. W. Burrow, *Evolution and Society* (Cambridge, 1970), p.39.

102 Ibid., p. 47.

103 E. Stokes, *The English Utilitarians and India* (Oxford, 1959), p.53.

104 引自 Spence, *In Search of Modern China*, p.123。

105 S. Drescher, *Capitalism and Anti-Slavery: British Mobilization in Comparative Perspective* (London, 1986).

106 U. Heyd, "The Ottoman 'Ulema' and Westernization in the Time of Selim III and Mahmud II", in A. Hourani, P. S. Khoury and M. C. Wilson (eds.), *The Modern Middle East* (London, 1993), pp. 29-59.

107 R. Owen, *The Middle East in the World Economy 1800-1914* (London, 1981), pp. 65-72.
108 Ewald, *Soldiers, Traders and Slaves*, pp. 152-65.
109 近年来关于阿里帝国的研究，可参阅 K. Fahmy, *Ali the Pasha's Men: Mehmed Ali, his Army and the Making of Modern Egypt* (Cairo, 2002)。
110 J. R. Perry, *Karim Khan Zand* (Chicago, 1979).
111 H. Layard, *Early Adventures in Persia, Susiana and Babylonia* (2 vols., London, 1887), vol. 2, 此书在第 11 至 16 章中生动描述了 19 世纪 40 年代德黑兰与伊朗西南部的巴赫蒂亚里人交易的情形。
112 Algar, *Religion and State*, pp. 45-7.
113 V. Lieberman, "Reinterpreting Burmese History", *Comparative Studies in Society and History* 29, 1 (1987), p.179; Thant Myint-U, *The Making of Modern Burma* (Cambridge, 2001), 第 1、2 章。
114 关于这一模式，可参阅 V. Lieberman, "Local Integration and Eurasian Analogies: Structuring Southeast Asian History, c.1350-c.1830", *Modern Asian Studies* 27, 3 (1993), pp. 475-572; and V. Lieberman, *Strange Parallels: Southeast Asia in Global Context c.800-1830*, vol. 1: *Integration on the Mainland* (Cambridge, 2003), 第 2、3、4 章。
115 关于桑给巴尔的崛起，可参阅 M. V. Jackson Haight, *The European Powers and Southeast Africa* (rev. edn, London, 1967), pp. 99-141。
116 Lord Auckland's dispatch, 28 Feb. 1842, in Kelly, *Britain and the Persian Gulf*, p. 449.
117 关于这一事件，可参阅 C. Totman, *Early Modern Japan* (London, 1993), 第 15 至 21 章，以及 M. Jansen, *The Making of Modern Japan* (Cambridge, Mass., 2000), 第 8、9 章。

第五章

1 T. R. Malthus, *Principles of Political Economy* (1820), variorum edn, ed. J. Pullen (Cambridge, 1989), p. 234.
2 参见 R. E. Cameron, *France and the Economic Development of Europe 1800-1914* (Princeton, 1961)。
3 关于这一论点及其论述的核心，可参阅 P. W. Schroeder, *The Transformation of European Politics 1763-1848* (Oxford, 1994)。
4 参见 P. E. Moseley, *Russian Diplomacy and the Opening of the Eastern Question in 1838-1839* (Cambridge, Mass., 1934); B. H. Sumner, *Russia and the Balkans, 1870-1880* (Oxford,

1937); R. W. Seton-Watson, *Disraeli, Gladstone and the Eastern Question* (London, 1935), esp. pp. 194-5。

5 国内局势对帕默斯顿外交政策的限制，可参阅 E. D. Steele, *Palmerston and Liberalism 1855-1865* (Cambridge, 1991)。

6 参见 C. J. Bartlett, *Great Britain and Seapower 1815-1853* (Oxford, 1963); G. S. Graham, *The Politics of Naval Supremacy* (Cambridge, 1965); P. Kennedy, *The Rise and Fall of British Naval Mastery* (London, 1976), 第 6 章。

7 美国内战期间北方对南方长达四年的封锁是特殊情形。

8 关于拿破仑声誉及其遗产的长久论争，可参阅 P. Geyl, *Napoleon: For and Against* (London, 1949)。

9 关于邦雅曼·贡斯当（1767—1830 年）的理念，可参阅他的一些文章：*De l'esprit de conquête et de l'usurpation* (1814), *Principes de politique* (1815), 以及 *Mélanges de littérature et de politique* (1829) in Benjamin Constant, *Ecrits politiques*, ed. M. Gaucher (Paris, 1997)。

10 关于托克维尔、约翰·穆勒以及瑞士历史学家雅各布·布克哈特等人的研究，可参阅 A. S. Kahan, *Aristocratic Liberalism* (London, 1992)。

11 关于布克哈特的研究，参见 L. Gossman, *Basel in the Age of Burckhardt* (Chicago, 2000), 第 5、10、11 章。

12 O. Figes, *Natasha's Dance: A Cultural History of Russia* (London, 2002), p. 76.

13 Ibid., 第 2 章。

14 H. Seton-Watson, *The Russian Empire 1801-1917* (Oxford, 1967), p. 355.

15 B. Eklof, J. Bushnell and L. Zakharova (eds.), *Russia's Great Reforms 1855-1881* (Bloomington, Ind., 1994), pp. 214, 233.

16 Ibid., p. 249.

17 G. Hosking, *Russia: People and Empire 1552-1917* (London, 1997), p. 333.

18 关于克柳切夫斯基，见 N. V. Riasonovsky, *The Image of Peter the Great in Russian History and Thought* (Oxford, 1985)。

19 G. Wakefield, *A Letter from Sydney* (1829; Everyman edn, London, 929), p. 47.

20 大约 1830 年后，法国国内对美国的舆论反应日趋负面，参见 R. Remond, *Les Etats-Unis devant l'opinion française 1815-1852* (Paris, 1962), pp. 675, 731, 740, 863。

21 关于 1828 年至 1836 年安德鲁·杰克逊总统任期中的情形，可参阅 D. Potter, *The Impending Struggle* (New York, 1976), p. 244; D. W. Howe, *The Political Culture of the American Whigs* (Chicago, 1974)。

22 A. J. H. Latham and L. Neal, "The International Market in Rice and Wheat, 1868-1914", *Economic History Review*, New Series, 36, 2 (1983), pp. 260-75.

23 C. Jones, *International Business in the Nineteenth Century* (Brighton, 1987); G. Jones,

Merchants to Multinationals: British Trading Companies in the Nineteenth and Twentieth Centuries (Oxford, 2000); D. R. Sar Desai, *British Trade and Expansion in Southeast Asia, 1830-1914* (New Delhi, 1977).

24　A. G. Kenwood and A. L. Lougheed, *The Growth of the International Economy 1820-1980* (London, 1983), pp. 90-91；关于大西洋（其区域被视为包括澳大利亚）的经济整合，可参阅 K. H. O'Rourke and J. G. Williamson, *Globalization and History: The Evolution of a Nineteenth-Century Atlantic Economy* (Cambridge, Mass., 1999)。

25　Kenwood and Lougheed, *International Economy*, p. 93.

26　W. Schlote, *British Overseas Trade from 1700 to the 1930s* (Oxford, 1952), pp. 156-8.

27　B. R. Mitchell, *Abstract of British Historical Statistics* (Cambridge, 1962), p. 317.

28　P. Bairoch, *Victoires et déboires: Histoire économique et sociale du monde du xvi siècle à nos jours* (3 vols., Paris, 1997), vol. 2, p. 34.

29　Ibid., p. 18.

30　B. H. Sumner, *A Survey of Russian History* (London, 1944), pp. 356-7.

31　Bairoch, *Victoires et déboires*, vol.1, p. 467.

32　S. L. Engerman and R. E. Gallman (eds.), *The Cambridge Economic History of the United States*, vol. 2: *The Long Nineteenth Century* (Cambridge, 2000), p. 713.

33　Mitchell, *Abstract*, pp. 315, 318. 北欧相当于俄国、瑞典、挪威、丹麦，西欧相当于法国、比利时、荷兰。

34　参见 Cameron, *France and the Economic Development of Europe*。

35　Engerman and Gallman (eds.), *Economic History*, vol. 2, p. 696; L. E. Davis and R. J. Cull, *International Capital Markets and American Economic Growth 1820-1914* (Cambridge, 1994), p.111；澳大利亚的这一数据在 1860 年后几乎达到 50%，其市场上的半数资本都来自英国，详见 See N. J. Butlin, *Australian Economic Development 1861-1900* (Cambridge, 1964), pp. 28-30。

36　R. G. Albion, *The Rise of New York Port 1815-1860* (New York, 1939); S. Beckert, *The Monied Metropolis: New York City and the Consolidation of the American Bourgeoisie* (Cambridge, 2001).

37　Bairoch, *Victoires et déboires*, vol.1, p. 410.

38　Engerman and Gallman, *Economic History*, vol.2, p. 50; P. Mathias, *The First Industrial Nation* (London, 1969), p. 243.

39　S. Bruchey, *Enterprise: The Dynamic Economy of a Free People* (London, 1990), p. 237.

40　Mitchell, *Abstract*, p. 318.

41　Engerman and Gallman, *Economic History*, vol. 2, p. 700.

42 参见 S. Ambrose, *Undaunted Courage* (New York, 1996)。
43 John Langdon, "Three Voyages to the West Coast of Africa 1881-1884", ed. M. Lynn, in B. Wood and M. Lynn (eds.), *Travel, Trade and Power in the Atlantic 1765-1884* (Cambridge, 2002).
44 参见 S. Bard, *Traders of Hong Kong: Some Foreign Merchant Houses 1841-1899* (Hong Kong, 1993)。
45 B. S. A. Yeoh, *Contesting Space-Power Relations and the Urban Built Environment in Colonial Singapore* (Kuala Lumpur, 1996), p. 35.
46 J. Conrad, *The End of the Tether* (London, 1902), p. 168.
47 J. Forbes Munro, *Maritime Enterprise and Empire: Sir William Mackinnon and his Business Network* (Woodbridge, 2003), 第 5—8 章。
48 R. Giffen, "The Statistical Century", in his *Economic Inquiries and Studies* (2 vols., London, 1904), vol. 2, pp. 270, 273.
49 R. C. Wade, *The Urban Frontier: Pioneer Life in Barly Pittsburgh, Cincinnati, Lexington, Louisville and St Louis* (Chicago, 1964), p. 341.
50 "创业型"经济体与国家发挥更大作用的经济体（以美国和加拿大为例）之间的对比，相关讨论可参阅 W. T. Easterbrook, *North American Patterns of Growth and Development: The Continental Context* (Toronto, 1990)。
51 G. Blainey, *The Tyranny of Distance* (Melbourne, 1966).
52 相关精彩讨论可参阅 G. Raby, *Making Rural Australia* (Oxford, 1996)。
53 G. Brechin, *Imperial San Francisco: Urban Power, Earthly Ruin* (Berkeley, Los Angeles and London, 1999).
54 W. Issel and R. W. Chemy, *San Francisco 1865-1932* (London, 1986), 第 2 章。
55 Elliott West, *The Contested Plains: Indians, Goldseekers and the Rush to Colorado* (Lawrence, Kan., 1998).
56 关于左轮手枪对美洲白人征服大平原印第安人的重要意义，可参阅 Walter Prescott Webb, *The Great Plains* (New York, 1936), pp. 167-79，书中写道："左轮手枪让白人能够征服马背上的大平原印第安人。"
57 D. Robinson, *Paths of Accommodation: Muslim Societies and French Colonial Authorities in Senegal and Mauretania, 1880-1920* (Athens, O., and Oxford, 2000), p. 59.
58 《黑暗的心》出版于 1902 年，书中引文的来源版本为 Everyman edition (London, 1974), p, 62。
59 R. Ileto, "Religion and Anti-Colonial Movements", in N. Tarling (ed.), *The Cambridge History of Southeast Asia*, vol. 3: *From c. 1800 to the 1930s* (pbk edn, Cambridge, 1999), p. 216.
60 可参阅 C. H. Ambler, *Kenyan Communities in the Age of Imperialism* (New Haven,

1988)。

61 Winwood Reade, *The Martyrdom of Man* (London, 1872), p. 242. 里德的一部在20世纪20年代广为流传（见解也独到）的著作中，坚称非洲不但没有脱离世界历史的舞台，还占据着中心地位。

62 M. Osborne, *The River Road to China* (London, 1975), p. 186.

63 L. Subramanian, "Banias and the British: The Role of Indigenous Credit in ... Imperial Expansion in Western India", *Modern Asian Studies* 21 (1987), pp. 473-510.

64 20年后，英属印度的三个"总统府"——孟加拉（覆盖北印度大部分地区）、孟买和马德拉斯的军队规模达到27万人。参见 M. K. Pasha, *Recruitment and Underdevelopment in the Punjab* (Karachi, 1998), p. 32。

65 关于东印度公司统治印度时期历史的概述，首推 D. A. Washbrook, "India, 1818-1860: The Two Faces of Colonialism", in A. Porter (ed.), *The Oxford History of the British Empire*, vol.3: *The Nineteenth Century* (Oxford, 1999), pp. 395-421。还可参阅同一作者的"Economic Depression and the Making of 'Traditional' Society in Colonial India 1820-1855", *Transactions of the Royal Historical Society*, 6th Series, 3 (1993), pp. 237-63。

66 Thornton's *Gazetteer of India 1857* (London, 1857), pp. 136, 175.

67 S. David, *The Indian Mutiny* (London, 2002), p. 397.

68 Ibid., p. 346.

69 关于这场起义的情形及其原因，可参阅 R. C. Majumdar, *The Sepoy Mutiny and the Revolt of 1857* (Calcutta, 1968); C.A. Bayly, *Empire and Information* (Cambridge, 1996), 第9章; E.T. Stokes, *The Peasant and the Raj* (Cambridge, 1978); C. A. Bayly, "Two Colonial Revolts: The Java War and the Indian 'Mutiny' of 1857-59", in C.A. Bayly and D. A. Kolff (eds.), *Two Colonial Empires* (Dordrecht, 1986); F. Robinson, "The Muslims of Upper India and the Shock of the Mutiny", in *Islam and Muslim History in South Asia* (New Delhi, 2000), pp. 138-55。

70 Stokes, *Peasant*, p. 150, 脚注部分。

71 参见 E. Stokes, *The English Utilitarians and India* (Oxford, 1959)。

72 "同治"是1862年至1874年间中国皇帝的年号，"明治"则是1868年至1912年间日本天皇的年号。

73 相关经典论述可参阅 M. Greenberg, *British Trade and the Opening of China* (Cambridge, 1951)。

74 参见 J. K. Fairbank, *Trade and Diplomacy on the China Coast* (Cambridge, Mass., 1953)。

75 冯桂芬的文章写于 1860 年至 1861 年间，他将成稿呈给他的赞助者、同治中兴的关键人物曾国藩。参见 S. Teng and J. K. Fairbank (eds.), *China's Response to the West* (Cambridge, Mass., 1979), pp. 50-53。

76 近来关于洪秀全的研究著作，首推 J. Spence, *God's Chinese Son: The Taiping Heavenly Kingdom of Hong Xinquan* (New York, 1996)。

77 1853 年至 1863 年间，捻军的势力范围比英国面积还大。参见 S.Y. Teng, *The Nien Army and their Guerilla Warfare* (The Hague, 1961), pp. 219ff。

78 近年研究可参阅 J. Lee, "Trade and Economy in Pre-Industrial East Asia c.1500-c.1800: East Asia in the Age of Global Integration", *Journal of Asian Studies* 58, 1 (1999), pp. 2-26。

79 19 世纪 10 年代至 50 年代间，中国的鸦片消费额增长了六倍。参见 Y. P. Hao, *The Commercial Revolution in Nineteenth-Century China: The Rise of Sino-Western Mercantile Capitalism* (Berkeley and London, 1986), p.69。

80 P. Richardson, *Economic Change in China c.1800-1950* (London, 1999), p. 21.

81 参见 Mary C. Wright, *The Last Stand of Chinese Conservatism: The T'ung-chih Restoration 1862-1874* (Stanford, 1957)。

82 关于这一事件，可参阅 H. B. Morse and H. F. MacNair, *Far Eastern International Relations* (2nd edn, Cambridge, Mass., 1931), p. 352。

83 Wright, *Last Stand*, p. 195.

84 Ibid., pp. 52, 55; E. J. Rhoads, *Manchus and Han* (Seattle, 2000) 一书指出，其民族和文化上的差异一直延续到 1900 年以后。

85 相关记载可参阅 Y. P. Hao, *The Comprador in Nineteenth-Century China* (Cambridge, Mass., 1970)。

86 Hao, *Commercial Revolution*, p. 340; 关于商人们面临的阻碍，可参阅 F. E. Hyde, *Far Eastern Trade 1860-1914* (London, 1973), 第 5 章。

87 Hao, *Commercial Revolution*, pp. 338-9.

88 相关论述可参阅 Albert M. Craig, *Choshu in the Meiji Restoration* (Cambridge, Mass., 1961), pp. 17ff。

89 参见 C. Totman, *Early Modern Japan* (London, 1993), pp. 242-5。

90 Craig, *Choshu*, pp. 26, 53-70; C. L. Yates, *Saigo Takamori* (London, 1995), p. 19.

91 这些事件可参阅 Craig, *Choshu*, 第 8、9 章。

92 关于各强国宣布中立一事，可参阅 E. Satow, *A Diplomat in Japan* (London, 1921), p. 303; Morse and MacNair, *Far Eastern International Relations*, p. 325。

93 关于这一进程的简介，首推 E. H. Norman, *Japan's Emergence as a Modern State* (New York, 1940)，研究水平很高，当今学界的许多论点在此书中早有预见，但不知为何此书常常受到研究者的忽视。

94 *The Autobiography of Fukuzawa Yukichi* (Tokyo, 1981), p. 227.

95 参见 Roger F. Hackett, *Yamagata Aristomo in the Rise of Modern Japan* (Cambridge, Mass., 1971)。

96 关于这一进程，可参见 T. Fujitani, *Splendid Monarchy: Power and Pageantry in Modern Japan* (London, 1998)。

97 G. C. Allen and A. Donnithorne, *Western Enterprise in Far Eastern Economic Development: China and Japan* (London, 1954), p. 202.

98 C. Howe, *The Origins of Japanese Trade Supremacy* (London, 1996), p. 250.

99 E. S. Crawcour, "Economie Change in the Nineteenth Century", in M. B. Jansen (ed.), *The Cambridge History of Japan*, vol. 5: *The Nineteenth Century* (Cambridge, 1989), p. 616.

100 这种情形或许也是出于经济需求。参见 T. Suzuki-Morris, *A History of Japanese Economic Thought* (London, 1989), p. 57。

101 Herbert P. Bix, *Peasant Protest in Japan 1590-1884* (New Haven, 1986), pp. 210-12; G. Roznan, "Social Change", in Jansen (ed.), *Cambridge History of Japan*, vol. 5, p. 525.

102 参见本书第四章。

103 D. Quataert, "The Age of Reforms, 1812-1914", in H. Inalcik with D. Quataert (eds.), *An Economie and Social History of the Ottoman Empire 1300-1914* (Cambridge, 1994), p. 881.

104 Xavier de Planhol, *L'Islam et la mer: La Mosque et le matelot* (Paris, 2000), pp. 270-71. 其实土耳其的海军规模在欧洲位居第三名，但其实际作战表现就差得远了。

105 M. Todorova, "Midhat Pasha's Governorship of the Danubian Provinces", in C. E. Farah (ed.), *Decision-Making and Change in the Ottoman Empire* (Kirksville, Mo., 1993), pp. 115-23.

106 J. McCarthy, *Death and Exile: The Ethnic Cleansing of Ottoman Muslims 1821-1922* (Princeton, 1995), pp. 37ff.

107 C. Clay, "The Financial Collapse of the Ottoman State", in D. Panzac (ed.), *Histoire économique de l'Empire Ottoman et de la Turquie (1326-1960)* (Aix, 1992), pp. 119, 124.

108 C. Issawi, "Middle East Economic Development 1815-1914", in A. Hourani, P. S. Khoury and M. C. Wilson (eds.), *The Modern Middle East* (London, 1993), p. 183.

109 因此伊兹密尔（士麦那）与欧洲和美洲联系比和安纳托利亚内陆地区联系更方便。参见 A. J. Toynbee, *The Western Question in Greece and Turkey* (London, 1922), p. 125。

110 Issawi, "Middle East Economic Development", p. 190.

111 参见 K. Fahmy, *Ali the Pasha's Men: Mehmed Ali, his Army and the Making of Modern Egypt* (Cairo, 2002)。
112 C. Issawi, *Egypt: An Economic and Social Analysis* (London, 1947), p.14.
113 J. Berque, *Egypt: Imperialism and Revolution* (London, 1972), pp. 88-94.
114 J. R. McCoan, *Egypt* (New York, 1876), p. 91.
115 现代研究论著首推 D. A. Farnie, *East and West of Suez: The Suez Canal in History, 1854-1956* (Oxford, 1969)。
116 关于埃及社会和政治危机的研究著作，首推 A. Schölch, *"Egypt for the Egyptians": The Socio-Political Crisis in Egypt, 1878-1882* (London, 1981)。
117 E. Abrahamian, *Iran between Two Revolutions* (Princeton, 1982), p. 28.
118 参见 H. Algar, *Religion and State in Iran 1795-1906* (Berkeley and Los Angeles, 1969), 第 1 章。
119 H. Algar, *Mirza Malkum Khan* (Berkeley and Los Angeles, 1973), pp. 24ff.
120 A. K. S. Lambton, *Qajar Persia* (London, 1987), pp. 20, 21, 44.
121 P. Avery, G. R. G. Hambly and C. Melville (eds.), *The Cambridge History of Iran*, vol. 7: *From Nadir Shah to the Islamic Republic* (Cambridge, 1991), p. 726.
122 Lambton, *Qajar Persia*, p. 292.
123 19 世纪中期，大概有 150 个欧洲人住在伊朗，到 1890 年时也不过 800 人。参见 Ibid., p. 207。

第六章

1 H. J. Mackinder, "The Geographical Pivot of History", *Geographical Journal* 23, 4 (1904), pp. 421-37.
2 *The Times*, 15 Sept. 1875，转引自 N. Pelcovits, *Old China Hands and the Foreign Office* (New York, 1948), p. 101。
3 Frederick Jackson Turner, "The Significance of the Frontier in American History" (1893), reprinted in his *The Frontier in American History* (New York, 1920).
4 相关信息可参阅 B. Kidd, *The Control of the Tropics* (London, 1898)。
5 内藤湖南关于世界变小的文章发布于 1888 年。关于他的观点，可参阅 J. Fogel, *Politics and Sinology: The Case of Naito Konan, 1866-1934* (Cambridge, Mass., 1984), pp. 41, 50。
6 J. Bryce, *The Relations between the Advanced and Backward Peoples* (Oxford, 1902), pp. 6-7.
7 Ibid., p. 13.

8 C. N. Pearson, *National Life and Character* (London, 1893), pp. 89-90.
9 参见 J. Forbes Munro, *Maritime Enterprise and Empire: Sir William Mackinnon and his Business Network, 1823-1893* (Woodbridge, 2003), 第 7 章。
10 关于罗得斯的商业帝国，可参阅 C. W. Newbury, *The Diamond Ring* (Oxford, 1989)。
11 关于埃及的危机，可参阅 R. E. Robinson and J. A. Gallagher, *Africa and the Victorians* (London, 1961), 第 4、5 章; A. Scholch, *"Egypt for the Egyptians": The Socio-Political Crisis in Egypt, 1879-1882* (London, 1981); J. R. I. Cole, *Colonialism and Revolution in the Middle East: The Social and Cultural Origins of the Urabi Movement* (Princeton, 1993)。
12 一位前总督以及英国内阁大臣对此事的强硬表态，可参见 B. Mallett, *Thomas George, Earl of Northbrook: A Memoir* (London, 1908), pp. 169-70。
13 对这场会议及其意义的深刻考察，可参阅 J.-L. Vellut, *Un centenaire 1885-1985: Les Relations Europe-Afrique au crible d'une commemoration* (Leiden, 1992)。
14 M. Klein, *Slavery and Colonial Rule in French West Africa* (Cambridge, 1998), pp. 78-93.
15 参见 A. S. Kanya-Forstner, *The Conquest of the Western Sudan* (Cambridge, 1969)。
16 J. F. Munro, *Africa and the International Economy 1880-1960* (London, 1976), p. 67.
17 关于戈尔迪的生平以及皇家尼日尔公司的相关信息，可参阅 J. Flint, *Sir George Goldie and the Making of Nigeria* (London, 1960); D. Wellesley, *Sir George Goldie: A Memoir* (London, 1934)。
18 戈尔迪 1897 年 1 月 1 日的笔记，Rhodes House Library, Oxford, MSS Afr. S. 88, Scarbrough MSS 4。
19 1897 年 2 月 6 日戈尔迪写给皇家尼日尔公司董事会的信, ibid。
20 相关数据来源为 A. Hochschild, *King Leopold's Ghost* (London, 1999), p. 23。
21 S. H. Nelson, *Colonialism in the Congo Basin, 1880-1940* (Athens, O., 1994), pp. 112-16. 新政权仍然保留了各大特许公司对刚果的瓜分特权。
22 D. Beach, *War and Politics in Zimbabwe 1840-1900* (Harare, 1986); A. Keppel-Jones, *Rhodes and Rhodesia: The White Conquest of Zimbabwe* (Montreal, 1983).
23 关于去往非洲的旅行带给欧洲人的扭曲印象，可参阅 J. Fabian, *Out of Our Minds: Reason and Madness in the Exploration of Central Africa* (London, 2000)。
24 William H. Schneider, *An Empire for the Masses: The French Popular Image of Africa, 1870-1900* (Westport, Conn., and London, 1982), pp. 6-7.
25 Kanya-Forstner, *Conquest*, p. 263.
26 C. M. Andrew, *Théophile Delcassé and the Making of the Entente Cordiale* (London, 1968), pp. 94-8.

27 Ibid., p. 92.

28 R. Waller, "The Maasai and the British: The Origins of an Alliance, 1895-1905", *Journal of African History* 17, 4 (1976), pp. 529-53.

29 Bill Nasson, *The South African War 1899-1902* (London, 1999) and his *Abram Esau's War: A Black South African War in the Cape 1899-1902* (Cambridge, 1991); P. Warwick, *Black People and the South African War 1899-1902* (Cambridge, 1983).

30 *Parliamentary Debates, Lords*, 4th Series, vol. 30, p. 701 (14 Feb. 1895).

31 J. Riis, *How the Other Half Lives* (New York, 1890).

32 G. Brechin, *Imperial San Francisco: Urban Power, Earthly Ruin* (Berkeley, Los Angeles and London, 1999), 第 3 章。

33 参见 N. Harper, *A Great and Powerful Friend* (St Lucia, 1987), 第 1 章。

34 1910 年美国历史学会主席的发言, 见 *American Historical Review* 16, 2 (1911), pp. 217-33。

35 R. E. Quirk, *An Affair of Honor: Woodrow Wilson and the Occupation of Vera Cruz* (New York, 1962).

36 H. and M. Sprout, *Towards a New Order of Sea Power* (Princeton, 1940), p. 288.

37 W. Tilchin, *Theodore Roosevelt and the British Empire* (New York, 1997), p. 236.

38 G. N. Curzon, *Russia in Central Asia in 1889* (London, 1889), p. 316.

39 B. H. Sumner, *A Survey of Russian History* (London, 1944), p. 362.

40 G. Chisholm, *Handbook of Commercial Geography* (4th edn, London, 1908), pp. 583, 609.

41 到 1914 年, 法国 25% 的海外投资都流入了俄国。参见 R. E. Cameron, *France and the Economic Development of Europe 1800-1914* (Princeton, 1961), p. 486。

42 D. Moon, "Peasant Migration and the Settlement of Russia's Frontiers, 1550-1917", *Historical Journal* 40, 4 (1997), pp. 859-93, esp. pp. 867-8.

43 到 1917 年时, 这一数字为 700 万。参见 D. W. Treadgold, *The Great Siberian Migration* (Princeton, 1957), p.13。

44 M. Joffe, "Diamond in the Rough: The State, Entrepreneurs and Turkestan's Hidden Resources in Late Imperial Russia", in M. Siefert (ed.), *Extending the Borders of Russian History* (London, 2003), p. 185.

45 1860 年时俄国远东地区的本族人口为 1 万, 到 1900 年时已达 30 万。参见 D. Dallin, *The Rise of Russia in Asia* (London, 1949), p.14。

46 参见 J. J. Stephan, *The Russian Far East: A History* (Stanford, 1996)。

47 相关论述可参阅 A. Rieber, "Persistent Factors in Russian Foreign Policy", in H. Ragsdale (ed.), *Imperial Russian Foreign Policy* (Cambridge, 1993)。

48 Lord Sanderson 在 1907 年 2 月 21 日的观察记录, 可参见 G. P. Gooch and H.

Temperley (eds.), *British Documents on the Origins of the War, 1898-1914* (12 vols., London, 1927-38), vol. 3, p. 430。

49 I. H. Nish, *The Anglo-Japanese Alliance* (London, 1966).
50 相关经典论述可参见 G. Monger, *The End of Isolation* (London, 1963)。
51 P. Mathias and M. M. Postan (eds.), *The Cambridge Economic History of Europe*, vol. 7: *The Industrial Economies: Capital, Labour and Enterprise*, pt 1: *Britain, France, Germany and Scandinavia* (Cambridge, 1978), p. 555.
52 1911 年时的德国人口为 6 500 万，俄国在欧洲部分的人口为 1.36 亿。
53 欲了解俾斯麦对于殖民扩张的看法，可参阅 O. Pflanze, *Bismarck and the Development of Germany*, vol. 3: *The Period of Fortification, 1880-1898* (Princeton, 1990), 第 5 章。
54 政府官员们也不知道德国追求的全球利益是什么，参见 W. Mommsen, *Imperial Germany 1867-1918* (1990; 英译本, London, 1995), p. 82。
55 I. L. D. Forbes, "German Informal Imperialism in South America before 1914", *Economic History Review*, New Series, 31, 3 (1978), pp. 396-8.
56 C. Peters, *England and the English* (英译本, London, 1904), p. 388。
57 J. Marseille, *Empire coloniale et capitalisme française* (Paris, 1984), p. 40.
58 E. H. Jenkin, *A History of the French Navy* (London, 1973), pp. 307-9.
59 Andrew, *Delcassé*, pp. 105ff.
60 参见 G. W. Gong, *The "Standard of Civilisation" in International Society* (Oxford, 1984)。
61 参见 W. Fischer and R. M. McInnis (eds.), *The Emergence of a World Economy 1500-1914*, pt 2: *1850-1914* (Wiesbaden, 1986)。
62 A. J. H. Latham and L. Neal, "The International Market in Wheat and Rice, 1868-1914", *Economic History Review*, New Series, 36, 2 (r983), pp. 260-75.
63 W. Woodruff, *The Impact of Western Man: A Study of Europe's Role in the World Economy 1750-1960* (London, 1966), p. 313. Woodruff 的估算数字为 76 亿英镑，另一种估算结果为 83 亿英镑，参见 C. Issawi, "Middle East Economic Development 1815-1914", in A. Hourani, P. S. Khoury and M. C. Wilson (eds.), *The Modern Middle East* (London, 1993), p. 183。
64 对此问题的清晰论述，可参阅 S. B. Saul, *Studies in British Overseas Trade 1870-1914* (Liverpool, 1960), 第 3 章, "The Pattern of Settlements"。
65 Ibid., pp. 203-7.
66 C. Lipson, *Standing Guard: Protecting Foreign Capital in the Nineteenth and Twentieth Centuries* (London, 1985), 第 2 章。
67 J. R. Scobie, "Buenos Aires as a Commercial-Bureaucratic City", *American Historical Review* 77, 4 (1972), p. 1045.

68 R. Chandarvarkar, *The Origins of Industrial Capitalism in India* (Cambridge, 1994), p. 23.
69 C. Trocki, *Singapore: Wealth, Power and the Culture of Control* (London, 2006), 第 1、2 章。
70 O. Ruhen, *Port of Melbourne 1835-1876* (North Melbourne, 1976); F. Broeze, *Island Nation* (London, 1998).
71 参见 S. Jackson, *The Sassoons* (London, 1968)。
72 参见 I. Stone, *The Global Export of Capital from Great Britain, 1865-1914: A Statistical Survey* (Basingstoke, 1999)。
73 League of Nations, *The Network of World Trade* (Geneva, 1942), p. 84.
74 参见 M. de Cecco, *Money and Empire* (Oxford, 1974)。
75 相关记述可参阅 R. Michie, *The City of London: Continuity and Change, 1850-1990* (Basingstoke, 1992); D. Kynaston, *The City of London: Golden Years 1890-1914* (London, 1995)。
76 Speech in Canada (?1913). Bodleian Library, Robert Brand Papers, box 26.
77 N. Angell, *The Great Illusion* (London, 1911).
78 关于南罗得西亚煤矿劳工的生存状况，可参见 I. Phimister, *Wangi Kolia* (Johannesburg, 1994)。
79 1900 年美国海关征收的进口商品税率高达 27.6%，而英国、法国和德国的相应税率都保持在 5% 至 8.8% 之间。参见 A. Stein, "The Hegemon's Dilemma: Great Britain, the United States and the International Economie Order", *International Organization* 38, 2 (1984), pp. 355-86。
80 R. Lindert, *Key Currencies and Gold, 1900-1930* (Princeton, 1969), p. 121.
81 参见 J. W. Burrow, *The Crisis of Reason* (London, 2000), 第 3 章。
82 Ibid., p. 96.
83 相关案例可参阅 H. H. Risley, *The People of India* (London, 1908)。此书出版时，Risley 是印度政府最高层的官员之一。关于俄国的情况，见 A. Jersild, *Orientalism and Empire* (Montreal, 2002)。
84 Burrow, *Crisis*, p. 103.
85 G. W. Stocking, *Victorian Anthropology* (New York, 1987), p. 236.
86 英国总督的表述可参见 A. Seal, *The Emergence of Indian Nationalism* (Cambridge, 1968), p. 15。
87 S. Dubow, *Racial Segregation and the Origins of Apartheid in South Africa 1919-1936* (London, 1989), pp. 22-3.
88 Greta Jones, *Social Darwinism and English Thought* (London, 1980), p. 150.
89 参见 T. Metcalf, *Ideologies of the Raj* (Cambridge, 1995), 第 3 章。

90 相关论点见 J. MacKenzie, *Orientalism: History, Theory and the Arts* (Manchester, 1995)。
91 S. Bayly, Caste, *Society and Politics in India* (Cambridge, 1999), p. 101；与之相反的观点是英国在现代印度种姓制度深化一事上负有责任，参见 N. Dirks, *Castes of Mind* (Princeton, 2001)。
92 参见 T. Raychaudhuri, *Europe Reconsidered: Perceptions of the West in Nineteenth Century Bengal* (Oxford, 1989)。
93 相关自述可参阅 S. Banerjea, *A Nation in Making* (London, 1925)。
94 这一领域的关键作品是 M. G. Ranade, *The Rise of the Maratha Power*（英译本, Bombay, 1900)。
95 参见 P. M. Holt, *The Mahdist State in the Sudan 1881-1898* (Oxford, 1958)。
96 关于这些问题的讨论，可参阅 A. Hourani, *Arabic Thought in the Liberal Age 1798-1939* (London, 1962; repr. Cambridge, 1983); F. Robinson, *Islam and Muslim History in South Asia* (New Delhi, 2000), pp. 59-78，以及第 11 章; M. F. Laffan, *Islamic Nationhood and Colonial Indonesia* (London, 2003)。
97 D. Robinson, *Paths of Accommodation: Muslim Societies and French Colonial Authorities in Senegal and Mauretania, 1880-1920* (Athens, O., and Oxford, 2000), pp. 231-3.
98 Hourani, *Arabic Thought*, pp. 200-203.
99 参见 D. Lelyveld, *Aligarh's First Generation: Muslim Solidarity in British India* (Princeton, 1978)。
100 参见 Laffan, *Islamic Nationhood*, 第 7 章。
101 原版英语文稿收录于 A. J. Parel (ed.), *Gandhi: "Hind Swaraj" and Other Writings* (Cambridge, 1997)。
102 A. Chowdhury, *The Frail Hero and Virile History: Gender and the Politics of Culture in Colonial Bengal* (New Delhi, 2001), pp. 14, 17, 40, 44-5.
103 Ibid., p. 152.
104 关于布莱登的生平，见 H. R. Lynch, *Edward Wilmot Blyden: Pan-Negro Patriot* (Oxford, 1967)。
105 Ibid., p. 219.
106 Ibid., p. 216.
107 布莱登因为布克·T. 华盛顿是"种族混合者"而排斥他，相关内容可参阅 L. R. Harlan (ed.), *The Booker T. Washington Papers*, vol. 3: *1889-1895* (London, 1974), p. 497。
108 J. D. Frodsham (ed.), *The First Chinese Embassy to the West: The Journals of Kuo Sung-Tao, Lin His-hung and Chan Te-yi* (Oxford, 1974), p. xxvi.
109 Y. P. Hao, *The Commercial Revolution in Nineteenth-Century China: The Rise of Sino-*

Western Mercantile Capitalism (Berkeley and London, 1986), p. 355.
110 上海租界曾在 1887 年举行祝贺英国女王登基 50 周年的庆典，相关内容可参阅 B. Goodman, "Improvisations on a Semi-Colonial Theme, or How to Read a Celebration of Transnational Urban Community", *Journal of Asian Studies* 59, 4 (2000), pp. 889-926。
111 关于满汉关系，可参阅 E. J. Rhoads, *Manchus and Han* (Seattle, 2000)。
112 R. K. L Quested, "*Matey*" *Imperialists? : The Tsarist Russians in Manchuria, 1895-1917* (Hong Kong, 1982), pp.21-2.
113 Ibid., p. 59.
114 参见 L. K. Young, *British Policy in China, 1895-1902* (Oxford, 1970)。
115 Nish, *The Anglo-Japanese Alliance*.
116 关于孙中山的生平，可参阅 H. Z. Schiffrin, *Sun Yat-sen: Reluctant Revolutionary* (Boston, 1980)。
117 E. Rawski, "Re-envisioning the Qing: The Significance of the Qing Period in Chinese History", *Journal of Asian Studies* 55, 4 (1996), p. 839.
118 R. Bin Wong, *China Transformed: Historical Change and the Limits of European Experience* (Ithaca, NY, 1997), p. 163.
119 1906 年 9 月 8 日乔治·莫里森写给吉尔乐（Valentine Chirol，英国驻中国记者）的信，收录于 Lo Hui-min (ed.), *The Correspondence of G. E. Morrison* (2 vols., Cambridge, 1976), vol.1, p.375; J. O. P. Bland, *Recent Events and Present Policies in China* (London, 1912)。
120 F. H. H. King, *The Hong Kong Bank in the Period of Imperialism and War, 1875-1918* (Cambridge, 1988), p. 348.
121 C.-K. Leung, *China: Railway Patterns and National Goals* (Hong Kong, 1980), p.39.
122 C. Tsuzuki, *The Pursuit of Power in Modern Japan 1825-1995* (Oxford, 2000), p.104.
123 P. Duus, R. Myers and M. Peattie (eds.), *Japanese Informal Empire in China, 1895-1937* (Princeton, 1989), p. xxxiii.
124 A. Iriye, *Pacific Estrangement: Japanese and American Expansion, 1897-1911* (Cambridge, Mass., 1972), p. 221.
125 J. O. P. Bland to C. Addis, 23 Sept.1907, Thomas Fisher Library, University of Toronto, J. O. P. Bland MSS, box 23.
126 T. Yokoyama, *Japan in the Victorian Mind* (Basingstoke, 1987), 第 8 章。
127 A. Iriye, "Japan's Drive to Great Power Status", in M. B. Jansen (ed.), *The Cambridge History of Japan*, vol. 5: *The Nineteenth Century* (Cambridge, 1989), pp. 738ff.
128 A. Waswo, *Modern Japanese Society, 1868-1994* (Oxford, 1996), p. 60.

129　K. Sugihara, "Patterns of Asia's Integration into the World Economy, 1888-1913", in Fischer and McInnis (eds.), *World Economy*, pt 2.
130　Tsuzuki, *Pursuit of Power*, p. 195.
131　关于战前日本的困境,可参阅C. Howe, *The Origins of Japanese Trade Supremacy* (London, 1996), pp. 148, 157, 197-9。
132　J. Ch'en, *Yuan Shih-kai, 1859-1916* (London, 1961), 第9章。
133　M. E. Meeker, *A Nation of Empire: The Ottoman Legacy of Turkish Modernity* (Berkeley, Los Angeles and London, 2002), pp. 276-7.
134　参见 Eugene Rogan, *Frontiers of the State in the Late Ottoman Empire: Transjordan 1850-1921* (Cambridge, 1999)。
135　D. Quataert, "The Age of Reforms, 1812-1914", in H. Inalcik with D. Quataert (eds.), *An Economic and Social History of the Ottoman Empire 1300-1914* (Cambridge, 1994), p. 872.
136　Ibid., pp. 910-28.
137　J. McCarthy, *Death and Exile: The Ethnic Cleansing of Ottoman Muslims, 1821-1922* (Princeton, 1995), pp. 135-6.
138　引自 M. S. Hanioglu, *Preparations for a Revolution: The Young Turks, 1902-1908* (Oxford, 2001), p. 65。
139　相关论述基于 E. Abrahamian, *Iran between Two Revolutions* (Princeton, 1982), pp. 57-111。
140　A. T. Wilson, *South West Persia: Letters and Diary of a Young Political Officer: 1907-1914* (London, 1942), p. 189.
141　1914年6月10日格雷爵士写给俄国大使的备忘,收录于 Gooch and Temperley (eds.), *British Documents*, vol. 10, pp. 798-800; 1914年6月21日布坎南写给格雷爵士的信, ibid., pp. 804-5。
142　Memo by Sazonov, ibid., pp. 816-20.
143　W. M. Shuster, *The Strangling of Persia: A Record of European Diplomacy and Oriental Intrigue* (London, 1912).

第七章

1　对于这种军国主义思想回归的经典阐释,可参见奥地利经济学家 J. A. Schumpeter 的文章 "Sociology of Imperialism" (1919)。英译本收录于 F. M. Sweezy (ed.), *Imperialism and Social Classes* (London, 1951)。
2　当时此领域的最佳著作是 H. Wickham Steed, *The Hapsburg Monarchy* (London, 1913)。作者曾连续十年担任《泰晤士报》驻奥匈帝国的通讯记者,随后还历任该报的国外编辑与正式编辑。

3   H. Strachan, *The First World War: To Arms* (Oxford, 2001), p. 62.

4   讨论大战爆发的著作非常多，对于当时参战强国的统计可参见 V. Berghahn, *Germany and the Approach of War in 1914* (London, 1974); J. Keiger, *France and the Origins of the First World War* (London, 1983); D. Lieven, *Russia and the Origins of the First World War* (London, 1983); S. Williamson, *Austria-Hungary and the Origins of the First World War* (London, 1991); Z. Steiner, *Britain and the Origins of the First World War* (London, 1977)。I. Geiss, *The July Crisis: The Outbreak of the First World War: Selected Documents* (London, 1967) 一书详细记述了最终走向战争的经过；Strachan, *The First World War* 一书则是极佳的综述。

5   Riezler, *Grundzüge der Weltpolitik in der Gegenwart*，该书于 1914 年在慕尼黑面世。

6   参见 V. G. Liulevicius, *War Land on the Eastern Front: Culture, National Identity and German Occupation in the First World War* (Cambridge, 2000); A. Zweig, *The Case of Sergeant Grischa*（英译本，New York, 1928）提供了关于奥伯奥斯特的精彩半虚构描写。对于东线战场的概述，可参阅 N. Stone, *The Eastern Front 1914-1917* (London, 1975)。

7   B. Pares, *The Fall of the Russian Monarchy: A Study of the Evidence* (New York, 1939), p. 476.

8   H. Seton-Watson, *The Russian Empire 1801-1917* (Oxford, 1967), p. 653.

9   从时任英国大战略总指挥的米尔纳勋爵的书信中，人们可以看出英国的这些忧虑是实实在在的。这些忧虑与麦金德的"心脏地带"说——收录于 *Democratic Ideals and Reality* (London, 1919)——具有相似性，这并非偶然，因为麦金德也是米尔纳勋爵交往圈子里的一员。

10 关于战时内阁东方委员会的考量，可参阅 J. Darwin, *Britain, Egypt and the Middle East: Imperial Policy in the Aftermath of War* (London, 1981), 第 6 章。

11 相关细节可参阅 W. R. Louis, *Great Britain and Germany's Lost Colonies* (Oxford, 1967)。

12 关于埃及危机及其结果，可参阅 E. Kedourie, "Saad Zaghloul and the British", 收录于 *The Chatham House Version* (London, 1970); Darwin, *Britain, Egypt and the Middle East*, 第 3、4、5 章; J. Beinin and Z. Lockman, "1919: Labour Upsurge and National Revolution", 收录于 A. Hourani, P. S. Khoury and M. C. Wilson (eds.), *The Modern Middle East* (London, 1993), pp. 395-428。

13 A. Hourani, *Arabic Thought in the Liberal Age 1798-1939* (London, 1962; repr. Cambridge, 1983), p. 276.

14 参见 M. Llewellyn Smith, *Ionian Vision: Greece in Asia Minor 1919-1922* (London,

1973)。
15 关于这场危机，可参阅 D. Walder, *The Chanak Affair* (London, 1969)。
16 关于战争和条约给人们带来的影响，可参阅 J. McCarthy, *Death and Exile: The Ethnic Cleansing of Ottoman Muslims 1821-1922* (Princeton, 1995), 第 7 章。
17 1923 年，英国内阁就是否从伊拉克撤出一事展开了激烈讨论，时任首相的安德鲁·伯纳尔·劳支持退出。
18 关于阿塔图尔克的建国历史，参见 B. Lewis, *The Emergence of Modern Turkey* (London, 1961); A. Mango, Atatürk (London, 1999); M. E. Meeker, *A Nation of Empire: The Ottoman Legacy of Turkish Modernity* (Berkeley, Los Angeles and London, 2002)。关于礼萨汗重建伊朗，参见 E. Abrahamian, *Iran between Two Revolutions* (Princeton, 1982), pp. 118-65。关于石油出口价值的蹿升，参见 A. T. Wilson, *Persia* (London, 1932), p. 307。M. E. Yapp, *The Near East since the First World War* (London, 1991) 是一本出色的综述式作品。
19 关于印度穆斯林高涨的仇恨情绪，可参阅 F. C. R. Robinson, *Separatism among Indian Muslims: The Politics of the United Provinces Muslims, 1860-1923* (Cambridge, 1974); Jacob M. Landau, *The Politics of Pan-Islam: Ideology and Organization* (Oxford, 1990), pp. 182-215; M. Hasan, *Mahomed Ali: Ideology and Politics* (Delhi, 1981)。穆罕默德·阿里因叛乱罪被英国人关押到 1919 年。
20 关于阿姆利则的最佳论述可参阅 N. Collet, *The Butcher of Amritsar* (London, 2006)，尽管书名略显夸张，但它是一部细致、扎实的研究论著。
21 关于甘地的早年生涯，以及 1919 年的运动，可参阅 J. M. Brown, *Gandhi's Rise to Power* (Cambridge, 1972); R. Kumar (ed.), *Essays in Gandhian Politics* (Oxford, 1971)。
22 D. A. Low, "The Government of India and the First Non-Cooperation Campaign, 1920-22", in Kumar (ed.), *Gandhian Politics*; D. Page, *Prelude to Partition: The Indian Muslims and the Imperial System of Control 1920-1932* (Delhi, 1982).
23 这些紧张的斗争内容可参阅 B. R. Tomlinson, *The Indian National Congress and the Raj* (London, 1976)。
24 参见 Zhang Yongjin, *China in the International System, 1918-1920: The Middle Kingdom at the Periphery* (London, 1991)。
25 A. J. Nathan, *Peking Politics 1918-1923* (London, 1976).
26 A. Waldron, "The Warlord: Twentieth Century Chinese Understandings of Violence, Militarism and Imperialism", *American Historical Review* 96, 4 (1991), pp. 1073-1100；相关概述可参阅 Hsi-Sheng Ch'i, *Warlord Politics in China* (Stanford, 1976)；关于地方省份的研究，可参阅 Angus W. McDonald, *The*

Urban Origins of Rural Revolution: Elites and the Masses in Hunan Province, China, 1911-1927 (Berkeley, Los Angeles and London, 1978)。

27 H. B. Morse and H. F. MacNair, *Far Eastern International Relations* (2nd edn, Cambridge, Mass., 1931), p. 581.

28 Ibid., pp. 581-3.

29 参见 Jerome B. Grieder, *Intellectuals and the State in Modern China* (New York, 1981), pp. 214-26。

30 Yongjin, *China in the International System*, p. 184.

31 关于这一论点，可参阅艾斯敦爵士（英国驻华公使）写于 1920 年 8 月 1 日的备忘，收录于 R. Butler, J. P. T. Bury and M. Lambert (eds.), *Documents on British Foreign Policy 1919-1939*, 1st Series, vol. 14 (London, 1966), pp. 81-6。

32 Y. T. Matsusaka, *The Making of Japanese Manchuria 1904-1932* (Cambridge, Mass., 2001), pp. 242ff.

33 C. Tsuzuki, *The Pursuit of Power in Modern Japan 1825-1995* (Oxford, 2000), pp. 210, 217.

34 Matsusaka, *Japanese Manchuria*, p. 206.

35 Tsuzuki, *Pursuit of Power*, pp. 206, 236-7.

36 关于中国对日本纺织品出口的抵制活动，参见 C. Howe, *The Origins of Japanese Trade Supremacy* (London, 1996), p. 381。

37 J. O. P. Bland, *China: The Pity of It* (London, 1931), p. 40.

38 关于孙中山的经历，参见 H. Z. Schiffrin, *Sun Yat-sen: Reluctant Revolutionary* (Boston, 1980)。

39 关于当时 400 位苏联顾问的经历，参见 D. N. Jacobs, *Borodin: Stalin's Man in China* (Cambridge, Mass., 1981)。

40 关于限制共产党影响力的因素，可参阅 Ming K. Chan, "The Realpolitik and Legacy of Labour Activism and Popular Mobilisation in 1920s Greater Canton", in M. Leutner, R. Felber, M. L. Titarenko and A. M. Grigoriev (eds.), *The Chinese Revolution in the 1920s: Between Triumph and Disaster* (London, 2002), pp. 187-221。

41 相关经典研究可参阅 Hans van der Ven, *War and Nationalism in China 1925-1945* (London, 2003), 第 2 章。

42 Ch'i, *Warlord Politics*, pp. 223-4; Waldron, "The Warlord", pp. 1075ff.

43 面对中国民族主义的挑战，英国采取的策略可参见 E. K. S. Fung, *The Diplomacy of Imperial Retreat* (Hong Kong, 1991); Chan Lan Kit-Ching, *China, Britain and Hong Kong 1895-1945* (Hong Kong, 1991)。英国派驻香港的总督与其本国以及驻北京的同僚之间意见不合的情形，并非个例。

44 Van der Ven, *War and Nationalism*, 第 2 章。

45 R. Overy, *The Dictators: Hitler's Germany, Stalin's Russia* (London, 2004), p. 445.
46 Jeremy Smith, *The Bolsheviks and the National Question 1917-1923* (London, 1999), p. 98.
47 参见 R. Ullman, *The Anglo-Soviet Accord* (London, 1972), 第 10、11 章。
48 相关经典论述参见 R. Pipes, *The Formation of the Soviet Union: Communism and Nationalism 1917-1923* (rev. edn, Cambridge, Mass., 1964)。
49 关于斯大林这一时期的记述，可参阅 R. Service, *Stalin* (London, 2004)。
50 1922 年 9 月 22 日斯大林写给列宁的信，收录于 J. Smith, *Bolsheviks and the National Question*, p. 183。
51 Ibid., pp. 93-4.
52 1922 年 9 月 22 日斯大林写给列宁的信。
53 关于国联的基本情况，可参阅 F. P. Walters, *The History of the League of Nations* (London, 1952)。
54 B. Eichengreen, "Twentieth-Century US Foreign Financial Relations", in S. L. Engerman and R. E. Gallman (eds.), *The Cambridge Economic History of the United States*, vol. 3: *The Twentieth Century* (Cambridge, 2000), pp. 476-7.
55 D. F. Fleming, *The United States and the League of Nations 1918-1920* (New York, 1932), pp. 122-43.
56 关于当时影响较大的地缘政治学家以赛亚·鲍曼的观点，参见 N. Smith, *American Empire: Roosevelt's Geographer and the Prelude to Globalization* (London, 2003), pp. 184-8。
57 参见 A. Iriye, *The Cambridge History of American Foreign Relations*, vol. 3: *The Globalising of America* (Cambridge, 1995)。
58 参见 C. Thorne, *The Limits of Power: The West, the League and the Far Eastern Crisis of 1931-1933* (London, 1972)。
59 参见 B. McKercher, *Transition of Power: Britain's Loss of Global Preeminence to the United States 1930-1945* (Cambridge, 1999)。
60 Overy, *Dictators*, p. 398.
61 Service, *Stalin*, p. 325.
62 Overy, *Dictators*, p. 561.
63 J. Haslam, *The Soviet Union and the Threat from the East* (London, 1992), p. 28：1933 年时，苏联在西伯利亚东部的军队规模已达 20 万。
64 J. Spence, *In Search of Modern China* (London, 1990), p. 382.
65 美国相关政策可参阅 S. K. Hombeck, *The Diplomacy of Frustration: The Manchurian Crisis of 1931-1933 as Revealed in the Papers of Stanley K. Hornbeck* (Stanford, 1981)。
66 Van der Ven, *War and Nationalism*, p. 131.

67 A. Best, *British Intelligence and the Japanese Challenge in Asia 1914-1941* (Basingstoke, 2002), p.89.
68 参见 Matsusaka, *Japanese Manchuria*, pp. 281-8。
69 Ibid., pp. 378-9.
70 Van der Ven, *War and Nationalism*, pp. 188ff.
71 参见 Tim Rooth, *British Protectionism and the International Economy: Overseas Commercial Policy in the 1930s* (Cambridge, 2002)。
72 关于 1934 年以后德国对东欧原料的取用特权（Grossraumwirtschaft），可参见 A. Basch, *The Danube Basin and the German Economic Sphere* (London, 1944), 第 11、16 章；E. A. Radice, "The German Economic Programme in Eastern Europe", in M. Kaiser (ed.), *The Economic History of Eastern Europe 1919-1975* (Oxford, 1986), vol. 2, pp. 300-301。
73 棉花和丝织产品占据了日本过半的出口额，参见 Howe, *Trade Supremacy*, p. 121。
74 Ibid., pp. 215-18; L Inkster, *Japanese Industrialisation: Historical and Cultural Perspectives* (London, 2001), pp. 97-116。
75 相关综述可参阅 H. James, *The End of Globalisation* (London, 2001)。
76 参见 L. Viola, *Peasant Rebels under Stalin: Collectivization and the Culture of Peasant Resistance* (New York, 1996)。
77 参见 J. Z. Muller, *The Other God that Failed* (Princeton, 1987)；关于汉斯·弗赖尔（Hans Freyer）的社会学研究生涯可参阅 H. Lehmann and J. J. Sheehan (eds.), *An Interrupted Past: German-Speaking Refugee Historians in the United States after 1933* (Cambridge, 1991)；关于一些历史学家对纳粹的同情，可参阅 H. Lehmann and J. van H. Melton, *Paths of Continuity: Central European Historiography from the 1930s to the 1950s* (Cambridge, 1994); M. Malia, *Russia under Western Eyes* (Cambridge, Mass., 1999), pp. 325ff。
78 关于这些焦虑情绪的研究，可参阅 H. Harootunian, *Overcome by Modernity: History, Culture and Community in Inter-war Japan* (Princeton, 2000)。
79 对于这些观念的讨论可参阅 John Lonsdale, "The Moral Economy of Mau Mau: Wealth, Poverty and Civic Virtue in Kikuyu Political Thought", in B. Berman and J. Lonsdale, *Unhappy Valley: Conflict in Kenya and Africa*, book 2: *Ethnicity and Violence* (London, 1992)。
80 J. Kenyatta, *Facing Mount Kenya* (London, 1938), p. 318.
81 可参阅 M. J. Bonn, *The Crumbling of Empire: The Disintegration of World Economy* (London, 1938)。
82 关于这些"上海人"的感受,可参阅 R. Bickers, *Empire Made Me: An Englishman*

Adrift in Shanghai (London, 2003), 第 7、9 章。

83 参见他于 1938 年 4 月 28 日写给甘地的信，收录于 J. Nehru, *A Bunch of Old Letters* (Bombay, 1958), pp. 276-7。

84 英国与埃及最终在 1936 年签署了相关协议。

85 英国政策的曲折变化以及印度政治局势，可参阅 Page, *Prelude to Partition* and Tomlinson, *The Indian National Congress and the Raj*。

86 N. Tarling (ed.), *The Cambridge History of Southeast Asia*, vol. 3: *From c.1800 to the 1930s* (pbk edn, Cambridge, 1999), pp. 269-70, 276. 关于印度的政治警察，可参阅 D. Arnold, *Police Power and Colonial Rule: Madras 1859-1947* (Delhi, 1986), 第 6 章。

87 A. D. Roberts, "The Imperial Mind", in A. D. Roberts (ed.), *The Cambridge History of Africa*, vol. 7: *From 1905 to 1940* (Cambridge, 1986), pp. 24-76.

88 两次世界大战之间的尼日利亚就是以此种方式维持政治运作的，参见 1939 年 9 月尼日利亚总督伯纳德·布尔迪隆爵士的备忘，收录于 A. F. Madden and J. Darwin (eds.), *The Dependent Empire 1900-1948*, vol.7: *Colonies, Protectorates and Mandates: Select Documents on the Constitutional History of the British Empire and Commonwealth* (Westport, Conn., 1994), pp. 705-9。

89 L. A. Sherwani, *Speeches, Writings and Statements of Iqbal* (Lahore, 1944), pp. 3-26.

90 此书出版于 1923 年，萨瓦卡尔在 1937 年成为印度教大会（Mahasabha）的领袖。

91 S. Bayly, *Caste, Society and Politics in India* (Cambridge, 1999), p. 262, n. 65.

92 这一观点最早见于 J. Gallagher and R. Robinson, "The Imperialism of Free Trade", *Economic History Review*, New Series, 6, 1 (1953), pp. 1-15。

93 希特勒在《我的奋斗》中详细介绍了这一点。

94 这一论断来自美国权威的商业期刊评论，参见 *Fortune*, July 1940, p. 136。

95 引自 G. L. Weinberg, *A World at War: A Global History of World War Two* (Cambridge, 1994), p. 118。

96 E. Staley, "The Myth of the Continents", published in *Foreign Affairs*, Apr. 1941; repr. in H. Weigert and V. Stefansson (eds.), *The Compass of the World* (London, 1943).

97 参见 A. Iriye, *China and Japan in the Global Setting* (Cambridge, Mass., 1992), pp. 78-80。

98 Y. Kibata, *Anglo-Japanese Relations in the 1930s and 1940s* (London, 1982).

99 A Iriye, "The Failure of Military Expansionism", in S. Large (ed.), *Showa Japan: Political, Economic and Social History 1926-1989*, vol.1: *1926-1941* (London, 1998), pp. 213-15, 223, 226-7.

100 I. Cowman, *Dominion or Decline: Anglo-American Naval Relations in the Pacific 1937-1941* (Oxford, 1996), pp. 85, 88, 93-4.
101 M. Roseman, *The Villa, the Lake, the Meeting: Wannsee and the Final Solution* (London, 2004), p. 107.
102 Ibid., p.101.

第八章

1 关于这种茫然的精彩论述可参阅 Czeslaw Milosz, *The Captive Mind* (1953; pbk edn Harmondsworth, 1980), pp. 26-7。
2 L. Barnes (Harmondsworth, 1944).
3 这一话题可参阅 W. K. Hancock, *Argument of Empire*, 该书的平装本于 1942 年在英美同时面世。更广泛的讨论可参阅 Suke Wolton, *Lord Hailey, the Colonial Office and the Politics of Race and Empire in the Second World War: The Loss of White Prestige* (London, 2000)。
4 O. A. Westad, *Cold War and Revolution: Soviet-American Rivalry and the Origins of the Chinese Civil War* (New York, 1993), pp. 177-8.
5 D. C. Engerman, *Modernization from the Other Shore* (Cambridge, Mass., 2003), pp. 262-9.
6 H. W. van den Doel, *Het Rijk van Insulinde* (Amsterdam, 1996), pp. 284, 286.
7 Wm Roger Louis and Ronald Robinson, "The Imperialism of Decolonisation", *Journal of Imperial and Commonwealth History* 22, 3 (1994), p. 468.
8 关于英国对现代中国可能建立"亚洲帝国"的忧虑，可参阅 Lanxin Xiang, *Recasting the Imperial Far East: Britain and America in China 1945-1950* (Armonk, NY, 1995), p. 32。
9 Westad, *Cold War and Revolution*, pp. 173-4.
10 相关话题的最佳论述，可参阅 Hans van der Ven, *War and Nationalism in China 1925-1945* (London, 2003), 第 7 章。
11 根据 1946 年的《五四指示》，共产党将从地主那里收归的土地分配给了广大农民，参见 *Selected Military Writings of Mao Tse-tung* (Peking, 1963), pp. 322-4。
12 C. Howe, *The Origins of Japanese Trade Supremacy* (London, 1996), p. 403.
13 D. Norman (ed.), *Nehru: The First Sixty Years* (2 vols., London, 1965), vol. 2, p. 452.
14 Westad, *Cold War and Revolution*, p. 167.
15 这一论断出自 K. M. Pannikar, *Asia and Western Dominance* (London, 1953), pp. 13-17。

16 参见 R. Foot and J. Brown (eds.), *Hong Kong's Transitions* (London, 1997)。
17 完整列表参见 *Keesing's Contemporary Archives, 1955*, p. 14181。
18 演讲文本参见 *Keesing's Contemporary Archives 1955*, pp. 14181ff.; G. Kahin, *The Asian-African Conference at Bandung, Indonesia, April 1955* (Ithaca, NY, 1956)。
19 参见 Chalmers Johnson, *Peasant Nationalism and Communist Power* (Stanford, 1962)。
20 S. Pepper, "The Political Odyssey of an Intellectual Construct: Peasant Nationalism and the Study of China's Revolutionary History – a Review Essay", *Journal of Asian Studies* 63, 1 (2004), pp. 105-25.
21 O. A. Westad, *Decisive Encounters: The Chinese Civil War 1946-1950* (Stanford, 2003), p. 323.
22 Qiang Zhai, *China and the Vietnam Wars 1950-1975* (Chapel Hill, NC, 2000), pp. 20, 43-9.
23 Ibid., pp. 82-3.
24 参见 J. D. Armstrong, *Revolutionary Diplomacy: Chinese Foreign Policy and the United Front Doctrine* (Berkeley and London, 1977), 第3章。
25 John Dower, *Embracing Defeat: Japan in the Aftermath of World War Two* (Harmondsworth, 1999).
26 Ibid., p. 206.
27 C. Tsuzuki, *The Pursuit of Power in Modern Japan 1825-1995* (Oxford, 2000), p. 357.
28 Dower, *Embracing Defeat*, pp. 249, 560.
29 近年研究可参阅 J. M. Brown, *Nehru* (London, 2004)。
30 D. Kumar (ed.), *The Cambridge Economic History of India*, vol. 2: *c.1757-c.1970* (Cambridge, 1982), pp. 972-3.
31 Westad, *Decisive Encounters*, p. 320.
32 英国政策的相关文件可参阅 H. Tinker (ed.), *Constitutional Relations between Britain and Burma: The Struggle for Independence 1944-1948* (2 vols., London, 1983-4)。
33 美国关于印度尼西亚民族主义的政策可参阅 *Foreign Relations of the United States [FRUS]* 1948, vol. 6: *The Far East and Australasia* (Washington, 1974), 尤其见于1948年12月30日代理国务卿写给美国驻莫斯科大使的信, pp. 613ff；以及 *FRUS* 1949, vol. 7: *The Far East and Australasia* (Washngton, 1975), 1949年1月11日美国代理国务卿与荷兰大使的谈话（前者威胁说要中止美国对荷兰的经济援助）, p. 139。
34 S. Tonnesson, "National Divisions in Indochina's Decolonization", in P. Duara (ed.), *Decolonization: Perspectives from Now and Then* (London, 2004), p. 262; E.

Miller, "Vision, Power and Agency: The Ascent of Ngo Dinh Diem, 1945-54", *Journal of Southeast Asian Studies* 35, 3 (2004), pp. 437-40.

35 参见艾奇逊 1949 年 5 月 20 日的记录，in *FRUS* 1949, vol. 7, p. 29。

36 参见 Diem, Miller, "Vision, Power and Agency"; Tonnesson, "Indochina's Decolonization"; D. Duncanson, *Government and Revolution in Vietnam* (London, 1968), 第 5 章。

37 关于马来亚与印度尼西亚的紧张关系，参见 Joseph Chinyong Liow, "Tunku Abdul Rahman and Malaya's Relations with Indonesia 1957-1960", *Journal of Southeast Asian Studies* 36, 1 (2005), pp. 87-109。

38 关于英国政策可参阅 W. R. Louis, *The British Empire in the Middle East 1945-1951: Arab Nationalism, the United States, and Postwar Imperialism* (Oxford, 1984)。

39 相关数据估算可参阅 W. B. Fisher, *The Middle East: A Physical, Social and Regional Geography* (London, 1950), p. 249。

40 Ghada Hashem Talhani, *Palestine and Egyptian National Identity* (New York, 1992), p. 9。

41 P. Seale, *The Struggle for Syria: A Study of Post-War Arab Politics 1945-1958* (London, 1966); A. Rathmell, *Secret War in the Middle East: The Covert Struggle for Syria 1949-1961* (London, 1995); P. Seale, 'Syria', in Y. Sadiqh and A. Shlaim (eds.), *The Cold War and the Middle East* (Oxford, 1997); M. Ma'oz, "Attempts to Create a Political Community in Syria", in I. Pappe and M. Ma'oz, *Middle East Politics and Ideas: The History from Within* (London, 1997)。

42 相关史实参见 M. J. Cohen, *Palestine and the Great Powers 1945-1948* (Princeton, 1982)。

43 H. Batatu, *The Old Social Classes and the Revolutionary Movements of Iraq* (Princeton, 1978), pp. 470-72, 545-66, 680。

44 Talhani, *Palestine*, pp. 48-50。

45 最近讨论可参阅 R. McNamara, Britain, *Nasser and the Balance of Power in the Middle East 1952-1967* (London, 2003), 第 3 章。

46 这是 1954 年英国驻开罗公使得出的结论，参见 James Jankowski, *Nasser's Egypt, Arab Nationalism and the United Arab Republic* (Boulder, Colo., 2002), p. 56。

47 Rathmell, *Secret War*, 第 4 章。

48 相关记述参见 K. Kyle, *Suez* (London, 1991)。

49 艾登的政治命运可参见 D. Carlton, *Anthony Eden* (London, 1981)。

50 Rathmell, *Secret War*, pp. 160-62; Abdulaziz A. al-Sudairi, *A Vision of the Middle East: An Intellectual Biography of Albert Hourani* (London, 1999), pp. 98-100; Fouad Ajami, "The End of Pan-Arabism", *Foreign Affairs*, winter 1978/9。

51 关于 20 世纪 50 年代起美国与以色列"特殊友情"的不断加深,可参阅 D. Little, "The Making of a Special Relationship: The United States and Israel 1957-1968", *International Journal of Middle East Studies* 25, 4 (1993), pp. 563-85; G. M. Steinberg, "Israel and the United States: Can the Special Relationship Survive the New Strategic Environment?", *Middle East Review of International Affairs* 2, 4 (1998)。

52 参见 A. Sampson, *The Seven Sisters: The Great Oil Companies and the World They Made* (London, 1975)。

53 这也是福阿德·阿贾米(Fouad Ajami)颇具影响力的著作的标题,该书 1981 年于伦敦出版。

54 关于这次危机的开端,参见 E. Abrahamian, *Iran between Two Revolutions* (Princeton, 1982),第 5 章。关于英国与伊朗的关系,参见 J. Bamberg, *The History of the British Petroleum Company*, vol. 2: *The Anglo-Iranian Years 1928-1954* (Cambridge, 1994)。

55 美方态度可参见 1950 年 12 月 20 日朗特里(Rowntree)写给麦吉(McGhee)的信,收录于 *FRUS* 1950, vol. 5: *The Near East, South Asia and Africa* (Washington, 1978), p. 634。英国政策可参阅 Louis, *The British Empire in the Middle East*, pp. 632-89。

56 M. J. Gasiorowski and M. J. Byrne (eds.), *Mohammad Mosaddeq and the 1953 Coup in Iran* (Syracuse, NY, 2004), "Conclusion"。关于地主的主导地位及其影响,可参阅 Abrahamian, *Iran*, pp. 378-82。

57 推荐阅读 J. R. T. Wood, *The Welensky Papers* (Durban, 1982)。

58 葡萄牙在非洲的主要殖民地安哥拉和莫桑比克的白人移民,从 1940 年的 6.7 万人增至 1960 年的 30 万人。参见 A. J. Telo, *Economia e Imperia no Portugal Contemporanea* (Lisbon, 1994), p. 267。

59 参见尼日利亚总督 1939 年 9 月的备忘,编号 CO 583/244/30453,收录于 A. F. Madden and J. Darwin (eds.), *The Dependent Empire 1900-1948*, vol. 7: *Colonies, Protectorates and Mandates: Select Documents on the Constitutional History of the British Empire and Commonwealth* (Westport, Conn., 1994), pp. 705ff。

60 这一观点最早见于 D. A. Low and J. Lonsdale, "Towards the New Order", in D. A. Low and A. Smith (eds.), *History of East Africa*, vol. 3 (Oxford, 1976), pp. 1-63。

61 参见 J. Darwin, "The Central African Emergency, 1959", in R. F. Holland (ed.), *Emergencies and Disorders in the European Colonial Empires after 1945* (London, 1994)。

62 J. Lonsdale, "The Moral Economy of Mau Mau: Wealth, Poverty and Civic Virtue in Kikuyu Political Thought", in B. Berman and J. Lonsdale, *Unhappy*

Valley: Conflict in Kenya and Africa, book 2: Ethnicity and Violence (London, 1992), pp. 265-504.
63 关于肯尼亚的突发状况研究，参见 D. Anderson, Histories of the Hanged (London, 2005)。C. Elkins, Britain's Gulag (London, 2005) 一书的叙事更富有激情。
64 相关最佳著作为 Crawford Young, Politics in the Congo: Decolonization and Independence (Princeton, 1965)。
65 相关情形可参阅 Ludo de Witte, The Assassination of Lumumba (英译本，London, 2001)。
66 参见 Colin Legum, Congo Disaster (Harmondsworth, 1961)。
67 关于非洲政府在战后面临的两难局面，以下两本著作进行了细致论述：P. Chabal and J.-P. Daloz, Africa Works: Disorder as Political Instrument (Oxford, 1999); J.-F. Bayart, S. Ellis and B. Hibou, The Criminalization of the State in Africa (Oxford, 1999)。
68 J. Zasloff, "Law and the Shaping of American Foreign Policy: From the Gilded Age to the New Era", New York University Law Review 78, 30 (2003), pp.101-288. 感谢安德鲁·赫里尔向我推荐此文。
69 D. Lake, Entangling Relations: American Foreign Policy in its Century (Princeton, 1999), p. 102.
70 Ibid., p. 193.
71 如果美国没有掌控密克罗尼西亚其他地区，关岛就不会具有如此大的价值，参见 W. Price, Japan's Islands of Mystery (London, 1944), pp. 46-54。
72 参见 G. Lundestad, The American 'Empire' (London, 1990)。
73 H. van der Wee, Prosperity and Upheaval: The World Economy 1945-1980 (London, 1986)，表 30。
74 Ibid., p. 451.
75 相关估算可参见 D. Filtzer, Soviet Workers and Late Stalinism: Labour and the Restoration of the Stalinist System after World War Two (Cambridge, 2002), p. 13。
76 Ibid., p. 246.
77 P. Gregory, The Political Economy of Stalinism: Evidence from the Soviet Secret Archives (Cambridge, 2004), pp. 243-4.
78 L. Sondhaus, Navies in the Modern World (London, 2004), p. 242.
79 参见 1961 年 2 月 1 日国务卿腊斯克写给肯尼迪总统的便条，收录于 FRUS 1961-63, vol.20: The Congo Crisis (Washington, 1994)。
80 D. Holden and R. Johns, The House of Saud (London, 1981), pp. 232-41.
81 B. Pockney, "Soviet Trade with the Third World", in E. J. Feuchtwanger and P. Nailor (eds.), The Soviet Union and the Third World (London, 1981), pp. 70, 72-3.

82　S. Bruchey, *Enterprise: The Dynamic Economy of a Free People* (London, 1990), p. 509.
83　相关记载可参阅 K. Dawisha, "The Soviet Union in the Middle East", in Feuchtwanger and Nailor (eds.), *The Soviet Union and the Third World*, pp. 123-6。
84　C. Legum, *After Angola: The War over Southern Africa* (London, 1976).
85　*The Times*, 10 October 1980.
86　P. Lettow, *Ronald Reagan and his Quest to Abolish Nuclear Weapons* (New York, 2005), p. 127. 发言者为乔治·舒尔茨，他在 1982 年至 1989 年间担任美国国务卿。
87　1960 年时撒哈拉以南非洲的军事支出占国民生产总值的 0.7%，但到 1990 年时军事支出增加了 5 倍，参见 *The Times*, 28 June 1993, p.42。相关讨论还可参见 W. J. Foltz and H. Bienen, *Arms and the African: Military Influences on Africa's International Relations* (New Haven, 1985)。
88　参见 "Britain Joins SE Asia Exercise as Fears of Soviet Naval Power Grow", *The Times*, 7 May 1985; Sondhaus, *Navies in the Modern World*, p. 262。
89　G. I. Khanin, "The 1950s - the Triumph of the Soviet Economy", *Europe-Asia Studies* 55, 8 (2003), pp.1187-1218; H. Ticktin, "Soviet Studies and the Collapse of the USSR: In Defence of Marxism", in M. Cox (ed.), *Rethinking the Soviet Collapse* (London, 1998), p. 89.
90　Robert J. Art, *A Grand Strategy for America* (London, 2003), pp. 20-26.
91　S. L. Engerman and R. E. Gallman (eds.), *The Cambridge Economic History of the United States*, vol. 3: *The Twentieth Century* (Cambridge, 2000), pp.959-60.
92　戈尔巴乔夫的改革可参见相关一系列演讲内容，收录于 *Perestroika*（英译本，London, 1987）。
93　对此最直白的表达可参见 F. Fukuyama's *The End of History and the Last Man* (New York, 1993)，这本书中的关键文章在 1989 年时就已出版。
94　参见 Z. Brzezinski, *The Grand Chessboard: American Primacy and its Geostrategic Implications* (New York, 1997)。之前的作家，尤其是英国地理学家麦金德的理论影响力仍然在延续。
95　参见 Martin Koskenniemi, *The Gentle Civiliser of Nations: The Rise and Fall of International Law 1870-1960* (Cambridge, 2002)。
96　"反帝国"的一个代表作，可参见 Chalmers Johnson, *The Sorrows of Empire: Militarism, Secrecy and the End of the Republic* (New York, 2004)。
97　准确来说是 29.5%，日本产值所占比例为 14%，中国则为 3.4%。参见 B. Posen, "Command of the Commons: The Military Foundations of US Hegemony", *International Security* 28, 1 (2003), p. 10, 11, 14。
98　这一核心论点也见诸 Posen, "Command of the Commons"。
99　参见 V. De Grazia, *Irresistible Empire: America's Advance through Twentieth-Century Europe*

(Cambridge, Mass., 2005)。

第九章

1 这一论点出自 J. Diamond, *Guns, Germs and Steel* (London, 1997)。
2 "非正式帝国"这一概念发展自一篇著名的文章: J. Gallagher and R. Robinson, "The Imperialism of Free Trade", *Economic History Review*, New Series, 6, 1 (1953), pp. 1-15。
3 关于既得利益者不愿改变的心态,参见 M. Olson, *The Rise and Fall of Nations: Economic Growth, Stagflation and Social Rigidities* (New Haven, 1982)。
4 R. Kipling, "Recessional" (1897).
5 B. Ersanli, "The Empire in the Historiography of the Kemalist Era", in F. Adanir and S. Faroqhi (eds.), *The Ottomans and the Balkans: A Discussion of Historiography* (Leiden, 2002), pp.115-54.
6 参见 S. Deringil, *The Well-Protected Domains: Ideology and the Legitimation of Power in the Ottoman Empire, 1876-1909* (London, 1999)。
7 C.A. Bayly, *Origins of Nationality in South Asia: Patriotism and Ethical Government in the Making of Modern India* (New Delhi, 1998), 第 1 至 4 章。
8 这一观点可参阅 D. O. Flynn and A. Giraldez, "Path Dependence, Time Lags and the Birth of Globalisation", *European Economic History Review* 8 (2004), pp. 81-108。
9 坚持全球化起源于 19 世纪的论点, 可参见 K. H. O'Rourke and J. G. Williamson, "Once More: When Did Globalisation Begin?", *European Economic History Review* 8 (2004), pp. 109-17。
10 1960 年至 2005 年的经济增长和社会发展趋势, 可参见 *United Nations World Economic and Social Survey 2006*, p. 5, 网址: http://www.un.org/esa/policy/wess/wess2006files/chap1.pdf。
11 K. Sugihara (ed.), *Japan, China, and the Growth of the Asian International Economy, 1850-1949* (Oxford, 2005), "Introduction", p.5。
12 参见 R. Findlay and K. H. O'Rourke, *Commodity Market Integration, 1500-2000*, National Bureau of Economic Research Working Paper (Boston, 2001), 表 3。

FURTHER READING

推荐阅读

这个清单并不打算罗列全书引用的所有书目——这些内容已经包含在每章附录的注释和参考文献中。此处收录了我精选出的格外有益或是有趣的书籍、文章，饶有兴致的读者们可以通过这些内容，进一步探索那些在本书中言之过简的概念和话题。

1. 通史类作品

W. H. McNeil, *The Rise of the West*（Chicago, 1964；中译本，威廉·麦克尼尔：《西方的兴起》，中信出版集团，2015）一书仍然是将世界历史浓缩在一卷之中的最伟大的尝试，它的大部分篇幅都在讲述 1500 年以前的世界。这本书富于洞见，其中许多论断至今仍具启发性。麦克尼尔的核心论点仍可见诸后作 *Europe's Steppe Frontier* (London,1974) 与 *Plagues and Peoples*（London, 1976；中译本，《瘟疫与人》，中国环境科学出版社，2010；中信出版集团，2018），后者强调了流行疾病在历史中的重要作用。Fernand Braudel, *Civilization and Capitalism 15th to 18th Century*（Eng. trans. London, 1981-4；中译本，费尔南·布罗代尔：《15 至 18 世纪的物质文明、经济和资本主义》，生活·读书·新知三联书店，1993）一书呈现了现代世界初期的经济与社会全景。E. L. Jones, *The European Miracle: Environment, Economies and Geopolitics in the History of Europe and Asia*（Cambridge, 1981；中译本，埃里克·琼斯：《欧洲奇迹：欧亚史中的环境、经济和地缘政治》，华夏出版社，2015）与 Kenneth Pomeranz, *The Great Divergence: China, Europe and the Making of the Modern World Economy*（Princeton, 2000；中译

本，彭慕兰：《大分流：欧洲、中国及现代世界经济的发展》，江苏人民出版社，2004）都（至少是部分地）揭示了欧洲经济体系优越论中许多说法的矛盾之处。Marshall G. S. Hodgson, *The Venture of Islam* (3 vols., Chicago, 1974) 及其另一著作 *Rethinking World History: Essays on Europe, Islam and World History* (Cambridge, 1993) 都在他身后出版，为读者提供了以伊斯兰世界（而非欧洲）为中心的世界历史图景。

Owen Lattimore, *The Inner Asian Frontiers of China*（New York, 1940；中译本，欧文·拉铁摩尔：《中国的亚洲内陆边疆》，江苏人民出版社，2008）一改从海洋及西方视角考察中国历史的传统，转而强调从内亚视角考察的必要性。与麦克尼尔等学者一样，拉铁摩尔强调定居族群与游牧族群的互动关系，而关于这一主题的最佳论述，见诸生活于14世纪的伊斯兰史学家，Ibn Khaldun, *Muqadimmah: An Introduction to History*（中译本，伊本·赫勒敦：《历史绪论》，宁夏人民出版社，2015），此作成书于1377年，1958年被译成英文（还有一个更早的法语译本）。P. S. Khoury and J. Kostiner (eds.), *Tribes and State Formation in the Middle East* (London, 1990) 将赫勒敦的历史观点运用到当代中东历史的写作中。

在讨论欧洲扩张对其他文化、族群影响的众多作品中，论杰作当属 Eric Wolf 的 *Europe and the Peoples without History*（London, 1982；中译本，埃里克·沃尔夫：《欧洲与没有历史的人民》，上海人民出版社，2006），这部分要归功于贯穿全书的人类学视野。有志于对欧洲帝国主义进行整体把握的读者，会发现最精彩的概论莫过于 J. Gallagher and R. Robinson, "The Imperialism of Free Trade", *Economic History Review*, New Series, 6, I (1953), pp.1-15。

2. 中世纪的欧亚

P. Brown, *The World of Late Antiquity* (London, 1971) 绝佳地记述了中世纪欧亚世界的真实面貌。R. W. Southern, *The Making of the Middle Ages* (London, 1953) 仍然是关于欧洲中世纪早期历史最有魅力的入门之作。G. Duby, *The Early Growth of the European Economy* (1973, Eng. Trans. Ithaca, NY, 1974)，今天宜与此书对读的是 C. Wickham, *Framing the Early Middle Ages* (Oxford, 2005)。R. Bartlett, *The Making of Europe: Conquest, Colonisation and Cultural Change 950-1350* (London, 1993) 以及 R. Fletcher, *The Conversion of Europe* (London, 1997) 都讲述了欧洲基督教世界的形成。J. Abu Lughod, *Before European Hegemony: The World System 1250-1350*（New York, 1989；中译本，珍妮特·L. 阿布卢格霍德：《欧洲霸权之前：1250—1350年的世界体系》，商务印书馆，2015）以及 Marshall G. S. Hodgson, *The Venture of Islam* (3 vols., Chicago, 1974) 都讲述了非欧洲中心论的中世纪欧亚史。A. Wink, *Al-*

Hind: The Making of the Indo-Islamic World, vol.1: *Early Medieval India and the Expansion of Islam, 7th-11th Centuries* (Leidon, 1996) 和 A. Hourani, *A History of the Arab Peoples* (London, 1991) 以及 D. Pipes, *Slave Soldiers and Islam* (New Haven and London, 1981) 都检视了中世纪的伊斯兰世界。M. Elvin, *The Pattern of the Chinese Past* (London, 1973) 和 A. Waldron, *The Great Wall: From History to Myth*（Cambridge, 1990；中译本，阿瑟·沃尔德隆：《长城：从历史到神话》，江苏教育出版社，2008）以及 J. A. Fogel, *Politics and Sinology: The Case of Naito Konan, 1866-1934*（Cambridge, Mass., 1984；中译本，傅佛果：《内藤湖南：政治与汉学，1866—1934》，江苏人民出版社，2016）等书都提供了重要的洞见。E. O. Reischauer and J. K. Fairbank, *East Asia: The Great Tradition* (Boston, 1958) 也是不错的入门之选。V. Lieberman, *Strange Parallels: Southeast Asia in Global Context c.800-1830* (Cambridge, 2003) 则是比较历史研究的佳作。

3. 中央欧亚与大发现时代

F. Braudel, *The Mediterranean and the Mediterranean World in the Age of Philip II*（1966；中译本，费尔南·布罗代尔：《菲利普二世时代的地中海和地中海世界》，商务印书馆，1996）是极具匠心的杰作，堪称历史书写的范本。C. Cipolla, *European Culture and Overseas Expansion* (London, 1970) 检视了相关核心议题。J. D. Tracy (ed.), *The Political Economy of Merchant Empires: State Power and World Trade 1350-1750* (Cambridge, 1991) 收录了一些精彩文章。关于葡萄牙的扩张，可参考 H. Kamen, *Spain's Road to Empire: The Making of a World Power* (London, 2002)。尚不为大众熟知的沙俄帝国扩张历史，可以参阅 G. V. Lantzeff and R. A. Pierce, *Eastward to Empire* (Montreal and London, 1973); W. C. Fuller, *Strategy and Power in Russia, 1600-1914* (New York, 1992); M. Khodarkovsky, *Russia's Steppe Frontier: The Making of a Colonial Empire, 1500-1800* (Bloomington, Ind., 2002); 以及 A. S. Donnelly, *The Russian Conquest of Bashkiria 1552-1740* (New Haven and London, 1968)。

关于"中央欧亚"的伊斯兰世界，推荐阅读 H. Inalcik with D. Quataert (eds.), *An Economic and Social History of the Ottoman Empire 1300-1914* (Cambidge, 1994); H. Inalcik, *The Ottoman Empire: The Classical Age, 1300-1600* (London, 1973); C. Kafadar, *Between Two Worlds: The Construction of the Ottoman State* (Berkeley, Los Angeles and London, 1995); M. Kunt and C. Woodhead, *Suleiman the Magnificent and his Age* (London, 1995), P. Jackson and W. Lockhart (eds.), *The Cambridge History of Iran*, vol. 6: *The Timurid and Safavid Periods* (Cambridge, 1986); J. F. Richards, *The Mughal Empire*（Cambridge, 1993；中译本，约翰·F. 理查兹：《新编剑桥印度史》，第1卷第5分册，《莫卧儿帝国》，云南人民出版社，2014），以及 S. A. M.

Adshead, *Central Asia in World History* (London,1993)。

A. Reid, *Southeast Asia in the Age of Commerce, 1450-1680*（2 vols., New Haven, 1988, 1993；中译本，安东尼·瑞德:《东南亚的贸易时代: 1450–1680 年》，商务印书馆，2010）一书统合了环境史、经济史与政治史要素，一定程度上沿用了布罗代尔的思路。D. Twitchett and F. Mote (eds.), *The Cambridge History of China*, vol.8: *The Ming Dynasty, 1368-1644*, pt2（Cambridge, 1998；中译本，崔瑞德、牟复礼编:《剑桥中国明代史·下卷》，中国社会科学出版社，2006），以及 P. J. Smith and R. von Glahn (eds.), *The Song-Yuan-Ming Transition in Chinese History* (Cambridge, Mass., 2003) 等书则体现了中国历史研究的较新成果。

4. 现代初期的欧亚世界

R. J. Bonny, (ed.) *Economic System and State Finance*（Oxford, 1995；中译本，理查德·邦尼:《经济系统与国家财政》，上海财经大学出版社，2018）一书讨论了欧洲"旧制度"的核心问题。A. Sorel, *Europe and the French Revolution: The Political Traditions of the Old Regime* (1885; Eng. trans. London,1969) 一书的观点或有偏激之处，仍不失为关于 18 世纪欧洲外交的入门佳作。J. de Vries and Ad van der Woude, *The First Modern Economy: Success, Failure, and Perseverance of the Dutch Economy, 1500-1815* (Cambridge, 1997) 分析了前工业时代欧洲最成功的经济体（荷兰）面临的增长瓶颈。L. Hughes, *Russia in the Age of Peter the Great* (London,1998) 考察了彼得大帝改革的历史影响。

关于亚洲参与欧洲商贸活动的整体研究，可以阅读 Holden Furber, *Rival Empire of Trade in the Orient 1600-1800* (Minneapolis,1976; repr. New Delhi, 2004)。J. E. Wills, "Maritime Asia, 1500-1800: The Interactive Emergence of European Domination", *American Historical Review* 98, I (1993), pp. 83-105, 是近年来价值较高的研究成果。S. F. Dale, *Indian Merchants and Eurasian Trade 1600-1750* (Cambridge, 1994) 强调了陆路贸易仍具有影响力。研究奥斯曼帝国历史转变的经典著作参见 H. A. R. Gibb and H. Brown, *Islamic Society and the West: A Study of the Impact of Western Civilization on Moslem Culture in the Near East*, vol.1: *Islamic Society in the Eighteenth Century* (2 pts, London, 1950, 1957)。萨法维王朝覆灭后伊朗地区的混乱局势，可参阅 J. R. Perry, *Karim Khan Zand* (Chicago, 1979)。莫卧儿帝国的扩张，可参阅前文提及的约翰·F. 理查兹的《莫卧儿帝国》，Jos Gommans, *Mughal Warfare: Indian Frontiers and the Highroads to Empire 1500-1700* (London, 2002)，以及 R. M. Eaton, *The Rise of Islam and the Bengal Frontier 1204-1760* (London, 1993)。

J. Spence, *Treason by the Book*（London, 2001；中译本，史景迁:《雍正王朝之大义觉迷》，广西师范大学出版社，2011），P. C. Perdue, *China Marches West*

(Cambridge, Mass., 2005) 等书从不同角度展现了古代中国的鼎盛时期。L. Struve (ed.), *The Qing Formation in World Historical Time*（Cambridge, Mass., 2004；中译本，司徒琳主编：《世界时间与东亚时间中的明清变迁》，下卷，《世界历史时间中清的形成》，生活·读书·新知三联书店，2009）尽管书名较为耸动，该书仍然收录了不少近年来中国史研究领域中颇有价值的学术成果。

相关日本历史，可参阅 C. Totman, *Early Modern Japan* (London, 1993), M. Jansen, *China in the Tokugawa World* (Cambridge, Mass., 1992)。

5. 欧亚革命

P. W. Schroeder, *The Transformation of European Politics 1762-1848* (Oxford, 1994), C. A. Bayly, *Imperial Meridian* (London, 1988) 两本书呈现了欧亚革命的地缘政治背景。R. J. Bonney (ed.), *The Rise of the Fiscal State in Europe c.1200-1815*（Oxford, 1999；中译本，理查德·邦尼：《欧洲财政国家的兴起：1200—1815年》，上海财经大学出版社，2016）探讨了欧洲得以扩张霸权的关键因素。

P. Bairoch, *Victoires et déboires: Histoire économique et sociale du monde du xvi siècle à nos jours* (3 vols., Paris, 1997) 一书尚未被译成英文（也没有中译本），但它展现了整个欧亚经济变革的全景。关于英国经济变革历史的学术争论，见诸 P. Hudson, *The Industrial Revolution* (London, 1992), J. Mokyr, *The Lever of Riches: Technological Creativity and Economic Progress*（Oxford, 1990；中译本，乔尔·莫基尔：《富裕的杠杆：技术革新与经济进步》，华夏出版社，2008），E. A. Wrigley, *Continuity, Chance and Change: The Character of the Industrial Revolution in England*（Cambridge, 1988；中译本，E.A.里格利：《延续、偶然与变迁：英国工业革命的特质》，浙江大学出版社，2013），N. F. R. Crafts, *British Economic Growth During the Industrial Revolution* (Oxford, 1985) 以及 J. E. Inikori, *Africans and the Industrial Revolution in England: A Study in International Trade and Economic Development* (Cambridge, 2002)。基于量化研究，重新考察欧洲与亚洲经济状况的重要研究，参见 R. C. Allen, "Real Wages in Europe and Asia: A First Look at the Long-Term Patterns", in R. C. Allen, T. Bengtsson and M. Dribe (eds.), *Living Standards in the Past: New Perspectives on Well-Being in Asia and Europe* (Oxford, 2005)。

R. Owen, *The Middle East in the World Economy 1800-1914* (London, 1981) 和 Kenneth Pomeranz, *The Great Divergence: China, Europe, and the Making of the Modern World Economy*（Princeton, 2000；中译本，彭慕兰：《大分流：欧洲、中国及现代世界经济的发展》，江苏人民出版社，2004）以及 C. A. Bayly, *Rulers, Townsmen and Bazaars: North Indian Society in the Age of British Expansion 1770-1870* (Cambridge, 1983) 等作品分别讨论了中东、中国与印度的经济史问题。

P. Marshall (ed.), *The Eighteenth Century in Indian History: Evolution or Revolution*

(New Delhi, 2003) 收录了大量关于英国扩张时期印度历史的研究新成果。J. J. L. Gommans, *The Rise of the Indo-Afghan Empire, c.1710-1780* (Leiden, 1995) 一书为我们了解印度北部政治变动的历史提供了重要的新维度。P. Kunh, *Soulstealers: The Chinese Sorcery Scare of 1768*（Cambridge, Mass., 1990；中译本，孔飞力:《叫魂：1768年中国妖术大恐慌》，上海三联书店，1999）及 J. M. Polachek, *The Inner Opium War*（Cambridge, Mass., 1991；中译本，詹姆斯·波拉切克:《清朝内争与鸦片战争》，中国人民大学出版社，2020）等书拓宽了古代中国政治与文化研究的视野。关于文化与精神生活的研究，还有 A. Hourani, *Islam in European Thought* (Cambridge, 1991); B. Lewis, *The Muslim Discovery of Europe*（London, 1982；中译本，伯纳德·刘易斯:《穆斯林发现欧洲：天下大国的视野转换》，生活·读书·新知三联书店，2013），以及 A. Pagden, *European Encounters with the New World* (London, 1993); N. Hampson, *The Enlightenment* (London, 1968); Gulfishan Khan, *Indian Muslim Perceptions of the West During the Eighteenth Century* (Oxford, 1998); R. Drayton, *Nature's Government: Science, Imperial Britain and the 'Improvement' of the World* (London, 2000)。

6. 漫长的19世纪

R. E. Robinson and J. A. Gallagher, *Africa and the Victorians* (London, 1961) 精彩再现了英国扩张时期殖民政策背后的心理博弈。D. K. Fieldhouse, *Economics and Empire 1830-1914* (London, 1973) 对欧洲帝国建立过程中的经济及其他因素的研究成果堪称最佳。W. Woodruff, *The Impact of Western Man: A Study of Europe's Role in the World Economy 1750-1960* (London, 1966) 提供了扎实的材料。C. A. Bayly, *The Birth of the Modern World 1780-1914: Global Connections and Comparisons*（Oxford, 2004；中译本，C. A. 贝利:《现代世界的诞生: 1780—1914》，商务印书馆，2013）强调世界大部分地区在社会、文化与政治变革等方面都具有相似性。D. Abernethy, *The Dynamics of Global Dominance: European Overseas Empires 1415-1980* (New Haven, 2002) 覆盖的时段更长，且富于思辨。K. H. O'Rourke and J. G. Williamson, *Globalization and History: The Evolution of a Nineteenth-Century Atlantic Economy* (Cambridge, Mass., 1999) 全面解读了19世纪中全球经济的出现。K. Sugihara (ed.), *Japan, China, and the Growth of the Asian International Economy, 1850-1949* (Oxford, 2005) 强调了东亚贸易的重要性。J. W. Burrow, *The Crisis of Reason* (London, 2000) 讨论了欧洲的思想。J. MacKenzie, *Orientalism: History, Theory and the Arts* (Manchester, 1995) 令人信服地强调了欧洲对"东方"的反应背后的复杂心理。

关于俄罗斯的历史研究，雄文当推 M. Malia, *Russia under Western Eyes* (Cambridge, Mass., 1999)。D. Lieven, *Russia's Rulers under the Old Regime* (London, 1989) 深

入剖析了沙皇统治的运作原理及其失效原因。非洲史入门首推 J. Iliffe, *Africans: The History of a Continent* (Cambridge, 1995)，关于非洲宗教的最佳著作，是 A. G. Hopkins, *An Economic History of West Africa* (London, 1973)。关于中东地区的奥斯曼帝国，可参阅 S. Deringil, *The Well-Protected Domains: Ideology and the Legitimation of Power in the Ottoman Empire, 1876-1909* (London, 1998) 和 A. Hourani, *Arabic Thought in the Liberal Age 1789-1939* (London, 1962; repr. Cambridge, 1983)，以及 A. Hourani, "Ottoman Reform and the Politics of Notables", in A. Hourani, P. S. Khoury and M. C. Wilson (eds.), *The Modern Middle East* (London, 1993), pp. 83-109。关于伊朗的基本研究，可阅读 H. Algar, *Religion and State in Iran 1785-1906* (Berkeley and Los Angeles, 1969)。K. Fahmy, *All the Pasha's Men: Mehmed Ali, his Army and the Making of Modern Egypt* (Cairo, 2002) 破除了许多被神话化的 19 世纪埃及历史。A. Seal, "Imperialism and Nationalism in India", in J. Gallagher, G. Johnson and A. Seal (eds.), *Locality, Province and Nation* (Cambridge, 1973) 对殖民统治如何激发了民族主义的讨论仍难以被超越。R. Bin Wong, *China Transformed: Historical Change and the Limits of European Experience* (Ithaca, NY, 1997；中译本，王国斌:《转变的中国：历史变迁与欧洲经验的局限》，江苏人民出版社，2008)关于中国历史经验的研究极具启发性。J. Hevia, *English Lessons: The Pedagogy of Imperialism in Nineteenth-Century China*（London, 2003；中译本，何伟亚:《英国的课业：19 世纪中国的帝国主义教程》，社会科学文献出版社，2007）探讨了欧洲人为将清朝拉入其殖民体系而进行的种种努力。E. H. Norman, *Japan' Emergence as a Modern State*（New York, 1940；中译本，赫伯特·赫曼:《日本维新史》，商务印书馆，1962；新星出版社，2018）则是一部被忽略的经典。

大部分美国历史研究，仍然排斥与外部世界进行比较，在这种强调向内探索的历史书写中，美国与欧洲（以及 19 世纪的世界其他地区）的关系就被奇怪地忽略了。不过 D. W. Meinig 撰写的系列作品 "The Shaping of America: A Geographical Perspective on 500 Years of History"，尤其是其中第 2 卷 *Continental America, 1800-1867* (New Haven, 1993) 的比较研究思路就富有启发性。而最有影响力的美国历史学家 Frederick Jackson Turner 于 1893 年初版的 *The Significance of the Frontier in American History*（中译本，弗里德里克·杰克逊·特纳:《美国边疆论》，中国对外翻译出版公司，2012）仍然拒斥比较研究。参见 M. Bassin, "Turner, Solov'ev and the 'Frontier Hypothesis': The Nationalist Significance of Open Space", *Journal of Modern History* 65, (1993), pp. 473-511。来自美国中部堪萨斯地区的 J. C. Malin 就反对"边疆学派"的论点，参见其 "Mobility and History: Reflections on the Agricultural Policies of the United States in Relation to a Mechanized World" *Agricultural History* 17, 4 (1943), pp. 177-91, 该文驳斥了美国"边疆学派"的许多迷思。

7. 步向世界危机

H. Strachan, *The First World War: To Arms* (Oxford, 2001) 是作者原先计划的三部曲中的第一卷。这本书对战争爆发前的历史、中东和非洲的战场,以及战时经济与金融的研究尤其值得称道。Z. Steiner, *The Lights That Failed: European International History, 1919-1933* (Oxford, 2005) 是讲述战后外交历史的权威著作。M. Mazower, *The Dark Continent: Europe's Twentieth Century*（London, 2000；中译本,马克·马佐尔:《黑暗大陆:20世纪的欧洲》,中信出版集团,2016）从新角度检视了当代欧洲历史中的"黑暗年代"。关于世界经济的崩溃,可阅读 H. James, *The End of Globalization* (London, 2001)。Robert Skidelsky, *John Maynard Keynes*（London, vol.1, 1983; vol.2, 1992; vol.3, 2000；中译本,罗伯特·斯基德尔斯基:《凯恩斯传》,生活·读书·新知三联书店,2006,2015）这部三卷本的传记（中译本合为一卷）也是读者们了解20世纪上半叶世界经济史的绝佳选择。

关于美国的态度和政策,可阅读 A. Iriye, *The Cambridge History of American Foreign Relations*, vol. 3: *The Globalizing of America* (Cambrideg, 1995); N. G. Levin, *Woodrow Wilson and World Politics: America's Response to War and Revolution* (Oxford, 1968); M. G. Hogan, *Informal Entente: The Private Structure of Cooperation in Anglo-American Economic Diplomacy* (Columbia, Mo., 1997)。R. Overy, *The Dictators* (London, 2004); R. Pipes, *The Formation of the Soviet Union: Communism and Nationalism, 1917–1923* (rev. edn, Cambridge, Mass., 1964); M. Malia, *Russia under Western Eyes* (Cambridge, Mass., 1999); L. Viola, *Peasant Rebels under Stalin: Collectivization and the Culture of Peasant Resistance* (New York, 1996)。

关于殖民统治末期的印度政治,D. Hardiman, *Peasant Nationalists of Gujarat* (Delhi, 1981) 呈现了有趣的近景。S. Bose and A. Jalal, *Modern South Asia: History, Culture, Political Economy* (London, 1998) 也生动可读。适合与甘地自传一起对读的是 J. M. Brown, *Gandhi: Prisoner of Hope* (London, 1991)。B. Parekh, *Colonialism, Tradition and Reform* (London, 1989) 阐释了甘地的理念,关于穆斯林政治力量的增长,可阅读 D. Page, *Prelude to Partition: The Indian Muslims and the Imperial System of Control 1920-1932* (Delhi, 1982)。

关于日本本土历史与其扩张历程的联系,可阅读 P. Duus, R. Myers and M. Peattie (eds.), *Japanese Informal Empire in China, 1895-1937* (Princeton, 1989); W. G. Beasley, *Japanese Imperialism 1894-1945* (Oxford, 1991); H. Harootunian, *Overcome by Modernity: History, Culture, and Community in Interwar Japan* (Princeton, 2000)。Hans van de Ven, *War and Nationalism in China 1925-1945*（London, 2003；中译本,方德万:《中国的民族主义和战争:1925—1945》,生活·读书·新知三联书店,2007）有助于读者理解现代中国历史上最动荡的时期。R. Mitter, *A Bitter*

Revolution (Oxford, 2004) 提及了五四运动的持续影响。

B. Berman and J. Lonsdale, *Unhappy Valley: Conflict in Kenya and in Africa*, book 2: *Ethnicity and Violence* (London, 1992) 深入探索了殖民统治下非洲社会内部的紧张局势。G. L. Weinberg, *A World at Arms: A Global History of World War Two* (Cambridge, 1994) 是关于当代历史最好的单卷本作品。

8. 帝国碰壁

关于冷战中欧洲及其他地区的情形，可阅读 J. L. Gaddis, *We Now Know: Rethinking Cold War History* (Oxford, 1997), O. A. Westad, *Cold War and Revolution: Soviet-American Rivalry and the Origins of the Chinese Civil War* (New York, 1993 ；中译本，文安立：《冷战与革命：苏美冲突与中国内战的起源》，广西师范大学出版社，2002 ），及其另一部作品 *The Global Cold War* (Cambridge, 2005 ；中译本，《全球冷战》，世界图书出版公司，2012 ）。关于去殖民化的通史，可阅读 R. F. Holland, *European Decolonization 1918-1981* (London, 1985) 和 J. Darwin, *Britain and Decolonisation: The Retreat from Empire in the Post-War World* (London, 1988)。关于被殖民国家逐渐掌权背后的博弈，可阅读 Wm Roger Louis and Ronald Robinson, "The Imperialism of Decolonisation"，*Journal of Imperial and Commonwealth History* 22, 3(1994)。关于中国的变革及其后的历史，可阅读前文提及的文安立所著《冷战与革命》和 Chalmers Johnson, *Peasant Nationalism and Communist Power* (Stanford, 1962), 以及 S. Schram, *Mao Tse-tung* (London, 1967) and *The Thought of Mao Tse-tung* (London, 1971)。关于日本，John Dower, *Embracing Defeat: Japan in the Aftermath of World War Two* (Harmondsworth, 1999 ；中译本，约翰·W. 道尔：《拥抱战败：第二次世界大战后的日本》，生活·读书·新知三联书店，2008 ）是一部重要作品。

关于中东，W. R. Louis, *The British Empire in the Middle East 1945-1951: Arab Nationalism, the United States, and Postwar Imperialism* (Oxford, 1984) 详细研究了与该地区牵涉最多的英、美两大西方霸权国家的政策与规划。M. J. Cohen, *Palestine and the Great Powers 1945-1948* (Princeton, 1982) 考察了以色列建国的地缘政治情形。R. McNamara, *Britain, Nasser and the Balance of Power in the Middle East 1952-1967* (London, 2003) 和 K. Kyle, *Suez* (London, 1991) 讲述了纳赛尔及其捍卫的阿拉伯民族主义的命运起伏。E. Abrahamian, *Iran between Two Revolutions* (Princeton, 1982) 分析了战后伊朗的动荡局面，以及 20 世纪 50、60 年代中巴列维国王权力增强的原因。M. E. Yapp, *The Near East since the First World War* (London, 1991) 仍具有极高的价值。A. Sampson, *The Seven Sisters: The Great Oil Companies and the World They Shaped* (London, 1975) 清晰简明地介绍了国际石油产业。

D. Anderson, *Histories of the Hanged* (London, 2005) 严谨地考察了肯尼亚"茅茅

党"崛起背后的社会现实,以及在这个过程中加速肯尼亚殖民统治灭亡的种种力量。P. Chabal and J. -P. Daloz, *Africa Works: Disorder as Political Instrument* (Oxford, 1999) 和 J. -F. Bayart, S. Ellis and B. Hibou, *The Criminalization of the State in Africa* (Oxford, 1999) 精彩论述了后殖民国家的历史。关于"美利坚帝国"的扩张,可阅读 D. Lake, *Entangling Relations: American Foreign Policy in its Century* (Princeton, 1999) 和 G. Lundestad, *The American 'Empire'* (London, 1990)。

关于苏联的雄厚经济实力,可阅读 D. Filtzer, *Soviet Workers and Late Stalinism: Labour and the Restoration of the Stalinist System after World War Two* (Cambridge, 2002)。关于"前全球化时代"的国际经济,可阅读 H. van der Wee, *Prosperity and Upheaval: The World Economy 1945-1980* (London, 1986)。关于美国是否滥用其霸权的争论,可阅读 Robert J. Art, *A Grand Strategy for America* (London, 2003; 中译本, 罗伯特·阿特:《美国大战略》,北京大学出版社, 2005), Chalmers Johnson, *The Sorrows of Empire: Militarism, Secrecy, and the End of the Republic* (New York, 2004; 中译本,查默斯·约翰逊:《帝国的悲哀:黩武主义、保密与共和国的终结》,上海人民出版社,2005)。